Vorwort

Das vorliegende Lehrwerk **W plus V – BWL mit Rechnungswesen** wurde für Schülerinnen und Schüler der zweijährigen Höheren Berufsfachschule in Nordrhein-Westfalen konzipiert. Es besteht aus zwei Teilen: einem Schülerbuch und einem Band mit Lernsituationen, jeweils pro Jahrgangsstufe 11 und 12. Beide Teile sind aufeinander abgestimmt und ergänzen sich hervorragend.

Das **Schülerbuch** beinhaltet die Handlungsfelder 1 bis 4 (Anforderungssituation 4.1) des neuen kompetenzorientierten Bildungsplans, der am 01.08.2018 in Kraft getreten ist. Die Handlungsfelder 4 (Anforderungssituation 4.2) bis 7 finden sich im Band für die Jahrgangsstufe 12. Alle Informationen sind klar strukturiert, übersichtlich dargestellt und in einer verständlichen Sprache verfasst, damit sie leichter aufgenommen werden können. Jedes Kapitel schließt mit einer Zusammenfassung, die die wesentlichen Inhalte in übersichtlicher Form darstellt. Jede Anforderungssituation schließt mit Wiederholungsfragen („Alles klar?").

In den **Lernsituationen** wird das industrielle Modellunternehmen Fly Bike Werke GmbH anhand eines umfassenden Datenkranzes vorgestellt. Den einzelnen Kapiteln des Schülerbuches werden problem- und handlungsorientierte Lernsituationen zugeordnet. Handlungszusammenhänge werden durch Folgesituationen abgebildet. Aktivierende Arbeitsanweisungen sollen die Entwicklung von beruflicher und privater Entscheidungs- und Handlungskompetenz unterstützen. Die sich anschließenden Arbeitsblätter und Aufgaben dienen der Lernerfolgssicherung. Abgeschlossen werden alle Handlungsfelder in den Lernsituationen mit je einem Selbsteinschätzungsbogen („Ich kann ...") für die Schülerinnen und Schüler.

Durch die **Kombination** aus problem- und handlungsorientierten Lernsituationen und der entsprechenden Fachsystematik im Schülerbuch wird eine enge Verzahnung von theoretischen Inhalten und ihrer praktischen Umsetzung erreicht. Die Konzeption dieser Verzahnung erschließt sich aus dem Inhaltsverzeichnis, wo die Lernsituationen den jeweiligen Kapiteln des Schülerbuches zugeordnet sind (siehe Seite 4 ff.). Diese Zuordnung wird ergänzt um die Angabe der entsprechenden Ziele laut Bildungsplan.

Im „Webcode-Bereich" zu diesem Schülerbuch finden Sie zahlreiche zusätzliche Übungsaufgaben zu allen Themen- und Aufgabenfeldern. Nähere Informationen zum Webcode-Bereich erhalten Sie auf Seite 376.

Das Lehrwerk besitzt eine lehr- und lernfreundliche Struktur und bietet vielfältige Einsatzmöglichkeiten. Über die Berufsfachschule hinaus ist es für vergleichbare Bildungsgänge des Schwerpunktes Wirtschaft und Verwaltung in anderen Bundesländern geeignet, in denen BWL mit Rechnungswesen unterrichtet wird.

Das Autorenteam hat gemeinsam mit der Verlagsredaktion die Inhalte des Lehrwerkes ausgewählt und gestaltet. Wir halten das Lehrwerk für einen idealen Wegbegleiter auf dem Weg zur Fachhochschulreife und hoffen, dass Sie viel Freude damit haben.

Für konstruktive Kritik und Anregungen (bitte an *service@cornelsen-schulverlage.de*) sind wir immer dankbar.

Autorenteam und Verlagsredaktion

Inhaltsverzeichnis

Handlungsfeld 1: Unternehmensstrategien und Management

LS

HF 1 ANFORDERUNGSSITUATION 1.1

LS

HF 1 ANFORDERUNGSSITUATION 1.2

Handlungsfeld 2: Beschaffung

HF 2 ANFORDERUNGSSITUATION 2.1

LS

HF 2 ANFORDERUNGSSITUATION 2.2

Handlungsfeld 3: Leistungserstellung

HF 3 ANFORDERUNGSSITUATION 3.1

LS

Handlungsfeld 4: Absatz

HF 4 ANFORDERUNGSSITUATION 4.1

LS

Kaufmännisches Rechnen

HANDLUNGSFELD 1

Unternehmensstrategien und Management

1 Grundlegende Funktionsweisen von Unternehmen

1.1 Unternehmen, Betrieb, Firma

Womit befasst sich die Betriebswirtschaftslehre (BWL)?

Die **Betriebswirtschaftslehre** befasst sich damit, Prozesse in einem Unternehmen zu erklären. Dabei wird einerseits das wirtschaftliche Handeln wie Beschaffung, Produktion, Absatz, Finanzierung usw. analysiert. Andererseits werden die Beziehungen, die zwischen dem Unternehmen und anderen Wirtschaftseinheiten bestehen (z. B. private Haushalte, Staat, Banken, Ausland usw.), untersucht.

Rechtsformen des Unternehmens, vgl. **3**, S. 37

Ein **Unternehmen** ist eine eigenständige rechtliche und wirtschaftlich-finanzielle Einheit, die Sachgüter und Dienstleistungen anbietet und dabei dauerhaft auf eine Erfolgserzielung ausgerichtet ist, um am Markt zu bestehen. Private Unternehmen verfolgen i. d. R. eine Gewinnmaximierung und gehören einem oder mehreren Eigentümern bzw. Kapitalgebern. Öffentliche Unternehmen (z. B. Krankenhäuser, Stadtwerke usw.) versorgen die Bürger mit **öffentlichen Gütern**.

Öffentliche Güter
Güter, die von allen Menschen genutzt werden können

In Abgrenzung dazu ist ein **Betrieb** die örtliche Produktionsstätte, d. h. eine technisch-organisatorische Wirtschaftseinheit, die dem Zweck der Güter- und Dienstleistungserstellung dient. Folglich kann ein Unternehmen aus einem oder mehreren Betrieben (Produktionsstätten) bestehen. Häufig werden die Begriffe Unternehmen und Betrieb vermischt.

Kaufmann, vgl. **2.3.2**, S. 31

Firma, vgl. **2.3.3**, S. 33

Die **Firma** ist ein Begriff aus dem Handelsrecht (HGB). Hierunter versteht man den Namen des Kaufmanns, unter dem er Geschäfte tätigt.

Begriffsabgrenzungen

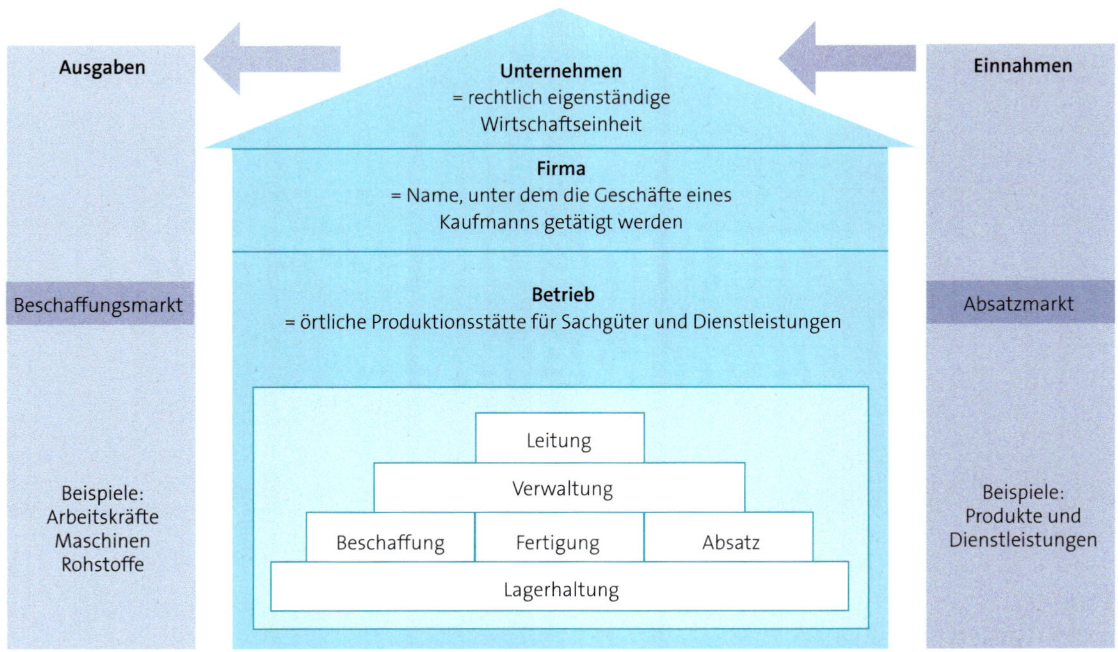

1.2 Kriterien für Unternehmensvergleiche

LS 1
Ein Unternehmen untersuchen

Beispiel An der Erstellung und dem Vertrieb von Gütern und Dienstleistungen sind in den meisten Fällen mehrere Unternehmen beteiligt. So werden die bei der Herstellung von Fahrradrahmen verwendeten Metalle als Erze im Bergwerk abgebaut und in der sogenannten Grundstoffindustrie zu metallischen Produkten (z. B. Stahlrohr) weiterverarbeitet. Industriebetriebe wie die Fly Bike Werke GmbH kaufen solche Materialien ein und fertigen daraus Fahrräder, die dann über den Groß- und Einzelhandel an den Endverbraucher weiterverkauft werden.

Grundstoffindustrie, vgl. **1.4**, S. 22

Materialien im Industriebetrieb, vgl. betriebliche Leistungsfaktoren, vgl. **1.3**, S. 20

Wirtschaftssektoren

Die Gewinnung von Rohstoffen steht an erster Stelle der Wertschöpfungskette. Dieser Wirtschaftsbereich wird deshalb **primärer Wirtschaftssektor** genannt. Dazu gehören neben land- und forstwirtschaftlichen Betrieben auch Unternehmen der Fischerei, des Bergbaus sowie der Erdöl- und Erdgasgewinnung.

Die Weiterverarbeitung der Rohstoffe zu fertigen Produkten wird von den Unternehmen des **sekundären Wirtschaftssektors** übernommen. Sie werden auch produzierendes Gewerbe genannt. Zum sekundären Wirtschaftssektor gehören die Industrieunternehmen und Handwerksbetriebe.

Abgrenzung Industrie- und Handwerksbetriebe, vgl. **1.3**, S. 18

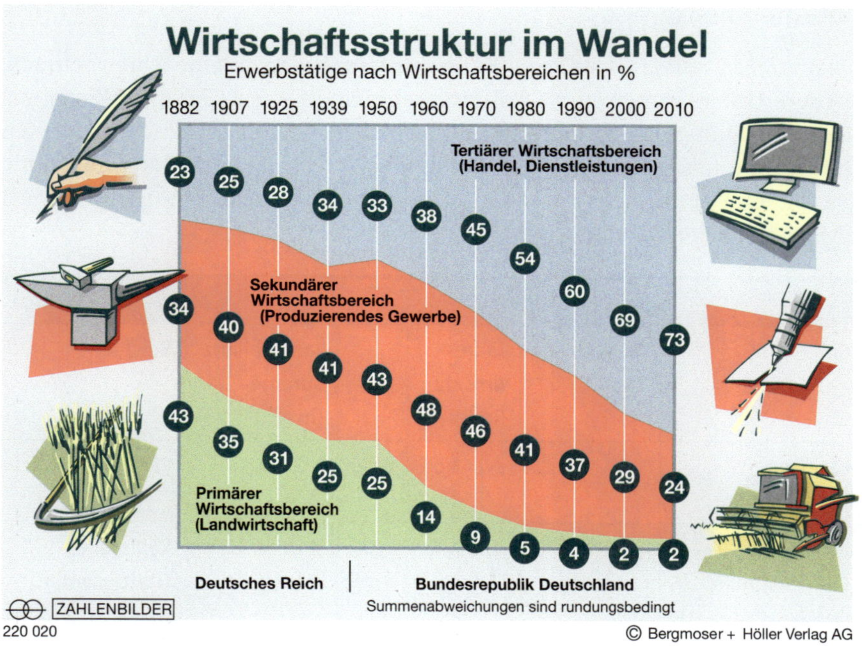

220 020
© Bergmoser + Höller Verlag AG

Zum dritten Bereich, dem **tertiären Wirtschaftssektor**, zählen die Dienstleistungsunternehmen. Dazu gehören Banken und Versicherungen ebenso wie Transportunternehmen, Gastronomie- und Tourismusbetriebe, Friseure, Schneiderinnen, Beratungsunternehmen, Ärztinnen, Architekten und viele andere. Auch der Handel ist dem Dienstleistungsbereich zuzuordnen, der über die Jahrzehnte an Bedeutung gewonnen hat. Heute sind über zwei Drittel aller Beschäftigten im Dienstleistungsbereich tätig, während es vor hundert Jahren nur etwa ein Viertel war. Man spricht deshalb auch von einem **Strukturwandel** der Wirtschaft hin zu einer Dienstleistungsgesellschaft.

Branchen

Die Wirtschaftssektoren können weiter in Wirtschaftszweige – sogenannte Branchen – unterteilt werden.

Wirtschaftssektor	Branchen	Beispiele
Primärer	– Land-, Forstwirtschaft, Gartenbau und Jagd – Fischerei, Fischzucht – Bergbau	– Landwirt Fritz Müller – Ulrike Welz Forellenzucht – Kieswerk Milmersdorf GmbH
Sekundärer	– Verarbeitendes Gewerbe, Industrie, Handwerk – Energie- und Wasserversorgung – Baugewerbe	– Volkswagen AG – RWE AG – Schlüter Bau GmbH
Tertiärer	– Handel – Gastgewerbe – Verkehr – Nachrichtentechnik – Banken und Versicherungen – Gesundheits- und Sozialwesen	– Galeria Kaufhof GmbH – Pension Seeblick – Kölner Verkehrsbetriebe AG – Deutsche Telekom AG – Deutsche Bank AG – Helios Kliniken GmbH

Unternehmensgröße

Unternehmen werden häufig in **Kleinstunternehmen**, **kleine Unternehmen**, **mittlere Unternehmen** und **Großunternehmen** eingeteilt. Für diese Einteilung werden drei unterschiedliche Kriterien miteinander kombiniert. Sind die Kriterien für den Jahresumsatz oder die Jahresbilanzsumme sowie die Mitarbeiterzahl erfüllt, so kann ein Unternehmen einer Kategorie zugeordnet werden. In der EU werden folgende Zahlen verwendet:

Jahresumsatz
Gesamtheit aller Verkaufserlöse innerhalb eines Jahres

Jahresbilanzsumme
Gesamtheit aller Vermögenswerte innerhalb eines Jahres

	Kriterien				
Einteilung	Mitarbeiterzahl[1]	**Jahresumsatz** (in €)		**Jahresbilanzsumme** (in €)	Beispiel
Kleinstunternehmen	< 10	≤ 2 Mio.	oder	≤ 2 Mio.	Pension Seeblick
Kleine Unternehmen	< 50	< 10 Mio.	oder	≤ 10 Mio.	Regionales Gartencenter
Mittlere Unternehmen	< 250	≤ 50 Mio.	oder	≤ 43 Mio.	Kieswerk Milmersdorf GmbH
Großunternehmen	≥ 250	> 50 Mio.	oder	> 43 Mio.	Deutsche Bank AG

[1] auf Vollzeitstellenbasis (z. B. zwei 50-%-Stellen ergeben eine Vollzeitstelle)

Institut für Mittelstandsforschung www.ifm-bonn.org

Kleinst-, kleine und mittlere Unternehmen werden mit der Abkürzung KMU zusammengefasst. 99,6 % aller deutschen Unternehmen sind KMU und 58,3 % aller sozialversicherungspflichtigen Beschäftigten waren bei KMU angestellt (Stand 2016).

Eigentumsverhältnisse

Je nachdem, wer Eigentümer eines Unternehmens ist, liegt eine andere Unternehmensart vor.

Unternehmensarten

Unternehmensart	Eigentümer	Beispiele
Privatunternehmen	Privatpersonen oder private Unternehmen	Bayer AG
Öffentliche Unternehmen	Staat (Bund, Land, Gemeinde)	Stadtwerke Bielefeld, Deutsche Bahn
Gemischtwirtschaftliche Unternehmen	Sowohl Private als auch Staat	Deutsche Post, Deutsche Telekom AG

Rechtsformen, vgl. 3, S. 37

Bei **Privatunternehmen** wird das unternehmerische Risiko alleine von den Eigentümern getragen. Wenn ein Unternehmen Verluste macht, müssen die privaten Eigentümer diese tragen. Der Staat kann nur über Gesetze Einfluss auf das Unternehmen und seine Aktivitäten nehmen. Im Rahmen der Gesetze sind die Unternehmen in ihrem Handeln frei und können nicht direkt durch den Staat beeinflusst werden.

Damit auch Randregionen Strom- und Telefonanschlüsse erhalten oder abgelegene Dörfer durch den öffentlichen Verkehr erschlossen sind, tritt der Staat als Unternehmer auf (**öffentliche Unternehmen**). Diese Dienstleistungen zahlen sich oft nicht aus und kosten mehr, als sie einbringen. Darum sind diese Unternehmen im Eigentum der öffentlichen Hand, also des Staates, damit dieser entstehende Defizite mit Steuergeldern ausgleichen kann. Allerdings stehen öffentliche Unternehmen zunehmend im Mittelpunkt öffentlichen Interesses, da auch der Standpunkt vertreten wird, dass öffentliche Unternehmen möglichst gewinnbringend wirtschaften sollten.

Gemischtwirtschaftliche Unternehmen wurden teilprivatisiert, um ihnen auf dem Markt eine flexiblere und damit stärkere Rolle zu ermöglichen. Der Staat besitzt eine Beteiligung am Unternehmen. Je nachdem, ob es sich dabei um eine Mehrheits- oder Minderheitsbeteiligung handelt, ist der Einfluss des Staates auf das Unternehmen unterschiedlich groß.

Gewinnorientierung

Es gibt sowohl Profit- als auch Nonprofit-Unternehmen, wobei sich die Begriffe **Profit**- und **Non-Profit-Organisation (NPO)** etabliert haben. Beide Unternehmensarten erbringen spezifische Leistungen zur Befriedigung eines bestimmten Bedürfnisses. Die Non-Profit-Organisation hat im Gegensatz zum Profit-Unternehmen keine Gewinnerfordernis.

profit
(engl.) Gewinn

Beispiel NPO sind häufig in folgenden Bereichen tätig: Soziale Arbeit und Fürsorge (karitative Zwecke), Schutz und Rettung, Umwelt-, Natur-, Tierschutz, Entwicklungszusammenarbeit, Menschen- und Bürgerrechte, humanitäre Hilfe

Unternehmens- und Rechtsform

Rechtsformen werden in Kapitel 3 näher betrachtet. Als Vergleichskriterium werden an dieser Stelle vorab folgende Unternehmensformen vorgestellt:

Rechtsformen, vgl. 3, S. 37

- Ein **Einzelunternehmen** gehört lediglich einer Person. Sie ist alleinige Eigentümerin und haftet bei Verlusten auch mit ihrem Privatvermögen. Man erkennt Einzelunternehmen an Firmennamen mit Zusätzen wie z. B. e.K. (eingetragener Kaufmann).
- **Personengesellschaften** haben mehrere Eigentümer. Je nach Rechtsform (z. B. Offene Handelsgesellschaft = OHG oder Kommanditgesellschaft = KG) haften alle oder nur besonders ausgewiesene Eigentümer auch mit ihrem Privatvermögen.
- **Kapitalgesellschaften** (z. B. Aktiengesellschaften = AG oder Gesellschaften mit beschränkter Haftung = GmbH) haben einen bis viele Eigentümer, die aber alle nicht mit ihrem Privatvermögen für entstandene Verluste haften. Die Haftung ist auf das Gesellschaftsvermögen beschränkt.

Unternehmenszweck und Aufwandsstruktur

Aufwand, auch Aufwendungen gesamter Werteverzehr eines Unternehmens[1], vgl. 8.5, S. 91

Je nach Unternehmenszweck unterscheidet sich die **Aufwandsstruktur** von Unternehmen oft erheblich. Je nach der Bedeutung (Höhe) des Anteils einer bestimmten Aufwandsart am betrieblichen Gesamtaufwand des Unternehmens unterscheidet man Unternehmen. Kombinationen, z. B. material- und gleichzeitig lohnintensive Unternehmen, sind ebenfalls möglich (z. B. der Einzelhandel).

Aufwands- und Kostenstrukturen von Unternehmen

Anlage- bzw. kapitalintensive Unternehmen	Materialintensive Unternehmen	Lohn- bzw. arbeitsintensive Unternehmen	Energieintensive Unternehmen
	Hauptaufwandsarten/Hauptkostenarten		
Wertverlust von Anlagengegenständen (Aufwandsart Abschreibungen) und Zinskosten	Einkaufspreise der benötigten Materialien oder Waren	Löhne und Gehälter für die beschäftigten Arbeitnehmer	Einkaufspreise für die eingesetzte Energie (z. B. Strom, Öl, Kohle, Gas usw.)
	Unternehmensbeispiele		
Produktion von Atomstrom, Hochseefischerei usw.	(Groß-)Handelsunternehmen, Schmuckherstellung usw.	Bekleidungsherstellung, Software-Programmierung, (Einzel-)Handelsunternehmen usw.	Produktion von Aluminium, chemischen Produkten oder Glas usw.

Standorte

Kleinst- oder kleine Unternehmen haben oft nur einen Standort in einer Gemeinde oder einer Stadt und bieten ihre Leistung auch nur „vor Ort“, also **lokal**, an, z. B. ein Kiosk oder ein Handwerksunternehmen. **Regional** tätige Unternehmen mit mehreren Standorten (z. B. Filialen) in einer oder mehreren Wirtschaftsregionen (z. B. im Rhein-Sieg-Kreis oder in ganz Nordrhein-Westfalen) sprechen einen größeren Abnehmerkreis an. Dies gilt z. B. für Energieanbieter oder Einzelhändler mit mehreren Verkaufsstellen unabhängig von der Unternehmensgröße. Mittlere oder größere Unternehmen sind **in ganz Deutschland** und darüber hinaus tätig und oft auch mit Zweigwerken oder Filialen präsent (z. B. Einzelhandelsketten). Großunternehmen sind **weltweit** vertreten, wie z. B. die deutsche Automobilindustrie mit Produktionsstätten auf mehreren Kontinenten.

[1] Entsprechend versteht man unter Kosten den sachzielbezogenen Werteverzehr, z. B. Materialverbrauch, Löhne, Gehälter usw.

1.3 Das Unternehmen im gesamtwirtschaftlichen Zusammenhang

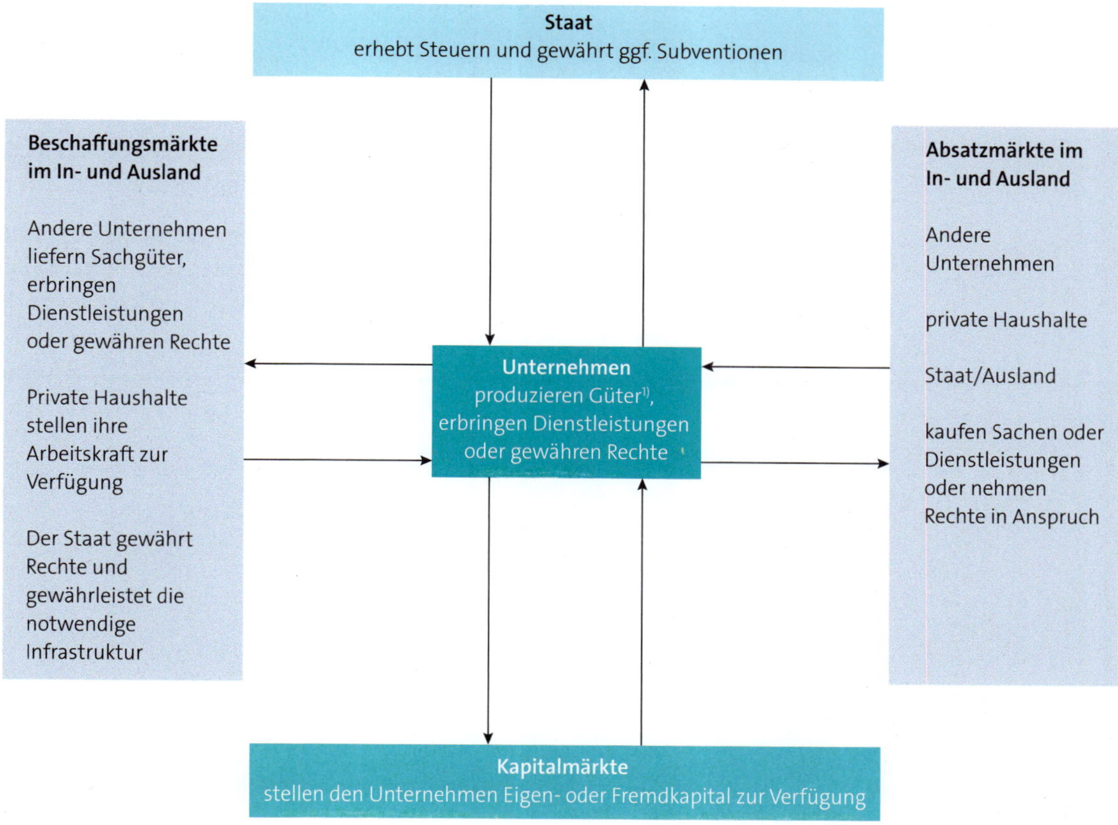

Stellt man die Unternehmen in den Mittelpunkt der Betrachtung, ergeben sich viele Zusammenhänge zur Gesamtwirtschaft. Die Einbindung eines Unternehmens in den gesamtwirtschaftlichen Zusammenhang ist in erster Linie von der **Leistungsart** abhängig, die das Unternehmen erbringt.

Dies gilt sowohl für den **Absatz**- als auch den **Beschaffungsmarkt**. Unterschiedliche Leistungsarten bedeuten unterschiedliche Beschaffungsaktivitäten, z. B. hinsichtlich der Art und der Anbieter der einzukaufenden Produkte bzw. Dienstleistungen oder auch der Anstellung von Mitarbeitern mit unterschiedlichen Kenntnissen und Fähigkeiten. Das gilt auch für die Absatzaktivitäten der Unternehmen, z. B. in Abhängigkeit von den Verwendungsmöglichkeiten der erstellten Produkte oder Dienstleistungen und den jeweiligen Kunden (Unternehmen, private Haushalte oder Staaten).

Beschaffung, vgl. **HF 2**, S. 148 ff.

Absatz, vgl. **HF 4**, S. 260 ff.

Der **Staat** ist Empfänger von Steuern. Er garantiert ferner einen verlässlichen rechtlichen Rahmen und stellt wichtige Infrastrukturen zur Verfügung. Nur in Ausnahmefällen erhalten Unternehmen direkte Subventionen, wenn die erbrachten Leistungen als „förderungswürdig“ angesehen werden (z. B. für Windkraftanlagen oder Elektroautos usw.).

[1] Güter sind Sachen, Dienstleistungen und Rechte, vgl. S. 19

Welche **Kapitalmärkte** einem Unternehmen zur Verfügung stehen, ist regelmäßig von deren Größe und der gewählten Rechtsform abhängig. Für einen Klein(st)betrieb ist im Normalfall z. B. die Sparkasse oder Volksbank mit ihrer Filiale „um die Ecke“ der Ansprechpartner. Eine große, weltweit aktive Aktiengesellschaft kann auch weltweit Eigen- und Fremdkapital aufnehmen.

Leistungsart „Sachleistung“

Leistungserstellung, vgl. **HF3**, S. 206 ff.

Sachleistungsbetriebe produzieren materielle Güter (Sachgüter). Erfolgt diese Produktion in größeren Wirtschaftseinheiten in maschineller und weitgehend automatisierter Fertigung mit hohen Stückzahlen mit vielen Arbeitnehmern für verschiedene (anonyme) Märkte, so handelt es sich um **Industriebetriebe**. Beispiele: Automobilindustrie, chemische Industrie, Lebensmittelindustrie usw.

Kleinere Betriebe „vor Ort“ mit überwiegend personalintensiver manueller Produktion durch wenige, aber qualifizierte Facharbeiter und Meister, die ihre Leistung in der Regel erst nach einem Auftrag erstellen, nennt man **Handwerksbetriebe.** Beispiele: Autowerkstatt, Bäckerei, Schreinerei usw.

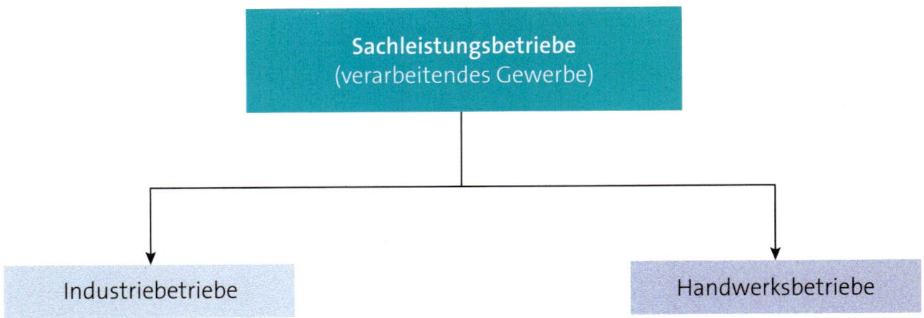

Industrieunternehmen
Steckbrief: Breuer AG

Standorte:
Konzernzentrale in Hamburg
Niederlassungen: weltweit

Hauptgeschäftsbereich:
Arzneimittel

Zahlen für 2018:
Mitarbeiter: 16.313
Umsatz: **14.370** Mio. €
Gewinn: **4.379 Mio. €**

Handwerksunternehmen
Steckbrief: Gebrüder Baum OHG
Heizungsbau, Meisterbetrieb

Standort: Troisdorf

Hauptgeschäftsbereich:
Heizungsbau

Zahlen für 2018:
Mitarbeiter: 6 Gesellen, 2 Bürofachkräfte, 2 Auszubildende
Umsatz: 580.000,00 €
Gewinn 84.000,00 €

Neben dem verarbeitenden Gewerbe gehören das Baugewerbe, der Bergbau, die Land-, Forst- und Fischereiwirtschaft sowie die Energie- und Wasserwirtschaft zu den Sachleistungsbetrieben, da auch sie Sachgüter bereitstellen.

Leistungsart „Dienstleistung“

Dienstleistungsbetriebe erbringen völlig unterschiedliche Leistungsarten. Im täglichen Leben am „auffälligsten“ ist hier der Handel, der Waren aller Art an Dritte verkauft.

Einzelhandel	Verkauft Waren an Endverbraucher
Großhandel	Verkauft Waren an Unternehmen im Inland
Außenhandel	Verkauft Waren an Unternehmen im Ausland

Natürlich gibt es hier Mischformen, also Handelsunternehmen, die ihre Waren sowohl an Endverbraucher als auch an andere Unternehmen verkaufen. Großhandelsunternehmen sind oft nicht nur im Inland, sondern auch im Ausland aktiv. Das gilt auch für andere wichtige Dienstleistungserbringer:

Banken	Abwicklung des Zahlungsverkehrs, Kreditvergabe, Kapitalanlage
Versicherungen	Übernahme von Risiken gegen Entgelt
Transportbetriebe	Transport von Sachen oder Personen zu Land, Wasser und in der Luft
Kommunikationsbetriebe	Übermittlung von Informationen auf Papier oder digital in Bildern und in Schriftform
Freie Berufe	Rechtsanwälte, Steuerberater, Architekten, Ärzte usw.

Güterarten

Sachen, Dienstleistungen und Rechte können dem Oberbegriff **Güter** zugeordnet werden. Beschränkt vorhandene Güter werden Wirtschaftsgüter (knappe Güter) genannt. Weil sie knapp und begehrt sind, werden sie nachgefragt und erzielen einen Preis. Deshalb sind die Herstellung oder die Erbringung und der Handel damit für Unternehmen interessant.

Kategorisierung von Gütern

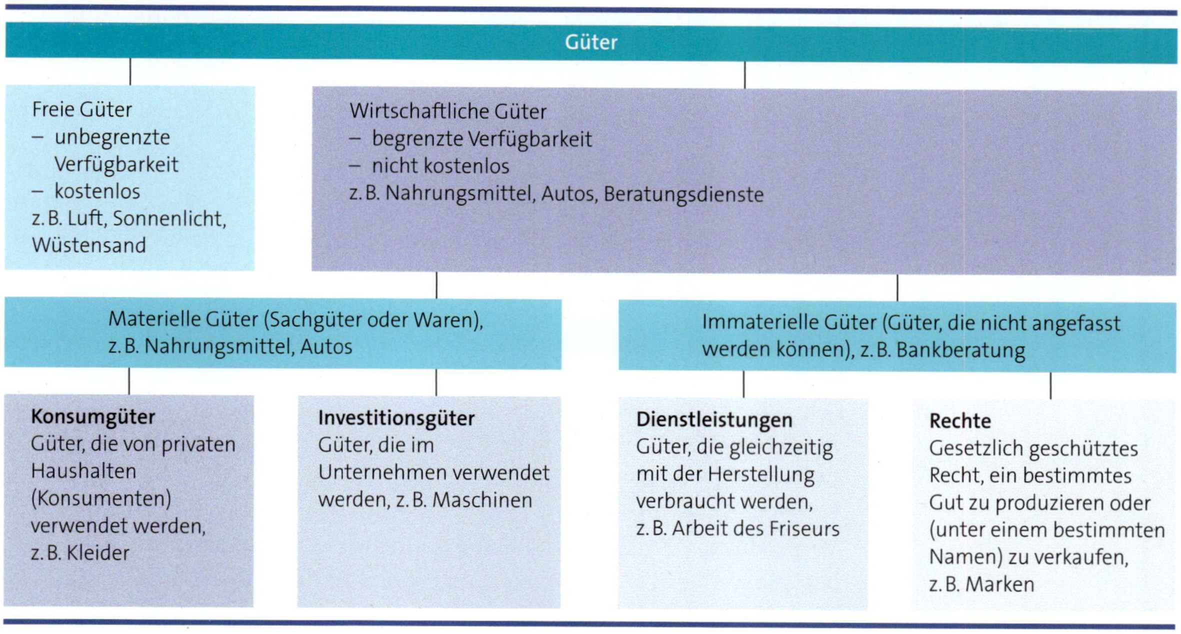

Betriebliche Leistungsfaktoren

Elementarfaktoren
– Menschliche Arbeit
– Betriebsmittel
– Werkstoffe

Um Leistungen erbringen zu können, benötigen Unternehmen betriebliche Leistungsfaktoren, die mithilfe von Informationen kombiniert werden. Es lassen sich die sogenannten **Elementarfaktoren** (menschliche Arbeit, Betriebsmittel und Werkstoffe) und der **dispositive Faktor** unterscheiden.

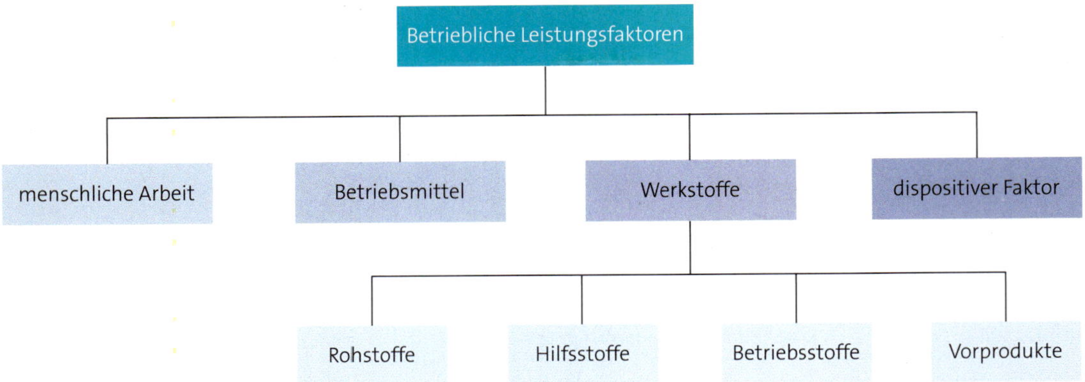

Ausführende (menschliche) Arbeit ist die geistig und körperlich ausgeführte Tätigkeit des Menschen zum Zwecke der Leistungserstellung. Im Zusammenhang mit der ständigen Weiterentwicklung der Technik ist allerdings eine Abnahme der körperlichen Arbeit (der reinen Muskelkraft) und eine Zunahme der geistigen Arbeit (z. B. Bedienung komplizierter Maschinen und Steuerung komplexer Prozesse) zu verzeichnen.

Bilanz, Anlage- und Umlaufvermögen, vgl. **7.3**, S. 74

Betriebsmittel sind alle beweglichen und unbeweglichen Mittel, die der Leistungserstellung dienen und nicht in das Erzeugnis eingehen. Betriebsmittel werden in der Bilanz unter Anlagevermögen (Sachanlagen) auf der Aktivseite geführt. Zu den Betriebsmitteln gehören:

- Grundstücke und Bauten
- technische Anlagen und Maschinen, z. B. Transport- und Fördermittel und Verpackungsanlagen
- Betriebs- und Geschäftsausstattung (einschließlich Fuhrpark), z. B. Büromöbel, Büromaschinen

Werkstoffe sind Roh-, Hilfs-, Betriebsstoffe und Vorprodukte. Sie werden auf der Aktivseite der Bilanz unter Umlaufvermögen als Teil des Vorratsvermögens geführt.

- **Rohstoffe** sind wesentliche Bestandteile der zu fertigenden Produkte und gehen unmittelbar in die Fertigerzeugnisse ein (z. B. Stahlrohr für die Fertigung von Fahrradrahmen).
- **Hilfsstoffe** sind ebenfalls Bestandteil des Fertigerzeugnisses, allerdings zu einem wert- und mengenmäßig bedeutend geringeren Anteil als Rohstoffe (z. B. Schrauben).
- **Betriebsstoffe** gehen nicht in das Fertigerzeugnis ein, werden jedoch zum Betreiben der Fertigungsmaschinen benötigt (z. B. Schmieröl für Produktionsmaschinen).
- **Vorprodukte** (Fremdbauteile) sind Zukaufteile, die von anderen Unternehmen bezogen werden und ohne Veränderung in das Fertigerzeugnis eingehen (z. B. Griffe für die Lenker).

Objekte des Materialflusses im Unternehmen können auch **Handelswaren** sein. Handelswaren sind Güter, die gekauft und unverändert wieder verkauft werden (z. B. Fahrradanhänger in der Fly Bike Werke GmbH).

Werkstoffe und Handelswaren in der Fly Bike Werke GmbH

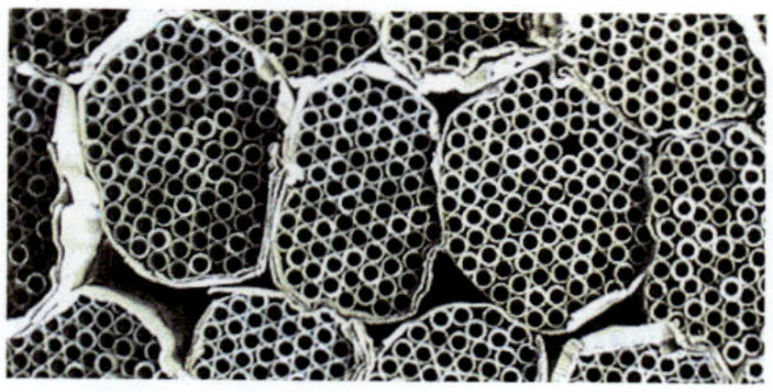

Rohstoffe (Stahlrohre)

Hilfsstoffe (Schrauben)

▲ Vorprodukte (Griffe)

Handelswaren (Fahrradanhänger) ▶

Der **dispositive Faktor** umfasst die **Faktoren Leitung**, **Planung**, **Organisation** und **Kontrolle** und somit die Fähigkeit der Menschen, die Elementarfaktoren zum Zwecke der Leistungserstellung zu kombinieren.

Um das Zusammenwirken der Elementarfaktoren sinnvoll zu gestalten, muss geklärt werden, wer was, wann, wie, warum, wo, womit und mit welchem Ergebnis zu erledigen hat. Dementsprechend sind die notwendigen Elementarfaktoren (wer, womit) zur richtigen Zeit (wann) am richtigen Ort (wo) in der benötigten Qualität und Menge bereitzustellen. Diese Aufgaben übernimmt der dispositive Faktor, der i. d. R. vom **Management** verkörpert wird. Darüber hinaus müssen Pläne für die entsprechenden Bereiche existieren, damit diese genaue Informationen darüber besitzen, was von ihnen wie und warum erwartet wird.

Unternehmensführung, vgl. **13**, S. 135

Zu den immateriellen Leistungsfaktoren zählen ferner **gewerbliche Nutzungsrechte** (Schutzrechte, Lizenzen), die selbst entwickelten Erzeugnissen und Fertigungsverfahren Rechtsschutz verleihen.

Rechtsschutz von Erzeugnissen, vgl. **HF3**, **2.3**, S. 217

Übersicht: ***Elementarfaktoren und Aufgaben des dispositiven Faktors***

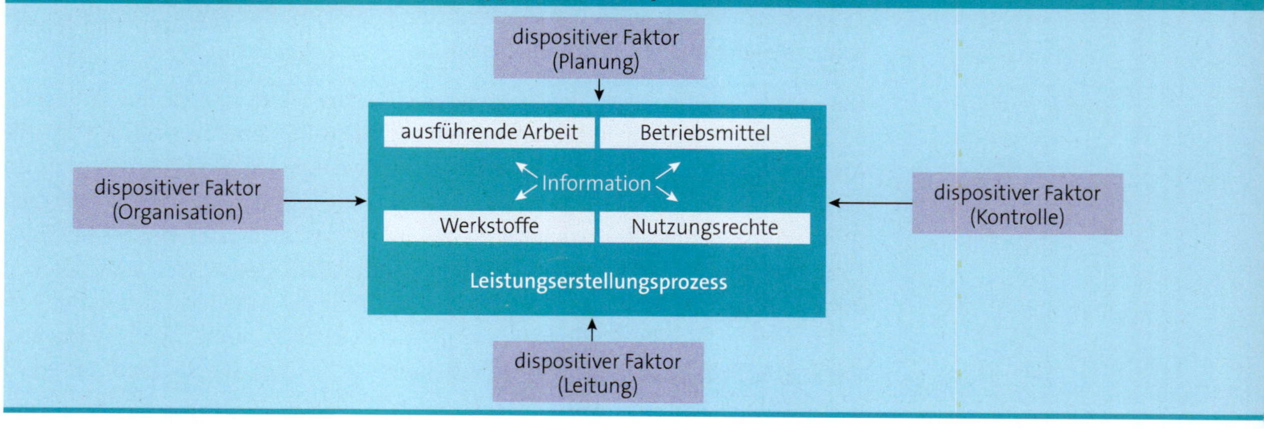

1.4 Unternehmenstypen am Beispiel von Industrieunternehmen

Sekundärer Sektor, vgl. 1.2, S. 13

Industrieunternehmen lassen sich zunächst in unterschiedliche Industrietypen einteilen. Diese Typen spiegeln gleichzeitig die einzelnen Produktionsstufen wider, die es innerhalb des sekundären Wirtschaftssektors gibt. Den Industrietypen können unterschiedliche Branchen zugeordnet werden.

Industrietypen und Industriebranchen

Industrietypen und Industriebranchen

Grundstoff- und Produktionsgüterindustrie	Investitionsgüterindustrie	Verbrauchsgüterindustrie	Nahrungs- und Genussmittelindustrie
Produktionsstufe I/II: Gewinnung und Veredelung		**Produktionsstufe III: Be- und Verarbeitung**	
Montanindustrie – Bergbau – Schwerindustrie (Eisen- und Stahlindustrie) Mineralölindustrie Chemische Industrie	Elektroindustrie Maschinen- und Fahrzeugbau Schiffsbauindustrie Feinmechanik-, Optik-, Uhrenindustrie	Automobilindustrie Möbelindustrie Spielwarenindustrie Textil- und Bekleidungsindustrie Kunststoffverarbeitende Industrie	Molkereiindustrie Brauereiwirtschaft Backwarenindustrie

Montan
von lat. mons: Berg

Die industrielle Produktion wird durch Arbeitsteilung, Anlageintensität und zunehmende Konzentration charakterisiert.

Arbeitsteilung

Merkmale von Industrieunternehmen

Arbeitsteilung liegt vor, wenn Arbeiten in einem Leistungsprozess auf verschiedene Träger verteilt werden. Somit bedeutet Arbeitsteilung Spezialisierung auf bestimmte Tätigkeiten. Die Arbeitsteilung innerhalb des Betriebs umfasst zwei Aspekte: die Arbeitszerlegung und die Aufgabengliederung.

Fertigungsverfahren, vgl. HF3, 5, S. 236

Die Art der Arbeitsteilung, die Ökonomen wie Adam Smith und Frederic W. Taylor beschrieben, ist die **Arbeitszerlegung**, deren Einrichtung dann sinnvoll ist, wenn die Arbeitskräfte ständig die gleichen Arbeitsgriffe wiederholen. Sie hatte deshalb stets ein großes Echo, weil sie zur Produktivitätserhöhung und Wirtschaftlichkeitsverbesserung führte. Lange Zeit waren diese Größen die entscheidende Seite der Medaille. Doch diese Form der Arbeitsteilung hat auch erhebliche Nachteile: Fließbandarbeit führt zu Arbeitsmonotonie und einseitiger Belastung des Arbeiters. Die Produkte erreichen nicht höchste Qualitätsstandards, oft verursacht durch nachlassende Aufmerksamkeit des Arbeiters. Aus Unternehmenssicht führt sie zu einem erhöhten Krankenstand und zu Fluktuation. Heute wird durch Änderung der Fertigungsorganisation und verschiedene Humanisierungsstrategien in den Fabrikhallen versucht, die Nachteile so gering wie möglich zu halten, ohne jedoch die Vorteile der Arbeitsteilung aus dem Blick zu verlieren.

Arbeitszerlegung

Wird die betriebliche Gesamtaufgabe nach Funktionen, also nach Teilaufgaben gegliedert, ist die **Aufgabengliederung** gemeint. Das Ergebnis sind die Abteilungen (Einkauf, Produktion, Verkauf, kfm. Verwaltung usw.) eines Betriebes. In den Abteilungen werden sie weiter aufgegliedert und Aufgabenträgern zugeordnet. Das Ergebnis einer Aufgabengliederung spiegelt sich in Organigrammen wider.

Funktionsorientierung und Organisation im Unternehmen, vgl. **4.1.2**, S. 47

Aufgabengliederung

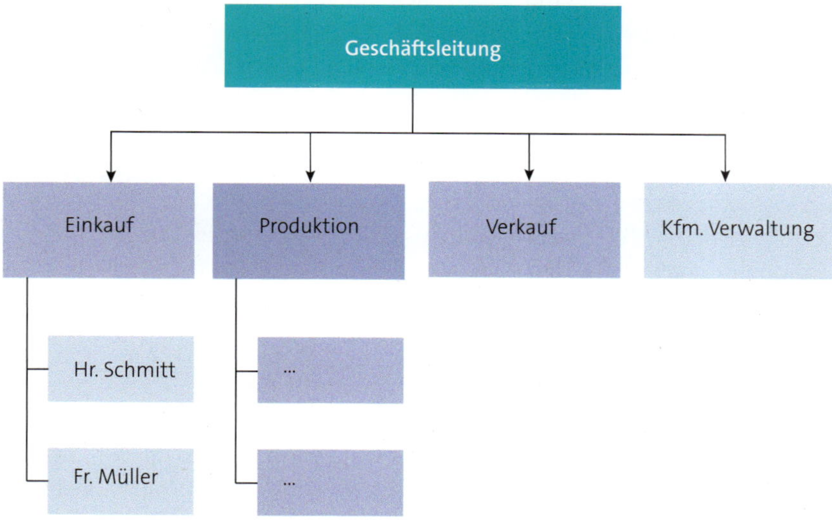

Anlageintensität

Industrielle Produktion ist oft gekennzeichnet durch eine hohe Ausstattung mit maschinellen Anlagen. Der Begriff Anlageintensität beschreibt den Anteil des Anlagevermögens am Gesamtvermögen eines Unternehmens. Sinkt die Kapazitätsauslastung eines Betriebs, z. B. aufgrund einer verschlechterten Auftragslage, dann laufen auch die Räder der Industrie insgesamt langsamer. Im Ernstfall werden vielleicht Maschinen stillgelegt und Kurzarbeit eingeführt.

Schweißroboter in der Autoproduktion

Ein geringer Auslastungsgrad an maschinellen Anlagen hat auch ein Kostenproblem zur Folge. Produktionsanlagen

Fixkosten, vgl. HF3, 6.2.2, S. 253

müssen optimal ausgelastet sein, damit die Produktionskosten je Einheit möglichst gering bleiben. Bei rückläufigem Absatz und hoher Anlageintensität eines Industrieunternehmens verteilen sich die von der Produktionsmenge unabhängigen (= fixe) Kosten auf weniger Erzeugnisse, was zur Folge hat, dass die Kosten je Produkt steigen. Fixe Kosten sind solche Kosten, die das Unternehmen kurzfristig nicht vermeiden kann und die auch dann anfallen, wenn wenig oder gar nicht produziert wird. Für einen industriellen Betrieb sind dies vor allem der Wertverlust der Anlagegüter (Kostenart Abschreibungen), Mieten, Zinsen, aber auch Löhne und Gehälter, da Arbeitsverträge nicht ohne Weiteres gekündigt werden können.

Konzentrationsprozesse

Viele Industrieunternehmen haben sich im Laufe der Zeit zu Großunternehmen entwickelt. Ausgehend von der Kostenexplosion in nahezu allen Bereichen eines Industrieunternehmens versuchen die wirtschaftlich stärkeren Unternehmen, schwächere zu übernehmen oder mit gleich starken Konkurrenten zusammenzuarbeiten bzw. sich zusammenzuschließen. Mit anderen Worten: Die Unternehmen konzentrieren sich.

Konzentration im Zeitalter der Globalisierung

Im Zeitalter der Globalisierung sind Konzentrationsprozesse nicht nur auf den nationalen Markt beschränkt. Unternehmenszusammenschlüsse finden zunehmend grenzüberschreitend statt, man spricht in diesem Zusammenhang auch von sogenannten **multinationalen Unternehmen (MNU)**. Die Gründe für Unternehmenszusammenschlüsse auf nationaler wie auf internationaler Ebene sind offensichtlich: Sie konzentrieren sich, um

- die Lieferung von Rohstoffen sicherzustellen,
- in Wirtschaftskrisen abgefedert zu sein,
- eine gemeinsame Forschung und Entwicklung finanzieren zu können,
- Zugang zu fremden Märkten zu erhalten,
- kostenintensive Eigenfertigung in Billiglohnländer zu verlegen,
- neue Rohstoffquellen zu erschließen.

Durch Konzentrationsprozesse wird die wirtschaftliche Freiheit kleinerer Unternehmen eingeschränkt, Konsumenten haben kaum noch Wahlmöglichkeiten beim Kauf ihrer Produkte, der Einfluss von Unternehmen auf politische Organe wird negative Folgen für den freien Markt haben. Konzentrationsprozesse sind verstärkt in konjunkturell schwachen Zeiten zu beobachten. In der Industrie vor allem dann, wenn die Unternehmen aufgrund niedriger Kapazitätsauslastung und hoher Anlageintensität ihre Kosten nicht mehr decken können und in finanzielle Schwierigkeiten geraten.

Übersicht: *Unternehmenstypen und Industrieunternehmen*

Industrietypen	– Grundstoff-/Produktionsgüterindustrie – Investitionsgüterindustrie – Verbrauchsgüterindustrie – Nahrungs- und Genussmittelindustrie
Merkmale von Industrieunternehmen	– Arbeitsteilung (Arbeitszerlegung, Aufgabengliederung) – Anlageintensität – Konzentrationsprozesse

2 Von der Geschäftsidee zur Unternehmensgründung

LS ▸ **LS 2**
Geschäftsideen nachvollziehen und beurteilen

Die Gründung eines Unternehmens bedeutet für die Gründer den Schritt in die **berufliche Selbstständigkeit**. Berufliche Selbstständigkeit heißt, alle wichtigen Entscheidungen selbst treffen zu können, keine Vorgesetzten zu haben und bei Erfolg der Unternehmung ein gutes Einkommen erzielen zu können. Gleichzeitig trägt der Unternehmer das Risiko des wirtschaftlichen Scheiterns und verzichtet auf ein geregeltes Einkommen und einen Schutz durch die gesetzliche Sozialversicherung.

Die **Motive**, diesen Weg einzuschlagen, sind vielfältig. So sind die einen mit ihrem bisherigen beruflichen Umfeld unzufrieden und wollen lieber selbst bestimmen, was und wie viel sie arbeiten. Andere haben eine erfolgversprechende Geschäftsidee entwickelt und glauben, dass die Zeit für die Umsetzung reif ist. Für einige wiederum ist es eine Möglichkeit, der Arbeitslosigkeit zu entfliehen.

Um das beträchtliche **Risiko** des Scheiterns beim Start zu begrenzen, wählen einige Gründer den Weg des Teilzeitunternehmers, der neben seiner unternehmerischen Tätigkeit weiter einer abhängigen Beschäftigung nachgeht. Eine weitere Möglichkeit zur Minderung des unternehmerischen Risikos ist die Übernahme eines bereits bestehenden Unternehmens oder der Einstieg in ein bereits funktionierendes Geschäftskonzept. Hier bietet sich das sogenannte Franchising an.

Franchising, vgl. **2.4**, S. 35

Die wichtigste Grundlage für eine Unternehmensgründung ist eine geeignete **Geschäftsidee**. Ideen können bei der beruflichen Tätigkeit oder durch ein Hobby entstehen. Bei vielen erfolgreichen Geschäftsideen handelt es sich um bereits bestehende Ideen, die weiterentwickelt, verbessert oder auf neue Märkte übertragen wurden. Im Internet beispielsweise findet man eine Fülle von Geschäftsideen aus der ganzen Welt.

Beispiel Holger Larsen, der seit sieben Jahren in der Produktion der Fly Bike Werke GmbH tätig ist, überlegt, sich selbstständig zu machen. Der ambitionierte Freizeitradler möchte endlich seine eigenen Ideen zur Konstruktion eines idealen Fahrrads in die Tat umsetzen. Beratung und Dienstleistungen rund ums Fahrrad könnten die Basis für seine Selbstständigkeit sein. Bekannte und Freunde suchen schon jetzt ständig seinen Rat und seine Hilfe. Die Planung eines neuen Streckenradwegs, der auch durch seine Heimatstadt verlaufen soll, hat ihn in seinem Vorhaben beflügelt. Er wendet sich mit seiner Idee an einen Gründungsberater, der ihn darüber informiert, dass das Erstellen eines Businessplans für die Realisierung seiner Idee unumgänglich ist.

Um aus einer Idee ein ausgereiftes **Geschäftskonzept** zu entwickeln, ist eine Vielzahl von konkreten Überlegungen und Recherchen anzustellen, die in einem **Businessplan** festgehalten werden können.

Der Businessplan

Was gehört in einen Businessplan?	
Geschäftsidee	Was genau ist die Geschäftsidee?
	Was ist das Besondere daran?
	Wo liegen die Risiken bei der Umsetzung der Idee?
	Gibt es eine günstige Gelegenheit zum Kauf oder zur Pacht eines Unternehmens?
Persönliche Voraussetzungen der Gründungsperson/en	Über welche fachliche Qualifikation verfügen die Gründer?
	Welche besonderen Stärken haben sie?
	Welche Schwächen gibt es? Wie werden diese ausgeglichen?
Wirtschaftliche Voraussetzungen	**Marketingkonzept:**
	Gibt es bereits Konkurrenten und wie stark sind sie?
	Zu welchem Preis soll das Produkt angeboten werden?
	Wie und wo soll für das Produkt geworben werden?
	Standort:
	Welche Kriterien sollte ein geeigneter Standort für das Unternehmen erfüllen?
	Gibt es bereits einen möglichen Standort?
	Wie viel Raum benötigt das Unternehmen?
	Personalbedarf:
	Werden weitere Mitarbeiter benötigt?
	Welche Qualifikationen sollten diese Mitarbeiter haben?
	Finanzierung:
	Wie hoch ist der geplante Kapitalbedarf?
	Über wie viel Eigenmittel verfügen die Gründer?
	Welche Sicherheiten sind vorhanden?
Rechtliche Voraussetzungen	Wo muss das Unternehmen angemeldet werden?
	Was bedeutet es, Unternehmer zu sein?
	Welche Rechtsform ist für das Unternehmen geeignet?

Der Businessplan dokumentiert alle wichtigen Gedanken und Informationen über das zu gründende Unternehmen. Durch die Aufstellung eines Businessplans ist der Gründer gezwungen, alle Aspekte seiner Gründung intensiv zu durchdenken, um mögliche Schwachstellen in seinem Vorhaben zu erkennen.

Auch für einen staatlichen Gründungszuschuss oder für eine Finanzierung durch ein Kreditinstitut wird ein gut ausgearbeiteter Businessplan benötigt. Die potenziellen Kapitalgeber müssen von dem Erfolg des Unternehmens überzeugt werden.

2.1 Persönliche Voraussetzungen

Beispiel Holger Larsen hat eine Ausbildung als Zweiradmechaniker abgeschlossen und konnte bereits Erfahrungen in der Produktion der Fly Bike Werke GmbH sammeln. Auch in seiner Freizeit stehen Radfahren und Räder an erster Stelle. Er ist sich aber nicht sicher, ob diese Voraussetzungen ausreichen.

Eine gute Geschäftsidee ist wichtig, aber man muss auch davon überzeugt sein und andere davon überzeugen können, dass man selbst in der Lage ist, sie in die Praxis umzusetzen. Nicht jeder ist ein „Unternehmertyp".

Branchenbezogene Kenntnisse und Erfahrungen sind bei einem Schritt in die Selbstständigkeit natürlich sehr wichtig. Aber auch ein gewisses Maß an **kaufmännischen Kenntnissen** ist für eine dauerhafte und erfolgreiche Unternehmertätigkeit unabdingbar. Fehlen diese Kenntnisse, müssen sie erworben werden (z. B. in Existenzgründungsseminaren). Externe Beratung und Hilfe vor allem in steuerlichen und anderen rechtlichen Fragen sollten hinzugezogen werden.

Wer sich selbstständig macht, sollte **körperlich und psychisch fit** sein. Lange Arbeitszeiten und die häufig unsichere Situation belasten den Gründer. Eine längere Krankheit kann dazu führen, dass man kein Geld mehr verdient und das Unternehmen gefährdet ist. Ein Selbstständiger muss auf viele gesetzliche oder tarifliche Errungenschaften, die für einen Arbeitnehmer selbstverständlich sind, verzichten. Ihm steht kein festes Gehalt, kein fester Urlaubsanspruch und keine Lohnfortzahlung im Krankheitsfall zu. Unregelmäßiges Einkommen ist die Regel. In der Anlaufphase des Unternehmens ist sogar mit gar keinem Einkommen zu rechnen. Vor allem muss er sich um seine soziale Absicherung bei Krankheit, schlechter Auftragslage, Berufs- oder Erwerbsunfähigkeit selbst kümmern.

Starthilfe, Existenzgründungsbroschüre des Bundesministeriums für Wirtschaft und Energie, Berlin, November 2018; Titelseite

Durch die Unternehmensgründung sind auch das **persönliche Umfeld** und die Familie betroffen. Ein einplanbares Einkommen fällt weg und auch zeitlich kommen persönliche Beziehungen häufig zu kurz.

Um Kunden, Mitarbeiter und mögliche Geldgeber von seinen Ideen überzeugen zu können, bedarf es außerdem einer guten **Kommunikationsfähigkeit**. Darüber hinaus verfügen erfolgreiche Unternehmer beispielsweise über Eigenschaften wie Selbstdisziplin, Zielstrebigkeit, Kreativität und Risikobereitschaft sowie Freude an der Arbeit.

Industrie- und Handelskammern, Handwerkskammern, zuständige Ministerien usw. stellen kostenlos Materialien zur Verfügung, anhand derer man überprüfen kann, ob man persönlich zum Unternehmer geeignet ist.

Sind Sie ein „Unternehmertyp"?
Die Checkliste hilft Ihnen dabei festzustellen, ob Sie ein „Unternehmertyp" sind oder nicht. Je öfter Sie mit „Ja" antworten, desto eher erfüllen Sie die Voraussetzungen für eine erfolgreiche Existenzgründung. Weitere Gründertests finden Sie unter www.existenzgruender.de.

Antriebsstärke	Eher ja	Eher nein
– Sind Sie begeisterungsfähig?	○	○
– Sind Sie entscheidungsfreudig?	○	○
– Nehmen Sie Herausforderungen gern an?	○	○
– Sind Sie hartnäckig, wenn es um Ihre Sache geht?	○	○
Unabhängigkeit		
– Sind Sie jemand, der gern die Initiative ergreift?	○	○
– Geht es Ihnen eher gegen den Strich, wenn Ihnen jemand sagt, was Sie zu tun haben?	○	○
– Genießen Sie es, selber entscheiden zu dürfen?	○	○
– Haben Sie eigene Ziele, die Sie erreichen wollen?	○	○
Risikobereitschaft		
– Sind Sie ein optimistischer Mensch?	○	○
– Sind Sie bereit, Risiken einzugehen, wenn Sie etwas erreichen wollen?	○	○
– Kommen Sie gut über Frustrationen hinweg?	○	○
– Hätten Sie als Unternehmer/-in Angst davor zu scheitern?	○	○
– Sind Sie bereit, als Selbstständige/-r auf ein sicheres und regelmäßiges Einkommen zu verzichten?	○	○

Kreativität	Eher ja	Eher nein
– Fällt es Ihnen leicht, neue Ideen zu entwickeln?	○	○
– Denken Sie: Es gibt für jedes Problem eine Lösung?	○	○
– Finden Sie Routine auf Dauer langweilig?	○	○
Kontakt		
– Fällt es Ihnen leicht, mit fremden Menschen ins Gespräch zu kommen?	○	○
– Können Sie sich gut gegen andere durchsetzen?	○	○
– Übernehmen Sie gern Verantwortung?	○	○
– Können Sie sich gut auf andere Menschen einstellen?	○	○
– Können Sie andere begeistern?	○	○
Leistung		
– Sind Sie ehrgeizig?	○	○
– Sind Sie ein/-e disziplinierte/-r Arbeiter/-in?	○	○
– Kommen Sie mit Stresssituationen gut zurecht?	○	○
– Wären Sie bereit, als Selbstständige/-r 60 Stunden und mehr in der Woche zu arbeiten?	○	○

Auswertung: Für ein „eher ja" gibt es 1 Punkt, für ein „eher nein" 0 Punkte. Addieren Sie Ihre Punktzahl:

0 bis 10 Punkte: Sie sind wahrscheinlich nicht die geborene Unternehmerin oder der geborene Unternehmer. Wahrscheinlich sind Sie als Angestellte/-r zufriedener.

11 bis 20 Punkte: Das Ergebnis fällt nicht eindeutig aus. Die geborene Unternehmerin oder der geborene Unternehmer sind Sie wahrscheinlich nicht. Aber Sie zeigen schon eine ganze Reihe von Eigenschaften, die man als Unternehmer/-in gut gebrauchen kann.

21 bis 25 Punkte: Wir gratulieren: Sie scheinen viel von einer Unternehmerperson zu haben. Wenn Sie mit dem Gedanken spielen, sich tatsächlich selbständig zu machen, sollten Sie sich gut über den Weg dorthin informieren.

Quelle: Starthilfe, Existenzgründungsbroschüre des Bundesministeriums für Wirtschaft und Energie, Berlin, November 2018; Checkliste Seite 12, erstellt in Zusammenarbeit mit Prof. Dr. Günter F. Müller, Universität Koblenz-Landau

2.2 *Wirtschaftliche Voraussetzungen*

Marketingplan

Beispiel Holger Larsen macht sich Gedanken darüber, ob es ihm gelingen kann, genügend Kunden für sein Unternehmen zu gewinnen, um davon auf Dauer leben zu können. Konkurrenz gibt es an seinem Wohnort noch keine. Aber wie kann er Kunden auf seinen Fahrradladen aufmerksam machen? Und woran soll er seine Preisgestaltung orientieren?

Markterkundung, -forschung, vgl. HF 4, 2, S. 266

Wer ein Unternehmen gründet, sollte über genaue **Kenntnisse des relevanten Marktes** verfügen. Bedürfnisse und Erwartungen der Kunden müssen möglichst genau in Erfahrung gebracht werden. Falls das Unternehmen keine Marktnische gefunden hat, ist auch die Konkurrenz zu analysieren. Welche Produkte werden dort zu welchen Preisen angeboten? Natürlich muss man sich auch überlegen, wie man die Kunden auf die Produkte oder Dienstleistung aufmerksam machen kann. All diese Überlegungen werden in einem **Marketingkonzept** zusammengefasst.

Marketingkonzeption, vgl. HF 4, 1.2, S. 261

Standortwahl

Beispiel Holger Larsen möchte sich in jedem Fall in seiner Heimatstadt selbstständig machen. Er begibt sich auf die Suche nach geeigneten Räumlichkeiten. Es muss Platz für eine kleine Werkstatt und einen Verkaufsraum vorhanden sein. Zu viele Kosten dürfen am Anfang nicht entstehen, es sollte aber die Möglichkeit einer späteren Geschäftsvergrößerung gegeben sein.

Der wirtschaftliche Erfolg eines Betriebes ist nicht nur von der unternehmerischen Leistungsfähigkeit abhängig. Man muss auch einen Standort finden, der das Geschäftskonzept und die Zielsetzungen des Unternehmens am besten unterstützt. Sowohl das Umfeld als auch die Größe und die besonderen Eigenschaften der Räumlichkeiten haben einen wichtigen Einfluss auf den Erfolg.

Der Standort entscheidet beispielsweise über
- die Nähe zu Kunden und zu Lieferanten,
- die Nähe zur Konkurrenz,
- die Höhe der Miete, Pacht oder Kaufsumme für ein Gebäude,
- die Höhe der zu entrichtenden Steuern,
- das Angebot an qualifizierten Fachkräften,
- die Höhe der Lohn- und Lohnnebenkosten,
- die Inanspruchnahme kommunaler Fördermittel,
- Verkehrswege und -anbindung.
- Umweltauflagen, die bei Produktion oder Transport zu berücksichtigen sind,
- die Möglichkeit einer späteren Unternehmenserweiterung.

Standortfaktoren

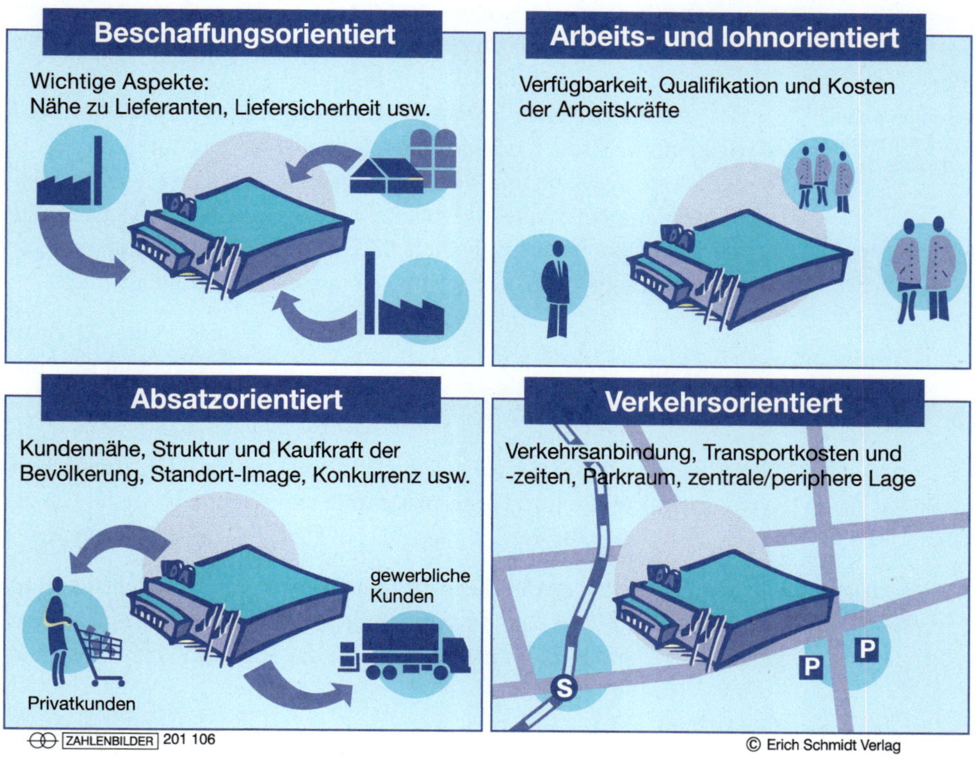

Personalbedarf

Beispiel Holger Larsen überlegt, ob er die anfallenden Verwaltungs- und Reparaturarbeiten alleine erledigen kann oder ob es besser ist, einen zusätzlichen Mitarbeiter einzustellen. Er macht sich auch Gedanken darüber, was ist, wenn er einmal krank wird. Einen geschlossenen Laden kann er sich am Anfang sicher nicht erlauben.

Personal, vgl. **HF5**, Band 2

Bei der Verwirklichung einer Geschäftsidee sind Unternehmensgründer häufig auf die Unterstützung durch geeignetes Personal angewiesen. Auf der einen Seite muss ausreichend Personal vorhanden sein, um die anfallenden Aufgaben zu erledigen, auf der anderen Seite dürfen aber gerade in der Anfangsphase keine unnötigen Kosten durch eine Überbesetzung entstehen. Zur Festlegung der Anzahl der Mitarbeiter (**quantitativer Personalbedarf**) hilft das Erstellen einer **Personaleinsatzplanung**.

Ein Unternehmensgründer muss sich auch Gedanken über das gewünschte Qualifikationsprofil seiner zukünftigen Mitarbeiter (**qualitativer Personalbedarf**) machen. Zu beachten ist auch das sich daraus ergebende Gehaltsniveau und wie und wo er dieses Personal finden kann.

Wichtig: Mitarbeiter müssen beim Finanzamt und bei der Sozialversicherung angemeldet werden!

Finanzierungsplan

Beispiel Holger Larsen schätzt den Kapitalbedarf für sein Unternehmen nicht besonders hoch ein. Er hat einiges an Ersparnissen. Damit kann er eine kurze Zeit überbrücken. Da er aber kein festes Einkommen mehr einplanen kann, wird er auf einen Kredit von seiner Bank angewiesen sein. Im Existenzgründerseminar hat er außerdem erfahren, dass er eventuell auf staatliche Unterstützung hoffen darf.

Kapitalbedarf und Finanzierung, vgl. **HF6**, Band 2

In der ersten Phase einer Unternehmensgründung entsteht der höchste **Kapitalbedarf**. So muss z. B. die Büroeinrichtung gekauft werden, Waren müssen bestellt und bezahlt werden, Miete und Versicherungen müssen überwiesen werden. Und dies alles, bevor nur ein Kunde die Produkte oder Dienstleistungen kauft. War der Schritt in die Selbstständigkeit erfolgreich, fließt später genügend Geld durch den Verkauf der Produkte und/oder Dienstleistungen in das Unternehmen zurück.

Um den entstehenden Kapitalbedarf decken zu können, muss der Gründer in der Regel **Kredite** bei einem Kreditinstitut beantragen. Es empfiehlt sich, die anstehenden Finanzierungsgespräche gut vorzubereiten und z. B. das Kreditinstitut durch einen durchdachten Businessplan von den Erfolgsaussichten des Unternehmens zu überzeugen. Außerdem muss er sich darum kümmern, welche **staatlichen Existenzgründungskredite und Förderprogramme** es gibt und ob sie für ihn infrage kommen. Die entsprechenden Anträge müssen anschließend gestellt werden.

Eigenkapital, vgl. **7.2**, S. 73

Unabdingbar ist aber vor allem, dass der Gründer über ausreichendes **Eigenkapital** verfügt. Nicht zuletzt davon hängt seine Kreditwürdigkeit ab. Ein zu geringes Eigenkapital ist einer der häufigsten Gründe für das Scheitern einer Unternehmensgründung.

2.3 Rechtliche Voraussetzungen

In Deutschland besteht **Gewerbefreiheit**. Danach hat jeder grundsätzlich das Recht, sich selbstständig zu machen und ein Gewerbe zu betreiben.

§ 1 Gewerbeordnung
Der Betrieb eines Gewerbes ist jedermann gestattet, soweit nicht durch dieses Gesetz Ausnahmen oder Beschränkungen vorgeschrieben oder zugelassen sind.

Zum Schutz der Öffentlichkeit sind bei einigen Gewerben für die Erlaubnis und Zulassung **besondere Nachweise** wie polizeiliches Führungszeugnis, besondere Fachkundenachweise oder Genehmigungen erforderlich.

Ausländische Staatsangehörige aus Nicht-EU-Mitgliedsstaaten dürfen eine selbstständige Gewerbetätigkeit nur dann ausüben, wenn dies nach ihrem Aufenthaltsstatus zulässig ist.

2.3.1 Anmeldepflichten

Bevor ein Existenzgründer sein Unternehmen starten kann, muss er seinen Betrieb unter anderem bei folgenden Behörden und Organisationen anmelden:

- Jeder Gewerbebetrieb muss beim zuständigen **Gewerbeamt** angemeldet werden.
- Mit der Anmeldung beim **Finanzamt** erhält der Unternehmer eine Steuernummer zugeteilt, unter der er in Zukunft seinen Steuerpflichten nachkommen muss.
- Selbstständige Handwerker müssen ihre Tätigkeit bei der **Handwerkskammer** anzeigen und sich in der Regel in die „Handwerksrolle“ eintragen lassen.
- Alle anderen Unternehmer werden kraft Gesetzes Mitglied der örtlich zuständigen **Industrie- und Handelskammer (IHK).** Die Gewerbeämter informieren die Kammern über die Gewerbeanmeldung.

2.3.2 Kaufmannsstatus und Kaufmannseigenschaften

Beispiel Holger Larsen ist sich nicht sicher, ob er mit seinem neuen Unternehmen ein Kaufmann mit all seinen Rechten, aber auch Pflichten sein wird. Bei einem Existenzgründungsseminar hat er erfahren, dass Kaufleute viel strengeren Rechtsvorschriften unterliegen. Auf einen Kaufmann werde das Handelsgesetzbuch (HGB) angewendet und das sei viel strenger als das Bürgerliche Gesetzbuch (BGB).

Kaufmannsstatus

Unter der Bezeichnung „Kaufmann“ versteht man im täglichen Sprachgebrauch Menschen, die eine kaufmännische Ausbildung absolviert haben oder im Handel tätig sind. Im juristischen Sinne ist dieser Begriff jedoch anders definiert. Wer Kaufmann ist, legt das **Handelsgesetzbuch (HGB)** in seinem ersten Paragrafen fest.

§ 1 HGB
(1) Kaufmann im Sinne dieses Gesetzbuchs ist, wer ein Handelsgewerbe betreibt.
(2) Handelsgewerbe ist jeder Gewerbebetrieb, es sei denn, dass das Unternehmen nach Art oder Umfang einen in kaufmännischer Weise eingerichteten Geschäftsbetrieb nicht erfordert.

Firma,
vgl. 2.3.3, S. 33

Handelsregister,
vgl. 2.3.4, S. 34

Art, Größe und Rechtsform des neu zu gründenden Unternehmens entscheiden also, ob der Betreiber als „Kaufmann“ im rechtlichen Sinne zu behandeln ist. Auf Kaufleute sind die Vorschriften des HGB voll anwendbar. Die Anwendung des HGB hat u. a. Auswirkungen auf die Namensgebung (Firma) des Unternehmens, die Buchführungspflicht und die Abwicklung von Kaufverträgen. Kaufleute sind grundsätzlich verpflichtet, sich ins Handelsregister eintragen zu lassen. Außerdem gelten für sie bestimmte anerkannte Handelsbräuche, z. B. müssen sie dafür sorgen, dass ihnen schriftliche Mitteilungen auch bei Abwesenheit vom Geschäft (durch Urlaub, Krankheit usw.) zugestellt werden.

Kaufmannseigenschaften

Der Begriff des **Handelsgewerbes** ist unabhängig von der Branche des Unternehmens. Auch ein Handwerker oder der Inhaber eines Hotels kann also Kaufmann sein.

Das HGB geht vom Begriff des **Handelsgewerbes** aus. Als Gewerbe bezeichnet man jede erlaubte und fortgesetzte selbstständige Tätigkeit, die auf die Erzielung von Gewinn ausgerichtet ist. Führt der Gewerbetreibende außerdem einen „in kaufmännischer Weise eingerichteten Geschäftsbetrieb“, ist er **Istkaufmann** im Sinne des § 1 HGB. Ob ein solcher Geschäftsbetrieb vorliegt, muss im Einzelfall entschieden werden. Beurteilungskriterien sind u. a. die Höhe von Umsatz, Forderungen und Vermögen, die Mitarbeiterzahl sowie die Anzahl/Größe der Geschäftsräume. Für ein kleines Unternehmen mit geringer Umsatzhöhe und nur einem Mitarbeiter ist z. B. kein kaufmännischer Geschäftsbetrieb erforderlich. Ein solches Unternehmen fällt unter den Begriff **Kleingewerbe**. Aber auch der Betreiber eines Kleingewerbes kann den Status eines Kaufmannes erwerben, indem er sich freiwillig ins Handelsregister eintragen lässt. Er ist nach § 2 HGB ein sogenannter **Kannkaufmann**.

Rechtsformen,
vgl. 3, S. 37

Für Handels- und Kapitalgesellschaften (z. B. OHG, GmbH) gelten ebenfalls die Bestimmungen des HGB. Sie sind gemäß § 6 HGB sogenannte **Formkaufleute**.

Übersicht: *Kaufmannsstatus und Kaufmannseigenschaften*

Istkaufmann	Kaufmann kraft kaufmännisch eingerichteten Geschäftsbetriebes HGB § 1
Kannkaufmann	Kaufmann kraft Eintragung ins Handelsregister HGB §§ 2, 3 Eintragung ist freiwillig!
Formkaufmann	Kaufmann kraft Rechtsform HGB § 6 Handels- und Kapitalgesellschaften, z. B. OHG, GmbH

2.3.3 Firma

§ 17 HGB
(1) Die Firma eines Kaufmannes ist der Name, unter dem er seine Geschäfte betreibt und die Unterschrift abgibt.
(2) Ein Kaufmann kann unter seiner Firma klagen und verklagt werden.

Kaufleute müssen eine Firma führen. Die Firmenführung ist jedoch auf den Geschäftsbetrieb beschränkt, sie wird nicht in den Pass oder Personalausweis eingetragen. Dagegen kann der Kaufmann, der für sein Unternehmen einen Dienstwagen unterhält, einen Kraftfahrzeugschein auf seine Firma ausstellen lassen. Es werden folgende **Firmenarten** unterschieden:

- Personenfirma, bestehend aus einem oder mehreren Personennamen
- Sachfirma, abgeleitet vom Unternehmensgegenstand
- Fantasiefirma, häufig eine von Markennamen abgeleitete werbewirksame Bezeichnung
- gemischte Firma, die sowohl Personennamen als auch den Unternehmensgegenstand enthält

Die Wahl der Firma hängt von der Rechtsform des Unternehmens ab. Bei Einzelkaufleuten muss z. B. die Bezeichnung „eingetragener Kaufmann" bzw. „eingetragene Kauffrau" (e. K. oder e. Kfm. bzw. e. Kfr.) in der Firma enthalten sein. Dieser Zusatz ist auch auf Geschäftsbriefen, Visitenkarten, Katalogen usw. zu vermerken.

Firmierung weiterer Rechtsformen, vgl. **3**, S. 37 ff.

Die Firma ist an bestimmte rechtliche Grundsätze gebunden. Dazu gehören:

Firmenwahrheit: Die Firma darf nicht irreführend sein. Sie muss den tatsächlichen Rechtsverhältnissen entsprechen. Dieser Grundsatz schützt die Geschäftspartner, denn die Rechtsform gibt Auskunft über die Größe und die Finanzkraft des Unternehmens.

Firmenausschließlichkeit: Die Firma darf nicht die gleiche Bezeichnung tragen wie eine andere Firma am gleichen Ort. Bei der Eintragung ins Handelsregister wird dies geprüft. Auch dieser Grundsatz bedeutet eine Sicherheit für die Geschäftspartner, da er hilft, Verwechslungen zwischen den Firmen zu vermeiden.

Firmenbeständigkeit: Beim Wechsel des Inhabers darf die Firma weitergeführt werden. Hierbei muss jedoch im Zweifel die Firmenwahrheit beachtet werden.

Firmenklarheit: Die Firma muss so formuliert sein, dass sie Außenstehende nicht über wichtige geschäftliche Verhältnisse irreführt.

Firmenöffentlichkeit: Die Eintragung ins Handelsregister muss erfolgen, damit die Öffentlichkeit über die Gründung der Firma informiert wird.

2.3.4 Handelsregister

§ 29 HGB
Jeder Kaufmann ist verpflichtet, seine Firma und den Ort seiner Handelsniederlassung bei dem Gericht, in dessen Bezirk sich die Niederlassung befindet, zur Eintragung in das Handelsregister anzumelden; er hat seine Namensunterschrift unter Angabe der Firma zur Aufbewahrung bei dem Gericht zu zeichnen.

Kaufleute unterliegen in ihren Geschäften z. T. anderen (strengeren) Vorschriften als Nichtkaufleute. Deshalb muss allen, die mit ihnen Geschäfte abschließen, bekannt sein, dass sie es mit Kaufleuten zu tun haben. Alle Tatsachen, die für die Geschäftspartner eines Kaufmannes rechtlich bedeutsam sein können, werden deshalb durch die **Eintragung ins Handelsregister** öffentlich registriert.

Das Handelsregister ist ein beim Amtsgericht geführtes Verzeichnis aller Kaufleute eines Amtsgerichtsbezirks. Es dient dem Zweck, die Öffentlichkeit zu informieren und zu schützen. Jedermann hat das Recht, in das Register einzusehen. Die Eintragungen erfolgen auf Anmeldung des Kaufmannes mit notarieller Beglaubigung oder von Amts wegen (z. B. bei Eröffnung eines Insolvenzverfahrens). Das Gericht muss die Eintragungen veröffentlichen; das Handelsregister wird seit 2007 vollständig elektronisch geführt. Die Eintragungen können online im elektronischen Bundesanzeiger abgerufen werden.

www.bundesanzeiger.de

Das Handelsregister genießt **öffentlichen Glauben**. Das Vertrauen auf seinen Inhalt ist geschützt. Solange eine Tatsache, die ins Register eingetragen werden müsste, noch nicht eingetragen ist, kann sie einem Dritten gegenüber nicht geltend gemacht werden.

Die Eintragung hat häufig nur eine rechtsbezeugende (deklaratorische) Wirkung, d. h., die ins Register aufgenommenen Tatsachen waren bereits vor dem Eintrag rechtsgültig und werden nun öffentlich bekanntgemacht. Dies ist z. B. beim Eintrag eines Istkaufmannes der Fall. Entsteht die Kaufmannseigenschaft jedoch – wie beim Kannkaufmann – erst durch den Registereintrag, hat dieser rechtsbegründende (konstitutive) Wirkung.

Übersicht: Rahmenbedingungen für eine Unternehmensgründung

Persönliche Voraussetzungen	Branchenbezogene und kaufmännische Kenntnisse, physische und psychische Belastbarkeit, Selbstdisziplin, Freude an der Arbeit, Risikofreudigkeit, Kommunikationsfähigkeit usw.
Wirtschaftliche Voraussetzungen	Aufstellung eines Marketingplans, Wahl eines geeigneten Standorts, Personalbedarfsplanung, Aufstellung eines Finanzierungsplans
Rechtliche Voraussetzungen	
Anmeldepflichten	Anmeldung des Gewerbes beim Gewerbeamt, Finanzamt usw.
Kaufmann	Rechtsstatus eines Unternehmens, wonach es den Rechten und Pflichten des Handelsrechts (HGB) unterliegt. In der Regel ist es dann zu einem kaufmännisch eingerichteten Geschäftsbetrieb verpflichtet.
Firma	Name eines Kaufmanns, unter dem er seine Geschäfte betreibt
Handelsregister	Verzeichnis aller Kaufleute eines Amtsgerichtsbezirks

2.4 Franchising

Eine Möglichkeit, sich selbstständig zu machen, dabei aber auf bewährte Vermarktungsideen zu setzen, ist das Franchising. Diese Vertriebsform basiert auf der Kooperation zwischen Franchisegeber und Franchisenehmer. Beim Franchising nutzt der **Franchisenehmer** gegen Gebühr das bereits erfolgreich eingeführte Geschäfts- und Marketingkonzept des Franchisegebers. Der **Franchisegeber** plant und koordiniert das Marketing. Rund 1 000 Franchisegeber sind derzeit am deutschen Markt tätig. Über Franchise-Konzepte informiert die jährlich in Dortmund stattfindende START+Franchise-Messe, die sich an Gründer und junge Unternehmer wendet.

Die Kooperation zwischen Franchisegeber und -nehmer zielt auf den erfolgreichen Vertrieb von Waren und Dienstleistungen. Beide Kooperationspartner sind selbstständige Kaufleute. Zu beachten ist, dass der Franchisenehmer als selbstständiger Unternehmer das wirtschaftliche Risiko auf sich nimmt, er jedoch vertraglich gebunden ist, das vorgeschriebene Geschäfts- und Marketingkonzept umzusetzen. Im Extremfall heißt das, dass er auch für Fehler im Marketing wirtschaftlich „geradestehen" und Verluste tragen muss, ohne jedoch das Konzept selbst beeinflussen zu können.

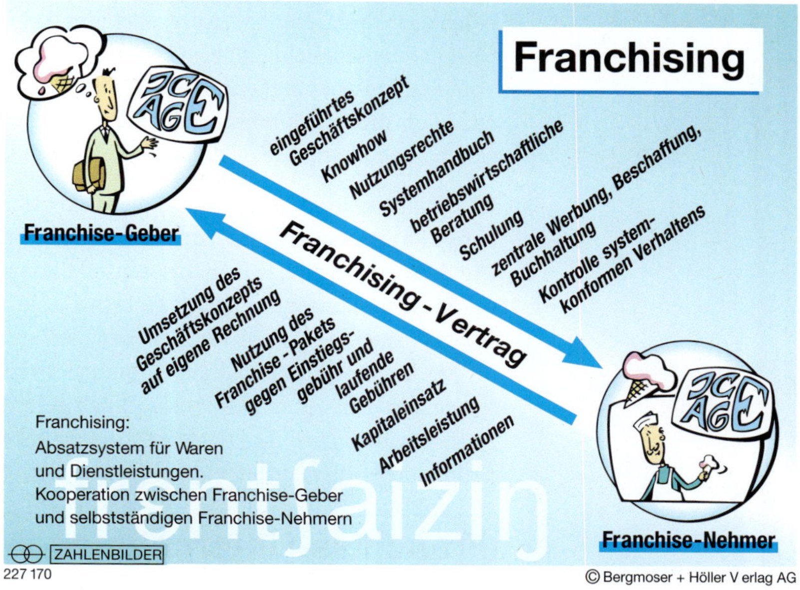

Es gibt folgende Franchisingarten:

- Beim **Vollfranchising** übernimmt der Franchisenehmer in einem oder mehreren Geschäftsstandorten das Franchisepaket des Franchisegebers.
- Beim **Minifranchising** (Abteilungsfranchise) wird durch den Franchisenehmer nicht für das gesamte Unternehmen ein Franchisekonzept angewendet, sondern nur für eine bestimmte Abteilung.
- Beim **Produktfranchising** stellt der Franchisenehmer eine Ware her, die unter dem Namen des Franchisegebers verkauft wird. Produktfranchising ist eine Sonderform des Franchisings und enthält nicht alle Elemente des gesamten Franchisings.

Vor- und Nachteile für den Franchisenehmer

Durch das Franchisesystem nutzt der Franchisenehmer die Ideen, die Erfahrungen und das Managementwissen des Franchisegebers. Dadurch wird von Anfang an eine **rationelle Betriebsführung** ermöglicht, die schnell zum Erreichen der Gewinnzone führt. Mit allen Problemen des Unternehmensstarts steht der Franchisenehmer nicht alleine da. Der Marktauftritt ist den Kunden unter Umständen schon bekannt und die Systemzentrale kann bei auftretenden Problemen schnell helfen, da dort das entsprechende Know-how schon erworben worden ist.

Allerdings muss der Franchisenehmer akzeptieren, dass der Franchisegeber ein **Weisungs- und Kontrollrecht** hat, das den Franchisenehmer in seiner Kreativität und seiner Risikobereitschaft beeinträchtigen kann. Wenn in der Franchise-Zentrale Fehler gemacht werden, muss der Franchisenehmer mit seinem Geschäft diese Fehler mitverantworten. Insofern steht der Franchisenehmer immer in einer Schicksalsgemeinschaft mit dem Franchisegeber.

Vor- und Nachteile für den Franchisegeber
So wie von dem Franchisenehmer partnerschaftliches Verhalten erwartet wird, muss auch der Franchisegeber dieses partnerschaftliche Verhalten zeigen. Einige Franchisegeber machen deshalb in ihren Franchise-Verträgen **Mediation**sverfahren bei Streitfällen zur Pflicht. Der Franchisegeber gibt dadurch, dass er das Geschäft nicht selbst betreibt, die Möglichkeit aus der Hand, Einfluss auf die Gewinnspanne zu nehmen. Vom Franchisenehmer erhält er nur eine **Eintrittsgebühr** und dann laufende **Franchisegebühren**. Dafür braucht der Franchisegeber aber auch nicht das Risiko für das Geschäft zu übernehmen, denn das liegt beim selbstständigen Franchisenehmer.

Der Franchisegeber spart Expansionskosten und hat dadurch einen deutlich **niedrigeren Kapitalbedarf**, als wenn er seine Geschäfte als Filialen selbst betreiben würde. Die Spezialisten in der Franchisezentrale können, abgekoppelt vom Tagesgeschäft, das Franchisekonzept weiterentwickeln. Da sie mit ihren Franchisenehmern über ein Berichtssystem verbunden sind, haben die Zentralen einen genauen Überblick über die Marktentwicklung und die Verbrauchertrends. Dabei ist es allerdings sehr wichtig, dass es dem Franchisegeber wirklich gelungen ist, Franchisenehmer als Partner zu finden, die die zu ihm passenden persönlichen Eigenschaften, fachlichen Qualifikationen, Berufserfahrungen und finanziellen Voraussetzungen haben.

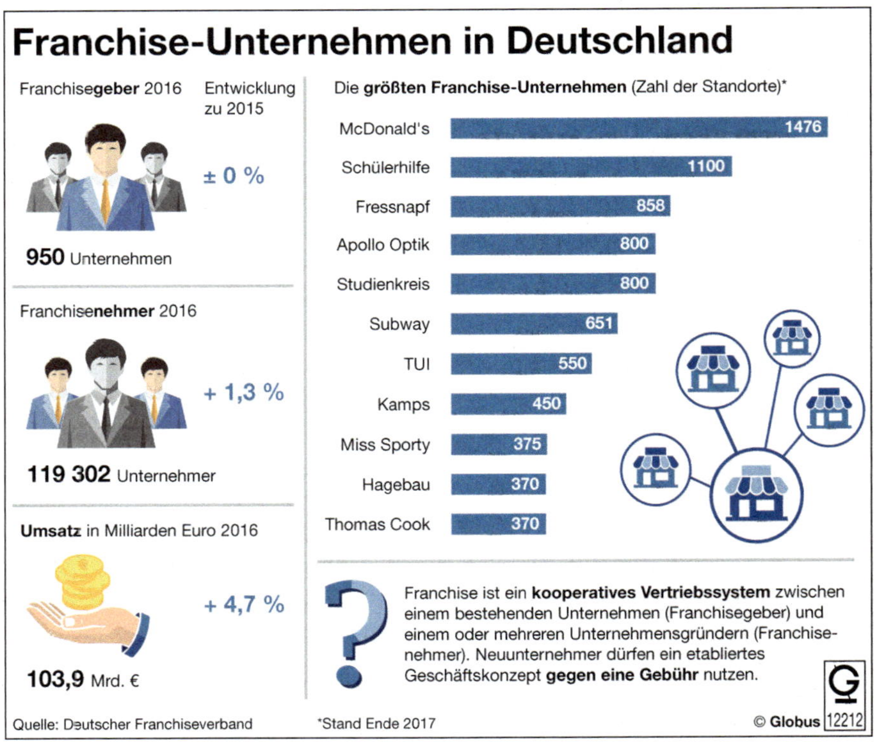

3 Rechtsformen des Unternehmens

LS 3
Rechtsformen vergleichen und auswählen

Für jeden Unternehmensgründer stellt sich die Frage, welche Rechtsform den Zielsetzungen seines Unternehmens am besten entspricht. Grundsätzlich hat er die Wahl zwischen verschiedenen gesetzlich festgeschriebenen Rechtsformen, neben denen in der Praxis weitere, vom Gesetzgeber zunächst gar nicht vorgesehene Mischformen entstanden sind. Für die Wahl der Rechtsform gibt es keine Patentlösung. Jede Form hat Vor- und Nachteile und wirkt sich auf wichtige betriebswirtschaftliche Grundfragen aus, wie z. B.:

- Möglichkeiten der Kapitalbeschaffung (Eigenkapital, Fremdkapital)
- Geschäftsführung (allein oder gemeinsam, selbst oder durch Dritte)
- Gewinn- und Verlustverteilung (nach Köpfen, nach Höhe der Einlage)
- Haftung (persönliche Haftung oder beschränkt auf Höhe der Einlage)
- Besteuerung (Einkommensteuer, Gewerbesteuer, Körperschaftssteuer, Kapitalertragsteuer)

Rechtsformen von Unternehmen

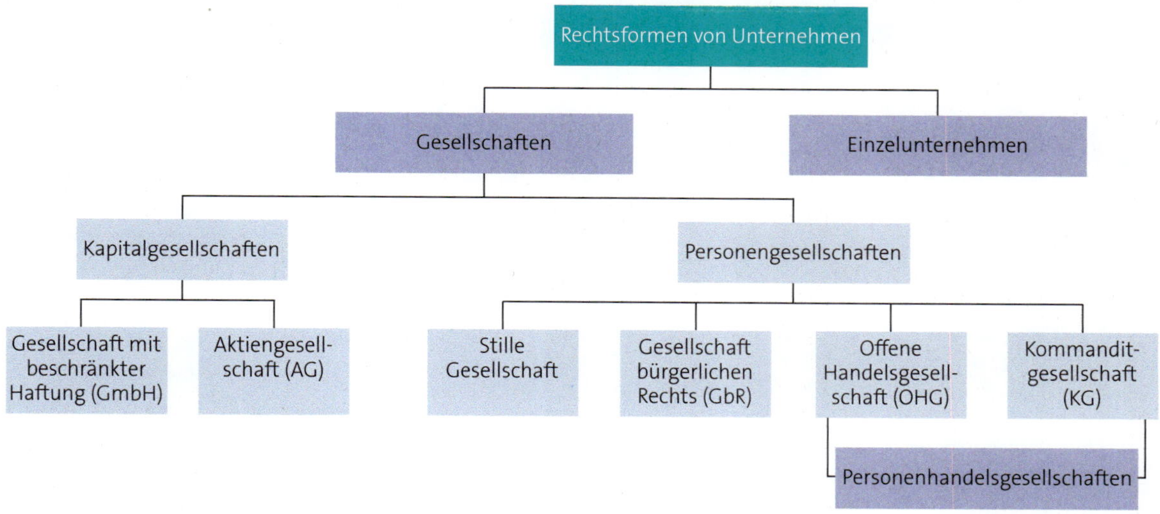

Übersicht: *Rechtsgrundlagen der Unternehmensformen*

Bürgerliches Gesetzbuch (BGB)
- Verein (e. V.)
- GbR

Handelsgesetzbuch (HGB)
- eingetragener Kaufmann (e. K.)
- OHG
- KG
- GmbH & Co. KG

Spezialgesetze
- AG → Aktiengesetz (AktG)
- GmbH → GmbH-Gesetz (GmbHG)
- eingetragene Genossenschaft → Genossenschaftsgesetz (GenG)
- Partnerschaftsgesellschaft → Partnerschaftsgesellschaftsgesetz (PartGG)

3.1 Einzelunternehmen

Beispiel Der angestellte Meister Erich Karl ist in einem Elektroinstallationsbetrieb beschäftigt und will sich selbstständig machen. Ein wesentlicher Grund dafür ist, dass er endlich sein „eigener Herr" sein will. Er rechnet zunächst mit Installations- und Reparaturaufträgen von Privatkunden, denen er durch seine Arbeit bereits bekannt ist. Die Verwaltungsarbeit wird seine Frau übernehmen; ein kleines Büro kann er im Haus einrichten, die Garage ist für den Anfang groß genug, um alle notwendigen Werkzeuge lagern zu können. Der Kapitalbedarf zur Gründung des Betriebes ist nicht sehr hoch, da er die meisten Werkzeuge bereits besitzt und ein gebrauchter Transporter als Dienstfahrzeug schon vorhanden ist. Einen Namen für sein Unternehmen hat er auch schon: „Elektro Erich Karl".

Das Einzelunternehmen ist eine besonders gängige Rechtsform. Die Gründung ist insoweit einfach, als das Einzelunternehmen nicht an eine bestimmte Form gebunden ist. Ist für das Unternehmen jedoch ein kaufmännischer Geschäftsbetrieb erforderlich, muss eine Eintragung ins Handelsregister vorgenommen werden.

Handelsregister, vgl. **2.3.4**, S. 34

Einerseits muss der Einzelunternehmer allein das Kapital zur Finanzierung des Unternehmens aufbringen, womit natürlich auch ein hohes finanzielles Risiko verbunden sein kann. Andererseits steht ihm dann auch der erzielte Gewinn allein zu. Die Führung des Betriebes liegt allein in seiner Hand. Er trägt allein die Verantwortung gegenüber Mitarbeitern, Lieferanten und Kunden. Als Einzelunternehmer haftet man für alle Schulden des Betriebes, und zwar unbegrenzt, also nicht nur mit dem Betriebsvermögen, sondern auch mit dem Privatvermögen.

Vor- und Nachteile des Einzelunternehmens

Vorteile	Nachteile
geringer Kapitalaufwand	unbeschränkte Haftung auch mit Privatvermögen
alleinige Entscheidungsbefugnis	hohe Arbeitsbelastung
erwirtschafteter Gewinn muss nicht geteilt werden	beschränktes Wachstum durch begrenzte Arbeitskraft und begrenzte Geldmittel (Kreditbasis)
einfache und kostengünstige Gründung	persönlicher Ausfall (z. B. Krankheit) führt leicht zur Krise des Unternehmens

3.2 Personengesellschaften

Mit Gesellschaft wird eine Vereinigung von Personen bezeichnet, die privatrechtsgeschäftlich ein gemeinsames Ziel verfolgen. Innerhalb der Gesellschaften unterscheidet man **Personengesellschaften**, bei denen die (natürlichen) Personen als Handelnde im Vordergrund stehen, und **Kapitalgesellschaften**, die als juristische Person agieren. Es gibt auch Personengesellschaften, die dem **öffentlichen Recht** unterliegen. Dies sind z.B. Anstalten des öffentlichen Rechts oder Stiftungen.

Kapitalgesellschaften, vgl. **3.3**, S. 42

3.2.1 Gesellschaft bürgerlichen Rechts (GbR)

Die Grundform der Personengesellschaft ist die **Gesellschaft bürgerlichen Rechts (GbR)**. Die GbR muss aus mindestens zwei Gesellschaftern bestehen, die auch formlos einen Gesellschaftervertrag schließen können, mit dem sie sich gegenseitig verpflichten, die Erreichung eines gemeinsamen Zieles zu fördern. Ziel kann z.B. ein gemeinsamer Geschäftsbetrieb – mit Ausnahme eines Handelsgewerbes – sein, d.h., die Gesellschafter einer GbR dürfen **keine Kaufleute** im Sinne des HGB sein. Daher erklärt sich auch der Name der Gesellschaft: Für sie gelten nur die Vorschriften des Bürgerlichen Gesetzbuches (BGB).

Jeder Gesellschafter muss einen Beitrag leisten. Das können Geld- oder Arbeitsleistungen, aber auch die Einbringung von Kunden oder Know-how sein. Falls nichts Abweichendes vereinbart wird, haben die Gesellschafter gleiche Beiträge zu leisten und deshalb auch gleichen Anteil an Gewinn und Verlust. Die Beiträge und die durch die Geschäftsführung erworbenen Gegenstände werden gemeinschaftliches Vermögen der Gesellschafter (Gesellschaftsvermögen). Haben die Gesellschafter vertraglich keine speziellen Abmachungen getroffen, dann steht ihnen die Geschäftsführung gemeinschaftlich zu (Grundsatz der Einstimmigkeit). Grundsätzlich haften die Gesellschafter auch mit ihrem Privatvermögen.

Übersicht: *Grundprinzipien der Personengesellschaften*

Geschäftsführung und Vertretung	Gesellschafter müssen sich mit ihrer Arbeitskraft persönlich für die Gesellschaft einsetzen (Prinzip der Selbstorganschaft). Die Möglichkeit der Drittorganschaft ist ausgeschlossen (Geschäftsführung und Vertretung nicht durch außen stehende Dritte).
Willensbildung	Die Willensbildung innerhalb der Gesellschaft folgt dem Prinzip der Einstimmigkeit.
Haftung	Die Gesellschafter müssen immer auch mit ihrem Privatvermögen für Verbindlichkeiten der Gesellschaft einstehen, und zwar unmittelbar, unbeschränkt und gesamtschuldnerisch.
Gesellschafterwechsel	Die Aufnahme neuer Gesellschafter bedarf der Zustimmung aller Mitgesellschafter. Kündigt ein Gesellschafter die Gesellschaft oder stirbt ein Gesellschafter, so wird die Gesellschaft aufgelöst.
Kaufmannseigenschaft	OHG und KG betreiben ein Handelsgewerbe und haben deshalb Kaufmannseigenschaft. Auf die gewerbetreibende GbR ist das Handelsgesetzbuch dagegen nur dann anwendbar, wenn sie sich ins Handelsregister eintragen lässt (Kannkaufmann).

3.2.2 *Offene Handelsgesellschaft (OHG)*

Beispiel Erich Karls Geschäft läuft glänzend – für ihn und seine Frau allein bald schon zu gut. Nun erhält er das Angebot, die Elektroinstallationen für ein Geschäftszentrum vorzunehmen. Für diesen Großauftrag ist eine Aufstockung des Personals und der Betriebs- und Geschäftsausstattung notwendig. Dies kann Herr Karl mit seinen bisherigen Möglichkeiten nicht realisieren. Anna Moser, eine ehemalige Kollegin, wäre bereit, als Teilhaberin in das Unternehmen einzusteigen. Herrn Karl ist das recht, zumal Frau Moser über einiges Kapital verfügt, das sie in das Unternehmen einbringen könnte.

Die OHG ist „offen", weil der Zugriff der Gläubiger auf das Vermögen der Gesellschafter offen ist.

Die offene Handelsgesellschaft ist eine Personengesellschaft, deren Zweck auf den Betrieb eines Handelsgewerbes unter gemeinschaftlicher Firma gerichtet ist. Charakteristisch an dieser Rechtsform ist, dass bei keinem der Gesellschafter die Haftung gegenüber den Gesellschaftsgläubigern beschränkt ist. Insofern besteht auch eine enge Bindung der Gesellschafter, denn alle haben für das Handeln der jeweils anderen einzustehen.

Die **Gründung der OHG** vollzieht sich in zwei Stufen: dem Abschluss eines Gesellschaftervertrages und der Anmeldung zum Handelsregister. Der Gesellschaftervertrag ist ohne Einhaltung einer bestimmten Form möglich, d. h., man muss ihn in der Regel nicht notariell beurkunden lassen. Zuständig für die Anmeldung zum Handelsregister ist das Gericht, in dessen Bezirk die Gesellschaft ihren Sitz hat.

Alle Gesellschafter sind zur Geschäftsführung berechtigt bzw. verpflichtet. Anders als bei der GbR geht das Gesetz bei der OHG von einer **Einzelgeschäftsführungsbefugnis** aus, d. h., jeder Gesellschafter ist berechtigt, allein zu handeln. Soll das anders sein, so können die Gesellschafter in ihren Vertrag aufnehmen, dass nur zusammen gehandelt werden kann. Bei dieser **Gesamtgeschäftsführungsbefugnis** bedarf es dann für jedes Geschäft der Zustimmung aller. Für die Verbindlichkeiten der OHG haften die Gesellschafter sowohl mit dem Gesellschaftsvermögen als auch persönlich. Selbst nach dem Ausscheiden eines Gesellschafters aus der OHG besteht später noch eine sogenannte **Nachhaftung**. Vorteil dieser vollen Haftung ist jedoch, dass dadurch meist eine größere Kreditwürdigkeit bei Kreditinstituten besteht.

3.2.3 Kommanditgesellschaft (KG)

Bei der Kommanditgesellschaft ist die Haftung eines oder mehrerer Gesellschafter auf den Betrag ihrer Vermögenseinlage beschränkt (**Kommanditist**), während mindestens ein Gesellschafter unbeschränkt haftet (**Komplementär**). Die Höhe der Haftsumme der Kommanditisten ist ins Handelsregister einzutragen. Ist die Einlage vom Kommanditisten vollständig bezahlt, dann kann er auch nicht mehr unmittelbar für die Verbindlichkeiten der Gesellschaft haftbar gemacht werden.

Die **Gründung der KG** vollzieht sich nach den gleichen rechtlichen Schritten wie bei der OHG. Die Kommanditisten sind von der Geschäftsführung ausgeschlossen und grundsätzlich auch nicht zu einer Vertretung der Gesellschaft nach außen ermächtigt, es sei denn, es wird ihnen ausdrücklich Prokura erteilt. Vorteil dieser Gesellschaftsform ist also, dass man sich vorab entscheiden kann, ob man nur mit einer begrenzten Vermögensmasse Teilhaber wird, dafür aber von der Geschäftsführung ausgeschlossen ist, oder ob man voll haften will bzw. muss, dafür aber „die Zügel in der Hand hält“.

Der Komplementär einer KG kann auch eine juristische Person, z. B. eine GmbH, sein. Die Rechtsform ist dann die **GmbH & Co. KG**. Bei dieser Rechtsform ist eine Vermischung zweier Grundtypen erfolgt. Wichtig ist, dass es sich dabei insgesamt um eine Personengesellschaft und nicht um eine Kapitalgesellschaft handelt. Motive für die Gründung einer GmbH & Co. KG sind die Umgehung einer persönlichen Haftung, die Möglichkeit einer Steuerersparnis durch Gewinnverlagerung auf die KG und die Möglichkeit der sogenannten **Drittorganschaft**.

GmbH, vgl. **3.3.1**, S. 43

Drittorganschaft
Geschäftsführung und Vertretung durch außenstehende Dritte

3.3 Kapitalgesellschaften

Kapitalgesellschaften sind **juristische Personen** und damit rechtsfähig. Im Gegensatz zu den Personengesellschaften, wo Eigenkapitalgeber (Gesellschafter) und Geschäftsführer normalerweise identisch sind, liegen Eigentum und Unternehmensführung bei Kapitalgesellschaften grundsätzlich nicht beieinander.

Normalerweise beschränkt sich der Einfluss der **Gesellschafter** auf ihr Stimmrecht in der Gesellschafterversammlung, ihr Risiko auf die geleistete Kapitaleinlage. Das einzubringende Mindestkapital ist gesetzlich festgelegt. Gesellschafter einer Kapitalgesellschaft können sowohl natürliche als auch juristische Personen sein.

Jahresabschluss, vgl. HF7, Band 2

Die **Geschäftsführung** sowie die Vertretung der Gesellschaft nach außen ist Aufgabe des Vorstands bzw. bei der GmbH der Geschäftsführung. Als Leitungsorgane erstellen sie außerdem den Jahresabschluss einschließlich eines für Kapitalgesellschaften vorgeschriebenen Anhangs und Lageberichts und sind gegenüber den anderen Gesellschaftsorganen berichtspflichtig.

Die **Kontrolle** der Unternehmensleitung sowie deren Bestellung und Abberufung ist einem Aufsichtsrat übertragen. Das Kontrollorgan Aufsichtsrat nimmt seine Aufgaben im Interesse der Anteilseigner wahr und bestimmt gemeinsam mit der Unternehmensleitung die Grundsätze der Geschäftspolitik.

Die **Gewinnbeteiligung** ist abhängig von der Höhe der Kapitaleinlage jedes einzelnen Gesellschafters. Verluste gehen zulasten der Kapitalkonten der Gesellschaft. Sie werden als Verlustvortrag in der Bilanz ausgewiesen. Eine persönliche Verlustbeteiligung ist wegen der Haftungsbeschränkung auf die Einlage ausgeschlossen.

Übersicht: *Personen- und Kapitalgesellschaften im Vergleich*

	Personengesellschaften	Kapitalgesellschaften
Rechtliche Organisationsform	Gesamthand	Juristische Person
Mindestkapital	nein	ja
Haftendes Vermögen	Gesellschaftsvermögen und Privatvermögen	Gesellschaftsvermögen
Geschäftsführung und Vertretung	durch Gesellschafter	durch Organe
Gewinnverteilung	nach Köpfen oder „im angemessenen Verhältnis“ bzw. nach vertraglicher Vereinbarung	nach Höhe der Kapitaleinlage bzw. nach vertraglicher Vereinbarung

3.3.1 *Gesellschaft mit beschränkter Haftung (GmbH)*

Die GmbH ist eine Kapitalgesellschaft, deren Gesellschafter sich an dem in Stammeinlagen zerlegten Stammkapital beteiligt haben, ohne persönlich für die Verbindlichkeiten der Gesellschaft zu haften. Die Gläubiger können sich mit ihren Forderungen nur an das Gesellschaftsvermögen, nicht aber an die Gesellschafter halten. Im Gesellschaftsvertrag kann jedoch eine beschränkte oder unbeschränkte **Nachschusspflicht** vereinbart werden.

Nachschusspflicht
Verpflichtung der Gesellschafter, unter bestimmten Voraussetzungen weitere Geldleistungen an die Gesellschaft zu erbringen

Die **Gründung einer GmbH** ist schwieriger als die Gründung einer Personengesellschaft, weil der Gesellschaftervertrag der notariellen Form bedarf. Da die Zahl der Gesellschafter nicht vorgeschrieben ist, kann die GmbH auch von nur einer Person errichtet werden (**Einmann-GmbH**). Bei der Gründung wird ein Stammkapital in Höhe von mindestens 25.000,00 € vorausgesetzt. Auf dieses Kapital muss jeder Gesellschafter eine Stammeinlage zahlen (seit Einführung der „Mini-GmbH" mindestens 1,00 €). Die Einlagen können in Form von Geld- oder Sachleistungen erbracht werden. Bei Sachleistungen muss der Gegenstand (z. B. ein Fahrzeug oder ein Kopierer) und der hierfür veranschlagte Betrag im Gesellschaftsvertrag festgehalten werden. Um die GmbH beim Handelsregister anmelden zu können, muss auf jede Stammeinlage mindestens ein Viertel gezahlt und dabei insgesamt mindestens die Hälfte des Stammkapitals angesammelt worden sein (also mindestens 12.500,00 €). Sachleistungen müssen voll erbracht werden.

Seit 2008 gibt es die haftungsbeschränkte **Unternehmergesellschaft (UG)** als Sonderform der GmbH (auch **„Mini-GmbH"** genannt). Sie kann bereits mit einem Stammkapital ab 1 € gegründet werden und hat ein vereinfachtes Gründungsverfahren. Ist ein Stammkapital von 25.000,00 € erreicht, kann sie ins HR eingetragen werden und zur GmbH umfirmieren.

Um handeln zu können, bedarf es bei der GmbH verschiedener **Organe**. Das sind im Wesentlichen ein oder mehrere Geschäftsführer und die Gesellschafterversammlung. Letztere wird von der Geschäftsführung einberufen und entscheidet u. a. über die Verwendung des Gewinnes sowie die Bestellung und Abberufung von Geschäftsführern und Prokuristen. Hat die GmbH mehr als 500 Beschäftigte, ist die Einrichtung eines Aufsichtsrates gesetzlich vorgeschrieben. Der Aufsichtsrat setzt sich aus Vertretern der Gesellschafter und der Arbeitnehmer zusammen. Seine Aufgabe besteht hauptsächlich in der Überwachung der Geschäftsführung und der Prüfung von Jahresabschluss und Lagebericht.

3.3.2 Aktiengesellschaft (AG)

Auch die Aktiengesellschaft ist eine Kapitalgesellschaft, also eine juristische Person. Das Grundkapital dieser Gesellschaft in Höhe von mindestens 50.000,00 € ist in **Aktien** zerlegt. Jeder Kapitalanteil ist damit als Wertpapier verbrieft und dem Kapitalmarkt zugänglich. Die Aktien von börsennotierten AGs können an der Börse gehandelt werden.

Dividende
Anteil vom Bilanzgewinn (in Prozent) pro Aktie

Die **Gründung** der AG erfolgt durch eine oder mehrere Personen. Bei der Feststellung des Gesellschaftsvertrages ist notarielle Beurkundung erforderlich. Die Gesellschafter (Aktionäre) übernehmen die Aktien gegen Zahlung einer Einlage. Sie werden am Gewinn der AG durch eine so genannte **Dividende** beteiligt. Die Haftung ist bei der AG auf das Gesellschaftsvermögen beschränkt.

Der Vorstand, der Aufsichtsrat und die Hauptversammlung bilden die **Organe** der AG. Die AG wird gerichtlich und außergerichtlich durch den **Vorstand** vertreten, der auch zur Geschäftsführung befugt ist. Dabei ist er an keinerlei Weisungen des Aufsichtsrates oder der Hauptversammlung gebunden. Der Vorstand wird vom Aufsichtsrat gewählt. Gibt es mehrere Vorstandsmitglieder, handeln diese in der Regel gemeinschaftlich (Gesamtgeschäftsführungsbefugnis).

Der **Aufsichtsrat** besteht aus mindestens drei Mitgliedern und wird von der Hauptversammlung alle vier Jahre zu zwei Dritteln gewählt. Wählbar sind nur natürliche Personen, die nicht dem Vorstand angehören und nicht leitende Angestellte der AG sind. Ein Teil des Aufsichtsrates wird gemäß Betriebsverfassungsgesetz von Arbeitnehmern gebildet. Seine Hauptaufgabe besteht in der Bestellung, Abberufung und Überwachung des Vorstandes.

Jahreshauptversammlung Daimler AG; der Vorstandsvorsitzende von Daimler, Dieter Zetsche, Berlin, City Cube, 05.04.2018

Die **Hauptversammlung** wird regelmäßig einmal im Jahr vom Vorstand einberufen. Die Aktionäre beschließen u. a. über Bestellung und Entlastung des Vorstandes und des Aufsichtsrates. Bei der Beschlussfassung hat jeder Aktionär ein Stimmrecht pro Aktie. In der Regel gilt für Beschlüsse der Hauptversammlung die einfache Stimmenmehrheit, für Entscheidungen von besonderer Tragweite (z. B. Satzungsänderungen oder Kapitalbeschaffung) bedarf es jedoch einer qualifizierten Mehrheit von 75 % des bei der Beschlussfassung vertretenen Grundkapitals.

4 Strukturen im Unternehmen

LS 4
Organisationsformen unterscheiden

In einem Unternehmen ist es wichtig, die **Beziehungen und Verantwortungen** zwischen **Führungskräften und Mitarbeitern** eindeutig zu regeln. Diese betriebliche Organisation unterscheidet sich in Aufbauorganisation und Ablauforganisation.

Ablauforganisation, vgl. **4.2**, S. 52

Betriebliche Organisationsstruktur

Betriebliche Organisation

Aufbauorganisation
- das hierarchische Grundgerüst des Unternehmens
- Darstellungsmittel: Organigramm

Ablauforganisation
- Beschaffenheit der tatsächlichen betrieblichen Geschäftsprozesse

4.1 Aufbauorganisation

Die **Aufbauorganisation** ist das **hierarchische** Grundgerüst eines Unternehmens. Sie gibt also vor, wer welche Aufgaben übernimmt und wer wem etwas zu sagen hat.

Hierarchie
Über- und Unterordnung; z. B. ist ein Chef seinem Mitarbeiter (hierarchisch) übergeordnet.

Die Aufbauorganisation wird folgendermaßen festgelegt:

Aufgabenanalyse

Aufgabenanalyse

- Das Unternehmen **analysiert die Gesamtaufgaben**, zerlegt sie und gliedert sie in Teilaufgaben.

Beispiel
- Gesamtaufgabe: Verkauf
- Teilaufgaben der Auftragsbearbeitung: Bestellungen annehmen, Auftragsbestätigungen schreiben, Lieferfähigkeit prüfen, Aufträge an den Versand weiterleiten, Rechnungen und Lieferscheine schreiben

Stellenbildung

- Die Teilaufgaben werden zu einer **Stelle** (z. B. Sachbearbeiter Verkauf) zusammengefasst.

Abteilungsbildung

- Mehrere Stellen werden zu einer **Abteilung** (z. B. Abteilung Verkauf) zusammengefasst.

Wer darf Anweisungen geben?

- Außerdem werden **Weisungsbefugnisse** festgelegt.

Ein wichtiges Darstellungsmittel, um das alles übersichtlich zu zeigen, ist das **Organigramm**. Es ist eine grafische Darstellung der Aufbauorganisation einer Unternehmung mit Stellen, Abteilungen und Weisungsbefugnissen.

Organigramm der Fly Bike Werke GmbH

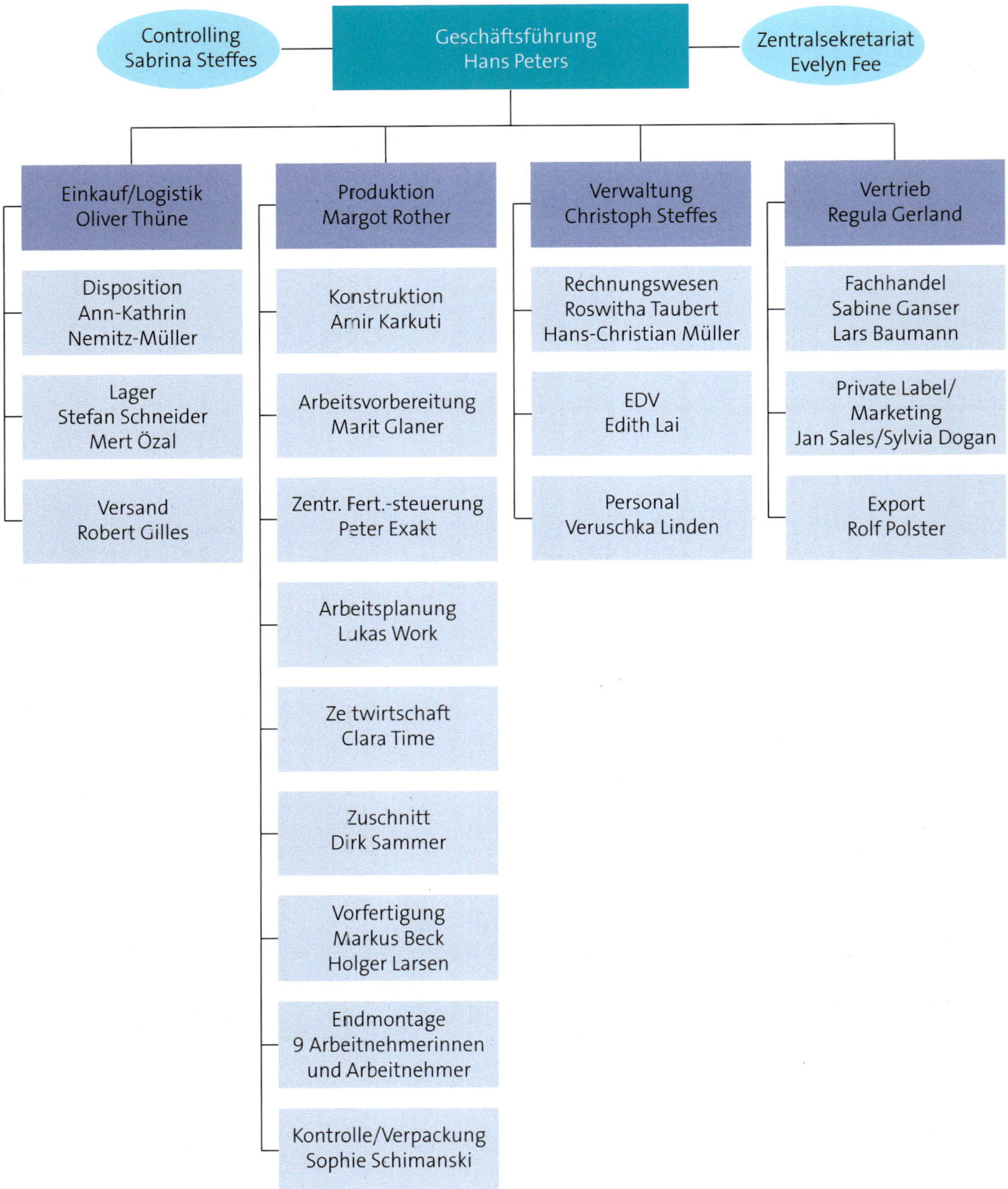

Sicherheitsbeauftragter: Peter Exakt
Umweltbeauftragter: Oliver Thüne
Qualitätsbeauftragte: Sophie Schimanski
Datenschutzbeauftragter: Christoph Steffes
Betriebsratsmitglieder: Sabine Ganser, Dom Tsiu, Saskia Engel
technischer Auszubildender: Ralf Schumacher
kaufmännische Auszubildende: Bettina Lotto

4.1.1 Stellenbildung

Eine **Stelle** ist die kleinste Organisationseinheit in einem Unternehmen. Dort werden einzelne Teilaufgaben zu einem Aufgabenbereich zusammengefasst. Die wesentlichen Aufgaben und Kompetenzen, die eine Stelle beinhaltet, werden in einer sogenannten **Stellenbeschreibung** festgehalten. Hier ist auch zu sehen, wer Weisungsbefugter (übergeordnete Stelle) oder Weisungsempfänger (untergeordnete Stelle) ist.

Stelle als kleinste Organisationseinheit im Unternehmen; sie wird umgangssprachlich auch als Arbeitsplatz bezeichnet.

Eine übergeordnete Stelle nennt man **Leitungsstelle** (oder **Instanz**). Den Mitarbeiter, der diese Stelle besetzt, nennt man auch Führungskraft. Er leitet eine Abteilung – oder auch das gesamte Unternehmen. Mitarbeiter in solchen leitenden Positionen geben Ziele vor und legen fest, wie diese Ziele erreicht werden können. Sie können also Anweisungen geben. Außerdem überwachen und kontrollieren sie Aufgaben und Arbeitsabläufe.

Leitungsstellen

Da leitende Angestellte diese vielschichtigen Aufgaben nicht alleine schaffen, stehen ihnen sogenannte **Stabsstellen** zur Seite. Die Mitarbeiter, die diese Stellen besetzen, verfügen über entsprechendes Fachwissen und helfen den Führungskräften, ihre Entscheidungen zu treffen. Stabsstellen dürfen keine Anweisungen geben, sondern arbeiten nur zu.

Stabsstellen

Die untergeordneten Stellen heißen auch **ausführende Stellen** oder **Sachbearbeiterstellen** bzw. **Linienstellen**. Eine solche Stelle wird von ganz normalen Angestellten bzw. Mitarbeitern besetzt. Der Mitarbeiter führt einfache Tätigkeiten aus, die ihm übertragen wurden. Er hat eine begrenzte Entscheidungsbefugnis und ist weisungsgebunden. Er muss seinem Vorgesetzten Bericht erstatten.

Ausführende Stellen

4.1.2 Abteilungsbildung

Verschiedene Stellen werden zu einer **Abteilung** zusammengefasst. Der Abteilung steht ein **Abteilungsleiter** vor, der entsprechende **Weisungsbefugnisse** hat. Der Abteilungsleiter ist für die Arbeiten und die Mitarbeiter seiner Abteilung verantwortlich.

Beispiel Die Mitarbeiterin Veruschka Linden hat verschiedene Aufgaben, was das Personal betrifft, z. B. Arbeitszeiten auswerten, Urlaubseinteilung vornehmen, Mitarbeiter an- und abmelden. Sie gehört der Abteilung Verwaltung an und ihr Vorgesetzter ist der Abteilungsleiter Herr Steffes.

Die Bildung von Abteilungen kann nach unterschiedlichen **Kriterien** erfolgen:

- **Funktionsorientierung**: Stellen mit ähnlichen Tätigkeiten werden zusammengefasst (z. B. Rohstoffeinkauf, Einkauf von Waren, Einkauf von Hilfsmitteln usw. zur Einkaufsabteilung).
- **Produktorientierung**: Verschiedene ähnliche Produkte werden zusammengefasst (z. B. Abteilung Rennräder, Abteilung City-Räder).
- **Regionsorientierung**: Verschiedene Regionen (z. B. Bundesländer) werden zu einer Abteilung zusammengefasst.

4.1.3 Organisationsmodelle

Sind entsprechende Abteilungen gebildet worden, muss nun festgelegt werden, wer wem Anweisungen geben kann. Hier stehen unterschiedliche **Aufbauorganisationssysteme bzw. Leitungssysteme** zur Auswahl. Unter anderem gibt es:

- Einlinienorganisation (Einliniensystem)
- Mehrlinienorganisation (Mehrliniensystem)
- Stablinienorganisation (Stabliniensystem)
- Spartenorganisation (Spartensystem)
- Matrixorganisation (Matrixsystem)

Einlinienorganisation

Bei der Einlinienorganisation ist jeder Stelle bzw. Abteilung genau eine Leitungsstelle zugeordnet. Diese Leitungsstelle gibt den einzelnen Mitarbeitern der Abteilung Anweisungen. Umgekehrt ist dies natürlich genauso. Der einzelne Mitarbeiter gibt nur seinem Vorgesetzten Berichte und Meldungen ab. Die Wege sind damit ganz klar und hierarchisch vorgegeben. Verschiedene Abteilungen können sich folglich nur über eine übergeordnete Stelle austauschen.

Einlinienorganisation

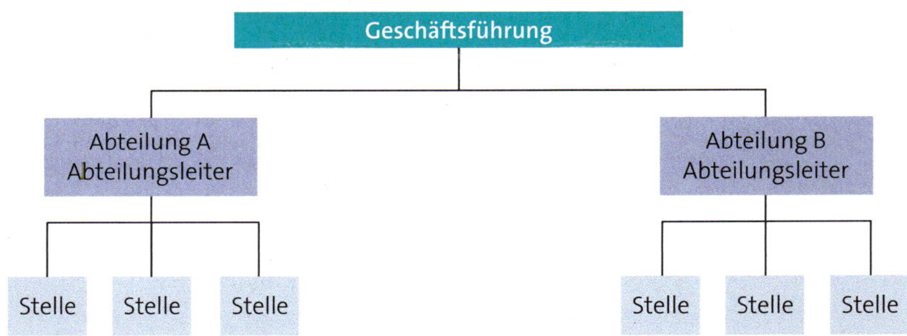

Bei der Einlinienorganisation ergeben sich verschiedene Vor- und Nachteile.

Vorteile der Einlinienorganisation:

- übersichtliche und straffe Organisationsstruktur
- einfache Koordination und Kontrolle der Aufgaben
- eindeutige Anordnungs- und Kommunikationswege

Nachteile der Einlinienorganisation:

- umständliche Kommunikationswege zwischen den Abteilungen
- starre und langsame Informationswege
- dadurch Gefahr des Informationsverlustes
- Überforderung der Leitungsstelle

Besonders in mittleren und großen Unternehmen stößt die Einlinienorganisation schnell an Grenzen.

Mehrlinienorganisation

Eine Alternative zur Einlinienorganisation ist die Mehrlinienorganisation. Sie ist ebenfalls eine hierarchische Organisationsform. Einzelne Stellen erhalten allerdings Anweisungen von **mehreren** Vorgesetzten. Das heißt, Mitarbeiter erhalten ihre Arbeitsanweisung von verschiedenen Abteilungsleitern. Die übergeordneten Abteilungen müssen sich hinsichtlich ihrer Arbeitsanweisungen natürlich untereinander absprechen.

Die übergeordneten Instanzen sind auf bestimmte Aufgaben spezialisiert. Jede dieser Abteilungen hat deshalb ein fachliches Weisungsrecht gegenüber der untergeordneten Stelle.

Mehrlinienorganisation

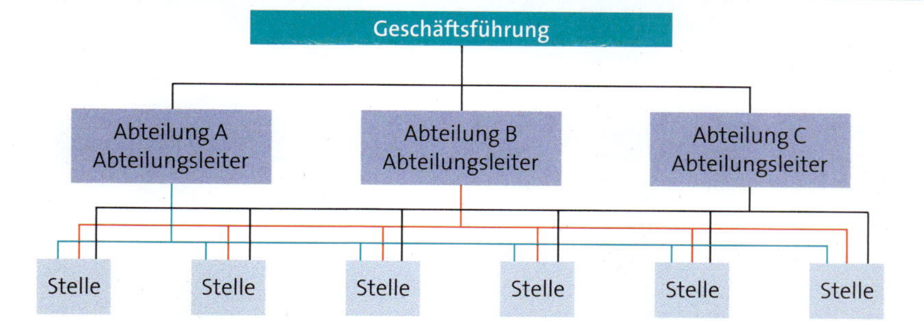

Vorteile der Mehrlinienorganisation:

- direkte und schnelle Kommunikation mit fachkundiger übergeordneter Führungsstelle
- Entlastung der Vorgesetzten durch Arbeitsteilung
- engere Abstimmung der einzelnen übergeordneten Abteilungen

Nachteile der Mehrlinienorganisation:

- mangelnde Absprache zwischen den leitenden Mitarbeitern
- Kompetenzkonflikte
- Fehler können schwer zugeordnet werden.

Stablinienorganisation

Die Stablinienorganisation ähnelt der Einlinienorganisation sehr. Sie ist ebenfalls eine hierarchische Organisationsform. Den übergeordneten Führungsstellen/Abteilungen sind **Stabsstellen** zugeordnet. Diese haben nur beratenden Charakter und dürfen keine Entscheidungen treffen oder Anweisungen geben. Die Stabsstellen verfügen über ein ganz spezialisiertes Wissen und verarbeiten Informationen, um die Führungskräfte so bei ihrer Entscheidungsfindung zu unterstützen. Dadurch entlasten sie die Führungskräfte.

Stäbe als Berater

Stablinienorganisation

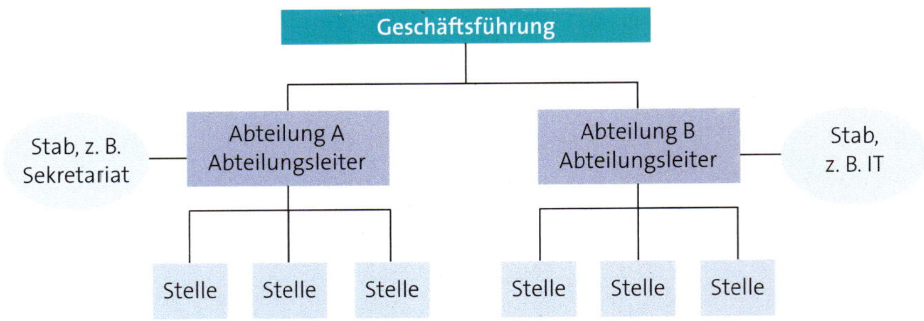

Vorteile der Stablinienorganisation:
- wie bei der *Einlinienorganisation*
- Entlastung der Führungskräfte durch spezialisierte Stabstellen
- bessere Informationsnutzung- und -verarbeitung durch Stäbe

Nachteile der Stablinienorganisation:
- wie bei der *Einlinienorganisation*
- Gefahr der Informationsmanipulation durch die Stäbe
- Kompetenzstreitigkeiten zwischen Stab und Linie
- höhere Kosten
- Frustrationen im Stab, da keine Anweisungen gegeben werden dürfen

Spartenorganisation

Die Spartenorganisation oder auch Geschäftsbereichsorganisation leitet sich ebenfalls aus der Einlinienorganisation ab. Sie findet in der Regel in Unternehmen Anwendung, die in verschiedene Geschäftszweige (oder Sparten) aufgeteilt sind. Diese Geschäftszweige können z.B. nach Absatzgebieten, Produktionsgruppen oder Geschäftsbereichen gebildet werden und arbeiten vollkommen unabhängig voneinander.

Spartenorganisation

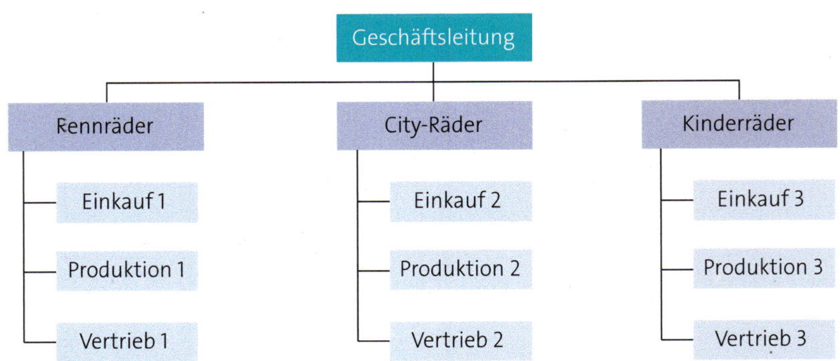

Vorteile der Spartenorganisation:
- bessere Anpassung an verschiedene Märkte
- bessere Produktanpassung
- bessere Überschaubarkeit
- Entlastung der Geschäftsleitung
- bessere Erfolgsbeurteilung (getrennt nach Sparten)
- höhere Mitarbeitermotivation
- schnellere Entscheidungen

Nachteile der Spartenorganisation:
- Gefahr, dass sich einzelne Bereiche/Sparten verselbstständigen
- Konkurrenzkampf der einzelnen Sparten
- höherer Verwaltungsaufwand
- Gefahr der Unübersichtlichkeit der gesamten Organisation

Matrixorganisation

Das System der Matrixorganisation ist eine Weiterentwicklung der Mehrlinienorganisation und kombiniert die Vorteile der Spartenorganisation und mit den Vorteilen der Stablinienorganisation.

Die Schnittstellen der horizontalen und der vertikalen Linien sind die Matrix. Sie sind sowohl für die Produktgruppen als auch für die Abteilungen verantwortlich.

Matrixorganisation (produktbezogener Entscheidungsweg)

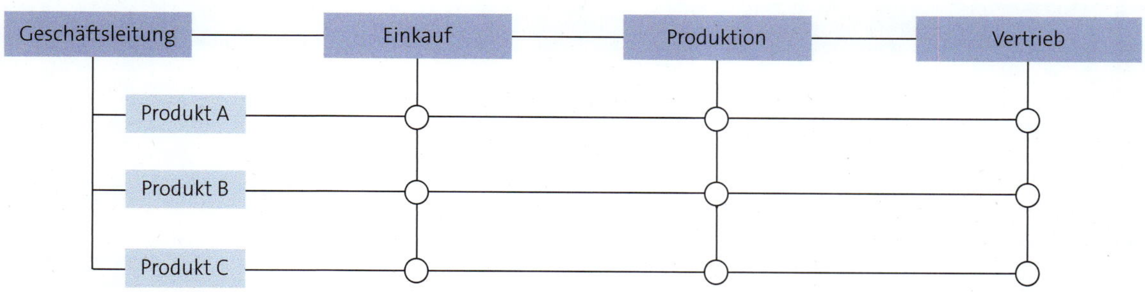

Vorteile der Matrixorganisation
- Problemlösung durch verschiedene Spezialisten
- Einbringung unterschiedlicher Sichtweisen
- Entlastung der Geschäftsführung
- keine wirklichen Hierarchien
- übersichtliche Strukturen
- kurze Kommunikationswege

Nachteile der Matrixorganisation:
- Gefahr von Zuständigkeitsstreitigkeiten
- Gefahr der Bürokratisierung bei erforderlichen Absprachen
- mehr Führungspersonal notwendig
- Kompetenzkonflikte zwischen Mitarbeitern
- unklare Regelung der Kompetenzen

4.2 Ablauforganisation

Die Ablauforganisation soll Arbeitsabläufe darstellen und optimieren.

Innerhalb der oben beschriebenen Aufbauorganisation regelt die Ablauforganisation den geordneten Ablauf der Arbeitsvorgänge in einem Unternehmen. Immer wiederkehrende Arbeitsprozesse werden räumlich, zeitlich und personell strukturiert. Einzelne Bereiche werden dabei mit notwendigen Faktoren wie Personen, Arbeitsräumen, Sachmitteln und Arbeitszeit verbunden.

Ziele dabei sind:

- Kommunikationswege minimieren und optimieren
- Bearbeitungs- und Wartezeiten minimieren
- humane Arbeitsplätze gestalten
- bessere Arbeitsbedingungen schaffen
- Kosten der Arbeit so gering wie möglich halten
- Bearbeitungsqualität verbessern
- Einsatz von Arbeitskräften und Arbeitsmaterialien optimieren

Beispiel Die Bearbeitung von Lieferantenrechnungen ist ein typischer Arbeitsablauf, der funktionsübergreifend abläuft, d.h. über mehrere Abteilungen und Stellen innerhalb eines Unternehmens hinweg: Ein Brief mit einer Eingangsrechnung kommt in der Fly Bike Werke GmbH an und muss in der Verwaltung (Herr Steffes) geöffnet werden. Die Abteilung Einkauf (Herr Thüne) muss dann die Rechnung prüfen und die Abteilung Rechnungswesen (Frau Taubert) muss die Rechnung verbuchen und bezahlen.

Übersicht: Betriebliche Organisationsformen

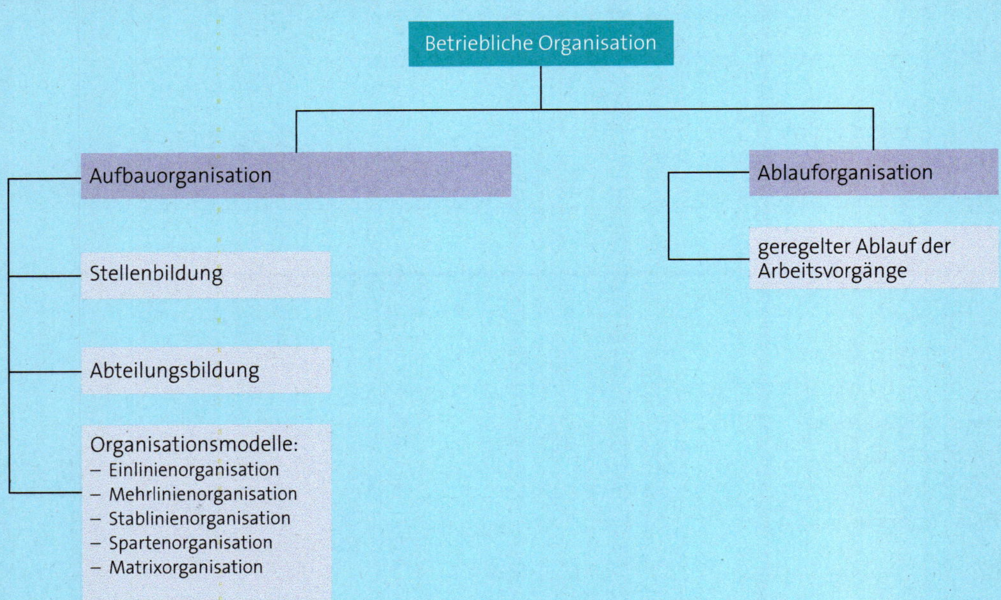

5 Prozesse im Unternehmen

5.1 Der Kundenauftrag als Geschäftsprozess

5.1.1 Informationsfluss

Beispiel Ein langjähriger Kunde, die Zweiradhandelsgesellschaft mbH in Berlin, bestellt 170 Trekkingräder, Modell Light, bei der Fly Bike Werke GmbH in Oldenburg. Eine Mitarbeiterin im Vertrieb überprüft zunächst den eingegangenen Auftrag im Hinblick auf seine Machbarkeit. Zur Produktion der Fahrradrahmen muss Stahlrohr bei einem Lieferanten, der Stahlwerke Tissen AG in Düsseldorf, bestellt werden. Zeitgleich beginnt die Arbeitsvorbereitung mit der Fertigungsplanung.

Informationsfluss

Zweiradhandelsgesellschaft mbH | Fly Bike Werke GmbH | Tissen AG

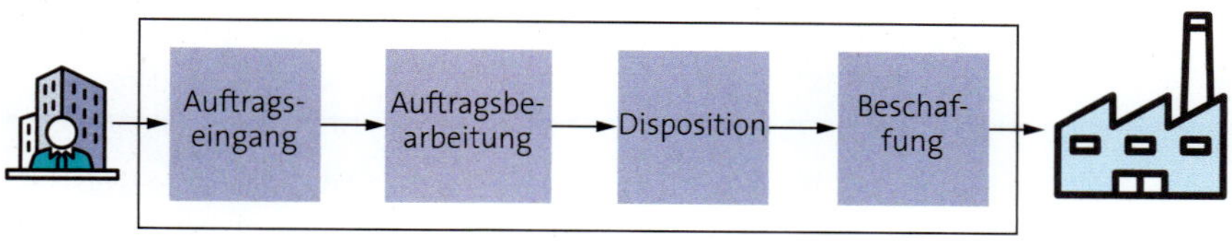

Kunde | Lieferant

Informationsfluss

Mit dieser Situationsschilderung ist der erste Teil eines funktionsübergreifenden Geschäftsprozesses dargestellt: vom Kunden über das herstellende Unternehmen zum Lieferanten. Dieser Teil der Kundenauftragsbearbeitung ist typisch für den Informationsfluss im Unternehmen. Mithilfe von Informationsflüssen werden Material- und Geldflüsse eines Unternehmens geplant, gesteuert und kontrolliert. Unter Informationsflüssen werden sämtliche betriebliche Informationsverarbeitungsprozesse verstanden, z. B. Aufträge, Anfragen u. Ä.

Definition Informationsfluss

Arten von Informationsflüssen

Kunde | Hersteller | Lieferant

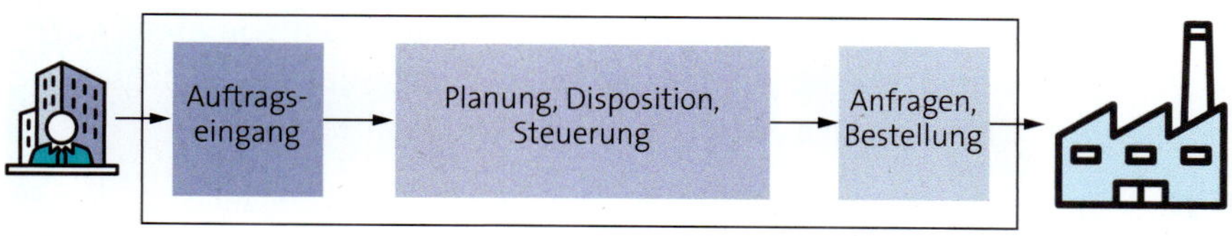

Informationsflüsse, die den Kunden mit Informationen versorgen.	Informationsflüsse, die das Unternehmen mit Informationen versorgen.	Informationsflüsse, die den Lieferanten mit Informationen versorgen.

LS LS 5 Materialfluss untersuchen

5.1.2 Materialfluss

Beispiel Mit Eingang der bestellten Rohre von der Tissen AG beginnt die Produktion der Trekkingräder. Pünktlich zum zugesicherten Liefertermin kann die Fly Bike Werke GmbH die 170 Trekkingräder nach Berlin liefern.

Materialfluss

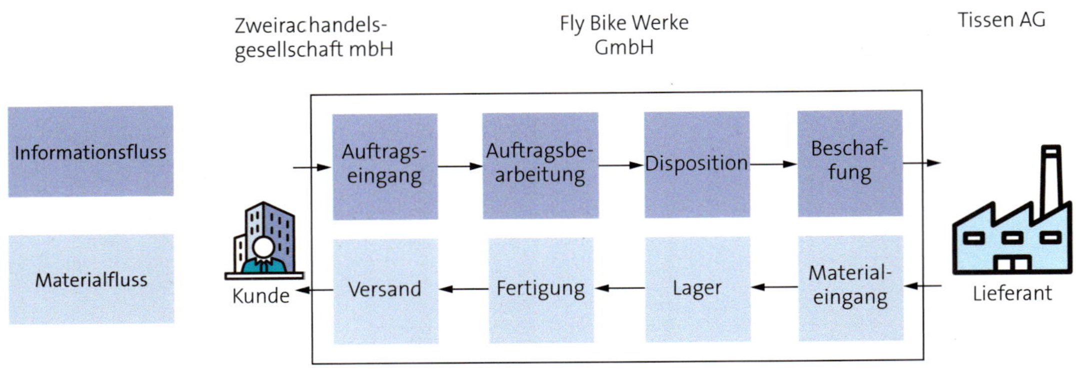

Definition Materialfluss

Der zweite Teil des unternehmensübergreifenden Geschäftsprozesses verläuft vom Lieferanten zurück zum herstellenden Unternehmen und schließlich wieder zum Kunden. Dies ist typisch für den Materialfluss: Materialien werden **beschafft** (Einkauf, Wareneingang, Lager), innerhalb des Betriebs **bewegt** (Fertigung, Lager, Transport) und **verteilt** (Lager, Warenausgang, Entsorgung).

Betriebliche Leistungsfaktoren, vgl. **1.3**, S. 20

Objekte des Materialflusses sind die unmittelbar zur Leistungserstellung benötigten Werkstoffe (Roh-, Hilfs-, Betriebsstoffe und Vorprodukte), aber auch die Fertigerzeugnisse und Handelswaren.

Die **Logistik** stellt sicher, dass Materialien zur richtigen Zeit am richtigen Ort in der richtigen Menge und Qualität zur Verfügung stehen. Der Sammelbegriff „Unternehmenslogistik" umfasst folgende Bereiche:

- Die Beschaffungslogistik beschäftigt sich mit der Versorgung des Produktionsprozesses mit Werkstoffen vom Beschaffungsmarkt.
- Die Produktionslogistik steuert den Fluss der Güter durch den Produktionsprozess.
- Die Distributionslogistik steuert den Absatz der Produkte auf dem Absatzmarkt.
- Die Entsorgungslogistik befasst sich mit der Entsorgung des im Leistungserstellungsprozess entstandenen Ausschusses sowie der Abfälle.

Logistik muss sich aber nicht nur mit dem Materialfluss, sondern auch mit dem Informationsfluss befassen. Der Materialfluss setzt den Austausch von Informationen voraus. Planung, Steuerung und Auftragsabwicklung erfordern Informationen über den aktuellen Zustand der Logistik-Kette, insbesondere über Bestände, Auftragsfortschritt und verfügbare Kapazitäten. Eine elektronische Erfassung dieser Informationen am Ort der Entstehung erfolgt durch die betriebliche Datenerfassung (BDE).

5.1.3 Geldfluss

Beispiel Die Zweiradhandelsgesellschaft mbH nimmt die Räder entgegen und prüft die Lieferung. Innerhalb der Zahlungsfrist überweist sie den geforderten Betrag auf das Konto der Fly Bike Werke GmbH, die ihrerseits bei der Tissen AG den geschuldeten Betrag begleicht.

Geldfluss

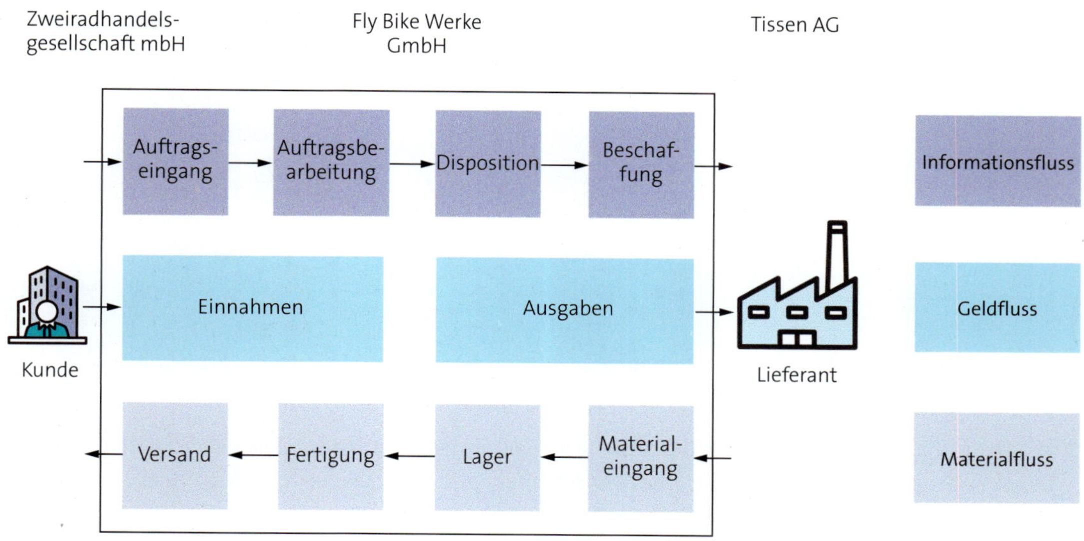

Der Geldfluss ist die dritte Ebene, auf der sich unternehmensübergreifende Geschäftsprozesse vollziehen. Beim Geldfluss erfolgt eine Gegenüberstellung der Einnahmen und Ausgaben. Der Zahlungseingang seitens der Zweiradhandelsgesellschaft stellt aus Sicht der Fly Bike Werke GmbH eine **Einnahme** dar. Die Fly Bike Werke GmbH wiederum tätigt eine **Ausgabe**, indem sie die Rechnung der Tissen AG für die gelieferten Stahlrohre begleichen. Bei der Abwicklung von Geschäftsprozessen muss darauf geachtet werden, dass die Zahlungsfähigkeit des Unternehmens (Liquidität) nicht gefährdet wird, d.h., dass die Einnahmen und Ausgaben aufeinander abgestimmt sind.

Definition Geldfluss

Einnahmen stellen einen Geldzufluss in das Unternehmen dar, Ausgaben einen Geldabfluss.

5.1.4 Wertschöpfung

Der Wert einer Ware, eines Erzeugnisses oder einer Dienstleistung wird von dem Nutzen bestimmt, den sich der potenzielle Käufer davon verspricht. Beginnend mit dem Ausgangsmaterial steigt der Wert des Erzeugnisses mit jedem Verarbeitungsschritt, der es näher an das gewünschte Ergebnis führt. So hat z.B. ein teilmontiertes Fahrrad schon einen höheren Wert als die losen Bauteile, aus denen es besteht. Aber auch das schon fertiggestellte Produkt kann noch eine weitere Wertsteigerung erfahren, indem es mit Serviceleistungen ausgestattet wird (z.B. Garantie), die den Nutzen des Gerätes für seinen Käufer weiter erhöhen.

Als **Wertschöpfung** bezeichnet man die Wertdifferenz zwischen dem Eingangszustand und dem Ausgangszustand.

Beispiel Wertschöpfungsprozess am Beispiel eines Sonnenkollektors

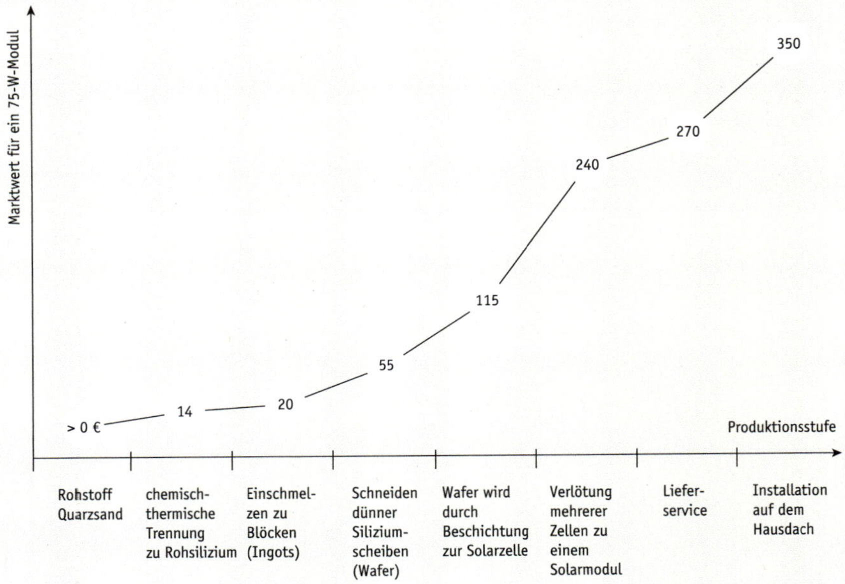

Hier führen alle Fertigungsschritte zu einer Wertsteigerung des Erzeugnisses.

Beispiel Die Wertschöpfung im Beispiel beträgt für das Schneiden der Wafer 35,00 € (55,00 € – 20,00 €), die Wertschöpfung des Lieferservices beträgt 30,00 € (270,00 € – 240,00 €).

In der Praxis existieren aber auch viele Arbeitsschritte, die keine Wertschöpfung auslösen, da sie dem Kunden keinen höheren Nutzen verschaffen.

Beispiel für wertschöpfende Tätigkeiten	Beispiel für wertneutrale Tätigkeiten
– Rohstoffgewinnung (Abbau)	– Lieferantensuche
– Materialtransport	– Personalverwaltung
– Materialverarbeitung und -veredelung	– Buchführung
– Forschung und Entwicklung	– EDV-Betrieb
– Marketing und Vertrieb	– Reinigung und Entsorgung
– Beratung	– Betriebsführung und Organisation
– Lieferungs- und Einbauservice	– Terminüberwachung
– Finanzierungshilfen für den Kunden	– Kapitalbeschaffung

Eine der wichtigsten unternehmerischen Entscheidungen besteht nun darin, festzulegen, welche Fertigungsstufen im eigenen Unternehmen vollzogen und welche an Lieferanten oder Abnehmer abgegeben werden. Dies ist auf der einen Seite von der Wettbewerbsstärke möglicher Konkurrenten abhängig und auf der anderen Seite von der Überlegung, welche Stufen eine besonders hohe Wertschöpfung versprechen.

Beispiel Im obigen Beispiel könnte eine plausible unternehmerische Entscheidung darin bestehen, sich in Zukunft ganz auf die letzten vier oder fünf Stufen zu konzentrieren, weil diese 80 % der gesamten Wertschöpfung ausmachen.

5.2 *Konzept der Geschäftsprozesse*

Geschäftsprozesse lassen sich definieren als Transformation eines Objektes durch Tätigkeiten von Menschen oder Maschinen mit einem bestimmten Ziel.

- **Transformation** bedeutet die Veränderung von Material und Informationen.
- **Objekte** können Materialien, Teile und Informationen sein.
- **Ziel** ist die Erreichung einer Unternehmensleistung, z. B. das Erbringen einer Dienstleistung.

Unternehmensziele, vgl. **12**, S. 132

Geschäftsprozesse können auch als **Input-Output-Prozess** dargestellt werden: Einer messbaren Input-Leistung wird durch den Einsatz von betrieblichen Leistungsfaktoren (z. B. menschliche Arbeit, Software) Wert zugefügt (Wertschöpfung). Ergebnis des Transformationsprozesses ist eine messbare Output-Leistung. Der Input kommt von einem internen oder externen Lieferer, der Output geht an einen innerbetrieblichen Leistungsempfänger oder einen externen Kunden.

Geschäftsprozess als Input-Output-Prozess

Je nachdem, auf welcher Unternehmensebene, mit welcher Bedeutung für das Unternehmen und im Rahmen welcher Funktion Geschäftsprozesse abgewickelt werden, lassen sich folgende **Arten von Geschäftsprozessen** unterscheiden:

Arten von Geschäftsprozessen

Kernprozesse werden auch als Schlüsselprozesse bezeichnet, da sie direkt an den Kunden als Empfänger der Leistung gehen und sowohl einen großen Kundennutzen als auch einen hohen Unternehmensbeitrag liefern. Kernprozesse sind **Wertschöpfungsprozesse**, die für das Unternehmen strategische Bedeutung haben.

Kernprozesse

Wertschöpfung
Durch die Transformation im Unternehmen wird der Wert einer Leistung gesteigert, vgl. **5.1.4**, S. 55

Kernprozesse haben folgende Merkmale:
- Sie erzeugen einen wahrnehmbaren Kundennutzen.
- Sie sind durch die Nutzung unternehmensspezifischer Ressourcen einmalig (Unternehmensspezifikum).
- Die Eigenheiten von Kernprozessen sind durch andere Unternehmen nicht imitierbar (Nicht-Imitierbarkeit).
- Kein anderes Unternehmen bietet vergleichbare Problemlösungen an (Nicht-Substituierbarkeit).

Zu den **Kernprozessen** im Industriebetrieb zählen
- alle Prozesse im Bereich Absatz und Marketing,
- alle Beschaffungs- und Logistikprozesse sowie
- alle Prozesse der Leistungserstellung.

Absatz, vgl. **HF 4**, S. 260 ff.

Beschaffung, vgl. **HF 2**, S. 148 ff.

Leistungserstellung, vgl. **HF3**, S. 206 ff.

Unterstützungsprozesse (Supportprozesse) fördern die Kernprozesse. Sie erzeugen keinen direkten Kundennutzen. Hierunter fallen alle sekundären Aktivitäten, die z. B. Versorgungs- und Steuerleistungen für die Kernprozesse erbringen. Zu den Unterstützungsprozessen im Industriebetrieb zählen insbesondere die in der nachstehenden Abbildung aufgeführten.

Kern- und Unterstützungsprozesse im Industriebetrieb

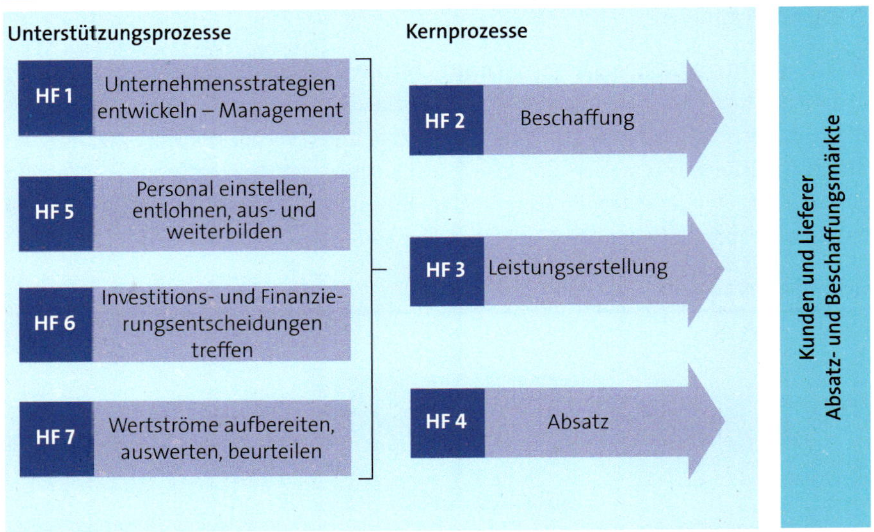

Beispiel Geschäftsprozesse lassen sich weiter untergliedern in Teilprozesse und in einzelne Aktivitäten. Der funktionsübergreifende Geschäftsprozess Kundenauftragsbearbeitung zählt zu den Absatzprozessen. Er ist ein Kernprozess, da er einen unmittelbaren Kundennutzen erzeugt. Die Bearbeitung von Kundenaufträgen umfasst verschiedene Teilprozesse: „Auftrag erfassen", „Machbarkeit prüfen" und „Angebot erstellen". Jeder dieser Teilprozesse kann weiter in einzelne Aktivitäten untergliedert werden. Die Prüfung der Machbarkeit bedeutet, dass die zeitliche Lieferfähigkeit geprüft wird ebenso wie die materielle Lieferfähigkeit (Lagerbestände).

Übersicht: *Prozesse im Unternehmen*

Informationsfluss	– umfasst sämtliche betrieblichen Informationsverarbeitungsprozesse, die Kunden, Lieferanten und das Unternehmen selbst mit Informationen versorgen – plant, steuert und kontrolliert Material- und Geldflüsse im Unternehmen
Materialfluss	– Beschaffung (Einkauf, Wareneingang, Lager), – Bewegung (Fertigung, Lager, Transport) und – Verteilung (Lager, Warenausgang, Fakturierung, Entsorgung) von Materialien
Geldfluss	Gegenüberstellung von Einnahmen (Geldzufluss) und Ausgaben (Geldabfluss)
Kernprozesse	Wertschöpfungsprozess, der einen wahrnehmbaren Kundennutzen hat
Unterstützungsprozesse (Supportprozesse)	fördern und unterstützen die Kernprozesse
Wertschöpfung	Wertdifferenz zwischen dem Eingangs- und Ausgangszustand einer Ware, eines Erzeugnisses oder einer Dienstleistung

6 Aufgaben und Bereiche des Rechnungswesens

LS ▸ **LS 6**
Bereiche des Rechnungswesens abgrenzen und rechtliche Grundlagen beachten

Das Rechnungswesen eines Industrieunternehmens erfasst und dokumentiert die zahlenmäßig darstellbaren Daten **aller betrieblichen Prozesse** und stellt sie zunächst dem Unternehmen selbst bzw. dem Management für Auswertungszwecke zur Verfügung. Von besonderer Bedeutung sind diejenigen Daten, die aus den **Kernprozessen** Beschaffung und Absatz gewonnen werden können.

Kern- und Unterstützungsprozesse, vgl. **5.2**, S. 57

Absatz- und Beschaffungsprozess im Industriebetrieb

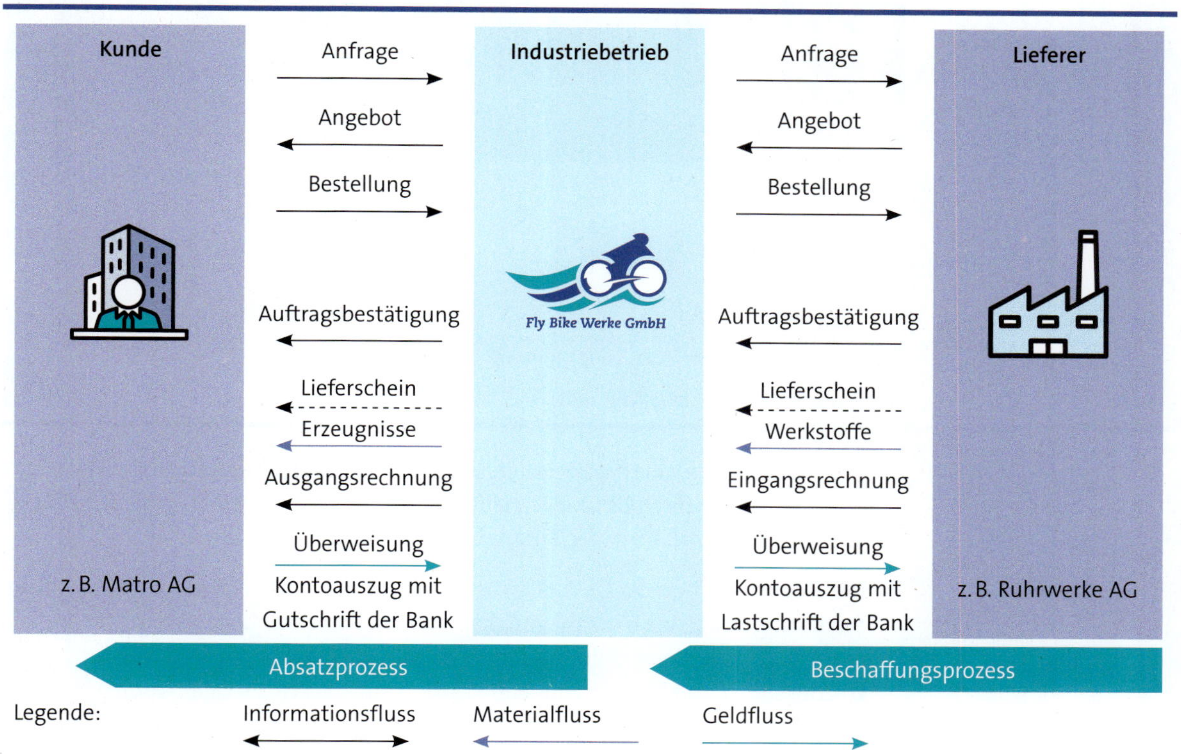

Die im Schaubild dargestellten Geschäftsprozesse verändern sowohl den Wert und die Menge der im Unternehmen vorhandenen Werkstoffe und Erzeugnisse (Materialfluss) als auch den Wert der Geldmittel (Geldfluss). Beide Veränderungen werden außerdem von vielfältigen Informationen (Informationsfluss) begleitet. Die zahlenmäßig erfassbaren Ergebnisse von Geschäftsprozessen nennt man **Werteströme**. Sie haben Auswirkungen auf das Vermögen und/oder auf das Kapital eines Unternehmens. Im Rechnungswesen spricht man von **Geschäftsvorfällen**.

Informations-, Material- und Geldfluss, vgl. **5**, S. 53

Geschäftsvorfälle
Prozessergebnisse, die den Wert des Vermögens und/oder des Kapitals im Unternehmen verändern

Beispiel Geschäftsvorfälle und deren Ergebnisse
- Einkauf von Waren gegen Barzahlung = mehr Waren, weniger Bargeld = Vermögensveränderung
- Einkauf von Waren auf Kredit (auf Ziel) = mehr Waren, mehr Schulden = Vermögens- und Kapitalveränderung

Zahlenmäßig erfassbar sind aber nicht nur Absatz- und Beschaffungsprozesse, sondern auch andere Geschäftsvorfälle innerhalb und außerhalb des Unternehmens.

Funktionsmodell eines Industriebetriebs

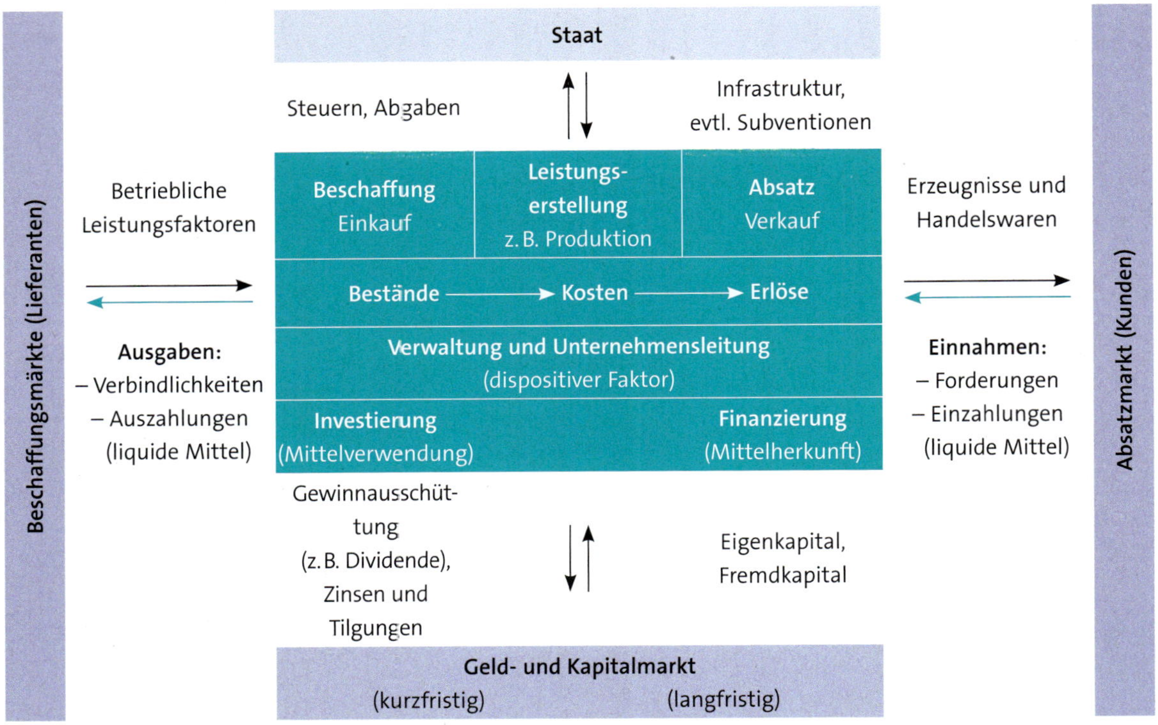

Eine wichtige Aufgabe des Rechnungswesens ist die **Dokumentation** der Werteströme. Dazu gehört die vollständige, richtige, zeitgerechte und geordnete Aufzeichnung aller Geschäftsvorfälle in der **Finanzbuchhaltung**.

Aufgaben des Rechnungswesens:
- Dokumentation
- Information
- Planung und Kontrolle

Unternehmensziele, vgl. **12**, S. 132

Die Dokumentation der Geschäftsvorfälle ist die Basis für die Bereitstellung von **Informationen** an eine Vielzahl von inner- und außerbetrieblichen Interessenten. Auf der Grundlage dieser Informationen kann z. B. die Unternehmensleitung **kontrollieren**, ob und in welchem Maße Unternehmensziele erreicht worden sind. Neben der Kontrolle dienen diese Informationen der **Planung** betriebswirtschaftlicher Entscheidungen für die Zukunft. Lieferanten sind z. B. an Informationen zur Kreditwürdigkeit und Zahlungsfähigkeit des Unternehmens interessiert, der Staat benötigt Informationen zur Festlegung der Besteuerung.

Informationen	Beispiele	mögliche Interessenten
Wert des Vermögens	Vorräte, Bankguthaben	Geschäftsleitung Unternehmenseigner Staat (Finanzamt) Kreditgeber (Banken) Kunden Lieferanten Arbeitnehmer Mitbewerber Öffentlichkeit
Höhe der Schulden	Darlehensschulden bei Banken, Verbindlichkeiten bei Lieferanten	
erzielte Umsätze	Erlöse für Erzeugnisverkauf	
entstandene Aufwendungen	Rohstoffverbrauch, Löhne, Gehälter, Mieten	
Art und Höhe des Erfolgs	Gewinn oder Verlust	

Übersicht: Bereiche des Rechnungswesens

Finanzbuchhaltung	
Auf Basis von Belegen werden alle Geschäftsvorfälle wertmäßig erfasst (gebucht) und zeitlich und sachlich geordnet dokumentiert.	Beispiele für Belege und Geschäftsvorfälle: – Eingangsrechnung für Rohstoffeinkäufe – Ausgangsrechnung für Erzeugnisverkäufe – Kontoauszug der Bank für Überweisungen an Lieferanten – Quittung des Verkäufers für einen Bareinkauf von Büromaterial
Jahresabschluss	
Der Buchführungspflichtige hat zum Ende jedes Geschäftsjahres einen Jahresabschluss zu erstellen, in dem sein Vermögen und seine Schulden gegenübergestellt (Bilanz) sowie die Aufwendungen und Erträge (Gewinn- und Verlust-Rechnung) ausgewiesen werden müssen.	Datenbasis für den Jahresabschluss sind die jährliche Bestandsaufnahme (Inventur) und die Daten der Finanzbuchhaltung. Beispiele: – Vermögen: Maschinen, Geschäftsausstattung, Materialvorräte – Schulden: Bankverbindlichkeiten, Steuerschulden – Aufwendungen: Materialverbrauch, Löhne, Gehälter – Erträge: Umsatzerlöse aus dem Verkauf von Erzeugnissen – Gewinn: Erträge > Aufwendungen
Kosten- und Leistungsrechnung	
Hier werden nur Werte der Finanzbuchhaltung übernommen, die mit dem Sachziel des Unternehmens im Zusammenhang stehen. Dem Wertezuwachs wird der Werteverzehr gegenübergestellt, um den Betriebsgewinn zu ermitteln. Der Werteverzehr ist Basis für die Kalkulation.	– Sachziel: Betriebszweck, z. B. Produktion und Verkauf von bestimmten Produkten mit Gewinn – Wertezuwachs: Leistungen, d. h. sachzielbezogene Erträge, z. B. Umsatzerlöse aus dem Produktverkauf – Werteverzehr: Kosten, d. h. sachzielbezogene Aufwendungen, z. B. Verbrauch von Rohstoffen, Zahlung von Löhnen – Betriebsgewinn: Leistungen > Kosten – Kalkulation: Preisermittlung für eigene Erzeugnisse und Handelswaren
Planung	
Unternehmerische Zielsetzungen werden in Planungen konkretisiert und als Soll-Werte vorgegeben	– Zielsetzung: z. B. Gewinnerhöhung um 5 % – notwendige Planungen: z. B. Absatz-, Umsatz-, Produktions-, Beschaffungs-, Personal-, Investitions- und Finanzplan – Soll-Werte: z. B. Absatzmengen, Verkaufspreise, Produktionsmengen, Einkaufsmengen und -preise
Controlling	
Das Controlling ist bereits bei der Planung beteiligt. Die im Rechnungswesen erfassten Ist-Werte werden den geplanten Soll-Werten gegenübergestellt. Abweichungen und deren Ursachen müssen analysiert, Gegenmaßnahmen geplant und umgesetzt werden. Nicht erreichbare Ziele müssen ggf. neu definiert werden.	– Controlling (engl. to control) bedeutet steuern, regeln, kontrollieren – Abweichungen: Soll-Werte > oder < Ist-Werte – Abweichungsursachen: z. B. erhöhter Materialverbrauch durch Ausschussproduktion – Gegenmaßnahmen: z. B. Wechsel des Materiallieferanten, erweiterte Qualitätskontrollen beim Materialeingang
Statistik	
Empfängerbezogene Aufbereitung und Darstellung von Daten in aussagefähigen Tabellen und Diagrammen mit Vergleichsgrößen	– Datenempfänger: unternehmensintern (z. B. Geschäftsleitung) oder -extern (z. B. Jahresabschlussempfänger wie Staat, Gläubiger usw.) – Tabellen und Diagramme: Zahlenübersichten oder grafische Darstellungen (z. B. Linien-, Balken- oder Kreisdiagramme) – Vergleichsgrößen: Ist-Wert mit Ist-Wert (Zeitvergleich) – Soll-Wert mit Ist-Wert = Soll-/Ist-Vergleich – Ist-Wert eigenes Unternehmen mit Ist-Wert anderes Unternehmen (Betriebs- oder Branchenvergleich)

6.1 Buchführung als Basis des Rechnungswesens

Beispiel Frau Ganser, Mitarbeiterin in der Verkaufsabteilung, hat eine Rechnung für den Kunden Matro AG erstellt, die noch heute verschickt werden soll. Frau Klein, die ein Betriebspraktikum bei der Fly Bike Werke GmbH absolviert, möchte wissen, auf welche Bereiche des Rechnungswesens sich diese Ausgangsrechnung eigentlich auswirkt.

Fly Bike Werke GmbH

FBW GmbH • Rostocker Str. 334 • 26121 Oldenburg

Matro AG
Altenessener Straße 661
45472 Essen Ruhr

Rechnung-Nr.: 312

Bearbeiter	Kundennr.	Ihre Bestellung Nr.	Ihre Bestellung vom	Rechnungsdatum
Frau Ganser	40022	5	03.01.20XX	16.01.20XX
Versandart/Freivermerk		Verpackungsart		Geliefert am
Per Lkw/frei Lager		Kartonage		16.01.20XX

Pos-Nr.	Artikel-Nr.	Artikelbezeichnung	Menge	Einzepreis in €	Rabatt in %	Gesamtpreis in €
01	101	City *Glide*	300	245,00	32,00	49.980,00
02	102	City *Surf*	120	274,40	31,00	22.720,32
03	301	Mountain *Dispo*	200	393,75	31,00	54.337,50
			Nettorechnungsbetrag in €			127.037,82
			+ 19 % Umsatzsteuer in €			24.137,19
			Bruttorechnungsbetrag in €			151.175,01

Bitte überweisen Sie unter Angabe der Rechnungsnummer.

	Datum	Skonto	Skonto in €	Betrag in €
Innerhalb der Skontofrist bis:	24.01.20XX	2 %	3.023,50	148.151,51
Innerhalb der Zahlungsfrist bis:	15.02.20XX	–	–	151.175,01

Bereiche des Rechnungswesens	Auswirkungen von Umsatzerlösen (am Beispiel einer Ausgangsrechnung)
Finanzbuchhaltung	Umsatzerlöse sind Erträge in der Finanzbuchhaltung. Sie steigen, da hier Umsatzerlöse für eigene Erzeugnisse erzielt wurden (Erzeugnisverkauf).
Jahresabschluss	Wie jeder Ertrag steigern diese Umsatzerlöse den Gewinn.
Kosten- und Leistungsrechnung	Umsatzerlöse (Leistungen) erhöhen auch den Betriebsgewinn.
Planung	Der Verkauf von Erzeugnissen, der Umsatzerlöse erbracht hat, wird in der Planung bereits als Soll-Wert vorab berücksichtigt.
Controlling	Die erzielten Umsatzerlöse erhöhen den Ist-Wert für den Soll-Ist-Vergleich dieser Ertragsart am Ende einer Abrechnungsperiode.
Statistik	Tabellen und Diagramme, die Gewinne ausweisen, werden angepasst.

6.2 Rechtliche Grundlagen der Finanzbuchhaltung

Liebe Frau Taubert,

am nächsten Montag wird das Finanzamt Oldenburg eine routinemäßige Betriebsprüfung in unserem Hause durchführen. Bitte sorgen Sie dafür, dass die Inspektoren alle notwendigen Informationen erhalten. Unsere Finanzbuchhaltung ist doch auf aktuellem Stand? Bitte um Rückruf.

Mit freundlichen Grüßen

Hans Peters

Die Begriffe Buchhaltung und Buchführung werden hier synonym, d.h. mit gleicher Bedeutung, verwendet.

Merke: „Buchführung" wird immer im HGB und in der AO (Abgabenordnung) verwendet!

Jeder Kaufmann wird durch das HGB verpflichtet, Bücher nach den **Grundsätzen ordnungsmäßiger Buchführung** zu führen. Die Eintragungen in Büchern und die sonst erforderlichen Aufzeichnungen müssen vollständig, richtig, zeitgerecht und geordnet vorgenommen werden.

HGB (Handelsgesetzbuch), vgl. **2.3.2**, S. 31

Gemäß den steuerrechtlichen Vorschriften der AO (Abgabenordnung) wird der Kreis der Buchführungspflichtigen aus Gründen der gerechten Besteuerung erweitert. Wer unterhalb der festgelegten Grenzen liegt, muss beim Finanzamt lediglich eine Einnahmen-/Überschussrechnung einreichen.

Wer ist buchführungspflichtig?

Einnahmen-/Überschussrechnung

Gesetzliche Vorschriften zu Buchführung und Jahresabschluss

Buchführungspflicht nach HGB § 238[1]	Buchführungspflicht nach AO §§ 140–141
Alle Kaufleute gem. HGB: – § 1 Istkaufmann – § 2 Kannkaufmann[2] – § 3 Land- und Forstwirtschaft; Kannkaufmann[2] – § 5 Kaufmann kraft Eintragung – § 6 Handelsgesellschaften; Formkaufmann	– Alle Kaufleute gem. HGB sowie – Gewerbliche Unternehmer und Land- und Forstwirte mit einem Jahresumsatz > 600.000,00 € oder Jahresgewinn > 60.000,00 € – Land- und Forstwirte mit einem Wirtschaftswert > 25.000,00 €

[1] Gilt seit 2010 nicht mehr für Einzelkaufleute, die unterhalb der Umsatz- und Gewinngrenze nach § 141 AO liegen (§ 241a HGB)

[2] Eintragung in das Handelsregister notwendig

Neben dem HGB sind in Abhängigkeit von der Rechtsform des Unternehmens auch das Aktiengesetz (AktG) und das GmbH-Gesetz (GmbHG) zu beachten.

Rechtsformen, vgl. **3**, S. 37

Weitere handelsrechtliche Vorschriften zu Buchführung und Jahresabschluss		
1. Abschnitt §§ 238–263 HGB	2. Abschnitt §§ 264–335 HGB	3. Abschnitt §§ 336–339 HGB
Grundsätzliche Vorschriften für alle Kaufleute	Ergänzende (spezielle) Vorschriften für Kapitalgesellschaften	Ergänzende (spezielle) Vorschriften für eingetragene Genossenschaften

Weitere Steuergesetze

Für alle steuerrechtlich relevanten Vorgänge sind weitere Steuergesetze wie z. B. das Einkommensteuergesetz (EStG), Umsatzsteuergesetz (UStG), Körperschaftsteuergesetz (KStG) und die entsprechenden Durchführungsverordnungen und Richtlinien für diese Gesetze zu berücksichtigen.

Folgen einer nicht ordnungsmäßigen Buchführung:
- Buchführung verliert an Beweiskraft (§ 158 AO)
- Schätzung der Bemessungsgrundlagen für die Steuerberechnung, z. B. für den Gewinn (§ 162 AO)
- Bei Insolvenz evtl. Freiheits- oder Geldstrafe (§ 283 b StGB)

Ist ein Unternehmen verpflichtet, Bücher zu führen, so muss diese Buchführung so beschaffen sein, dass sie einem **sachverständigen Dritten** innerhalb angemessener Zeit einen Überblick über die **Geschäftsvorfälle** und über die **Lage des Unternehmens** vermitteln kann. Dabei müssen sich die Geschäftsvorfälle in ihrer Entstehung und Abwicklung verfolgen lassen (§§ 238 (1) HGB und 145 (1) AO).

Anforderungen (§ 238 HGB, § 145 AO)	Bedeutung
Sachverständiger Dritter	Steuerberater, Wirtschaftsprüfer, Betriebsprüfer des Finanzamtes usw.
Überblick über die Geschäftsvorfälle	vollständige, richtige, zeitgerechte und geordnete Aufzeichnungen und Aufbewahrung der den Aufzeichnungen zugrunde liegenden Belege
Überblick über die Lage des Unternehmens	Vermögenslage, Ertragslage, Finanzlage

Die Buchführungspraxis, Gesetze (insbesondere HGB und AO) und die fortlaufende Rechtsprechung (z. B. Bundesfinanzhof) haben in der Vergangenheit eine Vielzahl von Regelungen getroffen, die Einfluss auf die Buchführung und deren Organisation haben. Aus diesen „Grundsätzen ordnungsmäßiger Buchführung" ergibt sich allgemein, dass die Buchführung **wahr** und **klar** sein muss (§ 146 AO, § 239 HGB).

Grundsätze ordnungsmäßiger Buchführung (GOB) gemäß HGB/AO	
Vollständigkeit	Kein Geschäftsvorfall darf in der Buchführung unberücksichtigt bleiben.
Richtigkeit	Jede Buchung muss wahrheitsgemäß erfolgen.
zeitgerecht	Die Buchung muss in angemessener Zeit nach dem Geschäftsvorfall erfolgen; Kasseneinnahmen und -ausgaben sollen täglich erfasst werden.
geordnet	Geschäftsvorfälle sind zeitlich fortlaufend zu erfassen; sachliche Zuordnung auf Konten und geordnete Ablage der Belege.
Belegprinzip	Für jede Buchung muss ein Beleg vorhanden sein.
Sprache, Währung	Handelsbücher und Aufzeichnungen in lebender Sprache; Abkürzungen, Ziffern, Buchstaben oder Symbole nur mit eindeutig festgelegter Bedeutung; Jahresabschluss in deutscher Sprache und in Euro.
Berichtigungen	Eintragungen oder Aufzeichnungen dürfen nicht in einer Weise verändert werden, dass der ursprüngliche Inhalt nicht mehr feststellbar ist (keine Bleistifteintragungen, kein Tipp-Ex, Radieren, Überschreiben, Löschen von Datenträgern usw.).
Aufbewahrungspflicht	Unterlagen der Buchführung müssen aufbewahrt werden.

Die Aufbewahrungsfrist beginnt mit dem Ende des betreffenden Kalenderjahres, in dem die Aufzeichnung oder der Beleg entstand.

Gem. HGB und GoB können die Bücher geführt werden
- in gebundener Form (Seiten, als Bücher gebunden)
- als geordnete Loseblattsammlungen
- als geordnete Ablage von Belegen oder
- auf Datenträgern (EDV)

Aufbewahrungsfristen

Zehn Jahre	Sechs Jahre
– Handelsbücher (z. B. Grund- und Hauptbuch) – Inventare – Eröffnungsbilanzen – Jahresabschlüsse (z. B. GuV-Rechnung, Bilanz) – Arbeitsanweisungen und Organisationsunterlagen (z. B. Programme) – Buchungsbelege (z. B. Ausgangsrechnungen, Kontoauszüge)	– Empfangene Handelsbriefe (z. B. Angebote) – Wiedergaben abgesandter Handelsbriefe (z. B. Bestellungen) – Unterlagen, soweit sie für die Besteuerung von Bedeutung sind

Übersicht: *Erfassung und Dokumentation von Werteströmen*

- Die Werteströme von Geschäftsprozessen z. B. im Marketing, der Beschaffung und Logistik oder in der Leistungserstellung (Kernprozesse) verändern den Wert des Vermögens und/oder des Kapitals eines Industrieunternehmens. Diese Veränderungen haben ggf. auch Auswirkungen auf den Erfolg (Gewinn oder Verlust) des Unternehmens.
- Derartige Prozessergebnisse nennt man im Rechnungswesen Geschäftsvorfälle.
- Geschäftsvorfälle werden zuerst in der Finanzbuchhaltung erfasst (gebucht). Die Ergebnisse werden den anderen Bereichen des Rechnungswesens (Jahresabschluss, Kosten- und Leistungsrechnung, Planung, Controlling, Statistik) zur Verfügung gestellt.
- Buchführungspflichtig sind allerdings nur Kaufleute (§ 238 HGB) sowie gewerbliche Unternehmer und Land- und Forstwirte, die bestimmte Kriterien erfüllen (§§ 140, 141 AO).
- Buchführungspflichtige müssen die Grundsätze ordnungsmäßiger Buchführung beachten.

Übersicht: *Aufgaben der Finanzbuchhaltung*

– Ermittlung der Zusammensetzung und der Veränderung des Vermögens und des Kapitals	– Ermittlung der Erträge und Aufwendungen sowie des Erfolges (Gewinn- oder Verlust) der Geschäftstätigkeit
– Ermittlung von Basisdaten für die Kosten- und Leistungsrechnung, alle Planungsrechnungen, das Controlling, die Statistik und für viele unternehmerische Entscheidungen	– Bereitstellung von Daten für gesetzlich vorgeschriebene Veröffentlichungen (Rechenschaftslegung) wie den Jahresabschluss, z. B. Bilanz sowie Gewinn- und Verlustrechnung
– Ermittlung von Bemessungsgrundlagen, z. B. für die Besteuerung • Umsätze für die Umsatzsteuer oder • Gewinne für die Einkommen-, Körperschaft- oder Gewerbesteuer	– Bereitstellung von Beweismitteln bei Rechtsstreitigkeiten insbesondere durch die geordnete Aufbewahrung aller buchungsrelevanten Belege

LS ▸ **LS 7** Inventurwerte ermitteln

7 Inventur, Inventar und Bilanz

7.1 Inventur

Inventur
Bestandsaufnahme aller Vermögensgegenstände und Schulden nach Art, Menge und Wert

Inventur (Bestandsaufnahme)
↓
Inventar (Bestandsverzeichnis)
↓
Bilanz (Gegenüberstellung von Vermögen und Kapital)
↓
Anfangsbestände für die Buchhaltung im neuen Geschäftsjahr

Beispiel Im Absatzlager der Fly Bike Werke wird jeder Eingang fertiger Erzeugnisse aus der Produktion und jeder Erzeugnisverkauf an Kunden in einer Lagerdatei erfasst.

Lagerdatei

Fly Bike Werke GmbH

City-Räder			Jahr: 20XX Seite 3		
Produkt	Produktbezeichnung				
102	City Fahrradmodell *Surf*				
Datum	Beleg	Vorgang	Zugang	Abgang	Bestand
30.11.	S. 2	Bestandsübertrag Seite 2			40
02.12.	HE 212	Eingang aus Produktion	300		340
14.12.	LS 566	Verkauf an Zweirad GmbH		100	240
28.12.	LS 789	Verkauf an Matro AG		150	90

Anhand der Lagerdatei wäre es jederzeit möglich, die aktuellen Lagerbestände aller gelagerten Produkte mengenmäßig anzugeben. Aber auch Lagerdateien können irren! Falsche oder fehlende Eingaben, fehlerhafte Lagerung, nicht entdeckte Diebstähle, Schwund, Beschädigungen und Verderb können dazu führen, dass die Bestände laut Lagerdatei (**Sollbestände**) nicht den tatsächlichen Beständen verkaufsfähiger Erzeugnisse (**Istbestände**) entsprechen. Darüber hinaus muss auch der aktuelle Wert der Bestände festgestellt werden, denn Werte in Euro sind nicht in der Lagerdatei erfasst.

Sollbestand
Bestand gemäß Aufzeichnungen

Istbestand
Bestand gemäß Inventur

Die Aufnahme der Bestände nach Art, Menge und Wert wird **Inventur** genannt. Dabei erstreckt sich die Inventur nicht nur auf die Lagerbestände, sondern auf alle **Vermögenswerte** und alle **Schulden** des Unternehmens, damit ein vollständiges Bestandsverzeichnis, das **Inventar**, erstellt werden kann. Dies ist dann die Grundlage für die **Bilanz**, auf die nicht nur die Geschäftsleitung gespannt wartet. Erst dann weiß man mit Sicherheit, ob das letzte Geschäftsjahr tatsächlich erfolgreich war. Mit den ermittelten Bestandswerten startet dann die Buchführung in das neue Geschäftsjahr.

Vermögenswerte
z. B. Grundstücke, Fahrzeuge, Bankguthaben

Schulden
(Verbindlichkeiten) z. B. Bankdarlehen, unbezahlte Lieferantenrechnungen

Die Durchführung der Inventur ist gesetzlich vorgeschrieben (§ 240 HGB, §§ 140, 141 AO) und muss erfolgen:
- bei Aufnahme der Geschäftstätigkeit (Gründung, Übernahme)
- am Ende jedes Geschäftsjahres (meistens der 31.12.)
- bei Aufgabe der Geschäftstätigkeit (Auflösung, Verkauf)

7.1.1 *Planung der Inventur*

Je größer das Unternehmen, desto schwieriger und arbeitsintensiver ist die Inventur und desto besser muss sie organisiert sein. Eine Person, die die Inventur leitet, muss folgende Planungsschritte beachten:

Planungsschritte	
1. Zeitplanung	Zu welchen Zeitpunkten sollen Bestände erfasst werden?
2. Raumplanung	In welchen Gebäuden (Filialen, Lagerhallen, Büros) befinden sich die aufzunehmenden Bestände?
3. Personalplanung	Welche Personen sollen die Bestände aufnehmen?
4. Hilfsmittelplanung	Welche Hilfsmittel (Inventurlisten, Geräte) werden benötigt?

7.1.2 *Durchführung der Inventur*

Körperliche Inventur

Die Bestandsaufnahme der körperlichen Vermögensgegenstände erfolgt durch **Zählen, Messen, Wiegen oder im Ausnahmefall durch Schätzen** (geringer Wert, unangemessener Arbeitsaufwand des Zählens). Die ermittelten Bestände werden in Inventurlisten oder Inventurkarten eingetragen und anschließend in Euro bewertet. Zusammenfassungen mit Summenbildungen, z. B. Gesamtwerte für jede Warengruppe, sind notwendig.

Inventurliste

Fly Bike Werke GmbH

Vermögensgegenstand	Feststellung der Menge	Bewertung
Y-Rahmen, 1-Gelenker, Material Alu/CrMo	Zählen der Y-Rahmen	Anzahl der Y-Rahmen · Einkaufspreis (Wertminderungen, z. B. bei Mängeln, müssen erfasst werden)

Einkaufspreis (Bezugspreis): Verkaufspreis des Lieferanten abzüglich Preisnachlässe zuzüglich Kosten der Lieferung (= Anschaffungskosten)

Buchinventur

Die Bestandsaufnahme nicht körperlicher Gegenstände oder von Vermögensgegenständen, deren Bestand nach Art, Menge und Wert auch ohne körperliche Bestandsaufnahme festgestellt werden kann, erfolgt durch die Überprüfung von Aufzeichnungen, Belegen oder Dokumenten.

§ 241 (2) HGB

Vermögensgegenstände/Schulden	Unterlagen für die Inventur
Fuhrpark, Betriebs- und Geschäftsausstattung	Anlagenkartei, Anlagendatei (EDV)
Bankguthaben	Kontoauszug der Bank
Forderungen gegenüber Kunden	unbezahlte Ausgangsrechnungen an Kunden
Verbindlichkeiten gegenüber Lieferanten	unbezahlte Eingangsrechnungen von Lieferanten

7.1.3 Kontrolle der Inventur

Inventurdifferenz
Sollbestand ≠ Istbestand

Die Aufnahme der Bestände sollte von jeweils zwei Personen durchgeführt werden („Vier-Augen-Prinzip"). Für jeden Bereich ist ein Prüfer zu bestimmen, der nicht nur stichprobenweise überprüft, sondern eine Zweitaufnahme durchführt. Inventurlisten müssen von den Aufnehmenden und Prüfenden unterschrieben werden. Bei unerklärbaren Abweichungen der Aufnahmeergebnisse von der regelmäßigen Bestandsaufzeichnung (z. B. der Artikeldatei), die nicht im Rahmen üblicher **Inventurdifferenzen** liegen, müssen intensivere Nachforschungen eingeleitet werden. Die Buchinventur kann anhand von Saldenbestätigungen (schriftliche Bestätigung des Inventurwertes) von Banken, Kunden und Lieferern überprüft werden.

7.1.4 Arten der Inventur

Stichtagsinventur

Besonders wertvolle Wirtschaftsgüter (z. B. hochwertige Geräte) und Bestände, bei denen nicht annähernd abschätzbare Abgänge eintreten können, müssen immer als Stichtagsinventur erfasst werden.

Die Bestandsaufnahme bezogen auf den letzten Tag des Geschäftsjahres (meist der 31.12.) nennt man Stichtagsinventur. Das bedeutet jedoch nicht, dass alle bereits beschriebenen Tätigkeiten an diesem Tag ausgeführt werden müssen. Kaum ein Unternehmen kann mit dem vorhandenen Personal am letzten Tag des Geschäftsjahres die gesamte Inventur durchführen. Das HGB und die Einkommensteuerrichtlinien (EStR) ermöglichen deshalb eine Auswahl von Inventurvereinfachungsverfahren. Dazu gehört, dass Stichtagsinventur zeitnah, d. h. in der Regel in einem Zeitraum von 10 Tagen vor bis zu 10 Tagen nach dem Stichtag, erfolgen kann.

Zeitraum für die Stichtagsinventur

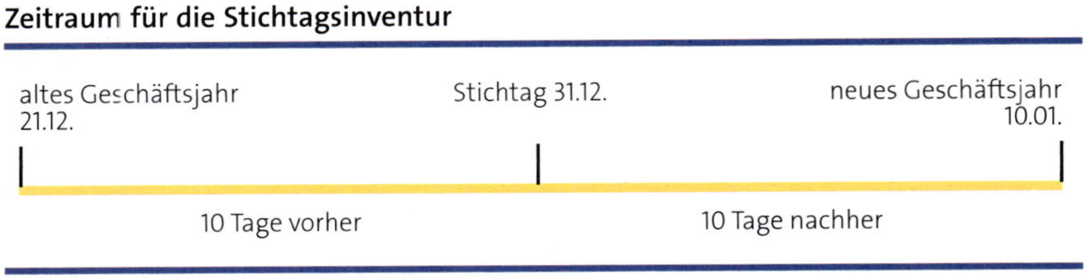

Bei der zeitnahen Inventur ist sicherzustellen, dass alle Bestandsveränderungen, die sich zwischen dem Stichtag und dem Tag der tatsächlichen Bestandsaufnahme ergeben, anhand von Belegen oder Aufzeichnungen berücksichtigt werden.

Verlegte Inventur

§ 241 (3) HGB, Abschnitt 30 Abs. 3 EStR

Ist es nicht sinnvoll möglich, innerhalb der 20-Tage-Frist die gesamte Inventur durchzuführen, kann eine vor- oder nachverlegte Inventur durchgeführt werden. Dadurch wird der Zeitraum zur Durchführung der körperlichen Bestandsaufnahme vergrößert. Gesetzlich vorgegeben ist ein Zeitpunkt innerhalb von drei Monaten vor bis zu zwei Monaten nach dem Stichtag.

Zeitraum für die verlegte Inventur

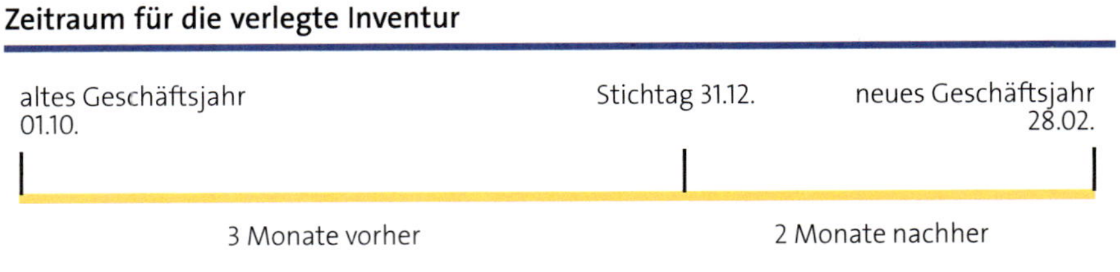

Durch dieses für viele Unternehmen besonders geeignete Verfahren lässt sich der Personalaufwand erheblich vermindern und Betriebsschließungen können häufig vermieden werden. Die aufwendigen Inventurarbeiten können in eine Zeit verlegt werden, in der der Geschäftsbetrieb und die Menge der aufzunehmenden Bestände (z. B. Warenvorräte) vielleicht geringer sind als am Geschäftsjahresende.

Da jedoch auch bei diesem Verfahren der Wert des Bestandes am Stichtag ermittelt werden muss, ist der Bestand, der am Tag der tatsächlichen Bestandsaufnahme nach Art, Menge und Wert festgestellt wurde, wertmäßig (nicht mengenmäßig) auf den Stichtag fortzuschreiben oder zurückzurechnen.

Wertfortschreibung Stahlrohre	Wertrückrechnung Aluminiumrohre
Tatsächliche Bestandsaufnahme am 04.11. (altes Geschäftsjahr) Wert: 45.000,00 €	**Tatsächliche Bestandsaufnahme** am 20.01. (neues Geschäftsjahr) Wert: 22.500,00 €
+ Wert des Wareneinganges vom 05.11. bis 31.12. Wert: 7.500,00 €	– Wert des Wareneinganges vom 01.01. bis 20.01. Wert: 3.200,00 €
– Wert des Warenausganges vom 05.11. bis 31.12. Wert: 6.000,00 €	+ Wert des Warenausganges vom 01.01. bis 20.01. Wert: 6.200,00 €
= Wert des Bestandes am Stichtag 31.12. Wert: 46.500,00 €	= Wert des Bestandes am Stichtag 31.12. Wert 25.500,00 €

Permanente Inventur

Die permanente Inventur vergrößert den Zeitraum der körperlichen Bestandsaufnahme auf das gesamte Geschäftsjahr. Bei Anwendung dieses Verfahrens ist es möglich, die Aufnahme eines Vermögensgegenstandes nach Art, Menge und Wert zu einem Zeitpunkt anzusetzen, an dem die niedrigsten Bestände erwartet werden. Dies ermöglicht eine Minimierung des Arbeitsaufwandes und, bei überraschender Auswahl der Vermögenswerte, auch eine optimale Kontrolle der Bestandsführung. Zwischen den Aufnahmezeitpunkten einer Vermögensart müssen 12 Monate liegen.

Zeitraum für die permanente Inventur

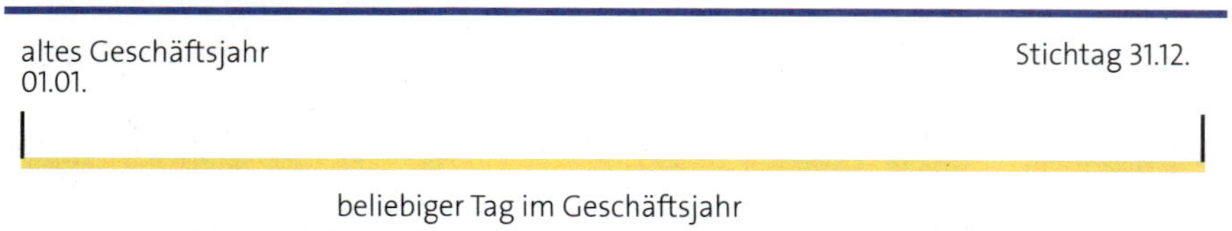

Voraussetzung für die Anwendung dieses Verfahrens ist eine permanente Aufzeichnung aller Zu- und Abgänge (mengenmäßige Bestandsfortschreibung), die auch durch Belege (Lieferscheine, Rechnungen) nachzuweisen sein muss. Dies ist im Warenlager durch das Führen einer **Lagerdatei** (Lagerbuchführung) möglich. Die Bestandsführung laut Lagerdatei ist bei einem abweichenden Ergebnis der körperlichen Inventur zu korrigieren. Die Ergebnisse der körperlichen Inventur sind in die Lagerdatei aufzunehmen. Vom Prüfenden ist ein Protokoll anzufertigen und zu unterschreiben.

Eine Beschränkung der permanenten Inventur auf Stichproben ist nicht zulässig. Weitere Einschränkungen für bestimmte (z. B. besonders wertvolle) Wirtschaftsgüter sind zu beachten.

§ 241 (1) Satz 1 HGB

Grundsätze ordnungsmäßiger Buchführung (GoB), vgl. **6.2**, S. 63

Stichprobeninventur

Die Stichprobeninventur ist keine eigenständige Inventurart, sondern ein besonderes Verfahren der Bestandsaufnahme. Es ist erlaubt, Bestände auch mithilfe anerkannter mathematisch-statistischer Methoden aufgrund von Stichproben zu ermitteln, wenn das Verfahren den Grundsätzen ordnungsmäßiger Buchführung entspricht. Hier kann z. B. eine kleine Menge einer Mischung verschiedener Stoffe in seiner Zusammensetzung analysiert und auf den Gesamtbestand hochgerechnet werden. Dieses Verfahren dient damit in erster Linie der Wertermittlung.

7.1.5 Bewertung von Inventurmengen

Bei der Bewertung der Vermögensgegenstände im Rahmen der Inventur ist § 253 HGB zu beachten. Inventurhöchstwerte sind die **Anschaffungskosten**. Es muss jedoch ein niedrigerer Wert angesetzt werden, wenn der Vermögensgegenstand seit der Anschaffung an Wert verloren hat (**Niederstwertprinzip**).

Anlagevermögen
Vermögensgegenstände, die bestimmt sind, dauernd dem Geschäftsbetrieb zu dienen (z. B. Maschinen, Betriebs- und Geschäftsausstattung, Fuhrpark)

Im **Anlagevermögen** müssen Wertminderungen in Form von Abschreibungen berücksichtigt werden. Der Inventurwert sinkt vom Tag des Kaufes an, wenn die Nutzung des Vermögensgegenstandes zeitlich begrenzt ist. Auch ungeplante, außerordentliche Wertminderungen (z. B. Schadensfälle) müssen berücksichtigt werden.

Beispiel Wertminderungen bei Sachanlagen
Ein Pkw mit Anschaffungskosten von 36.000,00 € und einer Nutzungsdauer von 6 Jahren verliert jedes Jahr 1/6 seines Wertes = 6.000,00 €. Der Inventurwert beträgt nach einem Nutzungsjahr also nur noch 30.000,00 €, wenn zusätzlich keine ungeplanten Wertminderungen (z. B. durch einen Unfall) zu berücksichtigen sind.

Umlaufvermögen
Vermögensgegenstände, die ständig umgesetzt werden (z. B. Warenvorräte)

Im **Umlaufvermögen** muss ein niedrigerer Wert als der tatsächlich bezahlte Einstandspreis (Anschaffungskosten) angesetzt werden, wenn der Börsen- oder Marktpreis (z. B. aktueller Bezugspreis des Lieferers) gesunken ist oder ein beizulegender Zeitwert niedriger ist (z. B. bei Beschädigungen).

Beispiel Wertminderungen im Vorratsvermögen
Ein Vorrat an Bremsanlagen (Fremdbauteile) mit einer Menge von 100 Stück und einem Einstandspreis von 17,50 € je Stück (Anschaffungskosten 1.750,00 €) kann am Inventurstichtag zu einem Preis von 15,50 € je Stück wiederbeschafft werden. Der Wert des Bremsanlagenvorrates sinkt damit um 2,00 € je Stück, der Inventurwert dieser Bremsanlagen beträgt damit insgesamt nur noch 1.550,00 €.

Übersicht: Inventur

Ermittlung der Inventurmengen	Ermittlung der Inventurwerte
Durch Zählen, Messen, Wiegen, Schätzen	Anschaffungskosten (z. B. Einstandspreise) abzüglich Wertminderungen
Inventurarten/Inventurverfahren	
Stichtagsinventur (zeitnahe Inventur)	Inventurvereinfachungsverfahren – Vor- oder nachverlegte Inventur – Permanente Inventur – Stichprobeninventur

7.2 Inventar

LS 8 – Inventar und Bilanz erstellen und vergleichen

Die in der Inventur ermittelten Vermögensgegenstände und Schulden werden in einem ausführlichen **Bestandsverzeichnis**, dem Inventar, zusammengefasst.

§ 240 HGB
§ 257 (4) HGB

Inventare sind 10 Jahre aufzubewahren.

Aufbewahrungsfristen, vgl. GoB, **6.2**, S. 65

Posten, die nur einen Einzelwert ausweisen, werden direkt in die Hauptspalte (Gesamtwerte) eingetragen. Besteht ein Posten aus mehreren Werten, so sind diese in die **Vorspalte** (Einzelwerte) einzutragen. Die Einzelwerte werden dann addiert und in die **Hauptspalte** übernommen. Umfangreiche Posten werden in einem separaten Bestandsverzeichnis aufgelistet, damit das Inventar übersichtlich bleibt. In dem Inventar selbst erscheint der Hinweis auf das entsprechende Bestandsverzeichnis.

Bestandsverzeichnis

Fly Bike Werke GmbH

Anlage Nr. 11, Forderungsverzeichnis zum Inventar zum 31.12.20XX

Kunden-Nr.	Kunde	Ausgangsrechnungen Einzelforderungen in €		Gesamtforderungen in €
10001	Radbauer GmbH 80335 München	AR: 416 AR: 436	29.600,00 18.560,00	47.560,00
10002	Schöller & C. Fahrradhandel 60385 Frankfurt am Main	AR: 418	37.120,00	37.560,00
...	...	...	...	...
40021	Hofkauf AG 51065 Köln	AR: 412 AR: 422	71.920,00 58.000,00	129.920,00
40022	Matro AG 45472 Essen (Ruhr)	AR: 440	243.600,00	243.600,00
Gesamtforderungsbestand				720.000,00
Aufgenommen: *Taubert*		Geprüft: *C. Steffes*		

AR = Ausgangsrechnung

Zum Aufbau eines Inventars gibt es keine verbindlichen Formvorschriften, die folgende Darstellung ist aber üblich. In der Praxis kann auf die Erweiterung des Inventars bis zur Ermittlung des Eigenkapitals verzichtet werden, da sich das Eigenkapital aus der Bilanz ergibt.

Die drei Bestandteile des Inventars:
A. Vermögen
B. Schulden
C. Ermittlung des Eigenkapitals

A. Vermögen

Zusammensetzung des Vermögens	
I. Anlagevermögen Gegenstände, die bestimmt sind, dauernd dem Geschäftsbetrieb zu dienen. Sie sind Voraussetzung für die Aufnahme der Geschäftstätigkeit.	– Immaterielle Vermögensgegenstände, z. B. Konzessionen, Lizenzen – Sachanlagen, z. B. Grundstücke, Gebäude, Maschinen, Geschäftsausstattung – Finanzanlagen, z. B. Wertpapiere zur langfristigen Geldanlage
II. Umlaufvermögen Gegenstände, die ständig umgesetzt werden, d. h., die sich in ihrer Zusammensetzung ständig ändern. Durch diese Umsetzungen will das Unternehmen einen Erfolg (Gewinn) erzielen.	– Vorräte, z. B. Werkstoffe – Forderungen, z. B. unbezahlte Ausgangsrechnungen – Wertpapiere, z. B. Aktien zur kurzfristigen Geldanlage – Flüssige Mittel, z. B. Kassenbestand (Bargeld), Schecks, Bankguthaben

  Anlagevermögen
+ Umlaufvermögen
= Gesamtvermögen

Inventar der Fly Bike Werke GmbH, Oldenburg, zum 31.12.20XX

Vermögens- und Schuldenarten, Eigenkapital	Einzelwerte in €	Gesamtwerte in €
A. Vermögen		
I. Anlagevermögen		
1. Grundstücke und Bauten, Rostocker Str. 334		
Grundstück	135.000,00	
Fabrik- und Verwaltungsgebäude	418.750,00	
Lagerhalle	59.100,00	612.850,00
2. Technische Anlagen und Maschinen lt. Anlagenverzeichnis, Anlage Nr. 1		131.870,00
3. Betriebs- und Geschäftsausstattung lt. Ausstattungsverzeichnissen (AV[1]) gemäß Anlagen		
Werkzeuge, AV Nr. 1, Anlage Nr. 2	5.400,00	
Lager- und Transporteinrichtungen, AV Nr. 2, Anlage Nr. 3	13.889,68	
Fuhrpark, AV Nr. 3, Anlage Nr. 4	3.750,00	
Betriebsausstattung, AV Nr. 4, Anlage Nr. 5	69.015,32	
Geschäftsausstattung, AV Nr. 5, Anlage Nr. 6	5.450,00	97.505,00
II. Umlaufvermögen		
1. Roh-, Hilfs- und Betriebsstoffe, VV[2] Nr. 1, Anlage Nr. 7		288.000,00
2. Unfertige Erzeugnisse, VV Nr. 2, Anlage Nr. 8		48.000,00
3. Fertige Erzeugnisse, VV Nr. 3, Anlage Nr. 9		140.000,00
4. Handelswaren, VV Nr. 4, Anlage Nr. 10		4.000,00
5. Forderungen aus Lieferungen und Leistungen lt. Forderungsverzeichnis, Anlage Nr. 11		720.000,00
6. Kassenbestand (Bargeld) lt. Kassenbericht, Anlage Nr. 12		2.400,00
7. Bankguthaben lt. Kontoauszügen, Anlage Nr. 13		
Deutsche Bank AG, Oldenburg	217.600,00	
Landessparkasse Oldenburg	140.000,00	357.600,00
Summe des Vermögens		2.402.225,00
B. Schulden (Fremdkapital, Verbindlichkeiten)		
I. Langfristige Schulden		
1. Langfristige Bankverbindlichkeiten		
lt. Kontoauszügen, Anlagen 14 und 15		
Hypothek der Deutschen Bank AG, Oldenburg	524.000,00	
Darlehen der Landessparkasse Oldenburg, Oldenburg	78.000,00	602.000,00
II. Kurzfristige Schulden		
1. Verbindlichkeiten aus Lieferungen und Leistungen lt. Verbindlichkeitenverzeichnis, Anlage Nr. 16		926.225,00
2. Sonstige Verbindlichkeiten lt. Steuer- und Abgabenverzeichnis, Anlage Nr. 17		24.000,00
Summe der Schulden		1.552.225,00
C. Ermittlung des Eigenkapitals		
Summe des Vermögens		2.402.225,00
– Summe der Schulden		1.552.225,00
= Eigenkapital (Reinvermögen)		850.000,00

[1] AV = Anlagenverzeichnis gemäß Anlagendatei
[2] VV = Vorräteverzeichnisse gemäß Inventurlisten

Die **Anordnung** (Reihenfolge) der Vermögensposten in einem Inventar ist abhängig vom Zeitraum, in dem der Vermögensgegenstand üblicherweise im Unternehmen verbleibt. Im **Anlagevermögen** entscheidet die **Dauer der Nutzung**.

Vermögensposten	Nutzungsdauer
Grundstücke	unbegrenzt
Gebäude (je nach Bauweise)	10 bis 33 Jahre
Maschinen (zur Be- und Verarbeitung)	6 bis 16 Jahre
Betriebs- und Geschäftsausstattung, z. B. – Büromöbel – Personal Computer	3 bis 25 Jahre 13 Jahre 3 Jahre

Gliederung des Anlagevermögens nach abnehmender Nutzungsdauer

Im **Umlaufvermögen** entscheidet die **Geldnähe** (Liquidität).

Vermögensposten	Geldnähe
fertige Erzeugnisse	Kunde muss gefunden werden.
Forderungen	Zahlungsziel muss abgewartet werden.
Bankguthaben	sofort verfügbar

Gliederung des Umlaufvermögens nach zunehmender Geldnähe, d. h. der Zeitraum, in dem aus dem Vermögensposten flüssige Mittel geworden sind

B. Schulden

Die Schulden sind nach dem Zeitraum bis zur Rückzahlung zu gliedern.

Art der Schulden	Fälligkeit (Beispiele)	Fristen
Hypothekendarlehen	bis zu 30 Jahren	langfristig (Restlaufzeit über 5 Jahre)
Bankdarlehen	bis zu 10 Jahren	mittelfristig (Restlaufzeit zwischen 1 und 5 Jahren)
Verbindlichkeiten gegenüber Lieferern	bis zu 45 Tagen	kurzfristig (Restlaufzeit bis zu 1 Jahr)
Verbindlichkeiten gegenüber Finanzbehörden	bis zu 10 Tagen im Folgemonat	

Gliederung der Schulden nach abnehmender Laufzeit

  Langfristige Schulden
\+ kurzfristige Schulden
= Gesamtschulden

C. Ermittlung des Eigenkapitals

Die **Differenz zwischen Vermögen und Schulden** ist das Eigenkapital des Unternehmens. Für die Unternehmenseigner ist das Eigenkapital der entscheidende Posten in einem Inventar, da sie über dessen Verwendung allein entscheiden.

  Gesamtvermögen
– Gesamtschulden
= Eigenkapital

Übersicht: Inventar

A. Vermögen I. Anlagevermögen II. Umlaufvermögen	Gliederung nach Nutzungsdauer (Kapitalbindung) bzw. nach Geldnähe (Liquidität)
B. Schulden (Verbindlichkeiten) I. Langfristige Schulden II. Kurzfristige Schulden	Gliederung nach Fälligkeit (Restlaufzeit)
C. Ermittlung des Eigenkapitals	Vermögen – Schulden

LS ▸ LS 8 Inventar und Bilanz erstellen und vergleichen

7.3 Bilanz

Neben dem Inventar ist zusätzlich eine Bilanz aufzustellen. In der Bilanz wird auf Mengenangaben verzichtet, es werden nur zusammengefasste Werte für bestimmte Posten angegeben. Damit ist die **Bilanz** eine kurz gefasste **Zusammenfassung** des Inventars auf der gleichen Wertebasis.

§ 242 HGB

Bilanz
(ital.) bilancia = Waage

§ 247 HGB

Zur Steigerung der Übersichtlichkeit wird in einer Bilanz das Vermögen dem Eigenkapital und den Schulden gegenübergestellt. Man nennt diese Gegenüberstellung **Kontoform**. Die linke Kontoseite enthält das Vermögen und wird **Aktiva** genannt; die rechte Seite enthält das Kapital und wird als **Passiva** bezeichnet. Wertmäßig muss die Summe der Aktiva immer der Summe der Passiva entsprechen.

Struktur der Bilanz in Kontenform

Aktiva	Bilanz		Passiva
Anlagevermögen	in €	Eigenkapital	in €
Umlaufvermögen	in €	Fremdkapital	in €
= Summe Aktiva	in €	= Summe Passiva	in €

§§ 245, 257 HGB

Der Kaufmann, die persönlich haftenden Gesellschafter einer Personengesellschaft bzw. die Geschäftsführung bei Kapitalgesellschaften haben unter Angabe des Datums die Bilanz zu unterzeichnen. Wie das Inventar müssen auch Bilanzen zehn Jahre aufbewahrt werden.

Bilanzen einer Kapitalgesellschaft müssen gemäß § 266 HGB besonderen, detaillierten Gliederungsvorschriften entsprechen. Danach kann eine vereinfachte Bilanz auf Basis des Inventars der Fly Bike Werke GmbH wie folgt aufgestellt werden. Leerräume sind entwertet (Buchhalternase).

Fly Bike Werke GmbH

Bilanz der Fly Bike Werke GmbH, Oldenburg, zum 31.12.20XX (in €)

Aktiva			**Passiva**
A. Anlagevermögen		**A. Eigenkapital**	850.000,00
1. Grundstücke und Bauten	612.850,00	**B. Verbindlichkeiten**	
2. Technische Anlagen und Maschinen	131.870,00	1. Langfristige Bankverbindlichkeiten	602.000,00
3. Betriebs- und Geschäftsausstattung	97.505,00	2. Verbindlichkeiten aus Lieferungen und Leistungen	926.225,00
B. Umlaufvermögen		3. Sonstige Verbindlichkeiten[1]	24.000,00
1. Roh-, Hilfs- und Betriebsstoffe	288.000,00		
2. Unfertige Erzeugnisse	48.000,00		
3. Fertige Erzeugnisse	140.000,00		
4. Handelswaren	4.000,00		
5. Forderungen aus Lieferungen und Leistungen	720.000,00		
6. Kasse	2.400,00		
7. Bankguthaben	357.600,00		
	2.402.225,00		2.402.225,00

Oldenburg, 28. März 20X1 — *Hans Peters*

[1] Hier Steuern und Abgaben

Bei der Aufstellung einer Bilanz muss das Inventar vorliegen, da die Bilanz eine Zusammenfassung des Inventars darstellt. Damit ist der Wert des Eigenkapitals gegeben. Das Eigenkapital lässt sich aber auch durch Differenzbildung (Saldobildung) direkt aus den Bilanzwerten ermitteln, wenn die folgenden Gleichungen berücksichtigt werden.

Ermittlung des Eigenkapitals

Wert der Aktiva	=	Wert der Passiva
Anlagevermögen + Umlaufvermögen		Eigenkapital + Fremdkapital
Gesamtvermögen	=	**Gesamtkapital**
Vermögen: gibt Auskunft über Mittelverwendung, Investierung		Kapital: gibt Auskunft über Mittelherkunft, Finanzierung

Berechnung des Eigenkapitals:
Eigenkapital = Gesamtvermögen – Fremdkapital oder
Eigenkapital = Gesamtkapital – Fremdkapital

Übersicht: ***Bilanz***

Bilanzaufstellung	– Bei Gründung – Bei Übernahme – Am Ende jedes Geschäftsjahres – Bei Veräußerung – Bei Geschäftsaufgabe
Bilanzarten	– Eröffnungsbilanz – Schlussbilanz – Sonderbilanz (z. B. im Insolvenzfall)
Aktiva	Linke Bilanzseite: Vermögenswerte = Anlage- und Umlaufvermögen = Mittelverwendung = Investierung
Passiva	Rechte Bilanzseite: Kapitalwerte = Eigen- und Fremdkapital = Mittelherkunft = Finanzierung
Aktiva und Passiva	Immer derselbe Gesamtwert (bilancia, ital. = Waage)

Erfassung und Aufzeichnung von Vermögen und Schulden		
Vermögen – Schulden (Verbindlichkeiten) = Eigenkapital		
Erfassung	Aufzeichnung	
1. Inventur: Bestandsaufnahme	2. Inventar: ausführliches Bestandsverzeichnis in Staffelform	3. Bilanz: kurz gefasste Gegenüberstellung in Kontenform
aller Vermögenswerte und aller Schulden und Ermittlung des Eigenkapitals		

8 Grundlegende Buchungen auf Bestands- und Erfolgskonten

Beispiel Sabrina Klein absolviert ihr Betriebspraktikum in der Fly Bike Werke GmbH. Zurzeit hat sie eine Station im Rechnungswesen. Eines Morgens zeigt Frau Taubert ihr die Bilanz aus dem Jahr 20XX mit den Vergleichswerten aus dem Vorjahr. Frau Klein stellt fest, dass im Berichtsjahr 20XX kein einziger Wert mehr so wie im Vorjahr ist. Alle Vermögens- und Kapitalposten haben sich verändert. Dabei sind die meisten Werte gestiegen, einige Werte sind allerdings auch gefallen. „Welche Bedeutung haben diese Wertveränderungen denn für das Unternehmen?", fragt Frau Klein. Frau Taubert erklärt es ihr: „In 20XX haben wir zum Beispiel unseren bisher größten Gewinn gemacht! Das Eigenkapital ist um 150.000,00 € gestiegen! Dass wir ein sehr gutes Geschäftsjahr beenden würden, wussten wir in der Buchhaltung und natürlich auch die Geschäftsführung schon beizeiten. Mit unserem Finanzbuchhaltungsprogramm haben wir immer alles im Blick." „Und woher kam der Gewinn?", möchte Frau Klein wissen. „Tja", sagt Frau Taubert, „alles beginnt mit den Geschäftsprozessen und hört bei Bewertungsentscheidungen im Rahmen des Steuer- und Handelsrechts auf."

Fly Bike Werke GmbH

Bilanz der Fly Bike Werke GmbH, Oldenburg, zum 31.12.20XX (in €)

Aktiva	Vorjahr	Berichtsjahr	Passiva	Vorjahr	Berichtsjahr
A. Anlagevermögen			**A. Eigenkapital**	700.000,00	850.000,00
1. Grundstücke und Bauten	635.200,00	612.850,00	**B. Verbindlichkeiten**		
2. Technische Anlagen und Maschinen	224.904,00	131.870,00	1. Langfristige Bankverbindlichkeiten	639.000,00	602.000,00
3. Betriebs- und Geschäftsausstattung	138.371,00	97.505,00	2. Verbindlichkeiten aus Lieferungen und Leistungen	697.600,00	926.225,00
B. Umlaufvermögen			3. Sonstige Verbindlichkeiten	13.000,00	24.000,00
1. Roh-, Hilfs- und Betriebsstoffe	224.800,00	288.000,00			
2. Unfertige Erzeugnisse	36.000,00	48.000,00			
3. Fertige Erzeugnisse	72.900,00	140.000,00			
4. Handelswaren	0,00	4.000,00			
5. Forderungen aus Lieferungen und Leistungen	541.520,00	720.000,00			
6. Kasse	3.105,00	2.400,00			
7. Bankguthaben	172.800,00	357.600,00			
	2.049.600,00	2.402.225,00		2.049.600,00	2.402.225,00

8.1 Werteveränderungen durch Geschäftsprozesse

LS ▸ **LS 9** Die ersten Geschäftsvorfälle der Fly Bike Werke GmbH buchen

Geschäftsprozesse führen zu Werteveränderungen von Vermögens- und Kapitalposten. Diese Werteveränderungen werden in der Buchführung als **Geschäftsvorfälle** bezeichnet. Eine Bilanz wird immer für einen bestimmten Stichtag, das Geschäftsjahresende, aufgestellt. In einem Unternehmen fallen jedoch täglich eine Vielzahl von Geschäftsvorfällen an, die über das gesamte Jahr hinweg die Werte der einzelnen Bilanzposten verändern. Bei jedem Geschäftsvorfall sind mindestens zwei Bilanzposten betroffen. Je nachdem, welche Seiten der Bilanz betroffen sind, unterscheidet man vier Arten der Werteveränderungen von Bilanzposten.

Geschäftsvorfälle
Werteveränderungen von Vermögen und Kapital, die von Geschäftsprozessen ausgelöst werden

Vier Arten der Werteveränderungen von Bilanzposten

Beispiel Bilanzposten in € (vor Werteveränderungen)

Aktiva			Passiva
Maschinen	600.000,00	Eigenkapital	400.000,00
Geschäftsausstattung	200.000,00	Langfr. Bankverbindlichkeiten	300.000,00
Rohstoffe	150.000,00	Kurzfr. Bankverbindlichkeiten	150.000,00
Kasse	20.000,00	Verbindlichkeiten a.L.L.	150.000,00
Bankguthaben	30.000,00		
	1.000.000,00		1.000.000,00

a.L.L.
aus Lieferungen und Leistungen

① Aktivtausch

- Beide betroffenen Bilanzposten befinden sich auf der Aktiva-Seite der Bilanz (Vermögenswerte).
- Es erfolgt ein Werteaustausch zwischen den beiden Bilanzposten in derselben Höhe (Vermögenstausch).

Auswirkung: Die Bilanzsumme verändert sich nicht.

Aktivtausch
= Vermögenstausch; Gesamtvermögen bleibt gleich

Beispiel Einkauf von Rohstoffen gegen Banküberweisung in Höhe von 20.000,00 €.

Aktiva		Passiva
Rohstoffe	+ 20.000,00	Keine Veränderungen
Bankguthaben	– 20.000,00	

Die Bilanzsumme bleibt unverändert bei 1.000.000,00 €.

② Passivtausch

- Beide betroffenen Bilanzposten befinden sich auf der Passiva-Seite der Bilanz (Kapitalwerte).
- Es erfolgt ein Werteaustausch zwischen den beiden Bilanzposten in derselben Höhe (Kapitaltausch).

Auswirkung: Die Bilanzsumme verändert sich nicht.

Passivtausch
= Kapitaltausch; Gesamtkapital bleibt gleich

Beispiel Umwandlung einer kurzfristigen Bankverbindlichkeit in Höhe von 100.000,00 € in ein langfristiges Bankdarlehen.

Aktiva	Passiva	
Keine Veränderungen	Langfr. Bankverbindlichkeiten	+ 100.000,00
	Kurzfr. Bankverbindlichkeiten	– 100.000,00

Die Bilanzsumme bleibt unverändert bei 1.000.000,00 €.

Aktiv-Passiv-Mehrung = Vermögens- und Kapitalmehrung

③ Aktiv-Passiv-Mehrung

- Einer der betroffenen Bilanzposten befindet sich auf der Aktiva-Seite, der andere auf der Passiva-Seite der Bilanz (ein Vermögens- und ein Kapitalwert).
- Der Wert der beiden Bilanzposten steigt in derselben Höhe (Vermögens- und Kapitalmehrung).

Auswirkung: Die Bilanzsumme steigt.

Beispiel Kauf einer PC-Einheit für 3.500,00 € gegen Lieferantenkredit (auf Ziel).

Aktiva			Passiva
Geschäftsausstattung	+ 3.500,00	Verbindlichkeiten a.L.L.	+ 3.500,00

Die Bilanzsumme steigt um 3.500,00 € auf 1.003.500,00 €.

Aktiv-Passiv-Minderung = Vermögens- und Kapitalminderung

④ Aktiv-Passiv-Minderung

- Jeweils einer der betroffenen Bilanzposten befindet sich auf der Aktiva-Seite, der andere auf der Passiva-Seite der Bilanz (ein Vermögens- und ein Kapitalwert).
- Der Wert der beiden Bilanzposten sinkt in derselben Höhe (Vermögens- und Kapitalminderung).

Auswirkung: Die Bilanzsumme sinkt.

Beispiel Banküberweisung an einen Lieferanten in Höhe von 5.800,00 € zum Ausgleich einer fälligen Verbindlichkeit.

Aktiva			Passiva
Bankguthaben	– 5.800,00	Verbindlichkeiten a.L.L.	– 5.800,00

Die Bilanzsumme sinkt um 5.800,00 € auf 997.700,00 €.

Beispiel Bilanzposten in € (nach Werteveränderung)

	Aktiva			Passiva	
	Maschinen	600.000,00	Eigenkapital	400.000,00	
+3.500,00 ③	Geschäftsausstattung	203.500,00	Langfr. Bankverbindlichkeiten	400.000,00	+100.000,00 ②
+20.000,00 ①	Rohstoffe	170.000,00	Kurzfr. Bankverbindlichkeiten	50.000,00	−100.000,00 ②
	Kasse	20.000,00	Verbindlichkeiten a.L.L.	147.700,00	−2.300,00 ③④
−25.800,00 ①④	Bankguthaben	4.200,00			
		997.700,00		997.700,00	

Werteveränderungen in €

Übersicht: Werteveränderungen in der Bilanz

Art der Werteveränderung	Vermögensveränderung	Kapitalveränderung
Aktivtausch	Vermögenstausch	Keine
Passivtausch	Keine	Kapitaltausch
Aktiv-Passiv-Mehrung	Vermögen steigt	Kapital steigt
Aktiv-Passiv-Minderung	Vermögen sinkt	Kapital sinkt

8.2 *Bilanz als Wertebasis für Bestandskonten*

LS ▶ **LS 9**
Die ersten Geschäftsvorfälle der Fly Bike Werke GmbH buchen

Die Vielzahl von Geschäftsvorfällen, die täglich in der Buchführung eines Unternehmens erfasst werden müssen, verlangt nach einer übersichtlichen Darstellung der Werteveränderungen. Die Erstellung einer neuen Bilanz nach jedem Geschäftsvorfall genügt den Ansprüchen der Übersichtlichkeit nicht. Die Veränderungen jedes einzelnen Bilanzpostens sollen über das gesamte Geschäftsjahr verfolgt werden können. Für jeden Bilanzposten wird deshalb ein **eigenes Konto** eingerichtet, auf dem alle Werteveränderungen, die diesen Bilanzposten betreffen, erfasst (gebucht) werden. Man nennt diese Konten **Bestandskonten**, weil sie die Bestände der Vermögens- und Kapitalposten der Bilanz fortführen. Abgeleitet aus ihrer Anordnung in der Bilanz unterscheidet man **aktive und passive Bestandskonten**. Die Benennung der Kontenseiten erfolgt mit den Begriffen **Soll** (linke Seite, kurz: S) und **Haben** (rechte Seite, kurz: H).

Aktive Bestandskonten: Anlage- und Umlaufvermögen

Passive Bestandskonten: Eigen- und Fremdkapital

Bilanzposten mit Vermögenswerten (Anlage- und Umlaufvermögen)	Bilanzposten mit Kapitalwerten (Eigen- und Fremdkapital)
↓	↓
Aktiva der Bilanz	Passiva der Bilanz
↓	↓
Aktive Bestandskonten	Passive Bestandskonten

Alle Bestandskonten übernehmen am Geschäftsjahresbeginn ihren Anfangsbestand (kurz: AB) aus der Eröffnungsbilanz. Nach dem System der doppelten Buchführung stehen die Anfangsbestände bei Aktivkonten im Soll, bei Passivkonten im Haben, also immer auf der Seite, auf der sie auch in der Bilanz erscheinen.

Anfangsbestände auf Bestandskonten

S	Aktives Bestandskonto	H
Anfangsbestand (AB) im Soll		

S	Passives Bestandskonto	H
		Anfangsbestand (AB) im Haben

Auflösung der Eröffnungsbilanz in Bestandskonten

Aktiva	Eröffnungsbilanz (in €)		Passiva
Maschinen	60.000,00	Eigenkapital	140.000,00
Rohstoffe	110.000,00	langfr. Bankverbindlichkeiten	20.000,00
Bankguthaben	30.000,00	Verbindlichkeiten a.L.L.	40.000,00
	200.000,00		200.000,00

S	Maschinen	H
AB	60.000,00	

S	Eigenkapital	H
	AB	140.000,00

S	Rohstoffe	H
AB	110.000,00	

S	langfr. Bankverbindlichkeiten	H
	AB	20.000,00

S	Bankguthaben	H
AB	30.000,00	

S	Verbindlichkeiten a.L.L.	H
	AB	40.000,00

8.2.1 *Buchen auf Bestandskonten*

Um Geschäftsvorfälle auf den Bestandskonten eindeutig erfassen (buchen) zu können, müssen weitere Buchungsregeln eingehalten werden. In der doppelten Buchführung werden die zu erfassenden Werteveränderungen nicht als Pluswert (+) oder Minuswert (–) gekennzeichnet. Eine Werteerhöhung oder eine Werteminderung wird durch die Eintragung auf einer vorgegebenen Kontenseite, im Soll oder im Haben, eindeutig festgelegt.

Buchungsregeln für Bestandskonten

S Aktives Bestandskonto	H
Anfangsbestand (AB) im Soll	**Minderung** im Haben
Mehrung im Soll	**Endbestand** (EB) im Haben

S Passives Bestandskonto	H
Minderung im Soll	**Anfangsbestand** (AB) im Haben
Endbestand (EB) im Soll	**Mehrung** im Haben

Beispiel Erfassung von Werteveränderungen auf zwei Bestandskonten

Aktives Bestandskonto Rohstoffe

1) Anfangsbestand aus der Eröffnungsbilanz: 110.000,00 €
Buchungsregel: AB im Soll

S	Rohstoffe		H
1) AB	110.000,00		

2) Geschäftsvorfall: Einkauf von Rohstoffen auf Ziel für 40.000,00 € (Aktiv-Passiv-Mehrung)
Buchungsregel: Mehrung im Soll

S	Rohstoffe		H
1) AB	110.000,00		
2) Mehrung	40.000,00		

3) Ermittlung des Endbestandes (EB) für die Schlussbilanz
Buchungsregel: EB im Haben

S	Rohstoffe		H
1) AB	110.000,00	3) EB	150.000,00
2) Mehrung	40.000,00		
	150.000,00		150.000,00

Passives Bestandskonto Verbindlichkeiten a.L.L.

1) Anfangsbestand aus der Eröffnungsbilanz: 40.000,00 €
Buchungsregel: AB im Haben

S	Verbindlichkeiten a.L.L.		H
		1) AB	40.000,00

Buchungsregel: Mehrung im Haben

S	Verbindlichkeiten a.L.L.		H
		1) AB	40.000,00
		2) Mehrung	40.000,00

Buchungsregel: EB im Soll

S	Verbindlichkeiten a.L.L.		H
3) EB	80.000,00	3) AB	40.000,00
		2) Mehrung	40.000,00
	80.000,00		80.000,00

Berechnung des Endbestandes	Beispiel: Bestandskonto Rohstoffe
1. Addition der wertmäßig größeren Kontenseite	Soll: 110.000,00 € + 40.000,00 € = 150.000,00 €
2. Eintragung der Summe auf der wertmäßig größeren Kontenseite	Kontosumme Soll: 150.000,00 €
3. Übertragung der Summe auf die wertmäßig kleinere Kontenseite	Kontosumme Haben: 150.000,00 €
4. Errechnung der Differenz (Saldo): Kontensumme – gebuchte Werte der wertmäßig kleineren Kontenseite = Endbestand	150.000,00 € – 0 = 150.000,00 € Endbestand

8.2.2 Abschluss von Bestandskonten

Sind am Geschäftsjahresende nach der Buchung aller Geschäftsvorfälle die Endbestände aller Bestandskonten (Soll-Werte) errechnet worden, werden diese mit den Ist-Werten der Inventur verglichen und ggf. korrigiert.

In der **Schlussbilanz** werden die Ist-Werte aller Vermögens- und Kapitalkonten gegenübergestellt. Die aktiven Bestandskonten erscheinen auf der Aktiva der Schlussbilanz, die passiven Bestandskonten erscheinen auf der Passiva. Die Summe der Aktiva muss der Summe der Passiva entsprechen.

Die **Erfassung eines Geschäftsganges** von der Eröffnungs- bis zur Schlussbilanz erfolgt in sieben Arbeitsschritten:

1. Erstellung einer Eröffnungsbilanz (Posten und Werte der Schlussbilanz des letzten Geschäftsjahres)
2. Auflösung der Eröffnungsbilanz in Bestandskonten
3. Buchung der Geschäftsvorfälle auf den Bestandskonten
4. Errechnung der Endbestände auf den Bestandskonten (Soll-Werte)
5. Abgleich der Soll-Werte mit den Ist-Werten der Inventur, ggf. Korrektur der Soll-Werte
6. Übernahme der Ist-Werte der Bestandskonten in die Schlussbilanz
7. Abschluss der Schlussbilanz (Die Summen der Aktiva und der Passiva müssen übereinstimmen.)

Nach der Berechnung des Endbestandes müssen auf jedem Bestandskonto **Abschlussstriche** eingetragen werden. Leerzeilen sind nach dem Kontoabschluss mit einer „Buchhalternase“ zu entwerten.

Übersicht: ***Berechnung der Endbestände (Soll-Werte)***

Anfangsbestand (AB)
+ Mehrungen
– Minderungen
= Endbestand (EB)

aktive Bestandskonten	**passive Bestandskonten**
Anfangsbestand (AB)	Anfangsbestand (AB)
+ Sollbuchungen	+ Habenbuchungen
– Habenbuchungen	– Sollbuchungen
= Endbestand (EB)	= Endbestand (EB)

Von der Eröffnungsbilanz zur Schlussbilanz

Geschäftsvorfälle	Konten (Bilanzposten)	Aktiva (A) Passiva (P)	Werteveränderungen	Buchung
1) Einkauf von Rohstoffen auf Ziel 4.000,00€	Rohstoffe Verbindlichkeiten a.L.L.	(A) (P)	Mehrung (Me) Mehrung (Me)	Soll Haben
2) Darlehensauszahlung auf das Bankkonto 5.000,00€	Bankguthaben langfr. Bankverbindlichkeiten	(A) (P)	Mehrung (Me) Mehrung (Me)	Soll Haben
3) Ausgleich einer Verbindlichkeit durch Banküberweisung 500,00€	Verbindlichkeiten a.L.L. Bankguthaben	(P) (A)	Minderung (Mi) Minderung (Mi)	Soll Haben
4) Einkauf einer Maschine auf Ziel 1.000,00€	Maschinen Verbindlichkeiten a.L.L.	(A) (P)	Mehrung (Me) Mehrung (Me)	Soll Haben
5) Verkauf nicht mehr benötigter Rohstoffe 9.000,00€	Bankguthaben Rohstoffe	(A) (A)	Mehrung (Me) Minderung (Mi)	Soll Haben

Eröffnungsbilanz (in €)

Aktiva		Passiva	
Maschinen	60.000,00	Eigenkapital	140.000,00
Rohstoffe	110.000,00	langfr. Bankverbindlichkeiten	20.000,00
Bankguthaben	30.000,00	Verbindlichkeiten a.L.L.	40.000,00
	200.000,00		200.000,00

S Maschinen H

S		H	
AB	60.000,00	EB	61.000,00
4) Me	1.000,00		
	61.000,00		61.000,00

S Eigenkapital H

S		H	
EB	140.000,00	AB	140.000,00

S Rohstoffe H

S		H	
AB	110.000,00	5) Mi	9.000,00
1) Me	4.000,00	EB	105.000,00
	114.000,00		114.000,00

S langfr. Bankverbindlichkeiten H

S		H	
EB	25.000,00	AB	20.000,00
		2) Me	5.000,00
	25.000,00		25.000,00

S Bankguthaben H

S		H	
AB	30.000,00	3) Mi	500,00
2) Me	5.000,00	EB	43.500,00
5) Me	9.000,00		
	44.000,00		44.000,00

S Verbindlichkeiten a.L.L. H

S		H	
3) Mi	500,00	AB	40.000,00
EB	44.500,00	1) Me	4.000,00
		4) Me	1.000,00
	45.000,00		45.000,00

Schlussbilanz (in €)

Aktiva		Passiva	
Maschinen	61.000,00	Eigenkapital	140.000,00
Rohstoffe	105.000,00	langfr. Bankverbindlichkeiten	25.000,00
Bankguthaben	43.500,00	Verbindlichkeiten a.L.L.	44.500,00
	209.500,00		**209.500,00**

8.2.3 *Erstellen von Buchungssätzen*

① Welche Bestandskonten werden angesprochen? → ② Ist ein aktives Bestandskonto oder ein passives Bestandskonto betroffen? → ③ Welche Werteveränderung (Mehrung oder Minderung) liegt vor? → ④ Bei welchem Konto muss im Soll und bei welchem im Haben gebucht werden?

Der einfache Buchungssatz

Beispiel Die Fly Bike Werke GmbH kauft einen neuen Dienstwagen zum Preis von 30.000,00 € auf Ziel (zahlbar innerhalb von 14 Tagen).

① Bei dem vorliegenden Geschäftsvorfall sind die Konten Fuhrpark und Verbindlichkeiten aus Lieferungen und Leistungen (Verb. a.L.L.) betroffen.

② Das Konto Fuhrpark zählt zu den aktiven Bestandskonten, das Konto Verb. a.L.L. zu den passiven Bestandskonten.

③ ④ Der Bestand des Fuhrparks erhöht sich (Mehrung). Dies führt bei einem aktiven Bestandskonto zu einer Sollbuchung.

③ ④ Auch die Verb. a.L.L. erhöhen sich (Mehrung). Dies führt bei einem passiven Bestandskonto zu einer Habenbuchung.

Der einfache Buchungssatz betrifft immer zwei Konten und besteht aus jeweils einer Soll- und einer Habenbuchung.

Mithilfe eines Buchungssatzes kann dieser Geschäftsvorfall eindeutig beschrieben werden. Dabei wird immer eine bestimmte Reihenfolge der Angaben eingehalten:

Aufbau eines einfachen Buchungssatzes	Beispiel
Nennung des Kontos der Sollbuchung	Fuhrpark
Nennung des Betrages der Sollbuchung	30.000,00 €
Das Wort „an" trennt Soll- und Habenbuchung	an
Nennung des Kontos der Habenbuchung	Verbindlichkeiten a.L.L.
Nennung des Betrages der Habenbuchung	30.000,00 €

Fuhrpark 30.000,00 € an Verbindlichkeiten a.L.L. 30.000,00 €

Aussprache: Fuhrpark 30.000,00 € an Verbindlichkeiten a.L.L. 30.000,00 €

Bei der Übernahme des Buchungssatzes auf die Bestandskonten wird die Art der Werteveränderung (Mehrung oder Minderung) durch den Eintrag auf der Soll- oder Habenseite eindeutig festgelegt. Die Übersichtlichkeit kann gesteigert werden, wenn auf dem Konto Hinweise zur Begründung der Werteveränderung angegeben werden. Ein derartiger Hinweis ist die Angabe der **Gegenbuchung**.

Übernahme auf Bestandskonten

Beispiel Übernahme des einfachen Buchungssatzes auf Bestandskonten (in €)

S	Fuhrpark		H
AB	70.000,00		
Verb. a.L.L.	30.000,00		

Die Angabe „Verbindlichkeiten" vor dem Buchungsbetrag sagt aus, dass ein Fahrzeug auf Ziel gekauft wurde. Die Gegenbuchung muss im Haben auf dem Konto Verbindlichkeiten eingetragen sein.

S		Verb. a.L.L.	H
		AB	60.000,00
		Fuhrpark	30.000,00

Die Angabe „Fuhrpark" vor dem Buchungsbetrag sagt aus, dass ein Fahrzeug auf Ziel gekauft wurde. Die Gegenbuchung muss im Soll auf dem Konto Fuhrpark eingetragen sein.

Der zusammengesetzte Buchungssatz

Beispiel Die Fly Bike Werke GmbH kauft Rohstoffe im Wert von 5.200,00 €. Sie bezahlt 1.200,00 € bar und zahlt den Restbetrag von 4.000,00 € durch sofortige Banküberweisung.

Dieser Geschäftsvorfall verändert die Werte von mehr als zwei Konten. Es erfolgt eine Sollbuchung auf dem Konto „Rohstoffe“, und es müssen zwei Habenbuchungen auf den Konten „Kasse“ und „Bankguthaben“ erfasst werden. Dies wird durch einen zusammengesetzten Buchungssatz beschrieben. Die Reihenfolge der Angaben entspricht denen des einfachen Buchungssatzes.

Aufbau eines zusammengesetzten Buchungssatzes	Beispiel
Nennung von Konto und Betrag der Sollbuchung(en)	Rohstoffe 5.200,00 €
Das Wort „an“ trennt Soll- und Habenbuchung(en)	an
Nennung von Konten und Beträgen der Habenbuchungen	Kasse 1.200,00 € und Bankguthaben 4.000,00 €

Aussprache: Rohstoffe 5.200,00 an Kasse 1.200,00 € und Bankguthaben 4.000,00 €

Rohstoffe	5.200,00 €	an	Kasse	1.200,00 €
			Bankguthaben	4.000,00 €

Beispiel Übernahme des zusammengesetzten Buchungssatzes auf Bestandskonten (in €).

S	Rohstoffe		H
AB	20.000,00		
Kasse, Bankguthaben	5.200,00		

S	Kasse		H
AB	2.000,00	Rohstoffe	1.200,00

S	Bankguthaben		H
AB	9.000,00	Rohstoffe	4.000,00

Die Angaben „Kasse“ und „Bankguthaben“ vor dem Buchungsbetrag sagen aus, dass Rohstoffe in bar und per Überweisung gekauft wurden. Die Gegenbuchungen müssen im Haben auf den jeweiligen Konten eingetragen sein.

Die Angabe „Rohstoffe“ vor den Buchungsbeträgen sagt aus, dass Rohstoffe eingekauft und zum Teil bar, zum Teil per Überweisung bezahlt wurden. Die Gegenbuchungen müssen im Soll auf dem Konto Rohstoffe eingetragen sein.

Übersicht: Buchungssätze

Einfacher Buchungssatz	Eine Sollbuchung und eine Habenbuchung
Zusammengesetzter Buchungssatz	Mehr als eine Sollbuchung und/oder mehr als eine Habenbuchung

Sollbuchungen(en)		an	Habenbuchungen	
Konto/Konten	€		Konto/Konten	€
Kontenbezeichnung	Betrag	an	Kontenbezeichnung	Betrag
Kontenbezeichnung	Betrag		Kontenbezeichnung	Betrag
usw.			usw.	
	Summe Soll	=		Summe Haben

8.3 Belege, Grund- und Hauptbuch

LS ▶ **LS 10**
Nach Belegen buchen

8.3.1 Belege und Belegkontierung

Die Grundsätze ordnungsmäßiger Buchführung (GoB) verlangen, dass für jede Buchung ein Beleg vorhanden sein muss. Diese Belege müssen aufbewahrt werden und dienen während der Aufbewahrungszeit für den Beweis der Richtigkeit der Buchführung. Jeder Geschäftsvorfall mit zahlenmäßig erfassbaren Auswirkungen auf das Vermögen und/oder das Kapital einer Unternehmung muss durch einen Beleg dokumentiert werden, durch den die Entstehung und die Abwicklung dieses Geschäftsvorfalls verfolgt werden kann. Belege entstehen im Ablauf der Unternehmenstätigkeit durch eigene und fremde Erstellung oder werden für den Zweck der Buchführung eigens erstellt.

GoB, vgl. **6.2**, S. 63

Keine Buchung ohne Beleg!

Geschäftsvorfall	Beleg
Wareneinkauf auf Ziel	Eingangsrechnung
Überweisung an einen Lieferer	Kontoauszug mit Lastschrift
Barkauf von Büromaterial	Quittung

Belegerstellung		
Unternehmenseigene Belegerstellung im Ablauf der Unternehmenstätigkeit:	Unternehmenseigene Belegerstellung zum Zwecke der Buchführung:	Unternehmensfremde Belegerstellung im Ablauf der Unternehmenstätigkeit:
– Ausgangsrechnungen und Gutschriften (Kopien) an Kunden – eigene Zahlungsbelege – Lohn- und Gehaltslisten – Entnahmescheine	– vorbereitende Abschlussbuchungen – Korrekturbuchungen – Notbelege (Kein Beleg vorhanden, z. B. Gespräch aus einer Telefonzelle)	– Eingangsrechnungen und Gutschriften von Lieferern (Werkstoffe, Anlagevermögen, Leistungen, Dienstleistungen) – Kontoauszüge der Banken und Quittungen bei Barzahlungen – Spendenbescheinigungen Steuerbescheide

Belege von Unternehmensfremden erhalten einen Eingangsstempel mit Tagesdatum (Belegdatum) und eine interne Belegnummer. Liefererbelege (z. B. Eingangsrechnungen) müssen mit der Lieferernummer und Kundenbelege (z. B. Kontoauszüge mit Kundenüberweisungen) mit der Kundennummer versehen werden. Alle eingehenden Belege sollten abschließend sachlich und rechnerisch überprüft werden.

Überprüfung einer Eingangsrechnung eines Handelswarenlieferers

Sachliche Prüfung:	Rechnerische Prüfung:
– Übereinstimmung aller Rechnungswerte (Menge, Artikelart, Einzelpreis in Euro, Rabatte und Skonto in Prozent, Zahlungsziel usw.) mit der Bestellung – Übereinstimmung aller Rechnungswerte mit der Wareneingangsmeldung (Menge, Artikelart, Güte und Beschaffenheit der Ware, ggf. Mängel)	Gesamtpreis je Artikel (Menge · Einzelpreis) Gesamtpreis für alle Artikel in € – Rabatt in € = Nettowarenwert ggf. zzgl. Bezugskosten + Umsatzsteuer* = Bruttorechnungsbetrag

*umsatzsteuerpflichtige Lieferung, vgl. **10**, S. 112

Zur Vorbereitung der Buchungen werden die Tagesbelege nach Art des Geschäftsvorfalles sortiert und an die Person weitergeleitet, die die Kontierung vornimmt. Die Kontierung ist eine **Buchungsanweisung** für den Beleg. Es werden die durch diesen Beleg betroffenen Konten mit den Beträgen für die Soll- und Habenbuchung angegeben (Buchungssatz). Die Kontierung eines Beleges kann zum Beispiel durch Eintragungen in einen **Kontierungsstempel** auf dem Beleg erfolgen oder auf einer an den Beleg gehefteten Kontierungsfahne oder in Form eines maschinellen Aufdrucks.

Nach der Buchung muss der Beleg **zehn Jahre** aufbewahrt werden. Eine Ablage in Ordnern, sortiert nach Geschäftsjahr, Lieferer, Datum und Beleg-Nr., oder die Mikroverfilmung (z. B. auf Rollfilmkassetten) sind die heute noch häufigsten Aufbewahrungsformen. Zukünftig wird die bildliche Speicherung auf Datenträgern der EDV eine größere Rolle spielen.

Posteingang: 30.07.20XX Beleg-Nr.: ER 217

AWB Aluminiumwerke AG, Bonn

Rechnungsprüfung	
Sachlich richtig	Rechnerisch richtig
Datum 01.08.20XX	Datum 01.08.20XX
Nz. Ta	Nz. Ta

Sankt Augustiner Straße 30
53225 Bonn
Tel.: 0228 4647-0
Fax: 0228 4647-11
E-Mail:
awb-mail@aluminiumwerke.de

AWB Aluminiumwerke · Sankt Augustiner Straße 30 · 53225 Bonn

Fly Bike Werke GmbH
Rostocker Straße 334
26121 Oldenburg

Kontierungsstempel:
– Konto/Betrag Sollbuchung
– Konto/Betrag Habenbuchung

Konto	Soll	Haben
Rohstoffe	20.220,00	
Verbindlichkeiten a.L.L.		20.220,00
Gebucht: 01.08.20XX G120 Ta/La		

Gebucht-Zeile (Buchungsdatum, Grundbuchzeile, Namenszeichen des/der Buchenden)

Rechnung Nr.: 412 Rechnungsdatum: 29.07.20XX

Artikel Nr.	Artikelbezeichnung für Aluminiumrohre	Menge in Metern	Einzelpreis in €	Gesamtpreis in €*
40045225	Rundrohr 45 x 2,25	2 000	10,11	20.220,00

*umsatzsteuerpflichtige Lieferung, vgl. **10**, S. 112

Bankverbindung: CVB, IBAN: DE87 5400 7638 0077 9982 46, BIC: CVERDEELXXX
Lieferung frei Lager Oldenburg, Zahlung innerhalb von 30 Tagen ohne Abzug

8.3.2 Buchungen im Grund- und Hauptbuch

Sind die Belege vorkontiert, kann gebucht werden. Hierbei sind nach der Ordnung der Buchungen Grundbuch und Hauptbuch zu unterscheiden.

Grundbuch:
Im Grundbuch, auch Journal (franz. le jour = der Tag) oder Primanota (ital. Erstaufzeichnung) genannt, werden die Buchungssätze in zeitlicher (chronologischer) Reihenfolge festgehalten. Die Darstellung des Grundbuches ist nicht einheitlich geregelt, da Grundbücher nach Inhaltsbereichen oder Abteilungen gegliedert und somit arbeitsteilig eingesetzt werden (z.B. Kassenbuch, Eingangs-/Ausgangsrechnungen). Dementsprechend gibt es im Fachhandel die unterschiedlichsten Ausführungen. In der Regel werden zur besseren Kontrolle das Buchungsdatum, das Eingangs- bzw. Ausstellungsdatum des Beleges, die Belegnummer und der Buchungstext aufgezeichnet. Da im Grundbuch alle Geschäftsvorfälle lückenlos erfasst werden, bildet es die Grundlage bei Prüfungen durch Behörden wie z.B. das Finanzamt. Das Grundbuch wird in diesem Lehrwerk wie folgt dargestellt:

Nr.	Soll	€	Haben	€
1)	Kasse	500,00	Bankguthaben	500,00
2)	Fuhrpark	30.000,00	Verbindlichkeiten a.L.L.	30.000,00
usw.				

Geschäftsvorfälle:
1) Barabhebung vom Bankkonto der Fly Bike Werke
2) Kauf eines Firmenwagens auf Ziel

Hauptbuch:
Da die chronologischen Eintragungen im Grundbuch dem Unternehmen keinen Überblick über die laufenden Veränderungen der einzelnen Vermögens- und Kapitalposten ermöglicht, werden alle Geschäftsvorfälle entsprechend ihrer sachlichen Zusammengehörigkeit gegliedert und auf den entsprechenden Sachkonten gebucht. Die Sachkonten befinden sich im Hauptbuch. Das Hauptbuch ordnet die Buchungen in einer sachlichen Ordnung den einzelnen Konten zu.

S	Kasse		H
AB	300,00		
Bankguthaben	500,00		

S	Bankguthaben		H
AB	600,00	Kasse	500,00

Neben dem Grund- und Hauptbuch unterscheidet man so genannte Nebenbücher. Dort werden Nebenbuchhaltungen geführt, die die Buchungen in Hauptbuch näher erläutern (z.B. Kreditoren-, Debitoren-, Anlagenbuchhaltung).

Nebenbuchhaltungen, vgl. **9.3**, Nebenbücher, S.109

Übersicht: ***Belegbearbeitung***

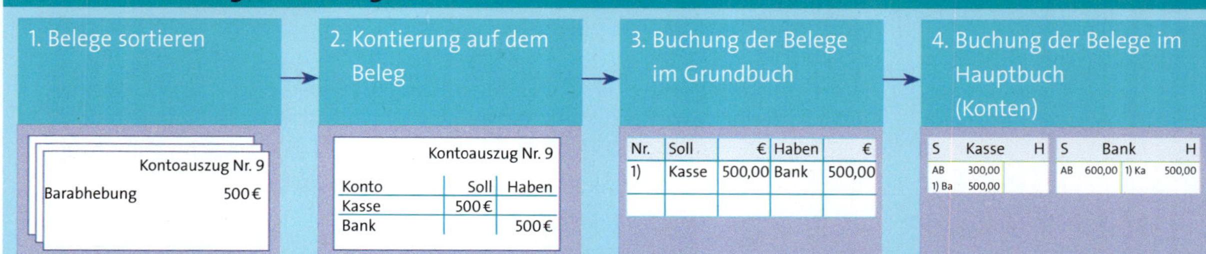

LS ▸ LS 11
Bilanzen und Bilanzkonten unterscheiden

8.4 Vom Eröffnungsbilanzkonto zum Schlussbilanzkonto

Eröffnungsbilanzkonto

Nach dem Grundsatz der Bilanzgleichheit, auch Bilanzidentität genannt, ist die Schlussbilanz am Ende eines Geschäftsjahres identisch mit der Eröffnungsbilanz des neuen Geschäftsjahres. Um die Geschäftsvorfälle des neuen Jahres buchen zu können, wird die Eröffnungsbilanz in Konten aufgelöst.

Bilanz als Wertebasis für Bestandskonten, vgl. 8.2, S. 79

Bisher wurden die Anfangsbestände in folgender Weise auf die Bestandskonten übertragen:

- von der Aktivseite der Eröffnungsbilanz auf die Sollseite der Aktivkonten,
- von der Passivseite der Eröffnungsbilanz auf die Habenseite der Passivkonten.

Die Anfangsbestände in den Bestandskonten wurden somit auf der gleichen Seite eingetragen, auf der sie auch in der Bilanz stehen. Dieses Vorgehen widerspricht jedoch dem Grundsatz der doppelten Buchführung, der besagt, dass jeder Buchung im Soll eine Buchung im Haben gegenüberstehen muss. Deshalb wird ein zusätzliches Konto im Hauptbuch eingerichtet, das bei der Buchung der **Anfangsbestände** die Gegenbuchung aufnimmt. Diese Funktion übernimmt das Eröffnungsbilanzkonto (EBK).

S	EBK	H
AB aller passiven Bestands-konten		AB aller aktiven Bestands-konten

Wie alle Konten des Hauptbuches erhält das Eröffnungsbilanzkonto als Seitenbenennung die Begriffe Soll und Haben. Das EBK wird dabei zum Spiegelbild der Eröffnungsbilanz. Da alle aktiven Bestandskonten im Soll eröffnet werden müssen, erscheinen die Gegenbuchungen auf dem EBK im Haben, entsprechend erscheinen die Gegenbuchungen der passiven Bestandskonten auf dem EBK im Soll.

Die Buchungssätze bei der **Eröffnung der Bestandskonten** lauten also:

aktive Bestandskonten	an	Eröffnungsbilanzkonto (EBK)
Eröffnungsbilanzkonto (EBK)	an	passive Bestandskonten

Schlussbilanzkonto

S	SBK	H
EB aller aktiven Bestands-konten		EB aller passiven Bestands-konten

Am Ende eines Geschäftsjahres werden die Bestandskonten abgeschlossen. Der **Endbestand** (Saldo) wird errechnet und auf der kleineren Seite eines jeden Bestandskontos zum Ausgleich eingetragen. Für die Aufnahme der Gegenbuchung ist wiederum ein Konto erforderlich. Diese Aufgabe übernimmt das Schlussbilanzkonto (SBK).

Die Buchungssätze beim **Abschluss der Bestandskonten** lauten:

Schlussbilanzkonto (SBK)	an	aktive Bestandskonten
passive Bestandskonten	an	Schlussbilanzkonto (SBK)

Das Schlussbilanzkonto im Hauptbuch ist das Abschlusskonto für die Bestandskonten. Die Bestände im Schlussbilanzkonto werden auf Basis der Buchungen im Grund- und Hauptbuch ermittelt (Sollbestände). Die Aufstellung der Schlussbilanz erfolgt dagegen immer auf Basis des Inventarverzeichnisses (Istbestände).

Inventar, vgl. 7.2, S. 71

Die durch Inventur ermittelten Istbestände werden mit den Sollwerten auf dem Schlussbilanzkonto verglichen. Stimmen die Inventurwerte nicht mit den Buchungen auf dem SBK überein, so müssen die Buchungen korrigiert bzw. ergänzt werden, bis die Werte des Schlussbilanzkontos denen der Schlussbilanz entsprechen.

Inventur, vgl. **7.1**, S. 66

Beispiel Geschäftsgang mit Bilanzen, Grund- und Hauptbuch

Eröffnungsbilanz 20XX mit den Werten der Inventur zum 31.12.20XW

Aktiva	**Eröffnungsbilanz zum 01.01.20XX (in €)**		**Passiva**
Maschinen	60.000,00	Eigenkapital	140.000,00
Rohstoffe	110.000,00	langfr. Bankverbindlichkeiten	20.000,00
Bankguthaben	30.000,00	Verbindlichkeiten a. L. L.	40.000,00
	200.000,00		**200.000,00**

Grundbuch:

Eröffnungsbuchungen: E1) bis E3) → Aktive Bestandskonten
E4) bis E6) → Passive Bestandskonten

Nr.	Soll	€	Haben	€
E1)	Maschinen	60.000,00	Eröffnungsbilanzkonto	60.000,00
E2)	Rohstoffe	110.000,00	Eröffnungsbilanzkonto	110.000,00
E3)	Bankguthaben	30.000,00	Eröffnungsbilanzkonto	30.000,00
E4)	Eröffnungsbilanzkonto	140.000,00	Eigenkapital	140.000,00
E5)	Eröffnungsbilanzkonto	20.000,00	langfr. Bankverbindlichkeiten	20.000,00
E6)	Eröffnungsbilanzkonto	40.000,00	Verbindlichkeiten a.L.L.	40.000,00

Buchungen der Geschäftsvorfälle Nr. 1 bis 5:

Nr.	Soll	€	Haben	€
1)	Rohstoffe	4.000,00	Verbindlichkeiten a.L.L.	4.000,00
2)	Bankguthaben	5.000,00	langfr. Bankverbindlichkeiten	5.000,00
3)	Verbindlichkeiten a.L.L.	500,00	Bankguthaben	500,00
4)	Maschinen	1.000,00	Verbindlichkeiten a.L.L.	1.000,00
5)	Bankguthaben	9.000,00	Rohstoffe	9.000,00

Abschlussbuchungen: A1) bis A3) → Aktive Bestandskonten
A4) bis A6) → Passive Bestandskonten

Nr.	Soll	€	Haben	€
A1)	Schlussbilanzkonto	61.000,00	Maschinen	61.000,00
A2)	Schlussbilanzkonto	105.000,00	Rohstoffe	105.000,00
A3)	Schlussbilanzkonto	43.500,00	Bankguthaben	43.500,00
A4)	Eigenkapital	140.000,00	Schlussbilanzkonto	140.000,00
A5)	langfr. Bankverbindlichkeiten	25.000,00	Schlussbilanzkonto	25.000,00
A6)	Verbindlichkeiten a.L.L.	44.500,00	Schlussbilanzkonto	44.500,00

Hauptbuch: Eröffnungsbuchungen, Geschäftsvorfälle und Abschlussbuchungen

S	Eröffnungsbilanzkonto (EBK)		H
Eigenkapital	140.000,00	Maschinen	60.000,00
langfr. Bankverbindlichkeiten	20.000,00	Rohstoffe	110.000,00
Verbindlichkeiten a.L.L.	40.000,00	Bankguthaben	30.000,00
	200.000,00		200.000,00

S	Maschinen (Ma)		H
EBK	60.000,00	SBK	61.000,00
4) Ve	1.000,00		
	61.000,00		61.000,00

S	Eigenkapital (EK)		H
SBK	140.000,00	EBK	140.000,00

S	Rohstoffe (Ro)		H
EBK	110.000,00	5) Ba	9.000,00
1) Ve	4.000,00	SBK	105.000,00
	114.000,00		114.000,00

S	langfr. Bankverbindlichkeiten (LB)		H
SBK	25.000,00	EBK	20.000,00
		2) Ba	5.000,00
	25.000,00		25.000,00

S	Bankguthaben (Ba)		H
EBK	30.000,00	3) Ve	500,00
2) LB	5.000,00	SBK	43.500,00
5) Ro	9.000,00		
	44.000,00		44.000,00

S	Verbindlichkeiten a.L.L. (Ve)		H
3) Ba	500,00	EBK	40.000,00
SBK	44.500,00	1) Ro	4.000,00
		4) Ma	1.000,00
	45.000,00		45.000,00

S	Schlussbilanzkonto (SBK)		H
Maschinen	61.000,00	Eigenkapital	140.000,00
Rohstoffe	105.000,00	langfr. Bankverbindlichkeiten	25.000,00
Bankguthaben	43.500,00	Verbindlichkeiten a.L.L.	44.500,00
	209.500,00		209.500,00

Die Inventurwerte stimmen mit den Werten des Schlussbilanzkontos überein. Es müssen keine Korrekturbuchungen vorgenommen werden.

Aktiva	Schlussbilanz zum 31.12.20XX		Passiva
Maschinen	61.000,00	Eigenkapital	140.000,00
Rohstoffe	105.000,00	langfr. Bankverbindlichkeiten	25.000,00
Bankguthaben	43.500,00	Verbindlichkeiten a.L.L.	44.500,00
	209.500,00		**209.500,00**

Ort, Datum und Unterschrift(en)

Hinweis: Die Angabe der Gegenbuchung erfolgt mit Abkürzungen. Es werden hier zumeist die ersten beiden Buchstaben des Gegenkontos angegeben. Die Auswahl der Abkürzungen ist beliebig, die Angaben müssen jedoch eindeutig sein.

8.5 Erfolgsvorgänge buchen

LS ▸ **LS 12**
Erfolge ermitteln

8.5.1 Auswirkung von Erfolgsvorgängen auf das Eigenkapital

Erfolgsvorgänge sind Ergebnisse der Geschäftsprozesse von Unternehmen. Der Erfolg eines Geschäftsjahres verändert das Eigenkapital.

Erfolgsvorgänge

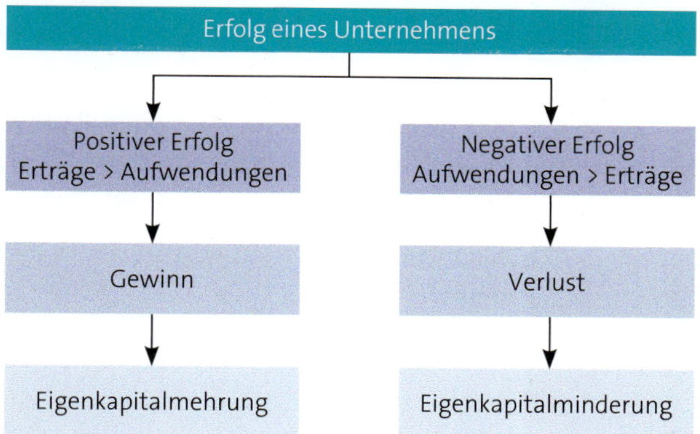

Veränderungen des Eigenkapitals durch Aufwendungen und Erträge

Das Eigenkapital wird durch **Aufwendungen** und **Erträge** verändert. Langfristig müssen die Erlöse aus den Absatzprozessen die Aufwendungen, die im Rahmen der Leistungs- und Beschaffungsprozesse entstehen, übersteigen, damit das Unternehmen Gewinne erzielt.

Allerdings ist die positive Differenz zwischen Umsatzerlösen und Materialaufwendungen nicht automatisch mit dem Gewinn eines Unternehmens gleichzusetzen. Der gesamte **Werteverzehr** von Produktionsfaktoren bei Beschaffung, Lagerung, Produktion und Absatz sowie die Verwaltung des Unternehmens mindern den Wert des Vermögens und damit das Eigenkapital. Diesem Werteverzehr können neben den Umsatzerlösen weitere Erträge als **Wertezufluss** gegenüberstehen, die den Wert des Vermögens und damit das Eigenkapital erhöhen.

Erträge (Wertezufluss) eines Unternehmens (Beispiele)	
Umsatzerlöse für Waren	Wert der verkauften Waren zu Verkaufspreisen
Umsatzerlöse für eigene Erzeugnisse	Wert der verkauften Erzeugnisse zu Verkaufspreisen
weitere Erträge	Mieterträge, Provisionserträge, Zinserträge

Aufwendungen (Werteverzehr) eines Unternehmens (Beispiele)	
Materialaufwand	Aufwendungen für Roh-, Hilfs- und Betriebsstoffe, bezogene Waren und bezogene Leistungen (Frachten und Fremdlager, Vertriebsprovisionen, Fremdinstandhaltung wie z. B. Reparaturen)
Personalaufwand	Löhne, Gehälter, soziale Aufwendungen (z. B. Arbeitgeberanteile zur Sozialversicherung)
Abschreibungen	Wertminderungen von Vermögensgegenständen (z. B. durch Nutzung)
Aufwendungen für die Inanspruchnahme von Rechten und Diensten	Mieten, Pachten, Leasing, Gebühren, Rechts- und Beratungskosten, Kosten des Geldverkehrs
Aufwendungen für Kommunikation	Büromaterial, Zeitungen, Postgebühren, Reisekosten, Werbung
Aufwendungen für Beiträge	Versicherungsbeiträge, Beiträge zu Verbänden
weitere Aufwendungen	betriebliche Steuern (z. B. Grundsteuer, Kfz-Steuer usw.), Zinsaufwendungen

- Übersteigen die Erträge eines Unternehmens die Aufwendungen, erzielt das Unternehmen einen Gewinn. Das Eigenkapital steigt.
- Übersteigen die Aufwendungen eines Unternehmens die Erträge, macht das Unternehmen Verlust. Das Eigenkapital sinkt.

Eigenkapitalmehrung und Eigenkapitalminderung

Eigenkapitalmehrung durch Gewinn

Aufwendungen 35.000,00 €	Erträge 40.000,00 €
Gewinn 5.000,00 €	

Eigenkapitalminderung durch Verlust

Aufwendungen 40.000,00 €	Erträge 35.000,00 €
	Verlust 5.000,00 €

8.5.2 *Buchen auf Erfolgskonten*

Gemäß den Buchungsregeln für passive Bestandskonten könnten alle Aufwendungen (Eigenkapitalminderungen) und Erträge (Eigenkapitalmehrungen) direkt auf dem Konto Eigenkapital gebucht werden. Bei einer Vielzahl von erfolgswirksamen Geschäftsvorfällen würde man als Ergebnis allerdings ein sehr unübersichtliches Eigenkapitalkonto erhalten, aus dem die Höhe einzelner Aufwands- und Ertragsarten nicht ersichtlich wäre.

Buchungsregel für Erfolgskonten: Erträge im Haben – Aufwendungen im Soll

Aus diesem Grund werden so genannte **Erfolgskonten** als Unterkonten des Eigenkapitals eingerichtet. Alle erfolgswirksamen Geschäftsvorfälle werden darauf nach Aufwands- und Ertragsarten sachlich geordnet erfasst. Dabei müssen Erträge immer im Haben und Aufwendungen immer im Soll gebucht werden. Die Gegenbuchung verändert die Werte auf den Bestandskonten. Im Gegensatz zu Bestandskonten haben Erfolgskonten **keinen Anfangsbestand**.

Eigenkapitalkonto mit Unterkonten (Aufwands- und Ertragskonten)

S	**Eigenkapital**	H
Eigenkapitalminderung	Anfangsbestand	
	Eigenkapitalmehrung	

Erfolgskonten als Unterkonten des Eigenkapitalkontos

Aufwandskonten (Beispiele)

S	**Gehälter**	H
Gehälter für Angestellte		

S	**Büromaterial**	H
Büromaterialeinkauf zu Einstandspreisen		

Ertragskonten (Beispiele)

S	**Umsatzerlöse für eigene Erzeugnisse**	H
	Erzeugnisverkauf zu Verkaufspreisen	

S	**Zinserträge**	H
	Zinsgutschriften	

Geschäftsvorfälle:

1. Banküberweisung der Gehälter 42.000,00 €
2. Verkauf von fertigen Erzeugnissen auf Ziel 36.000,00 €
3. Barkauf von Kugelschreibern für die Verwaltung 42,00 €
4. Die Bank schreibt 500,00 € Zinsen gut.

Grundbuch:

Nr.	Soll	€	Haben	€
1)	Gehälter	42.000,00	Bankguthaben	42.000,00
2)	Forderungen a.L.L.	36.000,00	Umsatzerlöse für eigene Erzeugnisse	36.000,00
3)	Büromaterial	42,00	Kasse	42,00
4)	Bankguthaben	500,00	Zinserträge	500,00

Hauptbuch:

Erfolgskonten

S	**Gehälter (Ge)**		H
1) Ba	42.000,00		

S	**Umsatzerlöse für eigene Erzeugnisse (UfE)**		H
		2) Fo	36.000,00

S	**Büromaterial (Bü)**		H
3) Ka	42,00		

S	**Zinserträge (Zi)**		H
		4) Ba	500,00

Bestandskonten

S	**Forderungen a.L.L. (Fo)**		H
EBK	10.900,00		
2) UfE	36.000,00		

S	**Kasse (Ka)**		H
EBK	5.500,00	3) Bü	42,00

S	**Bankguthaben (Ba)**		H
EBK	72.000,00	1) Ge	42.000,00
4) Zi	500,00		

8.5.3 Abschluss von Erfolgskonten

Das GuV-Konto ist das Abschlusskonto der Erfolgskonten.

Der Abschluss der Erfolgskonten am Geschäftsjahresende erfolgt nicht direkt über das Eigenkapitalkonto. Übersichtlicher ist es, wenn alle Aufwands- und Ertragskonten zunächst auf einem separaten Konto gegenübergestellt werden, um dort den Erfolg des Geschäftsjahres zu ermitteln. Diese Gegenüberstellung erfolgt auf dem **Gewinn- und Verlustkonto (GuV)**. Der dort ermittelte Erfolg (Gewinn oder Verlust) wird dann in einer Buchung auf das Eigenkapitalkonto übernommen.

GuV-Konto als Abschlusskonto der Erfolgskonten

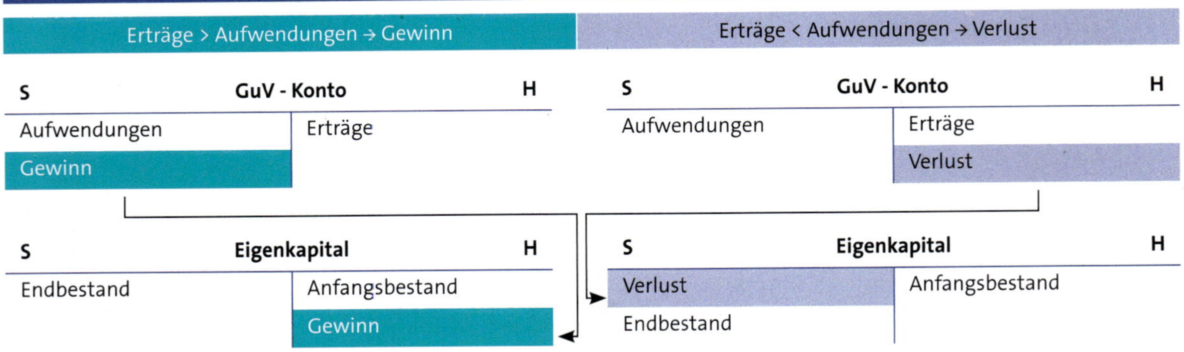

Abschlussbuchungssatz bei Gewinn: GuV-Konto an Eigenkapital

Abschlussbuchungssatz bei Verlust: Eigenkapital an GuV-Konto

E = Eröffnungsbuchungen
A = Abschlussbuchungen
UE = Umsatzerlöse

Grundbuch:

E1) Eröffnung Eigenkapital über EBK
1) Aufwandsbuchungen (Sammelbuchung über das Bankkonto)
2) Ertragsbuchungen (Sammelbuchung über das Bankkonto)
A1) bis A6) Abschluss der Erfolgskonten über GuV-Konto
A7) Abschluss GuV-Konto über Eigenkapital
A8) Abschluss Eigenkapital über SBK

Nr.	Soll	€	Haben	€
E1)	EBK	50.000,00	Eigenkapital	50.000,00
1)	Gehälter	175.000,00		
	Löhne	85.000,00		
	Energie	40.000,00	Bankguthaben	300.000,00
2)	Bankguthaben	310.000,00	UE für eigene Erzeugnisse	290.000,00
			Mieterträge	12.000,00
			Zinserträge	8.000,00
A1)	GuV	175.000,00	Gehälter	175.000,00
A2)	GuV	85.000,00	Löhne	85.000,00
A3)	GuV	40.000,00	Energie	40.000,00
A4)	UE für eigene Erzeugnisse	290.000,00	GuV	290.000,00
A5)	Mieterträge	12.000,00	GuV	12.000,00
A6)	Zinserträge	8.000,00	GuV	8.000,00
A7)	GuV	10.000,00	Eigenkapital	10.000,00
A8)	Eigenkapital	60.000,00	SBK	60.000,00

Hauptbuch:

S	SBK		H
Anlagevermögen	40.000,00	A8) Eigenkapital	60.000,00
Umlaufvermögen[1]	50.000,00	Fremdkapital	30.000,00
	90.000,00		90.000,00

S	EBK		H
E1) Eigenkapital	50.000,00	Anlagevermögen	40.000,00
Fremdkapital	30.000,00	Umlaufvermögen	40.000,00
	80.000,00		80.000,00

S	Eigenkapital		H
A8) SBK	60.000,00	E1) EBK	50.000,00
		A7) GuV	10.000,00
	60.000,00		60.000,00

Gewinn

S	Gewinn- und Verlustkonto		H
A1) Gehälter	175.000,00	A4) Umsatzerlöse f. eig. Erzeugnisse	290.000,00
A2) Löhne	85.000,00	A5) Mieterträge	12.000,00
A3) Energie	40.000,00	A6) Zinserträge	8.000,00
A7) Eigenkapital	10.000,00		
	310.000,00		310.000,00

S	Gehälter		H
1) Ba	175.000,00	A1) GuV	175.000,00

S	Löhne		H
1) Ba	85.000,00	A2) GuV	85.000,00

S	Energie		H
1) Ba	40.000,00	A3) GuV	40.000,00

S	Umsatzerlöse für eigene Erzeugnisse		H
A4) GuV	290.000,00	A2) Ba	290.000,00

S	Mieterträge		H
A5) GuV	12.000,00	A2) Ba	12.000,00

S	Zinserträge		H
A6) GuV	8.000,00	A2) Ba	8.000,00

1) Die Erhöhung des Umlaufvermögens um 10.000,00 € entspricht der Steigerung des Bankguthabens (Konto nicht abgebildet).

Übersicht: Vom EBK zum SBK einschließlich Erfolgsvorgängen

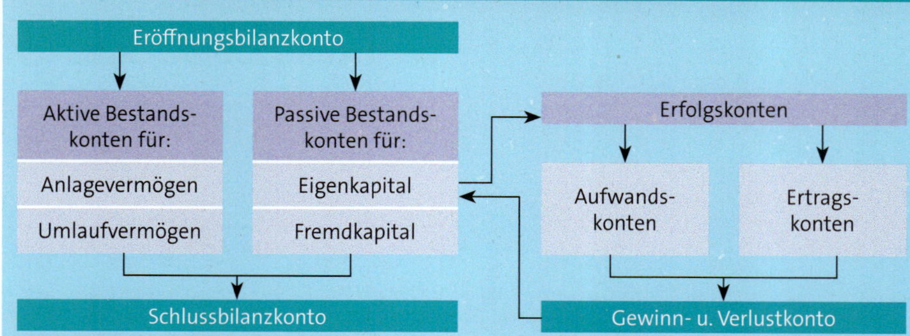

8.6 *Erfassen des Materialverbrauchs (aufwandsorientiert)*

Beispiel Für die Produktion ihrer Fahrräder benötigen die Fly Bike Werke eine Vielzahl von Materialien. Für fast alle Fahrradmodelle werden die Rahmen und zumeist auch die Gabeln in Eigenfertigung produziert. Hierfür benötigen die Fly Bike Werke verschiedene Roh-, Hilfs- und Betriebsstoffe. Alle anderen Komponenten werden als Vorprodukte oder Fremdbauteile fremdbezogen. In der Finanzbuchhaltung werden für alle Materialien Bestands- und Aufwandskonten eingerichtet. Jeder Verbrauch kann so erfasst werden. Von besonderer Bedeutung sind die folgenden Materialkonten:

Betriebliche Leistungsfaktoren, vgl. **1.3**, S. 20

Bestandskonten	Aufwandskonten	Beispiel Fly Bike Werke
Rohstoffe/ Fertigungsmaterial	Aufwendungen für Rohstoffe/ Fertigungsmaterial	Stahlrohre, Aluminiumrohre
Vorprodukte/ Fremdbauteile	Aufwendungen für Vorprodukte/ Fremdbauteile	Schaltungen, Sättel, Lenker
Hilfsstoffe	Aufwendungen für Hilfsstoffe	Lacke, Schrauben
Betriebsstoffe	Aufwendungen für Betriebsstoffe/Verbrauchswerkzeuge	Schmiermittel, Treibstoffe, Reinigungsmittel

Fly Bike Werke GmbH

Komponentenliste Kinderräder

Komponentennummern und geplante Komponentenpreise

Fahrradtypen Set-Nr. FBW:	Jugendrad Twist	Preise in €	Jugendrad Cool	Preise in €
Rahmen	1100	7,47	1110	7,50
Gabel	1600	2,24	1600	2,24
Räder und Schaltung	2100	36,91	2110	40,79
Antrieb	2300	6,55	2310	7,00
Bremsen	2600	6,60	2600	6,60
Bereifung	3100	7,06	3100	7,06
Beleuchtung	4100	6,10	4100	6,10
Lenkung	5100	4,30	5100	4,30
Ausstattung 1	6100	2,65	6100	2,65

Bei der modernen aufwandsorientierten Buchungstechnik wird unterstellt, dass das Material direkt in der Produktion angeliefert und umgehend dort verbraucht wird (Just-in-time-Verfahren). Die Lagerhaltung spielt also nur eine untergeordnete Rolle zur Überbrückung von kurzzeitigen Lieferengpässen. Entsprechend wird dann in der Buchhaltung jeder Materialeinkauf bei Rechnungseingang sofort auf dem **Aufwandskonto** erfasst. Das wertmäßig untergeordnete Bestandskonto enthält dann nur noch die Inventurbestände und die Bestandsveränderungen zum Ende des Abrechnungszeitraumes.

engl. just in time: (gerade) zur rechten Zeit am rechten Ort, vgl. **HF 2**, **4.3**, S. 164

Beispiel Die Fly Bike Werke stellen nach entsprechenden Vereinbarungen mit ihren Lieferanten die gesamte Anlieferung von Aluminiumrohren auf das Just-in-time-Verfahren um. Entsprechend wird in der Buchhaltung der Verbrauch bei Anlieferung und Rechnungsstellung als Aufwand erfasst.

Grundbuch:

Zusammengefasste Buchungen einer Abrechnungsperiode (Zielkäufe)

1) Anfangsbestand Rohstoffe 18.000,00 €
2) Einkäufe Rohstoffe auf Ziel 460.000,00 €

Nr.	Soll	€	Haben	€
1)	Rohstoffe	18.000,00	EBK	18.000,00
2)	Aufwendungen für Rohstoffe	460.000,00	Verbindlichkeiten a.L.L.	460.000,00

Abschluss Rohstoffkonto mit Bestandsminderungen
3) Endbestand Rohstoffe 12.000,00 €
4) Bestandsminderung Rohstoffe 6.000,00 €
5) Abschluss Konto, Aufwendungen für Rohstoffe 479.000,00 €

Nr.	Soll	€	Haben	€
3)	SBK	12.000,00	Rohstoffe	12.000,00
4)	Aufwendungen für Rohstoffe	6.000,00	Rohstoffe	6.000,00
5)	GuV-Konto	479.000,00	Aufwendungen für Rohstoffe	479.000,00

Hauptbuch:

S	Rohstoffe (Ro)		H
1) EBK	18.000,00	3) SBK	12.000,00
		4) AfR	6.000,00
	18.000,00		18.000,00

S	Aufwendungen für Rohstoffe (AfR)		H
2) Vb	460.000,00	5) GuV	466.000,00
4) Ro	6.000,00		
	466.000,00		466.000,00

S	SBK		H
1) Ro	12.000,00		

S	GuV-Konto		H
5) AfR	466.000,00		

Bei dieser aufwandsorientierten Buchungstechnik muss der Endbestand durch eine Inventur am Jahresende erfolgen. Dabei wird es regelmäßig vorkommen, dass Anfangs- und Endbestand nicht übereinstimmen: Entweder haben sich die Bestände verringert oder erhöht.

AB > EB
Bestandsminderung = Aufwandserhöhung

Fall 1: Bei einer Bestandsminderung wurden zusätzlich zu den eingekauften Materialien noch vorhandene Lagerbestände verbraucht.

Grundbuch: 1) Buchung Bestandsminderung, z. B. bei Rohstoffen

1) Aufwendungen für Rohstoffe	an	Rohstoffe

AB < EB
Bestandsmehrung = Aufwandsminderung

Fall 2: Bei einer **Bestandsmehrung** sind nicht alle in einer Abrechnungsperiode eingekauften Materialien auch tatsächlich in der Produktion verbraucht worden. Sie gelten dann buchungstechnisch als zusätzlicher Lagerbestand (Lagerzugang).

Grundbuch: 2) Buchung Bestandsmehrung, z. B. bei Rohstoffen

2) Rohstoffe	an	Aufwendungen für Rohstoffe

Die Buchung der Bestandsveränderung kann vereinfacht werden, wenn als **alternative Buchungstechnik** der Anfangsbestand des Kontos Rohstoffe am Jahresanfang auf das Konto Aufwendungen für Rohstoffe umgebucht wird. Am Jahresende wird dann der Inventurbestand als Bestandsmehrung erfasst (Rohstoffe an Aufwendungen für Rohstoffe).

Aufwandsorientierte Verbrauchsermittlung

Ermittlung des Materialverbrauchs bei Just-in-time-Anlieferung (fertigungssynchrone Anlieferung):

Fall 1: Bestandsminderung Rohstoffe
Bestandsminderungen im Rohstofflager erhöhen den Aufwand für Rohstoffe in der Erfolgsrechnung (zusätzlicher Verbrauch von Lagermaterial in einer Abrechnungsperiode).
Bestandsminderungen = Aufwandserhöhungen

S Rohstoffe (Bestand)	H
Anfangsbestand (EBK)	Bestandsminderung
	Endbestand (SBK)

Aufwandsmehrung

S Aufwendungen für Rohstoffe	H
Rohstoffeinkauf 1	Saldo für GuV
Rohstoffeinkauf 2	
Rohstoffeinkauf X	
Bestandsminderung	

Fall 2: Bestandsmehrung Rohstoffe
Bestandsmehrungen im Rohstofflager vermindern den Aufwand für Rohstoffe in der Erfolgsrechnung (unverbrauchte Rohstoffeinkäufe der Abrechnungsperiode).
Bestandsmehrungen = Aufwandsminderungen

S Rohstoffe (Bestand)	H
Anfangsbestand (EBK)	Endbestand (SBK)
Bestandsmehrung	

Aufwandsminderung

S Aufwendungen für Rohstoffe	H
Rohstoffeinkauf 1	Bestandsmehrung
Rohstoffeinkauf 2	Saldo für GuV
Rohstoffeinkauf X	

8.7 Erfolgsbuchungen mit Handelswaren

Beispiel Zum Absatzprogramm der Fly Bike Werke GmbH zählen auch Handelswaren, wie z. B. Radsportbekleidung oder Fahrradanhänger. Die Fly Bike Werke GmbH kauft die Waren ein, um sie mit Gewinn wieder zu verkaufen.

Auch aus dem Kauf und Verkauf von Handelswaren entstehen Aufwendungen und Erträge.

- Als Aufwand erfasst wird der **Wareneinsatz**. Hierunter versteht man den Wert der verkauften Waren, bewertet mit Einkaufspreisen.
- Als Erträge erfasst werden die **Umsatzerlöse für Waren** als Wert der verkauften Waren, bewertet mit Verkaufspreisen.

Die Erträge und Aufwendungen aus dem Warenverkauf werden am Ende eines Geschäftsjahres gegenübergestellt. Berücksichtigt man mengenmäßig dieselben Waren zu unterschiedlichen Preisen (Einkaufspreisen und Verkaufspreisen), ist das Ergebnis dieser Gegenüberstellung entweder ein **Rohgewinn** oder ein **Rohverlust**. Werden zusätzliche weitere Aufwendungen (z. B. Löhne) und weitere Erträge (z. B. Mieterträge) erfasst, ergibt sich ein so genannter **Reingewinn** oder ein **Reinverlust**.

Umsatzerlöse für Waren	>	Wareneinsatz	=	Rohgewinn
Wareneinsatz	>	Umsatzerlöse für Waren	=	Rohverlust
Summe der Erträge	>	Summe der Aufwendungen	=	Reingewinn
Summe der Aufwendungen	>	Summe der Erträge	=	Reinverlust

Neben der Erfolgsermittlung ist auch bei Handelswaren die Ermittlung von **Bestandsveränderungen** am Ende eines Geschäftsjahres von Interesse.

Berechnung des Wareneinsatzes:
Warenanfangsbestand
+ Wareneinkäufe
– Warenendbestand lt. Inventur
= Wareneinsatz

Beispiel Wareneinkauf und Warenverkauf von Fahrradzubehör

Bei der aufwandsorientierten Buchungstechnik werden alle eingekauften Waren sofort auf dem Konto „Aufwendungen für Waren“ erfasst (2). Am Ende des Geschäftsjahres wird über die Erfassung der Bestandsveränderung im Lager (4) das Aufwandskonto korrigiert (5).

Grundbuch:

		Anzahl	·	Preis in €	=	Wert in €
1)	Warenanfangsbestand	500		25,00		12.500,00
2)	Wareneinkäufe, bar	2 500		25,00		62.500,00
3)	Warenverkäufe, bar	2 750		35,00		96.250,00
4)	Warenendbestand	250		25,00		6.250,00
5)	Bestandsveränderung (Minderung)	250		25,00		6.250,00

Nr.	Soll	€	Haben	€
1)	Waren (Bestand)	12.500,00	Eröffnungsbilanzkonto	12.500,00
2)	Aufwendungen für Waren	62.500,00	Kasse	62.500,00
3)	Kasse	96.250,00	Umsatzerlöse für Waren	96.250,00
4)	Schlussbilanzkonto	6.250,00	Waren (Bestand)	6.250,00
5)	Aufwendungen für Waren	68.750,00	Waren (Bestand)	68.750,00

6) Abschluss Konto Aufwendungen für Waren
7) Abschluss Konto Umsatzerlöse für Waren
8) Abschluss GuV-Konto

Nr.	Soll	€	Haben	€
6)	GuV	68.750,00	Aufwendungen für Waren	68.750,00
7)	Umsatzerlöse für Waren	96.250,00	GuV	96.250,00
8)	GuV-Konto	27.500,00	Eigenkapital	27.500,00

Hauptbuch Auszug:

Waren (Bestand)

S			H
1) EBK	12.500,00	4) SBK	6.250,00
		5) AfW	6.250,00

Aufw. für Waren

S			H
2) Ka	62.500,00	6) GuV	68.750,00
5) Wa	6.250,00		

Umsatzerlöse für Waren

S			H
7) GuV	96.250,00	3) Ka	96.250,00

GuV-Konto

S			H
6) AfW	68.750,00	7) UfW	96.250,00
8) EK	27.500,00		

8.8 Bestandsveränderungen bei fertigen und unfertigen Erzeugnissen

Beispiel Wieder einmal ist ein Geschäftsjahr der Fly Bike Werke zu Ende gegangen. Frau Klein studiert die Inventurlisten. Auf einer fällt ihr auf, dass von dem Modell Free noch 180 Stück auf Lager sind. „Wieso haben wir von dem Modell Free so viele auf Lager?", fragt sie Frau Taubert. „Läuft das Modell nicht mehr so gut?" „Nein, nein", antwortet Frau Taubert, „das Modell ist erst im Dezember in großer Stückzahl produziert und noch nicht vollständig ausgeliefert worden. Das ist eine ganz normale Bestandserhöhung bei einem fertigen Erzeugnis."

Der Erfolg eines Unternehmens wird durch Gegenüberstellung von Aufwendungen und Erträgen bzw. Kosten und Leistungen am Ende eines Geschäftsjahres ermittelt. Betrachtet wird dabei auf der einen Seite der **Gesamtaufwand**, der im Rahmen der Leistungserstellung angefallen ist. Hierzu zählen u.a. die Aufwendungen für Roh-, Hilfs- und Betriebsstoffe sowie für Fremdbauteile, aber auch für Löhne und Gehälter von Mitarbeitern.

Betrachtet man auf der anderen Seite die **Gesamtleistung**, die ein Unternehmen aus eigener Produktion erbringt, beschränkt sich diese nicht nur auf die Absatzleistung, sondern wird auch durch die Lagerleistung sowie die so genannte Eigenleistung beeinflusst.

Fly Bike Werke GmbH

Inventur 20X1

Inventurliste: Nr. 212 Aufnahmeort: Absatzlager
Vermögensart: Fertigerzeunisse

Artikel-Nr.	Modell	Anzahl
201	Light	40
202	Free	180
203	Nature	20

Mängelbeschreibung: keine sichtbaren Mängel
Aufnahmendatum 10.01.20X2 Aufnehmende/r Klein
Geprüft: 10.01.20X2 Gammer

Gesamtleistung eines Unternehmens aus eigener Produktion	
Absatzleistung	Verkaufserlöse aller verkauften eigenen Erzeugnisse
Lagerleistung	Wert der noch nicht verkauften unfertigen und fertigen Erzeugnisse (bewertet zu Herstellungskosten)
Eigenleistung	Wert von z. B. selbst erstellten Anlagen (bewertet zu Herstellungskosten)

Beispiel Erfolgsermittlung anhand von Gesamtaufwand und Gesamtleistung

Absatzleistung 1000 Erzeugnisse zu je 100,00 €	=	100.000,00 €
Lagerleistung 500 Erzeugnisse zu je 80,00 €	=	40.000,00 €
Gesamtleistung (Absatzleistung + Lagerleistung)	=	140.000,00 €
Gesamtaufwand: 1500 Erzeugnisse zu je 80,00 €	=	120.000,00 €
Gewinn (Gesamtleistung – Gesamtaufwand)	=	20.000,00 €

Soll	Gewinn- und Verlustkonto Haben
• Gesamtaufwand für 1500 Erzeugnisse, bewertet zu Herstellungskosten = 120.000,00 €	• Absatzleistung für 1000 verkaufte Erzeugnisse, bewertet zu Nettoverkaufserlösen = 100.000,00 €
• Gewinn (Gesamtleistung – Gesamtaufwand) = 20.000,00 €	• Lagerleistung für 500 nicht verkaufte Erzeugnisse, bewertet zu Herstellungskosten = 40.000,00 €

Alle Industrieunternehmen müssen zum Ende eines Geschäftsjahres auch ihre Bestände an unfertigen und fertigen Erzeugnissen mengen- und wertmäßig erfassen. So kann festgestellt werden, ob sich der jeweilige Lagerbestand erhöht oder vermindert hat. Per Saldo führt nur eine **Bestandserhöhung** in der GuV zu einem Ertrag, **Bestandsminderungen** vermindern den Ertrag des Geschäftsjahres.

Die Ermittlung der **Bestandsveränderungen** in der Buchführung erfolgt durch den Vergleich der Anfangsbestände (AB) und der Endbestände (EB) auf den Bestandskonten unfertige und fertige Erzeugnisse, die im Hauptbuch bereits vorgegeben sind.

Grundbuch:

1) Buchung der Bestandsminderung an unfertigen Erzeugnissen
2) Buchung der Bestandserhöhung an fertigen Erzeugnissen
3) Abschluss Konto Bestandsveränderungen

Nr.	Soll	€	Haben	€
1)	Bestandsveränderungen	9.900,00	Unfertige Erzeugnisse	9.900,00
2)	Fertige Erzeugnisse	273.900,00	Bestandsveränderungen	273.900,00
3)	Bestandsveränderungen	264.000,00	GuV-Konto	264.000,00

Hauptbuch:

unfertige Erzeugnisse: Bestandsminderung
AB > EB

fertige Erzeugnisse: Bestandserhöhung
EB > AB

S	unfertige Erzeugnisse (UE)		H
EBK	22.600,00	SBK	12.700,00
		1) BVÄ	9.900,00
	22.600,00		22.600,00

S	fertige Erzeugnisse (FE)		H
EBK	347.300,00	SBK	621.200,00
2) BVÄ	273.900,00		
	621.200,00		621.200,00

Bestandsminderung unfertige Erzeugnisse

S	Bestandsveränderungen (BVÄ)		H
1) UE	9.900,00	2) FE	273.900,00
3) GuV	264.000,00		
	273.900,00		273.900,00

Bestandserhöhung fertige Erzeugnisse

S	Schlussbilanzkonto (SBK)		H
UE	12.700,00		
FE	621.200,00		

S	GuV-Konto (GuV)		H
		BVÄ	264.000,00

In diesem Beispiel überwiegt die Bestandserhöhung und führt zu einer Ertragserhöhung. Die Bestandsminderung an unfertigen Erzeugnissen wird von der Bestandserhöhung an fertigen Erzeugnissen übertroffen. Sollten die Bestandsminderungen überwiegen, so erscheint der Saldo des Kontos Bestandsveränderung im Soll des GuV-Kontos als Ertragsminderung.

Übersicht: Bestandsveränderungen bei fertigen und unfertigen Erzeugnissen

Bestandserhöhung an unfertigen und fertigen Erzeugnissen	Produktion > Absatz Endbestand > Anfangsbestand = Lageraufbau (Ertragserhöhung)
Bestandsminderung an unfertigen und fertigen Erzeugnissen	Absatz > Produktion Anfangsbestand > Endbestand = Lagerabbau (Ertragsminderung)

9 Organisation der Buchführung

Die Buchführung eines Unternehmens muss so aufgebaut sein, dass für alle Vermögens-, Kapital-, Ertrags- und Aufwandspositionen systematisch gegliedert Konten eingerichtet werden können. Dabei wird in der Regel ein System angestrebt, das innerhalb einer Branche eine schnelle Vergleichbarkeit ermöglicht. Notwendige Eröffnungs- und Abschlusskonten sowie die Möglichkeit, die Kosten- und Leistungsrechnung in dieses System zu integrieren, sind Bestandteil dieses Ordnungssystems.

Kosten- und Leistungsrechnung, vgl. **HF 7**, Band 2

Die Übersichtlichkeit der Buchführung wird wesentlich gesteigert, wenn eine **Systematisierung der Konten** erfolgt. Basis für diese Systematisierung ist ein Kontenrahmen, der eine Übersicht über die möglichen Konten einer Unternehmung gibt. Damit nicht jede Unternehmung die Anzahl, Bezifferung und Bezeichnung seiner Konten willkürlich gestaltet und weil in jedem Wirtschaftsbereich buchhalterische Besonderheiten zu berücksichtigen sind, wurden von den verschiedenen Spitzenverbänden der Wirtschaft Kontenrahmen erarbeitet, die den speziellen Gegebenheiten der jeweiligen Branche (z. B. Industrie, Großhandel) angepasst sind.

Verschiedene Branchen haben eigene Kontenrahmen.

Kontenrahmen und Kontenplan ordnen jedem Konto eine Zahl **(Kontonummer)** zu, die dieses Konto eindeutig bestimmt. Die EDV-Buchführung ist immer mit der Eingabe von Kontennummern verbunden. Erstellt ein Dritter die Buchführung, so müssen zumeist dessen Vorgaben hinsichtlich der Kontonummern und Kontenbezeichnungen eingehalten werden (z. B. DATEV-Kontenrahmen der Steuerberater).

Kontenplan, vgl. **9.2**, S. 106

9.1 Der Industriekontenrahmen (IKR)

Der **Industriekontenrahmen** ist wie alle Kontenrahmen nach dem Zehnersystem (dekadisches System) aufgebaut. Aufgrund der Ziffern von 0 bis 9 werden 10 Kontenklassen eingerichtet. Je Kontenklasse können bis zu 10 Kontengruppen eingerichtet werden. Jede Kontengruppe kann wiederum in 10 Kontenarten unterteilt werden. Im Bedarfsfall nimmt schließlich jede Kontenart 10 Kontenunterarten auf.

Beispiel Aufbau einer Kontonummer (Konto Fuhrpark)

1. Stelle	0				Kontenklasse	Kontenklasse 0 Immaterielle Vermögensgegenstände und Sachanlagen
+ 2. Stelle	0	8			Kontengruppe	Kontengruppe 08 Betriebs- und Geschäftsausstattung
+ 3. Stelle	0	8	4		Kontenart	Kontenart 084 Fuhrpark
+ 4. Stelle	0	8	4	0	Kontenunterart	Die Kontenart 084 Fuhrpark wird im IKR nicht weiter unterteilt. Damit erhält die 4. Stelle eine 0.
=	0840				Kontonummer für das Konto Fuhrpark	

Kontenklasse
↓
Kontengruppe
↓
Kontenart
↓
Kontenunterart

Die Kontenklassen sind nach dem **Abschlussgliederungsprinzip** gegliedert, d. h., anhand der ersten Stelle der Kontonummer kann jede Kontenart direkt der richtigen Seite (Soll oder Haben) eines Abschlusskontos zugeordnet werden.

Rechnungskreis I: Finanzbuchhaltung, Bestandskonten				
Kontenklasse 0	**Kontenklasse 1**	**Kontenklasse 2**	**Kontenklasse 3**	**Kontenklasse 4**
immaterielle Vermögensgegenstände und Sachanlagen	Finanzanlagen	Umlaufvermögen und aktive Rechnungsabgrenzungsposten	Eigenkapital und Rückstellungen	Verbindlichkeiten und passive Rechnungsabgrenzungsposten
Beispiele:	Beispiele:	Beispiele:	Beispiele:	Beispiele:
0500 unbebaute Grundstücke	1300 Beteiligungen	2000 Rohstoffe	3000 gezeichnetes Kapital (Eigenkapital)	4200 kurzfristige Verbindlichkeiten gegenüber Banken
0840 Fuhrpark	1500 Wertpapiere des Anlagevermögens	2400 Forderungen aus Lieferungen und Leistungen	3400 Jahresüberschuss	4400 Verbindlichkeiten aus Lieferungen und Leistungen
0860 Büromaschinen	1600 sonstige Finanzanlagen	2880 Kasse	3800 Steuerrückstellungen	4800 Umsatzsteuer

Kontenklassen 0, 1 und 2 → **aktive Bestandskonten** → Soll

Kontenklassen 3 und 4 → **passive Bestandskonten** → Haben

Soll	Soll	8010 Schlussbilanzkonto (SBK) Haben	Haben
Anlagevermögen Kontenklasse 0	0500 unbebaute Grundstücke 0840 Fuhrpark 0860 Büromaschinen	3000 gezeichnetes Kapital 3400 Jahresüberschuss	Eigenkapital Kontenklasse 3
Anlagevermögen Kontenklasse 1	1300 Beteiligungen 1500 Wertpapiere des Anlagevermögens 1600 sonstige Finanzanlagen	3800 Steuerrückstellungen	Rückstellungen Kontenklasse 3
Umlaufvermögen Kontenklasse 2	2000 Rohstoffe 2400 Forderungen aus Lieferungen und Leistungen 2880 Kasse	4200 kurzfristige Verbindlichkeiten gegenüber Banken 4400 Verbindlichkeiten aus Lieferungen und Leistungen 4800 Umsatzsteuer	Verbindlichkeiten Kontenklasse 4

Abschluss der Bestandskonten:

1) aktive Bestandskonten
2) passive Bestandskonten

Nr.	Soll	Haben
1)	8010 Schlussbilanzkonto	Konten der Kontenklassen 0, 1 und 2 aktive Bestandskonten
2)	Konten der Kontenklassen 3 und 4 passive Bestandskonten	8010 Schlussbilanzkonto

Rechnungskreis I: Finanzbuchhaltung, Erfolgskonten			Eröffnungs- und Abschlusskonten	Rechnungskreis II KLR-Rechnung
Kontenklasse 5	**Kontenklasse 6**	**Kontenklasse 7**	**Kontenklasse 8**	**Kontenklasse 9**
Erträge	betriebliche Aufwendungen	weitere Aufwendungen	Ergebnisrechnung	Kosten- und Leistungsrechnung (KLR)
Beispiele:	Beispiele:	Beispiele:	Beispiele:	In der Praxis wird die KLR gewöhnlich tabellarisch ohne Konten durchgeführt.
5000 Umsatzerlöse für eigene Erzeugnisse	6000 Aufwendungen für Rohstoffe	7020 Grundsteuer	8000 Eröffnungsbilanz-konto	
5400 Nebenerlöse	6300 Gehälter	7030 Kfz-Steuer	8010 Schlussbilanzkonto	
5710 Zinserträge	6870 Werbung	7510 Zinsaufwendungen	8020 GuV-Konto	

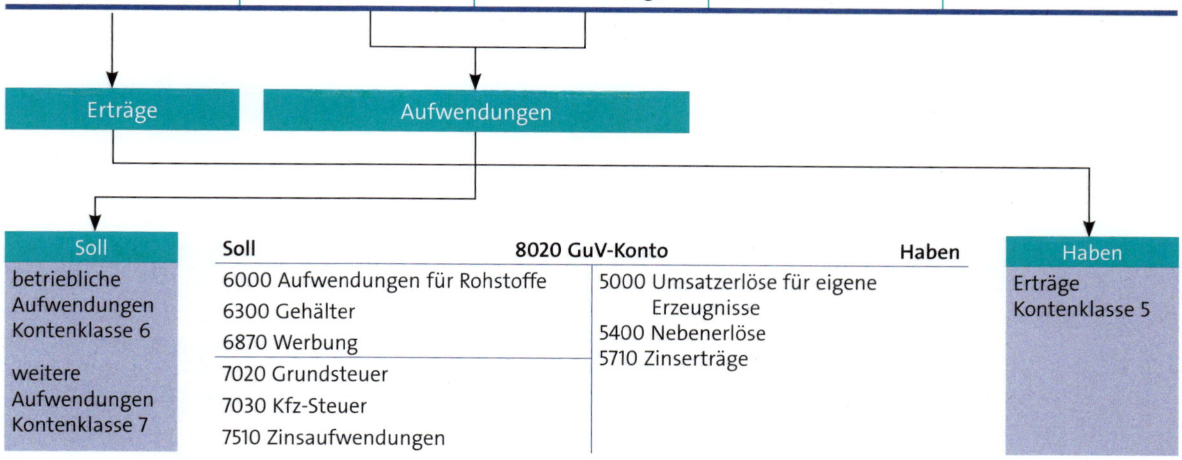

Abschluss der Erfolgskonten*:

1) Ertragskonten
2) Aufwandskonten

* Ausnahmen: Unterkonten der Werkstoff- und Erlöskonten

Nr.	Soll	Haben
1)	Konten der Kontenklasse 5 Erträge	8020 GuV-Konto
2)	8020 GuV-Konto	Konten der Kontenklassen 6 und 7 Aufwendungen

Abschluss des GuV-Kontos einer Kapitalgesellschaft:

1) bei Gewinn (Ausweis als Jahresüberschuss in der Bilanz)
2) bei Verlust (Ausweis als Jahresfehlbetrag in der Bilanz)

Nr.	Soll	Haben
1)	8020 GuV-Konto	3400 Jahresüberschuss
2)	3400 Jahresfehlbetrag	8020 GuV-Konto

Kontenklassen für die Industrie	
Kontenklasse	**Wesentliche Inhalte**
0	zeigt das Anlagevermögen, das für die Aufnahme und Aufrechterhaltung der Unternehmenstätigkeiten eingesetzt wird.
1	zeigt langfristige Finanzanlagen des Unternehmens, mit denen Finanzerfolge erzielt werden sollen und/oder die eine Einflussnahme auf andere Unternehmen ermöglichen.
2	zeigt das Umlaufvermögen mit den Vorräten als Basis für die zukünftige Gewinnerzielung und die Bestände an finanziellen Werten, die für Beschaffungs- und Finanzierungsvorgänge vorhanden sind.
3	zeigt das Eigenkapital der Unternehmung, wobei Konten für die Darstellung des Eigenkapitals verschiedener Unternehmensformen alternativ zur Verfügung stehen. Die hier ebenfalls auszuweisenden Rückstellungen sind Verbindlichkeiten, deren Höhe oder Fälligkeit am Bilanzstichtag noch nicht feststeht. Bei zu hoher Schätzung dieser Werte können diese auch Eigenkapitalanteile enthalten.
4	zeigt die Verbindlichkeiten, die zur Finanzierung des Vermögens eingesetzt werden.
5	zeigt die Erträge, mit denen das Unternehmen seine Aufwendungen decken will und mit denen ein Gewinn erwirtschaftet werden soll.
6	zeigen die Aufwendungen, die durch die Unternehmenstätigkeit anfallen, sowie die Steuern von Einkommen und Ertrag.
7	
8	beinhaltet die Eröffnungs- und Abschlusskonten der Buchführung.
9	reserviert für eine kontenmäßige Durchführung der Kosten- und Leistungsrechnung.

Aufgrund des dekadischen Systems ist eine ausgesprochen tiefgehende Aufteilung denkbar. Der IKR enthält Empfehlungen bis zu den vierstelligen Kontenarten. Die weitere Einteilung bleibt den Unternehmen überlassen, die je nach Bedarf, jedoch insbesondere dann, wenn die Buchführung EDV-unterstützt abgewickelt wird, oft eine tiefer gegliederte Bezifferung wählen.

LS ▸ LS 13
Auf Basis eines Kontenplans buchen

9.2 Der Kontenplan eines Unternehmens

Der Kontenplan ist das **betriebsindividuelle Ordnungsschema** auf Basis eines Kontenrahmens. Dabei können Kontenarten oder auch Kontengruppen, die im Kontenrahmen vorgesehen sind, im Kontenplan möglicherweise gar nicht vorkommen, weil die Unternehmung derartige Posten nicht benötigt.

Eine Möglichkeit ist auch die **individuelle Erweiterung** des Kontenrahmens im Kontenplan, d. h., es werden im Kontenplan Kontenarten (evtl. mit weiteren Unterteilungen) eingerichtet, die im Kontenrahmen so nicht vorgegeben sind. Dabei kann es vorkommen, dass Kontennummern mit vier Stellen nicht ausreichen, sodass fünfstellige oder sogar sechsstellige Kontennummern vergeben werden müssen.

Bei **EDV-Buchführung** wird immer die Anzahl der Stellen je Kontonummer vom Finanzbuchhaltungsprogramm vorgegeben. Sind dort fünf Stellen vorgegeben, so ist einer vierstelligen Kontonummer eine „0“ an der letzten Stelle hinzuzufügen.

Vom Kontenrahmen zum Kontenplan

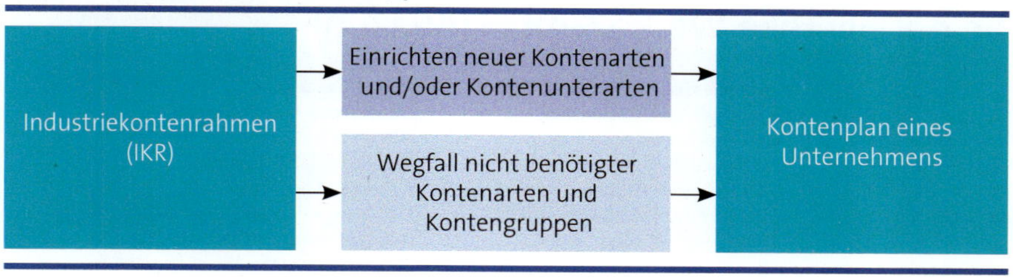

Beispiel Erweiterung des Kontenrahmens in einem Kontenplan im Bereich der Kontengruppe Betriebs- und Geschäftsausstattung

0860	Büromaschinen, Organisationsmittel und Kommunikationsmittel		
	0862	Büromaschinen	
		08621	Personal Computer
		08622	Monitore
		08623	Drucker
		08624	...

Eine grundsätzliche Erweiterung im Kontenplan ergibt sich durch die Einrichtung von **Personenkonten**, die kein Kontenrahmen vorgeben kann. Hier ist insbesondere die Einrichtung der Liefererkonten (Kreditoren) und Kundenkonten (Debitoren) zu nennen. Durch die Einrichtung dieser Konten können in der Buchführung die Forderungen bestimmten Kunden und die Verbindlichkeiten bestimmten Lieferern zugeordnet werden.

Kreditoren- und Debitorenkonten der Fly Bike Werke GmbH, vgl. Kontenplan, S. 107

Der Austausch von Kontenbezeichnungen durch **Kontennummern** führt zu einer Vereinheitlichung und Vereinfachung der Buchungen und erleichtert die Auswertung der Buchführungsergebnisse (Zeit- und Betriebsvergleiche).

Beispiel Geschäftsvorfall Barabhebung 750,00 € vom Bankkonto

Buchungssatz mit Kontenbezeichnungen

Kasse	750,00	an	Bankguthaben	750,00

Buchungssatz mit Kontennummern

2880	750,00	an	2800	750,00

Auf den Konten ergibt sich durch die Verwendung von Kontennummern die folgende Darstellung:

S	2800 Bankguthaben		H
8000	20.000,00	2880	750,00

S	2880 Kasse		H
2800	750,00		

Kontenplan der Fly Bike Werke GmbH (Auszug)

Kontenklasse 0
Anlagevermögen
0000 Ausstehende Einlagen
0200 Konzessionen und Lizenzen
0300 Geschäfts- oder Firmenwert
0500 Grundstücke und Bauten (Sammelkonto)
0700 Technische Anlagen und Maschinen (Sammelkonto)
0800 Betriebs- und Geschäftsausstattung (Sammelkonto)

Kontenklasse 1
Anlagevermögen
1300 Beteiligungen
1500 Wertpapiere des Anlagevermögens
1600 Sonstige Finanzanlagen

Kontenklasse 2
Umlaufvermögen und aktive Rechnungsabgrenzung
2000 Rohstoffe/Fertigungsmaterial
 2001 Bezugskosten
 2002 Nachlässe
2010 Vorprodukte/Fremdbauteile
2020 Hilfsstoffe
2030 Betriebsstoffe
2040 Verpackungsmaterial
2070 Sonstiges Material
2100 Unfertige Erzeugnisse
2190 Unfertige Leistungen
2200 Fertige Erzeugnisse
2280 Waren (Handelswaren)
 2281 Bezugskosten
 2282 Nachlässe
2300 Geleistete Anzahlungen
2400 Forderungen a.L.L.
2470 Zweifelhafte Forderungen

Debitorenkonten (Auszug):
24001 Radbauer GmbH
24002 Schöller & Co. OHG
24003 Fahrradhandel Uwe Klein e.K.
24004 Zweirad GmbH
24005 Fahrrad & Motorrad GmbH
24006 Bike GmbH
24007 Zweiradhandelsgesellschaft mbH
24008 Nordrad GmbH
24009 Sachsenrad GmbH
(...)
24099 Sonstige Debitoren

2600 Vorsteuer
2630 Forderungen an Finanzbehörden
2650 Forderungen an Mitarbeiter
2700 Wertpapiere des Umlaufvermögens
2800 Bankguthaben
2880 Kasse
2900 Aktive Jahresabgrenzung

Kontenklasse 3
Eigenkapital und Rückstellungen
3000 Gezeichnetes Kapital
3240 Gewinnrücklagen
3300 Ergebnisverwendung
3310 Gewinnvortrag/Verlustvortrag
3320 Bilanzgewinn/Bilanzverlust
3400 Jahresüberschuss/Jahresfehlbetrag
3800 Steuerrückstellungen
3900 Sonstige Rückstellungen

Kontenklasse 4
Verbindlichkeiten und passive Rechnungsabgrenzung
4200 Kurzfristige Verbindlichkeiten ggü. Kreditinstituten
4250 Langfristige Verbindlichkeiten ggü. Kreditinstituten
4400 Verbindlichkeiten a.L.L.

Kreditorenkonten (Auszug):
44001 Stahlwerke Tissen AG
44002 Mannes AG
44003 AWB Aluminiumwerke AG
44004 Shokk Ltd.
44005 Hans Köller Spezialrahmen e.K.
44007 Farbenfabriken Beyer AG
44008 Color GmbH
44009 Tamino Deutschland GmbH
44010 Tamino INC
(...)
44099 Sonstige Kreditoren

4800 Umsatzsteuer
4830 Sonstige Verbindlichkeiten ggü. Finanzbehörden
4840 Verbindlichkeiten ggü. Sozialversicherungsträgern
4890 Übrige sonstige Verbindlichkeiten
4900 Passive Rechnungsabgrenzung

Kontenklasse 5
Erträge
5000 Umsatzerlöse für eigene Erzeugnisse
5001 Erlösberichtigungen
5050 Umsatzerlöse für andere eigene Leistungen
5051 Erlösberichtigungen
5100 Umsatzerlöse für Waren
5101 Erlösberichtigungen
5200 Bestandsveränderungen
5300 Aktivierte Eigenleistungen
5400 Nebenerlöse (z. B. Mieterträge)
5410 Sonstige Erlöse
5420 Entnahme von Gegenständen und Leistungen
5430 Andere sonstige betriebliche Erträge
5800 Außerordentliche Erträge

Kontenklasse 6
Betriebliche Aufwendungen
6000 Aufwendungen für Rohstoffe
 6001 Bezugskosten
 6002 Nachlässe
6010 Aufwendungen für Vorprodukte
6020 Aufwendungen für Hilfsstoffe
6030 Aufwendungen für Betriebsstoffe
6040 Aufwendungen für Verpackungsmaterial
6050 Aufwendungen für Energie
6060 Aufwendungen für Reparaturmaterial
6070 Aufwendungen für sonstiges Material
6080 Aufwendungen für Waren
6100 Fremdleistungen für Erzeugnisse und andere Umsatzleistungen
6140 Frachten und Nebenkosten
6150 Vertriebsprovisionen
(...)
6200 Löhne
6250 Sachbezüge
6300 Gehälter
6350 Sachbezüge
6400 Arbeitgeberanteil zur Sozialversicherung (Lohnbereich)
6410 Arbeitgeberanteil zur Sozialversicherung (Gehaltsbereich)
6420 Beiträge zur Berufsgenossenschaft
(...)
6520 Abschreibungen auf Sachanlagen
6540 Abschreibungen auf geringwertige Wirtschaftsgüter
6550 Außerplanmäßige Abschreibungen auf Sachanlagen
(...)
6700 Mieten/Pachten
6800 Büromaterial
(...)
6900 Versicherungsbeiträge
(...)

Kontenklasse 7
Weitere Aufwendungen
7020 Grundsteuer
7030 Kfz-Steuer
7070 Ausfuhrzölle
7400 Abschreibungen auf Finanzanlagen
(...)
7510 Zinsaufwendungen
7530 Diskontaufwendungen
7600 Außerordentliche Aufwendungen

Kontenklasse 8
Ergebnisrechnungen
8000 Eröffnungsbilanzkonto
8010 Schlussbilanzkonto
8020 GuV-Konto

Kontenklasse 9
Kosten- und Leistungsrechnung (KLR)
Die KLR der Fly Bike Werke wird tabellarisch durchgeführt. Keine Konten!

9.3 Nebenbücher (Kreditoren- und Debitorenkonten)

LS 14
Das Hauptbuch durch Nebenbücher ergänzen

Nach dem HGB ist jeder Kaufmann zur ordnungsmäßigen Buchführung verpflichtet. Der gesetzlichen Buchführungspflicht unterliegen neben Grund- und Hauptbuch auch die Nebenbücher des Unternehmens. **Nebenbücher** werden eingerichtet, um die Buchungen auf den Hauptbuchkonten (Sachkonten) näher zu erläutern. Die Art und der Umfang der Nebenbücher sind nicht vorgeschrieben.

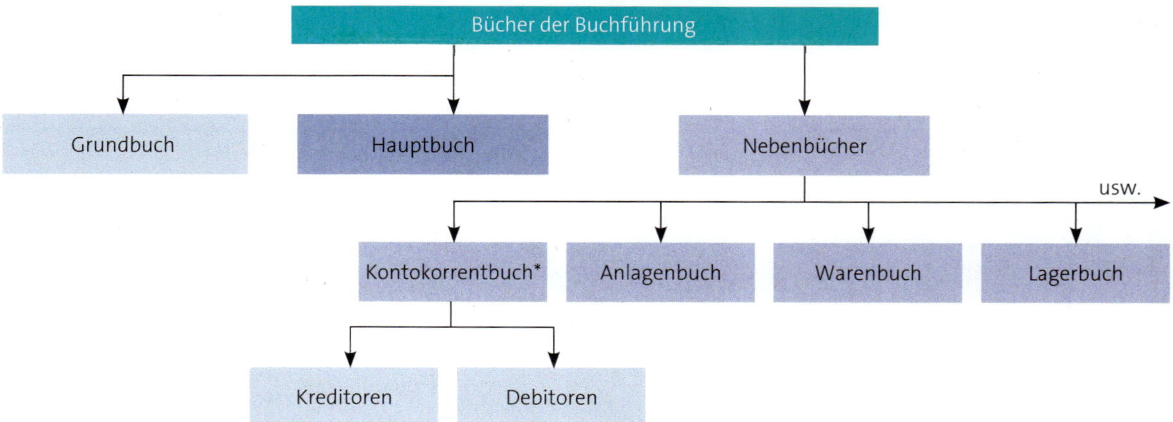

*Kontokorrentbücher werden auch Personenkonten oder Geschäftsfreundebücher genannt.

Die **Kontokorrentbuchhaltung** erfasst alle Geschäftsvorfälle, die im Zusammenhang mit Kunden oder Lieferern entstehen. Zur Erläuterung des Sachkontos „Forderungen aus Lieferungen und Leistungen" wird für jeden Kunden ein eigenes **Debitorenkonto** geführt. Entsprechend wird für das Sachkonto „Verbindlichkeiten aus Lieferungen und Leistungen" für jeden Lieferanten ein eigenes **Kreditorenkonto** eingerichtet.

Debitor
(lat.) Schuldner

Kreditor
(lat.) Gläubiger

Zusätzlich zur Buchung auf dem Sachkonto wird bei manueller Buchführung in einem weiteren Arbeitsschritt die Forderung einem bestimmten Kunden oder die Verbindlichkeit einem bestimmten Lieferanten zugeordnet. Entsprechend müssen auch Zahlungsein- und Zahlungsausgänge, Gutschriften usw. einem dieser Konten zugeordnet werden.

Sachkonto Verbindlichkeiten a.L.L.

Konto-Nr.		Bezeichnung des Sachkontos					Seite
4 4 0 0		Verbindlichkeiten aus Lieferungen und Leistungen					92
Nr.	Buchungsdatum	Buchungsbeleg Nr.	Buchungstext	Betrag in €		Gegenbuchungskonten	
				Soll	Haben	Soll	Haben
1	01.08.20XX	ER: 534	Rohstoffeinkauf bei Mannes AG auf Ziel		22.999,66	6000	
2	01.08.20XX	ER: 535	Rohstoffeinkauf bei Stahlwerke Tissen AG		4.760,00	6000	

In der Praxis, insbesondere bei EDV-Buchführung, kann die Darstellung der Konten von diesem Muster abweichen.

Dieses Sachkonto wird durch nachfolgende Kreditorenkonten mit fünfstelliger Kontennummer erläutert, wobei die ersten drei Stellen (Kontenart) dem Hauptbuchkonto entsprechen sollten.

Nebenbuch Kreditoren: Mannes AG

Konto-Nr.		Bezeichnung des Kreditorenkontos					Seite
4 4 0 0 2		Kreditor: Mannes AG, Bochum					5
Nr.	Buchungs-datum	Buchungs-beleg Nr.	Buchungstext	Betrag in €		Saldo	
				Soll	Haben	Soll	Haben
1	01.08.20XX	ER: 534	Rohstoffeinkauf		22.999,66		22.999,66

Nebenbuch Kreditoren: Stahlwerke Tissen AG

Konto-Nr.		Bezeichnung des Kreditorenkontos					Seite
4 4 0 0 1		Kreditor: Stahlwerke Tissen AG, Düsseldorf					3
Nr.	Buchungs-datum	Buchungs-beleg Nr.	Buchungstext	Betrag in €		Saldo	
				Soll	Haben	Soll	Haben
1	01.08.20XX	ER: 535	Rohstoffeinkauf		4.760,00		4.760,00

Nebenbücher enthalten bei manueller Buchführung **keine Gegenbuchungen**, da sie aus dem jeweiligen Sachkonto abgeleitet werden. Es empfiehlt sich, nach jeder Eintragung auf einem Kreditoren- oder Debitorenkonto einen Saldo zu bilden, der den aktuellen Stand der Verbindlichkeit oder der Forderung gegenüber dem Geschäftspartner zeigt. Dies erleichtert die Überwachung der Zahlungsaus- und Zahlungseingänge.

Zwischen den Sachkonten und den Nebenbüchern für Debitoren und Kreditoren muss eine regelmäßige Abstimmung (z. B. täglich oder wöchentlich) erfolgen. Diese Abstimmung wird wesentlich erleichtert, wenn regelmäßig **Offene-Posten-Listen** als Zusammenfassung der Nebenbücher erstellt werden.

Fly Bike Werke GmbH

Fly Bike Werke GmbH

Offene-Posten-Liste Debitoren

Konto	Debitoren	Belege	€ Soll	€ Haben
24001	Radbauer GmbH	AR: 616	2.380,00	
24009	Sachsenrad GmbH	AR: 615	5.950,00	
24021	Hofkauf AG	AR: 611	11.900,00	
24022	Matro AG	AR: 619	3.570,00	
Saldo Sachkonten Forderungen a.L.L.			23.800,00	

Fly Bike Werke GmbH

Offene-Posten-Liste Kreditoren

Konto	Kreditoren	Belege	€ Soll	€ Haben
44001	Stahlwerke Tissen AG	ER: 535		4.760,00
44002	Mannes AG	ER: 534		22.999,60
44012	Schwalle KG	ER: 533		3.570,00
44099	Sonstige Kreditoren	Diverse		83.300,00
Saldo Sachkonten Verbindlichk. a.L.L.				114.629,60

Bei EDV-Buchführung werden grundsätzlich das Sachkonto Forderungen oder Verbindlichkeiten und das Debitoren- bzw. Kreditorenkonto gleichzeitig gebucht. Voraussetzung ist, dass für jede Buchung die Nummer des Kreditoren- oder Debitorenkontos eingegeben wird, wobei die direkte Buchung auf den Konten Forderungen und Verbindlichkeiten entfällt.

Die Sachkonten Forderungen und Verbindlichkeiten werden im Abschluss automatisch erstellt und für die neue Abrechnungsperiode vorgetragen. Es empfiehlt sich, die Sammelkonten 44099 „Sonstige Kreditoren" und 24099 „Sonstige Debitoren" einzurichten. Diese Konten finden dann Verwendung, wenn Lieferanten (z. B. für eine Reparatur) oder Kunden einmalig oder selten Kreditgeschäfte tätigen. Die Einrichtung separater Kreditoren- und Debitorenkonten ist dann nicht notwendig.

534 Mannes AG - Gebuchte Eingangsrechnung

Allgemein | Fakturierung | Lieferung | Außenhandel

Nr.	534	Buchungsdatum	01.08.XX
Einkauf von Kred.-Nr.	44002	Belegdatum	01.08.XX
Einkauf von Name	Mannes AG	Bestellnummer	
Einkauf von Name 2		Zugeordnete Nr.	
Einkauf von Adresse	Herner Str. 406	Kred.-Rechnungsnr.	25760
Einkauf von PLZ/Ort	44807 Bochum	Bestelladresscode	
Einkauf von Kontakt	Herr Özman	Einkäufercode	AK
		Zuständigkeitseinheiten	
		Anzahl gedruckt	0

Art	Nr.	Beschreibung	Menge	Einheit	EK-Preis
WG 1	10231	Stahlrohr 45,00 x 2,00 mm	6000	m	22.999,60

Rechnung | Zeile | Drucken | Navigate | Hilfe

LS ▶ LS 15
Die Umsatzsteuer in der Buchhaltung berücksichtigen

10 Umsatzsteuer

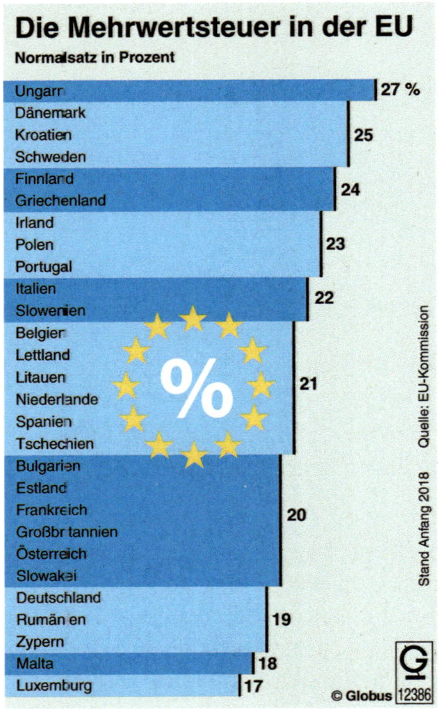

Haupteinnahmequelle des Staates sind die Steuern. Die Umsatzsteuer, die aufgrund ihrer Erhebungsart auch Mehrwertsteuer genannt wird, ist in Deutschland die wichtigste Einnahmequelle für den Staat. Seit ihrer Einführung wurde sie mehrfach erhöht, zuletzt 2007. Trotzdem hat Deutschland niedrigere Steuersätze als viele andere EU-Staaten.

Der Begriff **„Mehrwertsteuer"** existiert steuerrechtlich nicht mehr, wird aber noch vielfach verwendet. Die Bezeichnung ist auch auf Buchungsbelegen erlaubt. Die Umsatzsteuer besteuert den gesamten privaten und öffentlichen steuerpflichtigen Endverbrauch (Konsum). Die **Steuerlast** trägt also immer der Endverbraucher. **Steuerschuldner** gegenüber dem Finanzamt ist jedoch das Unternehmen, das die Steuer aufgrund seiner Umsätze berechnet und an das Finanzamt abführt.

Steuerschuldner ist der Unternehmer, Steuerträger der Endverbraucher.

Beim Verkauf von Waren wird die abzuführende Umsatzsteuer dem Käufer zuzüglich zum Verkaufspreis in Rechnung gestellt. Für das Unternehmen ist die Umsatzsteuer ein „durchlaufender Posten" und hat keinen Einfluss auf den Unternehmenserfolg.

Steuerbare Umsätze	Beispiele
1. Lieferungen	Verkauf von Erzeugnissen und Waren, Maschinen, Fahrzeugen, Büromaterial, Geschäftsausstattung
2. sonstige Leistungen	Reparaturen, Provisionen, Warentransport und Lagerung
3. innergemeinschaftlicher Erwerb	Einfuhr von Gegenständen aus Mitgliedsstaaten der Europäischen Union (EU): Vorsteuer aus ig-Erwerb, Erwerbsteuer (Umsatzsteuer aus ig-Erwerb)
4. Einfuhr von Gegenständen	Einfuhr von Gegenständen aus Drittländern (Nicht-EU-Staaten): Einfuhrumsatzsteuer

ig-Erwerb
innergemeinschaftlicher Erwerb, vgl. Exkurs: Warenverkehr innerhalb der EU, S. 120

§ 12 UStG

Der **allgemeine Steuersatz** beträgt seit dem 1. Januar 2007 19 %. Der **ermäßigte Steuersatz** beträgt 7 % und gilt für fast alle Lebensmittel (nicht jedoch für Gaststättenumsätze) sowie u. a. für Bücher, Zeitschriften, Blumen und Kunstgegenstände.

§§ 10, 11 UStG

Für Lieferungen und sonstige Leistungen ist die **Bemessungsgrundlage** das Entgelt. Entgelt ist alles, was der Leistungsempfänger (ohne Umsatzsteuer) aufwendet, um die Leistung zu erhalten. Bei der Einfuhr von Waren gilt z. B. der Zollwert (Warenwert + Zoll + Beförderungskosten) als Bemessungsgrundlage.

Wichtige **nicht steuerpflichtige Umsätze** sind
- Briefmarken der Deutschen Post AG,
- Entgelte (Zinsen) für Kreditgewährung (Ausnahme: Warenkredite),
- Umsätze aus heilberuflichen Tätigkeiten von Ärzten, Zahnärzten und Hebammen,
- Versicherungstätigkeiten,
- innergemeinschaftliche Lieferungen,
- Ausfuhr in ein Drittland,
- private Geschäfte.

10.1 Berechnung der Umsatzsteuer

Ein Unternehmen muss auf Verlangen des Kunden Rechnungen ausstellen, in denen die Umsatzsteuer gesondert ausgewiesen ist. Bei Rechnungen über Kleinbeträge bis zu 250,00 € einschließlich Umsatzsteuer genügt die Angabe des Umsatzsteuersatzes (§ 33 UstDV).

Beleg-Nr.: ER 322 Lieferer-Nr.: 60005

Hans Köller Spezialrahmenbau

Fahrradspezialrahmen aus Rostock

Hans Köller Spezialrahmenbau, Lorenzstr. 10, 18146 Rostock

Rechnungsprüfung

Sachlich richtig	Rechnerisch richtig
Datum 18.04.20XX	Datum 18.04.20XX
Nz. Ta	Nz. Ta

Fly Bike Werke GmbH
Rostocker Str. 334
26121 Oldenburg

Posteingang: 18.04.20XX

Kundennummer: 10021
Ihre Bestellung Nr.: 443
Ihr Bestelldatum: 19.02.20XX
Unsere Lieferschein-Nr.: 102
Unser Lieferdatum: 15.04.20XX

Konto	Soll	Haben
6010	9.400,00	
2600	1.786,00	
4400		11.186,00
Gebucht: 21.04.20XX 3 G191 Ta/La		

Ihr Ansprechpartner: Frau Reiz
Tel. 0381-69043

Rechnung-Nr.: 102

Rechnungs-Datum: 17.04.20XX

Artikel-Nr.	Artikelbezeichnung	Stückzahl	Einzelpreis in €	Rabatt in %	Gesamtpreis in €
1070-50	Y-Rahmen: Y-Alu/CrMo FS, Höhe 50 Farbe: mello yellow	100	47,00		4.700,00
1070-54	Y-Rahmen: Y-Alu/CrMo FS, Höhe 54 Farbe: mello yellow	100	47,00		4.700,00

Versandart: Lieferung frei Lager	Nettorechnungsbetrag	9.400,00
Oldenburg per LKW	zzgl. 19% Umsatzsteuer	1.786,00
	Bruttorechnungsbetrag	11.186,00

Die Ermittlung der Umsatzsteuer ist eine Anwendung der Prozentrechnung. Ist die Bemessungsgrundlage (Entgelt = Nettorechnungsbetrag) gegeben und der Steuersatz bekannt, errechnet sich der Umsatzsteuerbetrag wie folgt:

Prozentrechnung, vgl. Kaufmännisches Rechnen, S. 380

$$\text{Umsatzsteuer in €} = \frac{\text{Nettorechnungsbetrag} \cdot \text{Steuersatz}}{100} = \frac{9.400{,}00\,€ \cdot 19}{100} = \mathbf{1.786{,}00\,€}$$

Sind der Bruttorechnungsbetrag und der Umsatzsteuersatz bekannt, so ist die Prozentrechnung vom vermehrten Grundwert anzuwenden:

$$\text{Umsatzsteuer in €} = \frac{\text{Bruttorechnungsbetrag} \cdot \text{Steuersatz}}{(100 + \text{Steuersatz})} = \frac{11.186{,}00\,€ \cdot 19}{119} = \mathbf{1.786{,}00\,€}$$

10.2 Ermittlung der Umsatzsteuerschuld

Wirtschaftssektoren und Industriebranchen, vgl. **1.2**, S. 13 und **1.4**, S. 20

Durch das System der Umsatzsteuer wird eine Verteilung des Umsatzsteuereinzugsverfahrens auf alle beteiligten Wirtschaftsstufen erreicht. Waren, die von der Herstellung bis zum Verbrauch mehrere Unternehmen durchlaufen, werden auf jeder Stufe nur auf der Basis ihres Mehrwertes (Wertschöpfung) versteuert. Damit wird verhindert, dass ein und dieselbe Ware mehrfach besteuert wird, und es werden alle Unternehmen verpflichtet, die Steuer einzuziehen. Dieses Verfahren verhindert, dass nur eine Unternehmensgruppe wie z. B. der Einzelhandel als letzte Stufe des Produktions- und Verteilungsprozesses mit dem Besteuerungsverfahren belastet wird.

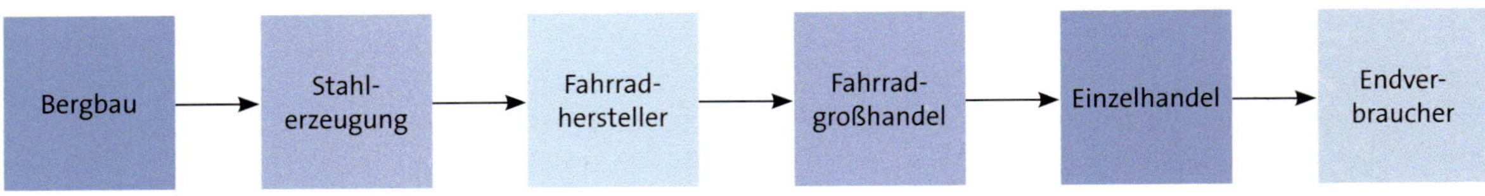

Auf jeder Produktions- oder Handelsstufe steigt der Wert der Ware. Der Fahrradhersteller befindet sich gesamtwirtschaftlich gesehen auf einer mittleren Stufe dieses Wertschöpfungsprozesses. Er kann nur dann Waren vertreiben, wenn er dazu die Waren anderer, vorgelagerter Unternehmen einsetzt.

Umsatzsteuer
– Vorsteuer
= Zahllast

Verkaufspreis
– Einkaufpreis
= Mehrwert

In den Eingangsrechnungen der vorgelagerten Unternehmen ist neben dem Warenpreis die vom Lieferanten abzuführende Umsatzsteuer enthalten. Somit sind die dem eigenen Umsatz vorgelagerten Umsätze innerhalb der eigenen Beschaffung Vorumsätze. Deshalb wird die darauf lastende Umsatzsteuer als **Vorsteuer** bezeichnet.

Einkaufspreis in €	Vorsteuer in €	Verkaufspreis in €	Umsatzsteuer in €	Mehrwert in €	Zahllast in €	
		10,00	1,90	10,00	1,90	Bergbau und Stahlerzeugung
10,00	1,90	150,00	28,50	+ 140,00	+ 26,60	Fahrradhersteller
150,00	28,50	220,00	41,80	+ 70,00	+ 13,30	Fahrradgroßhandel
220,00	41,80	300,00	57,00	+ 80,00	+ 15,20	Einzelhandel
				= 300,00	= 57,00	Endverbraucher

Der Endverbraucher zahlt 357,00 € für das Fahrrad (Mehrwert + Umsatzsteuer aller Produktions- und Handelsstufen), da er die Umsatzsteuer nicht als Vorsteuer geltend machen kann. Für die Unternehmen ist die Erhebung der Umsatzsteuer ein „**durchlaufender** Posten" ohne Auswirkungen auf den Erfolg des Unternehmens.

Ein Unternehmen hat bis zum 10. Tag nach Ablauf eines jeden Kalendermonats seine Umsatzsteuerschuld in Form einer Vorauszahlung an das Finanzamt abzuführen. Grundlage für die Berechnung der monatlichen **Vorauszahlung** ist die gesamte Umsatzsteuerschuld des Vorjahres. Beträgt die Vorjahresumsatzsteuer nicht mehr als insgesamt 7.500,00 €, gilt als Vorauszahlungszeitraum nicht der Kalendermonat, sondern das Kalendervierteljahr.

Von der Umsatzsteuer, die der Unternehmer seinen Kunden in Rechnung stellt, kann er die Vorsteuerbeträge abziehen, die er an seine Lieferanten zu zahlen hat. Nur die Differenz zwischen Umsatzsteuer und Vorsteuer muss abgeführt werden (**Zahllast**).

Vorsteuerabzug
§ 15 UStG

Beispiel

Einkauf		Verkauf	
Nettoeinkaufspreis	1.500,00 €	Nettoverkaufspreis	2.200,00 €
+ 19 % Umsatzsteuer	285,00 €	+ 19 % Umsatzsteuer	418,00 €
= Bruttoeinkaufspreis	1.785,00 €	= Bruttoverkaufspreis	2.618,00 €

Umsatzsteuer beim Einkauf	Umsatzsteuer beim Verkauf	
= Forderung an das Finanzamt (Vorsteuer)	= Verbindlichkeit gegenüber dem Finanzamt	
Umsatzsteuer beim Verkauf (Ausgangsrechnungen)	Umsatzsteuer	418,00 €
− Umsatzsteuer beim Einkauf (Eingangsrechnungen)	− Vorsteuer	285,00 €
= Umsatzsteuerschuld gegenüber dem Finanzamt	= Zahllast	133,00 €

Bei der Gegenüberstellung von Umsatzsteuer und Vorsteuer ist darauf zu achten, dass grundsätzlich die Ausführung der Lieferung oder Leistung für die Fälligkeit der Umsatzsteuer entscheidend ist. Wenn in einem Abrechnungsmonat die Vorsteuer größer ist als die Umsatzsteuer, entsteht ein Vorsteuerüberhang. Der **Vorsteuerüberhang** ist eine Forderung des Unternehmens an das Finanzamt, der im Folgemonat erstattet oder ggf. mit Steuerschulden verrechnet wird.

Zahllast:
Umsatzsteuer > Vorsteuer

Vorsteuerüberhang:
Umsatzsteuer < Vorsteuer

Beispiel Die Fly Bike Werke GmbH übermittelt – wie vorgeschrieben – ihre monatliche Umsatzsteuer-Voranmeldung auf elektronischem Weg an das Finanzamt. Jedes Finanzbuchhaltungsprogramm ermöglicht diese Art der Übermittlung.

Exkurs: Warenverkehr innerhalb der EU

Innerhalb der EU gibt es durch den Wegfall der Zollgrenzen keine unmittelbare Überprüfung des grenzüberschreitenden Warenverkehrs. Man benötigt daher ein **Kontrollsystem**, das gewährleistet, dass keine Umsatzsteuer hinterzogen wird. Es soll z. B. verhindert werden, dass Privatpersonen in anderen EU-Staaten umsatzsteuerfrei Waren kaufen und diese im Inland nicht versteuern. Hierzu wurde das System der **Umsatzsteuer-Identifikationsnummern** eingeführt. Wer aus einem anderen EU-Land umsatzsteuerfrei Waren beziehen möchte, benötigt dafür eine Umsatzsteuer-Identifikationsnummer (USt.-Id.-Nr.), die auf Antrag vom Bundeszentralamt für Steuern vergeben wird. Diese Nummer gilt als Nachweis der Unternehmereigenschaft, Privatpersonen erhalten keine solche Nummer.

USt.-Id.-Nr.

Im Zusammenhang mit dem Warenverkehr innerhalb der EU gibt es im Umsatzsteuergesetz zwei zentrale Begriffe:
- innergemeinschaftlicher Erwerb (ig-Erwerb)
- innergemeinschaftliche Lieferung (ig-Lieferung)

ig-Erwerb unterliegt der Umsatzsteuerpflicht.

Ein **innergemeinschaftlicher Erwerb** liegt vereinfacht dann vor, wenn Waren von einem Mitgliedsstaat in einen anderen Mitgliedsstaat gegen Entgelt geliefert werden, der Erwerber ein Unternehmer ist, der die Waren für sein Unternehmen erwirbt und der Lieferer ein Unternehmer ist, der die Lieferung im Rahmen seines Unternehmens gegen Entgelt ausführt. Bei einem innergemeinschaftlichen Erwerb ist der **Erwerber** (Importeur) **umsatzsteuerpflichtig**. Der ig-Erwerb beeinflusst die Zahllast eines Unternehmens allerdings nicht.

ig-Lieferung ist umsatzsteuerfrei.

Das Gegenstück zum innergemeinschaftlichen Erwerb ist die **innergemeinschaftliche Lieferung**. Bei der innergemeinschaftlichen Lieferung werden die Waren **nicht** mit Umsatzsteuer belastet. Eine Rechnung, die im Rahmen einer innergemeinschaftlichen Lieferung ausgestellt wird, muss die Umsatzsteuer-Identifikationsnummern des Lieferers und des Erwerbers enthalten. Ferner muss auf der Rechnung darauf hingewiesen werden, dass die Lieferung umsatzsteuerfrei erfolgt.

10.3 Buchung der Umsatzsteuer beim Ein- und Verkauf von Waren

Die Umsatzsteuer muss in der Buchführung auf mindestens zwei verschiedenen Konten erfasst werden. Die Salden der Konten Vor- und Umsatzsteuer sind am Monatsende zu verrechnen. Die Zahllast oder der Vorsteuerüberhang werden über Zahlungsvorgänge mit dem Finanzamt ausgeglichen.

Vorsteuer beim Einkauf: Sollbuchung auf Konto Vorsteuer (aktives Bestandskonto)

Umsatzsteuer beim Verkauf: Habenbuchung auf Konto Umsatzsteuer (passives Bestandskonto)

Verrechnung: Der Saldo des wertmäßig kleineren Steuerkontos (2600 oder 4800) wird auf das wertmäßig größere Steuerkonto umgebucht.

Beim Einkauf: Konto Vorsteuer (aktives Bestandskonto)

Beim Verkauf: Konto Umsatzsteuer (passives Bestandskonto)

S	2600 Vorsteuer H		S	4800 Umsatzsteuer H
Forderung an das Finanzamt		←— Verrechnung —→		Verbindlichkeit an das Finanzamt

Am **Geschäftsjahresende** ist eine Zahllast des Monats Dezember zu passivieren (Umsatzsteuerverbindlichkeit im Haben auf dem SBK), ein Vorsteuerüberhang entsprechend zu aktivieren (Vorsteuerforderung im Soll auf dem SBK). Die Aktivierung bzw. Passivierung auf dem SBK im Dezember ist notwendig, da eine Zahlung erst im nächsten Geschäftsjahr erfolgt.

1. Umsatzsteuer > Vorsteuer

Verrechnung	4800	Umsatzsteuer	an	2600	Vorsteuer
Zahlungsausgang oder	4800	Umsatzsteuer	an	2800	Bankguthaben
Passivierung (31.12.20XX)	4800	Umsatzsteuer	an	8010	SBK

2. Umsatzsteuer < Vorsteuer

Verrechnung	4800	Umsatzsteuer	an	2600	Vorsteuer
Zahlungseingang oder	2800	Bankguthaben	an	2600	Vorsteuer
Aktivierung (31.12.20XX)	8010	SBK	an	2600	Vorsteuer

Beispiel Die Fly Bike Werke GmbH kauft und verkauft zehn Fahrradanhänger Modell Kids gegen sofortige Banküberweisung. Der Einstandspreis beträgt 110,00 € pro Stück, der Verkaufspreis 145,20 € pro Stück. Die Preise verstehen sich jeweils zuzüglich 19 % Umsatzsteuer.

Einkauf	
Warenwert	1.100,00 €
+ 19 % USt	209,00 €
= Rechnungsbetrag	1.309,00 €

Verkauf	
Warenwert	1.452,00 €
+ 19 % USt	275,88 €
= Rechnungsbetrag	1.727,88 €

Rechnerische Ermittlung des Mehrwertes und der Zahllast

Warenwert beim Verkauf	1.452,00 €		
− Warenwert beim Einkauf	1.100,00 €		
= Mehrwert	352,00 € →	davon Umsatzsteuer 19 % →	Zahllast 66,88 €

Grundbuch:

1) Wareneinkauf gegen Banküberweisung 1.309,00 € brutto
2) Warenverkauf gegen Banküberweisung 1.727,88 € brutto
3) Umbuchung (Verrechnung) des Kontos Vorsteuer auf das Konto Umsatzsteuer
4) Ausgleich des Kontos Umsatzsteuer durch Überweisung an das Finanzamt

Nr.	Soll	€	Haben	€
1)	6080 Aufwendungen f. Waren 2600 Vorsteuer	1.100,00 209,00	2800 Bankguthaben	1.309,00
2)	2800 Bankguthaben	1.727,88	5100 Umsatzerlöse f. Waren 4800 Umsatzsteuer	1.452,00 275,88
3)	4800 Umsatzsteuer	209,00	2600 Vorsteuer	209,00
4)	4800 Umsatzsteuer	66,88	2800 Bankguthaben	66,88

Hauptbuch:

Lieferer erhält: 1.309,00 €

S	2800 Bankguthaben		H
8000	5.000,00	1) 6080, 2600	1.309,00
2) 5100, 4800	1.727,88	4) 4800	66,88

Kunde zahlt: 1.727,88 €

davon sind: 1.100,00 € Warenwert

S	6080 Aufw. f. Waren		H
1) 2800	1.100,00	8020	1.100,00

S	5100 Umsatzerlöse f. Waren		H
8020	1.452,00	2) 2800	1.452,00

davon sind: 1.452,00 € Warenwert

S	8020 GuV-Konto		H
2280	1.100,00	5100	1.452,00

davon sind: 209,00 € Umsatzsteuer

S	2600 Vorsteuer		H
1) 2800	209,00	3) 4800	209,00

S	4800 Umsatzsteuer		H
3) 2600	209,00	2) 2800	275,88
4) 2800	66,88		
	275,88		275,88

davon sind: 275,88 € Umsatzsteuer

10.4 Umsatzsteuer bei Anlagen, weiteren Aufwendungen und Erträgen

LS ▸ LS 16
Einen Beleggeschäftsgang buchen

Die Umsatzsteuerpflicht beschränkt sich nicht nur auf den Handel mit Waren. Auch die Erweiterung des Anlagevermögens oder der Verkauf gebrauchter Anlagen führen häufig zu umsatzsteuerpflichtigen Geschäftsvorfällen. Einkäufe von Gegenständen und Dienstleistungen, die in der Buchführung als Aufwand erfasst werden, können ebenfalls der Umsatzsteuer unterliegen. Erbringt ein Unternehmen Dienstleistungen, ist auch zu prüfen, ob diese umsatzsteuerpflichtig sind.

Geschäftsvorfall	umsatzsteuerpflichtig	nicht umsatzsteuerpflichtig
Anlagevermögen: Vorsteuer (Kauf) oder Umsatzsteuer (Verkauf)	Kauf und Verkauf neuer und gebrauchter Fahrzeuge, Maschinen, Geschäftsausstattungen, Werkzeuge	Kauf und Verkauf von Grundstücken, Gebäuden, Wertpapieren
Aufwendungen: Vorsteuer	Energie, Werbung, Instandhaltung, Provisionen, Ausgangsfrachten, Leasing, Büromaterial, Telefonrechnungen	Mieten, Pachten, Löhne und Gehälter an das eigene Personal, Briefmarken der Deutschen Post AG, Zinsaufwendungen
Erträge: Umsatzsteuer	Provisionserträge, Kunden in Rechnung gestellte Transport- und Verpackungskosten	Mieterträge, Zinserträge

1. Kauf einer Maschine gegen Banküberweisung

	Nettorechnungsbetrag	30.000,00 €
+	19 % Umsatzsteuer	5.700,00 € ← Vorsteuer beim Einkauf von Anlagen (keine private oder unternehmensfremde Verwendung)
=	**Bruttorechnungsbetrag**	**35.700,00 €**

2. Eingangsrechnung für Reparaturarbeiten an einem Lkw

	Nettorechnungsbetrag	650,00 €
+	19 % Umsatzsteuer	123,50 € ← Vorsteuer beim Einkauf von Dienstleistungen
=	**Bruttorechnungsbetrag**	**773,50 €**

3. Ausgangsrechnung für die Vermittlung von Verkäufen

	Nettorechnungsbetrag	2.500,00 €
+	19 % Umsatzsteuer	475,00 € ← Umsatzsteuer beim Verkauf von Dienstleistungen
=	**Bruttorechnungsbetrag**	**2.975,00 €**

Grundbuch:

Nr.	Soll	€	Haben	€
1)	0720 Maschinen 2600 Vorsteuer	30.000,00 5.700,00	2800 Bankguthaben	35.700,00
2)	6160 Fremdinstandhaltung 2600 Vorsteuer	650,00 123,50	4400 Verbindlichkeiten a.L.L.	773,50
3)	2400 Forderungen a.L.L.	2.975,00	5410 sonstige Erlöse (Provision) 4800 Umsatzsteuer	2.500,00 475,00

Alles klar?

Kapitel 1

1 Entscheiden Sie, ob es sich in den folgenden Fällen um private Unternehmen oder öffentliche Unternehmen handelt.
- **a** Ihr Berufskolleg
- **b** Uniklinik Essen
- **c** Fly Bike Werke GmbH
- **d** BMW AG
- **e** die Wasserwerke

2 Entscheiden Sie, ob die folgenden Unternehmen von der Aufwandsstruktur her kapital-, arbeits-, material- oder energieintensiv sind.
- **a** Fischerei Nord AG
- **b** Goldschmied Wolfgang Müller e.K.
- **c** Tepco Atomstrom
- **d** Entwicklung von Lernsoftware
- **e** Glasbläserei
- **f** Schneiderei für maßgefertigte Anzüge

3 Lesen Sie die folgenden Definitionen 1 bis 7.
- **a** Welche Art von Vorräten wird definiert (Beispiel: Rohstoffe)?
- **b** Geben Sie zu jeder Definition ein Beispiel für einen Möbelhersteller.
- **c** Geben Sie zu jeder Definition ein Beispiel für einen Fahrradhersteller.
  1. fertige Erzeugnisse von Vor-Lieferanten, die z. B. in das eigene Produkt eingebaut werden
  2. Hauptbestandteile eines Produktes
  3. selbst hergestellte Produkte, die verkaufsfähig sind
  4. kein Bestandteil des Produktes, aber notwendig, um das Produkt zu produzieren
  5. Nebenbestandteile eines Produktes
  6. fertige Erzeugnisse von Vor-Lieferanten, die unverändert weiterverkauft werden (keine Einbauteile!)
  7. selbst erstellte Produkte, die noch nicht verkaufsfähig sind

Kapitel 2

4 Welche Vorteile kann die berufliche Selbstständigkeit mit sich bringen?
- **a** Mehr Freizeit und finanzielle Unabhängigkeit.
- **b** Bessere Altersvorsorge und weniger Stress bei der Arbeit.
- **c** Wichtige Entscheidungen selbst treffen und bei Erfolg ein gutes Einkommen.
- **d** Keine Gefahr der Arbeitslosigkeit und mehr Einkommen.
- **e** Kaum Risiko und Schutz durch die gesetzliche Sozialversicherung.

5 Folgende persönliche Voraussetzungen sind für Unternehmensgründer wichtig:
- **a** Robuste Gesundheit, um mit der starken Arbeitsbelastung klarzukommen.
- **b** Persönliche Interessen, Kenntnisse und Erfahrungen sollten mit dem Unternehmen nichts zu tun haben.
- **c** Freunde mit kaufmännischen Kenntnissen, damit man sich selbst nicht damit befassen muss.
- **d** Menschenkenntnis bei der Einstellung einer Sekretärin, die die Kommunikation übernimmt.
- **e** Lockere Herangehensweise an das eigene Unternehmen, denn die meisten Gründer scheitern ja sowieso.

6 Zu den wirtschaftlichen Voraussetzungen für eine Unternehmensgründung gehören ...
- **a** genaue Vorstellungen davon, was man mit dem in Zukunft verdienten Geld kaufen wird.
- **b** ein Standort, der nah am eigenen Wohnort liegt, um auf dem Weg zum Unternehmen Zeit zu sparen.
- **c** genug Freunde und Bekannte, die bereit sind, im Unternehmen mitzuarbeiten.
- **d** der Überblick über den Kapitalbedarf bei der Gründung des Unternehmens.
- **e** eine reiche Familie, die anstelle von Banken immer wieder Geld vorstreckt.

7 Welches der folgenden Beispiele steht für ein „Handelsgewerbe“?
- **a** Ein Unternehmen, das ab und zu verschiedene Dienstleistungen anbietet.
- **b** Verkauf und Verlosung von Waren für einen guten Zweck.
- **c** Import und Handel mit Nashornpulver und Haifischflossen.
- **d** Einkauf von Waren im Auftrag des Vorgesetzten im Unternehmen.
- **e** Online-Powerseller, der immer wieder erfolgreich Auto-Fußmatten im Internet verkauft.

8 Folgende Firmenart gibt es nicht:
- **a** Fantasiefirma
- **b** Traumfirma
- **c** Gemischte Firma
- **d** Personenfirma
- **e** Sachfirma

9 Zu den rechtlichen Grundsätzen der Firma gehören ...
- **a** Firmenwahrheit, Firmenart, Firmenbeständigkeit, Firmenklarheit und Firmenöffentlichkeit
- **b** Firmenwahrheit, Firmenausschließlichkeit, Firmenunternehmen, Firmenklarheit und Firmenöffentlichkeit
- **c** Firmennamen, Firmenausschließlichkeit, Firmenbeständigkeit, Firmenklarheit und Firmenöffentlichkeit
- **d** Firmenwahrheit, Firmenausschließlichkeit, Firmenbeständigkeit, Firmenfantasie und Firmenöffentlichkeit
- **e** Firmenwahrheit, Firmenausschließlichkeit, Firmenbeständigkeit, Firmenklarheit und Firmenöffentlichkeit

10 Das Handelsregister hat folgenden Zweck:
- **a** Das Amtsgericht registriert alle öffentlichen Kaufleute im Handelsbereich.
- **b** Als öffentliches Verzeichnis aller Kaufleute eines Amtsbezirks soll die Öffentlichkeit informiert und geschützt werden.
- **c** Das Register ermöglicht den Handel im Amtsbezirk.
- **d** Die Öffentlichkeit wird über alle Handelstätigkeiten im Amtsbezirk informiert.
- **e** Der Amtsbezirk wird durch das Amtsgericht über öffentliche Verzeichnisse informiert.

Kapitel 3

11 Die Vorteile von Einzelunternehmen sind z. B. ...

a geringer Kapitalaufwand, geringe Arbeitsbelastung, einfache und kostengünstige Gründung und beschränkte Haftung.
b geringer Kapitalaufwand, einfache und kostengünstige Gründung und alleinige Entscheidungsbefugnis.
c geringer Kapitalaufwand, geringe Arbeitsbelastung, einfache und kostengünstige Gründung und beschränkte Haftung.
d geringer Kapitalaufwand, einfache und kostengünstige Gründung und beschränkte Haftung.
e geringer Kapitalaufwand, einfache und kostengünstige Gründung und unbeschränkte Haftung.

12 Welche Eigenschaft ist für die OHG typisch?

a Die Haftung ist beschränkt auf die Kapitaleinlage.
b Alle Gesellschafter haften solidarisch.
c Alle Gesellschafter legen ihre Steuererklärung offen.
d Die Geschäftsführung bleibt jederzeit offen für alle Mitarbeiter.
e Die Anmeldung im Handelsregister ist öffentlich.

13 In der KG gelten folgende Sachverhalte:

a Der Komplementär haftet beschränkt und führt die Geschäfte.
b Die Höhe der Haftung der Kommanditisten darf nicht im Handelsregister veröffentlicht werden.
c Die Kommanditisten vertreten das Unternehmen.
d Die Kommanditisten haften beschränkt und führen nicht die Geschäfte.
e Der Gewinn wird gleichmäßig auf Komplementär und Kommanditisten verteilt.

14 Bei der GmbH ...

a ist eine Stammeinlage von mindestens 2.500,00 € vorausgesetzt.
b kann nicht ein Gründer allein die Gesellschaft gründen.
c entscheidet die Gesellschafterversammlung über die Geschäftsführung.
d ist die Besteuerung gesetzlich beschränkt.
e ist der Geschäftsführer immer im Aufsichtsrat vertreten.

15 Welche der folgenden Aussagen zur AG ist nicht richtig?

a Die Hauptversammlung wird regelmäßig einmal im Jahr vom Aufsichtsrat einberufen.
b Der Aufsichtsrat besteht aus mindestens drei Mitgliedern.
c Die Haftung ist auf das Gesellschaftsvermögen beschränkt.
d Die AG wird ins Handelsregister eingetragen.
e Die Gesellschafter werden am Gewinn durch eine Dividende beteiligt.

Kapitel 4

16 Unterscheiden Sie die Aufbauorganisation von der Ablauforganisation.

17 Was verstehen Sie unter einer Stelle und was unter einer Abteilung?

18 Was ist ein Organigramm und wozu dient es?

19 Erklären Sie das Stabliniensystem und beschreiben Sie, welche Aufgaben den Stabsstellen zukommen.

20 Nennen Sie drei Vorteile und drei Nachteile des Mehrliniensystems.

21 Unterscheiden Sie Material-, Geld- und Informationsflüsse und nennen Sie jeweils zwei Beispiele. Kapitel 5

22 Beschreiben Sie grundsätzliche Ziele und Arten der Logistik.

23 Unterscheiden Sie Kern- und Unterstützungsprozesse

24 Beschreiben Sie den Prozess der Wertschöpfung für ein selbst gewähltes Produkt.

25 Nennen Sie mögliche Interessenten an den Daten des Rechnungswesens eines Unternehmens. Kapitel 6

26 Wer muss in Deutschland Bücher führen?

27 Welche der nachfolgend beschriebenen Personen sind zwangsweise Kaufmann im Sinne des Handelsgesetzbuches? Begründen Sie kurz Ihre Antwort.

- **a** Ein Existenzgründer eröffnet eine Herrenboutique für Bekleidungsstücke aus Leder (Schuhe, Jacken, Hosen usw.) mit zwei Aushilfskräften auf „400,00-€-Basis". Im ersten Geschäftsjahr wird bei einem Umsatz von 220.000,00 € ein Verlust in Höhe von 25.000,00 € erwirtschaftet.
- **b** Zwei Freunde gründen eine „Offene Handelsgesellschaft" (im Handelsregister eingetragen) mit dem Ziel, Meeresfrüchte per Kühl-Lkw aus dem Mittelmeerraum nach Deutschland zu importieren und im Rheinland an Restaurants zu vermarkten. Noch ist allerdings nichts gekauft oder verkauft worden.
- **c** Ein Handwerker hat als Elektriker seine Meisterprüfung bestanden und sich selbstständig gemacht. Mit vier Gesellen und einer Bürokraft (Teilzeit, 20 Stunden pro Woche) erwirtschaftet er im ersten Geschäftsjahr bei einem Umsatz von über 600.000,00 € einen Gewinn in Höhe von 65.000,00 €.
- **d** Ein Steuerberater erzielt mit seinem Team (acht Mitarbeiter) regelmäßig Umsätze von über 600.000,00 €. Über die Höhe des steuerpflichtigen Gewinns streitet er zurzeit noch mit dem Finanzamt.
- **e** Ein Vollerwerbs-Landwirt gilt als der reichste Mann im Dorf mit Anbauflächen „ohne Ende" für Getreide, Spargel und anderes Öko-Gemüse. Zahlen jeglicher Art (z. B. Umsatz und Gewinn) sind nicht bekannt.
- **f** Ein Existenzgründer hat sich nebenberuflich mit einem „ebay-Shop" eine vermeintliche zweite Einnahmequelle eröffnet und sich im Rahmen seiner privaten „Gründungsoffensive" auch sofort in das Handelsregister eintragen lassen. Umsätze werden allerdings kaum erzielt. Gewinn? Daran ist gar nicht zu denken.

28 Ein Existenzgründer (kein „Freiberufler") ist sehr erfreut. Ohne einen in kaufmännischer Weise eingerichteten Geschäftsbetrieb (weder nach Art noch Umfang) und ohne Handelsregistereintragung wird er laut Aussage seines Steuerberaters im Geschäftsjahr 20XX wahrscheinlich einen Umsatz von 620.000,00 € erreichen. Sein Gewinn wird bei ca. 66.000,00 € liegen. Was werden diese Ergebnisse seiner selbstständigen Tätigkeit hinsichtlich der Buchführungspflicht für ihn bedeuten?

29 Welche Anforderungen stellen das Handelsgesetzbuch und die Abgabenordnung an die Buchführung eines Unternehmens?

30 Wie lange müssen folgende Unterlagen aufbewahrt werden?

- **a** Eingangsrechnungen
- **b** Angebote von Lieferanten
- **c** Kontoauszüge
- **d** Inventare
- **e** Kopie einer Bestellung
- **f** Bilanzen
- **g** Arbeitsanweisungen an das Buchhaltungspersonal

31 Welche der nachfolgenden Handlungen eines buchführungspflichtigen Kaufmanns sind nicht mit den GoB vereinbar?

- **a** Belegmäßig dokumentierte Geschäftsvorfälle werden innerhalb von drei Tagen gebucht.
- **b** Kassenbestände werden jeweils am Wochenende abgerechnet und geprüft.
- **c** Belege auf Papier werden nach der Belegbearbeitung eingescannt und danach vernichtet.
- **d** Umsatzerlöse ohne Beleg werden in der Buchführung nicht erfasst.
- **e** Aushilfslöhne werden an den Sohn des Inhabers ohne Gegenleistung ausgezahlt und gebucht.
- **f** Kontoauszüge werden zwölf Monate aufbewahrt.

32 Ermitteln Sie für eine Eingangsrechnung vom 14.08.2016 das früheste Vernichtungsdatum.

Kapitel 7

33 Mit welchen Tätigkeiten können bei einer körperlichen Inventur Mengen erfasst werden? Nennen Sie für jede Tätigkeit ein Vermögensbeispiel, das mit dieser Tätigkeit sinnvoll mengenmäßig erfasst werden kann.

34 Nennen Sie Inventurposten, die sinnvollerweise in einer Buchinventur erfasst werden sollten.

35 In einer Inventur wird der Lagerbestand eines Rohstoffes mit 500 kg angegeben. Der bezahlte Einstandspreis beträgt 5,50 € je kg. Gemäß Lagerbuchführung sind allerdings 520 kg vorhanden. Die Wiederbeschaffungskosten für diesen Rohstoff betragen 5,00 € je kg. Wie hoch ist der Inventurwert?

36 Ein Unternehmen will die verlegte Inventur bei einem Geschäftsjahresende am 30.09. jedes Geschäftsjahres anwenden. Welcher Zeitraum steht in diesem Fall für diese Inventur zur Verfügung?

37 Geben Sie das Inventargliederungsschema an.

38 Nach welchen Kriterien richtet sich die Reihenfolge von Vermögenswerten und Schulden in einem Inventar?

39 Unterscheiden Sie die Begriffe Inventur, Inventar und Bilanz.

40 Erstellen Sie für das Industrieunternehmen Walter Schmitt GmbH, Ulm, aus folgenden Inventarwerten für zwei aufeinander folgende Geschäftsjahre jeweils die Bilanz. Die Bilanzen werden jeweils zum 31. März des darauffolgenden Geschäftsjahres aufgestellt und vom Geschäftsführer der GmbH, Herrn Rolf Kleist, unterschrieben.

Inventar	20X1 €	20X2 €
Grundstücke und Bauten	750.000,00	775.000,00
technische Anlagen und Maschinen	248.000,00	320.500,00
Betriebs- und Geschäftsausstattung	180.000,00	183.000,00
Roh-, Hilfs- und Betriebsstoffe	110.000,00	198.900,00
fertige Erzeugnisse	125.000,00	97.000,00
Forderungen aus Lieferungen und Leistungen	45.700,00	92.000,00
Kasse	2.500,00	6.980,00
Bankguthaben	12.300,00	24.340,00
Postbankguthaben	64.000,00	1.190,00
Eigenkapital	?	?
langfristige Bankverbindlichkeiten	500.000,00	505.000,00
Verbindlichkeiten aus Lieferungen und Leistungen	43.000,00	96.000,00

41 Welche Art von Werteveränderung aus Sicht einer Bilanz liegt nachfolgend jeweils vor? Kapitel 8

a Barkauf eines Mobiltelefons
b Ein Kunde überweist auf unser Bankkonto.
c Banküberweisung an einen Lieferer
d Zielverkauf einer gebrauchten Maschine
e Kauf von Rohstoffen auf Ziel
f Tilgung eines Darlehens durch Banküberweisung
g Umwandlung einer Verbindlichkeit in ein Darlehen

42 Ein Fahrradhersteller führt folgende Bestandskonten:

- Bankguthaben
- Betriebsausstattung
- Betriebsstoffe
- Darlehen
- Eigenkapital
- Forderungen a. L. L.
- Fuhrpark
- Gebäude
- Geschäftsausstattung
- Grundstücke
- Hilfsstoffe
- Hypotheken
- Kasse
- Rohstoffe
- technische Anlagen und Maschinen
- Verbindlichkeiten a. L. L.
- Vorprodukte/Fremdbauteile

Bilden Sie für den Fahrradhersteller die Buchungssätze zu den folgenden Geschäftsvorfällen.

Lfd. Nr.	Belegarten	Beschreibung der Geschäftsvorfälle	€
1)	Eingangsrechnung Nr. 412	Kauf von Kettenschaltungen auf Ziel	12.000,00
2)	Kontoauszug Nr. 48 der Bank	Lastschrift für Barauszahlung	1.100,00
3)	Ausgangsrechnung Nr. 122	Verkauf eines gebrauchten PC auf Ziel	500,00
4)	Eingangsrechnung Nr. 413	Einkauf von Unterlegscheiben auf Ziel	2.000,00
5)	Eingangsrechnung Nr. 414	Kauf einer Lackieranlage auf Ziel	120.000,00
6)	Quittung Nr. 12	Barkauf von Schmieröl für die Rohrtrennanlage	40,00
7)	Kontoauszug Nr. 49 der Bank, Darlehensvertrag	Auszahlung eines Darlehens mit Gutschrift auf dem Bankkonto	50.000,00
8)	Kontoauszug Nr. 50 der Bank	Lastschrift für Hypothekentilgung	15.000,00
9)	Schreiben eines Lieferers vom 20. April 20XX (Auszug)	Umwandlung bestehender Verbindlichkeiten in Darlehen mit einer Laufzeit von zwei Jahren	68.000,00
10)	Eingangsrechnung Nr. 415	Zielkauf eines Klein-Lkw für Erzeugnisauslieferungen	40.000,00
11)	Kontoauszug Nr. 49 der Bank	Gutschrift für die Überweisung eines Kunden	22.000,00
12)	Quittung Nr. 13	Bargeldauszahlung an einen Lieferer	500,00
13)	Kontoauszug Nr. 50 der Bank	Lastschrift für den Kauf des Klein-Lkw (siehe ER Nr. 415)	40.000,00
14)	Eingangsrechnung Nr. 416	Zielkauf von Büromöbeln für die Verkaufsabteilung	6.690,00
15)	Eingangsrechnung Nr. 417	Zielkauf von Pressluftschraubern für die Montagebänder	3.400,00
16)	Grundbuchauszug, Kontoauszug Nr. 51 der Bank	Verkauf eines ungenutzten Grundstückes gegen Banküberweisung	68.000,00
17)	Kontoauszug Nr. 52 der Bank	Gutschrift für Bareinzahlung eines Kunden	6.000,00
18)	Eingangsrechnung Nr. 418	Kauf von Aluminiumrohren auf Ziel	42.000,00
19)	Ausgangsrechnung Nr. 123	Verkauf eines gebrauchten Fahrzeuges auf Ziel	2.320,00
20)	Kontoauszug Nr. 53 der Bank	Lastschriften für Banküberweisungen an Lieferer	10.090,00
21)	Kontoauszug Nr. 54 der Bank	Gutschriften für: – Überweisungen von Kunden – Bareinzahlung aus der Geschäftskasse	 42.000,00 1.200,00

43 Stellen Sie fest, ob durch die folgenden Geschäftsvorfälle das Eigenkapital steigt, sinkt oder unverändert bleibt:

a Reparatur am Geschäfts-Pkw
b Verkauf fertiger Erzeugnisse
c Zinsgutschrift der Bank
d Leasinggebühr für einen Lkw
e Kauf einer Maschine
f Verkauf von Handelswaren
g Zinszahlung an die Bank
h Einkauf von Büromaterial
i Kauf von Briefmarken
j Lohn- und Gehaltszahlungen
k Verbrauch von Rohstoffen
l Darlehenstilgung
m Kfz-Steuerzahlung
n Überweisung eines Kunden

Kapitel 9

44 Nennen Sie für die folgenden Konten jeweils die Bezeichnung 1) der Kontenklasse, 2) der Kontengruppe, 3) der Kontenart:
a 4400 **b** 6000 **c** 7030 **d** 3000 **e** 8020 **f** 0860 **g** 2850 **h** 5000 **i** 1300 **j** 6820

45 Ein junges Einzelunternehmen benötigt für die Buchungen zu Beginn der Geschäftstätigkeit im ersten Geschäftsjahr folgende Konten: Aufwendungen für Roh-, Hilfs- und Betriebsstoffe, Betriebsstoffe, Büromaschinen, Büromaterial, Büromöbel, Eigenkapital, Eröffnungsbilanzkonto, fertige Erzeugnisse, Forderungen aus Lieferungen und Leistungen, Fuhrpark, Gehälter, Gewerbeertragssteuer, Gewinn- und Verlustkonto, Guthaben bei

Kreditinstituten (Bankguthaben), Hilfsstoffe, Kasse, Kfz-Steuer, kurzfristige Verbindlichkeiten gegenüber Kreditinstituten, Löhne, Mieten, Pachten, Privat, Provisionserträge, Rohstoffe, Schlussbilanzkonto, technische Anlagen und Maschinen, Umsatzerlöse für eigene Erzeugnisse, unfertige Erzeugnisse, Verbindlichkeiten aus Lieferungen und Leistungen, Zinsaufwendungen, Zinserträge

Ordnen Sie die Konten nach den Kontenklassen und Kontennummern des Industriekontenrahmens und erstellen Sie für dieses Unternehmen einen Kontenplan mit acht Kontenklassen.

46 Geben Sie für nachfolgende Konten die Seite des Abschlusskontos an.

1 = Sollseite 8010 SBK
2 = 8010 Habenseite SBK
3 = Sollseite 8020 GuV-Konto
4 = 8020 Habenseite GuV-Konto
5 = kann keiner Seite eines Abschlusskontos (mit Sicherheit) zugeordnet werden

a Konto 2800 Guthaben bei Kreditinstituten (Bank)
b Konto 4400 Verbindlichkeiten a. L. L.
c Konto 3000 Eigenkapital
d Konto 5200 Bestandsveränderungen
e Konto 7020 Grundsteuer
f Konto 5410 Sonstige Erlöse

47 Welche der nachfolgenden Aussagen sind richtig?

a Alle Unternehmen in Deutschland müssen denselben Kontenrahmen benutzen.
b Kontenpläne sind Kurzfassungen eines Kontenrahmens.
c Der Industriekontenrahmen basiert auf einem dekadischen System.
d Der Industriekontenrahmen ist abschlussorientiert aufgebaut.
e EDV-Buchführung setzt einen Kontenplan voraus.
f Innerhalb einer Branche nutzen alle Unternehmen einen einheitlichen Kontenplan.

48 Beantworten Sie die nachfolgenden Fragen zur Umsatzsteuer: Kapitel 10

a Welche Umsätze sind steuerbar?
b Wer zahlt und wer trägt in Deutschland die Umsatzsteuer?
c Welche Länder in der Europäischen Union haben die höchsten Umsatzsteuersätze?
d Nennen Sie drei nicht umsatzsteuerpflichtige Umsätze.
e Wie hoch ist zurzeit der „allgemeine" und wie hoch der „ermäßigte" Umsatzsteuersatz in Deutschland?
f Nennen Sie drei Güter, die zum ermäßigten Steuersatz verkauft werden können.
g Berechnen Sie die fehlenden Werte bei Anwendung des allgemeinen Steuersatzes:
ga Nettorechnungsbetrag = 6.000,00 €, Umsatzsteuer = ? €, Bruttorechnungsbetrag = ? €
gb Nettorechnungsbetrag = ? €, Umsatzsteuer = ? €, Bruttorechnungsbetrag = 14.280,00 €

49 Eine Zellstofffabrik mit eigener Forstwirtschaft verkauft einer Papierfabrik für 10.000,00 € Zellstoff. Aus diesem Zellstoff erzeugt die Papierfabrik Kopierpapier, das zum Preis von 15.000,00 € an eine Papiergroßhandlung verkauft wird. Die Papiergroßhandlung verkauft dieses Kopierpapier ohne Veränderung für 20.000,00 € an den Papiereinzelhandel, der das Kopierpapier an Privatkunden (Endverbraucher) zum Preis von 30.000,00 € weiterveräußert. Auf alle Verkaufspreise ist zusätzlich die Umsatzsteuer in Höhe von 19 % zu entrichten.

a Nennen Sie alle beteiligten Unternehmen bis zum Verbrauch des Kopierpapiers.

b Wie hoch ist der geschaffene Mehrwert auf allen Produktions- und Handelsstufen?

c Wie viel Euro hat das Finanzamt insgesamt erhalten, wenn die Ware noch im Papiergroßhandel gelagert wird?

d Wie viel Euro hat das Finanzamt insgesamt erhalten, wenn das Kopierpapier vollständig an die Endverbraucher verkauft worden ist?

e Wie viel Euro muss die Papierfabrik für den Kopierpapierverkauf an das Finanzamt überweisen, wenn bei dieser Abrechnung nur der Einkauf des Zellstoffs berücksichtigt wird?

f In welchen Fällen kann ein Vorsteuerüberhang entstehen?

50 Folgende Ein- und Verkäufe wurden am 30.04.20XX per Lastschrift vom Bankkonto ab- und zugebucht. Die Überweisungsbeträge enthalten in allen Fällen 19 % Umsatzsteuer.

Eingangsrechnungen	**Überweisungsbeträge**
1) Rohstoffeinkäufe	8.330,00 €
2) Büromaterial	678,30 €
3) Reparaturen an der Heizungsanlage	2.499,00 €
4) Druck von Werbebriefen	595,00 €

Ausgangsrechnungen	**Überweisungsbeträge**
1) Verkäufe von Erzeugnissen	14.875,00 €
2) Provisionsabrechnung	1.428,00 €

a Berechnen Sie die Nettobeträge und die Umsatzsteuer.

b Berechnen Sie die Zahllast.

51 Stellen Sie fest, ob die folgenden Geschäftsvorfälle die Vorsteuer erhöhen, die Umsatzsteuer erhöhen oder weder die Vor- noch die Umsatzsteuer beeinflussen.

a Rohstoffeinkauf auf Ziel
b Hilfsstoffeinkauf gegen Banküberweisung
c Kauf eines Grundstückes
d Mieteinzahlungen
e Verkauf von Handelswaren gegen Bankscheck
f Lohn- und Gehaltszahlungen
g Verkauf eines gebrauchten Kraftfahrzeuges
h Einkauf von Büromaterial
i Zinsgutschriften
j Wertpapierkauf
k Reparatur eines Computers
l Verkauf von Aktien, Bankgutschrift
m Telefongebühren der Deutschen Telekom, Banklastschrift
n Zielverkauf eigener Erzeugnisse
o Eingangsrechnung für Vertriebsprovisionen

11 Unternehmensleitbild und Unternehmensphilosophie

LS 17
Ein Unternehmensleitbild entwickeln

Jedes Unternehmen entwickelt im Laufe der Zeit eine **Unternehmensphilosophie**. Dies ist ein übergeordneter Begriff für die Führung eines Unternehmens bzw. für seine Marktorientierung und dient als Grundlage für das unternehmerische Handeln. Aus ihr werden die Unternehmenskultur, das Unternehmensleitbild und die Unternehmensstrategie abgeleitet.

Die **Unternehmenskultur** spiegelt sich im Unternehmensalltag wider. Diese Rahmenbedingungen, Verhaltensvorgaben und Richtlinien prägen das Verhalten der Mitarbeiter und Führungskräfte untereinander sowie gegenüber Geschäftspartnern, Kunden und der Öffentlichkeit. Ob ein Unternehmen auf dem Markt erfolgreich ist, hängt also stark von seiner Unternehmensphilosophie und seiner Unternehmenskultur ab.

Unternehmenskultur
Werte, Normen und Gesetzmäßigkeiten, die sich aus politischen, rechtlichen, wirtschaftlichen und sozialen Rahmenbedingungen ableiten

Beispiele Grundorientierungen einer Unternehmenskultur können sein:
- Technikorientierung
- Kreativitätsorientierung
- Kundenorientierung
- Umweltorientierung
- Mitarbeiterorientierung
- Gewinnorientierung
- Kostenorientierung

Aus der Unternehmenskultur leiten sich Unternehmensziele und Strategien ab. Die festgelegte Unternehmenskultur wird in einem **Unternehmensleitbild** festgehalten. In den meisten Fällen wird das Unternehmensleitbild von der Unternehmensleitung gemeinsam mit den Mitarbeitern entwickelt, um eine größere Akzeptanz zu schaffen.

Unternehmensleitbild als schriftliche Formulierung der Unternehmenskultur

Das **Unternehmensleitbild** soll die Unternehmenskultur und die Visionen eines Unternehmens nach **außen und innen** hin kommunizieren. Mitarbeitern und Außenstehenden (Kunden, Lieferanten, Banken usw.) soll ein bestimmtes Bild vom Unternehmen vermittelt werden.

Das Unternehmensleitbild stellt die grundsätzlichen Vorstellungen und Ziele eines Unternehmens **übersichtlichen** und **schriftlich** dar. Ein Leitbild könnte folgendermaßen aussehen:

Das Leitbild stellt die Vorstellungen und Ziele eines Unternehmens dar.

Beispiele Die Fly Bike Werke GmbH hat ein Unternehmensleitbild mit den Schwerpunkten Mitarbeiter- und Umweltorientierung:
- Mitarbeiterzufriedenheit herstellen
- respektvoll miteinander umgehen
- Motivation und Begeisterung vorleben
- Gleichberechtigung fördern
- umweltgerecht fertigen
- natürliche Ressourcen schonen
- umweltrelevante Gesetze beachten

Vorteile:
- gute Orientierungshilfe für Mitarbeiter, Kunden und die Öffentlichkeit
- Klare Richtlinien vereinfachen die Führung des Unternehmens.
- Koordinierung der Entscheidungen und Aktivitäten wird vereinfacht.
- Selbstverpflichtung sorgt für eine bessere Außenwirkung.
- Durch Mitarbeiterbeteiligung und Identifizierung mit dem Unternehmen entsteht eine besseres Betriebsklima.
- klare Abgrenzung zu anderen Unternehmen

Nachteile:
- Gefahr einer zu allgemeinen Formulierung
- bei Nichteinhaltung großer Unmut der Beschäftigten oder Außenstehenden
- Normen und Werte einzelner Mitarbeiter können mit dem Leitbild nicht übereinstimmen.
- Das Leitbild könnte Entscheidungen einschränken.

Wichtig ist, dass das Unternehmensleitbild auch in schwierigen Zeiten Gültigkeit hat, damit Mitarbeiter und Kunden nicht das Vertrauen in das Unternehmen verlieren. Häufige Änderungen des Leitbildes müssen vermieden werden, damit interne und externe Zielgruppen nicht irritiert werden.

Beispiel aus der Praxis Leitbild Henkel

Zu den bekannten Marken von Henkel zählen Persil, Weißer Riese, Pril, Schauma, Fa, Pritt u.v.a.

Das Unternehmen Henkel veröffentlicht z.B. seine Leitlinien im Internet. Hier ist unter anderem zu lesen:
- Wir möchten nicht nur Nummer eins in Bezug auf Marktanteil oder Größe sein, sondern führend mit unseren Innovationen, Marken und Technologien.
- Wir hören unseren Kunden zu, reagieren schnell auf ihre Bedürfnisse und nehmen künftige Anforderungen vorausblickend wahr.
- Im Innovationsprozess berücksichtigen wir von Beginn an die Anforderungen des nachhaltigen Wirtschaftens.
- Wir achten und respektieren unsere Mitarbeiter. Ihre Talente und ihre Fähigkeiten sind unsere Stärke.
- Das Qualitätsbewusstsein unserer Mitarbeiter fördern und festigen wir durch ständige Fortbildung, Information und Motivation.

Quelle: https://www.henkel.de/unternehmen/unternehmenskultur, letzter Zugriff: 29.11.2018

Insbesondere dem Aspekt eines einheitlichen und unverwechselbaren Erscheinungsbildes in der Öffentlichkeit widmet sich das Konzept der **Corporate Identity**. Es dient als verbindendes Element, das den Mitarbeitern ein besseres Zugehörigkeitsgefühl zum Unternehmen vermittelt und dem Unternehmen ein bestimmtes und einzigartiges Erscheinungsbild nach außen verleiht.

Corporate Identity als Erscheinungsbild nach innen und außen

Die Corporate Identity setzt sich aus drei wesentlichen Elementen zusammen: Corporate Design, Corporate Behaviour und Corporate Communication.

Corporate Design: Beschreibt das visuelle/optische Erscheinungsbild eines Unternehmens. Zum Beispiel ein einheitliches Firmenlogo oder eine einheitliche Unternehmensfarbe, ggf. einheitliche Musik bzw. einheitlicher Ton.

Visuelles/optisches oder akustisches Erscheinungsbild

Corporate Behaviour: Beschreibt das Verhalten bzw. Auftreten der Mitarbeiter eines Unternehmens untereinander und Außenstehenden gegenüber. Zum Beispiel, ob die Geschlechter im Unternehmen tatsächlich gleich behandelt werden, wie der Teamgeist ist, ob es einen Dresscode gibt, wie der Umgangston untereinander oder dem Kunden gegenüber ist.

Verhalten/Benehmen/Auftreten

Corporate Communication: Umfasst alle kommunikativen Maßnahmen und Marketinginstrumente eines Unternehmens. Wie ein Unternehmen sich und seine Leistungen nach innen und nach außen (Werbung, Public Relations, Verkaufsförderung, Sponsoring) präsentiert. Zum Beispiel muss die Sprache einfach und verständlich sein, die Werbebotschaft muss verständlich sein, eine bestimmte Werbung lässt sich direkt dem Unternehmen zuordnen.

Kommunikatives Erscheinungsbild

Übersicht: Unternehmensleitbild und Unternehmensphilosophie

Unternehmensphilosophie, Unternehmenskultur, Unternehmensleitbild	– **Unternehmensphilosophie:** übergeordneter Begriff für die Führung eines Unternehmens bzw. für seine Marktorientierung; sie dient als Grundlage für das unternehmerische Handeln. – **Unternehmenskultur:** Grundlage für unternehmerische Entscheidungen und für das Unternehmensleitbild – **Unternehmensleitbild:** Darstellung der Unternehmenskultur und Unternehmensvisionen nach außen und innen

Corporate Identity	– Allgemeines Erscheinungsbild des Unternehmens nach innen und außen
	– Wesentliche Elemente:
	  – Corporate Design
	  – Corporate Behaviour
	  – Corporate Communication

LS ▸ LS 18 Unterneh-menziele untersuchen

12 Unternehmensziele

12.1 Zielformulierung

Langfristige, mittelfristige, kurzfristige Ziele

Unternehmensziele leiten sich aus dem Unternehmensleitbild ab. Sie sind zukünftig angestrebte Ziele. Es können **langfristige (strategische)**, **mittelfristige (strategische/operative)** oder **kurzfristige (operative)** Ziele sein. Sie werden mit unterschiedlichen Maßnahmen und Methoden erreicht.

Wichtige Aspekte der Zielsetzung

Wichtig für die Unternehmenszielsetzung ist, dass
- die Ziele so **genau wie möglich** formuliert werden,
- die Ziele mit dem **Unternehmensleitbild übereinstimmen**,
- die **Zeit der Umsetzung** festgelegt ist (s. o.),
- die Ziele auch **wirklich erreicht** werden können,
- die Ziele mithilfe von Kennzahlen **gemessen** werden können.

12.2 Arten von Unternehmenszielen

Hinsichtlich der **Zielart** kann zwischen Formal- und Sachzielen unterschieden werden.

Formalziele sind allgemeine Zielsetzungen des Unternehmens.

Formalziele beziehen sich nicht auf das spezielle Leistungsprogramm des Unternehmens, sondern auf das **gesamte Unternehmen**, und sind allgemein formuliert.

Beispiele für Formalziele
Gewinnmaximierung, Schaffung sicherer Arbeitsplätze oder Erhöhung des Marktanteils, umweltschonende Produktion

Sachziele sind spezielle auf das Leistungsprogramm bezogene Zielsetzungen.

Sachziele beziehen sich auf das spezielle Leistungsprogramm des Unternehmens und leiten sich aus den Formalzielen ab. Dies können eine Dienstleistungen oder auch produzierte Verbrauchs- oder Gebrauchsgüter sein. Die Ziele beziehen sich häufig auf Mengen, Qualität, Zeit oder Art von Produkten oder Dienstleistungen.

Beispiele für Sachziele
Fahrradproduktion, Werkzeugproduktion, Handyproduktion, Energieerzeugung, Bankdienstleistungen, Friseurdienstleistungen

Gewinnmaximierung als oberstes Unternehmensziel erwerbswirtschaftlicher Unternehmen

Zielarten lassen sich auch nach dem angestrebten Erfolg des Unternehmens unterscheiden. Oberstes Ziel eines **erwerbswirtschaftlichen Unternehmens** ist in der Regel ein ökonomisches Ziel, nämlich die **Gewinnmaximierung**. **Gemeinwirtschaftlich** orientierte **Unternehmen** (z. B. Greenpeace, Stadtwerke, Verkehrsbetriebe) haben in der Regel ein anderes oberstes Ziel, nämlich die Bedarfsdeckung (z. B. Wasserversorgung, Busse/Bahnen) oder die Kostendeckung (z.B. Müllbeseitigung, Straßenreinigung).

Daneben haben Unternehmen eine soziale Verantwortung ihren Mitbürgern und Arbeitnehmern gegenüber und eine ökologische Verantwortung gegenüber der Umwelt.

Ökonomische Ziele sind wirtschaftliche Ziele

Ökonomische Ziele sind wirtschaftliche Ziele. Hierbei handeln die Unternehmen nach dem „ökonomischen Prinzip“ (Maximalprinzip bzw. Minimalprinzip), um ihre Ziele zu erreichen.

> **Beispiele für ökonomische Ziele**
> Gewinnmaximierung, Produktivitätssteigerung, Kostenminimierung, Umsatzsteigerung, Kundenbindung, Unternehmensexistenzsicherung

Ökologische Ziele sind Umweltziele. Unternehmen haben eine Verantwortung der Umwelt gegenüber, darum müssen sie zunehmend mehr Umweltaspekte beachten. Unternehmen verfolgen somit einen gemeinwohlorientierten Ansatz. Ökologische Ziele sind **sehr wichtig**, um unsere Umwelt in ihrem Gleichgewicht zu halten und zu schützen.

Ökologische Ziele sind Umweltziele und besonders wichtig

> **Beispiele für ökologische Ziele**
> Reduzierung des Energiebedarfs, Einsatz von erneuerbaren Energien, Senkung von Emissionen, Lärmreduzierung, Schonung von Ressourcen

Soziale Ziele sind überwiegend mitarbeiterbezogene Ziele. Ein Unternehmen stellt die Arbeitsplatzerhaltung und die sozialen freiwilligen Leistungen in den Mittelpunkt. Es soll eine entsprechende Mitarbeiterzufriedenheit erreicht werden.

Soziale Ziele zur Mitarbeiterzufriedenheit

> **Beispiele für soziale Ziele**
> Urlaubsgeld, Arbeitsplatzsicherheit, freiwillige Rentenzahlungen, Übernahme von Auszubildenden, keine Entlassungen

Zur **Umsetzung der unterschiedlichen Ziele** hat das Management verschiedene Instrumente. So bedient es sich unterschiedlicher Marktdaten/Informationen über den Einkaufsmarkt, Verkaufsmarkt, Finanzierungsmarkt sowie den Arbeitsmarkt und wertet diese aus. Ferner müssen eigene Unternehmensdaten durch die Kosten- und Leistungsrechnung ermittelt und kalkuliert werden. Das Controlling überwacht alles.

Instrumente zur Zielerreichung

Controlling, vgl. 5, S. 141 ff.

Für die Zielgrößen Ökologie und Soziales gibt es keine speziellen Formeln. Vielmehr stehen sie immer im Zusammenhang mit den wirtschaftlichen Zahlen. So kann ein Unternehmen z. B. einen höheren Gewinn erzielen, wenn die Mitarbeitermotivation durch freiwillige Rentenzahlungen größer ist. Mögliche **Zielgrößen für wirtschaftliche Formalziele** sind:

Zielgröße	Formel	Erläuterung
Gesamtgewinn	Ertrag – Aufwand	Gewinn des Unternehmens
Eigenkapitalrentabilität (Rendite)	$\frac{\text{Gewinn} \cdot 100}{\text{Eigenkapital}}$	Verzinsung des Eigenkapitals
Wirtschaftlichkeit	$\frac{\text{Ertrag}}{\text{Aufwand}}$	Wirtschaftlichkeit liegt vor, wenn das Ergebnis > 1 ist. Aufwandsdeckung liegt vor, wenn das Ergebnis = 1 ist.

12.3 Zielkonflikte und Zielharmonie

Da ein Unternehmen in der Regel immer **mehrere Unternehmensziele** gleichzeitig verfolgt, können sich einige Ziele **widersprechen oder gegenseitig behindern**. Es entstehen also **Konflikte**. So lässt sich das Ziel der Gewinnmaximierung in der Regel nicht gleichzeitig mit dem Ziel der Benutzung umweltfreundlicher Werkstoffe

Zielkonflikte

erreichen. Das Ziel der Kostenminimierung ist nicht vereinbar mit dem Ziel der Umweltschonung. Es muss aber nicht unbedingt sein, dass ökonomische Ziele mit Umweltzielen im Konflikt stehen. Ganz besonders in diesem Fall muss eine Lösung gefunden werden, die beide Zielbereiche unterstützt.

Zielharmonie

Andere Ziele können sich hingegen **ergänzen**. So lassen sich Kostensenkung und die Effizienzsteigerung gut kombinieren. Oder der kostengünstige Einkauf mit dem vermehrten Einsatz von umweltschonenden Produkten. Es liegt somit eine **Zielharmonie** vor.

Zielindifferenz

Natürlich gibt es auch Ziele, die nichts miteinander zu tun haben. Sie werden **indifferente Ziele** genannt. So hat der nachhaltige Umgang mit Rohstoffen nichts mit der Errichtung einer Kantine zu tun.

Unternehmensziele können sich verändern.

Wichtig ist zu erkennen, dass sich Unternehmensziele im Laufe der Zeit verändern können und immer wieder angepasst werden müssen. In der heutigen Gesellschaft sollte der Aspekt der **Nachhaltigkeit** als ein wichtiges Unternehmensziel verankert werden.

12.4 Interessengruppen und ihre unterschiedlichen Ziele

Interessengruppen bezeichnet man auch als „Stakeholder".

Jedes Unternehmen verfolgt also gleichzeitig mehrere Ziele. Diese unterschiedlichen Ziele ergeben sich aus **eigenen Interessen** und aus **unterschiedlichen Interessen/ Interessengruppen von außen**. So spielen Interessen des Unternehmens, der Kunden, der Mitarbeiter, der Konkurrenz, der Politik, der Banken oder der Gesellschaft eine bedeutende Rolle.

Beispiel Die **Unternehmensführung** verfolgt das Ziel, einen möglichst hohen wirtschaftlichen Erfolg zu haben. Die **Kunden** möchten ein möglichst gutes Preis-Leistungs-Verhältnis und eine gute Kundenbetreuung. Die **Mitarbeiter** möchten ein gutes Betriebsklima und gute soziale Zusatzleistungen. Die **Konkurrenten** möchten die Fly Bike Werke GmbH vom Markt verdrängen oder bessere Produkte anbieten. Die **Politik** verlangt z. B. eine Arbeitsplatzsicherheit für Angestellte, die Beachtung von Umweltaspekten und die Zahlung von Steuern.

Übersicht: Unternehmensziele

Zielsystem

Ziele nach dem Inhalt	Betriebliche Ziele	Zielbeziehungen
– Formalziele	– wirtschaftliche Ziele	– Zielharmonie
– Sachziele	– ökologische Ziele	– Zielkonflikt
	– soziale Ziele	– Zielindifferenz

- Wirtschaftliche Zielgrößen: z. B. Gesamtgewinn, Eigenkapitalrentabilität und Wirtschaftlichkeit
- Ziele können miteinander harmonieren, im Konflikt zueinander stehen oder auch unabhängig voneinander sein.
- Verschiedene Interessengruppen verfolgen unterschiedliche Ziele.

13 Unternehmensführung und Führungsaufgaben

LS ▸ **LS 19**
Führungsstile vergleichen

Das Management – der Kopf eines Unternehmens

Um ein Unternehmen zu lenken, bedarf es einer entsprechenden **Unternehmensführung (Management).** Das Management besteht in der Regel aus verschiedenen Personen. Sie legen die Unternehmensziele fest und achten darauf, dass die festgelegten Ziele umgesetzt werden. Wir unterscheiden in der Regel drei Managementebenen (Leitungsstufen).

Die drei Managementebenen ergeben die sogenannte Managementpyramide:

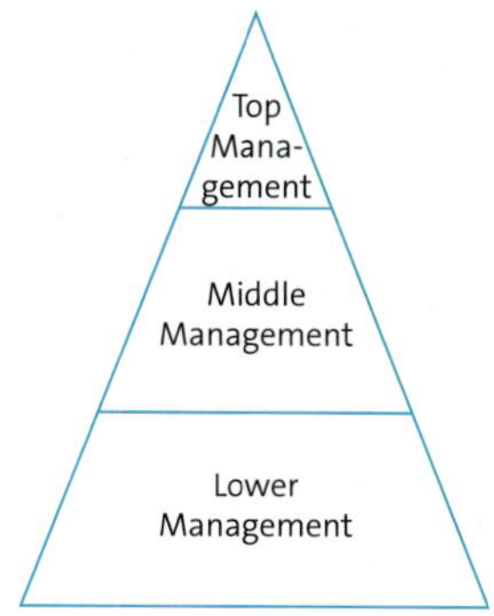

Das **Top Management** als oberste strategische Führungsebene, z. B. der Unternehmer selbst, Komplementäre, Geschäftsführer oder der Vorstand eines Unternehmens: Hier werden **strategische Entscheidungen** (langfristige, mittelfristige und strukturelle Entscheidungen) getroffen. Darunter fallen z. B. die Wahl der Rechtsform, Fusionen und Kooperationen mit anderen Unternehmen, die Entwicklung von Unternehmensleitlinien, die Besetzung von Führungspositionen, die Anbahnung von Großaufträgen oder die Festlegung von Projekten.

Das **Middle Management** als mittlere Führungsebene des Unternehmens, z. B. Bereichsleiter, Hauptabteilungsleiter oder Abteilungsleiter: Hier werden die strategische und die operative Ebene verbunden. Ziele werden hier konkreter formuliert und verschiedene Aktivitäten umgesetzt, z. B. Qualitätssicherung, Termintreue, Fertigungsverfahren, Softwareeinsatz.

Und das **Lower Management** als unterste operative Führungsebene, z. B. Gruppenleiter, Meister oder Büroleiter: Hier werden die von oben bestimmten Vorgaben in konkrete Maßnahmen umgesetzt. Diese Routineentscheidungen (was, wann, wer, wie) werden von dieser unteren Managementebene getroffen.

Mitarbeiterführung unter Beachtung bestimmter Aspekte

Um die vorgegebenen Unternehmensziele umsetzen zu können, muss das Management mit den Mitarbeitern eng zusammenarbeiten und dabei bestimmte **grundsätzliche Führungsaufgaben** erfüllen:

- **Ziele** müssen **vereinbart** und Mitarbeiter informiert werden.
- **Aufgaben** müssen **delegiert** (übertragen) werden.
- **Entscheidungen** müssen **getroffen** werden.
- Aufgaben und Ziele müssen **kontrolliert** werden.
- Mitarbeiter sollen **gefordert** und **gefördert** werden.
- Mitarbeiter müssen **motiviert** werden.
- Mitarbeiter müssen sich **weiterentwickeln** können.
- Die Führungskraft muss **authentisch/glaubwürdig** sein.

Führungsstile

Aus den Führungsaufgaben und dem Verhalten eines Vorgesetzten gegenüber seinen Mitarbeitern ergibt sich sein **Führungsstil**. Der Sozialpsychologe Kurt Lewin unterscheidet drei Führungsstile:

Autoritärer Führungsstil	– Der Vorgesetzte trifft Entscheidungen alleine. – Der Vorgesetzte kontrolliert alle Entscheidungen. – Der Vorgesetzte gibt Ziele und Umsetzung vor. – Der Mitarbeiter führt ausschließlich aus.

Kooperativer/ demokratischer Führungsstil	– Die Mitarbeiter werden am kompletten Entscheidungsprozess beteiligt. – Arbeit kann delegiert werden. – Kommunikation steht im Vordergrund. – Mitarbeiter werden intern und extern weitergebildet.
Laissez-faire-Führungsstil (geschehen/laufen lassen)	– Die Mitarbeiter genießen im Unternehmen alle Arbeits- und Entscheidungsfreiheiten. – Alle Entscheidungen werden innerhalb der gesamten Belegschaft getroffen. – Die Kontrolle wird von der Belegschaft übernommen.

Daraus ergeben sich unterschiedliche Vor- und Nachteile:

Vor- und Nachteile der einzelnen Führungsstile

Für den **autoritären Führungsstil** sprechen eine schnelle Handlungsfähigkeit, feste Strukturen und klare Verantwortungen. Nachteile sind, dass Mitarbeiter keine Veranlassung zum eigenen Denken entwickeln, Vorgesetzte schnell überfordert sind, Mitarbeiter demotiviert werden und sich nicht am Entscheidungsprozess beteiligt fühlen.

Für den **kooperativen/demokratischen Führungsstil** spricht, dass der Vorgesetzte mit motivierten Mitarbeitern arbeiten kann, der Vorgesetzte entlastet wird, Mitarbeiter sich am Entscheidungsprozess beteiligt fühlen, Mitarbeiter gute eigene Ideen entwickeln, Mitarbeiter mehr Energie aufbringen und mehr kreative Entscheidungen treffen. Allerdings besteht auch die Gefahr, dass die Entscheidungsfindung länger dauert, die Entscheidungen einen Kompromiss darstellen oder Vorgesetzte nicht akzeptiert werden.

Für den **Laissez-faire-Führungsstil** spricht einerseits, dass die Mitarbeiter absolut motiviert sind, vollkommen eigenständig arbeiten und entscheiden können und einen sehr großen Handlungsspielraum haben. Andererseits können Mitarbeiter übertreiben und Aufgaben nicht nachkommen, den Vorgesetzten in keiner Weise akzeptieren, im Chaos versinken oder es versäumen, fristgerechte Entscheidungen zu treffen.

Übersicht: *Unternehmensführung und Führungsaufgaben*

Drei Managementebenen:
- Oberste Ebene (Top Management): strategische bzw. langfristige Planung
- Mittlere Ebene (Middle Management): Verbindung von strategischer und operativer Ebene = Ziele werden konkretisiert
- Unterste Ebene (Lower Management): operative Umsetzung konkreter Planungen

Führungsaufgaben sind wichtig bei der Zielumsetzung. Die Zusammenarbeit von Mitarbeitern und Führungskraft ist gefragt, z. B. Mitarbeiter beteiligen, Entscheidungen treffen, Mitarbeiter motivieren.

Drei Führungsstile: autoritärer Führungsstil, kooperativer Führungsstil, Laissez-faire-Führungsstil mit entsprechenden Vor- und Nachteilen.

14 Konfliktmanagement

LS ▸ **LS 20**
Konflikte erkennen und lösen

Beispiel Frau Taubert, eine Mitarbeiterin der Fly Bike Werke aus dem Rechnungswesen, ist sauer: Bei der letzten Beförderung wurde sie übergangen. Der Chef der Verwaltung, Herr Steffes, suchte einen geeigneten Stellvertreter für die große Abteilung. Frau Taubert musste nun erfahren, dass ihr Kollege, Herr Müller, diesen Job bekommen hat. Frau Taubert ärgert sich, schließlich ist sie viel länger im Unternehmen und arbeitet sehr effektiv sowie fachlich kompetent. „Sollte Herr Steffes mal wieder einen terminlichen Engpass bei seinen eigenen Aufgaben haben, werde ich ihn sicher nicht über die normale Arbeitszeit hinaus unterstützen", denkt sie verbittert.

14.1 Konflikte erkennen

Was ist ein Konflikt?

Ein Konflikt liegt vor, wenn zwischen zwei oder mehreren Beteiligten eine Unvereinbarkeit von Zielen, Interessen oder Bedürfnissen wahrgenommen wird und die Beteiligten ein verschärftes Verhalten (z. B. Konkurrenzdenken, Aggressivität, Gewalt) zeigen. Dabei stellt sich bei den Konfliktparteien eine rechtfertigende Haltung zu dem Konflikt ein, gleichzeitig wird die andere Partei bewertet (z. B. Feindbild). Nicht jede Auseinandersetzung ist also mit einem Konflikt gleichzusetzen!

Konflikte gehören zum Alltag.

Überall dort, wo Menschen aufeinandertreffen, können Konflikte auftreten. Sie sind nicht grundsätzlich negativ zu bewerten, denn sie fördern die Kommunikation, machen auf Probleme aufmerksam und können die Standpunkte der Beteiligten klären. Konflikte können die soziale Ordnung stören, wenn sie unterdrückt, verdrängt oder unnachgiebig ausgetragen werden; sie können sogar in Drohungen und Gewalt gipfeln. Daher kann es nicht Ziel sein, Konflikte abzuschaffen, sondern es gilt, Möglichkeiten zu finden, sie gewaltfrei auszutragen.

Ähnlich wie bei einem Eisberg ist bei einem Konflikt zunächst nur ein kleiner Teil direkt offen wahrnehmbar, während der wesentlich größere Teil verborgen ist. Dieser verborgene Teil bestimmt jedoch maßgeblich den Verlauf eines Konfliktes.

Der kleine sichtbare Teil des Eisbergs dient der Veranschaulichung der **Sachebene**. Hier werden Daten, Fakten oder Zahlen kommuniziert und die Körpersprache und das Verhalten der Beteiligten wird direkt wahrgenommen.

Nicht wahrnehmbar, „unter der Wasseroberfläche", sind vielfältige Informationen auf der **Beziehungsebene**. Diesem nicht sichtbaren Teil des Eisbergs sind die Botschaften zugeordnet, die Gefühle, Bedürfnisse, Werte und Erfahrungen transportieren. Sie bleiben häufig unausgesprochen. Störungen auf der Beziehungsebene wirken sich fast immer auch auf der Sachebene aus. Je stärker ein Konflikt eskaliert, desto mehr gewinnt in der Regel die Beziehungsebene an Gewicht.

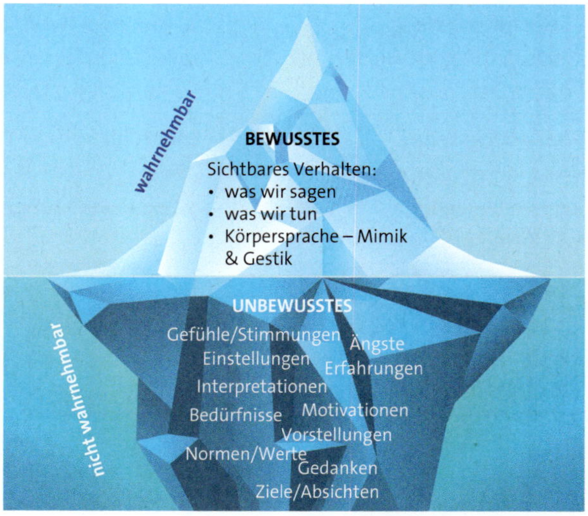

Eisbergmodell nach Sigmund Freud

14.2 Konflikte untersuchen

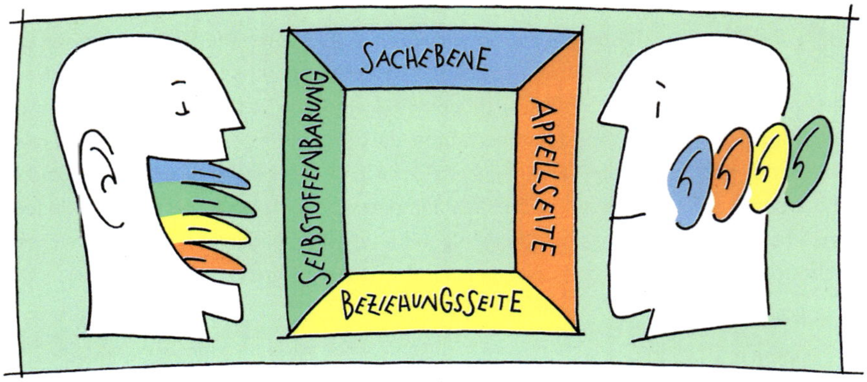

Vier-Ohren-Modell nach Schulz von Thun

Häufige Ursache von Konflikten sind Störungen in der Kommunikation. Der Grundvorgang der Kommunikation besteht darin, dass ein **Sender** einem **Empfänger** eine Nachricht übermittelt. Dabei können vielfältige Störungen auftreten. Wenn wir eine Nachricht genau betrachten, erkennen wir, dass sie gleichzeitig verschiedene Botschaften enthalten kann.

Beispiel Als Frau Taubert eines Morgens ins Büro von Herrn Steffes kommt, sagt dieser: „Ich bin wirklich begeistert, wie motiviert Herr Müller seine neue Position angeht!" Was verbirgt sich hinter dieser Nachricht, was hat der Vorgesetzte bewusst oder unbewusst ausgedrückt und was kann Frau Taubert dieser Nachricht entnehmen?

Beispiel: Eine Nachricht – vier Botschaften	
Sachebene (worüber der Sender informiert)	Zunächst enthält die Nachricht die Sachinformation, dass der Vorgesetzte zufrieden mit der Arbeit von Herrn Müller ist.
Selbstoffenbarung (was der Sender von sich selbst offenbart)	In fast jeder Nachricht stecken auch Informationen über die Person des Senders. Wir erfahren, dass der Vorgesetzte von Frau Taubert froh darüber ist, den vermutlich passenden Mitarbeiter befördert zu haben.
Beziehungsseite (was der Sender und der Empfänger voneinander halten und wie die beiden zueinander stehen)	Hier fühlt sich der Empfänger als Person angesprochen, evtl. auch kritisiert. In dem gewählten Beispiel gibt der Vorgesetzte unter Umständen zu erkennen, dass er Frau Taubert diese Position nicht zugetraut hat.
Appellseite (was der Sender von dem Empfänger erwartet und was der Empfänger hört)	Viele Nachrichten beinhalten eine Aufforderung (Appell). Der Sender versucht, auf den Empfänger Einfluss zu nehmen. Dieser Versuch kann mehr oder minder versteckt sein. Auf das Beispiel bezogen kann das bedeuten, dass der Vorgesetzte möchte, dass Herr Müller akzeptiert und unterstützt wird.

Jede an eine andere Person gerichtete Äußerung kann diese vier Botschaften enthalten. Dadurch wird zwischenmenschliche Kommunikation spannend, aber auch spannungsreich und störanfällig, wenn es zu Missverständnissen oder Kommunikationsproblemen zwischen Sender und Empfänger kommt.

14.3 Konflikte bewältigen

Konflikte durchlaufen i. d. R. verschiedene Entwicklungsstufen und **verschärfen sich zunehmend**. Gerade in den ersten Phasen eines Konfliktes kann aber zu jedem Zeitpunkt Einfluss auf den Konfliktverlauf genommen werden. Dies setzt voraus, dass der Konflikt von den Beteiligten erkannt und zum Anlass genommen wird, eine **konstruktive** Lösung herbeizuführen.

konstruktiv
(lat.) fördernd, entwickelnd

Gelingt es den Beteiligten nicht, die Konfliktsituation eigenständig zu lösen, können sie sich an **entsprechende Gremien** in Schule und Betrieb wenden und dort um Hilfe bitten.

Konfliktfähig zu sein bedeutet, einen Konflikt gewaltfrei auszutragen, mehrere Lösungsmöglichkeiten zu entwickeln und die für die Beteiligten beste auszuwählen. Im Idealfall gibt es keine Verlierer, sondern alle Parteien gewinnen.

Regeln für eine gelungene Kommunikation in Konfliktsituationen
Signalisieren Sie Ihrem Konfliktpartner Gesprächsbereitschaft und versuchen Sie, eine anspannungsfreie Atmosphäre zu schaffen!
Bewahren Sie eine wertschätzende Grundhaltung gegenüber Ihrem Gesprächspartner (keine Abwertung, Drohung, Gegenaggression).
Hören Sie Ihrem Gesprächspartner aktiv zu. Schenken Sie ihm volle Aufmerksamkeit und halten Sie Blickkontakt!
Lassen Sie Ihren Gesprächspartner ausreden!
Beschreiben Sie mit eigenen Worten, was Sie verstanden haben. Fragen Sie nach, ob das so richtig ist.
Versuchen Sie, sich auch in die Situation des Gesprächspartners hineinzuversetzen!
Verwenden Sie „Ich"-Formulierungen, wenn Sie Ihre Meinung, Ihren Standpunkt, Ihr Gefühl formulieren.

Beispiel Da Frau Taubert das Thema klären möchte, bittet sie Herrn Steffes um ein Gespräch. Es zeigt sich, dass Herr Steffes sie gerne als Stellvertreterin gesehen hätte, sie aber nicht in Betracht gezogen hat, da sie zwei schulpflichtige Kinder hat. Frau Taubert kann nun erklären, dass sie sich eine solche Beförderung durchaus zutraut und flexibler arbeiten könnte, wenn Herr Steffes ihr entgegenkommt. Da das Aufgabenspektrum der Abteilungsleitung groß ist, beschließt Herr Steffes, Frau Taubert bei der nächsten Beförderungsrunde zu berücksichtigen.

14.4 Von negativen Du-Botschaften zu positiven Ich-Botschaften

Negative Du-Botschaften werten und setzen den anderen herab.

In Stesssituationen reagieren Menschen häufig falsch. Sie benutzen dann negative sogenannte **Du-Botschaften**.

Beispiele für negative Du-Botschaften
- „Du kapierst ja nichts."
- „So funktioniert das nicht."
- „Du spinnst wohl."
- „So geht das nicht."

Positiv formulierte Ich-Botschaften sind wertungsfrei oder wertschätzend.

Solche unterschwelligen Zurechtweisungen, ein Von-oben-herab-Behandeln oder Schuldzuweisen führen schnell zu einer Blockade und zu weiterem Stress in einem Gespräch. Sie sind verletzend und führen zu einer Verschärfung des Konfliktes.

Förderlich in Konfliktsituationen ist es, von sich selbst zu sprechen (Selbstmitteilung). Positive **Ich-Botschaften** sind nicht beleidigend und zielen nicht darauf ab, seinen Gesprächspartner herabzusetzen. Sie sind eher wertschätzend.

Beispiel
Die Ehefrau liest während des gemeinsamen Frühstücks Zeitung. Der Mann könnte sagen: „Du liest ständig während des Frühstücks diese Zeitung". Damit greift er sein Gegenüber an und unterstützt den Angriff mit dem Begriff „ständig".

Wertschätzender und besser wäre eine einfache Feststellung durch eine Ich-Botschaft. Er könnte sagen: „Ich würde mich freuen, wenn wir uns während des Frühstücks häufiger miteinander unterhalten."

Ein respektvoller Umgang miteinander führt zu einer schnelleren und konstruktiven Lösung des Konfliktes.

Übersicht: Konflikte bewältigen

Konflikte gehören zum Alltag.
Ziel ist es, sie zu erkennen und für möglichst alle Konfliktparteien gewinnbringend zu lösen.
Kommunikation verhindert die Eskalation von Konflikten und verhilft zu einem angenehmen und konstruktiven Miteinander in Beruf und Schule sowie im privaten Umfeld.
Positive Ich-Botschaften sind besser als negative Du-Botschaften.

15 Controlling

LS ▸ **LS 21** Controlling umsetzen

Beispiel In der Fly Bike Werke GmbH arbeiten mehrere Mitarbeiter im Rechnungswesen. Sie verbuchen die laufenden Geschäftsvorfälle, bereiten den Jahresabschluss vor und ermitteln den Gewinn. In der **Finanzbuchhaltung** (Rechnungskreis 1) folgen die Mitarbeiter den gesetzlichen Vorgaben, da der Jahresabschluss nicht nur zur Eigeninformation des Unternehmers dient, sondern auch dazu, die fälligen Steuern zu ermitteln und abzuführen. Daneben führen die Mitarbeiter auch eine genaue **Kosten- und Leistungsrechnung** (Rechnungskreis 2) durch. Hier werden Kosten und Leistungen ermittelt, d. h. betriebsbedingte Aufwendungen und Erträge von neutralen Aufwendungen und Erträgen getrennt und einzelnen Kostenstellen zugerechnet. Grundsätzliche Ziele hierbei sind die genaue Ermittlung der Leistungen und Kosten der Fly Bike Werke GmbH und deren Umlegung auf die Verkaufspreise. Obwohl mit der Finanzbuchhaltung und der Kosten- und Leistungsrechnung zwei wichtige Instrumente zur Unternehmenssteuerung zur Verfügung stehen, hat die Fly Bike Werke GmbH vor einigen Jahren eine Stabsstelle geschaffen, um ein wirksames **Controlling** aufzubauen.

Finanzbuchhaltung, vgl. **6–10**, S. 59 ff.

Jahresabschluss, Kosten- und Leistungsrechnung, vgl. **HF 7**, Band 2

Stabsstelle Controlling, vgl. Organigramm der Fly Bike Werke, S. 46

Controlling, oft zu stark verkürzt auf den Begriff „Kontrolle", hat in der Unternehmenslandschaft stark an Bedeutung gewonnen. Auch hier geht es, wie in der Finanzbuchhaltung und der Kosten- und Leistungsrechnung, um die Versorgung des Unternehmens mit Informationen, aber Controlling berücksichtigt auch das intellektuelle Kapital eines Unternehmens und geht weit über die Abbildung betrieblicher Wertströme hinaus.

Ziel des Controlling ist es, das langfristige Überleben des Unternehmens zu sichern, indem es die Zielfindung des Unternehmens unterstützt, zur Planung und Steuerung der Unternehmensprozesse beiträgt und über die Wirtschaftlichkeit des Unternehmens in den verschiedenen Bereichen wacht.

15.1 Begriff des Controllings

Controlling ist ein integratives Konzept zur Informationsbereitstellung, Planung, Umsetzung und Kontrolle von Unternehmensaktivitäten. Es unterstützt die Geschäftsleitung bei der erfolgreichen **Steuerung des Unternehmens**. Mit dem Controlling werden mehrere Ziele verfolgt. Oberstes Ziel ist die Absicherung der Geschäftsaktivitäten, um die Zukunft des Unternehmens zu sichern. Dies geschieht u. a. durch die Sicherung von Gewinn und **Liquidität**. Kundenorientierung, **Effizienz**steigerung, optimale Auslastung und Risikominimierung bilden weitere Ziele.

Liquidität
Liquide sein bedeutet, über genügend flüssige Mittel zu verfügen, um Zahlungsverpflichtungen erfüllen zu können.

Effizienz
(günstiges) Verhältnis von Aufwand und erreichtem Ergebnis

Um ein erfolgreiches Controllingsystem aufzubauen, ist es notwendig, verschiedene **Entscheidungen** zu treffen. So muss im Vorfeld festgelegt werden, welche Ziele mit dem Controlling verfolgt werden sollen und mit welchen Kenngrößen die Zielerreichung gemessen wird. Weiterhin ist festzulegen, welcher Mitarbeiter welche Informationen erhalten muss und wer diese Informationen bereitzustellen hat. Schließlich ist eine zeitliche Planung vorzunehmen, d. h., es ist zu klären, in welchen Abständen und zu welchen Zeitpunkten Informationen bereitgestellt werden müssen.

15.2 Aufgaben des Controllings

Identifizierung von Unternehmenszielen

Wesentliche Aufgabe des Controllings ist es, **Ziele** für das Unternehmen festzulegen. Diese Ziele können das Gesamtunternehmen betreffen, z. B. den Betriebsgewinn um einen bestimmten Prozentsatz zu steigern, oder auch einzelne Funktionsbereiche oder Abteilungen, z. B. die Auslastungsrate von Maschinen in der Produktion zu optimieren.

Zielsetzungen unternehmerischen Handelns, vgl. **12**, S. 132

Folgende Zieldimensionen werden unterschieden:
- Sach- und Formalziele, soziale Ziele, ökologische Ziele (hinsichtlich des **Zielinhalts**)
- Begrenzte und unbegrenzte Zielvorgaben (hinsichtlich des **Zielausmaßes**)
- Kurzfristige, mittelfristige und langfristige Ziele (hinsichtlich des **zeitlichen Bezugs**)

Situationsanalyse

Um Unternehmensziele angemessen formulieren zu können, ist es notwendig, die gegenwärtige Situation des Unternehmens genau zu analysieren. Übergeht das Unternehmen bei der Zielidentifizierung die tatsächliche Situation, so läuft es Gefahr, sich unrealistische Ziele zu setzen, die nicht erfüllt werden können. Beispielsweise ist eine drastische Umsatzsteigerung auf einem schrumpfenden Markt ein unrealistisches Ziel.

Personalfluktuation
Wechsel im Personalstamm durch Kündigungen und Neueinstellungen

Termintreue
Kundenaufträge werden bis zum vorgegebenen Termin ausgeführt.

Fusion
Unternehmenszusammenschluss

Hierbei sind sowohl das Unternehmen selbst als auch die äußeren Bedingungen zu berücksichtigen. Zu den unternehmensinternen Aspekten gehören z. B. die Umsatz- und Gewinnermittlung, **Personalfluktuation**, **Termintreue** bei Kundenaufträgen u. Ä.

Die entsprechenden Daten können entweder vom Rechnungswesen bereitgestellt oder, falls das nicht möglich ist, in besonderen Statistiken erhoben werden. Äußere Bedingungen sind Änderungen bei Mitbewerbern (z. B. **Fusionen**), Marktwachstum, Kundenbedürfnisse, allgemeine wirtschaftliche Lage und dergleichen.

Beispiel Aufgrund von Marktanalysen hat Sabrina Steffes herausgefunden, dass sich in Polen ein Trend zu hochwertigen Rennrädern entwickelt. Ziel ist es, den schon vorhandenen, aber kleinen Marktanteil in diesem Segment dort mittelfristig auf 10 % zu steigern.

Maßnahmenplanung

Planungsfunktion des Controllings

Aus unternehmerischen Zielen konkrete Maßnahmen ableiten

Entsprechend den identifizierten Zielen sind Maßnahmen zu planen, um diese Ziele zu erreichen. Ist als Ziel beispielsweise eine Produktverbesserung geplant, so kommen als Maßnahmen die Anschaffung neuer Produktionsmaschinen und die Schulung der Mitarbeiter infrage. Besteht die Zielsetzung in einer Gewinnsteigerung, können entweder Maßnahmen ergriffen werden, um die Umsätze zu steigern (z. B. das Verstärken von Werbemaßnahmen), oder solche, um die Kosten zu senken.

Im nachfolgenden Beispiel werden für ein Ziel (Ausweitung des Umsatzanteils in Polen) mögliche zielführende Maßnahmen angegeben.

Beispiel Um auf dem polnischen Markt Fuß zu fassen und den Marktanteil auszuweiten, müssen die Rennräder zielgruppengerecht beworben werden, ein entsprechendes Budget ist also bereitzustellen. Eventuell bietet sich auch die Kooperation mit einem polnischen Vertriebspartner an.

Zielsetzung: Marktanteil in Polen erhöhen

mögliche Maßnahmen zur Zielerreichung

Umsatzerlöse in Polen steigern	Bekanntheitsgrad in Polen steigern

Konkrete Maßnahmen, die die Zielerreichung unterstützen sollen, müssen in den Planwerten berücksichtigt werden. Mögliche Maßnahmen können z. B. sein:

- Werbemaßnahmen einleiten
- geeignete Distributionskanäle einschalten
- geeignete Preispolitik für den neuen Markt festlegen
- Einstellung von Personal, das sprachlich geschult und mit dem neuen Markt vertraut ist

Marketing, vgl. **HF 4**, S. 260 ff.

Begleitung bei der Umsetzung

Die geplanten Maßnahmen werden dann in den betreffenden Funktionsbereichen ausgeführt und vom Controlling begleitet. Dabei können die Maßnahmen im Zeitablauf angepasst, d. h. je nach Erfolg oder Misserfolg verändert werden.

- Der Absatz oder das Marketing entwickelt eine Werbemaßnahme.
- Der Absatz oder das Marketing wählen geeignete Distributionskanäle aus.
- Der Verkauf und die Kosten- und Leistungsrechnung kalkulieren neue Preise.
- Die Personalabteilung stellt einen neuen Personalbedarfsplan auf.

Steuerungsfunktion des Controllings

Umsetzung der Maßnahmen begleiten und Maßnahmen ggf. anpassen

Wird der Ziel- und Planungszeitraum auf Quartale, das Halbjahr oder ein Geschäftsjahr erweitert, vervielfachen sich die notwendigen Planwerte. Lohn- und Gehaltserhöhungen, Personalanpassungen, Mietsteigerungen, saisonale Absatzschwankungen usw. müssen zukunftsorientiert in die Planung einbezogen werden. Außerdem muss eine Abstimmung mit anderen Plänen (z. B. Personalplan, Werbeplan) erfolgen.

Soll-Ist-Vergleich

Nachdem die geplanten Maßnahmen umgesetzt worden sind, ist zu prüfen, ob sie auch zum gewünschten Erfolg geführt haben. An dieser Stelle wird klar, warum eine genaue Formulierung der Ziele unabdingbar ist.

Eine Zielvorgabe „Umsatzsteigerung um 3 % im 3. Quartal" kann nach dem 3. Quartal überprüft werden und zeigen, ob das Ziel erreicht wurde oder nicht. Eine Zielvorgabe „Umsatzsteigerung" ist kaum zu überprüfen, da der zeitliche Bezug und eine konkrete Größenordnung fehlen. Die Überprüfung ist aber notwendig, um Abweichungen zu analysieren und Gegenmaßnahmen zu ergreifen.

Kontrollfunktion des Controllings

Überprüfung der Ergebnisse anhand der Zielvorgaben und ggf. Analyse der Abweichungen

Beispiel Trotz intensiver Werbung konnte in Polen bisher nur ein Marktanteil von 7 % bei hochwertigen Rennrädern erreicht werden.

Abweichungsanalyse und Maßnahmen zur Gegensteuerung

Wurde ein Unternehmensziel nicht erreicht, so sind die Ursachen zu analysieren. Hierbei sind Ursachen zu unterscheiden, die von einem Unternehmen nicht zu beeinflussen sind, und solche, gegen die Maßnahmen ergriffen werden können. Sollte ein Ziel nicht erreicht worden sein, so kann eine Ursache sein, dass man bei der Zielsetzung von fehlerhaften Annahmen ausgegangen ist. Eventuell wurde ein Trend ausgemacht, der dann doch nicht zu Umsatzsteigerungen geführt hat. Auch die Umweltbedingungen zwischen Zielformulierung und Zielüberprüfung können sich geändert haben, indem es z. B. zu einem Schwund der Nachfrage durch einen konjunkturellen Abschwung gekommen ist. Oder aber die fehlende Zielerreichung hat ihre Ursache in den Maßnahmen zur Umsetzung des Zieles.

Ziele und Maßnahmen müssen realistisch, d. h. erreichbar bzw. umsetzbar sein

Sind die Ursachen für den Erfolg oder Misserfolg festgestellt, muss das Ergebnis der Abweichungsanalyse die Aufstellung eines neu en Maßnahmenkatalogs sein, der zur Zielerreichung führt. Sind die Korrekturmaßnahmen nicht umsetzbar, müssen die Ziele entsprechend angepasst werden. Unrealistische und damit unerreichbare Zielsetzungen wirken demotivierend auf die Mitarbeiter. Auch hochgesteckte Ziele müssen – wenn auch mit Anstrengungen – erreichbar bleiben.

Marketing, vgl. HF 4, 1, S. 260 ff.

Beispiel In Polen wurde ein geringerer Marktanteil erreicht als geplant. Bei der Analyse stellt sich heraus, dass die von einer lokalen Agentur geplante Werbekampagne die Zielgruppe nicht deutlich genug umworben hat. Außerdem haben die eingesetzten Handelsvertreter, die alle Mehrunternehmensvertreter waren, gleichzeitig Konkurrenzerzeugnisse vertrieben. Eine gezieltere Werbekampagne sowie der Einsatz alternativer Vertriebskanäle sind also geeignete Maßnahmen, um die ursprüngliche Zielsetzung zu erreichen.

Dokumentation und Information

Informationsfunktion des Controllings

Bereichsübergreifend ist das Controlling für ein empfängerbezogenes Berichtswesen verantwortlich, das die Ergebnisse der Planung und der Realisierung regelmäßig und übersichtlich für die jeweilige Empfängergruppe aufbereitet.

Dokumentation der Zielvorgaben, Abweichungen und Gegensteuerungsmaßnahmen und Information der Verantwortlichen

Kostenstellenverantwortliche müssen „ihre" Planzahlen genau kennen. Sie erhalten detaillierte, aber i. d. R. nur die für ihre Kostenstelle relevanten Daten. Hinsichtlich der Kosten sind sie zumeist für die Einhaltung eines bestimmten Budgets verantwortlich. Für die Leitungsebene sind die Informationen stark zu komprimieren und grafisch aufzubereiten.

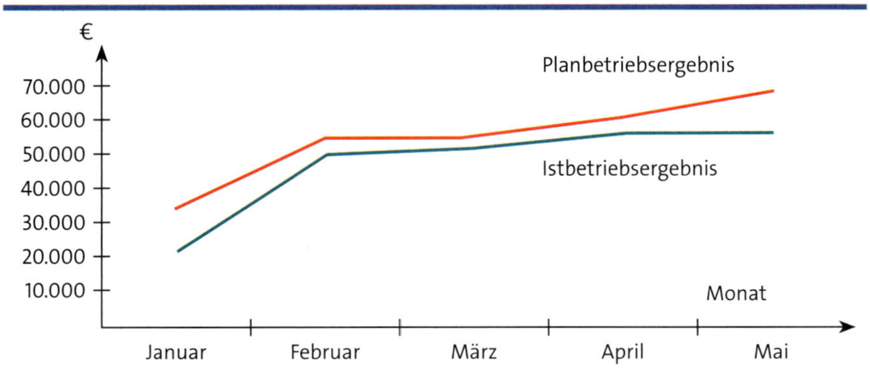

Beispiel Ein Diagramm zur Entwicklung des Betriebsergebnisses im Soll-Ist-Vergleich zeigt ein mögliches Problemfeld schneller als lange Tabellen und Zahlenreihen.

Regelkreis des Controllings

Im Idealfall ist der Controllingprozess als ein sich selbst steuernder **Regelkreis** angelegt, der den einmal gegebenen Anfangsimpuls (die Zielvorgabe) so lange in Schleifen abarbeitet, bis alle Ziele erfüllt sind.

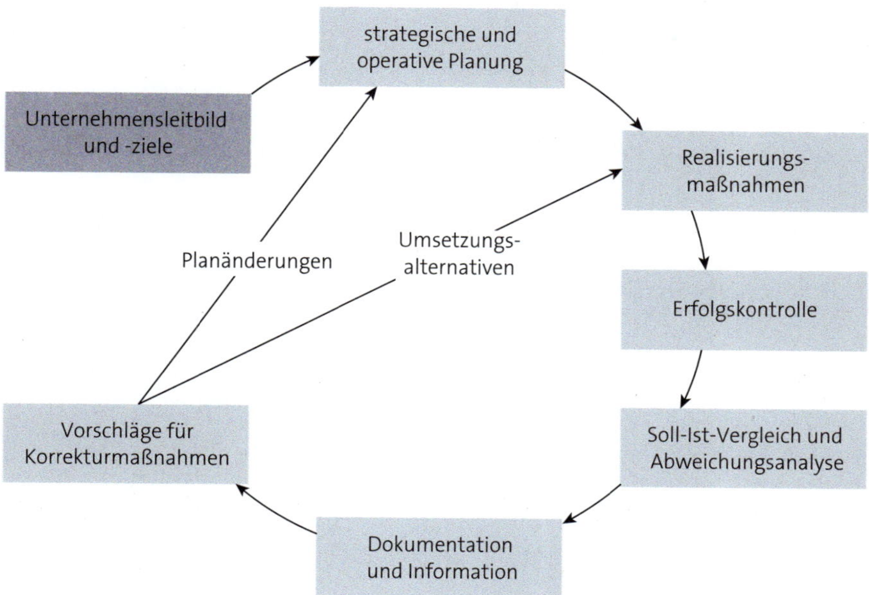

Übersicht: *Controlling*

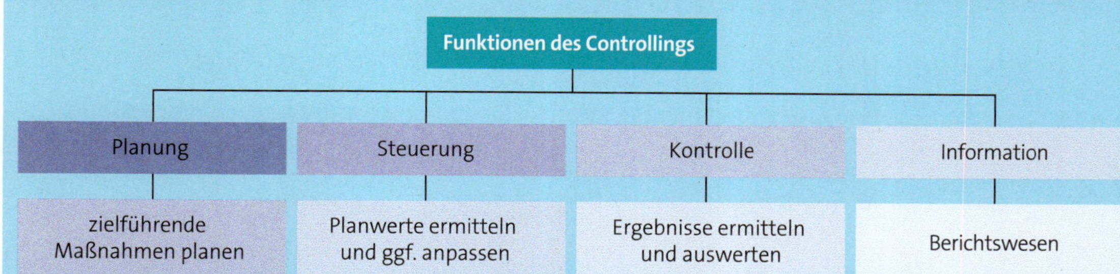

Alles klar?

Kapitel 11

1 Erläutern Sie, was Sie unter einem Unternehmensleitbild verstehen.

2 Nennen Sie jeweils drei Vor- und Nachteile eines Unternehmensleitbildes.

3 Nennen Sie die drei Elemente der Corporate Identity, beschreiben Sie diese und finden Sie ein praktisches Beispiel.

Kapitel 12

4 Unterscheiden Sie erwerbswirtschaftliche von gemeinwirtschaftlichen Unternehmenszielen und nennen Sie je ein Beispiel.

5 Wodurch unterscheiden sich Formalziele von Sachzielen?

6 Nennen Sie zwei Beispiele für Zielkombinationen, bei denen Zielharmonien bestehen.

7 Nennen Sie zwei Beispiele für Zielkombinationen, bei denen Zielkonflikte bestehen.

8 Überlegen Sie, welche Sachziele ein Reisebüro, ein Autohaus, die Stadtwerke Bonn, die Feuerwehr Bonn und Greenpeace haben können.

Kapitel 13

9 Was verstehen Sie unter einer Managementpyramide?

10 Beschreiben Sie die unterschiedlichen Ebenen der Managementpyramide.

11 Nennen Sie mindestens vier Führungsaufgaben eines leitenden Mitarbeiters.

12 Unterscheiden Sie die drei Führungsstile nach Kurt Lewin.

Kapitel 14

13 Warum ist es wichtig, beim Konfliktmanagement neben den direkt offen wahrnehmbaren Konflikten auch die zunächst verborgenen Konflikte zu erkennen?

14 Erläutern Sie das Vier-Ohren-Modell nach Schulz von Thun.

15 Warum sind richtige Informationen und bestimmte Regeln der Kommunikation äußerst wichtig bei der Bewältigung von Konflikten?

Kapitel 15

16 Erläutern Sie, warum Controlling nicht mit dem Begriff „Kontrolle“ gleichzusetzen ist.

17 Erklären Sie, worauf bei der Zielformulierung im Rahmen des Controllings besonders zu achten ist.

18 Beschreiben Sie den Regelkreis des Controllings mit eigenen Worten.

HANDLUNGSFELD 2

Beschaffung

1 Beschaffungsprozesse organisieren

Der Begriff Beschaffung umfasst **im weiteren Sinne** die kostenoptimale Bereitstellung der benötigten Einsatzfaktoren, die für die betrieblichen Leistungsprozesse notwendig sind. Einsatzfaktoren sind dabei in erster Linie Materialien, Güter des Sachvermögens, Rechte, Dienstleistungen, Finanzmittel sowie das benötigte Personal.

Betriebliche Leistungsfaktoren, vgl. HF1, 1.3, S. 20f.

Beschaffung **im Sinne der Materialwirtschaft** umfasst die Bereitstellung der zur Produktion erforderlichen Einsatzfaktoren, d.h. Materialien, Teile und Baugruppen.

Konzept der Geschäftsprozesse, vgl. HF1, 5.2, S. 57f.

Leistungserstellung, vgl. HF3, S. 206ff.

Im Rahmen des Geschäftsprozessmodells handelt es sich bei Beschaffungsprozessen um Kernprozesse. Ihre vorrangige Aufgabe ist die **Bereitstellung der erforderlichen Ressourcen**. Für Leistungserstellungsprozesse werden beispielsweise verschiedene Einsatzfaktoren benötigt, die in einem Produktionsprozess zu verkaufsfähigen Erzeugnissen führen. Der Industriebetrieb ist damit ein Ort der Kombination von Einsatzfaktoren zur betrieblichen Leistungserstellung.

Beschaffung als Kernprozess

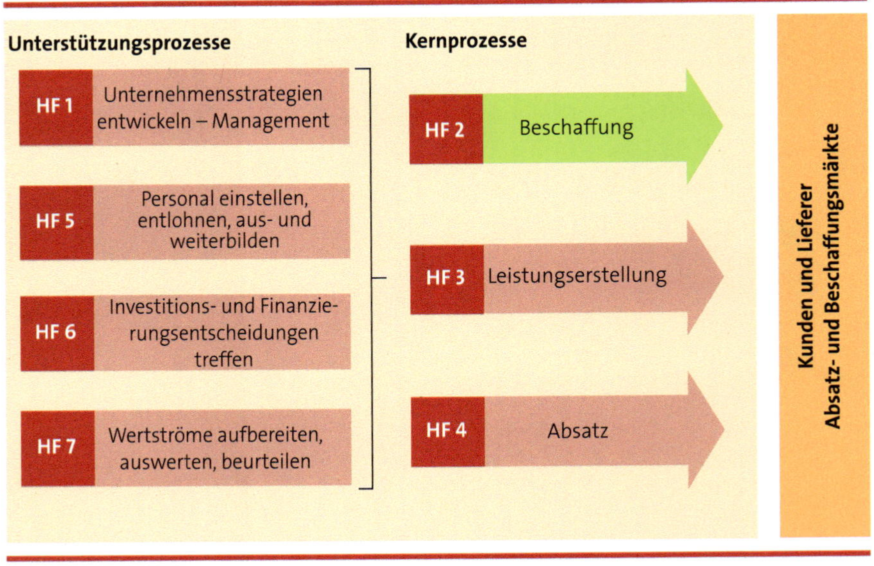

Beschaffungsprozesse beinhalten die folgenden Teilprozesse:

- Geeignete Bezugsquellen ermitteln
- Angebote einholen und vergleichen
- Beschaffungsvorgänge planen (Zielsetzungen beachten, Beschaffungsverfahren auswählen)
- Beschaffungsvorgänge durchführen
- Materialien lagern
- Beschaffungsprozesse buchen (Kreditorenbuchhaltung)
- Wirtschaftlichkeit in der Beschaffung beurteilen

2 Bezugsquellen ermitteln und Angebote vergleichen

LS ▸ **LS 22**
Bezugsquellen ermitteln und Angebote vergleichen

2.1 Bezugsquellenermittlung

Beispiel Die Fly Bike Werke GmbH bezieht regelmäßig Stahlrohr in unterschiedlichen Maßen und Legierungen für die Fertigung ihrer Fahrradrahmen. Von Zeit zu Zeit will sich die Einkaufsabteilung einen Überblick über die Situation am Markt verschaffen. Frau Nemitz-Müller aus der Abteilung Einkauf ist zuständig für die Disposition. Sie wird damit beauftragt, die bestehenden Konditionen zu überprüfen und mögliche neue Bezugsquellen für Stahlrohre zu ermitteln.

Ein Industrieunternehmen agiert in einer sich ständig verändernden Umwelt, wobei vielfältige Beziehungen zu Kunden, Lieferanten und anderen Gruppen aufgebaut und gepflegt werden müssen. Kunden entwickeln neue Bedürfnisse, neue Produkte erscheinen auf dem Markt, geeignete Lieferanten müssen gefunden und Neukunden überprüft werden, um nur einige Aufgaben zu nennen, mit denen sich das Industrieunternehmen auseinandersetzen muss. Um am Markt erfolgreich auftreten zu können, ist es deshalb notwendig, ständig Informationen über Absatz- und Beschaffungsmärkte, Mitbewerber und die gesamtwirtschaftliche Lage zu sammeln, zu aktualisieren und auszuwerten. Hierzu stehen verschiedene Quellen zur Verfügung.

2.1.1 Interne Informationsquellen

Interne Informationsquellen greifen auf Informationen zurück, die bereits im eigenen Unternehmen existieren. Hierzu gehören z. B. Lieferanten- und Artikeldatei, die in vielen Unternehmen in einem **ERP-System** zusammengefasst sind.

ERP
(Enterprise Resource Planning) bezeichnet Software-Lösungen, die Geschäftsprozesse im Unternehmen einheitlich miteinander verknüpfen, steuern und auswerten.

Lieferantendatei
Lieferantendateien geben Auskunft über den bestehenden Lieferantenstamm. Neben Anschrift, Telefonnummer, E-Mail-Adresse und Ansprechpartner kann man der Lieferantendatei auch einen Überblick über das Sortiment sowie die Liefer- und Zahlungsbedingungen der Lieferanten entnehmen. Besonderer Vorteil von Lieferantendateien ist die Möglichkeit, Bemerkungen über die Zuverlässigkeit des entsprechenden Lieferanten festzuhalten.

Artikeldatei
In der Artikeldatei findet sich das gesamte Sortiment des Industrieunternehmens, üblicherweise unterteilt nach Erzeugnisgruppen. Die Artikeldatei gibt Auskunft über Lieferanten, Bestellnummer, Listeneinkaufspreis und Listenverkaufspreis des jeweiligen Artikels.

Lieferantendatei eines Warenhauses

Beispiel Frau Nemitz-Müller informiert sich zunächst über die betriebsinternen Bezugsquellen über bestehende Lieferanten von Stahlrohren. Aus der Artikeldatei erfährt sie, dass Stahlrohre z. B. für das Modell Trekking Light von der Mannes AG in Bochum angeboten werden. Da ihr die Einstandspreise dort recht hoch erscheinen, beschließt sie, auch bei neuen Lieferanten die Konditionen für den Kauf einer größeren Menge an Stahlrohr anzufragen. Die betriebsintern gewonnenen Informationen ergänzt Frau Nemitz-Müller mit außerbetrieblichen (betriebsexternen) Informationen über mögliche Bezugsquellen.

2.1.2 Externe Informationsquellen

CeBit Hannover (15.03.2016). Die CeBit in Hannover oder die Buchmessen in Frankfurt/Main und Leipzig gehören zu den bekanntesten Messen, die auch der Öffentlichkeit zugänglich sind.

Nicht alle notwendigen Informationen lassen sich mithilfe der internen Informationsquellen ermitteln. Möglicherweise könnte es zum Beispiel günstiger sein, einen neuen Lieferanten zu beauftragen, oder ein neuer Kunde stellt einen Auftrag in Aussicht. Um Informationen über Konkurrenten oder die Entwicklung des Marktes zu erhalten, ist es notwendig, Informationsquellen außerhalb des eigenen Unternehmens in Anspruch zu nehmen. Auch hierzu stehen verschiedene Quellen zur Verfügung.

Informationen über den Markt und die Konkurrenz

Viele Informationen kann man in Katalogen und Prospekten anderer Unternehmen finden. Diese geben sowohl einen Überblick über deren Sortiment als auch über deren Preispolitik. In diesem Zusammenhang nehmen Fachmessen und Ausstellungen eine herausgehobene Stellung ein. In kurzer Zeit und auf einem begrenzten Raum treffen sich hier die Anbieter einer bestimmten Branche, präsentieren ihr Sortiment und nutzen die Gelegenheit dazu, Neuerungen zu testen. Allerdings kostet der Besuch einer Messe zumeist Eintritt. Wichtige Messeplätze in Deutschland sind z. B. Köln, Frankfurt/Main, Hannover, Leipzig und Berlin.

Informationen über ein einzelnes Unternehmen

Handelsregister, vgl. **HF 1**, **2.3.4**, S. 34

Benötigt man spezifische Informationen über ein anderes Unternehmen, so kann man sich einen grundsätzlichen Überblick durch einen Auszug des Handelsregisters verschaffen, das von dem Amtsgericht am Geschäftssitz des entsprechenden Unternehmens geführt wird. Das Handelsregister ist für alle öffentlich zugänglich und informiert über Geschäftssitz, Geschäftsgegenstand, Firma, Inhaber, Geschäftsführung und Prokura. Werden weitergehende Informationen benötigt, so kann eine Auskunftei beauftragt werden, die entgeltlich Informationen zur Verfügung stellt.

Allgemeine Informationen

Eine wichtige Quelle für Informationen jeder Art ist das **Internet**. Es bietet über Suchmaschinen eine Vielzahl von Informationen, setzt jedoch voraus, dass die Suche durch genaue und treffende Suchbegriffe eingegrenzt wird, da ansonsten eine unüberschaubare Menge an Informationen geliefert wird.

www.wlw.de
Wer liefert was?

Branchenbücher wie das „ABC der deutschen Wirtschaft" und die „Gelben Seiten" bieten einen Überblick über Unternehmen der unterschiedlichen Wirtschaftszweige. Auch aus Fachzeitschriften können Adressen und Tätigkeitsfelder anderer Unternehmen entnommen werden. Weitere Informationsquellen sind Berichte von Kreditinstituten, statistische Berichte und Jahrbücher. Behörden wie das Statistische Bundesamt, Wirtschaftsinstitute und Verbände, Industrie- und Handelskammern stellen ebenfalls Informationen zur Verfügung.

Wirtschaftssektoren, Branchen, vgl. **HF 1, 1.2**, S. 13

Für die Industrie ist es von großer Bedeutung, stets über eine Vielzahl von möglichen Bezugsquellen zu verfügen. Die schnelle Entwicklung in fast allen Branchen der Industrie erfordert eine konsequente Nutzung aller grundsätzlich vorhandenen Bezugsmöglichkeiten. So können durch die zunehmende Globalisierung und den Abbau von Handelsschranken (z. B. Zöllen) Lieferanten interessant werden, die in der Vergangenheit erst gar nicht in die nähere Auswahl für eine Bestellung gekommen wären.

alternative Beschaffungswege, vgl. **6.3**, S. 176

Auch der unvorhergesehene Ausfall eines Lieferanten kann durch das Vorhandensein von Alternativen im Bereich der Bezugsquellen besser aufgefangen werden.

Übersicht: Bezugsquellen ermitteln

betriebsinterne Informationsquellen	– Artikeldatei – Lieferantendatei – Berichte von Reisenden – Preis-, Einkaufs- und Absatzstatistiken
betriebsexterne Informationsquellen	– Adress- und Branchenbücher (z. B. Gelbe Seiten) – Besuch von Fachmessen – Vertreterbesuche – Berichte und Annoncen in Fachzeitschriften – Online-Recherche: Fachzeitschriften, Branchenverzeichnisse und Homepages von Anbietern – usw.

2.2 Anfrage

Bei der Anbahnung eines Kaufvertrages verfolgt man mit einer Anfrage das Ziel, festzustellen, ob und zu welchen Bedingungen mögliche Lieferer die Materialien, die beschafft werden sollen, in ihrem Programm führen. Durch Anfragen bei verschiedenen möglichen Lieferern soll die geeignetste Bezugsquelle ermittelt werden. Anfragen sind **rechtlich unverbindlich**, d. h. aus einer Anfrage ergibt sich keine Verpflichtung zum Kauf.

Fly Bike Werke GmbH

FBW GmbH · Rostocker Str. 334 · 26121 Oldenburg

Stahlwerke Tissen AG
Karl-Kleppe-Str. 19
40474 Düsseldorf

Ihr Zeichen, Ihre Nachricht vom	Unser Zeichen, unsere Nachricht vom	Telefon, Name	Datum
	nem	0441 8 85-77 Frau Nemitz-Müller	27.05.20XX

Anfrage nach Stahlrohr, 34 mm x 2 mm
Rundrohr, CrMoB – Chrom-Molybdän-Legierung

Sehr geehrte Damen und Herren,

für die Fertigung unserer Fahrradrahmen benötigen wir Stahlrohr der o. a. Spezifikation.

Wir gehen zunächst von einer Bedarfsmenge von 4 000 m aus. Bitte senden Sie uns zeitnah ein Angebot unter Angabe Ihrer Zahlungs- und Lieferungsbedingungen.

Mit freundlichen Grüßen

Fly Bike Werke GmbH

i. A. *Nemitz-Müller*

Nemitz-Müller

Geschäftsführer
Hans Peters

HR Oldenburg
B 2134

Bankverbindungen
Bank 3000 Oldenburg
IBAN: DE67 3707 5020 2114 2536 66
BIC: 3000DENIXXX

Oldenburg-Bank
IBAN: DE86 2804 0114 0112 3264 44
BIC: OLBADEOL261

Fax
0441 885 92-11
E-Mail
info@flybike-werke.de

Finanzamt 2364
Oldenburg
Steuer-Nr. 11 28 870 0057
USt-ID-Nr. DE 236667691

2.3 Angebotsvergleich

Beispiel Frau Nemitz-Müller hat auf Basis der betriebsintern und -extern gewonnenen Informationen insgesamt vier Unternehmen ermittelt, die als Lieferanten für Stahlrohr infrage kommen. Anschließend hat sie entsprechende Anfragen an diese Unternehmen verschickt. Kurz darauf erhält sie die gewünschten Angebote.

Immer wenn das Industrieunternehmen neue bzw. bisher noch nicht gelistete Materialien beziehen will, sollte es einen Angebotsvergleich durchführen. Da die Lieferanten eventuell neu oder ihre Konditionen für das Produkt andere als bisher bekannte sind, schafft sich der Industriebetrieb durch einen Angebotsvergleich die Möglichkeit, das für ihn beste Angebot zu ermitteln.

2.3.1 Quantitativer Angebotsvergleich

Beim quantitativen Angebotsvergleich richtet sich die Kaufentscheidung nach **messbaren Größen** wie dem Listeneinkaufspreis der Materialien, der Höhe der Preisnachlässe, den Beförderungs- und Verpackungskosten (Bezugskosten).

Beispiel Aus den vorliegenden Angeboten werden Preise und weitere Konditionen für die geplante Bestellmenge entnommen und zum Vergleich tabellarisch gegenübergestellt.

Artikel 1034020 – Stahlrohre, Außendurchmesser 34 mm, Wandstärke 2,00 mm für Eigenfertigung

Lieferant	Frankenstahl GmbH & Co. KG	Metallwerke GmbH	Mannes AG	Stahlwerke Tissen AG
Lieferanten-Nr.	–	–	60002	60001
Listeneinkaufspreis	3,70 €/m	3,90 €/m	3,80 €/m	4,00 €/m
Menge	4000 m	4000 m	4000 m	4000 m
Lieferantenrabatt	ab 1000 m 12 %	ab 1000 m 8 %, ab 2000 m 11 %	ab 1000 m 5 %, ab 2000 m 10 %	ab 2000 m 15 %
Zahlungskonditionen	innerhalb von 10 Tagen 3 % Skonto, Ziel 30 Tage	innerhalb von 14 Tagen 2,5 % Skonto, rein netto 30 Tage	innerhalb von 10 Tagen 3 % Skonto, Ziel 30 Tage	Zahlungsziel 8 Tage, kein Skonto
Bezugskosten	Transportkostenpauschale für FBW 1.200,00 €	Transportkostenanteil der FBW 5 % vom Zieleinkaufspreis	Anlieferungspauschale für FBW 1.000,00 €	ab 5.000,00 € Auftragswert Lieferung frei Lager FBW
Lieferfrist	7 Tage	4 Tage	6 Tage	4 Tage
weitere Kriterien aus den internen Dispositionsunterlagen	keine Erfahrungswerte	keine Erfahrungswerte	hohe Qualität, sehr zuverlässig	hohe Qualität, sehr zuverlässig

Bei einem Angebotsvergleich sind verschiedene vorliegende Angebote von den Disponenten oder Einkäufern nach festgelegten Bewertungskriterien zu vergleichen. Grundsätzlich ist der Bezugspreis als quantitatives Kriterium ein zentraler Entscheidungsfaktor für oder gegen ein Angebot. Hierbei ist eine exakte **Bezugskalkulation** durchzuführen. Mithilfe der Bezugskalkulation werden die verschiedenen Angebote nach einem bestimmten Kalkulationsschema miteinander verglichen.

Lieferant	Frankenstahl GmbH & Co. KG	Metallwerke GmbH	Mannes AG	Stahlwerke Tissen AG
① Listeneinkaufspreis	14.800,00 €	15.600,00 €	15.200,00 €	16.000,00 €
– Lieferantenrabatt	1.776,00 €	1.716,00 €	1.520,00 €	2.400,00 €
② = Zieleinkaufspreis	13.024,00 €	13.884,00 €	13.680,00 €	13.600,00 €
– Lieferantenskonto/ Lieferantenbonus	390,72 €	347,10 €	410,40 €	kein Skonto
③ = Bareinkaufspreis	12.633,28 €	13.536,90 €	13.269,60 €	13.600,00 €
④ + Bezugskosten	1.200,00 €	694,20 €	1.000,00 €	keine Bezugskosten
⑤ = Bezugspreis/ Einstandspreis	13.833,28 €	14.231,10 €	14.269,60 €	13.600,00 €
Lieferzeit	7 Tage	4 Tage	6 Tage	4 Tage

Ergebnis:
Der preisgünstigste Anbieter ist die Stahlwerke Tissen AG.

Erläuterungen

① Der Listeneinkaufspreis ist ein Nettobetrag ohne Umsatzsteuer.

② Enthält das Angebot sowohl Rabatt als auch Skonto, wird zunächst der Rabatt vom Listeneinkaufspreis abgezogen, da er vertraglich vereinbart ist. Das Ergebnis ist der Zieleinkaufspreis.

③ Danach wird der Skonto vom Zieleinkaufspreis abgezogen. Das Ergebnis ist der Bareinkaufspreis.

④ Die Bezugskosten werden zum Bareinkaufspreis hinzugerechnet. Dabei ist die Berechnung der Bezugskosten immer abhängig von den Kaufvertragsbedingungen. Bezugskosten können als prozentualer Zuschlag auf den Listeneinkaufspreis oder auf den Zieleinkaufspreis vereinbart werden. Häufig werden Verpackungskosten als Bestandteil der Bezugskosten, aber auch als Pauschalbeträge in Abhängigkeit von der Einkaufsmenge angegeben.

Preisnachlässe, Bezugskosten, vgl. HF 4, Band 2

Versandkosten sind häufig nicht nur vom Einkaufswert und der Einkaufsmenge (Volumen, Gewicht), sondern auch von der Transportentfernung abhängig. Grundsätzlich ist zu prüfen, wer diese Kosten übernehmen muss (Lieferbedingungen beachten). Eventuell werden Verpackungskosten und Transportkosten vom Lieferanten übernommen, wenn die Bestellung mengen- oder wertmäßig bestimmte Grenzen überschreitet. Hinsichtlich der Skontoabzugsfähigkeit von in Rechnung gestellten Transport- oder Verpackungskosten sind ebenfalls die Vereinbarungen im Kaufvertrag zu beachten. Oft ist der Rechnungsbetrag einschließlich Transport- und Verpackungskosten skontierfähig. In diesem Fall ist das Kalkulationsschema für die Bezugskalkulation entsprechend zu ändern (Zieleinkaufspreis + Bezugskosten – Skonto).

⑤ Die Summe aus dem Bareinkaufspreis und den Bezugskosten ergibt den Bezugs- oder Einstandspreis.

2.3.2 Qualitativer Angebotsvergleich

Beispiel Die Fly Bike Werke GmbH erhält ein Angebot von zwei Lieferanten, die sich hinsichtlich des Bezugspreises nur um wenige Euro unterscheiden. Frau Nemitz-Müller überlegt nun: Nach welchen anderen Kriterien neben dem Bezugspreis sollte sie eine Entscheidung für oder gegen eines dieser Angebote treffen?

Das Angebot mit dem günstigsten Bezugspreis muss nicht unbedingt gleichzeitig das beste sein. Wenn z. B. der Lieferant mit dem günstigsten Bezugspreis nur minderwertige oder mangelhafte Qualität liefert, können dem Industriebetrieb hohe Kosten durch Produktionsstockungen und Kundenreklamationen entstehen. Der Industriebetrieb muss also bei seiner Kaufentscheidung neben dem Preis weitere Aspekte berücksichtigen.

Qualität des Materials
Ein Produkt ist nur verkäuflich, wenn es den Qualitätsansprüchen der Kunden entspricht. Ist der Kunde von der Qualität des Produktes enttäuscht, bleibt es liegen oder wird beanstandet. Dem Industriebetrieb entstehen dadurch hohe Lager- und Verwaltungskosten. Außerdem wird das Image seines Unternehmens unter häufigen Reklamationen leiden. Sollte das Material den Qualitätsansprüchen nicht genügen, kann es außerdem passieren, dass die anderen im Produktionsprozess verwendeten Materialien in Mitleidenschaft gezogen werden und im schlimmsten Fall die Produktion gestoppt werden muss, was in der Regel zu hohen Kosten führt.

Umweltverträglichkeit der Produkte
Kein Industriebetrieb kann sich heute der Verantwortung für die Umwelt verschließen. Je nach Unternehmensziel und Sortiment erhält die Umweltverträglichkeit der zu beschaffenden Materialien und deren Verpackung unterschiedliche Gewichtung.

Lieferbedingungen
Die Verkaufsbereitschaft des Industriebetriebes ist davon abhängig, ob die Produkte pünktlich und mangelfrei geliefert werden. Dies wiederum ist davon abhängig, ob der Produktionsprozess reibungslos ablaufen kann. Fehlendes Material kann die Produktion verlangsamen, dies führt zu Lieferungsverzögerungen und damit zu Kunden- und Umsatzverlusten sowie Gewinneinbußen. Muss der Industriebetrieb aufgrund der Unzuverlässigkeit seines Lieferanten größere Materialbestände bevorraten oder zu früheren Zeitpunkten bestellen, um das Risiko einer Fehlmenge zu minimieren, führt dies zu unnötig hohen Lagerkosten.

nachhaltige und fair gehandelte Güter, vgl. **3.3**, S. 159

Von Interesse bei der Lieferantenauswahl ist auch,
- innerhalb welcher Frist der Lieferant liefern kann,
- welche Mengen er liefern kann,
- ob Mindestbestellmengen vom Lieferanten vorgegeben werden und
- wie flexibel er auf Sonderwünsche reagiert.

Zahlungsbedingungen
Neben den Preisnachlässen, die im quantitativen Angebotsvergleich berücksichtigt werden, ist der Zahlungszeitpunkt wesentlich für die Kaufentscheidung. Bietet ein Lieferant ein Zahlungsziel an, kann es für den Industriebetrieb vorteilhaft sein, dieses auszunutzen, um seine Liquidität zu erhalten.

Serviceleistungen des Lieferanten
Wichtige Entscheidungskriterien sind das kulante Verhalten eines Lieferanten in Reklamationsfällen und der Umfang der gewährten Garantieleistungen. Ausschlaggebend können auch Zusatzleistungen des Lieferanten sein, wie z. B. Beratung, Depot-/Warenkundeschulungen des Verkaufspersonals, der Einsatz von Werbefilmen, Flyern und anderen Werbemitteln.

Um die qualitativen Aspekte verschiedener Angebote miteinander vergleichen zu können, ist es sinnvoll, eine Nutzwertanalyse durchzuführen. Hierbei werden ausgewählte Leistungen der Anbieter mit einem Punktesystem bewertet. Diese Bewertung erfolgt mithilfe einer Entscheidungstabelle. Zur besseren Übersichtlichkeit sollen nur beispielhaft einige Kriterien zum Vergleich herangezogen werden.

Vorgehensweise/Ablauf der Nutzwertanalyse
1. Die ausgewählten Leistungskriterien der verschiedenen Lieferanten, wie z. B. Qualität, Lieferfrist und Umweltverträglichkeit, haben für jedes Unternehmen unterschiedliche Bedeutung. Die Qualität der Ware wird hier mit dem Faktor 5 als wichtiger eingestuft als die Lieferfrist (Faktor 3) und die Umweltverträglichkeit, die mit dem Faktor 2 gewichtet wird.
2. Die Leistungen der verschiedenen Lieferanten werden nach einer Punkteskala von 1 bis 9 bewertet. So erhält der Lieferant 1 für die Qualität der Waren 5 Punkte, für die Lieferfrist 7 Punkte und für die Umweltverträglichkeit 4 von jeweils 9 möglichen Punkten.
3. Die Bewertungspunkte werden mit dem Gewichtungsfaktor multipliziert.
4. Das Gesamtergebnis für die einzelnen Lieferanten ergibt sich aus der Addition der gewichteten Bewertungen.
5. Das beste Gesamtergebnis hat der Lieferant mit der höchsten Punktzahl.

Kriterien	Gewichtungsfaktor	Leistungen Lieferant 1		Leistungen Lieferant 2		Leistungen Lieferant 3	
		Punkte	Punkte · Faktor	Punkte	Punkte · Faktor	Punkte	Punkte · Faktor
Qualität der Ware	5	5	25	7	35	6	30
Lieferfrist	3	7	21	8	24	5	15
Umweltverträglichkeit	2	4	8	4	8	2	4
Gesamtwert	10		54		67		49
Ergebnis: Das beste Gesamtergebnis unter qualitativen Gesichtspunkten hat der Lieferant 2 mit 67 Punkten.							

Übersicht: Angebotsvergleich

Quantitativer Angebotsvergleich	– Ziel: Ermittlung des preisgünstigsten Angebots – Kriterien: Bezugspreis/Einstandspreis – Vorgehen: Bezugskalkulation
Qualitativer Angebotsvergleich	– Ziel: Entscheidung für ein Angebot aufgrund zusätzlicher Kriterien – das günstigste Angebot muss nicht das beste sein! – Kriterien: z. B. Qualität, Umweltverträglichkeit, Serviceleistungen – Vorgehen: Nutzwertanalyse

3 Ziele der Beschaffung

3.1 Zielkategorien und Zielkonflikte

LS ▸ **LS 23**
Ziele der Beschaffung festlegen

Das **Formalziel** der Beschaffung besteht darin, die Materialversorgung möglichst kostengünstig und die Entsorgung des Materialabfalls unter Beachtung ökologischer Gesichtspunkte durchzuführen. Das **Sachziel** der Beschaffung ist es, das Unternehmen sicher mit Material zu versorgen. Damit sind drei Zielkategorien angesprochen:

Sach- und Formalziele, vgl. **HF 1**, **12.2**, S. 132

Zielkategorien in der Beschaffung	
Kostenreduzierungsziele	– niedrige Bezugskosten – niedrige Lagerkosten (geringe Lagerbestände) – niedrige Fehlmengenkosten
Qualitätsverbesserungsziele	– lieferseitige Qualität der Materialien – hohe Umweltverträglichkeit
Versorgungsziele	– kurze Lieferzeiten – sichere Bezugsquellen – Flexibilität

Beispiel Um sich gegen die Konkurrenz aus Osteuropa und Fernost durchsetzen zu können, achtet die Einkaufsabteilung auf günstige Einstandspreise. Um sicherzustellen, dass die Produkte der gewünschten Qualität entsprechen, hat die Fly Bike Werke GmbH von allen Lieferanten eine Zertifizierung nach den Qualitätsnormen der ISO 9000 gefordert. Um die Versorgungsziele zu erreichen, müssen der Produktion die benötigten Materialien zum gewünschten Termin und zu möglichst kurzen Lieferzeiten zur Verfügung stehen (operative Bereitschaft). Langfristig geht es darum, die Sicherheit der Lieferquellen zu gewährleisten (strategische Lieferbereitschaft).

Qualitätssicherung, vgl. **HF 3**, **6.1**, S. 249 f.

Es ist wichtig, dass sowohl eine Abstimmung zwischen den einzelnen Unternehmensbereichen und Abteilungen als auch zwischen den Zielen selbst erfolgt. Geschieht dies nicht, kann es zu **Zielkonflikten** kommen. Zielkonflikte entstehen immer dann, wenn innerhalb eines Zielsystems ein Ziel nur zulasten eines anderen Ziels erreicht werden kann.

Zielkonflikte in der Beschaffung	
Hohe Lieferbereitschaft gegen niedrige Lagerkosten	Eine hohe Lieferbereitschaft erfordert hohe Sicherheitsbestände, um stets lieferfähig zu sein. Dies führt zu einer Erhöhung der Lagerkosten, z. B. in Form von Personalkosten oder Zinskosten (durch eine steigende Kapitalbindung).
Günstige Einstandspreise gegen niedrige Materialbestände	Günstige Einstandspreise setzen häufig hohe Bestellmengen voraus (z. B. Ausnutzung von Mengenrabatten). Dadurch erhöhen sich allerdings die Materialbestände und auch die Kapitalbindungskosten. Außerdem besteht die Gefahr von Materialverlusten in Form von Diebstahl oder Verringerung der Materialqualität durch zu lange Lagerzeiten.
Günstige Einstandspreise gegen hohe Umweltverträglichkeit	Die Beschaffung umweltverträglicher Materialien erfordert eine aufwendigere Beschaffungsmarktforschung. Zudem sind umweltfreundliche Materialien häufig teurer als herkömmliche Materialien.

3.2 Preisplanung

Die Preisplanung im Rahmen von Beschaffungsprozessen ermittelt Preisobergrenzen für zu beschaffende Materialien. **Bezugspreise** sind ein wesentlicher Kostenfaktor, der sich letztlich in der Kalkulation der **Absatzpreise** niederschlägt. Für die am Markt abzusetzenden Enderzeugnisse müssen Absatzpreise kalkuliert werden, die einerseits die entstandenen Kosten, z. B. der Beschaffung und Produktion, abdecken. Außerdem wird in der Regel ein Gewinnzuschlag in die Preise einkalkuliert. Andererseits müssen die kalkulierten Preise auch am Markt realisiert werden können, d. h., die Nachfrager müssen bereit sein, den Preis für das Produkt auch zu bezahlen.

Preisplanung im Spannungsfeld von Kosten- und Nachfrageorientierung

Preisgestaltung im Rahmen der Preispolitik, vgl. HF 4, 4.1, S. 285 ff.

Insbesondere auf **Käufermärkten** ist die Zahlungsbereitschaft der potenziellen Kunden die Preisobergrenze, die nicht überschritten werden darf. Die Zahlungsbereitschaft der Kunden hängt zum einen von den Preisen der Konkurrenten ab. Aber auch für Produkte, die nicht von Konkurrenten angeboten werden, ist die Zahlungsbereitschaft nicht unendlich hoch. Wird das Produkt zu teuer angeboten, so wird der Kunde im Zweifel auf den Kauf verzichten.

Welche Obergrenze für einen Bezugspreis gilt, kann mithilfe der **Rückwärtskalkulation** ermittelt werden. Im Extremfall kann die Preisplanung zu der Entscheidung führen, dass ein geplantes Produkt nicht ins Produktionsprogramm aufgenommen wird. Dies ist der Fall, wenn alle potenziellen Lieferanten oberhalb der ermittelten Preisobergrenze anbieten, d. h., wenn ein Produkt nur zu einem höheren Bezugspreis bezogen werden kann.

Marktforschung, vgl. HF 4, 2, S. 266

Beispiel Durch eine Innovationsstiftung ist man in der Fly Bike Werke GmbH auf die Idee eines cleveren Erfinders gestoßen. Dieser hat einen Fahrradanhänger entwickelt, der eine große Transportfläche bietet und durch sein integriertes Zelt auch für Campingausflüge genutzt werden kann. Der Erfinder bietet der Fly Bike Werke GmbH den Exklusivvertrieb des Anhängers an. Die Marktforschung hat ergeben, dass die Kunden einen Listenverkaufspreis mit den üblichen Preisnachlässen von 250,00 € akzeptieren würden. Ausgehend von diesem Verkaufspreis muss nun rückwärts kalkuliert werden, wie hoch der Bezugspreis maximal sein darf, um den Fahrradanhänger ins Programm aufnehmen zu können.

=	Bezugspreis in €		145,92		**100 %**
	Handlungskosten	45 %	65,67		**45 %**
=	Selbstkosten		211,59	**100 %**	**145 %**
	Gewinn	10 %	21,16	**10 %**	
=	Barverkaufspreis		232,75	**110 %**	**98 %**
	Kundenskonto	2 %	4,75		**2 %**
=	Zielverkaufspreis		237,50	**95 %**	**100 %**
	Kundenrabatt	5 %	12,50	**5 %**	
=	Listenverkaufspreis		250,00	**100 %**	

Anmerkung: Aus Vereinfachungsgründen wurde angenommen, dass keine Vertriebsprovisionen anfallen.

Bei einem angenommenen Handlungskostenzuschlagsatz von 45 %, einem Gewinnzuschlagsatz von 10 %, einem Kundenrabatt von 5 % und einem Kundenskonto von 2 % darf der Bezugspreis maximal 145,92 € betragen.

3.3 Nachhaltigkeit und fairer Handel

Aus unternehmerischer Verantwortung gegenüber Umwelt und Mitmenschen ist es geboten, Beschaffungsentscheidungen auch unter Umweltaspekten zu fällen und entsprechende Beschaffungsziele zu formulieren. Auch immer mehr Verbraucher legen Wert auf Waren, die nicht nur von hoher Qualität, sondern auch unter Umweltgesichtspunkten verträglich sind.

Wertschöpfung, vgl. **HF 1**, **5.1.4**, S. 55 f.

Um dieses Ziel zu erreichen, muss die komplette Wertschöpfungskette möglichst umweltverträglich gestaltet sein. Nachhaltigkeit nimmt hierbei einen besonderen Stellenwert ein. **Nachhaltigkeit** in ihrer ursprünglichen Bedeutung erfordert, dass Ressourcen nur in dem Maße der Umwelt entnommen werden, wie sie auch wieder nachwachsen. Ein klassisches Beispiel hierfür ist der Regenwald. Hier wurde und wird noch immer mehr Wald gerodet als gleichzeitig nachwachsen kann, sodass hier der Grundsatz der Nachhaltigkeit verletzt ist.

www.blauer-engel.de

Neben dem Aspekt der Nachhaltigkeit gewinnt **fairer Handel** auch für Beschaffungsentscheidungen immer mehr an Bedeutung und hat Eingang in die Zielsetzung vieler Unternehmen gefunden. Das Konzept des fairen Handels betrifft vor allem den Handel zwischen Industrie- und Entwicklungsländern. Es sieht vor, dass Erzeuger weltweit garantierte Mindestpreise für ihre Rohstoffe (z. B. Kaffee, Kakaobohnen, Tee, Blumen u. Ä.) erhalten, um sicherzustellen, dass die Erzeuger ein verlässliches Einkommen erhalten, von dem sie unabhängig von Schwankungen des Weltmarktpreises sicher leben können.

www.eu-ecolabel.de

In beiden Fällen garantieren Zertifikate unabhängiger Dritter, dass die gehandelte Ware auch tatsächlich nachhaltig erzeugt bzw. fair gehandelt wurde. „Der Blaue Engel" in Deutschland sowie die „Euroblume" auf europäischer Ebene zählen zu den bekanntesten Umwelt-Siegeln. Mit dem Fairtrade-Siegel werden Produkte ausgezeichnet, die den Standards des TransFair e.V. entsprechen. TransFair setzt sich dafür ein, dass sich die Lebens- und Arbeitsbedingungen von Produzenten aus Entwicklungsländern nachhaltig verbessern.

Das Siegel für Fairen Handel.

www.fairtrade-deutschland.de

www.label-online.de

Sowohl nachhaltig erzeugte als auch fair gehandelte Waren sind in der Regel teurer als konventionelle Rohstoffe und Waren. Hier kann sich also ein Zielkonflikt ergeben zwischen Einkauf zu günstigen Preisen einerseits und der Beschaffung von nachhaltig erzeugten und/oder fair gehandelten Waren andererseits.

Übersicht: Ziele der Beschaffung

Zielkategorien	– Kosten reduzieren – Qualität verbessern – Versorgung sichern
Beschaffung kostengünstiger Güter	– Preisplanung orientiert sich an der Zahlungsbereitschaft potenzieller Kunden – Hilfsmittel: Rückwärtskalkulation
Beschaffung nachhaltiger Güter	– der Umwelt nicht mehr Ressourcen entnehmen als gleichzeitig nachwachsen können – unternehmerische Verantwortung wahrnehmen – Zertifizierung möglich
Beschaffung fair gehandelter Güter	– Mindestpreise für Erzeuger in Drittweltländern, um deren Einkommen zu sichern – unternehmerische Verantwortung – Zertifizierung möglich

4 Beschaffungsverfahren

LS 24
Den optimalen Bestellzeitpunkt ermitteln

4.1 Bestellpunktverfahren

Zur Ermittlung des optimalen Bestellzeitpunktes sind die Begriffe Mindestbestand, Meldebestand und Höchstbestand zu klären.

Bestandsarten im Lager, vgl. 7.7, S. 191

Der **Mindestbestand** ist ein vom Unternehmen festgelegter Bestand, der die Lieferbereitschaft auch bei unvorhergesehenen Zwischenfällen sichern soll. Dieser Bestand darf nur mit ausdrücklicher Genehmigung bzw. Anweisung der Geschäftsleitung angetastet werden.

Beispiel Die Fahrradteile International GmbH ist aufgrund eines Wasserschadens nicht in der Lage, die bereits von der Fly Bike Werke GmbH georderte Menge Fahrradreifen zu liefern. Daraufhin gibt der Geschäftsführer der Fly Bike Werke GmbH, Herr Peters, seinen Mitarbeitern die Anweisung, den Mindestbestand der auf Lager liegenden Reifen zu unterschreiten, damit die Produktion nicht ins Stocken gerät.

Der **Meldebestand** legt den genauen Bestellzeitpunkt fest. Bei Erreichen des Meldebestandes muss eine bestimmte Menge an Material bestellt werden bzw. die Bestellung wird automatisch ausgelöst. Die folgende Formel zur Errechnung des Meldebestandes gewährleistet, dass in der Zeitspanne zwischen Bestellung und Lieferung der Ware der Mindestbestand nicht unterschritten wird.

Meldebestand = Mindestbestand + Verbrauch pro Periode • Beschaffungszeit

Beispiel Der Mindestbestand von Scheibenbremsen liegt bei 700 Stück. Der Lieferant, die DAX AG, benötigt eine Lieferzeit von sechs Tagen. Pro Tag werden etwa 300 Bremsen in Fahrräder eingebaut.

Ermittlung des Meldebestandes: 700 + 300 · 6 = 2 500 Stück

Der **Höchstbestand** ist ein ebenfalls vom Unternehmen festgelegter Bestand, der die Höchstlagerungsmenge des Materials bestimmt. Er ist abhängig von der räumlichen Lagerungskapazität, von der täglich verbrauchten Menge und den durch die Lagerung entstehenden Kosten.

Beispiel Von Fahrradklingeln werden in der Produktion durchschnittlich 40 Kartons pro Tag benötigt. Der Mindestbestand beträgt 200 Kartons. Der Lieferer ist in der Regel in der Lage, innerhalb von zwei Tagen die gewünschte Menge zu liefern. Da die Bestellung und die Lieferung sowohl Personal als auch Transportkosten verursachen, ist es wichtig, einerseits nicht zu oft zu bestellen, andererseits aber auch nicht zu hohe Mengen auf Lager zu halten. Aus diesem Grunde wurde der Höchstbestand auf 1200 Kartons festgesetzt. So muss nur einmal im Monat bestellt werden. Der Höchstbestand reicht 25 Arbeitstage, ohne den Mindestbestand von 200 Kartons anzurühren.

$$\frac{\text{Höchstbestand} - \text{Mindestbestand}}{\text{Verbrauch pro Periode}} = \frac{1200 - 200}{40} = 25 \text{ Arbeitstage}$$

Bestellpunktverfahren

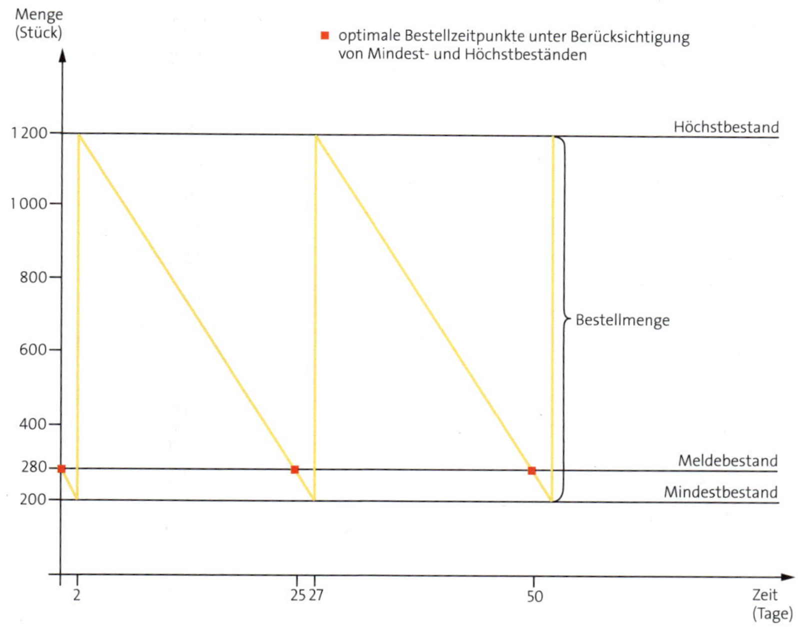

Beispiel Bei den Fahrradklingeln liegt der Bestellzeitpunkt bei 280 Kartons (Meldebestand). Alle 25 Arbeitstage werden 1000 Kartons bestellt, das ist die Menge, die bei Eintreffen der Lieferung zum Höchstbestand führt. Der Höchstbestand baut sich in den folgenden 25 Tagen bis zum Mindestbestand ab (z. B. von Tag 2 bis Tag 27).

Strategien beim Bestellpunktverfahren	
Prinzip: konstante Menge	Wenn der verfügbare Bestand den Bestellpunkt erreicht, wird eine konstante Menge nachbestellt.
Prinzip: Minimum – Maximum	Wenn der verfügbare Bestand den Bestellpunkt erreicht, wird dieser bis zu einer Obergrenze (Höchstbestand) aufgefüllt. Durch die Festlegung dieser Obergrenze werden unnötig hohe Materialvorräte verhindert (siehe Beispiel).

4.2 Bestellrhythmusverfahren

Beim Bestellrhythmusverfahren (Terminsteuerung) erfolgt eine Bestandskontrolle oder Nachbestellung **in festgelegten Zeitabständen**, z. B. alle 10 Tage. Das Bestellrhythmusverfahren ermöglicht so koordinierte Bestellungen (verschiedene Lagerartikel vom gleichen Lieferanten) und orientiert sich am Lieferanten- oder Produktionsrhythmus.

Das Bestellrhythmusverfahren hat gegenüber dem Bestellpunktverfahren den Vorteil, dass sehr schnell erkannt wird, ob z. B. ein bestimmtes Material schon längere Zeit keine Bewegungen aufweist und damit eventuell als sogenannter „Lagerhüter" aus dem Lager herausgenommen werden muss.

Komponentenliste Modell Light

Fly Bike Werke GmbH

Set-Nr. Fly Bike	Komponenten-gruppen	Damen Trek TR	Teile	Anbieter	Einstandspreis geplant in €
9520	Verpackung 2	Verpackung	PE-Stretchfolie/ Rolle, 300 m	Kunststoffwerke	68,95

Beispiel Bestellrhythmusverfahren in der Fly Bike Werke GmbH

Für die Verpackung Klarsichtfolie ergibt sich ein jährlicher Verbrauch in Höhe von 48 000 Rollen.

- Unter Berücksichtigung des Betriebskalenders wird von 250 Arbeitstagen ausgegangen.
- Der durchschnittliche Verbrauch je Arbeitstag beträgt 192 Rollen (48 000 Rollen/250 Arbeitstage).
- Die Beschaffungszeit beträgt acht Tage.
- Der Mindestbestand liegt bei 576 Rollen.
- Der Höchstbestand wird mit 10 000 Rollen angesetzt.
- Der aktuelle Lagerbestand beträgt 5 000 Rollen.

Meldebestand = Mindestbestand + Verbrauch pro Periode · Beschaffungszeit
= 576 + 192 · 8
= 2 112 Rollen

Der Bestand wird in konstanten Intervallen von zehn Tagen überprüft. Bei Erreichen des Meldebestandes bzw. bei seiner Unterschreitung wird der Bestand bis zum Höchstbestand aufgefüllt. Bei strikter Anwendung des Bestellrhythmusverfahrens würde am 10. Tag keine Bestellung erfolgen, denn der Lagerbestand liegt noch über dem Meldebestand. Erst bei Erreichen des Meldebestandes würde eine Bestellung ausgelöst werden. Dadurch wäre nicht mehr sichergestellt, dass der vorhandene Lagerbestand (einschließlich des Sicherheitsbestandes) ausreicht, den Verbrauch während der Beschaffungszeit abzudecken.

Beispiel Für die Verpackung Klarsichtfolie erfolgt eine Bestellung am 10. Tag, die Lieferung erfolgt am 18. Tag, sodass der Sicherheitsbestand nicht „angegriffen" werden muss. In derselben Weise wird am 40. Tag verfahren. Sollte für die Überprüfung der Lagerbestände eine Zeitspanne anfallen, die ins Gewicht fällt, so müsste sie für die Berechnung des Bestellpunktes zur Beschaffungszeit hinzugerechnet werden.

Bestellrhythmusverfahren

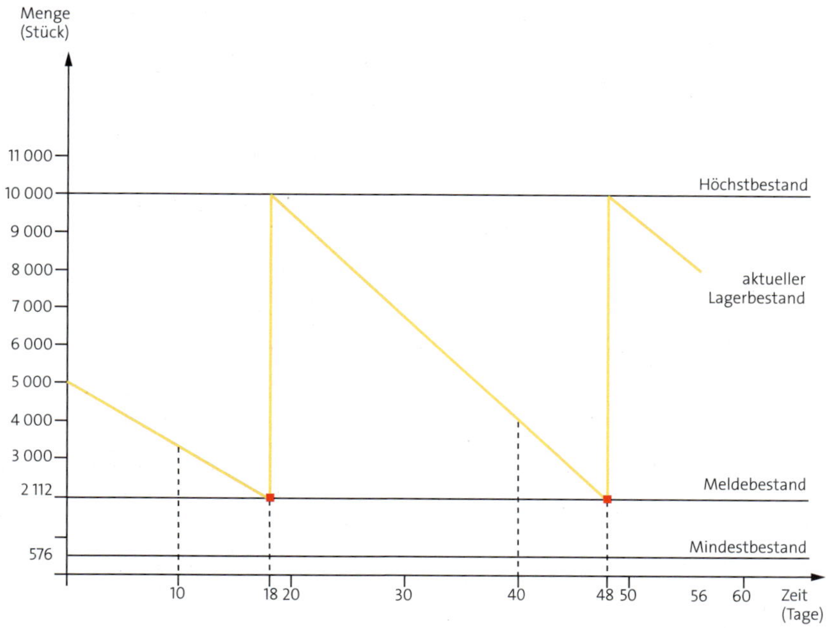

Strategien beim Bestellrhythmusverfahren	
Prinzip: konstante Intervalle	Wenn Lagerbewegungen stattgefunden haben, wird in konstanten Intervallen nachbestellt und bis zum Höchststand aufgefüllt.
Prinzip: konstante Intervalle/ konstante Menge	Der Bestand wird in konstanten Intervallen überprüft. Wird der Bestellpunkt erreicht, wird eine konstante Menge nachbestellt.
Prinzip: konstante Intervalle/ Minimum – Maximum	Der Bestand wird in konstanten Intervallen überprüft. Wird der Bestellpunkt erreicht, wird bis zum Höchstbestand aufgefüllt.

LS ▸ LS 25
Just-in-time-Lieferung nutzen

4.3 Just-in-time-Lieferung

Just in time (JIT) bedeutet, dass Materialien, Teile, Baugruppen, halbfertige und fertige Erzeugnisse von vorgelagerten Stufen dann bereitgestellt werden, wenn die nachfolgenden Stufen sie benötigen. Bei der Abwicklung von Beschaffungs- und Produktionsprozessen müssen Materialien, Güter und Informationen ohne Störungen fließen. Hier hat das Just-in-time-Prinzip eingefahrene Strukturen grundlegend verändert. Der Aufbau von Sicherheitslagern entlang der Versorgungskette lässt sich durch Informationen und flexible Logistik ersetzen. JIT, d. h. „gerade zur rechten Zeit am richtigen Ort", soll sowohl Geschäftsprozesse vom Lieferanten zum produzierenden Unternehmen als auch unternehmensintern und zum Kunden optimieren.

Materialfluss früher und heute

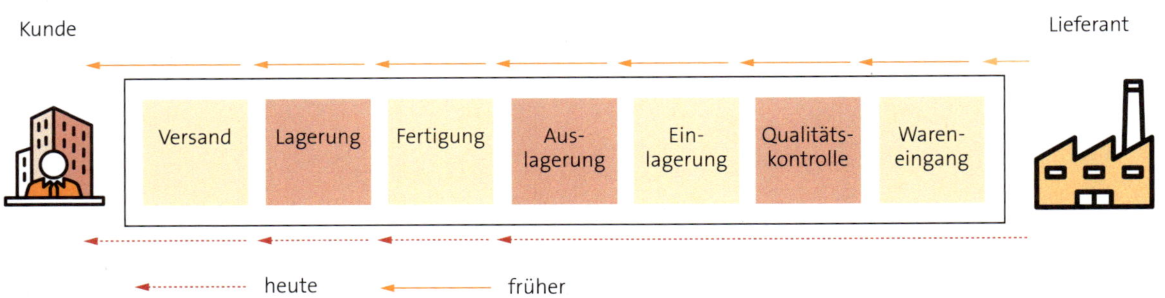

Durch JIT wird Verschwendung von Kapital, Raum und Personal vermieden. Bei der erfolgreichen Verwirklichung der JIT-Idee sind aber bestimmte Voraussetzungen zu beachten, die sowohl auf der Seite des Lieferanten als auch des Herstellers bzw. seiner Kunden erfüllt sein müssen. Sie betreffen organisatorische sowie technische Aspekte der Zusammenarbeit.

JIT-Voraussetzungen	
organisatorisch	– ganzheitliche Betrachtungsweise (nicht einfach die „Lasten" von einem zum anderen schieben) – Lieferant und Hersteller müssen aufeinander abgestimmte Planungsverfahren einführen. – Der Informationsaustausch zwischen Lieferant und Hersteller muss durch EDV-Einsatz optimiert werden. – Maximale Disziplin und Zuverlässigkeit aller am „Fluss" Beteiligten. Der Materialempfänger kann unter JIT-Verhältnissen Fehler nicht mehr auffangen, da steuernde Eingriffe nicht mehr möglich sind: Terminabweichungen würden zu chaotischen Zuständen führen.
technisch	– hohes Qualitätsniveau (Tendenz zum Null-Fehler-Standard) – Schaffung JIT-fähiger Arbeitspläne und Produktionsverfahren, JIT ist bereits bei der Produktentwicklung einzuplanen – kleinere **Fertigungslose** – Minimierung der **Rüstzeiten**, indem Konzepte und Layouts mit einfachen Übergängen geschaffen werden

Fertigungslos
Menge an Erzeugnissen, die – ohne Unterbrechung durch die Produktion anderer Erzeugnisse – produziert wird

Rüstzeit
Zeit, die benötigt wird, um eine Maschine für die Produktion eines anderen Erzeugnisses umzustellen

Unter JIT-Verhältnissen darf weder „zu früh" noch „zu spät" geliefert werden, beides bedeutet Ressourcenverschwendung. JIT führt zu einem Leistungsverbund zwischen allen am unternehmensübergreifenden Geschäftsprozess Beteiligten: Lieferanten, herstellendem Unternehmen und Kunden. Sie sind Glieder einer Wertschöpfungskette, deren Stärke von der Qualität der betriebsübergreifenden Logistik und Informatik bestimmt wird.

Wertschöpfung, vgl. **HF 1**, **5.1.4**, S. 55 ff.

Unternehmen, die nach JIT-Grundsätzen fertigen, müssen sich JIT-fähige Lieferanten suchen. Dies können auch Lieferanten sein, die selbst nicht nach JIT-Grundsätzen produzieren. Sie müssen sich jedoch der negativen Folgen bewusst sein, die durch eine mangelhafte Abstimmung zwischen Lieferanten und Abnehmer entstehen. Der Lieferant ist gezwungen, umfangreiche Lagerhaltung für seine Kunden zu betreiben. Den größten Nutzen zieht der Lieferant aus dem JIT-Prinzip, wenn er das System auch in seiner eigenen Produktion gemeinsam mit den zusätzlichen Informationen verwirklicht, die ihm der Abnehmer im Rahmen der JIT-Zusammenarbeit geben muss.

Bei der Formulierung der entsprechenden Verträge ist zu beachten, dass JIT-Verträge „Fixgeschäfte" sind, d. h., das Geschäft „steht und fällt" mit der exakten Einhaltung der Lieferfrist. Die rechtlichen Konsequenzen müssen vorab ausgehandelt werden und können hier nur angedeutet werden, z. B. unter welchen Bedingungen ein Rücktritt vom Vertrag erfolgen kann und welche Schadensersatzansprüche gestellt werden können, wenn der Lieferant die vereinbarte Frist nicht einhält.

Fixgeschäfte, vgl. **HF 4**, Band 2

Übersicht: *Beschaffungsverfahren*

Bestellpunktverfahren	– Basiert auf Höchst-, Mindest- und Meldebestand – Bestellung wird bei Erreichen des Meldebestandes ausgelöst – Lieferung erfolgt mit Erreichen des Mindestbestandes – Liefermenge ist so geplant, dass mit Lieferung der Höchstbestand wieder erreicht wird – geeignet für Waren/Materialien mit stetigem, gleichmäßigem Verbrauch
Bestellrhythmusverfahren	– Bestandskontrolle erfolgt in gleichmäßigen Zeitabständen – orientiert sich am Lieferanten- oder Produktionszyklus – Bestände werden in konstanten Intervallen überprüft. Bei Unterschreiten des Meldebestands wird der Bestand bis zum Höchstbestand aufgefüllt.
Just-in-time-Lieferung	– Just in time: Zur rechten Zeit am richtigen Ort – Leistungsverbund von Lieferanten, Herstellern und Kunden – Aufeinander abgestimmte Planungsverfahren – Einhaltung exakter Lieferfristen – Möglichst präzise Prognose über den Verbrauch bzw. Absatz – Minimierung der Lagerhaltung

LS ▸ **LS 26** Zwischen Eigenfertigung und Fremdbezug entscheiden (Make or Buy)

5 Eigenfertigung oder Fremdbezug (Make or Buy)

Die Entwicklung zu einer verstärkten Arbeitsteilung und Spezialisierung hat zur Folge, dass der **Zukauf** (Fremdbezug) bestimmter Teile vorteilhafter sein kann als die Eigenfertigung. Die Entscheidung für den Zukauf ist auf lange Sicht eine unternehmenspolitische Entscheidung, auf kurze Sicht jedoch abhängig von dem möglichst exakten Kostenvergleich zwischen diesen beiden Alternativen. Können die bisher mit der Eigenfertigung beschäftigten Stellen mit anderen Arbeiten beschäftigt werden, das heißt, sind freie Kapazitäten vorhanden, ist durch Vergleich festzustellen, ob der Zukaufspreis niedriger ist als die eigenen Kosten. Dabei sind mit den Anschaffungskosten (Bezugspreis) alle Kosten zu vergleichen, die durch die Eigenfertigung entstehen.

Beispiel Die Fly Bike Werke GmbH muss entscheiden, ob sie die Komponente Sattel in Zukunft selbst fertigen oder ob sie zugekauft werden soll.

Fremdbezug	Eigenfertigung
Bezugspreis je Sattel: 6,12 €	Variable Kosten pro Stück: 4,61 € Fixe Kosten: 81.540,00 €
Kostenfunktion für Fremdbezug (FB): $K_{FB}(x) = k_{vFB} \cdot x$ $K_{FB}(x) = 6{,}12 \cdot x$	Kostenfunktion für Eigenfertigung (EF): $K_{EF}(x) = k_{vEF} \cdot x + K_F$ $K_{EF}(x) = 4{,}61 \cdot x + 81.540{,}00$

Kostenvergleich

$$\begin{aligned} \text{Kosten Fremdbezug} &= \text{Kosten Eigenfertigung} \\ k_{vFB} \cdot x &= k_{vEF} \cdot x + KF \\ 6{,}12\,x &= 4{,}61\,x + 81.540{,}00 \\ 1{,}51\,x &= 81.540{,}00 \\ x &= 54.000 \end{aligned}$$

strategische Entscheidung:		
bei genau	54 000 Stück	Fremdbezug = Eigenfertigung
bis	53 999 Stück	Fremdbezug
ab	54 001 Stück	Eigenfertigung

Eigenfertigung oder Fremdbezug

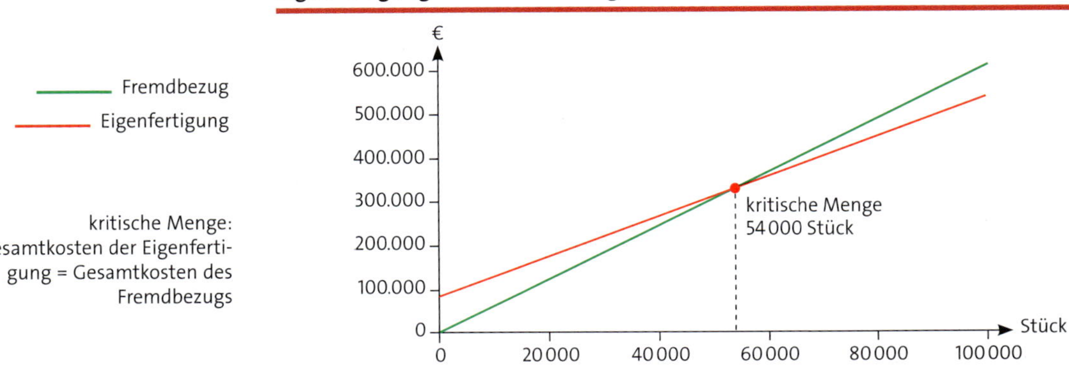

kritische Menge: Gesamtkosten der Eigenfertigung = Gesamtkosten des Fremdbezugs

Beispiel Die Fly Bike Werke GmbH prognostiziert den Bedarf im kommenden Geschäftsjahr mit 45 000 Stück.

Fremdbezug:	45 000 Stück · 6,12 €	= 275.400,00 €
Eigenfertigung:	81.540,00 € + 4,61 € · 45 000 Stück	= 288.990,00 €

Kostenrechnerische Entscheidung: Fremdbezug, da 13.590,00 € kostengünstiger.
Betriebswirtschaftliche Argumente, die gegen die kostenrechnerische Entscheidung sprechen könnten:

- Arbeitsplatzsicherung, Wahrung von Betriebsgeheimnissen (Know-how), kontinuierlicher Produktionsablauf
- Wahrung der Unabhängigkeit
- Nutzung der gut ausgebildeten Arbeitskräfte (die sonst vielleicht abwandern)

Bei der Frage, ob bestimmte Teile selbst gefertigt oder eingekauft werden, sollten nicht nur die Kosten entscheidend sein. Ein Unternehmen muss auch weitere Vor- und Nachteile beachten.

Übersicht: *Eigenfertigung oder Fremdbezug*

Eigenfertigung (Make)		Fremdbezug (Buy)	
Vorteile	**Nachteile**	**Vorteile**	**Nachteile**
z. B. – Unabhängigkeit von Zulieferern – Ausnutzen eigener Kapazitäten – Eigene Vorstellungen können besser berücksichtigt werden. – Qualitätssicherung	z. B. – evtl. Investitionen sowie Kosten für Wartung und Instandhaltung – Abschreibungen – Lohnkosten – nicht genutzte Betriebsmittel bei Produktionsschwankungen	z. B. – evtl. geringere Kosten – Teilhabe am Know-how des Lieferers – Flexibilität bei großer Lieferzahl mit großem Sortiment – fundiertes Spezialwissen des Lieferers	z. B. Abhängigkeit aufgrund von: – Lieferzeitschwankungen – Qualitätsschwankungen – Preisschwankungen – langfristigen Lieferverträgen

Alles klar?

Kapitel 1

1 Erläutern Sie den Begriff „Beschaffung“ in eigenen Worten: **a** im weiteren Sinne, **b** im Sinne der Materialwirtschaft.

Kapitel 2

2 Nennen Sie drei interne und drei externe Möglichkeiten der Bezugsquellenermittlung.

3 Die Fly Bike Werke GmbH erhält ein Angebot von einem Lieferanten über einen bestimmten Artikel für 483,00 €. Der Lieferant gewährt einen Wiederverkäuferrabatt in Höhe von 15 %. Sollten die Fly Bike Werke innerhalb von 8 Tagen zahlen, dürfen 2 % Skonto abgezogen werden. Ermitteln Sie den Bezugspreis.

4 Ein Textilgroßhändler bestellt 150 Damenpullover aus Kaschmir zu einem Listeneinkaufspreis von 80,00 € das Stück. Es werden ab einer Bestellmenge von 200 Stück 15 % Mengenrabatt, ansonsten nur 5 % Wiederverkäuferrabatt gewährt. Bei Zahlung innerhalb von 7 Tagen dürfen 2 % Skonto abgezogen werden. Für den Versand werden pauschal 80,50 € berechnet. Ermitteln Sie den Bezugspreis für die Gesamtbestellung.

5 Kennzeichnen Sie die zum quantitativen Angebotsvergleich in allen Teilen richtige Antwort.
- **a** Bezugskosten werden auf den Listeneinkaufspreis hinzugerechnet.
- **b** Vom Zieleinkaufspreis werden Rabatte abgezogen. Das Ergebnis ist der Bareinkaufspreis.
- **c** Bezugskosten werden zum Bareinkaufspreis hinzugerechnet.
- **d** Im Listeneinkaufspreis ist die Umsatzsteuer enthalten.

Kapitel 3

6 Nennen Sie drei Ziele der Beschaffung.

7 Erläutern Sie zwei mögliche Zielkonflikte in der Beschaffung.

Kapitel 4

8 Der durchschnittliche Verbrauch einer Kleinteile-Art (z. B. Schrauben) beträgt pro Tag 800 Stück, die Beschaffungszeit soll acht Tage betragen und es soll ein Sicherheitsbestand von drei Tagen eingeplant werden. Der derzeitige Lagerbestand beträgt 12 000 Stück.
- **a** Berechnen Sie die Höhe des Meldebestandes.
- **b** Erläutern Sie zwei Gründe für die Berücksichtigung eines Sicherheitsbestandes.

9 Beantworten Sie folgende Fragen zu Höchst-, Melde- und Mindestbestand.
- **a** Warum ist es wichtig, einen Mindestbestand zu haben?
- **b** Wann ist es erlaubt, den Mindestbestand zu unterschreiten?
- **c** Was kann geschehen, wenn der Mindestbestand zu niedrig angesetzt ist?
- **d** Warum ist es wichtig, einen Höchstbestand festzulegen?
- **e** Was kann geschehen, wenn der Höchstbestand zu niedrig angesetzt ist?
- **f** Was ist der Meldebestand und was geschieht, wenn er erreicht ist?

10 Beschreiben Sie mit eigenen Worten das Just-in-time-Verfahren.

Kapitel 5

11 Beschreiben Sie, wie eine Entscheidung zwischen Eigenfertigung und Fremdbezug unter Kostengesichtspunkten getroffen wird.

6 Beschaffungen durchführen

6.1 Optimale Bestellmenge

LS 27
Die optimale Bestellmenge ermitteln und die Beschaffung durchführen

Beispiel In einer Sitzung der Abteilung Einkauf/Logistik wird über Möglichkeiten diskutiert, die Kosten für Bestellungen und Lagerhaltung zu senken. Frau Nemitz-Müller weist darauf hin, dass die Bestellkosten sehr viel geringer wären, wenn grundsätzlich größere Mengen bestellt würden. Herr Schneider protestiert energisch und meint, dass unter diesen Umständen die Lagerkosten explodieren würden.

Größere Bestellmengen verursachen geringere **Bestellkosten**, weil die Bestellhäufigkeit sinkt, gleichzeitig aber hohe **Lagerkosten**. Entscheidend können daher nur die **Gesamtkosten** sein. Die optimale Bestellmenge liegt dort, wo die Gesamtkosten, d. h. die Summe aus Bestell- und Lagerkosten, minimal sind.

Bestellkosten
Kosten für Transport, Verpackung, Versicherung sowie die relevanten Personalkosten

Lagerkosten, vgl. **9.1**, S. 198

Beispiel Die Fly Bike Werke GmbH bezieht von der Tamino Deutschland GmbH für verschiedene Fahrradmodelle Bremsen als fertige Baugruppe. Der jährliche Verbrauch beträgt 12 000 Stück. Der Einstandspreis pro Stück beträgt 9,60 €. Das Controlling der Fly Bike Werke GmbH hat als bestellfixe Kosten einen Betrag in Höhe von 300,00 € pro Bestellung ermittelt sowie einen Lagerkostensatz von 20 % bezogen auf den durchschnittlichen Lagerbestandswert.

1	2	3	4	5	6	7	8
Anzahl der Bestellungen	Bestell-menge in Stück	Bestell-kosten in €	Ø Lager-bestand in Stück	Ø Lagerbe-standswert in €	Lager-kosten in €	Gesamt-kosten in €	Kosten/Stück (aufgerundet) in €
	12 000/ Spalte 1	300 · Spalte 1	Spalte 2/2	Spalte 4 · 9,60 €	20 % von Spalte 5	Spalte 3 + Spalte 6	Spalte 7/ 12 000
1	12 000	300,00	6 000	57.600,00	11.520,00	11.820,00	0,99
2	6 000	600,00	3 000	28.800,00	5.760,00	6.360,00	0,53
3	4 000	900,00	2 000	19.200,00	3.840,00	4.740,00	0,40
4	3 000	1.200,00	1500	14.400,00	2.880,00	4.080,00	0,34
5	2 400	1.500,00	1200	11.520,00	2.304,00	3.804,00	0,32
6	2 000	1.800,00	1000	9.600,00	1.920,00	3.720,00	0,31
7	1714	2.100,00	857	8.227,20	1.645,44	3.745,44	0,31
8	1500	2.400,00	750	7.200,00	1.440,00	3.840,00	0,32
9	1333	2.700,00	667	6.403,20	1.280,64	3.980,64	0,33

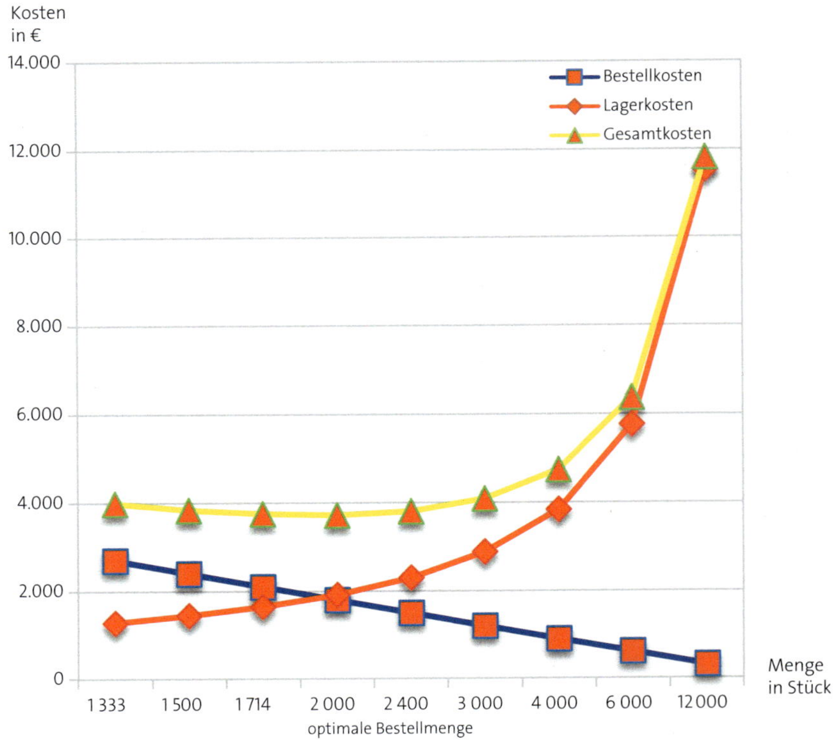

Ergebnis: Die optimale Bestellmenge liegt also bei ca. 2 000 Stück.
Es sollten danach pro Jahr zwischen sechs und sieben Bestellungen aufgegeben werden, um die benötigte Anzahl an Bremsen einzukaufen.

Noch genauer lässt sich die optimale Bestellmenge mit der Adler'schen Formel berechnen:

$$\text{Optimale Bestellmenge} = \sqrt{\frac{200 \cdot \text{bestellfixe Kosten} \cdot \text{Jahresverbrauchsmenge}}{\text{Einstandspreis/Stück} \cdot \text{Lagerkostensatz}}}$$

$$= \sqrt{\frac{200 \cdot 300 \cdot 12\,000}{9{,}60 \cdot 20}} = 1\,936{,}49 \text{ Stück}$$

$$\text{Anzahl der Bestellungen} = \frac{12\,000 \text{ Stück}}{1\,936{,}49 \text{ Stück}} = 6{,}1968 \text{ Bestellungen}$$

Von großer Wichtigkeit ist jedoch die Erkenntnis, dass die optimale Bestellmenge nicht nur von den Bestell- und Lagerkosten abhängig ist. Tabellen und grafische Darstellungen zur Berechnung der optimalen Bestellmenge können lediglich Anhaltspunkte geben. Darüber hinaus sollte beachtet werden, dass

- Preisschwankungen auszunutzen sind (große Bestellmengen bei niedrigen Preisen),
- die eingekaufte Menge auch abgesetzt werden kann und
- ein größerer Vorrat beschafft werden muss, wenn eine Knappheit an Gütern droht.

6.2 Beschaffungsvorgang

Beispiel Frau Nemitz-Müller ist Sachbearbeiterin in der Einkaufsabteilung der Fly Bike Werke GmbH. Ihre Kollegin, Frau Ganser aus dem Vertrieb, ruft sie am Morgen des 20. März an und teilt ihr mit, dass bei ihr eine größere Bestellung über Fahrradanhänger der Modells „Kelly" eingegangen ist. Bei der Verfügbarkeitsprüfung hat sie festgestellt, dass die Bestände nicht ausreichen, um den Auftrag über 200 Anhänger auszuführen. Frau Nemitz-Müller verspricht ihr, sich um die dringende Nachbestellung des Artikels zu kümmern.

6.2.1 Erstellen und Auslösen der Bestellung

Mithilfe ihres PC lässt Frau Nemitz-Müller automatisch einen Bestellvorschlag erstellen. Das ERP-System greift dabei auf Lagerdaten, die Artikeldatei und die Lieferantendatei zurück.

1. Das ERP-System berechnet automatisch die Bestellmenge für den Bestellvorschlag:

Höchstbestand	300 Stück
Istbestand/tatsächlicher Lagerbestand	50 Stück
– Auftragsbestand (Kundenreservierung)	200 Stück
– Sicherheitsbestand	20 Stück
– erwarteter kurzfristiger Bestelleingang der nächsten Tage	30 Stück
= vorgeschlagene Bestellmenge zur Erreichung des Höchstbestandes	500 Stück

2. Das Programm übernimmt die vorgeschlagene Bestellmenge, die Artikel- und Lieferantendaten automatisch aus den entsprechenden Dateien und erstellt daraus den Bestellvorschlag.

90034 Fahrradteile International GmbH - Bestellvorschlag

Name

Nr.	Beschreibung	Menge	Einheit	EK-Preis	Fälligkeitsdatum	Mengenrabatt %	Bestelldatum
601	Fahrradanhänger Modell „Kelly"	500	Stück	60,00 / Stück	23.03.XX	0	20.03.XX

Beschreibung

Einkauf von Name: Nemitz-Müller

Zeile | Artikel | Funktion | Hilfe

3. Das Programm ermöglicht Frau Nemitz-Müller, manuell Änderungen durchzuführen. Zum Beispiel kann sie die vorgeschlagene Bestellmenge ändern oder einen anderen Liefertermin eingeben. Die endgültige Bestellentscheidung liegt also beim Einkäufer. Das Programm überprüft in einem solchen Fall automatisch die Mindestbestellmenge, Verpackungseinheit und Lieferantenkonditionen und stellt ggf. Unstimmigkeiten heraus.

4. Nach der Bestätigung durch den Einkäufer wird der Bestellvorschlag in eine Bestellung umgewandelt. Es werden alle Artikel angezeigt, die bei demselben Lieferanten zur Bestellung anstehen. In einer Sammeldisposition könnten ggf. alle Artikel für einen Lieferanten zusammengefasst werden, um durch den höheren Bestellwert bessere Vertragskonditionen zu realisieren.
5. Frau Nemitz-Müller sendet dem Lieferanten die Bestellung zu.

6.2.2 Bestellvorschlagssystem und automatisches Bestellsystem

Die Fly Bike Werke GmbH verfügt über ein EDV-gestütztes Bestellvorschlagssystem, d. h., der Bestellvorschlag wird automatisch erstellt, muss aber, wie im obigen Beispiel, durch den Einkäufer bestätigt werden. Die Tankstelle, an der die Lkw der Fly Bike Werke GmbH aufgetankt werden, verfügt dagegen über ein automatisches Bestellsystem. Ohne menschliches Eingreifen wird bei einem bestimmten Pegelstand eine Bestellung beim Benzinlieferanten ausgelöst.

	Bestellvorschlagssystem	Automatisches Bestellsystem
Merkmale	Automatische Erstellung von Bestellvorschlägen, die durch den Einkäufer bestätigt werden müssen	Auslösen eines Bestellvorgangs ohne menschliches Eingreifen
Vor- und Nachteile	– Manuelle Bearbeitung bei unvorhergesehenen Ereignissen (Nachfrageänderung) möglich. – Individuelle Erfahrungen des Einkäufers fließen in die Bestellentscheidung ein.	– Bestellung kann nicht vergessen werden. – Zeit- und Kostenersparnis – unflexibel bei unvorhergesehenen Ereignissen

6.2.3 Terminüberwachung und Ermittlung von Bestellrückgängen

Bestellungsannahme, vgl. **HF 4**, Band 2

Der Bestellung von Frau Nemitz-Müller ging kein Angebot voran. Der Lieferant muss daher die Bestellung annehmen, damit ein Kaufvertrag zustande kommt. Sie kann dies tun, indem sie der Fly Bike Werke GmbH eine Auftragsbestätigung zuschickt oder den Auftrag mündlich, telefonisch oder per E-Mail bestätigt. Darüber hinaus besteht die Möglichkeit, die Ware sofort zu liefern.

Der in der Bestellung angegebene Liefertermin wird mithilfe des ERP-Systems überwacht. Frau Nemitz-Müller ruft dazu die Bestellrückstandsliste auf, in der alle Bestellungen der Fly Bike Werke GmbH aufgeführt sind, die zu dem angegebenen Liefertermin nicht eingegangen sind. Die Liste kann nach Lieferanten oder nach Artikeln geordnet sein. Der Liefertermin für die 500 Fahrradanhänger beispielsweise war der 23. März. Am 24. März wird die bestellte Menge in der Bestellrückstandsliste weiterhin als offene Liefermenge geführt. Frau Nemitz-Müller druckt die Rückstandsmeldung als Lieferungserinnerung aus, die sie, da die Bestellung sehr dringend ist, sofort dem Lieferanten zufaxt.

6.2.4 Kontrolle und Erfassung des Wareneingangs

Beispiel Am 26. März werden die bestellten Fahrradanhänger geliefert. Der Lagerist, Herr Özal, überprüft zunächst, ob es sich bei der Lieferung tatsächlich um die bestellten Fahrradanhänger handelt, wie auf dem Lieferschein angegeben ist, und ob die Kartons unversehrt und trocken sind.

Noch in Anwesenheit des Überbringers ist zu prüfen, ob die Sendung mit den Angaben auf dem Lieferschein übereinstimmt. Die Annahme von Irrläufern oder unverlangten Sendungen wird so vermieden. Außerdem wird die äußere Verpackung auf Schäden kontrolliert. Abweichungen und Mängel müssen vom Überbringer schriftlich auf dem Lieferschein oder in einer Tatbestandsmeldung bestätigt werden. In diesen Fällen kann die Annahme der Ware verweigert werden.

mangelhafte Lieferung, vgl. **HF 4**, Band 2

Die Lieferpapiere sind in Anwesenheit des Frachtführers bzw. Fahrers des Lieferanten zu prüfen.

Fahrradteile International GmbH

Fahrradteile International GmbH, Borgwardstr. 16, 28309 Bremen

Fly Bike Werke GmbH
Rostocker Str. 334
26121 Oldenburg

Lieferschein Nr. 1688

Kundennummer:	Bestellung Nr.:	Bestelldatum:	Auftragsbestätigung:	Lieferdatum
7666	66	20.03.20XX	1688	26.03.20XX

Artikel-Nr.	Warenbezeichnung	Menge	Preis/Einheit
404400	Fahrradanhänger Modell „Kelly"	500	60,00 €/Stück
Versand Spedition	**Wir bestätigen die ordnungsgemäße Lieferung** 26.03.20XX	**Name:** Balz	

Beispiel Herr Özal stellt fest, dass 500 Fahrradanhänger, Modell „Kelly", geliefert wurden. Dies entspricht der Bestellung. Er öffnet einige Pakete und kontrolliert so stichprobenartig die Qualität der Anhänger.

Unverzüglich nach Annahme der Ware werden Warenart, Menge und Qualität geprüft und mit der Bestellung verglichen. Die Ware wird mit einer Sicht-, Funktions- oder chemischen Kontrolle auf Mängel untersucht.

Zweiseitiger Handelskauf, vgl. HF 4, Band 2

Bei zweiseitigen Handelskäufen besteht für den Käufer die Pflicht, die Ware unverzüglich, d.h. ohne schuldhaftes Verzögern, zu prüfen und dem Lieferer eventuelle Mängel anzuzeigen. Nur dann können Gewährleistungsrechte in Anspruch genommen werden. Versteckte Mängel, die nicht sofort, sondern erst bei Verwendung der Ware erkennbar werden, müssen unverzüglich nach Entdecken gerügt werden.

Rügepflicht, vgl. HF 4, Band 2

Erfassung des Wareneingangs	
Manuell	1. Eingabe der Bestellnummer und Übernahme der Daten aus der Bestelldatei in das Wareneingangsprotokoll
	2. Bei Abweichungen der Lieferscheindaten von der Bestellung: manuelle Eingabe der Daten aus dem Lieferschein
Automatisch	1. Automatische Erhöhung des Lagerbestandes
	2. Druck des Wareneingangsscheins
	3. Die Warenlieferung wird auf dem Wareneinkaufsverrechnungskonto gebucht[1].
	4. Aktualisierung der Liste offener Bestellungen

1) Die Buchung im Haben des Wareneingangsverrechnungskontos teilt der Buchhaltung mit, dass die Ware geliefert wurde, die Rechnung jedoch noch fehlt.

6.2.5 Kontrolle und Erfassung der Eingangsrechnung

Mit der Warenlieferung hat Frau Nemitz-Müller gleichzeitig die Rechnung des Lieferanten erhalten. Zunächst kontrolliert sie, ob die Eingangsrechnung sachlich und rechnerisch richtig ist.

Nach der Kontrolle durch die Sachbearbeiterin wird die Rechnung an die Finanzbuchhaltung weitergeleitet. Dort wird die Verbindlichkeit der Fly Bike Werke GmbH gegenüber dem Lieferanten gebucht. Zweimal wöchentlich druckt der Buchhalter eine Zahlungsvorschlagsliste mit den fälligen Verbindlichkeiten aus, die er dem Rechnungsleiter vorlegt. Wenn dieser die Zahlungen freigegeben hat, werden sie per Überweisung beglichen.

Buchung der Eingangsrechnung, vgl. 8, S. 192 ff.

Fahrradteile International GmbH

Fahrradteike International GmbH, Borgwardstr. 16, 28309 Bremen

Posteingang: 26.03.20XX

Fly Bike Werke GmbH
Rostocker Str. 334
26121 Oldenburg

Rechnung Nr. 799

Kundennummer:	Rechnungs-Nr.:	Bei Zahlung bitte angeben!	Rechnungsdatum
7666	799		26.03.20XX
Ihre Bestellung Nr.:	vom	Lieferschein:	Lieferdatum:
66	20.03.20XX	1688	26.03.20XX

Pos.-Nr.	Artikel-Nr.	Warenbezeichnung	Menge	Preis/Einheit	Mengeneinheit	Rabatt	Gesamtbetrag
1	404400	Fahrradanhänger Modell „Kelly“	500	60,00 €	Stück	0 %	30.000,00 €

Versand	Zahlungsziel	Warenwert	MwSt-Satz	MwSt-Betrag	Rechnungsbetrag
Spedition	30 Tage netto	30.000,00 €	19 %	5.700,00 €	35.700,00 €

6.3 Alternative Beschaffungswege

Beispiel Frau Nemitz-Müller hat heute ein Schreiben der Color GmbH in Ludwigshafen erhalten. Aufgrund eines Unfalls im Werk und der notwendigen Reparaturarbeiten können in den nächsten zwei Wochen keine Aufträge bearbeitet werden. Auch danach kann es zu Lieferungsverzögerungen kommen.

Die Versorgung des Unternehmens mit den notwendigen Materialien muss zu jeder Zeit gesichert sein, damit es nicht zu Produktionsausfällen kommt. Um die Bereitstellung aller notwendigen Roh-, Hilfs- und Betriebsstoffe zu gewährleisten, ist es über die Bestandsplanung hinaus erforderlich, alternative Beschaffungswege zu planen. Dazu gehört die Ermittlung **alternativer Anbieter**, falls von dieser Seite Ausfälle einkalkuliert werden müssen, oder auch **alternativer Transportwege**, sollte an dieser Stelle mit Engpässen gerechnet werden, z.B. durch Streiks oder gestörte Fahrwege.

Nachhaltigkeit, vgl. 3.3, S. 159

Optimale Bestellmenge, vgl. 6.1, S. 169

In die Überlegungen sollten entsprechend der Unternehmensziele auch **ökologische Aspekte** mit einfließen. Je nachdem, wie stark Umweltaspekte berücksichtigt werden sollen, kann dies bei der Wahl des Alternativanbieters selbst geschehen. Ein weiterer Ansatzpunkt ist die Wahl alternativer und eventuell umweltfreundlicherer Materialien. Schließlich sind die Emissionen zu bedenken, die der Transport der Materialien vom Lieferanten zum eigenen Unternehmen verursacht. Ein naher Lieferant wäre dann einem weiter entfernten vorzuziehen. Außerdem sind wenige größere Bestellmengen umweltfreundlicher als viele kleine.

Übersicht: *Beschaffungsvorgang*

Feststellung des Bedarfs und Meldung an die Einkaufsabteilung	
↓ Erstellung eines Bestellvorschlags	– Berechnung der Bestellmenge – Übernahme der Lieferanten- und Artikeldaten
↓ Auslösen der Bestellung	– Bestätigung des Bestellvorschlags durch den Einkäufer – Übernahme in die Bestelldatei (Auftragsdatei) – Druck und Versendung der Bestellung
↓ Annahme der Bestellung durch den Lieferanten	– schriftlich, mündlich, telefonisch, per E-Mail – durch die Lieferung der Ware (schlüssiges Handeln)
↓ Terminüberwachung	– mittels der Liste offener Bestellungen bzw. Bestellrückstandsliste – ggf. Versendung von Lieferungserinnerungen
↓ Kontrolle des Wareneingangs	– in Anwesenheit des Überbringers auf Richtigkeit des Lieferscheins, Übereinstimmung der Ware mit dem Lieferschein und Unversehrtheit der Ware – unverzüglich auf Vollständigkeit, Richtigkeit und Qualität des Inhalts, damit Gewährleistungsrechte in Anspruch genommen werden können
↓ Erfassung des Wareneingangs	– Einkäufer übernimmt per Eingabe der Bestellnummer Daten aus der Bestelldatei in das Wareneingangsprotokoll. Bei Abweichungen zwischen Bestellung und Lieferung werden Daten des Lieferscheins manuell eingegeben. – automatische Erhöhung des Lagerbestandes – Druck des Wareneingangsscheins – Aktualisierung der „Liste offener Bestellungen"
↓ Kontrolle der Eingangsrechnung	– auf sachliche und rechnerische Richtigkeit
↓ Erfassung der Eingangsrechnung	– in der Finanzbuchhaltung – Ausdruck der Zahlungsvorschlagsliste und Zahlung

7 Lagerhaltung

Informations-, Material-, Geldfluss, vgl. HF 1, 5.1, S. 53 ff.

Logistik ist die ganzheitliche Planung, Steuerung und Kontrolle des Informations-, Material- und Geldflusses innerhalb des Leistung erstellenden Unternehmens bzw. zwischen Kunden, Unternehmen und Lieferanten. Sie soll sicherstellen, dass benötigte Güter zur richtigen Zeit am richtigen Ort in der richtigen Menge und in der richtigen Qualität zur Verfügung stehen.

Die **Lagerhaltung** nimmt dabei einen besonderen Stellenwert ein. Unter Lagerhaltung versteht man alle Prozesse der **Bestandsplanung und -führung**, die nach Eingang der zu beschaffenden Materialien ablaufen. Zu berücksichtigen sind dabei Kriterien der Organisation und der Wirtschaftlichkeit.

7.1 Lagerfunktionen

Lagerhaltung umfasst verschiedene Aufgaben: die allgemeinen Lagerverwaltungsaufgaben einschließlich der Lagerbuchführung, die Sicherstellung, dass Materialien und Produkte rechtzeitig zur Verfügung stehen, die Durchführung der Materialannahme und Qualitätskontrolle, die Ein-, Aus- und Umlagerung, die Pflege der Lagergüter und die Optimierung der Lagerbestände unter betriebswirtschaftlichen Gesichtspunkten. Dabei erfüllt die Lagerhaltung für den Industriebetrieb verschiedene Funktionen.

Zeitüberbrückungsfunktion: Beschaffung, Produktion und Absatz lassen sich weder zeitlich noch mengenmäßig vollständig aufeinander abstimmen, d. h. synchronisieren. Dennoch muss in der Produktion sichergestellt sein, dass die benötigten Bedarfsmengen jederzeit zur Verfügung stehen. Abhilfe schaffen hier Materiallager, die als Puffer dienen. Werden Arbeitsplätze mit unterschiedlich hohen Kapazitäten miteinander verbunden, so erfolgt die kurzfristige Unterbringung der Erzeugnisse in sogenannten Zwischenlagern. Im Absatzbereich „puffern" Lager die kontinuierliche Produktion mit der diskontinuierlichen Lieferung und gewährleisten eine ständige Produktionsbereitschaft.

Sicherungsfunktion: Transportstörungen, Lieferzeitüberschreitungen, Streiks und ungeplante Mehrverkäufe sind Beispiele für unvorhergesehene Liefer- oder Bedarfsschwankungen. Als notwendige Konsequenz sind Sicherheitsbestände einzuplanen, die die Schwankungen ausgleichen.

Spekulationsfunktion: Preise unterliegen häufig Schwankungen. Wenn steigende Preise vorauszusehen sind, bietet es sich an, Materialien in größeren Mengen einzukaufen, als dies fertigungstechnisch notwendig wäre. Dabei lassen sich als positiver Nebeneffekt auch Mengenrabatte ausnutzen. Die Einsparung an Materialkosten ist allerdings mit einer Erhöhung der Lagerkosten zu verrechnen.

Käse lagert zum Reifen

Veredelungsfunktion: Die Veredelung ist Teil des Produktionsprozesses. Insbesondere im Lebensmittelbereich erfahren Produkte (z. B. Wein, Käse) durch Reifungsprozesse eine nicht unerhebliche Wertsteigerung. Man spricht in diesem Zusammenhang auch von einer Umformungsfunktion. Zudem müssen halbfertige Erzeugnisse häufig erst auskühlen, aushärten usw., bevor sie weiterverarbeitet werden können.

Aussortierungsfunktion: Handelt ein Industrieunternehmen zusätzlich mit Handelswaren, so dient die Lagerhaltung der Sortierung von Sammellieferungen oder z. T. der Präsentation von Waren.

Tabak lagert zum Trocknen

Beispiel Die Nachfrage nach Fahrrädern unterliegt zeitlichen Schwankungen. In der Fly Bike Werke GmbH sollen Lieferschwierigkeiten weitestgehend vermieden werden. Aus diesem Grund werden größere Mengen von Bauteilen auf Vorrat eingekauft (Zeitüberbrückungsfunktion). Um mögliche Lieferungsverzögerungen aufzufangen, wird ein festgelegter Mindestbestand im Lager gehalten (Sicherungsfunktion). Preissteigerungen für Metall führten im vergangenen Geschäftsjahr dazu, dass eine große Menge des entsprechenden Werkstoffes „auf Vorrat“ beschafft wurde (Spekulationsfunktion).

7.2 Lagergrundsätze und Lagerrisiken

Für eine erfolgreiche Lagerarbeit müssen folgende Grundsätze berücksichtigt werden.

Lagergrundsätze

Geräumigkeit im Lager ist wichtig
- für den Erhalt der Übersichtlichkeit im Lager,
- für den Erhalt der Sauberkeit im Lager,
- für die Möglichkeit zur Benutzung von Flurförderfahrzeugen.

Übersichtlichkeit im Lager ist wichtig
- für eine möglichst zeiteffiziente Arbeitsorganisation
- und somit für eine kostengünstige Lagerhaltung.

Sauberkeit im Lager ist wichtig

- für den Qualitätserhalt der Güter und den Erhalt der Einrichtungen,
- für die Sicherheit der Transportwege,
- für die Gesundheit der Mitarbeiter.

Die Einhaltung dieser Grundsätze ist Voraussetzung für eine erfolgreiche Lagerarbeit, sie können diese jedoch keineswegs garantieren. Von entscheidender Bedeutung sind u. a. folgende Fragen:

- Werden die Güter angemessen gelagert?
- Wie sind die Arbeitsabläufe organisiert?
- Werden die Sicherheitsbestimmungen beachtet?
- Werden ökologische Aspekte berücksichtigt?

Lagerrisiken

Dadurch, dass Materialien und Erzeugnisse einen bestimmten Zeitraum eingelagert werden, entstehen für den Industriebetrieb verschiedene Risiken. Diese sind, abhängig von den eingelagerten Gütern, unterschiedlich stark ausgeprägt. Lebensmittel z. B. können **verderben**. Insbesondere technische Geräte können **veralten**, da immer neuere, innovativere Geräte auf den Markt kommen. Modische Erzeugnisse wie z. B. Schmuck können unmodern werden. Allgemein besteht das Risiko, dass die **Nachfrage** nach den eingelagerten Gütern sinkt, sodass der Industriebetrieb sie nicht mehr oder nur zu niedrigeren Preisen am Markt absetzen kann. Generell kann sowohl Material als auch ein fertiges Erzeugnis im Lager **Schaden** nehmen, wenn es nicht sachgerecht gelagert wird. Besonders hoch ist das Risiko von Schäden während des Ein- und Auslagerns. Schließlich besteht das Risiko, dass fertige Erzeugnisse **gestohlen** werden.

Ziel der Lagerhaltung ist es, diese Risiken durch geeignete organisatorische Maßnahmen so gering wie möglich zu halten.

7.3 Lagerorganisation

LS 28
Das Lager organisieren

Beispiel Für den Lagerleiter Herrn Schneider steht die Frage nach den Gütern, die gelagert werden sollen, im Mittelpunkt. Denn je nach Art des einzulagernden Materials bzw. Erzeugnisses ist das Lager natürlich unterschiedlich einzurichten. Negative Einflüsse wie Staub, Feuchtigkeit, Gerüche, Schädlinge usw. sind durch eine geeignete Wahl der Lagerart auszuschalten. Der Geschäftsführer Herr Peters trägt sich mit dem Gedanken, ein weiteres Verkaufslager einzurichten. Er gibt an Herrn Schneider die Frage weiter, welche besonderen Anforderungen für ein weiteres Lager erfüllt werden müssen. Die Fahrräder, für die im Falle der Fly Bike Werke GmbH das neue Lager geschaffen werden soll, sind trocken zu lagern, da sich durch Feuchtigkeit Rost an den empfindlichen Metallteilen bilden kann.

Offene oder geschlossene Lager

Durch die Notwendigkeit einer trockenen Lagerung ist schon die erste Entscheidung getroffen: Die Fahrräder werden in einem geschlossenen Raum untergebracht. Es gibt durchaus Materialien, die aufgrund ihrer witterungsunabhängigen Eigenschaften in offenen Lagern, d. h. im Freien, eingelagert werden können, z. B. unbehandelte Baumstämme. Gleichzeitig muss beachtet werden, dass der Wert der Lagergüter nicht erheblich sein sollte, um den Verlust durch Diebstahl gering zu halten.

offenes Lager

Mehrgeschossige oder eingeschossige Lager

Abhängig von Größe und Gewicht der Erzeugnisse lässt sich entscheiden, ob die Lagerfläche vervielfacht werden kann, indem mehrgeschossige Lager gebaut werden. Hierbei können Sonderkosten entstehen aufgrund der besonderen Anforderungen an Statik und Stabilität. Eingeschossige Lager sind in der Einrichtung günstiger und sind für fast alle Erzeugnisse geeignet, beanspruchen aber mehr Fläche.

Stapellager

Stapellager oder Hochregallager

In den eingeschossigen Lagern können die Erzeugnisse dann entweder gestapelt werden (Stapellager), wobei die Verpackung sehr stabil sein sollte, oder die Lager können mit Hochregalen (bis zu einer Höhe von ca. 50 Metern) eingerichtet werden, die eine große und sichere Aufnahmekapazität bieten. In einem Hochregallager werden durch Regalförderzeuge die Erzeugnisse ein- und ausgelagert. Dies kann manuell geschehen, indem eine mitfahrende Person die Steuerung übernimmt bzw. indem sie einen Gabelstapler mit entsprechender Reichweite steuert.

In der Regel jedoch erfolgt die Steuerung vollautomatisch über einen Rechner, der so programmiert ist, dass er selbst freie Lagerplätze erkennt, Erzeugnisse dort einlagert und später die Erzeugnisse zwecks Auslagerung jederzeit wiederfindet.

Hochregallager

Geordnetes oder chaotisches Lager

Im chaotischen Lager werden die Materialien oder Erzeugnisse völlig ungeordnet einsortiert. Ein Ordnungsprinzip ist nicht notwendig, da jeder Lagerplatz rechnergesteuert gespeichert wird (chaotisches Lager). Im geordneten oder sortierten Lager dagegen wird in der Regel manuell ein- und ausgelagert. Um Lagergüter zu finden, ist der Mensch unbedingt auf ein Ordnungsprinzip angewiesen, auf das er sich jederzeit verlassen muss (Festplatzsystem).

Speziallager: Futtersilo

Speziallager: Kühlhaus

Speziallager

Die Speziallager bieten Lagerungsmöglichkeiten für besondere Materialien oder Erzeugnisse, z. B. Getreide in Silos, Tiefkühlprodukte in Kühlhäusern und Gefahrstoffe, deren Lagerung bestimmte Sicherheitsvorschriften erfüllen muss. Für die Entscheidung, welche der oben dargestellten Lagerart für ein Unternehmen infrage kommt, ist also vor allem die Art der zu lagernden Materialien und Erzeugnisse ausschlaggebend. Bei der Frage nach der fachgerechten Lagerung sind natürlich auch die Gesichtspunkte Umweltschutz und Sicherheitsbestimmungen zu beachten. So sind bei der Lagerung von Papier besonders strenge Brandschutzbestimmungen einzuhalten, da Papier sehr leicht entflammbar ist.

Zentrale und dezentrale Lager

Nach dem Lagerstandort unterscheidet man zentrale und dezentrale Lager. Zentrale Lager nehmen alle Materialien und Erzeugnisse eines Unternehmens an einem Ort auf. Sie eignen sich vor allem bei geringer Entnahmehäufigkeit und geringen Entnahmemengen. Von dezentralen Lagern spricht man, wenn ein Unternehmen die Materialien an verschiedenen Orten lagert. Sie eignen sich vor allem bei hoher Entnahmehäufigkeit und hohen Entnahmemengen. Bei einer gemischten Lagerung finden sich sowohl dezentrale Lager als auch ein Zentrallager.

Sicherheit und Umweltschutz im Lager, vgl. 7.5, S. 186

Eigen- oder Fremdlager, vgl. 9.3, S. 202

Eigen- oder Fremdlager

Die Frage nach den Eigentumsverhältnissen führt zu Eigen- und Fremdlagern. Eigenlager sind in den eigenen Geschäftsräumen untergebracht und bieten dadurch den Vorteil, dass sie nach eigenen Vorstellungen gestaltet werden können; außerdem ist ein direkter Zugriff möglich. Ein Fremdlager befindet sich in den Räumen eines fremden Lagerhalters (z. B. Spedition, Lagerhausgesellschaft). Sie bergen ein geringes Investitionsrisiko, außerdem übernimmt der Lagerhalter „Zusatzaufgaben" wie z. B. Lagerbuchführung, Versicherung und Bestandskontrolle.

Kommissionsgut
Gut, das bei Nichtverkauf an den Lieferanten zurückgegeben werden kann

Eine besondere Form sind die **Konsignationslager**: Hierbei handelt es sich um Lager, die von Lieferern bei ihren Kunden eingerichtet und mit Gütern versorgt werden. Die Erzeugnisse stellen ein **Kommissionsgut** dar.

Lager in den verschiedenen Funktionsbereichen

Lager finden sich in den verschiedenen **Funktionsbereichen** des Unternehmens.

- Im **Absatzbereich** findet man Fertigwarenlager (enthält die fertigen, verkaufsfähigen Produkte) und Versandlager (hier werden die fertigen Produkte einschließlich der dazu benötigten Versandpapiere und Verpackungen gelagert).
- Im **Beschaffungsbereich** unterscheidet man zwischen Eingangslager (zur Aufnahme der gelieferten Materialien), Werkstoff-/Vorproduktlager (zur Einlagerung von Roh-, Hilfs- und Betriebsstoffen sowie Vorprodukten), Handelswarenlager (für Waren, die unbearbeitet weiterveräußert werden), Ersatzteillager (für Instandhaltungswerkzeuge und -material) und Büromateriallager (für alle Materialien, die in der Verwaltung benötigt werden).
- Im **Produktionsbereich** finden wir Handlager (zur Aufnahme von Materialien, die an den einzelnen Arbeitsplätzen benötigt werden), Zwischenlager (zur Einlagerung von halbfertigen Erzeugnissen, die am nächsten Arbeitsplatz weiterverarbeitet werden) und Werkzeuglager (enthalten Werkzeuge, die am jeweiligen Arbeitsplatz gebraucht werden).

Übersicht: ***Lagerhaltung***

Lagerhaltung

Lagerfunktionen	Lagergrundsätze	Lagerrisiken	Lagerarten
– Zeitüberbrückung – Sicherung – Spekulation – Veredelung – Aussortierung	– Geräumigkeit – Übersichtlichkeit – Sauberkeit	– Verderben – Veralten – sinkende Nachfrage, fallende Absatzpreise – Beschädigung – Diebstahl	Unterscheidung nach – Baulichkeit – Art der Waren – Lagerstandort – Eigentumsverhältnisse – Funktionsbereiche des Unternehmens

LS ▸ LS 29
Im Lager arbeiten

7.4 Arbeiten im Lager

Kontrolle und Erfassung des Wareneingangs, vgl. 6.2.4, S. 173

Eingangskontrolle

Bei der Eingangskontrolle handelt es sich um eine Schnittstelle zwischen den Unternehmensbereichen Beschaffung und Lager. Nachdem das Material als einwandfrei befunden und angenommen wurde, wird es eingelagert.

Einlagerung

Bei der Einlagerung sind verschiedene Eigenschaften des Materials zu berücksichtigen. Dazu gehören Art, Wert, Gewicht und Gängigkeit des einzulagernden Gutes. Ähnliche Materialgruppen werden in unmittelbarer Nähe eingelagert. Wertvolles Material muss so gelagert werden, dass es in Sichtweite bleibt, um das Diebstahlrisiko zu verringern. Unter Umständen muss es sogar verschlossen werden. Gleiches gilt übrigens per Gesetz auch für bestimmte Arzneimittel. Schwere Materialien werden in Bodennähe gelagert, leichtere Materialien höher. Material, das im Produktionsprozess oft benötigt wird, sollte im vorderen Lagerbereich platziert sein, seltener benötigtes weiter hinten.

Um die Materialausgabe zu erleichtern, können je nach Bedarf schon bei der Einlagerung verschiedene Systeme berücksichtigt werden:

- **Fifo** (First in – first out): Älteres Material steht vorn im Regal, sodass es auch zuerst ausgelagert werden kann. Diese Methode dient insbesondere dem Schutz vor Verderb des Materials.
- **Lifo** (Last in – first out): Neu eingelagertes Material wird zuerst entnommen. Dies ist möglich bei Gütern, deren Qualität sich durch Alterungsprozesse nicht verändert (z. B. Kohle).

Pflege und Manipulation

Pflege der Lagergüter – Pflanzenlager

Sowohl im Werkstofflager als auch im Fertigwarenlager sind, abhängig vom eingelagerten Lagergut, während der Lagerung verschiedene Arbeiten notwendig, um seinen Wert zu erhalten oder noch zu steigern. Generell gilt, dass das Lager sauber zu halten ist und die Lagergüter regelmäßig zu reinigen sind. Manche Güter müssen darüber hinaus behandelt werden: Silber muss z. B. regelmäßig poliert und Pflanzen müssen gewässert werden. Im Fertigwarenlager werden die fertigen Erzeugnisse weiterhin sortiert, gemischt, evtl. zu Sortimenten zusammengefasst und für den Verkauf vorverpackt.

Kommissionierung
Kommissionierung bedeutet die Zusammenstellung von fertigen Erzeugnissen entsprechend eines Kundenauftrages. Dies kann entweder manuell oder automatisch vorgenommen werden. Bei der manuellen Kommissionierung lassen sich zwei verschiedene Kommissionierungssysteme unterscheiden, nämlich die parallele und die serielle Kommissionierung.

Manuelle Kommissionierung

Bei der **seriellen Kommissionierung** bearbeitet ein Lagerarbeiter einen Kundenauftrag alleine. Er folgt den einzelnen Posten auf dem Auftrag und durchläuft dabei möglicherweise das komplette Lager. Um Um- und Mehrfachwege des Kommissionierers zu vermeiden, müssen die einzelnen Posten auf dem Auftrag entsprechend der Warenverteilung im Lager sortiert sein.

Bei der **parallelen Kommissionierung** arbeiten mehrere Kommissionierer an demselben Auftrag, wobei jeder von ihnen die Auftragsposten eines anderen festgelegten Lagerbereiches zusammenpackt.

Automatische Kommissionierung

Auch bei der **automatischen Kommissionierung** gibt es unterschiedliche Varianten. Bei der Roboterkommissionierung werden die zu kommissionierenden Erzeugnisse von zu diesem Zweck entwickelten Maschinen, die sich durch das Lager bewegen, mit Greifarmen aus dem Lager entnommen.

Beim **Schachtkommissionieren** ist die Ware übereinander in Schächten angeordnet, die mit Barcodes versehen sind. Ein Kommissionierbehälter fährt auf einem Förderband durch das Lager, und sobald er einen Schacht erreicht hat, dessen Barcode mit dem eingespeisten Auftragsformular übereinstimmt, fällt das Erzeugnis automatisch in den Behälter.

Eine weitere Variante der Kommissionierung ist das **RFID**-Kommissionieren, bei dem die Erzeugnisse mit einem Chip versehen sind, auf dem alle notwendigen Informationen gespeichert sind. Dieser Chip signalisiert, wo das Erzeugnis sich derzeit befindet. Durch Scannerschleusen oder mobile Lesegeräte werden die Erzeugnisse erfasst und die Versandpapiere automatisch erstellt.

RFID
Radio-Frequency Identification

Auslagerung
Bevor ein Auftrag an den Kunden verschickt wird, durchläuft er die Ausgangskontrolle. Dabei ist zu überprüfen, ob die gepackten Erzeugnisse in Art und Menge mit dem Auftrag des Kunden übereinstimmen und den Qualitätsanforderungen genügen. Mit einer gut durchgeführten Ausgangskontrolle lässt sich die Reklamationshäufigkeit gering halten und die Kundenzufriedenheit deutlich steigern. Zuletzt wird der Kundenauftrag sachgerecht für den Versand verpackt und zum Kunden geschickt.

7.5 Sicherheit und Umweltschutz im Lager

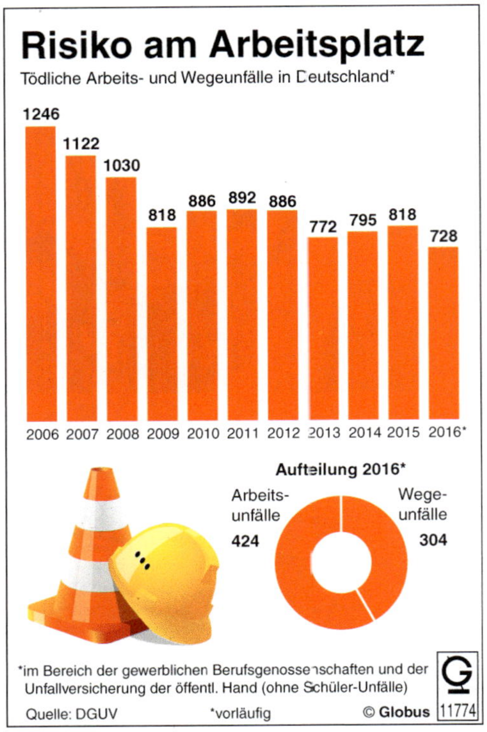

Die Sicherheit spielt bei der Lagerhaltung wie auch in anderen Unternehmensbereichen eine wichtige Rolle. Dazu existiert eine Vielzahl von Gesetzen und Verordnungen, deren Inhalte zum Teil ineinandergreifen, sich aber auch überschneiden. Die Übersicht zeigt eine Auswahl von Gesetzen, Verordnungen, Richtlinien, Sicherheitsregeln und Merkblättern, die u. a. für die Arbeit im Lager von Bedeutung sind.

Um allen **Sicherheitsanforderungen** gerecht zu werden, sollte sich ein Betrieb an allgemein anerkannte sicherheitstechnische oder arbeitswissenschaftlich anerkannte Regeln halten, die auch in DIN-Normen und VDE-Bestimmungen festgelegt sind. Des Weiteren sollten technische Einrichtungen immer ein sicherheitstechnisches Prüfsiegel enthalten, z. B. das GS-Siegel (Gütesiegel für Sicherheit) und das CE-Zeichen (Kennzeichen europäischer Sicherheitsanforderungen).

Gesetze
- Arbeitsschutzgesetz (ArbSchG)
- Arbeitssicherheitsgesetz (ASiG)
- Gewerbeordnung (GewO)

Verordnungen
- Unfallverhütungsvorschriften (UVV)
  - UVV_1 Allgemeine Vorschriften
  - UVV_{20} Leitern und Tritte
  - UVV_{48} Flurförderfahrzeuge

Richtlinien, Sicherheitsregeln der Unfallversicherungsträger, Merkblätter
- Richtlinien zu Lagereinrichtungen (R1)
- Sicherheitsregeln für Bildschirmarbeitsplätze
- Merkblatt Brandschutz

Brandschutz

Beispiel Herr Peters hat an einer Veranstaltung des Bundesverbandes der Fahrradproduzenten in Celle teilgenommen. In einer Pause erfährt er von einem Kollegen, dass dieser in seinem Betrieb regelmäßig Schulungen zum Brandschutz durchführen lässt. Als Herr Peters wieder in Oldenburg ist, lässt er sich von seiner Sekretärin die Unterlagen über die letzte Brandschutzschulung von 2014 aushändigen und stellt fest, dass eine neuerliche Schulung dringend anzuraten ist.

Ein besonderer Sicherheitsaspekt gilt dem Brandschutz. Ein ausbrechendes Feuer kann sehr viele Menschen verletzen und einen Großteil bzw. alle eingelagerten Güter sowie die Lagerräume vernichten. So gibt es besondere Vorschriften z. B. über die Anzahl und das Anbringen von Feuerlöschern, die regelmäßig überprüft werden müssen, über den Einbau von feuerfesten Türen, besondere Vorschriften zum Umgang mit leicht entzündlichen und brennbaren Stoffen usw. Dabei versteht es sich von selbst, dass auf das Rauchen in Lagern verzichtet werden sollte. Es gilt aber nicht nur für den Arbeitgeber, Maßnahmen zum vorbeugenden Brandschutz einzuhalten, sondern jeder Mitarbeiter kann durch sein Verhalten Brände verhindern, Gefahren bei bestehenden Bränden eindämmen und entsprechende Maßnahmen zur Brandbekämpfung ergreifen.

Vor allem ist bei Bränden Ruhe zu bewahren, es ist wichtig, jetzt nicht in Panik zu geraten. Vorsichtshalber sollte bei Bränden immer die Feuerwehr, Telefon 112, alarmiert werden. Dabei ist wichtig, dass Name und vollständige Adresse angegeben werden. Ferner ist festzustellen, welche Materialien brennen, um zu entscheiden, mit welchem Löschmittel gelöscht werden kann.

Zum wirklichen Brandschutz ist es aber auch notwendig, die Mitarbeiter für einen Brandfall zu schulen sowie Notausgänge und Feuerlöscher erreichbar und zugänglich zu halten. Ausführliche Materialien sind bei der zuständigen Berufsgenossenschaft zu bekommen.

Brandklassen	
	Klasse A: Brände von festen, glutbildenden Stoffen (z. B. Holz, Pappe, Koks, duroplastischer Kunststoff)
	Klasse B: Brände von flüssigen oder flüssig werdenden Stoffen (z. B. Benzin, Alkohol, Teer)
	Klasse C: Brände von Gasen (z. B. Wasserstoff, Propan)
	Klasse D: Brände von Metallen (z. B. Aluminium, Magnesium)
	Klasse F: Brände von Speiseölen, Speisefetten (z. B. in Friteusen)

Nach: Bundesanstalt für Arbeitsschutz und Arbeitsmedien, www.baua.de

Diebstahlschutz

Eine besondere Bedeutung zum Schutz der Erzeugnisse kommt auch dem Diebstahlschutz zu. Vielen Unternehmen entstehen immense Kosten durch sogenannten Schwund. So ist es Aufgabe des Unternehmers, geeignete Maßnahmen gegen den Diebstahl zu ergreifen.

Kunden kommen nur selten direkt in den Industriebetrieb. So kommen für Diebstähle eher Lieferanten, eigene Mitarbeiter sowie Handwerker infrage. Welche Möglichkeiten hat der Unternehmer, Diebstahl zu verhindern? Zunächst ist eine zeitnahe Erfassung von Warenein- und -ausgängen anzuraten. So lassen sich Zeitpunkt und Ort der Diebstähle leichter feststellen. Des Weiteren ist es möglich, hochwertige Erzeugnisse nur ausgewählten Mitarbeitern zugänglich zu machen.

Umweltschutz

Beispiel Herr Groß, Kraftfahrer bei einer von der Fly Bike Werke GmbH beauftragten Spedition, lässt beim Beladen seines Fahrzeuges den Motor laufen, weil er den Lkw im Innenraum schon vorheizen will. Als der Umweltbeauftragte Herr Thüne vorbeikommt und dies bemerkt, bekommt Herr Groß großen Ärger. Herr Thüne ist der Meinung, dass Herr Groß Umweltauflagen verletzt und die Gesundheit seiner Kollegen gefährdet.

Der Beachtung der **Umweltschutzauflagen** ist neben dem eigentlichen Ziel, die Umwelt zu schützen, auch ein bedeutender Sicherheitsaspekt zuzuschreiben. So ist es enorm wichtig, dass bestimmte, z. B. explosionsgefährliche Stoffe sachgerecht gelagert werden. Gleichzeitig ist es wichtig, dass Chemikalien umweltgerecht entsorgt werden und Personen, die mit diesen Waren in Berührung kommen, auch die dementsprechenden Sicherheitsbestimmungen beachten, z. B. die vorgeschriebene Schutzausrüstung tragen.

Abgesehen von konkreten Umweltschutz- und Sicherheitsbestimmungen, die eingehalten werden müssen, z. B. Gefahrstoffverordnung, Chemikaliengesetz, Abfallgesetze usw., gehört der Umweltschutz natürlich zu einer primären gesellschaftlichen Aufgabe, der sich auch die Betriebe als Teil der Gesellschaft nicht entziehen dürfen. So ist es betriebliche Aufgabe und Aufgabe eines jeden Mitarbeiters, nicht nur Gesetze und Regeln zu beachten, sondern in seinem eigenen betrieblichen Umfeld umweltrelevante Belange zu berücksichtigen und umzusetzen. Dazu gehören einfache Regeln des Umweltschutzes wie Müllvermeidung, umweltgerechte Entsorgung u. Ä.

7.6 ABC-Analyse

LS ▶ **LS 30**
Eine ABC-Analyse durchführen

Unternehmen müssen häufig eine Vielzahl von Materialien beschaffen. Diese haben – gemessen am jährlichen Verbrauchswert in Euro – ganz unterschiedliche Bedeutungen für die Beschaffungsplanung.

Beispiel In der Fly Bike Werke GmbH werden jährlich 15000 hochwertige Fahrradrahmen aus Carbon zum Bezugspreis von 450,00 € eingekauft. Der Jahresverbrauchswert dieses Materials beträgt 15000 · 450,00 € = 6.750.000,00 €. Neben vielen weiteren Materialien werden auch kleine Schrauben zum Bezugspreis von 15,00 € für 1 000 Stück eingekauft. Die jährliche Verbrauchsmenge von 50000 Stück verursacht einen Jahresverbrauchswert von nur 750,00 €.

Aufgrund der sehr unterschiedlichen Verbrauchswerte ist es nicht sinnvoll, jedem Material in der Beschaffungsplanung die gleiche Aufmerksamkeit zukommen zu lassen. In diesem Zusammenhang ist die ABC-Analyse ein Hilfsmittel, um **Schwerpunkte in der Beschaffungsplanung** festzulegen, den Arbeitsaufwand sinnvoll zu steuern und damit die Kosten der Beschaffungsplanung zu reduzieren.

Mithilfe einer **ABC-Analyse** werden die zu beschaffenden Materialien in **bedeutende Güter (A-Güter), durchschnittlich bedeutende Güter (B-Güter) und wenig bedeutende Güter (C-Güter)** unterteilt. Kriterium hierfür ist der jährliche Verbrauchswert der einzelnen Materialien. Nur für jene Materialien, die einen hohen jährlichen Verbrauchswert haben (A-Güter), ist eine aufwendige Beschaffungsplanung gerechtfertigt, weil bei diesen Materialien schon geringfügige Verbesserungen (z. B. des Bezugspreises oder der Bestellmenge) einen bedeutsamen wirtschaftlichen Vorteil bewirken.

Aus Vereinfachungsgründen stellt die Tabelle nur einen Auszug der Materialien dar.

Beispiel Für die zur Fertigung eines bestimmten Fahrradtyps benötigten Materialien wird heute in der Fly Bike Werke GmbH eine ABC-Analyse durchgeführt. Der Einkaufsleiter listet zunächst in der **Grundtabelle** alle Materialien (Spalte 1) mit dem Jahresverbrauch in Stück (Spalte 2) und den jeweiligen Bezugspreisen (Spalte 3) auf. Durch Multiplikation der Jahresverbräuche mit den Bezugspreisen erhält er die einzelnen Jahresverbrauchswerte (Spalte 4). Mithilfe der Summe aller Jahresverbrauchswerte kann er für jedes Material den prozentualen Anteil daran ermitteln (Spalte 5).

Material Nr.	Jahresverbrauch in Stück	Bezugs-preis in €	wertmäßiger Jahresverbrauch in €	Anteil am gesamten Jahresverbrauch
SW-0801	20000	4,50	90.000,00	4,73 %
SW-0802	12000	24,50	294.000,00	15,46 %
SW-0803	22500	7,50	168.750,00	8,87 %
SW-0804	15000	2,30	34.500,00	1,81 %
SW-0805	75000	0,15	11.250,00	0,59 %
SW-0806	5000	105,00	525.000,00	27,60 %
SW-0807	7500	8,50	63.750,00	3,35 %
SW-0808	11000	65,00	715.000,00	37,59 %
Summe			1.902.250,00	100,00 %

Nun erstellt der Einkaufsleiter die **sortierte Tabelle**, in der er die Materialien nach sinkenden Anteilswerten (höchster Anteilswert oben / niedrigster Anteilswert unten) auflistet. In der dritten Spalte summiert er die Anteilswerte auf.

Material Nr.	Anteil am gesamten wertmäßigen Jahresverbrauch	Aufsummierte Anteilswerte	ABC-Kategorie
SW-0808	37,59 %	37,59 %	A
SW-0806	27,60 %	65,19 %	A
SW-0802	15,46 %	80,65 %	B
SW-0803	8,87 %	89,52 %	B
SW-0801	4,73 %	94,25 %	C
SW-0807	3,35 %	97,60 %	C
SW-0804	1,81 %	99,41 %	C
SW-0805	0,59 %	100,00 %	C

Die Grenzen zwischen A-, B- und C-Gütern müssen von jedem Unternehmen individuell festgelegt werden und können sogar situationsbedingt unterschiedlich sein.

Für die abschließende Kategorisierung der Materialien beachtet der Einkaufsleiter folgende innerbetriebliche Regel: Die A-Güter enden spätestens bei einem aufsummierten Anteilswert von 70 %, die B-Güter bei 90 % und die C-Güter bilden den Rest.

In der betrieblichen Praxis steht die ABC-Analyse am Anfang der Beschaffungsplanung, da diese durch Erkenntnisse aus der ABC-Analyse beeinflusst wird.

Die Ergebnisse einer ABC-Analyse sind ein wichtiges Hilfsmittel, um Schwerpunkte bei der Beschaffungsplanung zu bestimmen und die vorhandenen (personellen) Ressourcen dort einzusetzen, wo das größte **Einsparpotenzial** besteht. Das folgende Schaubild veranschaulicht mögliche **Konsequenzen aus einer ABC-Analyse**.

Mögliche Handlungskonsequenzen aus einer ABC-Analyse

für A-Güter

hoher Aufwand, z. B.

- intensive und regelmäßige Bezugsquellenermittlung
- häufige Angebotsvergleiche
- intensive Preisverhandlungen mit Lieferanten
- exakte Planung der Bestellmengen (optimale Bestellmenge)
- niedrige Lagerbestände, nach Möglichkeit Just-in-time-Beschaffung

für B-Güter

mittlerer Aufwand

Für diese Güter wird ein Mittelweg zwischen dem Umgang mit A-Gütern und C-Gütern gewählt und im Einzelfall entschieden.

für C-Güter

geringer Aufwand, z. B.

- einfache Bezugsquellenermittlung durch Beschränkung auf interne Informationsquellen
- Beschränkung auf quantitativen Angebotsvergleich
- geringe Bestellhäufigkeit durch höhere Bestellmengen
- vereinfachte Abwicklung des Bestellverfahrens

7.7 Bestandsarten im Lager

Um die Bereitstellungsfähigkeit im Lager analysieren zu können, ist es sinnvoll, die verschiedenen Bestandsarten, die im Lager vorzufinden sind, zu analysieren.

Mindest-, Melde-, Höchstbestand, vgl. **4.1**, S. 160

Der **Mindestbestand** ist der Bestand, der nur in Notfällen (z. B. ausgefallene Lieferung, Lieferverzögerung) unterschritten werden darf; er wird auch als eiserner Bestand bezeichnet. Er gewährleistet, dass der Produktionsprozess auch bei „Störungen" ständig mit Rohstoffen versorgt wird.

Der **Meldebestand** ist der Bestand, bei dem neue Waren bestellt werden müssen, um das Lager wieder aufzufüllen, sobald der Mindestbestand erreicht ist. Er wird mit folgender Formel berechnet:

Meldebestand = Mindestbestand + Verbrauch pro Periode • Beschaffungszeit

Der **Höchstbestand** gibt an, welche Warenmenge maximal eingelagert werden kann oder aus wirtschaftlichen Gründen eingelagert werden soll.

Höchstbestand = Mindestbestand + Bestellmenge

Die **Bestellmenge** ist die Menge, die bestellt werden muss, um das Lager, sobald der eiserne Bestand erreicht ist, wieder bis zu seinem Höchstbestand aufzufüllen. Zur Berechnung dient folgende Formel:

Bestellmenge = Höchstbestand – Mindestbestand

Der **dispositive Bestand** stellt den Lagerbestand dar, über den tatsächlich verfügt werden kann. Er ergibt sich dadurch, dass vom tatsächlichen Lagerbestand geplante Abgänge (z. B. für die Produktion oder zur Erfüllung von Kundenaufträgen) abgezogen werden und andererseits geplante Zugänge durch Bestellungen addiert werden.

Dispositiver Bestand =
tatsächl. Lagerbestand – gepl. Abgänge + avisierte Zugänge – Mindestbestand

Beispiel Der tatsächliche Bestand an Fahrradanhängern des Modells „Sven" beträgt 200 Stück. Die Lieferung von 40 Stück aufgrund einer offenen Bestellung ist für die kommende Kalenderwoche avisiert. Ein großer Kunde hat gestern eine Bestellung über 30 Stück getätigt. Der Mindestbestand für diesen Artikel beträgt 50 Stück.

Ermittlung des dispositiven Lagerbestandes		
	tatsächlicher Lagerbestand	200 Stück
–	geplante Abgänge/Entnahmen	30 Stück
+	avisierte Zugänge	40 Stück
–	Mindestbestand/eiserner Bestand	50 Stück
=	dispositiver Lagerbestand	160 Stück

LS 31
Materialeinkauf buchen

8 Buchungen bei Beschaffungsprozessen

Beschaffungsprozesse lösen in der Finanzbuchhaltung unterstützende Prozesse der Dokumentation aus, die im Rahmen der Kreditorenbuchhaltung ausgeführt werden.

Aufgaben und Bereiche des Rechnungswesens, vgl. **HF1**, **6**, S. 59 ff.

Kern- und Unterstützungsprozesse, vgl. **HF1**, **5.2**, S. 57 f.

Posteingang: 05.06.20XX

Stahlwerke Tissen AG

Tissen AG Karl-Kleppe-Str. 19 40474 Düsseldorf

Fly Bike Werke GmbH
Rostocker Str. 334
26121 Oldenburg

Rechnungsprüfung
Sachlich richtig **Datum:** 06.06.20XX **Nz:** Ta
Rechnerisch richtig **Datum:** 06.06.20XX **Nz:** Lo

Ihr Zeichen nem
Ihre Nachricht vom 30.05.20XX
Unser Zeichen sgr
Unsere Nachricht vom 28.05.20XX
☎ 0221 458999-17
Herr Greiner
Düsseldorf, 04.06.20XX

Rechnung Nr. 2123

Beleg-Nr.: ER 612

Bestellung-Nr.: 146 Lieferschein-Nr. 2133

Bestell-Datum: 30.05.20XX Liefer-Datum: 04.06.20XX Zahlungsfrist: 12.06.20XX
Ihr Zeichen: nem Anlieferung: Spedition Roß

Artikel-Nr.	Artikelbezeichnung	Menge in Meter	Preis je lfm	Gesamtpreis
1034020	Stahlrohr, Rundrohre 34,0 x 2,0 mm CrMoB	4 000	4,00 €	16.000,00 €

Konto	Soll	Haben
6000	13.600,00	
2600	2.584,00	
4400		16.184,00

Gebucht: 06.06.20XX, G109, Lo/Ta

15 % Rabatt	2.400,00 €
Transportkostenanteil	0,00 €
Nettorechnungsbetrag	13.600,00 €
19 % Umsatzsteuer	2.584,00 €
Bruttorechnungsbetrag	16.184,00 €

Der Transportkostenanteil entfällt bei Lieferungen mit einem Warenwert ab 5.000,00 €.

Gemäß §§ 255 HGB und 6 EStG sind eingekaufte Vermögenswerte mit ihren **Anschaffungskosten** in der Buchhaltung zu erfassen.

Ermittlung der Anschaffungskosten

Begriffe gemäß HGB und EStG	Begriffe der Buchführung/Kalkulation
Anschaffungspreis	Listeneinkaufspreis
– Anschaffungspreisminderungen	– Rabatt (= Zieleinkaufspreis) – Skonto (= Bareinkaufspreis)
+ Anschaffungsnebenkosten	+ Bezugskosten
= Anschaffungskosten	= Bezugs- oder Einstandspreis
Alle Preise verstehen sich ohne Umsatzsteuer.	

Aufwandsorientierte Buchungen, vgl. **HF1**, **8.6**, S. 96 ff.

Gewährt der Verkäufer **Preisnachlässe**, reduzieren sich die Anschaffungskosten entsprechend. Dabei ist es ohne Bedeutung, ob die Preisnachlässe direkt gewährt werden (z. B. Sofortrabatte) oder erst nachträglich entstehen (z. B. Skonti, Boni). Beschaffte Materialien werden immer sofort auf einem Aufwandskonto erfasst. Statt auf dem Konto Verbindlichkeiten a.L.L. wird in der Kreditorenbuchhaltung auf das Konto des jeweiligen Lieferanten gebucht.

8.1 *Sofortrabatte bei Eingangsrechnungen*

Eingangsrechnung Nr. 612 (Auszug)

Artikel-Nr.	Artikelbezeichnung	Menge in Meter	Preis je lfm	Gesamtpreis
1034020	Stahlrohr, Rundrohre 34,0 x 2,0 mm CrMoB	4 000	4,00 €	16.000,00 €

– 15 % Rabatt	2.400,00 €
= Nettorechnungsbetrag	13.600,00 €
+ 19 % Umsatzsteuer	2.584,00 €
= Bruttorechnungsbetrag	16.184,00 €

Sofortrabatte sind in Eingangsrechnungen bereits ausgewiesen und verringern den Listeneinkaufspreis für den Kunden. Ein Sofortrabatt, der in einer Eingangsrechnung bereits zum Abzug gebracht wurde, wird in der Buchführung nicht extra erfasst. Auf den Materialkonten wird in diesem Fall nur der Nettorechnungsbetrag – nach Abzug des Rabattes – gebucht.

Sofortrabatte, z. B.
- Mengenrabatte
- Wiederverkäuferrabatte
- Kundenrabatte
- Jubiläumsrabatte

Eingangsrechnung der Stahlwerke Tissen AG

Grundbuch:

Nr.	Soll	€	Haben	€
1)	6000 Aufwendungen f. Rohstoffe	13.600,00		
	2600 Vorsteuer	2.584,00	4400 Verbindlichkeiten a.L.L.	16.184,00

8.2 *Rücksendungen an Lieferanten*

Beispiel Die Fly Bike Werke GmbH hat bei der Color GmbH Lacke im Wert von 3.000,00 € zzgl. 19 % USt auf Ziel gekauft. 10 % dieser Lacke entsprechen nicht den Farbvorgaben. Die Fly Bike Werke GmbH sendet einen Teil der Lieferung wieder zurück, da sie hierfür keine Verwendung finden. Die Color GmbH stellt der Fly Bike Werke GmbH eine Gutschrift über zurückgenommene Lacke in Höhe von 357,00 € aus. In diesem Betrag sind 19 % Umsatzsteuer enthalten.

Gutschrift Nr. 212 (Auszug)

Artikel-Nr.	Lack/Farbbezeichnung	Einzelpreis je Liter	Liter	Gesamtpreis
702011	lemon squash	6,00 €	50 l	300,00 €

+ 19 % Umsatzsteuer	57,00 €
= Bruttogutschrift	357,00 €

Rücksendung von Hilfsstoffen	Nettorechnungs-betrag = 100 %	Vorsteuer = 19 %	Bruttorechnungs-betrag = 119 %
Eingangsrechnung	3.000,00 €	570,00 €	3.570,00 €
Gutschrift (10 %)	300,00 €	57,00 €	357,00 €
Zahlung (90 %)	2.700,00 €	513,00 €	3.213,00 €

Nachträgliche Anschaffungspreisminderungen, vgl. 8.4, S. 195 ff.

Rücksendungen vermindern den **Wert und die Menge des bezogenen Materials**. Gleichzeitig sinkt die darauf entfallende Vorsteuer. Verlangt der Käufer eine Neulieferung, erstellt der Lieferant eine **Gutschrift**. Rücksendungen ergeben somit eine Wertminderung des Materialeinkaufs in Höhe des Nettogutschriftbetrages.

1) Eingangsrechnung der Color GmbH
2) Gutschrift der Color GmbH
3) Zahlung an die Color GmbH

Grundbuch:

Nr.	Soll	€	Haben	€
1)	6020 Aufwendungen f. Hilfsstoffe 2600 Vorsteuer	3.000,00 570,00	4400 Verbindlichkeiten a.L.L.	3.570,00
2)	4400 Verbindlichkeiten a.L.L.	357,00	6020 Aufwendungen f. Hilfsstoffe 2600 Vorsteuer	300,00 57,00
3)	4400 Verbindlichkeiten a.L.L.	3.213,00	2800 Bankguthaben	3.213,00

8.3 Bezugskosten (Anschaffungsnebenkosten)

Beförderungs- und Verpackungskosten, vgl. HF 4, Band 2

Beispiel Die AWB Aluminiumwerke AG berechnet eine Transportkostenpauschale von 200,00 €. Der Rechnungsbetrag einschließlich 19 % Umsatzsteuer beträgt 4.248,30 €.

Eingangsrechnung Nr. 684 (Auszug)

Artikel-Nr.	Artikelbezeichnung	Menge in Meter	Preis je lfm	Gesamtpreis
40030025	Aluminiumrohr 30,0 x 2,5 mm	500	6,74 €	3.370,00 €
			+ Transportkostenanteil	200,00 €
			= Nettorechnungsbetrag	3.570,00 €
			+ 19 % Umsatzsteuer	678,30 €
			= Bruttorechnungsbetrag	4.248,30 €

Bezugskosten, z. B.
- Paketgebühren
- Fracht
- Rollgeld
- Transportversicherung
- Ladekosten und Verpackungskosten
- Zölle
- Zwischenlagerungskosten

Bezugskosten, die der Käufer in Abhängigkeit von den Kaufvertragsvereinbarungen bezahlen muss, erhöhen die Anschaffungskosten des gekauften Materials. Dabei spielt es keine Rolle, ob der Lieferant selbst oder Dritte (z. B. Spedition) derartige Leistungen ausführen und in Rechnung stellen. Bezugskosten werden auf einem **Unterkonto** des jeweiligen Materialkontos erfasst. Das erleichtert die Kontrolle der Höhe, der Entwicklung und der Zusammensetzung der Bezugskosten, die einen erheblichen Anteil am Gesamtwert des Materials haben können. Die Unterkonten werden am Ende eines Abrechnungszeitraums auf das entsprechende Materialkonto umgebucht.

1) Eingangsrechnung der AWB Aluminiumwerke AG
2) Umbuchung der Bezugskosten am Ende des Abrechnungszeitraums

Grundbuch:

Nr.	Soll	€	Haben	€
1)	6000 Aufwendungen f. Rohstoffe 6001 Bezugskosten f. Rohstoffe 2600 Vorsteuer	3.370,00 200,00 678,30	4400 Verbindlichkeiten a.L.L.	4.248,30
2)	6000 Aufwendungen f. Rohstoffe	200,00	6001 Bezugskosten f. Rohstoffe	200,00

8.4 Nachträgliche Anschaffungspreisminderungen

Nachträgliche Anschaffungspreisminderungen vermindern **nur den Wert** – nicht die Menge – vorhandenen Materials. Diese Preisnachlässe werden ebenfalls auf Unterkonten der jeweiligen Materialkonten erfasst. Auch hier wird der ursprüngliche Nettorechnungsbetrag durch die Preisminderung nachträglich gesenkt. Die Vorsteuer ist durch eine Habenbuchung auf dem Konto 2600 Vorsteuer zu vermindern.

8.4.1 Preisnachlässe nach Mängelrügen

Beispiel Die Firma Hans Köller erteilt den Fly Bike Werken eine Gutschrift in Höhe von 20 % des vereinbarten Kaufpreises aufgrund von Lackschäden.

Mangelhafte Lieferung, vgl. **HF 4**, Band 2

Gutschrift und Rücksendungen an Lieferanten, vgl. **8.2**, S. 193

Gutschrift Nr. 218 (Auszug)

Artikel	Menge	Einzelpreis	Gesamtpreis
Y-Rahmen	200	47,00 €	9.400,00 €
		Gutschrift wg. Lackschäden 20 %	1.880,00 €
		+ 19 % Umsatzsteuer	357,20 €
		= Bruttogutschrift	2.237,20 €

Mängel an Fremdbauteilen	Nettorechnungsbetrag = 100 %	Vorsteuer = 19 %	Bruttorechnungsbetrag = 119 %
Eingangsrechnung	9.400,00 €	1.786,00 €	11.186,00 €
Gutschrift (20 %)	1.880,00 €	357,20 €	2.237,20 €
Zahlung (80 %)	7.520,00 €	1.428,80 €	8.948,80 €

1) Eingangsrechnung der Hans Köller Spezialrahmenbau e. K.
2) Gutschrift der Hans Köller Spezialrahmenbau e. K.
3) Umbuchung des Kontos Nachlässe am Ende des Abrechnungszeitraumes
4) Zahlung an Hans Köller Spezialrahmenbau e. K.

Grundbuch:

Nr.	Soll	€	Haben	€
1)	6010 Aufwendungen f. Fremdbauteile 2600 Vorsteuer	9.400,00 1.786,00	4400 Verbindlichkeiten a.L.L.	11.186,00
2)	4400 Verbindlichkeiten a.L.L.	2.237,20	6012 Nachlässe f. Fremdbauteile 2600 Vorsteuer	1.880,00 357,20
3)	6012 Nachlässe f. Fremdbauteile	1.880,00	6010 Aufwendungen f. Fremdbauteile	1.880,00
4)	4400 Verbindlichkeiten a.L.L.	8.948,80	2800 Bankguthaben	8.948,80

8.4.2 *Lieferantenboni*

Boni sind Umsatzrückvergütungen für das Erreichen bestimmter Umsatzziele. Der Zeitraum (Monat, Quartal, Jahr), die Höhe (Bonussatz in Prozent) und die Berechnung (Bezugsbasis z. B. Nettoumsätze) von Lieferantenboni müssen in Rahmenvereinbarungen zum Kaufvertrag mit dem Lieferer vereinbart werden.

Beispiel Die Mannes AG gewährt den Fly Bike Werken einen Quartalsbonus in Höhe von 1 %, da der Quartalsumsatz den Betrag von 50.000,00 € übersteigt.

Bonusabrechnung (Auszug)

Bonus 1. Quartal 20XX
Nettoumsätze vom 01.01.20XX bis zum 31.03.20XX 52.600,00 €

Bonussatz 1 %	526,00 €
+ 19 % Umsatzsteuer	99,94 €
= Bruttogutschrift	625,94 €

Gewährung eines Quartalsbonus	Nettorechnungsbetrag = 100 %	Vorsteuer = 19 %	Bruttorechnungsbetrag = 119 %
Umsätze vor Bonus	52.600,00 €	9.994,00 €	62.594,00 €
Bonus (1 %)	526,00 €	99,94 €	625,94 €
Werte nach Bonus (99 %)	52.074,00 €	9.894,06 €	61.968,06 €

1) Gutschrift für den Quartalsbonus der Mannes AG
2) Umbuchung des Kontos Nachlässe am Ende des Abrechnungszeitraumes

Grundbuch:

Nr.	Soll	€	Haben	€
1)	4400 Verbindlichkeiten a.L.L.	625,94	6002 Nachlässe f. Rohstoffe 2600 Vorsteuer	526,00 99,94
2)	6002 Nachlässe f. Rohstoffe	526,00	6000 Aufwendungen f. Rohstoffe	526,00

8.4.3 Lieferantenskonti

Beispiel Die Fly Bike Werke GmbH kauft Rohstoffe auf Ziel bei der AWB Aluminiumwerke AG in Bonn. Den Rechnungsbetrag in Höhe von 5.950,00 € überweist sie innerhalb der gewährten Frist unter Abzug von 2 % Skonto.

Zahlungsbedingungen, vgl. **HF 4**, Band 2

Zahlung unter Abzug von Skonto	Nettorechnungsbetrag = 100 %	Vorsteuer = 19 %	Bruttorechnungsbetrag = 119 %
Rechnungsbetrag vor Skonto	5.000,00 €	950,00 €	5.950,00 €
Skonto (2 %)	100,00 €	19,00 €	119,00 €
Zahlungsbetrag nach Skonto (98 %)	4.900,00 €	931,00 €	5.831,00 €

	Bruttoskonto	119,00 €
–	Vorsteuer	19,00 €
=	Nettoskonto	100,00 €

$\frac{BS \cdot 100}{119}$ = Nettoskonto

$\frac{BS \cdot 19}{119}$ = Vorsteuerberichtigung

BS = Bruttoskonto

1) Eingangsrechnung der AWB Aluminiumwerke, Bonn
2) Zahlung unter Abzug von Skonto an die AWB Aluminiumwerke, Bonn
3) Umbuchung des Kontos Nachlässe am Ende des Abrechnungszeitraumes

Grundbuch:

Nr.	Soll	€	Haben	€
1)	6000 Aufwendungen f. Rohstoffe 2600 Vorsteuer	5.000,00 950,00	4400 Verbindlichkeiten a.L.L.	5.950,00
2)	4400 Verbindlichkeiten a.L.L.	5.950,00	2800 Bankguthaben 6002 Nachlässe f. Rohstoffe 2600 Vorsteuer	5.831,00 100,00 19,00
3)	6002 Nachlässe f. Rohstoffe	100,00	6000 Aufwendungen f. Rohstoffe	100,00

LS ▸ LS 32
Kosten der Lagerhaltung ermitteln

9 Wirtschaftlichkeit in der Beschaffung

9.1 Lagerkosten

Ausgangspunkt für fast alle Überlegungen im Lagerbereich ist die Frage, wie es der Unternehmer bewerkstelligen kann, den Zielkonflikt zwischen möglichst geringen Lagerkosten und ausreichender Lieferbereitschaft optimal zu lösen. Um diesen Konflikt quantifizierbar (mengenmäßig erfassbar) zu machen, stehen dem Unternehmer einige Möglichkeiten zur Verfügung. Zunächst ist es für ihn von Bedeutung, genau zu analysieren, welche Kosten ihm durch die Lagerhaltung entstehen.

fixe und variable Kosten, vgl. HF 7, Band 2

Zielkonflikte in der Beschaffung vgl. 3.1, S. 157

Durch die Lagerhaltung entstehen vielfältige Kosten, davon sind einige Kosten immer gleich bleibend, unabhängig von der Menge oder dem Wert der eingelagerten Güter. Diese nennt man **fixe Kosten**. Andere ergeben sich aus der Menge bzw. dem Wert der Güter, die gelagert werden. Diese werden **variable Kosten** genannt.

Durch eine optimal geplante und durchgeführte Lagerorganisation der Lagerhaltung (warengerechte Lagerung bei Optimierung der Arbeitsabläufe) lassen sich die Kosten der Lagerhaltung möglichst gering halten.

Lagerkosten	Beispiele
Betriebsmittel	– Zinsen – Abschreibungen – Instandhaltung – Transport – Energie – Versicherung
Personal und Verwaltung	– Löhne – Gehälter – Sozialaufwendungen – Büromaterial – EDV – Kommunikation
Lagergüter	– Zinsen für das gebundene Kapital – Kosten des Bestandsrisikos (z. B. Diebstahl, Verderb und Schwund) – Warenpflege

9.2 Lagerkennzahlen

LS ▸ **LS 33** Lagerkennzahlen ermitteln

Mithilfe von Lagerkennzahlen stehen dem Industrieunternehmen weitere Möglichkeiten zur Verfügung, seine Lagerkosten zu überblicken und zu minimieren.

In der Praxis werden die folgenden Lagerkennzahlen verwendet:
- durchschnittlicher Lagerbestand
- durchschnittliche Lagerdauer
- Umschlagshäufigkeit
- Lagerzinssatz und Lagerzinsen
- Lagerreichweite

Ausgangsgröße für alle weiteren Berechnungen ist der **durchschnittliche Lagerbestand (Ø LB)**. Hier finden sich verschiedene Varianten.

Variante	Formel	Erläuterungen
Jahresanfangsbestand (AB) Jahresendbestand (EB)	$\frac{AB + EB}{2}$	ungenau
Jahresanfangsbestand (AB) 12 Monatsendbestände (EB)	$\frac{AB + 12 \cdot EB}{13}$	genauer als erste Variante, aber Mindestbestand wird nicht berücksichtigt
Bestellmenge (BeM) Mindestbestand (MiB)	$\frac{BeM}{2} + MiB$	am besten geeignet bei konstantem Lagerabgang, berücksichtigt Mindestbestand

Die **Umschlagshäufigkeit** (UH) gibt an, wie oft der durchschnittliche Lagerbestand in einem Jahr umgesetzt wurde. Die Berechnung kann sowohl auf Mengenbasis als auch auf Wertbasis (d.h. als Produkt aus Menge und Stückpreis) erfolgen. Sie wird ermittelt, indem man den Jahresverbrauch durch den durchschnittlichen Lagerbestand teilt. Je niedriger der durchschnittliche Lagerbestand ist, desto höher ist die Umschlagshäufigkeit.

$$\text{Umschlagshäufigkeit} = \frac{\text{Jahresverbrauch (Wareneinsatz)}}{\text{Ø Lagerbestand}}$$

Bei der Interpretation ist der Zusammenhang zur Kapitalbindung zu berücksichtigen: Je höher die Umschlagshäufigkeit, desto niedriger das im Lager gebundene Kapital. Und dieses gebundene Kapital könnte bei einer Anlage auf der Bank Zinsen erbringen. Aus der Umschlagshäufigkeit lässt sich die **durchschnittliche Lagerdauer** (Ø LD in Tagen) errechnen, indem man 360 (Tage) durch die Umschlagshäufigkeit teilt. Die durchschnittliche Lagerdauer gibt an, wie lange die Materialien im Durchschnitt im Lager verbleiben, bevor sie verbraucht werden.

Versandlager der Fly Bike Werke GmbH

Je kürzer dieser Zeitraum ist, desto besser, denn desto kürzer ist auch die Kapitalbindungsdauer. Die durchschnittliche Lagerdauer ist umso geringer, je höher die Umschlagshäufigkeit ist.

$$\varnothing \text{ Lagerdauer} = \frac{360}{\text{UH}}$$

Die Kosten (in Form von entgangenen Zinsen), die für das in den Lagergütern gebundene Material entstehen, werden mithilfe des **Lagerzinssatzes (LZS)** ermittelt. Dazu dividiert man den Jahreszinssatz durch die Umschlagshäufigkeit. Je höher die Umschlagshäufigkeit, desto niedriger ist der Lagerzinssatz.

$$\text{Lagerzinssatz} = \frac{\text{Jahreszinssatz}}{\text{UH}} \quad \text{oder} \quad \frac{\text{Jahreszinssatz} \cdot \varnothing \text{ Lagerdauer}}{360}$$

Aus dem Lagerzinssatz lassen sich mithilfe der Zinsformel und des Wertes des durchschnittlichen Lagerbestandes die **Lagerzinsen (LZ)** berechnen.

$$\text{Lagerzinsen} = \frac{\text{Wert des } \varnothing \text{ Lagerbestandes} \cdot \text{Lagerzinssatz}}{100}$$

Die **Lagerreichweite** zeigt an, wie lange der durchschnittliche Lagerbestand bei einem durchschnittlichen Materialverbrauch ausreicht. Mit ihr lassen sich Aussagen über die Versorgungssicherheit in einem Unternehmen treffen. Es gibt mehrere Möglichkeiten, die Lagerreichweite zu ermitteln. Die einfachste, aber auch ungenaueste Variante ist beschränkt auf den tatsächlichen durchschnittlichen Lagerbestand und den durchschnittlichen Verbrauch.

$$\text{Lagerreichweite} = \frac{\text{durchschnittlicher Lagerbestand pro Zeiteinheit}}{\text{durchschnittlicher Verbrauch pro Zeiteinheit}}$$

Soll die Lagerreichweite die geplanten Bestellungen mit einbeziehen, so wird folgende Formel genutzt:

$$\text{Lagerreichweite} = \frac{\text{durchschnittlicher Lagerbestand pro Zeiteinheit} + \text{offene Bestellungen}}{\text{geplanter Verbrauch pro Zeiteinheit}}$$

Der **durchschnittliche Lagerbestand** zählt zu den zentralen Kennzahlen einer wirtschaftlichen Lagerhaltung. Gelingt es, den durchschnittlichen Lagerbestand zu verringern, hat das folgende Konsequenzen:

- Umschlagshäufigkeit steigt
- durchschnittliche Lagerdauer verringert sich
- Kapitalbindungsdauer und Kapitalbedarf vermindern sich
- Lagerzinssatz und Lagerzinsen werden geringer
- Gefahr von Lagerrisiken (z. B. durch Schwund, Diebstahl etc.) sinkt
- sonstige Lagerkosten (z. B. für Warenpflege, Warenversicherung) fallen

Im Extremfall wäre dem Unternehmen mit einer **JIT-Strategie** am besten gedient, da dann ein Lagerbestand kaum noch vonnöten ist. Dies setzt voraus, dass die Lieferungen pünktlich eintreffen.

JIT, vgl. 4.3, S. 164

Beispiel Lagerkennzahlen der Fly Bike Werke GmbH für Artikel 7060 (Sattel für Mountainbike Constitution)

- Anschaffungskosten je Stück 25,015 €
- Jahresverbrauch 1350 Stück
- Höchstbestand für Artikel 450 Stück
- Bestellmenge je Bestellung 342 Stück
- Mindestbestand 108 Stück
- Jahreszinssatz 10 %

Ø Lagerbestand	$\varnothing LB = \frac{342}{2} + 108$	279 Stück
Umschlagshäufigkeit	$UH = \frac{1350}{279}$	4,8387
Ø Lagerdauer	$\varnothing LD = \frac{360 \text{ (Tage)}}{4{,}8387}$	74,40 (Tage)
Lagerzinssatz	$LZS = \frac{10}{4{,}8387}$	2,067 %
Lagerzinsen	$LZ = \frac{279 \cdot 25{,}015 \cdot 2{,}067}{100}$	144,26 €

LS ▸ LS 34
Zwischen Eigen- und Fremdlager entscheiden

9.3 Eigen- oder Fremdlager

Beispiel Die Fly Bike Werke GmbH will ein neues Lager in Dresden errichten. Herr Peters überlegt, mit welchen Kosten zu rechnen wäre. Eine angebotene Lagerhalle von 420 qm kostet im Raum Dresden 4.000,00 € Miete pro Monat. Zwei Lagerfachkräfte kosten jeweils 1.950,00 € monatlich. Die Mietnebenkosten würden nochmals 1.200,00 € pro Jahr, also 100,00 € monatlich, ausmachen. Hinzu kämen variable Verbrauchskosten, die in Abhängigkeit von der Menge der ein- und auszulagernden Erzeugnisse und für die Kommissionierung anfallen, die 6,50 €/qm monatlich betragen. Versicherungskosten schlagen mit 3,50 €/qm monatlich zu Buche. Das Angebot eines Lagerhalters in Dresden bezieht sich auf die Menge der einzulagernden Paletten. Er berechnet pauschal 30,00 €/qm benötigte Lagerfläche. Dies beinhaltet auch die Ein- und Auslagerung und Kommissionierung der Bestellungen sowie Versicherungen usw. Einzig der Transport wäre noch von der Fly Bike Werke GmbH zu besorgen.

Eigenlagerung		**Fremdlagerung**
fixe Kosten in € pro Monat	variable Kosten in € pro Monat	30,00 €/qm
4.000,00 Miete	6,50 Verbrauchskosten	
+ 3.900,00 Personal	+ 3,50 Versicherungskosten	
+ 100,00 Mietnebenkosten	= 10,00 pro qm	
= 8.000,00	= 4.200,00	
Summe: 12.200,00 €		12.600,00 €

Für die Ausnutzung von 420 qm Lagerfläche in Dresden ist die Inanspruchnahme eines Eigenlagers für die Fly Bike Werke GmbH günstiger. Da sich die Kosten für das Eigenlager aus fixen und variablen Kostenanteilen zusammensetzen, ist zu folgern, dass sich das Kostenverhältnis von Eigen- und Fremdlagerung verändert, wenn sich die benötigte Quadratmeterzahl ändert. Um dies herauszufinden, stellt Herr Peters folgende Gleichung auf:

x = qm

Ermittlung der kritischen Lagerfläche			
Eigenlagerung	=	Fremdlagerung	
Fixe Kosten + variable Kosten	=	Kosten der Fremdlagerung	
8.000 + 10 x	=	30 x	– 10 x
8.000	=	20 x	: 20
400	=	x	

Hieraus ergibt sich, dass bei einer benötigten Fläche von 400 qm beide Alternativen gleich viel kosten (**kritische Lagerfläche**). Bis zu einer Ausnutzung von dieser Fläche ist die Fremdlagerung die kostengünstigere Alternative. Diese Problematik lässt sich auch grafisch lösen.

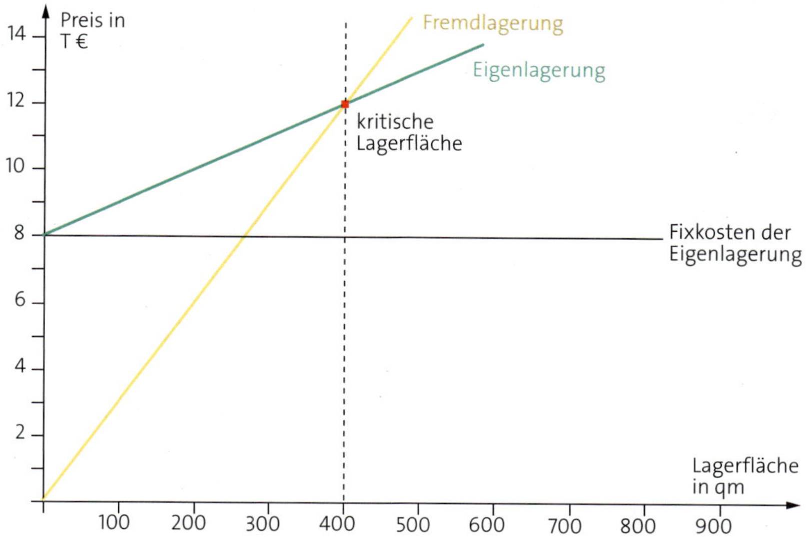

Für ein Fremdlager können außerdem folgende Gründe sprechen:

- Kostengünstigere Nutzung von Speziallagern
- Nähe zu Kunden oder Lieferanten
- Bessere Verkehrsanbindung des Fremdlagers
- Nutzung des Allround-Services des Lagerhalters
- Kostenersparnis durch Pauschalangebote des Lagerhalters

Übersicht: *Wirtschaftlichkeit in der Beschaffung*

Lagerkosten	Zum Beispiel – Instandhaltung, Abschreibungen, Energie, Versicherung – Löhne/Gehälter, Verwaltungskosten – Bestandsrisiko, Warenpflege
Lagerkennzahlen	– Durchschnittlicher Lagerbestand – Durchschnittliche Lagerdauer – Umschlagshäufigkeit – Lagerzinssatz – Lagerzinsen – Lagerreichweite
Eigen- oder Fremdlager	– Kostenvergleich – Ab welcher Fläche ist Eigenlager günstiger? – Ermittlung der kritischen Lagerfläche – weitere Entscheidungskriterien, z. B. Kundennähe

Alles klar?

Kapitel 6

1 Der Hersteller von Smartphones kauft Halbleiterelektronik-Module aus Silizium. In einer Bedarfsermittlung ist festgestellt worden, dass der jährliche Verbrauch 200 000 Module beträgt. Der Einstandspreis pro Modul beträgt 14,80 €. Bestellfixe Kosten fallen in Höhe von 700,00 € an. Der Lagerkostensatz beträgt 20 %.

a Ermitteln Sie die optimale Bestellmenge.
b Wie hoch ist die optimale Anzahl der Bestellungen?

2 Ordnen Sie den unten beschriebenen Tätigkeiten **a** bis **f** die folgenden Phasen des Beschaffungsvorgangs bei den Fly Bike Werken zu:

1 Feststellung des Bedarfs und Meldung an die Einkaufsabteilung, **2** Erstellung eines Bestellvorgangs, **3** Auslösen der Bestellung, **4** Annahme der Bestellung durch den Lieferanten, **5** Terminüberwachung, **6** Kontrolle des Wareneingangs, **7** Erfassung des Wareneingangs, **8** Kontrolle der Eingangsrechnung, **9** Erfassung der Eingangsrechnung

a Frau Nemitz-Müller überprüft mittels Liste Bestellrückstände.
b Frau Nemitz-Müller entdeckt Fehler in der Eingangsrechnung.
c Die Lieferung wird per E-Mail bestätigt.
d Die Bestellmenge wird berechnet.
e Die Unversehrtheit der Ware wird geprüft.
f Frau Nemitz-Müller aktualisiert die „Liste offener Bestellungen“.

Kapitel 7

3 Ordnen Sie folgende Beispiele Kommissionierungssystemen zu.
a Ein Lagerarbeiter erhält einen Kundenauftrag über fünf Artikel. Er läuft das komplette Lager ab und ordnet die Posten dem Kundenauftrag zu.
b Ein Posten ist mit einem Chip versehen. Der Chip signalisiert, wo sich der Posten zurzeit befindet.
c Ein Kundenauftrag enthält drei Posten aus drei verschiedenen Lagerbereichen. Drei Kommissionierer suchen die Waren für den Kundenauftrag zusammen.
d Ein Roboter sucht die Posten eines Kundenauftrags zusammen.

4 Erläutern Sie, zu welchem Zweck eine ABC-Analyse bei der Beschaffung bzw. Lagerhaltung durchgeführt wird.

Kapitel 8

5 Buchen Sie die nachfolgenden Sachverhalte:
a Die Fly Bike Werke GmbH kauft Rohstoffe auf Ziel mit einem Nettowarenwert in Höhe von 23.000,00 €. Der Lieferant stellt 200,00 € Verpackungskosten und 19 % Umsatzsteuer in Rechnung.
b Nach Rechnungseingang zahlt die Fly Bike Werke GmbH innerhalb der Skontofrist unter Abzug von 3 % per Banküberweisung.

Kapitel 9

6 Für ein Produkt sind folgende Lagerkennzahlen gegeben: Anschaffungskosten je Stück: 250 €, Jahresverbrauch: 170 Stück, Höchstbestand für den Artikel: 200, Bestellmenge je Bestellung: 26, Bestand: 100, Jahreszins: 12 %. Berechnen und erklären Sie **a** den durchschnittlichen Lagerbestand, **b** die Umschlagshäufigkeit, **c** die durchschnittliche Lagerdauer, **d** den Lagerzinssatz, **e** die Lagerzinsen.

HANDLUNGSFELD 3

Leistungserstellung

LS ▸ **LS 35**
Inhalte und Ziele der Leistungserstellung beschreiben

1 Aufgaben und Ziele der betrieblichen Leistungserstellung

In betrieblichen Leistungserstellungsprozessen werden Waren (z. B. Fahrräder) und Dienstleistungen (z. B. Fahrradtouren) bereitgestellt. Leistungserstellungsprozesse zählen zu den **Kernprozessen** eines Unternehmens. Anstelle von betrieblicher Leistungserstellung spricht man häufig auch von **betrieblicher Produktion**.

Leistungserstellungsprozesse als Kernprozesse

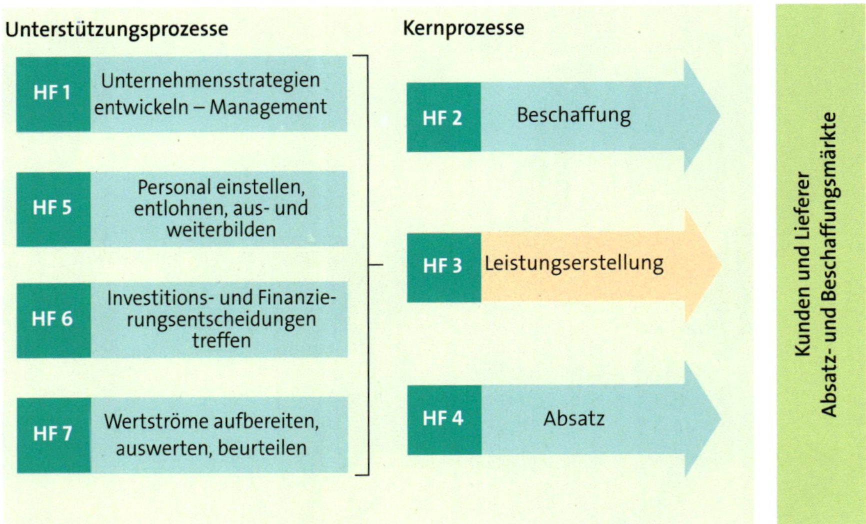

Ein **Kernprozess** eines Unternehmens beschäftigt sich per Definition mit dem eigentlichen Unternehmensinhalt. Gerade auf den Prozess der Leistungserstellung trifft dies besonders zu. Egal ob Industrieunternehmen oder Handwerksbetrieb, die Produktion und die damit verbundene Wertschöpfung sind der Schlüssel zum Unternehmenserfolg. Die Unterstützungs- oder Supportprozesse haben nicht direkt mit dem originären Unternehmenszweck zu tun, sie schaffen lediglich die Rahmenbedingungen, innerhalb derer die Kernprozesse möglichst störungsfrei ablaufen können.

Die Kernprozesse Beschaffung und Absatz sind trotz ihrer eigenen Bedeutung letztendlich **auf die Produktion ausgerichtet**. Im Rahmen der Beschaffung erfolgt die Bereitstellung aller für den Produktionsprozess erforderlichen Roh-, Hilfs- und Betriebsstoffe. Der Verkauf bzw. Absatz der vom Unternehmen hergestellten Produkte orientiert sich an den von den Nachfragern gewünschten und von der Produktion verwirklichten Produkteigenschaften.

Beispiel Die Fly Bike Werke GmbH stellt verschiedene Fahrräder her. Die für die Produktion der Räder erforderlichen Materialien werden durch die Beschaffung so bereitgestellt, dass die Produktion termin- und mengengerecht ablaufen kann. Schon während des Produktionsprozesses erfolgen parallel die Absatzprozesse: die Fahrräder werden beworben und neue Aufträge abgeschlossen. Die fertig gestellten Räder machen sich nach der abschließenden Qualitätskontrolle, die auch Bestandteil des Produktionsprozesses ist, auf den Weg an die Kunden der Fly Bike Werke GmbH.

1.1 Produktionsbegriff

Der Begriff **Produktion** taucht innerhalb der Industrie in den verschiedensten Zusammenhängen auf. Vorherrschend ist das Verständnis von Produktion als **Prozess**.

Produktion = Abteilung (organisatorische Einheit)	Produktion = Produkte (Ergebnis des Produzierens)	Produktion = Vorgang (Prozess des Produzierens)
„Herr Schneider, holen Sie doch mal die Fertigungsaufträge aus der Produktion."	„Die Öfen waren zu heiß eingestellt. Wir können die ganze Tagesproduktion auf den Müll schmeißen."	„Aufgrund eines Maschinenschadens konnte die Produktion in der Frühschicht erst um 07:15 Uhr anlaufen."

Produktion im weitesten Sinne ist **jegliche Art innerbetrieblicher Transformation** (Umwandlung) von **Gütern** in höherwertige Güter. Diese weite Definition des Begriffs Produktion kann nicht nur auf Industriebetriebe, sondern auch auf Banken („Bankprodukte"), Versicherungen („Versicherungsprodukte") und andere Branchen angewendet werden.

Güter
Sachgüter und Dienstleistungen

(Industrielle) **Produktion im engeren Sinne** ist die sich in Industriebetrieben vollziehende systematische und technische Umwandlung von Sachgütern in andere höherwertige Sachgüter. Diese Sachgüter können entweder im Unternehmen weiterverwendet oder an andere Unternehmen oder Konsumenten verkauft werden. Industrielle Produktion findet überwiegend in dafür geeigneten und speziell zu diesem Zweck errichteten Produktionsstätten (**Fabriken**) statt.

Im Folgenden wird die engere Definition des Produktionsbegriffs zugrunde gelegt

fabricia
(lat.) Werkstatt

Beispiel Produktion als Umwandlungsprozess in der Fly Bike Werke GmbH:
- Die Erstellung von Sachgütern erfordert, dass Input in Form menschlicher Arbeitskraft (z. B. Techniker, Ingenieure), von Betriebsmitteln (z. B. Gebäude, Maschinen) und von Werkstoffen (z. B. Rahmen, Sättel) über die Beschaffungsmärkte ins Unternehmen gelangt.
- Das Management des Unternehmens plant, organisiert und überwacht den Leistungserstellungsprozess.
- Nicht alle produzierten Fahrräder können sofort abgesetzt werden. Je nach Marktlage müssen Produkte im Fertigwarenlager eingelagert werden, d. h., der gesamte Output lässt sich in Absatz- und Lagerprodukte einteilen.

1.2 Betriebliche Produktionsfaktoren

In HF 1 wurde bereits auf die **betrieblichen Leistungsfaktoren** eingegangen. Sie sind notwendig, um ein Produkt, im Fall der Fly Bike Werke GmbH ein Fahrrad, herzustellen.

Betriebliche Leistungsfaktoren, vgl. **HF 1**, **1.3**, S. 20

Sie werden aufgeteilt in **Betriebsmittel**, die im Unternehmen verbleiben und zur Produktion benutzt werden, und **Werkstoffe**, die in das Produkt einfließen und hierbei verbraucht werden. Natürlich zählt auch die **menschliche Arbeit** zu den Produktionsfaktoren, sei es ausführende Arbeit oder auch die Planung innerhalb der Produktion.

Die Fly Bike Werke GmbH ist ein *produzierendes* Unternehmen. Hier spricht man von den betrieblichen *Produktions*faktoren.

1.3 Ziele der Fertigungswirtschaft

Der betriebliche Produktionsprozess ist so zu gestalten, dass die Ziele **Effizienz** und **Effektivität** bestmöglich erfüllt werden. Dies bedeutet in der Fly Bike Werke GmbH

- zum einen, dass nur die Fahrräder produziert werden, die der Kunde wünscht (**Effektivität** = „die richtigen Dinge tun"), und
- zum anderen, dass die Fahrradherstellung möglichst kostengünstig erfolgt (**Effizienz** = „die Dinge richtig tun").

Bei der Produktion müssen die folgenden **Ziele** berücksichtigt werden:

Ziele der Fertigungswirtschaft

- in der richtigen Menge
- die richtigen Objekte
- am richtigen Ort
- zu den richtigen Kosten
- zum richtigen Zeitpunkt
- in der richtigen Qualität

Unter Berücksichtigung dieser Ziele kann mithilfe der Produktion eine Wertschöpfung erfolgen: Aus dem Input entsteht durch die Produktion ein Output, der am Markt zu einem höheren Preis verkauft werden kann. Der Produktionsprozess, bei dem dies geschieht, wird deshalb auch **Wertschöpfungsprozess** genannt, da in ihm ein Wert entsteht.

Um die oben angegebenen Ziele des Wertschöpfungsprozesses der Produktion erreichen zu können, muss eine genaue Planung der Produktion erfolgen: Die Planung muss enthalten, wann welche Produktionsfaktoren in welcher Menge und Qualität an welchem Ort bereitgestellt werden, damit die Produktion reibungslos ablaufen kann und das gewünschte Endprodukt zum vereinbarten Termin fertiggestellt ist. Der dispositive Faktor (Planung) kombiniert die Elementarfaktoren (menschliche Arbeit, Betriebsmittel und Werkstoffe).

Gerade im Produktionsbereich eines Unternehmens wird deutlich, dass technische und betriebswirtschaftliche Überlegungen immer wieder zu Meinungsverschiedenheiten darüber führen, was ein erfolgreiches Produkt ausmacht:

- Aus technischer Sicht gilt es, ein technisch **hochwertiges Produkt** zu fertigen.
- Die Kunden jedoch möchten oft ein Produkt, das nicht nur die gewünschten Eigenschaften hat, sondern auch möglichst **kostengünstig** angeboten wird.

Daraus ergibt sich, dass die Produktion von Sachgütern unter dem betriebswirtschaftlichen Nebenziel der Minimierung von Produktionskosten erfolgen muss.

Beispiel So kann z. B. ein Taschenrechner, der nur die Grundfunktionen bietet, kommerziell gesehen wesentlich erfolgreicher sein als ein ähnliches Gerät, das eine Menge Zusatzfunktionen liefert, die der Kunde nicht braucht und deshalb nicht bezahlen will.

2 Leistungsentwicklung

2.1 Produktentstehungs- und -entwicklungsprozess

LS 36
Teilprozesse der Produktion bestimmen

Der Produktentstehungs- und -entwicklungsprozess samt seiner Teilprozesse ist ein unternehmensübergreifender Geschäftsprozess.

Produktlebenszyklus, vgl. 2.2, S. 216

Teilprozess Produktplanung

Die **Produktplanung** hat in einer frühen Phase die Aufgabe, die vom Kunden geforderten Produkt- und Qualitätsmerkmale festzulegen. Hierfür erfolgt ein Abgleich zwischen Markterfordernissen (z. B. Verfügbarkeit eines Produktes in spätestens zwei Jahren) und grundlegender technischer sowie wirtschaftlicher Machbarkeit.

Teilprozess Produktentwicklung

An die Produktplanung schließt sich die Phase der **Produktentwicklung** an. Sie ist die Domäne der Techniker und Wissenschaftler aus Forschung und Entwicklung. Damit verbunden ist ein hohes Maß an Kreativität, denn hier wird die Basis für innovative Produkte und Produktionsverfahren gelegt. Forschungs- und Entwicklungsmaßnahmen sind Investitionen in die Zukunft, vor allem in rohstoffarmen Ländern wie Deutschland.

LS 37
Produktideen entwickeln

Die Produktentwicklung selbst beinhaltet die Phasen der Produktkonzipierung und Produktkonstruktion.

- In der Phase der **Produktkonzipierung** geht es zunächst darum, die Leistungsmerkmale weiter zu spezifizieren sowie Lösungsmöglichkeiten für die Umsetzung der Leistungsmerkmale zu finden. Anschließend werden beide Komponenten miteinander kombiniert. Hierfür eignen sich verschiedene Kreativitätstechniken. Als Hilfsmittel für die Produktkonzipierung ist die sogenannte Osborn-Checkliste besonders bekannt geworden. Hierbei handelt es sich um Leitfragen zur Sammlung von Ideen.
- In der **Produktkonstruktion** wird das Produkt mithilfe von CAD-Systemen entworfen und ausgearbeitet. Zunächst muss dabei sichergestellt werden, dass alle Anforderungen an das Produkt technisch umgesetzt werden können, diese Umsetzung wirtschaftlich tragbar ist und bestehende Sicherheitsanforderungen (z. B. in Form von DIN-Normen usw.) beachtet werden. Ferner erfolgt die Festlegung genauer Maße, Oberflächenstrukturen usw.

Osborn-Checkliste, vgl. S. 213 f.

CAD
Computer Aided Design (Herstellung technischer Zeichnungen mit Computerunterstützung)

Produktkonstruktion mithilfe von CAD (Computer Aided Design)

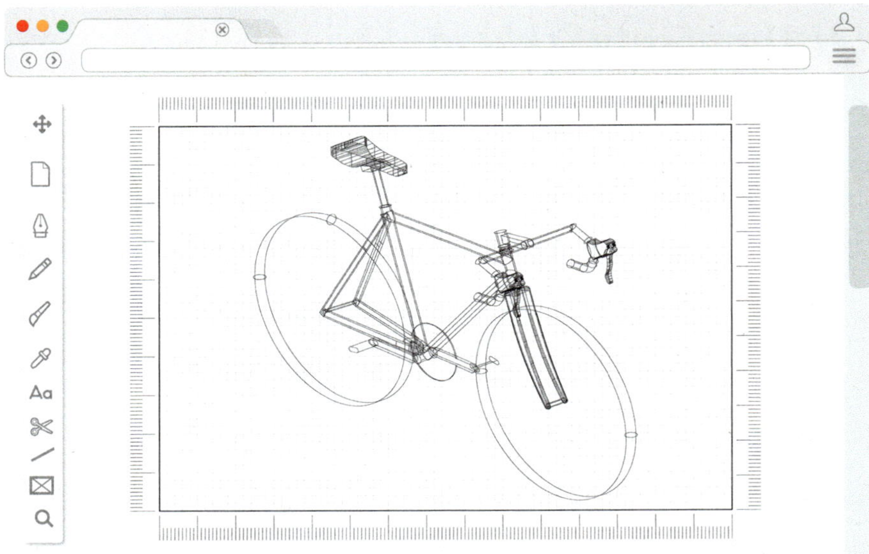

Konstruktion und anschließende Fertigung stehen in einem engen Verhältnis zueinander. Zum einen bestimmen die konstruktionstechnischen Merkmale die anzuwendenden Fertigungsverfahren, zum anderen müssen die Herstellungsverfahren geeignet sein, die Konstruktionsanforderungen umzusetzen.

Die Ergebnisse der Produktentwicklung spiegeln sich in folgenden Dokumenten wider, die als Ausgangsbasis für die Fertigung dienen:

Stückliste, vgl. 3.2, S. 224

Erzeugnisstruktur, vgl. 3.2, S. 223

- **Konstruktionszeichnung** (enthält alle technischen Spezifikationen)
- **Stückliste** (beinhaltet alle Einzelteile und Baugruppen, aus denen ein Erzeugnis zusammengesetzt ist)
- **Erzeugnisstruktur** (zeigt an, welche Erzeugnisbestandteile mit welchen Mengen in andere Erzeugnisbestandteile eingehen)
- **Arbeitsplan** (bestimmt u. a. die zu beschaffenden Rohmaterialien, die einzusetzenden Betriebsmittel, die vorzunehmenden Arbeitsgänge, die einzuhaltenden Produktionszeiten)

Die Osborn-Checkliste

1. Andere Anwendungen?	**Beispiele**
Gibt es eine neue Anwendung?	Farbstoffhersteller: Korrekturflüssigkeit für Schreibfehler. Ölpipeline – Milchpipeline. Taucheranzüge – Surferanzüge
Gibt es nach kleinen Abänderungen eine neue Anwendung?	Carving Ski: Taillierte Bauweise – neue Fahrtechnik. Rollschuhe – Inline-Skates
Was kann man noch daraus machen?	Waschbrett: Musikinstrument. Wagenräder – Deckenlampen
Kann man etwas retten? (Wenn etwas verbraucht ist, kann man es anders verwenden?)	Wiederverwendbare Produktbehälter, z. B. Eis, Joghurt
Welche Anwendung kann man hinzufügen?	Radio: Nach dem Wetter- und dem Straßen- nun noch der Pollenbericht. Quartz-Uhr mit Höhenangabe und Angabe der Herzfrequenz (für Wanderer)
2. Borgen oder anpassen?	
Was ist so ähnlich?	Vogelflügel – Flugzeugflügel. Kutschenformen – frühe Automobile. Surfbrett – Snowboard
Welche Parallelen hat es in der Vergangenheit gegeben?	Moderne Sportstadien – römische Arenen. Tankstellen mit Shop – Pferdewechselstationen mit Herberge
Können andere Prozesse kopiert werden?	Pflanzenabbau – Kompostierung. Glas gießen – Metall gießen – Kunststoff gießen
Welche anderen Ideen sind brauchbar?	Kaugummi, ein Fehlprodukt bei der Gummiproduktion. Kohle verflüssigen: Kohlepipeline
3. Modifizieren / verändern?	
Andere Gestalt?	Wecker in Form von Dinosauriern usw. Automobilmode: runde Formen. Skischuhe zum vorne Schließen / zum hinten Schließen
Andere Form?	Streudünger – Flüssigdünger. Milch – Kondensmilch – Pulvermilch
Farbe?	Haushaltsgeräte („Weiße Ware") auch in anderen Farben (Kühlschränke, Mikrowelle)
Bewegung?	Fahrradschaltungen: Drehgriffe statt Schalthebel. Rollos – Vorhänge
4. Vergrößern / mehr?	
Längere Zeit?	Longlife-Batterien. Ladenöffnungszeiten rund um die Uhr
Häufiger?	Häufigere Kontrollen von Räumen mit Video-Überwachungssystemen als mit Wachmännern. Kurzurlaube und Städteflüge
Stärker?	Kaffee, Klebstoff, Hustenbonbons
Höher?	Modisch hohe Schuhabsätze. Sitzposition in Kleinautomobilen und Vans
Länger?	Büchsenöffner mit besonders langem Stiel (mehr Kraft). Stretched Cars. Extra lange Zigaretten
Etwas zusätzlich?	Fluor im Salz. Surfbretter mit Segel = Windsurfer. Fahrräder: 3 Gänge – 5 Gänge – 7 Gänge – 21 Gänge

5. Verkleinern / weniger?	
Kompakter?	PC-Entwicklung: Trend zur Verkleinerung. Ochsner-Abfallkübel – Abfallbehälter auf Wirtshaustischen
Leichter?	Fahrräder: Alurahmen statt Stahlrahmen, Schulranzen
Verdichten?	Klappbare Schirme. Zeltanhänger. Sackmesser. Paperback-Taschenbücher
Etwas entfernen?	Schlauchlose Reifen. Rahmenlose Bilderrahmen. Entrahmte Milch. Autos ohne Karosserie: Gokarts
Enger?	Bautrend bei Reihenhäusern. Verdichtetes Bauen. Kajütenbetten. Stretchhose
6. Ersetzen?	
Andere Teile?	Automatische Getriebe statt Gangschaltungen. Reißverschlüsse statt Knöpfe
Anderes Material?	Skibekleidungen aus Gore-Tex. Uhren mit Holzgehäuse. Zeltstangen aus biegsamen Kohlefasern statt aus Aluminium
Anderes Verfahren?	Neon- statt Glühampen. Elektronische Fotoapparate ohne Film. Mikrowelle statt Hitze
Anderer Antrieb?	Fahrräder: E-Bikes
Andere Wege?	Zugeschneite Gebiete aus der Luft versorgen. Fährschiffe statt Umwegfahrten. Satelliten statt Transatlantikkabel
7. Umformen / Umstellen?	
Richtung ändern?	Stadtverkehr. Fahrspuren je nach Verkehrsaufkommen in der Gegenrichtung öffnen. Strom in Leitungen je nach Bedarf umherschicken
Aussehen verändern?	Produktverpackungen
Reihenfolge ändern?	Lineare Erzählungen – mit dem Schluss beginnen und dann zurückblenden
Ursache und Wirkung umkehren?	Elektromotor: Aus Strom Bewegung erzeugen. Fahrraddynamo: Aus Bewegung Licht erzeugen
Anders verpacken?	Milch in Flaschen – Tetrapack – Schlauchbeutel. Pralinés in Schachteln oder in Tüten
Umgruppieren?	Umstrukturierung in Firmen. Spieleraufstellung beim Sport
8. Umkehren?	
Vertauschen?	Rollentausch bei Mann und Frau. Schüler als Lehrer – Lehrer als Schüler
Spiegelschrift?	Logos (Markenzeichen, z. B. Modelabel „Deɛigual")
Aufwärts statt abwärts?	In Speicherkraftwerken: Wasser nachts durch die Druckwasserröhre hochpumpen, damit es tagsüber wieder durch die Röhre abwärtsschießen kann
Das Gegenteil tun?	In Tiefkühltruhen aufbewahren statt mit Hitze sterilisieren. Ferien zu Hause statt im Ausland
9. Kombinieren?	
Legierungen?	Bruchsichere, farbechte, biegsame, durchsichtige, schlagfeste, aufquellende, schaumstoffartige, isolierende usw. Kunststoffe
Alte Ideen aufwerten?	Retro-Look (z. B. Mode)
Ensembles?	Badezimmer: Einheitliches Design und Farbe, vom Lavabo über die Armaturen bis zu den Handtüchern. Damenbekleidung: Deux-pièces und weitere Stücke zum Kombinieren.
Kombipack?	Fahrrad-Ersatzteile: Komplette Schaltungen statt einzelne Zahnräder, Drähte und Schalter anbieten. Ferien-Packages: Flug, Hotel, Mietwagen, Ausflüge
Doppelnutzen?	Laserdrucker und Faxgerät in einem. Brillen: Sehhilfen und modische Accessoires in einem

Quelle: Stephan Wottreng, Handbuch Handlungskompetenz, 6. Aufl., Oberentfelden 2007.

Im Rahmen einer **technischen Machbarkeitsprüfung** muss getestet werden, ob sich das zu entwickelnde Produkt mit den betrieblichen Fertigungsverfahren verwirklichen lässt. Jetzt schlägt die Stunde der Versuchsabteilung. Sie plant Versuche, führt sie anschließend durch, baut Prototypen und entscheidet, ob ein Produkt unter den gegebenen Bedingungen gefertigt werden kann oder nicht. An die technische schließt sich die **wirtschaftliche Machbarkeitsprüfung** an. Nun wird analysiert, ob die technisch machbaren Produkte auch innerhalb eines absehbaren Zeitraums am Markt einführbar sind und ob die zu erwartenden Einnahmen die Produktionskosten übersteigen, sodass ein Gewinn gemacht werden kann.

Teilprozess technische Machbarkeitsprüfung

Teilprozess wirtschaftliche Machbarkeitsprüfung

Als Querschnittsaufgaben fallen Qualitätssicherung und Änderungsmanagement an. Die Sicherstellung der Produkt- und Prozessqualität wird mit dem Begriff **Qualitätssicherung** (Quality Engineering) umschrieben. Das **Änderungsmanagement** managt die fertigungsbegleitende Verwaltung aller benötigten Teile und Komponenten sowie Verfahrens- und Werkzeugänderungen. Zu diesem Zweck werden Normen, Arbeitspläne, technische Spezifikationen, Stücklisten usw. zentral gespeichert und allen beteiligten Stellen zur Verfügung gestellt.

Querschnittsaufgaben: Qualitätssicherung und Änderungsmanagement

Übersicht: Leistungsentwicklung

Forschungs- und Entwicklungsmaßnahmen	
Grundlagenforschung	Ziel: Gewinnung neuer wissenschaftlicher Erkenntnisse, die zunächst nicht für den praktischen Einsatz gedacht sind. Träger: Forschungsinstitutionen (z. B. Fraunhofer-Gesellschaft), technisch-wissenschaftliche Hochschulen (z. B. RWTH Aachen)
Angewandte Forschung	Ziel: Nutzung bereits vorhandener wissenschaftlicher Erkenntnisse, um neue Lösungen für technische Problemstellungen zu finden (z. B. Erhöhung der Wirksamkeit von Medikamenten durch schrittweise Abgabe der Wirkstoffe in den Blutkreislauf). Träger: unternehmenseigene Forschungsabteilungen (z. B. bei der Bayer AG), überbetriebliche Forschungsabteilungen (z. B. Forschungslabors der Baustoffindustrie)
Neuentwicklung	Ziel: Nutzung neuer Erkenntnisse aus Grundlagenforschung und angewandter Forschung, um neue Produkte oder Prozesse herzustellen (z. B. Entwicklung eines neuen Verbrennungsmotors mit der Vorgabe, max. 2,5 Liter auf 100 km zu verbrauchen). Träger: unternehmenseigene Entwicklungslabors (z. B. Motorenentwicklung bei der Ford AG)
Weiterentwicklung	Ziel: Nutzung bereits eingesetzter Erkenntnisse, um Produkte bzw. Prozesse zu verbessern (z. B. Verbesserung der Windschlüpfrigkeit von Autokarosserien durch Testen von Rundungen im Windkanal). Träger: siehe Neuentwicklung
Produktentstehungs- und -entwicklungsprozess	
Produktplanung	Welche neuen Produkte wünscht der Kunde?
Produktentwicklung	Welche Forschungs- und Entwicklungsarbeiten sind notwendig, um die Kundenwünsche in ein neues Produkt umzusetzen?
Technische Machbarkeitsprüfung	Lassen sich alle Lösungsalternativen technisch realisieren?
Wirtschaftliche Machbarkeitsprüfung	Sind die technisch machbaren Lösungen wirtschaftlich zu vertreten?
Qualitätssicherung	Wie kann ich die Produkt- und Prozessqualität laufend überwachen?
Änderungsmanagement	Welche Anforderungen stellen Änderungen bei Teilen, Komponenten, Verfahren und Werkzeugen?

LS ▸ **LS 36** Teilprozesse der Produktion bestimmen

2.2 Produktlebenszyklus

Produktentwicklung, vgl. **2.1**, S. 211 ff.

Nach der Entwicklung wird das Produkt am Markt eingeführt. Jedoch hält sich kein Produkt für unbegrenzte Zeit am Markt. Nach Monaten oder Jahren veraltet die Leistung und wird weniger nachgefragt. Letztlich müssen Unternehmen das Produkt aufgrund mangelnder Nachfrage vom Markt nehmen. Ein Produkt durchläuft damit einen Lebenszyklus: Der **Produktlebenszyklus** stellt die Umsatz- und Erfolgsentwicklung eines Produktes grafisch in idealtypischer Form dar. Die Verkaufs- und Umsatzzahlen gehen einher mit einer bestimmten Erfolgsentwicklung (Gewinn oder Verlust).

Phasen des Produktlebenszyklus

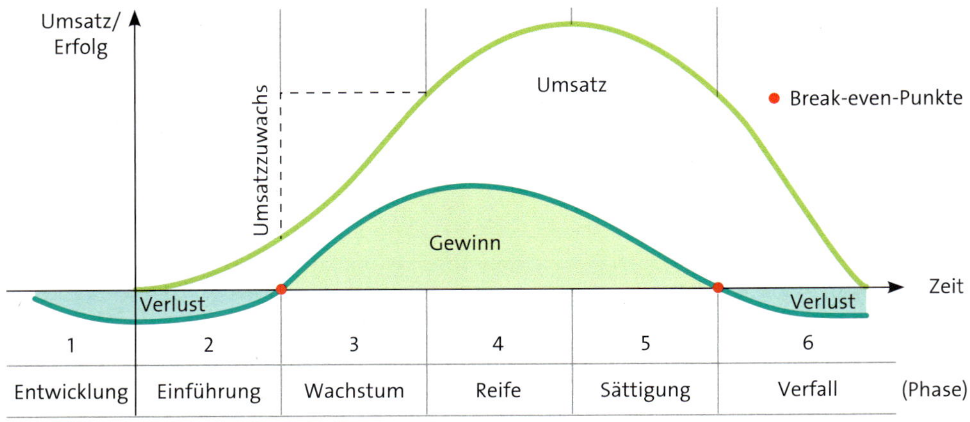

1. **Entwicklungsphase**: Mit zunehmendem Entwicklungsstand steigen die Kosten für Material, Tests und Analysen. Umsatz wird noch nicht erzielt.
2. **Einführungsphase**: Das Produkt ist noch relativ unbekannt und Kunden verhalten sich abwartend, die Umsätze steigen nur langsam.
3. **Wachstumsphase**: Das Produkt wird bekannt und die Umsatzzuwächse sind enorm. Das Produkt überschreitet den **Break-even-Punkt** in Richtung Gewinnzone.
4. **Reifephase**: Das Produkt wird viel verkauft und hat einen guten Stand am Markt erreicht. Der Umsatz steigt nur noch langsam.
5. **Sättigungsphase**: Viele Kunden haben bereits das Produkt gekauft, es drängen massiv Konkurrenten mit ähnlichen Produkten auf den Markt. Der Gewinn geht stetig zurück.
6. **Rückgangsphase**: Der Umsatz sinkt deutlich, der Break-even-Punkt wird erneut in Richtung Verlustzone überschritten. Das Produkt wirkt für das Unternehmen durch die Verluste immer stärker erfolgsmindernd.

Break-even-Punkt
Gewinnschwelle, an der die Erlöse und die Kosten eines Produktes gleich hoch sind; d. h., ab diesem Zeitpunkt entsteht Gewinn, vgl. **HF 7**, Band 2

Produktpolitik, vgl. **HF 4**, **3.1**, S. 273

Jede Produktphase erfordert individuelle Maßnahmen, um den Erfolgsbeitrag der Produkte zu optimieren. In der Realität lassen sich die verschiedenen Phasen selten eindeutig bestimmen. Eine grobe Einschätzung reicht jedoch, um situativ sinnvolle produktpolitische Maßnahmen auszuwählen.

2.3 Rechtsschutz von Erzeugnissen und Fertigungsverfahren

LS LS 36
Teilprozesse der Produktion bestimmen

Die Entwicklung eines neuen Produktes oder Produktionsverfahrens verursacht dem Unternehmen hohe Kosten, z.B. für Forschung und Entwicklung. Während dieser kostenintensiven Phase macht das Unternehmen mit den Produkten noch keinen Umsatz oder gar Gewinn. Deshalb ist es wichtig, dass Unternehmen neue Produkte oder Produktionsverfahren vor der ungewollten Nachahmung durch Konkurrenten schützen. Hierzu dienen die gewerblichen Nutzungsrechte, die in den folgenden Gesetzen festgelegt sind:

Markenschutz, vgl. HF 4, 3.1.1, S. 276

Gewerbliche Nutzungsrechte	
Patente	geregelt im Patentgesetz (PatG)
Gebrauchsmuster	geregelt im Gebrauchsmustergesetz (GebrMG)
Geschmacksmuster	geregelt im Geschmacksmustergesetz (GeschmMG)
Markenzeichen	geregelt im Markengesetz (MarkenG)
Gütezeichen	geregelt durch DIN-Normen, ISO-Normen usw.

Patent

Ein **Patent** gewährt seinem Erfinder das alleinige Recht zur Nutzung seiner Erfindung (Produkt oder Herstellungsverfahren). Mit der Patenterteilung wird es Dritten verboten, die Erfindung gewerblich zu verwerten. Sie dürfen das patentierte Erzeugnis weder herstellen, anbieten, in den Verkehr bringen, gebrauchen oder einführen. Bei Missbrauch droht eine Freiheitsstrafe bis zu drei Jahren oder eine Geldstrafe. Die Schutzdauer eines Patents beträgt 20 Jahre; für die Anmeldung, die Prüfung und die Gewährung des Patentrechtsschutzes sind Gebühren fällig.

Voraussetzungen für die Erteilung eines Patents sind:
- Neuheit, d.h. etwas, was noch nicht zum derzeitigen Stand der Technik zählt
- erfinderische Tätigkeit
- gewerbliche Verwertbarkeit

Gebrauchsmuster

Bei einem **Gebrauchsmuster („Minipatent“)** erhält der Erfinder die alleinige Befugnis zur Nutzung einer nicht patentfähigen Erfindung. Bei einem Gebrauchsmuster werden geringere Anforderungen an die erfinderische Tätigkeit als beim Patent gestellt. Die Schutzdauer ist zunächst auf drei Jahre beschränkt (mit einer Verlängerungsoption für eine Gesamtdauer von zehn Jahren). Einzutragen ist das Gebrauchsmuster in die Gebrauchsmusterrolle beim Europäischen Patent- und Markenamt.

Geschmacksmuster

Ein **Geschmacksmuster** schützt die ästhetische Form sowie die Farbgebung eines Musters (zweidimensional) oder eines Modells (dreidimensional). Man erkennt das Geschmacksmuster am typischen Copyright-Vermerk. Im Vergleich zum Patent sind bei einem Geschmacksmuster die Kosten geringer, das Prüfverfahren und der Rechtsschutz einfacher erreichbar. Das Geschmacksmuster wird für fünf Jahre geschützt (verlängerbar auf eine Gesamtdauer von 20 Jahren).

Markenzeichen, vgl. HF 4, 3.1.1, S. 275

Unter einer **Marke** versteht man ein Kennzeichen, das gewerblich genutzt wird, um Produkte oder Dienstleistungen voneinander unterscheiden zu können (z.B. Logo des Betriebssystems Windows). Auch das Markenzeichen ist beim Patent- und Markenamt vor unberechtigter Nutzung durch andere einzutragen (Markenregister). Die Schutzwirkung beträgt zunächst zehn Jahre und kann im Anschluss daran für jeweils zehn weitere Jahre verlängert werden.

Gütezeichen

Gütezeichen (i. d. R. Branchen- oder Verbandszeichen) werden von Lieferanten gleichartiger Waren geschaffen; sie beruhen auf freiwilligen Vereinbarungen. Gütezeichen sichern dem Konsumenten zu, dass eine bestimmte Mindestqualität der Erzeugnisse sichergestellt wird, und spielen vor allem bei der Gemeinschaftswerbung eine wichtige Rolle.

Bei allen gewerblichen Schutzrechten besteht die Gefahr der unberechtigten Nutzung durch Dritte. Bei Fälschungen hilft auch die strenge Gesetzeslage nicht immer weiter. Denn zum einen muss das betroffene Unternehmen erst einmal von der Verletzung seines Rechts Kenntnis erhalten und zum anderen ist die Rechtsdurchsetzung mit hohen Kosten verbunden.

Gewerbliche Schutzrechte	Patent	Gebrauchsmuster	Marke	Geschmacksmuster
Gegenstand des Rechtsschutzes:	Erfindungen (Gegenstände, Stoffe, Herstellungs- und Arbeitsverfahren)	Erfindungen (Neuerungen an Gegenständen, keine Verfahren)	Wort-, Bild-, Hörmarken, 3D-Marken zur Kennzeichnung und Unterscheidung von Waren oder Dienstleistungen	Erscheinungsform eines ganzen Erzeugnisses oder eines Teils davon
Voraussetzungen:	Neuheit, Erfindungshöhe, gewerbliche Anwendbarkeit	Neuheit, Erfindungshöhe, gewerbliche Anwendbarkeit	Unterscheidungskraft	Neuheit und Eigenart
Erteilung der Schutzrechte durch:	Deutsches Patent- und Markenamt			
Schutzdauer:	20 Jahre	3 Jahre (Verlängerung bis höchstens 10 Jahre)	10 Jahre (Verlängerung um jeweils weitere 10 Jahre)	25 Jahre (muss alle 5 Jahre aufrechterhalten werden)

nationale Schutzverfahren

ZAHLENBILDER 128 710

Übersicht: Produktentstehungs- und -entwicklungsprozess

Rahmenbedingung:

Forschung und Entwicklung
- Grundlagenforschung
- angewandte Forschung
- Neuentwicklung
- Weiterentwicklung

Produktplanung

Produktentwicklung

Ziel: Entwicklung konkurrenzfähiger Produkte

Qualitätssicherung und Änderungsmanagement

wirtschaftliche Machbarkeitsprüfung

technische Machbarkeitsprüfung

Rahmenbedingung:

Rechtsschutz von Erzeugnissen und Fertigungsverfahren
- Patente
- Gebrauchsmuster
- Geschmacksmuster
- Marke
- Gütezeichen

3 Produktionsprogramm- und Bedarfsplanung

3.1 Absatz- und Produktionsprogramm

LS 38
Das jährliche Produktionsprogramm planen

Das Marketing eines Unternehmens legt nach den Wünschen des Marktes das **Absatzprogramm** (die Art und Menge der zu verkaufenden Produkte) fest. Aus dem Absatzprogramm werden alle weiteren Pläne abgeleitet, u. a. das **Produktionsprogramm** im engeren Sinne und das **Dienstleistungsprogramm**. Verkauft das Unternehmen nur Produkte, die es selbst herstellt, sind das Absatz- und das Produktionsprogramm gleich. Werden Produkte eingekauft, um sie weiterzuverkaufen, z. B. als Ergänzung zu den selbst hergestellten Produkten, spricht man von Handelswaren, die das Produktionsprogramm ergänzen. Im Rahmen seiner Produktionsprogrammplanung trifft ein Industriebetrieb Entscheidungen über die genaue Art und die Anzahl der von ihm selbst hergestellten Erzeugnisse.

Marketing, vgl. HF 4, 1.2, S. 260

Primärbedarfsplanung, vgl. 3.2.1, S. 222

Produktionsprogramm der Fly Bike Werke GmbH

City-Räder	Trekkingräder	Mountainbikes	Rennräder	Kinderräder
Modelle – Glide – Surf	Modelle – Light – Free – Nature	Modelle – Dispo – Constitution – Unlimited	Modelle – Fast – Superfast	Modelle – Twist – Cool

Beispiel Die Fly Bike werke wollen ein Fitness-Bike in das Produktionsprogramm aufnehmen. Auf der Grundlage einer mittelfristigen Absatzplanung sollen 3750 Stück des Fitness-Bikes produziert werden. Für das Fitness-Bike liegen noch keine konkreten Kundenaufträge vor. Die geplante Produktionsmenge basiert auf der Absatzprognose. Mit einem innerbetrieblichen Produktionsauftrag wird der Kernprozess Leistungserstellung in Gang gesetzt. Mit der Entscheidung, das Fitness-Bike zu produzieren, wird eine Erweiterung des Produktionsprogramms, also der Güter, die vom Unternehmen selbst produziert werden, vorgenommen.

Produktionsprogrammbreite

Die **Produktionsprogrammbreite** gibt die Anzahl der von einem Unternehmen produzierten Produktarten/Produktlinien an.

Beispiel Das Produktionsprogramm (s. o.) wird durch eine neue Produktart, das Fitness-Bike, verbreitert.

Vor- und Nachteile einer Erhöhung der Produktionsprogrammbreite

Vorteile:
- Risikostreuung
- bessere Absatzchancen (Einkaufsbequemlichkeit für den Kunden)
- Möglichkeiten der Mischkalkulation (unterschiedliche Verkaufszuschläge)
- Möglichkeiten der Verwertung von Abfällen (Kuppelproduktion)

Nachteile:
- erhöhte Kosten (Umrüstung)
- schwerer überschaubare Betriebsstruktur
- schwierigere Werbung und Forschung
- Zersplitterung der Kräfte im Einkaufs- und Absatzbereich (Multimarktkonzept)
- verhindert Spezialisierungsmöglichkeiten

Produktionsprogrammtiefe

Die **Produktionsprogrammtiefe** bezieht sich auf die Anzahl der Varianten und Typen, die innerhalb einer Produktart angeboten werden.
- Typen umfassen Artikel, die in bestimmten Eigenschaften übereinstimmen.
- Artikel sind kleinste, nicht mehr teilbare Einheiten eines Produktionsprogramms.

Das optimale Produktionsprogramm

Die Bestimmung des Produktionsprogramms nach Art und Menge der herzustellenden Güter hat unter Beachtung des **erwerbswirtschaftlichen Prinzips** zu erfolgen. Optimal ist das Produktionsprogramm, wenn damit der maximale Gewinn erzielt wird. Die optimale Menge der zu produzierenden Güter unterliegt einer Vielzahl von Bedingungen:
- **Beschaffungsbedingungen:** Die zur Herstellung der Güter erforderlichen Einsatzstoffe stehen nur in begrenzten Mengen zur Verfügung.
- **Kapazitätsbedingungen:** Es können nicht mehr Güter produziert werden, als mit den vorhandenen maschinellen und personellen Ressourcen möglich ist.
- **Absatzbedingungen:** Es sollten nicht mehr Güter produziert werden, als das Unternehmen bei gegebener Nachfrage am Markt absetzen kann.

Fertigungstiefe

Die **Fertigungstiefe** bezieht sich auf die Erzeugnisstruktur. Sie zeigt auf, wie viele Fertigungsstufen ein Erzeugnis im Betrieb durchläuft.
- **Hohe Fertigungstiefe:** mehrere Fertigungsstufen von der Rohstoffgewinnung bis zur Herstellung des Fertigungserzeugnisses
- **Geringe Fertigungstiefe:** Montagebetrieb (fertige Teile werden bezogen und weiterverarbeitet)

Beispiel Bei vielen Fahrradmodellen beziehen die Fly Bike Werke die zur Herstellung erforderlichen Komponenten (z. B. Pedalen, Leuchten, Schaltungen) von verschiedenen Lieferanten. Bei diesen Modellen wird nur die Montage der Komponenten zum fertigen Fahrrad durchgeführt.

Die zeitliche und mengenmäßige Planung des Produktionsprogramms ist insbesondere dann schwierig, wenn die Absatzmengen im Jahresverlauf schwanken. So werden beispielsweise im Frühjahr mehr Fahrräder verkauft als im November.

Wenn ein Unternehmen nur **auftragsorientiert** produziert, werden die vom Kunden gewünschten Mengen nach Eingang des Auftrags produziert. Kommen viele Aufträge gleichzeitig, sind die Produktionskapazitäten aus- oder sogar überlastet. In Zeiten mit wenigen oder gar keinen Aufträgen steht die Produktion so gut wie still.

Eine andere Variante ist die **marktorientierte** Fertigung. Aufgrund von Erfahrungswerten werden Absatzprognosen für die Zukunft erstellt und die Produktion wird darauf ausgelegt. Je nach Absatz können produzierte Räder im Lager verbleiben.

Zeitliche und mengenmäßige Abstimmung von Absatz und Produktion

Varianten	Erläuterung
Marktorientierte Fertigung (Emanzipation) x = Menge in Stück t = Zeitablauf -- = geplanter Absatz – = geplante Produktion = Lagerzugang = Lagerabgang	Die marktorientierte Fertigung (auch Lagerfertigung genannt) findet sich vor allem im Konsumgüterbereich. Sie zeichnet sich dadurch aus, dass die Produktionsmengen trotz schwankender Absatzzahlen konstant gehalten werden. Man bezeichnet dies auch als zeit- und mengenmäßige Emanzipation. Auf diese Weise können möglichst alle Kundenaufträge kurzfristig aus dem Absatzwarenlager bedient werden. Dies setzt voraus, dass aufgrund von Absatzprognosen bekannt ist bzw. geschätzt werden kann, wie viele Bestellungen pro Periode anfallen. Der Absatzbereich gibt die entsprechenden Werte an den Fertigungsbereich weiter. Aus dem geschätzten Jahresabsatz wird dann das Produktionsprogramm abgeleitet. Wenn das Lager ausreichend gefüllt ist, kann der Kunde direkt beliefert werden. Nach der Auslieferung der Ware wird der Lagerbestand um die Liefermenge reduziert. Aufgaben des Prozessmanagements sind hier die kontinuierliche Überwachung der Lagerbestände und der Einsatz geeigneter Bestellverfahren. Diese Form der Fertigung ermöglicht eine konstante Auslastung der Produktionsmittel und eine nahezu optimale Dimensionierung der Produktionskapazitäten. Andererseits führt die Emanzipation bei schwankenden Absatzmengen zeitweilig zu hohen Beständen im Warenlager und damit verbundenen Lagerkosten. 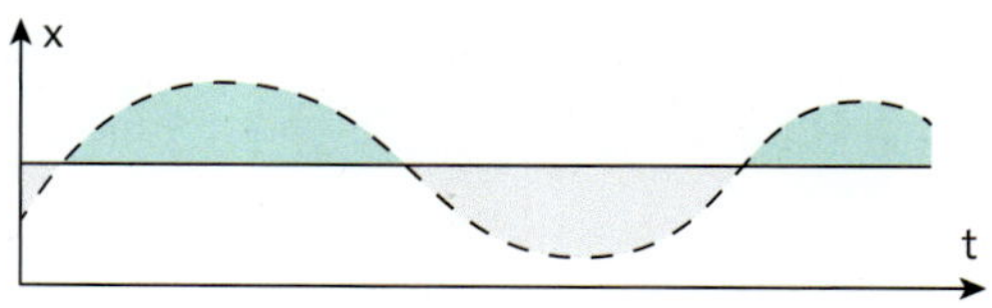
Auftragsorientierte Fertigung (Synchronisation)	Bei der auftragsorientierten Fertigung (auch Auftragsfertigung genannt) werden die Produktionsmengen synchron, also zeitlich parallel zu den Absatzmengen, geplant. Diese Form der Mengenplanung findet man vor allem im Bereich von Investitionsgütern, die auf speziellen Kundenwunsch gefertigt werden (z. B. Luxusuhren, spezialisierte Werkzeugmaschinen oder medizinische Geräte). Die Lager- und Absatzrisiken sind bei der Auftragsfertigung minimal. Auch können spezielle Kundenwünsche bestmöglich realisiert werden. Andererseits hat dies jedoch stets den Nachteil, dass mit längeren Lieferzeiten entsprechend den verfügbaren Produktionskapazitäten zu rechnen ist. Hier bietet sich das Verfahren des Simultaneous Engineering an, bei dem Entwicklungs- und Konstruktionsarbeiten auf der einen und die eigentliche Herstellung auf der anderen Seite weitgehend parallel ablaufen. Eine sehr intensive Einbindung des Kunden in alle Planungsarbeiten ist dabei unverzichtbar. 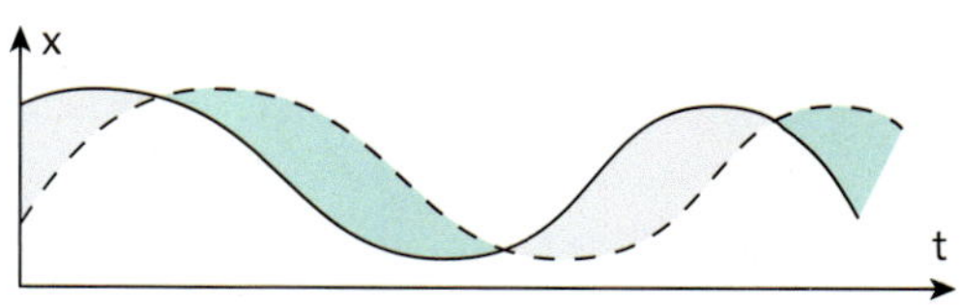
Programmfertigung (partielle Synchronisation)	Die Programmfertigung ist eine Mischform aus markt- und auftragsorientierter Fertigung. So weit wie möglich werden ständig benötigte Standardteile auf Lager vorrätig gehalten und kundenauftragsabhängige Teile erst dann bestellt, wenn sie benötigt werden. Sie findet sich verbreitet bei hochwertigen und langlebigen Konsumgütern (z. B. Pkw, Segelyachten oder Wohnmöbeln und Einbauküchen von Markenherstellern), wo Produkte entsprechend den unterschiedlichen Kundenwünschen (z. B. Ausstattung, Farbe) auf Basis standardisierter Baugruppen gefertigt werden können. 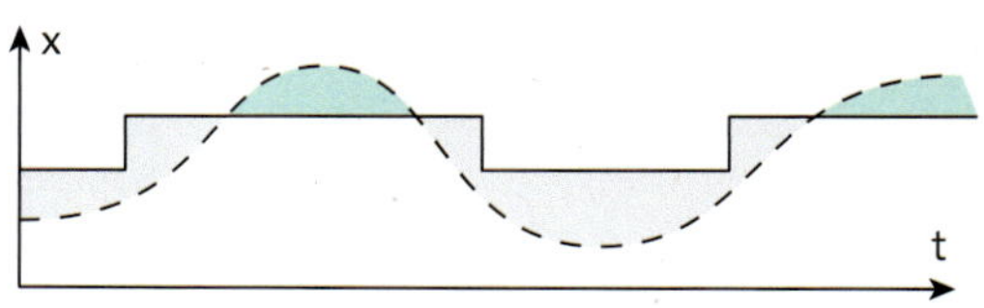

Wandel von Verkäufer- zu Käufermärkten

Produktlebenszyklus, vgl. 2.2, S. 216

Eine marktorientierte Abstimmung von Absatz- und Produktionsprogramm muss insbesondere berücksichtigen, dass heutzutage die meisten Märkte sogenannte **Käufermärkte** sind. Das bedeutet, dass das Angebot größer als die Nachfrage ist, die Käufer also zwischen vielen Angeboten auswählen können. Ursache hierfür ist, dass die Kunden Zugriff auf Produkte aus aller Welt haben und entsprechend ihren Preis- und Qualitätsansprüchen auswählen können.

Die Unternehmen müssen sich gegen eine Vielzahl von Konkurrenten durchsetzen, um ihre Produkte im In- oder Ausland verkaufen zu können.

Folgen des Wandels von Verkäufer- zu Käufermärkten

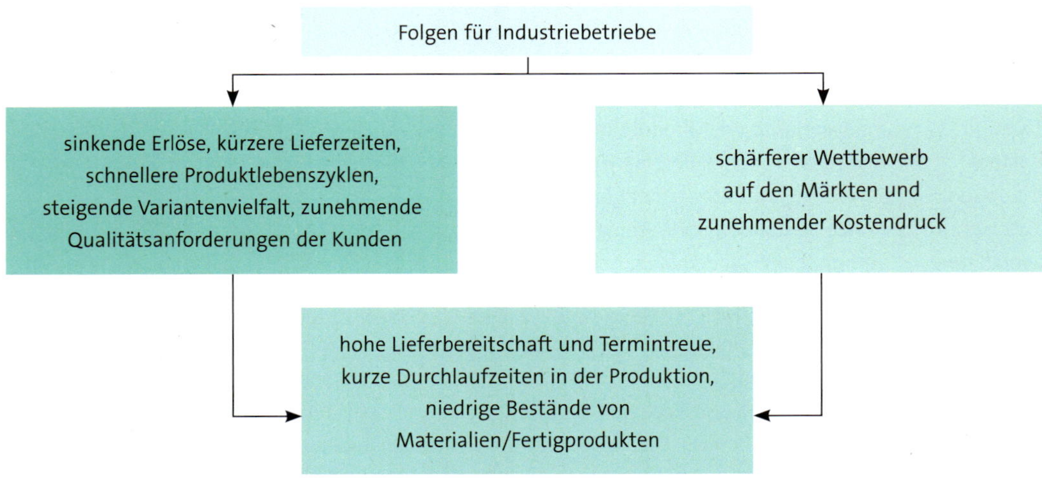

LS ▸ LS 39
Erzeugnisse und Bedarfe planen

3.2 Bedarfs- und Mengenplanung

Zielkonflikte in der Beschaffung, vgl. HF 2, 3.1, S. 157

Jedes Unternehmen muss darauf achten, seine Materialien rechtzeitig und in ausreichender Menge zu beschaffen, um stets produktionsbereit zu sein. Gleichzeitig sollte aber so wenig Material wie möglich beschafft und gelagert werden, um die Kosten für Einkauf und Lagerung gering zu halten. Um den Bedarf für einen bestimmten Planungszeitraum möglichst genau planen zu können, sind der **Primär**- und der **Sekundärbedarf** zu berücksichtigen.

3.2.1 Primärbedarfsplanung

Der Primärbedarf ist der zu produzierende Bedarf an Endprodukten, verkaufsfähigen Baugruppen und Einzelteilen sowie Handelswaren und Ersatzteilen (Bruttoprimärbedarf). Seine Ermittlung erfolgt auf der Grundlage einer Absatzprognose bzw. der bereits von Kunden erteilten Aufträge für den jeweiligen Planungshorizont. Ziel der Primärbedarfsplanung ist es, den mengenmäßigen Bedarf für das Produktionsprogramm des Unternehmens für einen längeren Zeitraum (1–2 Jahre) grob festzulegen. Die Unsicherheit besteht darin, dass eine Vorhersage darüber erfolgen muss, wie hoch der Absatz von Produkten z. B. für das nächste Jahr voraussichtlich sein wird. Diese **Absatzprognose** ist mit erheblichen Unsicherheiten belastet, die mit der Länge des Planungszeitraumes anwachsen.

Produktionsprogramm, vgl. 3.1, S. 219

Beispiel Regula Gerland, die Leiterin des Vertriebs, ist dafür zuständig, die Absatzprognose zu erstellen. Auf den von ihr vorausgesagten Absatzzahlen bauen alle weiteren Planungen auf, z. B. die gesamte Materialbedarfsplanung. Liegen die prognostizierten Absatzzahlen zu hoch, so werden Materialmengen beschafft, die überhaupt nicht benötigt werden. Die Ausgabe wäre dann nicht erforderlich gewesen, die Lagerhaltungskosten belasten die Kalkulation der Erzeugnisse. Liegen die prognostizierten Zahlen dagegen zu niedrig, können eventuell eingehende Kundenaufträge nicht zu den gewünschten Terminen erfüllt werden und die Kunden kaufen bei der Konkurrenz.

3.2.2 Sekundärbedarfsplanung

Der **Sekundärbedarf** ist die Menge an untergeordneten Baugruppen, Einzelteilen, Rohmaterialien sowie Hilfs- und Betriebsstoffen, die benötigt wird, um den Primärbedarf zu fertigen. Damit der Primärbedarf eines Unternehmens auch realisiert werden kann, wird mithilfe der **Sekundärbedarfsplanung** der hierfür anfallende Materialbedarf bestimmt.

Grundlage für die Berechnung des Sekundärbedarfs sind Stückliste und Erzeugnisstruktur eines Produktes. Die **Erzeugnisstruktur** stellt den logischen Aufbau eines Erzeugnisses aus Baugruppen und Einzelteilen dar und gibt die jeweiligen Mengen an. Gemäß der folgenden Erzeugnisstruktur für das Fahrrad werden pro Fahrrad unter anderem 72 Speichen und zwei Bremsgriffe benötigt.

Erzeugnisstruktur eines Fahrrads

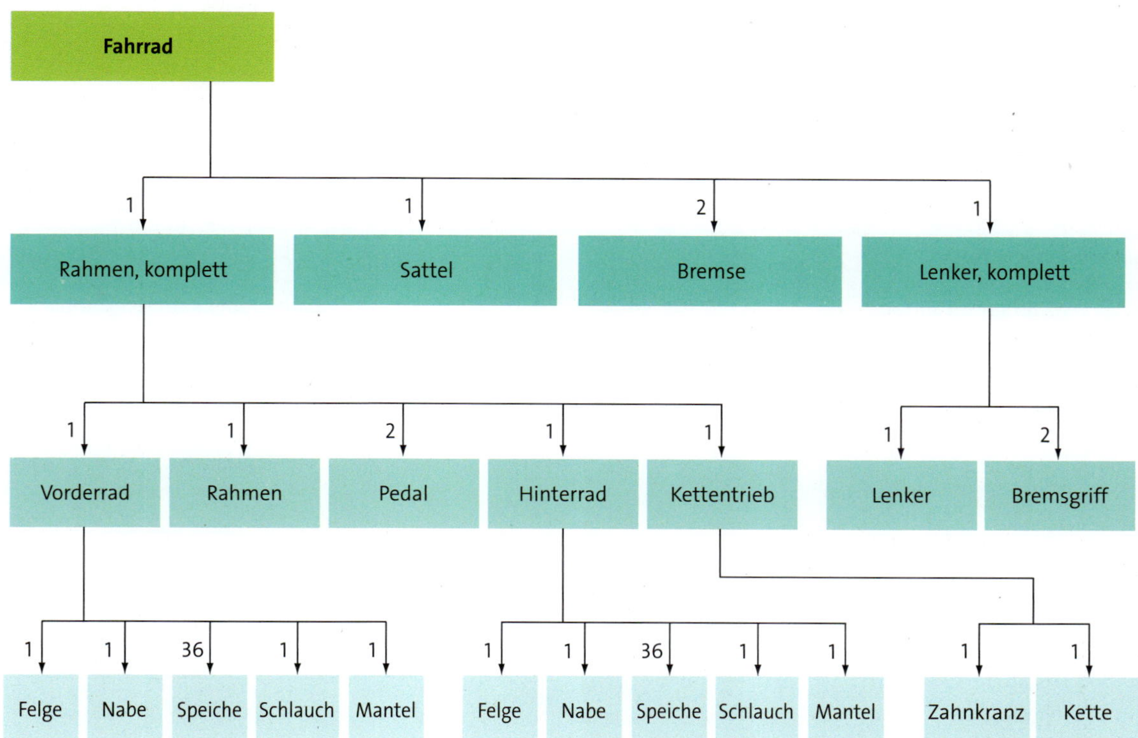

Die Stückliste ist ein vollständiges, formal aufgebautes Verzeichnis, in dem alle Gegenstände unter Angabe von Bezeichnung, Menge und Einheit aufgeführt sind, die für die Herstellung benötigt werden. Auf der Grundlage der Erzeugnisstruktur können unterschiedliche Arten von **Stücklisten** erstellt werden. Ein Erzeugnis kann aus mehreren Baugruppen und Teilen bestehen, wobei sich die Baugruppen aus verschiedenen Unterbaugruppen und Teilen zusammensetzen.

Strukturstückliste

Erzeugnis: Fahrrad

Fertigungsstufen			Baugruppen/Teile	Menge
1			Rahmen komplett	1
	2		Vorderrad	1
		3	Felge	1
		3	Nabe	1
		3	Speiche	36
		3	Schlauch	1
		3	Mantel	1
	2		Rahmen	1
	2		Pedal	1
	2		Hinterrad	1
		3	Felge	1
		3	Nabe	1
		3	Speiche	36
		3	Schlauch	1
		3	Mantel	1
	2		Kettentrieb	1
		3	Zahnkranz	1
		3	Kette	1
1			Sattel	1
1			Bremse	1
1			Lenker komplett	1
	2		Lenker	1
	2		Bremsgriff	2

Mengen(übersichts)stückliste

Erzeugnis: Fahrrad

Position	Baugruppen/Teile	Menge
1	Rahmen komplett	1
2	Lenker komplett	1
3	Vorderrad	1
4	Hinterrad	1
5	Kettentrieb	1
6	Sattel	1
7	Bremse	2
8	Rahmen	1
9	Pedal	2
10	Lenker	1
11	Bremsgriff	2
12	Felge	2
13	Nabe	2
14	Speiche	72
15	Schlauch	2
16	Mantel	2
17	Zahnkranz	1
18	Kette	2

Baukastenstückliste

Erzeugnis: Fahrrad

Position	Baugruppen/Teile	Menge
1	Rahmen komplett	1
2	Lenker komplett	1
3	Sattel	1
4	Bremse	1

Baugruppe: Lenker komplett

Position	Teile	Menge
1	Lenker	1
2	Bremsgriff	1

Baugruppe: Rahmen komplett

Position	Baugruppen/Teile	Menge
1	Vorderrad	1
2	Hinterrad	1
3	Kettentrieb	1
4	Rahmen	1
5	Pedale	2

Baugruppe: Vorderrad

Position	Teile	Menge
1	Felge	1
2	Nabe	1
3	Speiche	36
4	Schlauch	1
5	Mantel	1

Baugruppe: Hinterrad

Position	Teile	Menge
1	Felge	1
2	Nabe	1
3	Speiche	36
4	Schlauch	1
5	Mantel	1

Baugruppe: Kettentrieb

Position	Teile	Menge
1	Zahnkranz	1
2	Kette	1

Bei der Berechnung des Sekundärbedarfs kann sowohl der Bruttosekundärbedarf als auch der Nettosekundärbedarf ermittelt werden. Als **Bruttosekundärbedarf** wird der Bedarf an Rohstoffen, Zwischenteilen und Baugruppen zur Produktion des Primärbedarfs bezeichnet. Werden davon die Materialbestände des Lagers, Reservierungen und noch offene Bestellungen abgezogen, erhält man den **Nettosekundärbedarf**. Das folgende Beispiel soll die Brutto-Netto-Bedarfsrechnung verdeutlichen.

Grundformen der Stückliste	
Mengenstückliste	– Aufzählung der nötigen Mengen aller Teile und Baugruppen für ein Produkt – Struktur nicht erkennbar – dient als Grundlage bei der Materialbeschaffung
Strukturstückliste	– vollständiger Ausweis aller Teile und Baugruppen sowie der Struktur – dient als Grundlage der Mengen- und Terminplanung
Baukastenstückliste	– zeigt nur den Aufbau einer Baugruppe – Gesamtaufbau des Produktes nicht erkennbar – beim Baukastenprinzip wichtig

Bruttosekundärbedarf

Nettosekundärbedarf

Beispiel Für die Komponente „Sattel" des neu in das Produktionsprogramm aufgenommenen Fitness-Bikes, Artikel 7020, soll eine terminierte Brutto-Netto-Bedarfsrechnung für das Jahr 20X1 (Planungszeitraum) durchgeführt werden. Folgende Vorgaben sind zu berücksichtigen.

Vorgaben für die Erstellung einer Brutto-Netto-Bedarfsrechnung

- **Primärbedarf** Fitness-Bike in Stück auf der Grundlage der Absatzprognose für das Jahr 20X1

	Jan	Feb	März	Apr	Mai	Jun	Jul	Aug	Sep	Okt	Nov	Dez	insg.
20X1	217	367	517	517	433	300	217	133	167	250	306	326	3.750

- Die **Erzeugnisstruktur** finden Sie auf S. 223. Sie zeigt den Strukturaufbau des Fahrrads. Alle Komponenten, außer dem Rahmen, werden fremdbezogen.
- Auszug aus der **Lagerbestandsdatei**:

Lagerbestandsdatei

Fly Bike Werke GmbH

Artikel 7020	Sattel Trek TR-Sattelset D Gel „soft" mit Elastometer-Federung, Sattelstütze
Lagerbestand lt. Inventur	800 Stück
Sicherheitsbestand	500 Stück
Offene Bestellungen	– Februar: 500 Stück – April: 600 Stück – Juni: 400 Stück – Oktober: 300 Stück
Reservierungen	– Februar: 400 Stück – März: 800 Stück – Juni: 600 Stück – August: 400 Stück
Vorlaufverschiebung	1 Monat

- Zur Absicherung gegen Terminverzögerungen des Lieferanten bzw. unvorhergesehene Abweichungen im Verbrauch: Sicherheitsbestand von 500 Sätteln
- **Offene Bestellungen** berücksichtigen bereits an Lieferanten erteilte Bestellungen.
- **Reservierungen** beziehen sich auf Bedarfsmengen für andere Modelle des Unternehmens, die dieselben Komponenten zur Herstellung verwenden.
- Die Materialbedarfsplanung soll auch Aussagen über Bedarfs- und Ablieferungszeitpunkte ermitteln. Hierzu ist neben Mengenbeziehungen auch die Beschreibung der Zeitbeziehungen zwischen den einzelnen Teilen und Baugruppen notwendig. Diese Zeitbeziehung wird auch als **Vorlaufverschiebung** bezeichnet; sie ergibt sich aus der Erzeugnisstruktur: So muss z. B. der Sattel einen entsprechenden Zeitraum früher beschafft und auch die Endmontagezeit einbezogen werden, damit die Trekkingräder zum gewünschten Zeitpunkt an die Kunden ausgeliefert werden können.

▼

– Der **Nettosekundärbedarf** ergibt die Menge an Sätteln, die unter Berücksichtigung der Vorlaufzeit vom Einkauf beschafft werden muss, um die Produktion des Primärbedarfs in den einzelnen Monaten sicherzustellen. Ein negativer Nettobedarf bedeutet, dass keine Bestellung ausgelöst werden muss. Die erforderlichen Bestellmengen könnten unter wirtschaftlichen Gesichtspunkten zu sogenannten optimalen Bestellmengen zusammengefasst werden.

Terminierte Brutto-Netto-Bedarfsrechnung

Sättel (in Stück)	Jan	Feb	März	Apr	Mai	Jun	Jul	Aug	Sep	Okt	Nov	Dez
Primärbedarf	217	367	517	517	433	300	217	133	167	250	306	326
Bruttosekundärbedarf	217	367	517	517	433	300	217	133	167	250	306	326
– Lagerbestand	800	583	500	500	583	500	500	500	500	500	550	500
– offene Bestellungen		500		600		400				300		
+ Reservierungen		400	800			600		400				
+ Sicherheitsbestand	500	500	500	500	500	500	500	500	500	500	500	500
Nettosekundärbedarf	0	184	1.317	0	350	500	217	533	167	0	256	326
Vorlaufverschiebung	184	1.317	0	350	500	217	533	167	0	256	326	

Ist der Nettosekundärbedarf rechnerisch kleiner als 0, dann ist in der Zeile „Nettosekundärbedarf" eine 0 einzutragen, weil wirtschaftlich kein Bedarf (also 0 Stück) besteht. Dies gilt für die Monate Januar, April und Oktober.

3.3 Erstellung von Dienstleistungen

Kategorisierung von Gütern, vgl. **HF1**, **1.3**, S. 19

Sach- und Dienstleistungen, vgl. **HF1**, **1.3**, S. 18 f.

Dienstleistungen sind **immaterielle** (nicht stoffliche) **Güter**, deren wesentlicher Inhalt die unmittelbare, überwiegend auch personengebundene Arbeitsleistung des Produzenten ist. In Ergänzung zu den von ihnen produzierten Sachgütern bieten Industriebetriebe sehr häufig auch Dienstleistungen an.

Beispiel Neben der Fertigung von Fahrrädern bieten die Fly Bike Werke ihren Kunden sogenannte Kundendienstleistungen an (z. B. Produktschulungen für den Groß- und Einzelhandel). Des Weiteren haben sie auch die Vermittlung von Radtouren bzw. Radreisen in ihr Absatzprogramm mit aufgenommen.

Hier steht die Erbringung von Dienstleistungen durch den Industriebetrieb (Mitarbeiterschulung) in einem unmittelbaren Zusammenhang mit der Erstellung des Sachgutes (Produktion von Fahrrädern).

Beispiel Ein Industriebetrieb lässt durch einen externen Dienstleister E-Learning-Module für seine Mitarbeiter erstellen. Die in einer Datenbank gespeicherten Lerneinheiten können durch die Mitarbeiter jederzeit und an jedem Ort, der über eine entsprechende netzfähige DV-Ausstattung verfügt, genutzt werden, um berufliche Qualifikationen zu erwerben.

In den letzten Jahren ist die Zahl der unmittelbaren Arbeitsplätze in der Industrie in Deutschland stark zurückgegangen, während die Zahl der Arbeitsplätze im Dienstleistungssektor entsprechend anstieg.

Wirtschaftssektoren, vgl. **HF1**, **1.2**, S. 15

Die Veränderungen in der Beschäftigungsstatistik sind vornehmlich auf **Rationalisierungseffekte** durch die **Automatisierung** industrieller Produktion (höhere Produktionsmenge mit weniger Beschäftigten) und eine **Verlagerung industrienaher Dienstleistungen** auf eigenständige Unternehmen zurückzuführen.

Rationalisierung, vgl. **6.2.1**, S. 252

Beispiel Früher unterhielten große Industriebetriebe eigene Abteilungen für die Erforschung und Entwicklung neuer Produkte und Technologien, das Rechnungswesen, die Marktforschung, die Kundenbetreuung oder die Versandlogistik; diese Teilprozesse werden heute sehr häufig an selbstständige industrienahe Dienstleister vergeben (sogenanntes „Outsourcing"), die statistisch nicht mehr der Industrie, sondern dem Dienstleistungssektor zugerechnet werden. Ohne die eigentliche industriespezifische Erstellung von Sachgütern fänden aber auch diese Dienstleistungen keinen Markt.

Der wachsenden Bedeutung **industrienaher Dienstleistungen** werden Industriebetriebe durch den Aufbau eines eigenen Dienstleistungsmarketings gerecht. Ziel ist es, Kundenbedürfnisse dauerhaft zu befriedigen, die Kundenzufriedenheit zu erhöhen und die eigene Marktposition zu sichern. Zum **Dienstleistungsmarketing** zählen alle unternehmensübergreifenden Maßnahmen der systematischen Planung, Durchführung und Kontrolle von Dienstleistungen. Im Zentrum der Bemühungen muss dabei die stetige Verbesserung der Dienstleistungsqualität – z. B. der Service- und Beratungsqualität – stehen.

Kundenorientierte Serviceleistungen, vgl. **HF4**, **4.4**, S. 269

Übersicht: *Produktionsprogramm- und Bedarfsplanung*

Absatzprogramm	Art und Anzahl der Produkte, die vom Unternehmen am Markt angeboten werden
Produktionsprogramm	Art und Anzahl der Produkte, die vom Unternehmen produziert werden
Produktionsprogrammbreite	Anzahl der vom Unternehmen produzierten Produktarten
Produktionsprogrammtiefe	Anzahl der Artikel, die innerhalb einer Produktart angeboten werden
Fertigungstiefe	zeigt auf, wie viele Fertigungsstufen ein Erzeugnis im Betrieb durchläuft (Erzeugnisstruktur).
Auftragsorientierte Fertigung (Auftragsfertigung)	Betrieb fertigt entsprechend vorliegender Aufträge. Produktionsmenge wird synchron zur Absatzmenge geplant.
Marktorientierte Fertigung (Lagerfertigung)	Betrieb fertigt nach Absatzprognosen. Produktions- und Absatzmenge müssen regelmäßig abgestimmt werden, um hohe Lagerkosten zu vermeiden.
Programmfertigung	Mischform aus auftrags- und marktorientierter Fertigung
Bedarfs- und Mengenplanung	– Primärbedarfsplanung (Planung des Produktionsprogrammes) – Sekundärbedarfsplanung – Kapazitätsplanung – Planung der Fertigungsverfahren – Prozessoptimierung und Produktionscontrolling – Produktionsbegleitende Qualitätssicherung
Erstellen von Dienstleistungen	– Dienstleistungen: Immaterielle Güter mit unmittelbarer, überwiegend personenbezogener Arbeitsleistung des Produzenten (Dienstleistungserbringer) – Strukturwandel = zunehmender Anteil von Dienstleistungen in Beschäftigungsstruktur und BIP

Alles klar?

Kapitel 1

1 Warum wird in der Produktionswirtschaft mit der engeren Fassung des Produktionsbegriffs gearbeitet?

2 Nennen Sie alle betrieblichen Produktionsfaktoren. Welche von ihnen gehen direkt in das herzustellende Produkt mit ein?

3 Erklären Sie die Ziele der Fertigungswirtschaft anhand eines durchgehenden Beispiels (z. B. Produktion von Schoko-Weihnachtsmännern).

Kapitel 2

4 Das Produktionsprogramm eines Backwarenherstellers sieht folgendermaßen aus: Kekse (Butterkekse, Biskuits, Mürbegebäck, Waffeln, Eiswaffeln), Kuchen (Sandkuchen, Stollen, Tortenböden), Chips (gesalzene Chips, Paprikachips, fettreduzierte Chips, Chips extra scharf). Erläutern Sie am Beispiel dieses Produktionsprogramms die folgenden Begriffe:
- **a** Produktionsprogrammbreite
- **b** Produktionsprogrammtiefe
- **c** Fertigungstiefe

Kapitel 3

5 Beschreiben Sie zwei Vor- und zwei Nachteile, die für das Unternehmen mit einem breiten Produktionsprogramm verbunden sind.

6 Erklären Sie den Unterschied zwischen Absatz- und Produktionsprogramm.

7 Unterscheiden Sie marktorientierte und auftragsorientierte Fertigung.

8 Die zeitliche und mengenmäßige Abstimmung zwischen der Produktion und dem Absatz eines Industriebetriebes ergibt sich aus der folgenden Grafik:

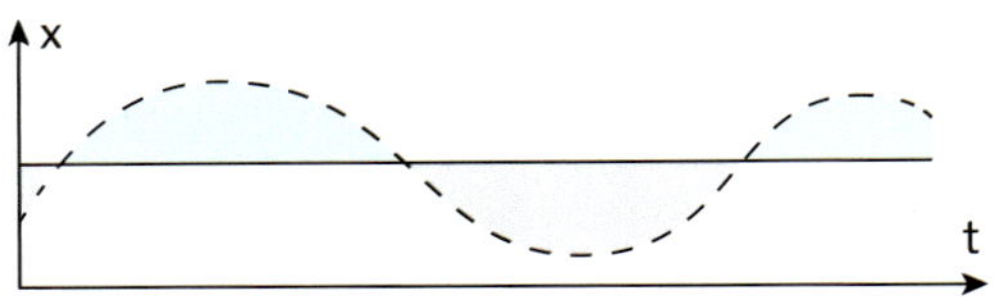

- **a** Erläutern Sie den Zusammenhang, der zwischen Produktion und Absatz in einer derartigen Situation vorliegt.
- **b** Beschreiben Sie die Folgen, die sich aus einer derartigen Situation für die Kosten des Betriebes ergeben.

9 Nennen Sie die drei Grundformen der Stückliste und beschreiben Sie sie jeweils kurz.

10 Formulieren Sie eine Formel für die Berechnung des Nettosekundärbedarfs, vom Primärbedarf ausgehend.

4 Fertigungstechnische Rahmenbedingungen

LS ▸ **LS 40**
Produktion planen und Termine einhalten

Die Realisierung kurzer Lieferzeiten und die Einhaltung zugesagter Termine sind – neben dem Preis und der Qualität der zu fertigenden Produkte – entscheidende Faktoren, die die Wettbewerbsfähigkeit eines Unternehmens sichern. Um diese Faktoren bestmöglich zu gewährleisten, müssen die fertigungstechnischen Rahmenbedingungen stimmen. D. h., die Fertigung muss **mengen-, termin- und kapazitätsmäßig koordiniert** werden. Hierfür wird häufig eine spezielle Software eingesetzt, die die sogenannte **Produktionsplanung und -steuerung** (kurz: PPS) übernimmt. So wird die Produktion der Erzeugnisse unter Berücksichtigung der Wirtschaftlichkeit vorgedacht, definiert und zeitlich geplant und überwacht. Diese Phase bereitet die eigentliche Fertigung vor.

PPS (Produktionsplanung und -steuerung)

4.1 Kapazitäten planen

Im Rahmen der Kapazitätsplanung muss die Frage geklärt werden, ob ausreichend **Kapazitäten** (Maschinen und Mitarbeiter) vorhanden sind, um die Produktion zu realisieren.

Die **Durchlaufzeit** eines Fertigungsauftrages hängt eng mit der verfügbaren Kapazität zusammen. Die kürzeste Durchlaufzeit lässt sich bei freier Kapazität realisieren. Hier liegt die Durchlaufzeit nahe der reinen Bearbeitungszeit. Bei Überlastung der Fertigung entstehen Wartezeiten (Engpässe), die die Kapazität begrenzen. Zur Ermittlung des Kapazitätsbedarfs muss für **jeden Fertigungsauftrag** die erforderliche Kapazität an **jedem Arbeitsplatz** für die entsprechende Planperiode ermittelt werden. Die Ergebnisse sind zu addieren. Besteht eine Differenz zwischen der erforderlichen Kapazität (Kapazitätsnachfrage) und der verfügbaren Kapazität (Kapazitätsangebot), so müssen Anpassungsmaßnahmen ergriffen werden.

Kapazität
Leistungsvermögen einer technischen oder wirtschaftlichen Einheit pro Zeiteinheit.

Durchlaufzeit
Zeitspanne, die bei der Fertigung eines Produktes zwischen dem Beginn des ersten Arbeitsganges und dem Ende des letzten Arbeitsganges verstreicht.
Durchlaufzeiten in Abhängigkeit von Kapazitätsnachfrage und -angebot

Aufgaben der Termin- und Kapazitätsplanung

Zeitliche Kapazitätsplanung (Kapazitätsterminierung)
Vorwärts- oder rückwärtsterminiert werden die Betriebsmittel mit den bereits erstellten Fertigungsaufträgen belegt. Es ergibt sich somit die geplante Kapazitätsauslastung.

↓

Belastungsübersichten erstellen
Die geplante Beanspruchung eines Fertigungsbereiches wird für den Planungszeitraum grafisch dargestellt.

↓

Kapazitätsabgleich
Die geplante Nutzung der Kapazitäten wird mit dem tatsächlichen Kapazitätsangebot abgeglichen.

Beispiel Die Matro AG bestellt 100 Fitness-Bikes, die spätestens am 22.06. ausgeliefert werden müssen. Um diesen Termin zu halten, muss der Rohbau am 08.06. abgeschlossen sein. Zur Durchführung des Fertigungsauftrages werden laut Arbeitsplan die folgenden Werkstätten bzw. Arbeitsplätze beansprucht: Rohbau, Lackiererei, Vormontage, Laufradmontage, Endmontage und Qualitätskontrolle. Der Zeitpunkt der Beanspruchung ergibt sich aus dem Terminplan, die Dauer der Beanspruchung aus dem Arbeitsplan. Die verfügbare Kapazität (Kapazitätsangebot) muss mit der Kapazitätsnachfrage abgeglichen werden, die sich durch den Fertigungsauftrag ergibt.

24 Std. Rohbau:
– Arbeitsgang 1: 8 Std.
– Arbeitsgang 2: 16 Std.

Am 06.06. bspw. stehen noch max. 4 Std. zur Verfügung.

Belastungsübersicht (Fertigungsbereich Rohbau)

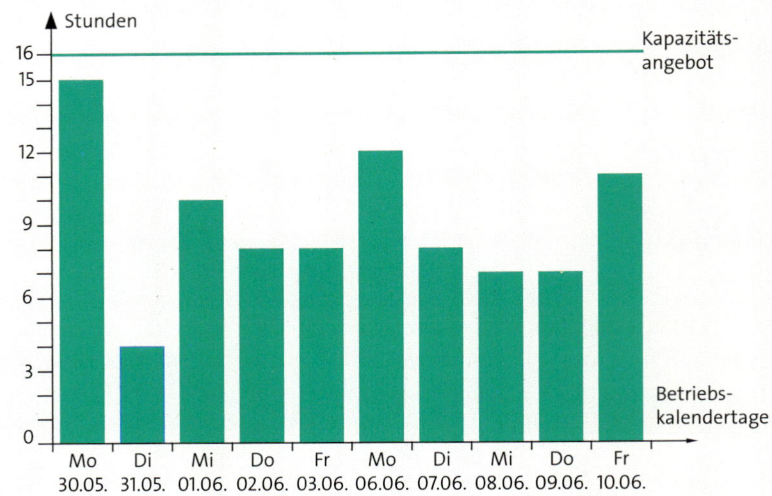

Die Terminplanung hat ergeben, dass spätestens am 06.06. mit der Fertigung der 100 Fitness-Bikes begonnen werden muss, um die Bikes am 22.06. ausliefern zu können. Die Belastungsübersicht für den Rohbau zeigt, dass dieser Fertigungsbereich teilweise bereits mit anderen Fertigungsaufträgen belastet ist. Das verbleibende Kapazitätsangebot reicht nicht aus, um die erforderlichen Arbeitsgänge (Zeitbedarf: 24 Std.) an drei Tagen auszuführen. Am Montag, dem 06.06., stehen im Rohbau z. B. nur noch vier Stunden, am Dienstag acht Stunden und am Mittwoch neun Stunden freie Kapazität zur Verfügung. Es könnte eine Kapazitätsanpassung in der Weise erfolgen, dass entweder eine Vorverlegung des Auftragstermins auf Donnerstag, den 02.06., erfolgt oder Überstunden bzw. Doppelschichten geplant werden. Eine Nachverlagerung des Auftragstermins würde dazu führen, dass die Fahrräder nicht am 22.06. zur Lieferung bereitstünden. Zusätzlich zu der bereits erfolgten Termingrobplanung ist damit eine Terminfeinplanung durchgeführt worden.

Maschinen belegen, vgl. 4.3, S. 233

Im Rahmen der **Terminfeinplanung** wird bestimmt, wann und in welcher Reihenfolge die einzelnen Aufträge bearbeitet werden sollen. Auf der Basis einer stunden- bis minutengenauen Zeiteinteilung erfolgt als nächster Schritt die **Planung der Maschinenbelegung** durch die einzelnen Aufträge. Zu beachten sind dabei der Rüst- und Betriebszustand der Arbeitssysteme und die Verfügbarkeit von Werkzeugen, Transportmitteln usw. Die Feinplanung ist die Nahtstelle zwischen der Planung und der Durchführung der Produktion.

Beispiel Aufgrund des Kapazitätsengpasses im Fertigungsbereich Rohbau der Fly Bike Werke GmbH wird der Beginn der Arbeitsschritte 1 und 2 auf den 02.06. vorverlegt, damit der Rohbau am 08.06. fertig wird und die fertigen Erzeugnisse wie geplant am 22.06. zur Lieferung an den Kunden bereitstehen.

Belastungsübersicht (Fertigungsbereich Rohbau)

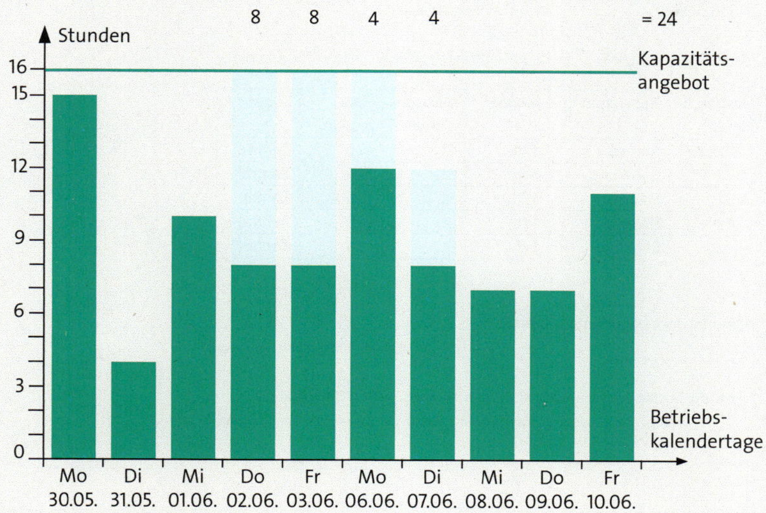

24 Std. Rohbau werden verteilt:

02.06	8 Std.	vorgezogen
03.06.	8 Std.	vorgezogen
06.06.	4 Std.	
07.06.	4 Std.	
∑	24 Std.	

4.2 *Aufträge freigeben*

Durch die Auftragsfreigabe wird der Produktionsvorgang ausgelöst. Die erforderlichen Arbeitspapiere, z. B. der Fertigungsauftrag, werden erstellt.

Fly Bike Werke GmbH 20.01.20XX Seite 1

FA – Fertigungsauftrag

Fertigungsauftrag: Freigegeben Nr. FAFR001

Herkunfts-Nr. 201 – Trekkingrad Light
Menge 170 Stück
Bedarfsverursacher Kundenauftrag Nr. Auf001 – Nordrad GmbH

Datum: Startdatum: 17.02. – Startzeit: 13:45
Zeit: Enddatum: 09.03. – Endzeit: 16:00

Arbeits-gang-Nr.	Arbeits-platz	Bezeichnung	Startdatum Startzeit	Enddatum Endzeit	Rüstzeit (Min.)	Bearb.zeit (Min.)
10	Montage	Endmontage	17.02. 13:45	27.02. 10:15	60	3 570
20	Kontrolle	Qualitätskontrolle	27.02. 10:15	04.03. 13:30	24	2 091
30	Packerei	Verpackung	04.03. 13:30	09.03. 16:00	60	1 530

fertiggestellte Menge: ____________________

Ausschussmenge: ____________________

Fertigungsauftrag abgeschlossen: ____
(Datum, Unterschrift Mitarbeiter)

Der Fertigungsauftrag enthält Informationen darüber, was zu welchem Zeitpunkt gefertigt wird.

Der Materialentnahmeschein weist nach, welche Sekundärteile dem Lager entnommen wurden.

Fly Bike Werke GmbH 20.01.20XX Seite 1

FA – Materialentnahmeschein

Fertigungsauftrag: Freigegeben Nr. FAFR001

Herkunfts-Nr. 201 – Trekkingrad Light
Menge 170 Stück
Bedarfsverursacher Kundenauftrag Nr. Auf001 – Nordrad GmbH

Material-Nr.	Bezeichnung	Menge	Mengeneinheit	Restmenge	Lager
2220	Antrieb	170	St.	170	Zentral
3020	Bereifung	340	St.	340	Zentral
1020	Rahmen	170	St.	170	Zentral
7020	Sattel	170	St.	170	Zentral
5020	Lenkung	170	St.	170	Zentral

Material dem Lager entnommen: ______________________
(Datum, Unterschrift Empfänger)

Hinweis: Der Materialschein basiert auf einem Auftrag über 170 Trekkingräder.
Wurde das Material entnommen, erscheint in der Spalte „Restmenge" eine 0.

Der Arbeitsschein gibt Auskunft darüber, wie lange bestimmte Mitarbeiter im Rahmen des Fertigungsauftrages gearbeitet haben.

Fly Bike Werke GmbH 20.01.20XX Seite 1

FA – Arbeitsschein

Fertigungsauftrag: Freigegeben Nr. FAFR001

Herkunfts-Nr. 201 – Trekkingrad Light
Menge 170 Stück
Bedarfsverursacher Kundenauftrag Nr. Auf001 – Nordrad GmbH

Arbeitsgang Nr.	Bezeichnung	Startdatum Startzeit	Enddatum Endzeit	Rüstzeit (Min.)	Bearb.zeit (Min.)
10	Endmontage	17.02. 13:45	27.02. 10:15	60	3 570

fertiggestellte Menge: ______________

Ausschussmenge: ______________

Arbeitsgang erledigt: ______________________
(Datum, Unterschrift Mitarbeiter)

Hinweis: Für jeden Arbeitsgang wird ein separater Arbeitsschein erstellt. Im Beispiel wären noch
Arbeitsscheine für die Arbeitsgänge „Qualitätskontrolle" und „Verpackung" zu erstellen.

4.3 Maschinen belegen

Stehen hinreichende Kapazitäten zur Verfügung, können die vorhandenen Betriebsmittel mit den geplanten Fertigungsaufträgen belegt werden. Der Erfolg der Maschinenbelegungsplanung ist abhängig von der **Losgröße** des zu fertigenden Produkts, der geplanten Produktionsreihenfolge und der Einhaltung der Auftragstermine.

Aufgabe der Maschinenbelegungsplanung ist es, die Maschinenauslastung zu optimieren, indem z. B. Rüstzeiten minimiert und Leerlauf- bzw. Wartezeiten an den Maschinen vermieden werden.

Losgröße
Anzahl eines einheitlichen Produktes, die ohne Unterbrechung auf einer Produktionsanlage hergestellt werden kann

Optimale Losgröße, vgl. **5.5**, S. 244

Beispiel Auf drei Maschinen A, B, C sind fünf Aufträge zur Herstellung einer bestimmten Zahl von Fahrrädern zu bearbeiten, die alle die Reihenfolge A, B, C einhalten müssen. Es handelt sich um die Maschinen Rohbau (A), Lackiererei (B) und Vormontage (C). Die Aufträge benötigen an den Maschinen die folgenden Zeiten (Angaben in Stunden):

Maschinen / Auftrag	A	B	C
1	8	4	6
2	3	7	2
3	5	2	6
4	1	8	3
5	6	0	5

Beispiel Ein mögliches Verfahren zur Optimierung der Maschinenauslastung ist die Regel der kürzesten Anfangs- und Endzeiten: Es wird der Auftrag zuerst bearbeitet, der die kürzeste Zeit auf der ersten Maschine hat, und der Auftrag zuletzt, der die kürzeste Zeit auf der letzten Maschine hat. Wenn die Regel immer wieder auf die verbleibenden Aufträge angewandt wird, dann sind die Aufträge in der folgenden Reihenfolge zu bearbeiten: 4, 3, 1, 5, 2.

Die Gesamtlaufzeit (Zykluszeit) beträgt bei dieser Reihenfolge 32 Stunden. Das nachstehende Schaubild zeigt die Maschinenbelegung nach der Regel der kürzesten Anfangs- und Endzeiten in der grafischen Form des Balkendiagramms. Die weißen Flächen stellen Leerzeiten (Lz.) dar bzw. Zeiten, in denen die Maschinen für andere Aufträge genutzt werden können. Zur planerischen Unterstützung und zur besseren Veranschaulichung benutzen Betriebe häufig Maschinenbelegungstafeln: Maschinenbelegungstafeln sind Balkendiagramme, die mit einer Zeitleiste ausgestattet und nach Wochentagen eingeteilt sind.

Maschinenbelegungsplan als Balkendiagramm

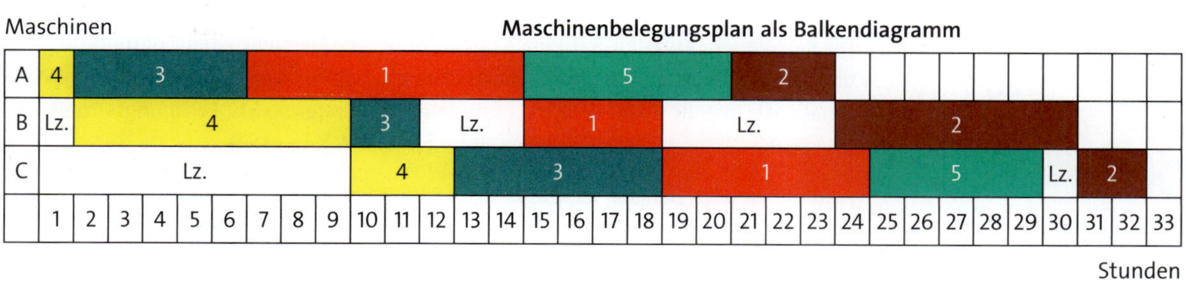

4.4 Betriebsdaten erfassen

Im Laufe des Produktionsprozesses fallen permanent wichtige Daten an, z. B. produzierte Mengen, benötigte Fertigungszeiten, Lagerbewegungen, Stillstands- oder Transportzeiten u. v. m. Aufgabe der **Betriebsdatenerfassung** ist es, diese Daten am Ort ihrer Entstehung, z. B. an einer Fertigungsmaschine, zu erfassen und an den Ort ihrer weiteren Verarbeitung, z. B. das Lohnbüro, weiterzuleiten. Betriebsdatenerfassung (BDE) bedeutet, dass sämtliche Materialbewegungen sowie die Anfangs- und Endzeiten von Arbeitsgängen für spätere Analysen fortlaufend erfasst werden. Traditionell verwendet man dazu eine Vielzahl unterschiedlicher Belege, z. B. Materialentnahmescheine, um Materialbewegungen zu protokollieren.

Heute werden die Betriebsdaten aber meist mithilfe von **Betriebsdatenerfassungsstationen** (BDE-Terminals) digital erfasst, über Datenleitungen oder Datenfunk an BDE-Leitrechner übertragen und schließlich zur weiteren maschinellen Verarbeitung in Datenbanken abgespeichert. An den BDE-Terminals ziehen die Produktionsmitarbeiter ihre Chipkarte durch eine Leseeinheit und geben dann die Betriebsdaten ein. Computergesteuerte (CNC-)Fertigungsautomaten sind sogar stets mit automatisierten Messeinrichtungen zur Erfassung und Weiterleitung der Betriebsdaten ausgestattet. In den nebenstehenden Abbildungen sind eine BDE-Erfassungsstation sowie die BDE-Buchung zum Abschluss des Arbeitsganges „Endmontage“ zu sehen. Laut BDE-Buchung ist die Endmontage planmäßig verlaufen. Die Buchung führte der Mitarbeiter Frank Guse durch. Die erfassten Daten werden von der BDE-Software in die ERP-Software zurückgegeben. Dieser Vorgang heißt **Rückmeldung**. Die Rückmeldungen stellen die Ist-Situation der Produktion dar. Man unterscheidet folgende Rückmeldungsarten:

- **Rückmeldungen „Material“**: Bei dieser Rückmeldung dokumentiert man die vom Lager entnommenen Sekundärteile (z. B. Sättel, Lenker) und die auf Lager genommenen Fertigteile (Trekkingräder).
- **Rückmeldungen „Arbeitszeiten“**: Diese Rückmeldungsart dokumentiert die tatsächlichen Start- und Endtermine der Arbeitsgänge.

Beispiel Die Nordrad GmbH Rostock hat bei der Fly Bike Werke GmbH 170 Trekkingräder, Modell Light, bestellt. Zum Abschluss wurde der Produktionsauftrag als „fertig“ gemeldet. Damit sind die vom Kunden gewünschten Erzeugnisse in ausreichender Menge am Lager.

Frau Glaner, Mitarbeiterin in der Produktion, kann sich jederzeit im ERP-System über den Stand der Produktionsaufträge und deren Fertigstellung informieren. Nach der Fertigmeldung des Produktionsauftrages führt Frau Glaner einen Soll-Ist-Vergleich durch, um die Einhaltung der Plandaten zu prüfen. Zur Analyse nutzt sie die Fertigungsauftragsstatistik (FA-Statistik), die vom ERP-System fortlaufend mitgeführt wird.

BAB
Betriebsabrechnungsbogen, vgl. **HF7**, Band 2

Die Kalkulation prüft den Fertigungsauftrag bis zu den Herstellkosten. Zugrunde liegen die absoluten Kosten und die Zuschlagssätze der Fly Bike Werke GmbH laut **BAB** (Materialeinzelkosten: 116,00 €/Stück, Materialgemeinkosten: 6,5 %, Fertigungseinzelkosten: 20,00 €/Stunde, Fertigungsgemeinkosten: 560 % gemittelt).

Frau Glaner prüft den Soll-Ist-Vergleich und stellt fest, dass es während der Produktion keine Abweichungen gegeben hat. Die Werte der Ist-Spalte stellen das Resultat der

▼

BDE-Rückmeldungen dar. Nachdem der Auftrag fertig gemeldet wurde, kann die Ware nun termingerecht mit den entsprechenden Versandpapieren an den Kunden verschickt werden. Diesen Vorgang löst Frau Glaner aus. Die Versandpapiere und die anschließende Rechnungserstellung (Fakturierung) realisiert sie mithilfe des ERP-Systems.

Fertigungsauftragsstatistik

Allgemein

	Soll-Kosten	Ist-Kosten	Abweichung %	Abweichung €
Materialeinzelkosten	19.720,00	19.720,00	0	0,00
Materialgemeinkosten	1.311,38	1.311,38	0	0,00
Fertigungseinzelkosten	2.445,00	2.445,00	0	0,00
Fertigungsgemeinkosten	13.692,00	13.692,00	0	0,00
Herstellkosten	37.168,38	37.168,38	0	0,00
Kapazitätsbedarf (Min.)	7335	7335	0	

Übersicht: Produktionsplanung und -steuerung

Primärbedarfsplanung
Primärbedarf: zu produzierender Bedarf an Endprodukten, verkaufsfähigen Baugruppen und Einzelteilen sowie Handelswaren und Ersatzteilen (Brutto-Primärbedarf, Netto-Primärbedarf)

↓

Teilebedarfsplanung (Sekundärbedarfsermittlung)
Sekundärbedarf: Menge an untergeordneten Baugruppen, Einzelteilen, Rohmaterialien sowie Hilfs- und Betriebsstoffen, die zur Herstellung des Primärbedarfs nötig ist

↓

programmorientierte Disposition | verbrauchsgesteuerte Disposition

verbrauchsgesteuerte Disposition ↓
- Bestellpunktverfahren
- Bestellrhythmusverfahren

vgl. **HF2**, **4**, S. 160ff.

↓

Termin- und Kapazitätsplanung

↓

- Belastungsübersichten
- Kapazitätsabgleich

↓

Auftragsfreigabe
Erstellung der Arbeitspapiere: z. B. Fertigungsauftrag, Material- und Arbeitsschein

↓

Maschinenbelegungsplanung
Optimierung der Maschinenauslastung

↓

Rückmeldung mit Betriebsdatenerfassung (BDE)
Protokollierung sämtlicher Materialbewegungen sowie der Anfangs- und Endzeiten von Arbeitsgängen

5 Fertigungsverfahren

Um Fertigungsprozesse sinnvoll planen, steuern und kontrollieren zu können, sind neben einer Vielzahl von Arbeitsplätzen die für die Fertigung benötigten Betriebsmittel in Form von Gebäuden, Maschinen und Werkzeugen so zu organisieren, dass eine „funktionierende Fabrik" entsteht.

Beispiel Ein Fahrrad der Fly Bike Werke GmbH durchläuft in der Fertigung die folgenden Arbeitsschritte:

In der **Rohfertigung** werden Rohre aus Stahl oder Aluminium mithilfe vollautomatisierter Anlagen geschnitten. Rahmen und Gabeln werden robotergeschweißt, aber auch teilweise im Handschweißverfahren hergestellt. Daneben gibt es Rahmen und Gabeln, die im Lötofen gefertigt werden. Neben diesen eigengefertigten Komponenten werden auch komplette Rahmen und Gabeln als Kaufteile fremdbezogen.

In der **Richterei/Sandfunker** erfolgt das Richten der Rahmen und Gabeln manuell auf einer Werkbank oder einem Richtautomaten. Die Kaufrahmen und -gabeln werden hauptsächlich direkt in der Lackierabteilung eingesetzt.

In der **Lackierung** wird eine drei- oder vierfache Beschichtung der Rahmen vorgenommen (Grundlack, Decklack, ggf. Effekte, Klarlack).

Die **Vormontage** umfasst verschiedene Arbeitsstationen:
- Alle Rahmen/Gabeln werden mit Dekoren (nass) versehen.
- Die lackierten Rahmen/Gabeln werden in maschinell unterstützter Handarbeit zusammengebaut (inklusive Steuersätze/Innenantriebe/Beleuchtung).
- Die Komponenten (Lenker, Lenkergriffe, Schalt-, Bremshebel usw.) werden zu einer Baugruppe zusammengebaut (Handarbeit).
- In der Spannerei erfolgt der Zusammenbau der Laufräder in den Arbeitsschritten Einwerfen (Handarbeit), Nippeln (maschinell unterstützte Handarbeit), Zentrieren (Zentrierroboter), Bereifen (Bereifungsrutschen, Gruppenarbeit).

Die **Endmontage** findet an Montagebändern statt. Die Baugruppen/Anbauteile werden bandweise bereitgestellt und am Band in maschinell unterstützter Handarbeit (Elektro-, Luftschrauber) zusammengebaut. Zum Teil werden Montagebänder mit automatischer Rückführung der Montagewagen eingesetzt.

Verpackung: Die Fahrräder werden in Kartons gestülpt oder in Folie verpackt.

An Fertigungsverfahren finden sich in den Fly Bike Werken Fließ- bzw. Gruppenfertigung, Werkstattfertigung, Serien- und Einzelfertigung.

Die Anordnung der Betriebsmittel bestimmt den Organisationstyp der Fertigung, vgl. **5.1**, S. 237

Werkstatt-, Fließ- und Gruppenfertigung gehören zu den sogenannten **Organisationstypen** der Fertigung. Die Unterscheidung nach dem Organisationstyp erfolgt unter dem Gesichtspunkt der Anordnung der Betriebsmittel im Fertigungsprozess. Diese kann sich am Verrichtungs- oder Objektprinzip orientieren.

Die Wiederholung gleicher oder ähnlicher Erzeugnisse bestimmt den Produktionstyp der Fertigung, vgl. **5.2**, S. 239

Einzel-, Massen-, Sorten-, Chargen- und Serienfertigung zählen zu den **Produktionstypen** der Fertigung. Die Unterscheidung nach dem Produktionstyp erfolgt unter dem Gesichtspunkt der Wiederholung gleicher oder ähnlicher Erzeugnisse.

5.1 Organisationstypen der Fertigung

Nach der Anordnung der Betriebsmittel unterscheidet man zwischen **verrichtungs- und objektorientierter Organisation** der Fertigung.

LS ▸ **LS 41**
Produktion und Fertigungsverfahren organisieren

5.1.1 Werkstattfertigung

Die **Werkstattfertigung** ist nach dem **Verrichtungsprinzip** organisiert, d.h., Maschinen gleicher oder ähnlicher Verrichtung werden räumlich zusammengefasst (Werkstatt im industriellen Sinn). Bei der Werkstattfertigung ist die Fertigung nach Fertigungstechnologien organisiert. Arbeitssysteme, die gleichartige Arbeitsgänge durchführen können, werden vereint. Die Standorte der Maschinen bestimmen den Fertigungsablauf.

Verrichtungsprinzip
Die Standorte der Maschinen bestimmen den Fertigungsablauf. Maschinen ähnlicher Verrichtung werden räumlich zusammengefasst.

Die Schweißerei oder die Lackiererei sind Beispiele für die Werkstattfertigung. Da die Arbeitsgänge bei der Werkstattfertigung zeitlich nicht genau aufeinander abgestimmt werden können, sind **Lager** für Rohmaterial, Halbfertig- und Fertigerzeugnisse nötig. Die Fertigung erfolgt entsprechend der im Arbeitsplan aufgeführten Reihenfolge, wobei die Werkstücke auftragsweise von Werkstatt zu Werkstatt transportiert werden müssen. Wegen der fehlenden Abstimmung der Bearbeitungs- und Transportzeiten kann es zu **Wartezeiten** vor den Maschinen und zu hohen **Werkstattbeständen** kommen.

Trotz hoher Aufwendungen für Planung und Steuerung entstehen **lange Durchlaufzeiten** und eine unbefriedigende Termintreue. Aus Wettbewerbsgründen müssen Unternehmen zunehmend Lieferzeiten reduzieren und kurze Durchlaufzeiten realisieren. Der Kostendruck zwingt Unternehmen dazu, niedrige Umlaufbestände und damit möglichst wenig Kapital im Fertigungsprozess zu binden. Deshalb findet die Werkstattfertigung nur noch Anwendung bei der **Einzel-** oder **Kleinserienfertigung**, wo es auf hohe Flexibilität in der Fertigungstechnologie ankommt.

Einzel-/Serienfertigung, vgl. **5.2**, S. 239 f.

Materialfluss in Abhängigkeit von der Organisationsstruktur der Fertigung

Zur Fertigung der Produkte P1, P2 und P3 ist die Reihenfolge der Arbeitsgänge in folgender Weise festgelegt.
P1: Sägen – Drehen – Lackieren – Montieren, P2: Sägen – Fräsen – Schleifen – Galvanisieren,
P3: Drehen – Lackieren – Montieren

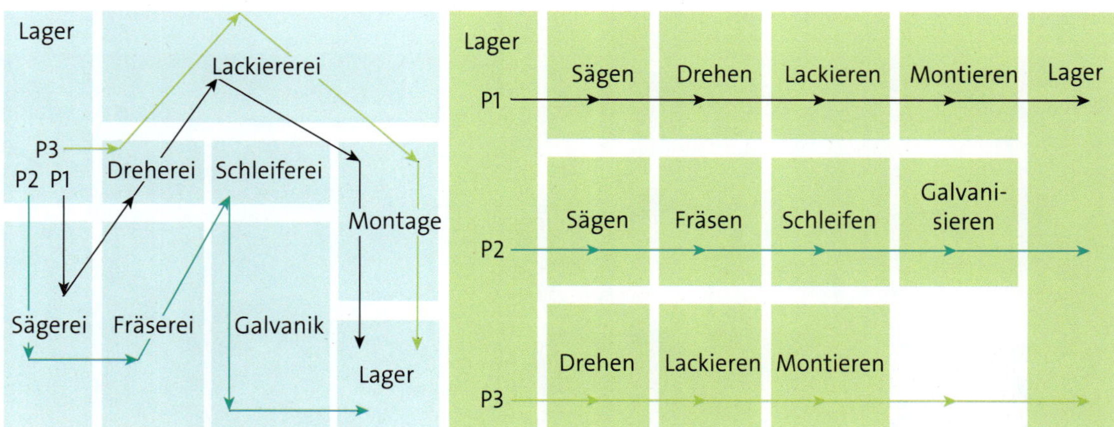

5.1.2 Fließfertigung

Durchlaufzeit, vgl. 4.1, S. 229

Objektprinzip
Die Reihenfolge der Arbeitsgänge bestimmt die Anordnung der Maschinen.

Fixe Kosten, vgl. 6.2.2, S. 253

Rationalisierung, vgl. 6.2.1, S. 252

Reihenfertigung

Zwangslauffertigung

Fließbandfertigung

inhuman
(lat.) unmenschlich, nicht menschenwürdig

Fluktuation
(lat.) Schwankung, Wechsel; hier: Abgang von Mitarbeitern

Will man kurze Durchlaufzeiten realisieren, muss man die Werkstücke zum Fließen bringen. Die **Fließfertigung** ist nach dem **Objektprinzip** organisiert. Die Anordnung der Betriebsmittel/Maschinen erfolgt nach der Reihenfolge der sich aus dem Arbeitsplan ergebenden Arbeitsgänge für das zu bearbeitende Arbeitsobjekt. Aufgrund ihrer hohen Produktivität ist die Fließfertigung der häufigste Organisationstyp industrieller Fertigung. Das Gesetz der Massenproduktion, also die Verteilung auflagefixer Kosten auf eine große Anzahl von Produkten, und die Gewinnung von Rationalisierungsvorteilen durch Arbeitsteilung lassen sich hier optimal verwirklichen.

Können die Arbeitnehmer ihr Arbeitstempo selbst bestimmen, spricht man von **Reihenfertigung**. Die zeitlich nicht vollständig aufeinander abgestimmten Teilprozesse an den einzelnen Arbeitsplätzen werden dabei durch Pufferlager aufgefangen. Zahlreiche Produktionsprozesse in der chemischen oder pharmazeutischen Industrie, aber auch in der Lebensmittel- und Getränkeherstellung dürfen aus verfahrenstechnischen Gründen nicht unterbrochen werden. Ein Stillstand des Prozesses vor seiner Beendigung würde häufig das komplette Fertigungslos unbrauchbar machen. Man bezeichnet diese Form der Fließfertigung daher als **Zwangslauffertigung**.

Unter dem maßgeblichen Einfluss des US-amerikanischen Ingenieurs F. W. Taylor (1856–1915) entstand zu Beginn des 20. Jahrhunderts in den Schlachthöfen und Automobilwerken Chicagos die **Fließbandfertigung**. Bei der Fließbandfertigung werden die Werkstücke mittels Fließbändern von einer Arbeitsstation zur nächsten transportiert. Die Arbeit wird dabei so aufgeteilt, dass an jeder Station nur wenige, einfache Arbeitsschritte durchgeführt werden müssen, die auch von angelernten Arbeitern effektiv ausgeführt werden können. Ihre im Vergleich zur Werkstattfertigung geringe Anpassungsfähigkeit an Marktveränderungen ist eine zentrale Schwachstelle der Fließfertigung. Ein kompletter Modellwechsel ist für Pkw-Hersteller mit Umrüstkosten im mehrstelligen Millionenbereich und einem mehrmonatigen Stillstand der Produktion verbunden.

Hinzu kommen die wegen ihrer Monotonie als „**inhuman**" empfundenen Arbeitsbedingungen am Fließband. Neben einer hohen **Fluktuation** aufgrund von Verschleißerkrankungen und Frustration stellen Qualitätsmängel ein zentrales Problem der Fließbandfertigung dar. Wegen ihrer langen Durchlaufzeiten und hohen Stückkosten ist die Werkstattfertigung aber in der Regel keine echte Alternative.

Fließfertigung in der Automobilindustrie: Im Beisein von Wilhelm von Opel wird 1931 der 10 000ste Opel-Wagen in Rüsselsheim vollendet (links). Daneben die moderne Produktion eines Opel Insignia (rechts).

5.1.3 Gruppenfertigung

Die **Gruppenfertigung** kombiniert Elemente der Werkstatt- und der Fließfertigung. Das Ziel besteht darin, für ein zu bearbeitendes Werkstück eine Komplettbearbeitung zu erreichen. So ist z. B. in den Fly Bike Werken die Endmontage nach diesem Prinzip organisiert, d. h., jedes Mitglied der Gruppe ist dafür zuständig, eine bzw. mehrere Komponenten zu montieren. Die Reihenfolge der Arbeitsschritte wird durch den Montageplan vorgegeben.

Autonome Arbeitsgruppen, Fertigungsinseln, vgl. 5.4, S. 242 f.

In Betrieben der Bauwirtschaft und des Großanlagenbaus ist die **Baustellenfertigung** anzutreffen. Dabei müssen sämtliche Produktionsfaktoren (Betriebsmittel, Materialien und Arbeitskräfte) an den Ort gebracht werden, an dem das Produkt (Wohn- oder Geschäftsgebäude, Brücken, Fabrikhallen, Kraftwerke usw.) seine spätere Verwendung finden soll. Um sowohl die Baukosten als auch die Erstellungszeiten zu senken, wird häufig mit vorgefertigten Bauteilen gearbeitet, die nach einem Baukastensystem zusammengeführt werden.

5.2 Produktionstypen der Fertigung

LS ▸ **LS 41**
Produktion und Fertigungsverfahren organisieren

Unter dem Gesichtspunkt der **Wiederholung** gleicher oder ähnlicher Erzeugnisse wird zwischen Einzel-, Massen-, Sorten-, Chargen- und Serienfertigung unterschieden:

Bei der **Einzelfertigung** wird ein einzelnes Erzeugnis gefertigt. Hierbei kann zwischen Kundenproduktion (*make to order*) und Marktproduktion (*make to stock*) unterschieden werden. Bei Marktproduktion muss die Nachfrage geschätzt werden. Um das Risiko, die falschen Erzeugnisse zu produzieren, zu minimieren, wird meist die Montage kundenorientiert (*assemble to order*) durchgeführt.

In **Massenfertigung** werden Erzeugnisse ein und derselben Art in hoher Stückzahl gefertigt (z. B. Güter der Energieversorgung), in der Regel für einen anonymen Markt.

Bei der **Sortenfertigung** werden Erzeugnisse gefertigt, die z. B. in der Art der verwendeten Stoffe, ihrer Verarbeitung oder ihren Abmessungen nicht erheblich voneinander abweichen (z. B. Stahlprofile in unterschiedlicher Stärke, Biersorten).

Bei der **Chargenfertigung** werden Erzeugnisse einer Art gemeinsam bearbeitet und weisen dadurch – produktionsbedingt und nicht vermeidbar – Unterschiede gegenüber einer anderen Charge auf (z. B. Holzerzeugnisse, Zigarren).

Die **Serienproduktion** ist der am weitesten verbreitete Produktionstyp. Hier werden mehrere Varianten eines Grundtyps in unterschiedlichen Mengen gefertigt, sodass Menschen und Maschinen flexibler arbeiten und der Fertigungsprozess bei der Umstellung von einer Variante auf eine andere unterbrochen werden muss. Dies führt dazu, dass die Losgrößen und die Termine einzeln geplant werden müssen. Zugleich ergibt sich eine deutlich höhere Komplexität bei der Realisierung von Automatisierungsvorhaben. Die Fertigung der verschiedenen Modellvarianten bei den Fly Bike Werken ist hierfür ein gutes Beispiel oder auch die Automobilfertigung.

Organisationstypen der Fertigung, vgl. 5.1, S. 223

Organisations- und Produktionstypen sind **miteinander gekoppelt**. Eine Massenfertigung nach dem Fließprinzip sollte z. B. so gestaltet werden, dass möglichst für ein Grunderzeugnis mit wenigen Varianten eine Fließfertigung eingerichtet wird. Kurze Durchlaufzeiten und wenig Stillstandzeiten für Umrüstung sind die Folge. Das Material kann maschinell transportiert werden und die Steuerung bezieht sich nur noch auf die Reihenfolge der Aufträge mir großer Stückzahl.

Zu beachten ist, dass die Fertigungsanlagen nach dem Fließprinzip nicht zu lang werden, weil sonst die Gefahr des Ausfalls der gesamten Fertigungsanlage wegen des Ausfalls eines Arbeitssystems zunimmt. Eine solche Kettenreaktion ist unerwünscht und kann durch gesteuerte Puffer vermieden werden.

Fertigungsverfahren

Organisationstypen
- Werkstattfertigung
- Fließfertigung
- Gruppenfertigung

Produktionstypen
- Einzelfertigung
- Sortenfertigung
- Massenfertigung
- Chargenfertigung
- Serienfertigung

5.3 Umweltmanagement und Fertigungswirtschaft

LS ▸ **LS 41**
Produktion und Fertigungsverfahren organisieren

Beispiel Die von der Fly Bike Werke GmbH eingekauften Rahmen und Gabeln werden in der Lackiererei entweder zuerst grundiert und anschließend nass lackiert oder mit Pulverlack beschichtet. Mit Ausnahme der Pulverfarben werden hochexplosive Verdünnungsmittel verarbeitet, die sowohl als gesundheitsschädlich als auch umweltbelastend gelten. Die Geschäftsleitung der Fly Bike Werke GmbH ist sich der besonderen Verantwortung bewusst, die sie im Rahmen des Umweltmanagements hat. Der produktionsintegrierte Umweltschutz hat für die Fly Bike Werke GmbH eine besondere Bedeutung.

Produktionsintegrierter (dem Vorsorgeprinzip verpflichteter) Umweltschutz (**PIUS**) umfasst den gesamten Prozess der Leistungserstellung und -verwertung, vom Rohstoffeinsatz über die Produktion bis zur Entsorgung nicht mehr nutzbarer Produkte.

Ausgewählte Beispiele zu PIUS	
Weniger Abwasser	– Geschlossene Wasserkreisläufe – Aufbereitung des Abwassers am Produktionsort – Rückführung von Prozesswässern zur Mehrfachnutzung – Vermeidung und Verminderung von wasserbelastenden Chemikalien
Weniger Abfall	– Effizienzsteigerung durch Stoffmanagement – Verwertung von Reststoffen am Produktionsort – Einsatz von schadstoffarmen Ausgangsmaterialien – Herstellung von langlebigen und wiederverwertbaren Produkten – verstärkter Einsatz von Mehrwegsystemen – neue Logistikstrukturen
Weniger Luftbelastung	– Innovative immissionsarme Produktionsverfahren – Energieeinsparung durch Kraft-Wärme-Kopplung – Nutzung von Abwärme – Einsatz regenerativer Energien – Rückführung in den Produktionskreislauf – Verwendung schadstoffarmer Brennstoffe – Entwicklung abgasarmer Autos
Weniger Rohstoffverbrauch	– Entwicklung von ressourcenschonenden Technologien – Nutzung von Sekundärrohstoffen – Verwendung von erneuerbaren Rohstoffen – Verringerung des Energieeinsatzes bei Herstellung und Nutzung – Rückführung in den Produktionskreislauf – Kooperation zur Schließung von Stoffkreisläufen

Im Rahmen des Umweltschutzes hat das **Recycling** einen besonderen Stellenwert. Ziel des Recyclings ist die Einführung der Kreislaufwirtschaft durch Aufbereitung von Ausschuss (z. B. Abfällen und gebrauchten Produkten) und dessen Rückführung in den Produktionsprozess. Neben der Reduktion von Umweltbelastungen sind durch Recycling auch Kosteneinsparungen möglich, da Entsorgungsaufwendungen entfallen. Leitgesetz der Entsorgungsproblematik ist das 2012 reformierte **Kreislaufwirtschaftsgesetz** (KrWG). Daneben gibt es eine Reihe weiterer Rechtsvorschriften, die für das betriebliche Umweltmanagement bedeutsam sind.

Kreislaufwirtschaftsgesetz (KrWG)
Gesetz zur Förderung der Kreislaufwirtschaft und zur Sicherung der umweltverträglichen Bewirtschaftung von Abfällen

LS ▸ LS 41
Produktion und Fertigungsverfahren organisieren

5.4 Flexibilisierung von Fertigungsstrukturen

Die Wettbewerbssituation auf Käufermärkten fordert zunehmende Variantenvielfalt, d. h. individuelle Ausstattungsvielfalt von Produkten.

Käufermarkt, vgl. **3.1**, S. 207

Die Wettbewerbssituation hat sich in den letzten Jahren für viele Unternehmen drastisch verschärft. Die Kunden verlangen zunehmend, dass sie zwischen „individuellen" Ausstattungsvarianten eines Produktes wählen können. Das Produktsortiment muss in immer kürzeren Abständen aktualisiert und an die veränderten Kundenwünsche angepasst werden. Die zunehmende **Variantenvielfalt** hat zur Folge, dass

- sich auch die **Teilevielfalt** erhöht und damit sowohl Materialdisposition als auch Lagerhaltung komplexer werden.
- die auszuführenden **Arbeitsgänge** zahlreicher und die Steuerung der Fertigung komplexer werden.
- immer geringere **Losgrößen** produziert werden müssen.

Folgen für den Leistungserstellungsprozess

Variantenvielfalt und Fertigungsstrukturen

Kundenwunsch nach individuellen Ausstattungsvarianten → Aktualisierung des Produktsortiments in immer kürzeren Abständen →

- sinkende Losgrößen
- erhöhte Teilevielfalt
- erhöhte Zahl von Arbeitsgängen
- komplexere Fertigungsstrukturen

Flexibilität in Abhängigkeit vom Organisationstyp der Fertigung

Organisationstyp, vgl. **5.1**, S. 223

Verrichtungsprinzip und Objektprinzip, vgl. **5.1**, S. 223, S. 226

Unter Flexibilität der Fertigungsstruktur wird die Fähigkeit eines Unternehmens verstanden, sich mit seiner Fertigungsstruktur an Veränderungen des Absatzmarktes anzupassen. Durch **Flexibilisierung** der Fertigungsstrukturen soll eine Umstellung der Produktionsanlagen zu möglichst geringen Kosten erreicht werden. Die Flexibilität ist abhängig von der Wahl des Organisationstyps. Bei einer **objektorientierten** Fertigungsorganisation ermöglicht die starre Produktionsstruktur nur einen Weg im Ablauf des Materialflusses. Die **verrichtungsorientierte** Fertigungsorganisation hingegen bietet unterschiedliche Wege für die einzelnen Produktvarianten.

Prozessoptimierung und Kosten der Leistungserstellung, vgl. **6.2.2**, S. 238 ff.

Bei der Entwicklung und Vermarktung neuer Erzeugnisse ist es empfehlenswert, sich nicht nur an den bestehenden Fertigungseinrichtungen zu orientieren, sondern auch über **neue Strukturen und Technologien** in der Fertigung nachzudenken. Am besten tut man das, wenn man zusammen mit der Produktentwicklung die Weichen für neue Erzeugnisse stellt.

Flexible Fertigungssysteme (FFS)

NC
Numerical Control

NC-Maschinen = Werkzeugmaschinen, Maschinen der automatisierten Fertigung

Am weitesten vorangeschritten erscheint der Wunsch nach maximaler Flexibilisierung bei der Einrichtung von **flexiblen Fertigungssystemen** (FFS). Dies sind hochkomplexe Maschinensysteme, die zunächst aus einer Reihe sich ergänzender oder ggf. auch ersetzender **NC**-Maschinen gebildet werden. Ergänzt werden diese um ein sämtliche Arbeitsstationen verbindendes, gleichfalls automatisiertes Transportsystem. Den Werkzeugwechsel übernehmen Roboter, die die notwendigen Werkzeuge den aufgabenspezifisch bestückten Werkzeugmagazinen an den Bearbeitungsstationen entnehmen. Datenbankbasierte Informationssysteme koordinieren sämtliche Operationen und überwachen den Fertigungsablauf.

Die besondere Stärke flexibler Fertigungssysteme liegt in der Vielfalt von Aufgaben, die sie in stetigem Wechsel parallel oder nacheinander wahrnehmen können. So lassen sich auch kleinste Serien zu minimalen Kosten realisieren.

Weitere Ansätze zur stärkeren Flexibilisierung und Kostenersparnis in der Fertigung:

Bei der **Gruppenfertigung** verzichtet man für die Fertigung von mittleren und kleinen Mengen auf die vollständige Automatisierung und setzt auf Bearbeitungszentren, in denen man Teilefamilien, also Grundteile und Varianten, herstellt. Bei der **Teilefamilienfertigung** werden Bearbeitungszentren für Teile gleicher Bauart zu sogenannten **Fertigungsinseln** zusammengefasst, auf denen flexibel und personalsparend unterschiedliche Varianten einer Teilefamilie hergestellt werden. Dabei wird folgendermaßen verfahren: Werkstücke, die auf den gleichen Betriebsmitteln gefertigt werden können, werden zu Erzeugnisfamilien gebündelt. So entstehen Gruppen von Erzeugnissen mit gleichartigen Bearbeitungsabläufen (z.B. robotergeschweißte Standardrahmen aus Stahlrohr und handgeschweißte Spezialrahmen aus Aluminium). Sodann sind die entsprechenden Betriebsmittel zur möglichst vollständigen Bearbeitung einer Erzeugnisfamilie – nach dem Objektprinzip – räumlich und organisatorisch zusammenzufassen. Auf diese Weise erhält man jeweils eine Fertigungsinsel je Erzeugnisfamilie. Innerhalb der Fertigungsinsel erfolgt der Transport der Werkstücke nach dem Flussprinzip, sodass die Teile an einem Ort in einem Zuge komplett bearbeitet werden können.

Gruppenfertigung, vgl. 5.1.3, S. 227

Teilefamilienfertigung

Fertigungsinseln

Die Mitarbeiter handeln als weitgehend **autonome** Arbeitsgruppen, die Planungs-, Entscheidungs- und Kontrollaufgaben innerhalb vorgegebener Rahmenbedingungen selbstständig wahrnehmen. Damit die Vorteile des übersichtlichen Zusammenwirkens erhalten bleiben können, umfassen die Gruppen etwa sechs bis acht Personen. Um die Fertigungsinsel bei Ausfällen, z.B. durch Krankheit oder Urlaub, funktionsfähig halten zu können, müssen die Mitglieder der Gruppe jeweils mehrere verschiedene Aufgaben innerhalb des gesamten Aufgabenspektrums beherrschen.

autonom
(gr.) unabhängig

Um der Komplexität der Produktion entgegenzuwirken, wird in vielen Unternehmen versucht, bereits in der Produktentwicklung die Verwendung von **Standard-/Gleichteilen** einzuplanen und die Konstruktion zu vereinfachen. Darüber hinaus setzt die Variantenbildung erst auf einer sehr späten Produktionsstufe ein und die Zahl der Varianten wird begrenzt. Einheitliche Produktionsprozesse (z.B. Fließ- und Fließbandfertigung) werden entkoppelt und unterschiedliche Organisationsformen der Fertigung neben- bzw. nacheinander eingesetzt.

Bei der **Fertigungstiefenoptimierung** wird der beste Zulieferer für Einzelteile oder Aggregate gesucht, der in Konkurrenz zur Eigenfertigung steht. Dies führt zur Konzentration der Fertigung auf die Kernteile, die die Funktionalität und die Akzeptanz des Produktes ausmachen.

Eigenfertigung oder Fremdbezug, vgl. HF 2, 5, S. 163

LS ▸ LS 42
Produktions-
mengen
optimieren

5.5 Optimale Losgröße

Losgröße
Anzahl eines einheitlichen Produktes, die ohne Unterbrechung auf einer Produktionsanlage hergestellt werden kann

Die mit der Vielfalt der Kundenwünsche zunehmende Variantenvielfalt führt unter fertigungstechnischen Aspekten zu sinkenden **Losgrößen**.

Auflagenfixe Kosten sind von der Losgröße unabhängige Kosten.

Die Produktionsanlage muss bei jedem Wechsel von einer Variante auf eine andere Variante des Produktionsprogramms umgestellt (umgerüstet) werden. Dadurch entstehen sogenannte **Rüstkosten**, z. B. in Form von Lohnkosten für den Mitarbeiter, der diesen Umrüstvorgang vornimmt, und in Form von Stillstandskosten, da mit der Maschine während des Rüstvorgangs nicht produziert werden kann. Diese Kosten treten je Fertigungslos einmal auf, sie sind unabhängig davon, wie viele Stück pro Los gefertigt werden (Auflagenhöhe). Man bezeichnet sie deshalb auch als **auflagenfixe Kosten**. Damit diese Kosten möglichst gering gehalten werden, ist es sinnvoll, die Umstellung der Produktionsanlage nicht zu häufig vorzunehmen und die Zahl der Fertigungslose möglichst gering zu halten bzw. die Auflagenhöhe möglichst groß zu planen.

Fixe Kosten und variable Kosten, vgl. 6.2.2, S. 241

Können die halb fertigen Erzeugnisse nicht direkt weiterbearbeitet oder die fertigen Produkte nicht sofort abgesetzt werden, müssen sie zunächst gelagert werden. Die auf diese Weise anfallenden **Kosten der Lagerhaltung** (z. B. Kosten für das Lagerpersonal oder Raumkosten) und die **Zinskosten** für das in den Vorräten gebundene Kapital müssen neben den Rüstkosten berücksichtigt werden. Die Lagerkosten sind auflagenvariabel, sie sind also von der Losgröße abhängig.

Auflagenvariable Kosten sind von der Losgröße abhängige Kosten.

Rüstkosten und Lagerkosten verlaufen in Abhängigkeit von der Zahl der Lose entgegengerichtet, d. h., eine große Anzahl von Losen führt zu hohen Rüstkosten, aber zu geringen Lagerkosten.

Beispiel In der Fly Bike Werke GmbH werden Stahlrahmen robotergeschweißt, aber auch teilweise im Handschweißverfahren hergestellt. Das Produktionsprogramm des Unternehmens umfasst zwölf verschiedene Fahrradmodelle. Für jedes Modell und für jede Modellvariante werden unterschiedliche Rahmen benötigt, die alle mithilfe derselben Roboter gefertigt werden. Wird die Fertigung von einem Modell auf ein anderes umgestellt, muss auch die Fertigungsanlage umgerüstet werden.

Für das Trekkingrad Modell Light soll die optimale Losgröße ermittelt werden. Aus der Primärbedarfsplanung ist bekannt, dass 3 600 Stück dieses Modells im Jahr X2 abgesetzt wurden. Wir gehen davon aus, dass diese Menge im Jahr X2 auch tatsächlich produziert worden ist. Die Herstellkosten für den Rahmen betragen 50,00 €.

Von der Controlling-Abteilung ist ermittelt worden, dass Rüstkosten in Höhe von 250,00 € zu berücksichtigen sind. Von dieser Abteilung wird außerdem ein Lagerkostensatz in Höhe von 20 % vorgegeben (Lagerhaltungskostensatz = 12 %, Zinskosten = 8 %). Damit stehen alle Daten zur Verfügung, um die optimale Losgröße zu ermitteln.

▾

1	2	3	4	5	6	7	8
Lose	**Losgröße in Stück**	**Rüstkosten in €**	**Durchschnittlicher Lagerbestand in Stück**	**Durchschnittlicher Lagerbestandswert in €**	**Lagerkosten in €**	**Gesamtkosten in €**	**Kosten/Stück in € (aufgerundet)**
	3600/ Spalte 1	250 · Spalte 1	Spalte 2/2	Spalte 4 · 50,00 €	20 % von Spalte 5	Spalte 3 + Spalte 6	Spalte 7/ 3600
1	3600	250,00	1.800	90.000,00	18.000,00	18.250,00	5,07
2	1800	500,00	900	45.000,00	9.000,00	9.500,00	2,64
3	1200	750,00	600	30.000,00	6.000,00	6.750,00	1,88
4	900	1.000,00	450	22.500,00	4.500,00	5.500,00	1,53
5	720	1.250,00	360	18.000,00	3.600,00	4.850,00	1,35
6	600	1.500,00	300	15.000,00	3.000,00	4.500,00	1,25
7	514	1.750,00	257	12.857,14	2.571,43	4.321,43	1,20
8	450	2.000,00	225	11.250,00	2.250,00	4.250,00	1,18
9	400	2.250,00	200	10.000,00	2.000,00	4.250,00	1,18
10	360	2.500,00	180	9.000,00	1.800,00	4.300,00	1,19
11	327	2.750,00	164	8.181,82	1.500,00	4.386,36	1,22

In *Spalte 1* wird die mögliche Anzahl der Lose eingegeben. Die Auswahl sollte sinnvoll sein. Dividiert man die Jahresproduktionsmenge von 3600 Stück durch die Losanzahl, so ergibt sich in *Spalte 2* die jeweilige **Losgröße**, die Stückzahl eines Loses.

- Die **Rüstkosten** in *Spalte 3* werden ermittelt, indem die auflagenfixen Kosten in Höhe von 250,00 € mit der jeweiligen Loszahl multipliziert werden.
- Der **durchschnittliche Lagerbestand** in *Spalte 4* wird als einfacher Durchschnittswert zwischen Lageranfangsbestand und Lagerendbestand berechnet. Es wird davon ausgegangen, dass der Lagerbestand auf null sinkt, bevor aus der Fertigung eine Auffüllung des Lagers stattfindet (in der Höhe abhängig von der jeweiligen Losgröße).
- Dividiert man die jeweilige Losgröße durch 2, so ergibt sich der durchschnittliche Lagerbestand. Multipliziert man den jeweiligen durchschnittlichen Lagerbestand mit den Herstellkosten für einen Rahmen in Höhe von 50,00 €, so ergeben sich die **durchschnittlichen Lagerbestandswerte** (*Spalte 5*).
- Für die **Lagerkosten** wird ein Lagerkostensatz von 20 %, bezogen auf die jeweiligen durchschnittlichen Lagerbestandswerte, in Ansatz gebracht (*Spalte 6*).
- Die **Gesamtkosten** in Spalte 7 errechnen sich aus der Summe der Werte aus den Spalten 3 und 6. Werden die jeweiligen Gesamtkosten durch die Jahresproduktionsmenge von 3600 Stück geteilt, so erhält man die **Gesamtkosten je Stück** (*Spalte 8*).

Ergebnis: Das Minimum der Gesamtkosten je Stück liegt zwischen einer Losgröße von 450 und 400 Stück bzw. einer Losanzahl zwischen 8 und 9.

Beispiel Das tabellarische Ergebnis kann mithilfe der **Andler'schen Losgrößenformel** genauer bestimmt werden:

$$\text{Optimale Losgröße} = \sqrt{\frac{200 \cdot \text{auflagenfixe Kosten} \cdot \text{Jahresproduktionsmenge}}{\text{Herstellkosten/Stück} \cdot \text{Lagerkostensatz}}}$$

$$= \sqrt{\frac{200 \cdot 250 \cdot 3\,600}{50{,}00 \cdot 20}} = 424{,}26$$

Wird die Jahresproduktionsmenge durch die optimale Losgröße dividiert, so erhält man die Anzahl der Lose, die zu fertigen ist, um die Gesamtkosten pro Stück zu minimieren:

$$\text{Losanzahl} = \frac{3\,600}{424{,}26} = 8{,}49 \text{ Lose}$$

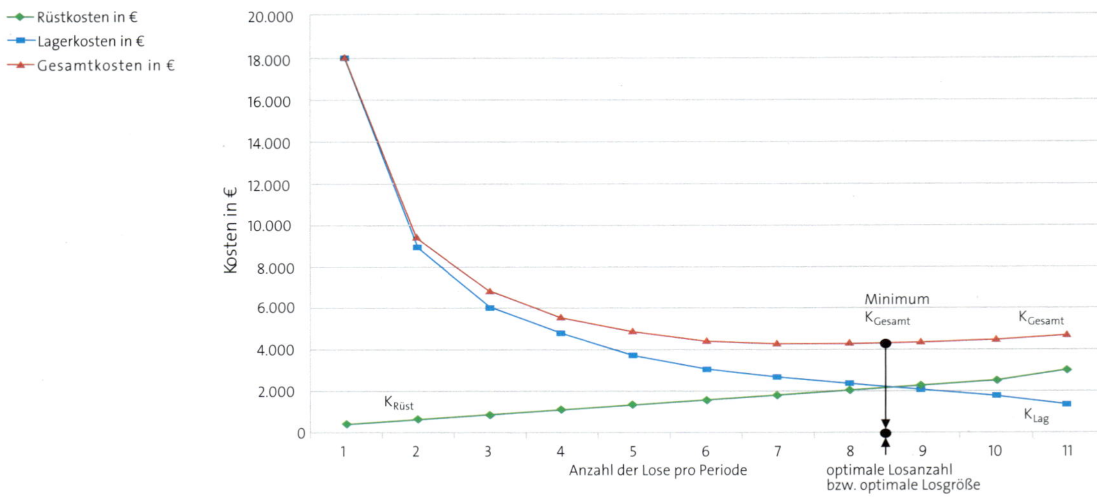

In der betrieblichen Praxis wird auf die Fertigung der optimalen Losgröße hin und wieder verzichtet. Dies hat verschiedene Ursachen:

- Der Jahresbedarf an Fertigerzeugnissen beruht auf mit Unsicherheiten behafteten Prognosen.
- Der Marktzins unterliegt im zeitlichen Ablauf eines Jahres Schwankungen, sodass der Lagerkostensatz verändert werden müsste.
- Die Lagerkapazitäten sind durch die Festlegung eines Höchstbestandes häufig begrenzt, sodass es bei Fertigung der optimalen Losgröße zu Engpässen bei der Lagerhaltung kommen könnte.

Übersicht: Fertigungsverfahren

Organisationstypen der Fertigung

Anordnung der Produktionsfaktoren	Werkstattfertigung	Gruppenfertigung	Fließfertigung
	Verrichtungsorientierung	Objektorientierung	
Charakteristisches Merkmal	räumliche Zusammenfassung von Betriebsmitteln gleicher oder ähnlicher Verrichtung	räumliche Zusammenfassung verschiedener Betriebsmittel zu Funktionsgruppen (Möglichkeit der Anwendung neuer Formen der Arbeitsstrukturierung, z. B. teilautonome Gruppen)	Anordnung der Betriebsmittel und Arbeitsplätze nach der Arbeitsgangfolge (kontinuierlicher Fertigungsfluss wird durch die zeitliche Abstimmung der Arbeitstakte erreicht)
Typischer Anwendungsbereich	Werkzeugmaschinenbau	wie bei der Werkstatt- und Fließfertigung	Konsumgüter- und Kraftfahrzeugindustrie

Produktionstypen der Fertigung

	Einzelfertigung	Serienfertigung	Sortenfertigung	Chargenfertigung	Massenfertigung
Charakteristisches Merkmal	– Erstellung eines einzelnen Produktes – direkte Ausrichtung auf Kundenwünsche	– Produktion einer begrenzten Zahl identischer Erzeugnisse – Problem der Umrüstung	– Produktion mehrerer Varianten eines Grundprodukts – Spezialfall der Massenproduktion	– Produktion mehrerer Chargen (Charge = Füllmenge eines Produktionsvorganges)	– Produktion von Standardprodukten – Produktionsprozess nach festgelegtem Standardablauf
Typischer Anwendungsbereich	– Anlagenbau – Werkzeugmaschinenbau	– Elektrogeräte – Automobile	– Bekleidungsindustrie – Bier	– Getränkeindustrie – Stahlindustrie – chemische Industrie	– Lebensmittelindustrie – Schrauben

Flexibilisierung von Fertigungsstrukturen

Problem	Zunehmende Variantenvielfalt – sinkende Losgrößen – häufige Umstellung von Produktionsanlagen – Suche nach flexiblen (kostengünstigen) Lösungen
Ansätze	– Einsatz moderner Technologien, z.B. FFS (Flexible Fertigungssysteme), NC-Maschinen – Verwendung von Standardteilen – Fertigungstiefenoptimierung
Losgröße	Anzahl eines einheitlichen Produktes, die ohne Unterbrechung auf einer Produktionsanlage hergestellt werden kann
Optimale Losgröße	Ermittlung der Losgröße, bei der die Summe aus Rüst- und Lagerkosten minimal ist

Alles klar?

Kapitel 4

1 Erklären Sie den Unterschied zwischen einer Vorwärtsterminierung und einer Rückwärtsterminierung. In welcher Situation würde man sich für die eine, in welcher Situation für die andere entscheiden?

2 Warum sind bei der Erstellung eines Maschinenbelegungsplans Leerzeiten auf den Maschinen zu vermeiden?

3 Was sind Rüstzeiten und wie gehen sie in die Terminplanung ein?

Kapitel 5

4 Unterscheiden Sie die Begriffe Verrichtungsprinzip und Objektprinzip.

5 Die Reihenfertigung und die Fließbandfertigung sind Ausprägungen der Fließfertigung. Beschreiben Sie.

6 Beschreiben Sie einen Vorteil und einen Nachteil der Werkstattfertigung. Für welche Art von Produkten erscheint sie Ihnen als geeignet?

7 Nennen Sie die fünf Produktionstypen der Fertigung und erläutern Sie zwei davon.

8 Nennen Sie zwei Gründe für die Notwendigkeit der Flexibilisierung von Fertigungsabläufen.

9 Was ist eine Losgröße und unter Berücksichtigung welcher Faktoren wird sie optimiert?

10 Warum kann es betriebswirtschaftlich Sinn machen, von der optimalen Losgröße abzuweichen?

11 Was ist PIUS? Nennen Sie drei Beispiele zur Umsetzung.

6 Qualitätssicherung und Wirtschaftlichkeit

6.1 Total Quality Management (TQM)

LS ▸ **LS 43**
Qualitätsmanagement nachhaltig organisieren

Beispiel In den letzten Jahren drängen immer mehr asiatische Fahrradproduzenten mit Billigprodukten auf den deutschen Fahrradmarkt. Diese sind im Vergleich zu den Produkten der Fly Bike Werke GmbH erheblich preiswerter. Die Geschäftsführung des Unternehmens macht sich Gedanken darüber, wie der eigene Marktanteil gehalten und eventuell ausgebaut werden kann. Um zuverlässige Daten zu erhalten, wird ein Marktforschungsinstitut mit der Durchführung einer Kundenbefragung beauftragt. Wesentliches Ergebnis dieser Studie ist, dass die Produkte der Fly Bike Werke GmbH qualitativ bedeutend hochwertiger sind als die ausländischen Fahrräder. Die Kundenzufriedenheit sinkt sowohl bei einem „Zuwenig" an Qualität als auch indirekt (über den Preis) bei einem „Zuviel" an Qualität. Es wird beschlossen, den Qualitätsgesichtspunkt in zukünftigen Werbekampagnen verstärkt in den Vordergrund zu stellen. Leitmotto: „Qualität hat ihren angemessenen Preis!"

In Zeiten zunehmender Globalisierung müssen sich nationale Produkte in ihrer Qualität in immer stärkerem Maße mit internationalen Produkten messen lassen. Ursprünglich wurde der **Qualitätsbegriff** vor allem mit dem der Qualitätskontrolle gleichgestellt, d. h. der Qualitätsprüfung nach Abschluss der Produktfertigung. Nach modernem Verständnis durchzieht die Qualitätsforderung **alle Funktionen** eines Unternehmens und umfasst somit sämtliche Stationen im Lebenszyklus eines Produktes. Die Qualität eines Gutes hängt sowohl von der technischen Beschaffenheit als auch von den Anforderungen bzw. Ansprüchen an die Nutzung ab. Beide Kriterien führen dazu, dass Qualität zu einem **subjektiven Begriff** wird. Qualität orientiert sich an den Wünschen und Vorstellungen der **Kunden**, nicht etwa der Produzenten. Für diese umfassende kundenbezogene Sicht der Qualitätssicherung hat sich der Begriff **Total Quality Management** (TQM) herausgebildet.

Total Quality Management (TQM) ist ein umfassendes Qualitätsmanagement, das sich durch alle Bereiche eines Unternehmens zieht und ein Mitwirken aller Mitarbeiter verlangt. Beim TQM stehen die Qualität und Kundenzufriedenheit im Mittelpunkt.

Konsequenzen des TQM

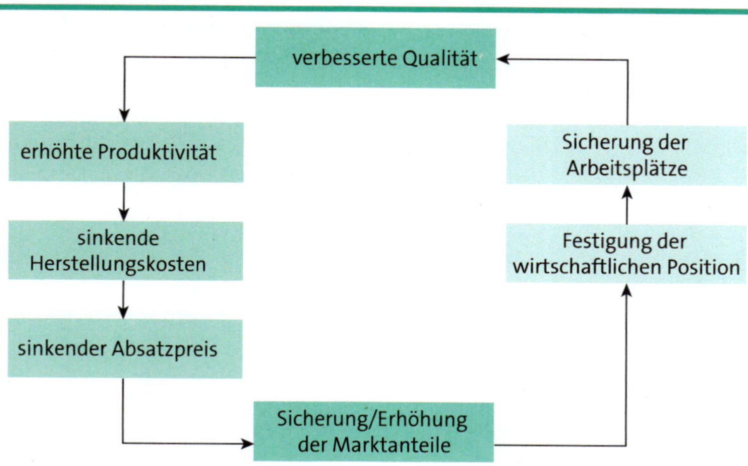

Drei Dimensionen des TQM

TQM beinhaltet drei Dimensionen, die sich in der folgenden Reihenfolge herausgebildet haben:

- **Ergebniskontrolle:** Mess- und Prüfvorgänge sollen herausfinden, ob das bezogene bzw. hergestellte Produkt den technischen und funktionalen Vorgaben und Wünschen des Kunden entspricht. Ist dies nicht der Fall, so muss nachgearbeitet bzw. über Garantieleistungen Ersatz beschafft werden. Beides führt zu einer Erhöhung der Kosten, d. h. zu einem verringerten Gewinn.
- **Total Quality Control (TQC):** Qualität muss nicht nur laufend nachträglich festgestellt, sondern „proaktiv" von vornherein und fertigungssynchron „hineinproduziert" werden. Dieses Konzept der Fehlervermeidung bezeichnet man als „Null-Fehler-Strategie". Sie soll prozessbegleitend erfolgen durch Wareneingangskontrollen in der Beschaffung, Kontrolle der einzelnen Arbeitsschritte (durch spezielle Qualitätsbeauftragte ebenso wie durch jeden Mitarbeiter) in der Produktion und im Absatz.
- **Total Quality Management (TQM):** Neben TQC soll ein umfassendes Qualitätsbewusstsein aller Mitarbeiter auf allen Unternehmensebenen erreicht werden, im Rechnungswesen beispielsweise gemessen an der Anzahl der Fehlbuchungen, im Vertrieb an der Anzahl der Kundenreklamationen. Im Idealfall ist jeder Mitarbeiter für die Ergebnisse seiner Arbeit verantwortlich.

Normung nach DIN und ISO, vgl. **6.2.1**, S. 252

TQM geht von der Überlegung aus, dass der (interne und externe) Kunde die Messlatte für die zu erbringende Leistung setzt. 1987 veröffentlichte die International Organization for Standardization (ISO) die **Normenreihe ISO 9000–9004**, die unverändert vom Deutschen Institut für Normung (DIN) übernommen wurde. Sie umfasst weitgehend branchenneutral und sehr allgemein Regeln für den Aufbau von Qualitätssicherungssystemen, die den Prinzipien von TQC und TQM entsprechen. Aufbau, Anwendung und Dokumentation eines Qualitätssicherungssystems werden durch ein entsprechendes Zertifikat nachgewiesen; dieses eignet sich sehr gut als Verkaufsargument für Werbezwecke und Öffentlichkeitsarbeit.

DIN ISO 9000er-Serie

Kernnorm	Inhalt
DIN EN ISO 9000	allgemeine Zielsetzungen und Begriffe für Qualitätsmanagementsysteme sowie Anleitungen zu deren Darstellung
DIN EN ISO 9001	Der Umfang der Qualitätssicherung und deren Nachweis beziehen sich auf **alle Leistungsprozesse**: Entwicklung, Konstruktion, Teilefertigung, Montage, Instandhaltung und Service.
DIN EN ISO 9002 DIN EN ISO 9003	Diese Normen werden seit dem Jahr 2003 nicht mehr angewendet. (Ausnahme: DIN EN ISO 9003 wird in der Medizintechnik noch gelegentlich verwendet.)
DIN EN ISO 9004	weitergehende unverbindliche Empfehlungen zur Einrichtung eines Qualitätssicherungssystems

6.2 Wirtschaftlichkeit der Leistungserstellung

LS ▸ **LS 44** Wirtschaftlichkeit der Leistungserstellung überprüfen

Beispiel Da die Fly Bike Werke GmbH ihre Marktanteile ausbauen will, müssen beträchtliche Anstrengungen unternommen werden, um sich gegen die Konkurrenz zu behaupten. Dies zwingt die Produktionsleiterin, Frau Rother, zur Ausschöpfung aller Rationalisierungsmöglichkeiten. Dadurch sollen insbesondere die hohen Lohnkosten in der Fertigung aufgefangen werden. Die Fertigungskosten stellen den zweithöchsten Kostenanteil an den Selbstkosten zur Herstellung eines Fahrrads dar.

Ökonomisches Prinzip

Rational handeln im ursprünglichen Sinne bedeutet vernünftig handeln. Im Wesentlichen ist damit das ökonomische Prinzip angesprochen. Es existiert in zwei Ausprägungen, dem **Minimal**- und dem **Maximalprinzip**.

Minimalprinzip = Der Mitteleinsatz soll zur Erreichung eines Ziels möglichst klein sein.

Maximalprinzip = Mit einem bestimmten Mitteleinsatz soll das maximale Ziel erreicht werden.

Beispiel Die Fly Bike Werke GmbH möchte 1000 Fahrräder des Modells Glide/City mit einem möglichst geringen Material-, Personal- und Finanzaufwand produzieren. Hier wird nach dem Minimalprinzip verfahren, d. h., ein gegebener Output (hier: 1000 Fahrräder) ist mit einem möglichst geringen Input (hier: Material-, Personal- und Finanzaufwand) zu erreichen. Wenn mit einem gegebenen Input ein möglichst hoher Output erreicht werden soll, liegt das Maximalprinzip vor. Häufig hört man folgende Aussage: Erreiche einen möglichst hohen Output mit einem möglichst niedrigen Input. Schön wär's, aber wenn Sie diese Aussage durchdenken, müsste es möglich sein, die Weltbevölkerung mithilfe der Ernte aus einem Blumentopf zu versorgen. Fazit: Eine der Größen Input bzw. Output muss gegeben sein, die jeweils andere Größe wird gesucht.

Rationalisierung umfasst alle technischen und organisatorischen Maßnahmen in einem Betrieb, die dazu beitragen, die betriebliche Leistung mengenmäßig zu steigern, qualitativ zu verbessern, die Kosten zu senken und humanere Arbeitsbedingungen zu schaffen.

Ziele der Rationalisierung	
Erhöhung der Produktivität und Wirtschaftlichkeit	Betriebsmittel, Werkstoffe und menschliche Arbeitskraft sollen möglichst ergiebig eingesetzt werden. Aufgrund der Käufermärkte (und der Steuerung des Unternehmens über die Absatzzahlen!) herrscht im Produktionsbereich vor allem das Minimalprinzip vor.
Verbesserung der Qualität der Erzeugnisse	Diese Zielsetzung lässt sich ebenfalls aus der Situation der Käufermärkte ableiten. Produkte (ebenso wie Dienstleistungen) werden nur dann vom Kunden (aus dem Konsumgüter- ebenso wie aus dem Investitionsgüterbereich) erworben, wenn sie fehlerfrei funktionieren, den gesetzlichen Vorschriften entsprechen und zugleich einen Nutzen stiften.
Humanisierung der Arbeitsbedingungen	Hierunter versteht man die bestmögliche menschengerechte und menschenwürdige Gestaltung der Arbeitsbedingungen. Diese Zielsetzung gewinnt gerade in Zeiten des Facharbeitermangels an Bedeutung.

6.2.1 Rationalisierung

Alle Rationalisierungsmaßnahmen gehen von folgender Grundüberlegung aus: Ein einzelner Arbeitnehmer ist nicht mehr in der Lage, alle anfallenden Aufgaben zu erledigen. Zum einen nehmen die qualitativen Anforderungen zu, zum anderen sind die zu produzierenden Erzeugnisse innerhalb eines engen Zeitfensters herzustellen. Dadurch ist es erforderlich, die auszuführenden Arbeiten in Form von Arbeitsteilung zu erledigen. Allgemein umschreibt **Arbeitsteilung** eine bestimmte Form der Spezialisierung auf begrenzte Teilaufgaben oder auf die Herstellung nur eines oder nur weniger Produkte.

Bei der industriellen Produktion knüpfen Rationalisierungsmaßnahmen an die Erzeugnisse bzw. die Fertigungsverfahren an.

Normen des DIN und der ISO
www.din.de
www.iso.org

Unter **Normung** versteht man die Vereinheitlichung von Einzelteilen, Fertigungsmaterial, Werkzeugen oder einfachen Erzeugnissen. Die Festlegung von Normen erfolgt national durch das Deutsche Institut für Normung (**DIN**) in Zusammenarbeit mit den jeweiligen Fachnormenausschüssen (FNA) und international durch die International Organization for Standardization (**ISO**). Alle Normteile erhalten ein DIN-Zeichen und eine DIN-Nummer. Bezüglich ihres Inhalts unterscheidet man zwischen

Arten von Normen

- **Sicherheitsnormen** (zur Abwendung von Gefahren, z. B. das CE-Zeichen),
- **Qualitätsnormen** (Festlegung wesentlicher Produkteigenschaften, z. B. Härtegrad von Werkzeugen),
- **Maßnormen** (um den Austausch bzw. die Kombination von Teilen zu gewährleisten, z. B. Steckergrößen bei Elektroteilen) und
- **Verständigungsnormen** (sie ermöglichen die eindeutige und schnelle Verständigung).

Die Vereinheitlichung von Enderzeugnissen bezeichnet man als **Typung**. Erst durch die Typung lassen sich (Stück-)Kosten senkende Effekte der Serien- und Massenfertigung nutzen. Gründe dafür sind z. B., dass die Vereinheitlichung hinsichtlich Art, Größe und Ausführung den Einsatz von Spezialmaschinen ermöglicht und die Umstellzeiten beim Wechsel der Produktion von einem Gut zum anderen verringert.

Die Kombination von Normung und Typung bei mehrteiligen, komplexen Baugruppen (z. B. Industrieschränken, Motoren) bezeichnet man als **Baukastensystem**. Durch das Baukastensystem wird der Fertigungsbetrieb in die Lage versetzt, individuelle Kundenwünsche zu befriedigen, ohne die Produktionsverfahren aufwendig umstellen zu müssen.

Beispiel Welche Rationalisierungsmaßnahmen finden wir bei der Fly Bike Werke GmbH? Im Bereich der Konstruktion und Entwicklung werden u. a. genormte Schrauben und Muttern verwendet. Dies bedeutet für den Konstrukteur, dass er auf die Ergebnisse anderer Konstrukteure zurückgreifen kann und sich seine Entwicklungsarbeit dadurch beschleunigt. In der Montage werden vereinheitlichte Werkzeuge verwendet, z. B. Vierkantschlüssel und Sechskantschrauben. Zugekaufte Artikel, wie Fahrradbekleidung, genügen hohen Qualitätsanforderungen, die durch Prüfsiegel dokumentiert sind. Da die Qualitätsmerkmale bei Schrauben, Muttern und Spezialwerkzeugen bekannt sind, kann auf eine aufwendige Beschaffungsmarktforschung verzichtet werden. Ein Wechsel von einem Lieferanten zu einem anderen wird erleichtert, wenn beide die gleichen Normteile verwenden.

6.2.2 Kosten und Kennzahlen

Bei der betrieblichen Leistungserstellung entstehen durch den Verbrauch von Leistungsfaktoren **Kosten**. Kosten sind sachzielbezogene und bewertete Güterverbräuche eines Unternehmens in einer Rechnungsperiode. Aufgabe der **Kosten- und Leistungsrechnung** ist es, diese präzise zu ermitteln. Die Ermittlung der entstandenen Kosten baut auf dem mengenmäßigen Faktoreinsatz auf. Aus dem Produkt von Menge und Preis der eingesetzten Produktionsfaktoren ergibt sich der kostenorientierte Wert eines Produktes. So können z. B. **Material- und Fertigungskosten** ermittelt werden.

Leistungsfaktoren, vgl. **HF1, 1.3**, S. 20

Kosten = mengenmäßiger Faktoreinsatz · Faktorpreis

Den Kosten wird die **Leistung** gegenübergestellt. Leistungen sind sachzielbezogene und bewertete Gütererstellungen eines Unternehmens in einer Rechnungsperiode. Die Leistung umfasst die Menge der in einer Abrechnungsperiode hergestellten Produkte bzw. Dienstleistungen, die ebenfalls mit entsprechenden Preisen bewertet werden. Die in einer Abrechnungsperiode verkauften Leistungen sind die sogenannten **Umsatzerlöse**. Der nicht verkaufte Teil geht ins Lager für Fertigerzeugnisse (**Lagerleistungen**). Auch diese Mengen müssen mit entsprechenden Preisen bewertet werden.

Leistung = Umsatzerlöse + Lagerleistungen

Durch Gegenüberstellung von Kosten und Leistungen einer Abrechnungsperiode kann das sogenannte **Betriebsergebnis** ermittelt werden. Es ist das Ergebnis der betrieblichen Leistungserstellung.

Betriebsergebnis = Leistungen – Kosten
Betriebsergebnis = $x \cdot p - x \cdot k$

x = Stück
p = Verkaufspreis
k = Stückkosten

Beispiel Für das Trekkingrad Light setzt sich im Jahr 20XX das Betriebsergebnis aus folgenden Zahlen zusammen:

	Leistungen (Umsatzerlöse)	631.647,00 €
–	Kosten	741.590,00 €
=	Betriebsergebnis	–109.943,00 €

Lagerleistungen für das Modell Light wurden 20XX nicht erbracht. Per Saldo liegt eine Bestandsminderung an fertigen und unfertigen Erzeugnissen dieses Modells in Höhe von 46.656,00 € vor, die in den Kosten berücksichtigt wurde.

Für das Modell Light ist im Jahr 20XX ein negatives Betriebsergebnis erwirtschaftet worden. Im Rahmen einer Analyse von Kosten und Leistungen für dieses Modell müsste festgestellt werden, wo detailliert die Gründe für dieses Ergebnis zu suchen sind.

Erwerbswirtschaftlich ausgerichtete Betriebe wie die Fly Bike Werke GmbH orientieren sich am Prinzip der **Gewinnmaximierung**. Dazu müssen sie wirtschaftlich handeln, indem sie für die Herstellung einer bestimmten Produktmenge versuchen, die kostenminimale Kombination an Produktionsfaktoren (Faktorkombination) zu wählen (**Minimalprinzip**). Dies erfolgt nicht nur für ein Produkt des Unternehmens, sondern für die gesamte Produktpalette. Im Rahmen der Kostenträgerzeitrechnung wird dem Mengengerüst (Faktoreinsätze) ein Wertgerüst (Faktorpreise) angegliedert und damit die Voraussetzung geschaffen, sich am Prinzip der **Wirtschaftlichkeit** zu orientieren.

Minimalprinzip, vgl. **6.2**, S. 251

$$\text{Wirtschaftlichkeit} = \frac{\text{Leistungen}}{\text{Kosten}}$$

Beispiel Bezogen auf die vorliegenden Zahlen, ergibt sich für das Modell Light folgende Kosten-Wirtschaftlichkeit:

$$\text{Wirtschaftlichkeit} = \frac{631.647,00\ €}{741.590,00\ €} \approx 0,85$$

Bei einem positiven Betriebsergebnis liegt die Kosten-Wirtschaftlichkeit über 1 (> 1). Bei einem negativen Betriebsergebnis liegt die Kosten-Wirtschaftlichkeit unter 1 (< 1).

Kosteneinflussgrößen

Die sogenannten **Kosteneinflussgrößen** wirken sowohl auf die Faktormengen als auch auf die Faktorpreise. Auch die Menge der hergestellten Produkte zählt zu den Kosteneinflussgrößen.

Kostenverläufe in Abhängigkeit der Kostenart

Die Geschäftsführung eines Industrieunternehmens interessiert sich für bestimmte **Kostenverläufe**, z. B. der Gesamtkosten, der Stückkosten, der variablen und der fixen Kosten. Von Bedeutung ist insbesondere die Abhängigkeit der Kosten vom sogenannten Beschäftigungsgrad.

Kapazitätsauslastung und Kapazitätsarten

$$\frac{\text{Beschäftigungsgrad}}{\text{(Kapazitätsauslastung)}} = \frac{\text{tatsächlich genutzte Kapazität} \cdot 100}{\text{vorhandene Kapazität (optimale Kapazität)}}$$

Es lassen sich nachfolgend verschiedene Kapazitätsarten unterscheiden:

- Die **Maximalkapazität** bezeichnet die technisch gesehen höchstmögliche Leistung; wird auch technische Kapazität genannt.
- Die **Optimalkapazität** liegt i. d. R. unter der Maximalkapazität und bezeichnet die Inanspruchnahme, bei der der Wirkungsgrad der Leistung am wirtschaftlichsten ist; sie wird auch wirtschaftliche oder optimale Kapazität genannt.

Variable und fixe Kosten

Gesamt- und Stückkosten

In Abhängigkeit vom Beschäftigungsgrad unterscheidet man variable und fixe Kosten. **Variable Kosten** sind beschäftigungsgradabhängige Kosten. **Fixe Kosten** sind beschäftigungsgradunabhängige Kosten.

Gesamt- und Stückkostenverläufe

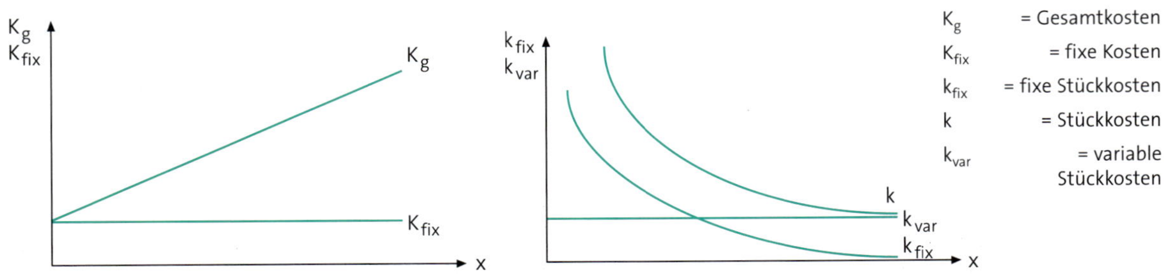

Gesamtkostenverlauf: $K_g = K_{fix} + x \cdot k_{var}$

Stückkostenverlauf: $k = K_g : x$

Ermittelt ein Unternehmen seine fixen und variablen Kosten, kann es auf den sogenannten Deckungsbeitrag seiner Produkte schließen.

Beispiel Der **Deckungsbeitrag**/Stück (db) ergibt sich aus folgender Rechnung:

	Zielverkaufspreis	175,46 €
–	variable Selbstkosten	160,11 €
	Deckungsbeitrag/Stück (db)	15,35 €

Deckungsbeitrag, vgl. **HF7**, Band 2

Das Modell Light/Trekking trägt bei jedem verkauften Fahrrad mit 15,35 € zur Deckung der fixen Kosten bei. Das reicht offensichtlich aus, das Modell weiterhin im Produktions- und Absatzprogramm zu halten, obwohl es ein negatives Betriebsergebnis erwirtschaftet.

Der **Gesamtdeckungsbeitrag** (DB) des Modells ergibt sich aus dem Produkt des Deckungsbeitrags/Stück (db) und dem Absatz in der zu betrachtenden Periode. Im Jahr 20XX wurde das Modell Light/Trekking 3600-mal verkauft.

Der Gesamtdeckungsbeitrag (DB) beträgt 3600 · 15,35 € = 55.260,00 €.

Die Entwicklung der Fixkosten in Abhängigkeit vom Beschäftigungsgrad kann auch durch die Verwendung der Begriffe **Nutz- und Leerkosten** dargestellt werden. Nutzkosten stellen die Kosten der genutzten Kapazität dar. Leerkosten stellen die Kosten der nicht genutzten Kapazität dar.

Nutz- und Leerkosten

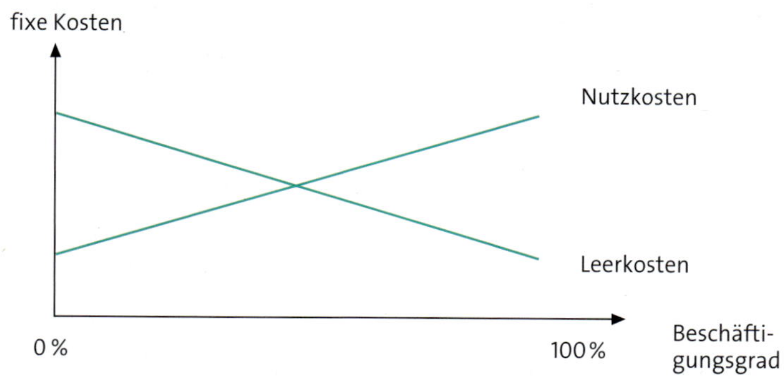

Ein hoher Anteil variabler Kosten an den gesamten Selbstkosten macht es Betrieben aus Kostengesichtspunkten relativ einfach, sich an Beschäftigungsschwankungen anzupassen. Der sogenannte **Degressionseffekt** der fixen Kosten wirkt sich dann nicht sehr stark auf die Veränderung der Kosten pro Stück aus. Von **Auflagendegression** spricht man, wenn im Rahmen der Serienfertigung eine Produktionsanlage von einem Produkt auf ein anderes umgestellt wird. Es entstehen auflagenfixe Kosten.

Degressionseffekt der fixen Kosten

Auflagenfixe Kosten, vgl. **5.5**, S. 244 ff.

Auflagendegression

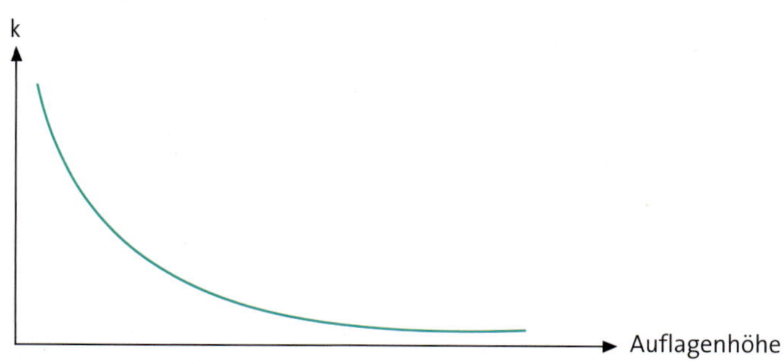

Stückkostenverlauf: k = K/x

Der Betrieb hat eine Vielzahl von Möglichkeiten, sich Beschäftigungsschwankungen anzupassen:

Anpassung an Beschäftigungsschwankungen

- **zeitliche Anpassung:** Feierschichten oder Kurzarbeit
- **intensitätsmäßige Anpassung:** z. B. durch höhere oder geringere Leistungsabgabe (z. B. bei Elektrizitätswerken)
- **quantitative Anpassung:** z. B. durch Stilllegung von Betriebsanlagen, Entlassung von Arbeitskräften

Neben der Beschäftigung gibt es weitere Kosteneinflussgrößen, z. B. die Betriebsgröße, das Fertigungsprogramm oder die Organisation des Fertigungsablaufs. Alle Kosteneinflussgrößen lassen sich letztlich auf die drei wesentlichen **Hauptbestimmungsfaktoren** Faktorpreise, Faktorqualität und Faktorproportionen (Mengenverhältnis der Faktoren zueinander) zurückführen.

Produktionscontrolling

Beispiel Der Controller eines Industriebetriebs gibt dem Produktionsleiter ein Budget in Höhe von 5 Mio. € für das laufende Quartal vor (Planung). Am Ende dieses Zeitraums stellt er fest, dass insgesamt 5,5 Mio. € angefallen sind (Kontrolle). Diese Soll-Ist-Abweichung ist u. a. auf den ungeplanten Anfall von Überstunden sowie die Verteuerung von Zulieferteilen zurückzuführen. Für das nächste Quartal wird das Budget auf 5,3 Mio. € erhöht, in diesem Betrag ist die Verteuerung der Zulieferteile in Höhe von 0,3 Mio. € bereits einkalkuliert. Das Produktionsmanagement hat zusätzliche fertigungssynchrone Qualitätssicherungsmaßnahmen beschlossen, um Überstunden weitestgehend zu vermeiden.

Während der Controller der „Lotse" eines Schiffes ist, hat das Management dieses als „Kapitän" zu lenken. **Produktionscontrolling** umfasst die Planung, Steuerung und Kontrolle von Produktionsprozessen.

Kennzahlen, Controlling, vgl. **HF 1**, **15**, S. 141 ff.

Controllingmaßnahmen im Fertigungsbereich lassen sich z. B. mithilfe einer Reihe von **Kennzahlen** durchführen. Die Kennzahlen liefern eine Diagnose von Ist-Zuständen, helfen bei der Entscheidung über geeignete Maßnahmen zur Gegensteuerung und bei der Formulierung von Zielsetzungen (Soll-Zuständen). Sie können zur Information und Motivation der Mitarbeiter genutzt werden und mit Kennzahlen verwandter organisatorischer Bereiche innerhalb des Unternehmens oder – soweit verfügbar – unternehmensübergreifend innerhalb einer Branche verglichen werden. Eine Auswahl an zentralen Kennzahlen des Produktionscontrollings finden Sie auf Seite 257.

Im Rahmen von Management-Informationssystemen (MIS) werden einzelne Kennzahlen zu **Kennzahlenpyramiden** verknüpft. Dies hat den Vorteil, dass Veränderungen einer Kennzahl in ihrer Auswirkung auf andere Kennzahlen in einen sachlogischen Zusammenhang gebracht werden können.

Übersicht: *Kosten und Kennzahlen der Leistungserstellung*

Kosten und Leistungserstellung – wichtige Kennzahlen

- Betriebsergebnis = Leistungen – Kosten
- Wirtschaftlichkeit = $\frac{\text{Leistungen}}{\text{Kosten}}$
- Beschäftigungsgrad (Kapazitätsauslastung) = $\frac{\text{genutzte Kapazität}}{\text{vorhandene Kapazität}} \cdot 100$
- Deckungsbeitrag = Zielverkaufspreis – variable Selbstkosten

Fragestellung	Kennzahlen (Auswahl)
Welche produktionstechnischen Anforderungen müssen berücksichtigt werden?	– Durchlaufzeit (insgesamt) – Zusammensetzung der Durchlaufzeit (Arbeit, Transport, Lagerung usw.) – Anzahl der herzustellenden Varianten – Anzahl der Auftragseingänge pro Zeiteinheit – Kapazität der Betriebsmittel (insgesamt/pro Zeiteinheit)
Wurden die Arbeitskräfte und das Material produktiv eingesetzt?	– Arbeitsproduktivität – Materialproduktivität – Betriebsmittelproduktivität
Wie hoch ist die Rentabilität des gebundenen Kapitals?	– Lagerkapazitätsauslastung – Höhe der Nutz- bzw. Leerkosten – Verbrauchs- und Beschäftigungsabweichung
Welche Ausschusskosten sind entstanden?	– Höhe der Ausschusskosten (insgesamt) – Ausschusskosten für Material-, Arbeits-, Konstruktionsfehler usw. – Verhältnis der Ausschusskosten zu den gesamten Produktionskosten
Welche Kosten entstanden für Qualitätssicherungsmaßnahmen?	– Fehlerverhütungskosten – Prüfkosten – Fehlerkosten – Verhältnis der Kosten für Qualitätssicherungsmaßnahmen zu den gesamten Produktionskosten
Sind Kosten für Betriebsunterbrechungen und -störungen entstanden?	– Stillstandskosten (laufend, einmalig) – Wiederanlaufkosten – Stillsetzungskosten – Verhältnis der Summe der Kosten für Betriebsunterbrechungen und -störungen zu den gesamten Produktionskosten

Alles klar?

Kapitel 6

1 Nennen Sie vier Konsequenzen des TQM für Unternehmen.

2 Erläutern Sie die drei Dimensionen des TQM.

3 Formulieren Sie ein Beispiel für das Minimalprinzip und eins für das Maximalprinzip.

4 Was ist unter Rationalisierung zu verstehen und was sind die Ziele der Rationalisierung?

5 Nennen Sie drei Arten von Normen, die die Leistungserstellung im Unternehmen beeinflussen.

6 Was ist der Unterschied zwischen Normung und Typung?

7 Die Produktion nach dem Baukastensystem bringt für Kunden besondere Vorteile. Nennen Sie zwei.

8 Erklären Sie den Unterschied zwischen Maximalkapazität und optimaler Kapazität. Warum ist die optimale Kapazität kleiner?

HANDLUNGSFELD 4

Absatz

1 Bedeutung von Absatzprozessen für das Unternehmen

1.1 Absatzprozesse und Marketing

Absatzprozesse als Kernprozess

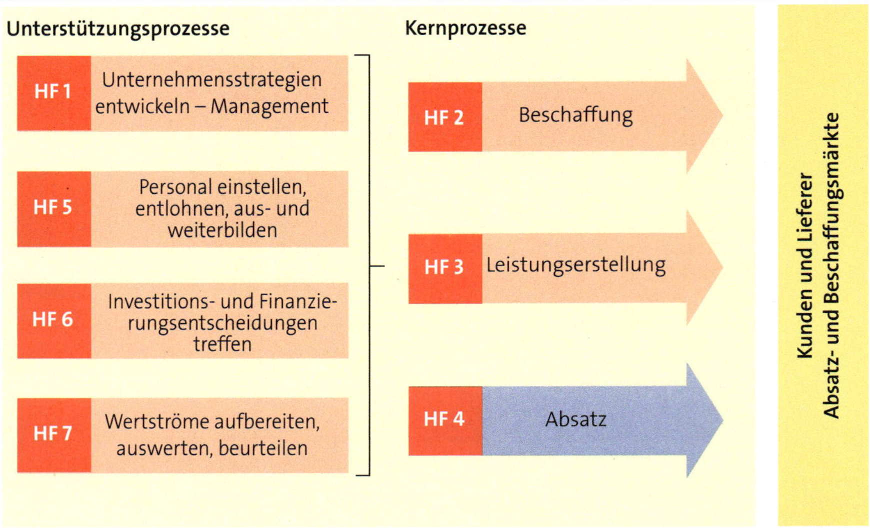

Jedes Unternehmen hat das Ziel, seine unternehmerischen Leistungen zu vermarkten. **Absatzprozesse** sind zentrale Kernprozesse, denn sie orientieren sich an einer besonders wichtigen Interessengruppe des Unternehmens: seinen Kunden.

1.2 Marketingbegriff

Marketing
(engl.) vom Markt her handeln

Marketing wird häufig mit Werbung (z. B. Fernsehwerbung) gleichgesetzt. **Aber Marketing ist viel mehr!**

Marketing umfasst alle Maßnahmen, die ein Unternehmen ergreift, um sich Absatzmärkte zu schaffen, zu vergrößern oder zu erhalten. Denn nur so sind Verkaufserlöse zu erzielen, die Gewinne ermöglichen. Der Absatz hat für Unternehmen eine zentrale Bedeutung, da viele Märkte Käufermärkte sind. Der **Käufermarkt** ist durch eine knappe Nachfrage gekennzeichnet, der ein großes Angebot gegenübersteht. Die Bedürfnisse der Nachfrager bestimmen über Art, Qualität und Anzahl der angebotenen Waren. Ihre Bedürfnisse müssen im Zentrum der Unternehmensführung stehen. Marketing umfasst also den Aufbau, den Erhalt und die Stärkung der **Kundenbeziehungen**.

Der **Verkäufermarkt** dagegen ist durch ein knappes Angebot gekennzeichnet, dem eine sehr große Nachfrage gegenübersteht. Unter den Anbietern herrscht ein großer Konkurrenz- und Preisdruck. **Hier bestimmt der Verkäufer**, in welcher Art, Menge und Qualität die Waren angeboten werden.

Marketing wird nicht nur von einzelnen Abteilungen eines Unternehmens (z. B. der Werbeabteilung) betrieben. Vielmehr ist Marketing eine **unternehmerische Denkhaltung** und ein **ganzheitliches Leitkonzept der Unternehmensführung**. Marketing in diesem Sinne beinhaltet Kundenorientierung, Wettbewerbsorientierung und Markterschließung sowie eine Ausrichtung der gesamten Organisation an den Bedürfnissen der Kunden.

1.3 Bestandteile einer Marketingkonzeption

Ein erfolgreiches **Marketingkonzept** umfasst immer einen ganzheitlichen Handlungsplan. Aufbauend auf der **Marktanalyse** beinhaltet das Marketingkonzept die **Marketingziele** und eine geeignete **Marketingstrategie**, um diese Ziele zu erreichen. Auf dieser Informationsgrundlage werden dann durch den **Marketingmix** die entsprechenden **Marketinginstrumente** festgelegt. Nach erfolgreicher Realisation wird in der Regel ein **Marketingcontrolling**, insbesondere eine Werbeerfolgskontrolle, durchgeführt.

Bestandteile einer Marketingkonzeption		
Situationsanalyse	Wo stehen wir?	Absatzmarkt erforschen
Marketingziele	Wo möchten wir hin?	Ziele festlegen
Marketingstrategie	Wie gelangen wir ans Ziel?	Weg festlegen
Marketingmix	Was müssen wir dafür einsetzen?	Werkzeuge/Instrumente auswählen
Marketingcontrolling	Wie erfolgreich waren wir?	Wirksamkeit und Wirtschaftlichkeit ermitteln

1.3.1 Situationsanalyse

Im Rahmen der Situationsanalyse wird die aktuelle Lage des Unternehmens betrachtet. Dabei werden sowohl das Absatzprogramm des Unternehmens als auch das Kaufverhalten der Konsumenten und die Konkurrenzsituation erforscht. Das Wissen über das Kaufverhalten des Kunden kann das Unternehmen nutzen, um den Markt optimal zu bearbeiten. Die Marktgrößen liefern dem Unternehmen Hinweise auf zukünftige Absatzchancen. Man unterscheidet vier solche Absatzgrößen.

Marktforschung, vgl. 2, S. 266 ff.

Begriff	Definition	Beispiel
Marktpotenzial	Wie viele Einheiten einer Ware könnten auf dem Markt maximal abgesetzt werden, wenn alle denkbaren Kunden zum Kauf der Ware bereit wären?	Anzahl aller möglichen Fahrradkäufer einschließlich derjenigen, die ein Zweitfahrrad erwerben.
Marktvolumen	Wie viele Güter einer bestimmten Art werden innerhalb einer Periode in einem Markt tatsächlich verkauft?	Gesamtabsatz von Fahrrädern in Deutschland im Jahr 20X1: ca. 4,6 Mio. Stück
Absatzpotenzial	Welchen Anteil an einem Marktpotenzial glaubt ein Unternehmen insgesamt erreichen zu können?	Die Fly Bike Werke GmbH könnte im Jahr 20X1 ca. 240 000 Fahrräder verkaufen.
Marktanteil	Wie groß ist der prozentuale Anteil am Marktvolumen, den ein Unternehmen in einer Periode hat?	Marktanteil der Fly Bike Werke GmbH bei Fahrrädern 20X1: 5,1 %. Berechnung: (Absatzvolumen · 100 %)/Marktvolumen.

Ist z. B. das Marktvolumen kleiner als das Marktpotenzial, kann das Unternehmen mit steigenden Umsätzen rechnen. Sind Marktvolumen und Marktpotenzial gleich groß, so ist der Markt beinahe gesättigt und das Unternehmen kann seinen Umsatz nur über eine Vergrößerung des Marktanteils steigern. Man spricht dann auch von einem Verdrängungswettbewerb. Die Kenntnis dieser Marktgrößen ist für die Formulierung der Marketingziele und der Marketingstrategie sowie für den gezielten und erfolgreichen Einsatz der Marketinginstrumente von entscheidender Bedeutung.

1.3.2 Marketingziele

Die **Marketingziele** leiten sich aus den übergreifenden Unternehmenszielen ab. Ausgehend von der vorhandenen Situation des Unternehmens und den unternehmerischen Zielen können quantitative und qualitative Marketingziele festgelegt werden.

Die **quantitativen Ziele** sind vor allem marktökonomische Ziele wie Absatz, Umsatz, Preisniveau und Marktanteil.

Neben den quantitativen, marktökonomischen Zielen sind für das Marketing qualitative Ziele bei Entscheidungen bedeutsam, da sie langfristig der Umsatzsteigerung und der Erhöhung des Marktanteils dienen. Es gibt dabei eine Vielzahl an möglichen qualitativen Zielen, z. B.:
- Bekanntheit erhöhen,
- Kundenzufriedenheit oder Kundenbindung erhöhen,
- das Unternehmens- oder Markenimage verbessern.

Modernes Marketing geht jedoch über diese Ziele hinaus und beachtet auch gesellschaftliche Herausforderungen bei Entscheidungen und Zielsetzungen. Klimawandel, soziale Ungerechtigkeiten und Umweltverschmutzung sind Faktoren, die für die Konsumenten zunehmend eine Rolle bei der Kaufentscheidung spielen. Kunden erwarten immer häufiger von Unternehmen, dass sie auf diesen Gebieten einen Teil der Verantwortung mit übernehmen. Kunden wollen selbst mit „gutem Gewissen" kaufen! Diese Erweiterung der Ziele beschreibt der Begriff der **Nachhaltigkeit**.

Zugrunde liegt hierbei u. a. die Auffassung, dass Unternehmen nur dann langfristig erfolgreich sein können, wenn sie ihre Gewinn- und Umsatzinteressen mit sozialen, ökologischen oder ethischen Zielen vereinbaren. Dazu gehören z. B. die Schonung der Umwelt, die „gerechte" Bezahlung der Mitarbeiter oder eine menschen- oder familienfreundliche Gestaltung der Arbeitsbedingungen.

Beim nachhaltigen Marketing kann danach unterschieden werden, ob ein Unternehmen diese Ziele **implizit** oder **explizit** verfolgt. Ein implizites nachhaltiges Marketing bedeutet, dass das Unternehmen die Ziele verfolgt, ohne dies nach außen zu tragen. Beim expliziten nachhaltigen Marketing wird offensiv mit ökologischen, ethischen oder sozialen Werten geworben. Dabei darf bei den Kunden allerdings nicht der Eindruck entstehen, dass das Unternehmen ökologische oder soziale Werte lediglich missbraucht, um seinen Gewinn zu maximieren.

Unternehmen setzen sich in der Regel mehrere der genannten Ziele. Dabei kann es zu Zielkonflikten kommen. Bestehen die Ziele z. B. in der Erreichung eines maximalen Gewinns und einer hohen Bekanntheit des Produktes, kann es bei der Wahl der einzelnen **Marketinginstrumente** zu Widersprüchen kommen. Zur Steigerung der Bekanntheit wären z. B. die Werbeaufwendungen zu erhöhen und es müsste ein enges

Verkaufsnetz geschaffen werden. Dies kostet zunächst Geld und reduziert damit den Gewinn.

Als Ergebnis der Festlegung der Marketingziele bietet es sich an, alle Marketingziele im sogenannten **Marketingleitbild intern** und **extern** zu veröffentlichen. Gerade die interne Veröffentlichung des Marketingleitbildes entspricht dem Ansatz des ganzheitlichen Marketings. Damit wird die Marketingstrategie nicht nur nach außen sichtbar, sondern sie dient auch der Lenkung der Mitarbeiter des Unternehmens und wird damit zu einem **Führungskonzept**. Die Orientierung an einem derartigen Marketingleitbild bedeutet die konsequente Ausrichtung des Unternehmens an den Erfordernissen des Marktes.

1.3.3 Marketingstrategie

Nachdem das Unternehmen eine Marktanalyse durchgeführt und aus den Ergebnissen die Marketingziele abgeleitet hat, kann eine Marketingstrategie erarbeitet werden. Die Marketingstrategie beinhaltet einen langfristigen Plan zur Realisierung der Marketingziele. Sie beschreibt also letztlich immer, wie das Unternehmen auf dem Markt erfolgreich sein möchte.

Im Zusammenhang mit der Erarbeitung einer Marketingstrategie für ein bestimmtes Werbeobjekt muss festgelegt werden, wie die Zielgruppe dieses Objekt im Vergleich zu Konkurrenzobjekten wahrnehmen und welche Vorstellungen sie damit verbinden soll. Diese Festlegung bezeichnet man als Positionierung. Vereinfacht gesagt, ist die Positionierung eines Objektes die unverwechselbare Kennzeichnung dieses Objektes in den Augen der Zielpersonen.

Positionierung

Beispiel Die Fly Bike Werke GmbH möchte sich als Fahrradhersteller positionieren, der fast alle Fahrradtypen (= vollständiges Sortiment) in sehr kurzer Zeit (= hohe Produktions- und Liefergeschwindigkeit) produzieren und liefern kann. Die Fly Bike Werke GmbH muss ihrer Zielgruppe diesen Anspruch kommunizieren, damit sie von den Kunden auch so wahrgenommen wird.

Die Positionierung ist u. a. wichtig für die Planung von Kommunikationsmaßnahmen. Durch die Kommunikation, z. B. Werbung, muss den Zielpersonen die angestrebte Position vermittelt werden. In diesem Zusammenhang unterscheidet man zwischen der Soll-Position und der Ist-Position. Die Soll-Position beschreibt, welche Objektwahrnehmung der Zielpersonen von der Unternehmensleitung angestrebt wird. Die Ist-Position ist die Wahrnehmung, die Zielpersonen von dem Objekt tatsächlich haben. Im Idealfall sollten Soll- und Ist-Position natürlich übereinstimmen. Durch Fehler in der Kommunikation kann es allerdings zu Differenzen kommen.

Bei der Festlegung einer Positionierung sind folgende Punkte zu beachten:
- Eigenschaften des Positionierungsobjektes: Ist die angestrebte Position für das Objekt **glaubwürdig**?
- Eigenschaften und Wünsche der Zielpersonen: Ist die angestrebte Position für die Zielpersonen **attraktiv**?
- Positionen der Konkurrenzobjekte: Ermöglicht die angestrebte Position eine **Alleinstellung**?

Beispiel

Glaubwürdigkeit: Hätte die Fly Bike Werke GmbH in Wirklichkeit relativ lange Lieferzeiten und evtl. auch nur ein beschränktes Sortiment, wäre die Positionierung unglaubwürdig und könnte das Wahrnehmungsbild der Fly Bike Werke GmbH bei der Zielgruppe negativ beeinflussen, da Anspruch und Wirklichkeit nicht übereinstimmen.

Attraktivität: Wenn die Zielgruppe keinen Wert auf eine breite Angebotspalette und kurze Lieferzeiten legt, erlangt die Fly Bike Werke GmbH durch die Positionierung in der Wahrnehmung der Zielgruppe keinen Vorteil.

Alleinstellung: Wenn neben der Fly Bike Werke GmbH auch noch mehrere andere Fahrradhersteller den gleichen Anspruch für sich reklamieren, kann die Fly Bike Werke GmbH durch diese Positionierung keine Alleinstellung erreichen. Die Zielgruppe, der eine breite Angebotspalette und eine kurze Lieferzeit wichtig sind, hat keinen Grund, bei der Fly Bike Werke GmbH zu kaufen, da die anderen so positionierten Fahrradhersteller das Gleiche bieten.

Positionierungsmodell

Die jeweilige Positionierung wird häufig in einem zweidimensionalen Positionierungsmodell visualisiert. Die Achsen des Positionierungsmodells werden dabei mit den Eigenschaften (**Dimensionen**) bezeichnet, die bei der Positionierung berücksichtigt werden sollen. Um ein klares Vorstellungsbild in der Zielgruppe zu erreichen, sollten bei einer Positionierung nicht mehr als zwei Dimensionen berücksichtigt werden.

Für ein Unternehmen ist es aber nicht nur interessant zu wissen, wie es selbst wahrgenommen wird, sondern auch, wie die **Konkurrenz** bzw. deren Produkte oder Marken von den Zielpersonen bewertet werden. Trägt man auch deren Positionen in das Positionierungsmodell ein, lässt sich sofort erkennen, wie das eigene Unternehmen bzw. die eigene Marke im Vergleich zur Konkurrenz bewertet wird. Der Positionsvergleich mit der Konkurrenz dient häufig als Basis für eine Konkurrenzanalyse.

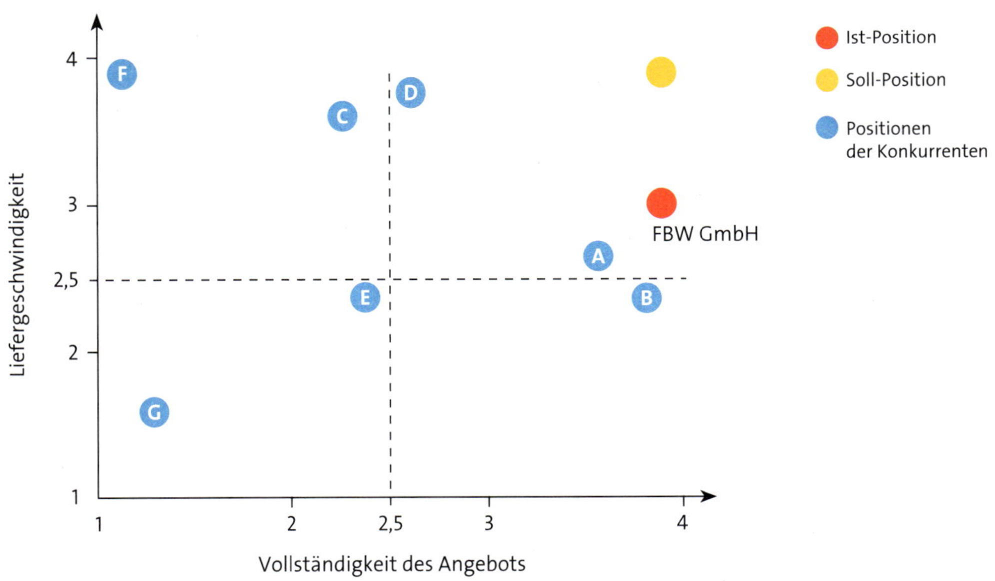

Beispiel Für die Fly Bike Werke GmbH und ausgewählte Konkurrenten sieht das Positionierungsmodell wie folgt aus: Die Fly Bike Werke GmbH hat bei beiden Werten einen Skalenwert erreicht, der oberhalb von 3 liegt. Damit hat die Fly Bike Werke GmbH eine Alleinstellung, die positiv zu bewerten ist. Der Konkurrent D wird beispielsweise hinsichtlich der Dimension 2 (Liefergeschwindigkeit) besser bewertet, bezüglich der Dimension 1 (Vollständigkeit des Sortiments) wird er aber nur mittelmäßig bewertet.
Als Zielpositionierung kann eine weitere Verbesserung hinsichtlich der Liefergeschwindigkeit angestrebt werden.

1.3.4 Marketinginstrumente

Nach der Festlegung der Marketingziele und der Festlegung einer geeigneten Marketingstrategie durch die Geschäftsleitung erfolgt die Auswahl der einzelnen Marketinginstrumente. Das absatzpolitische Instrumentarium setzt sich aus vier Bereichen zusammen, der Produkt- und Sortimentspolitik, der Preis- und Konditionenpolitik, der Distributionspolitik und der Kommunikationspolitik (einschließlich der Absatzwerbung). Jetzt wird klar, dass zum Marketing zwar auch die Werbung gehört, aber eben nur als ein Teilbereich. Die optimale Kombination einzelner Marketingmaßnahmen zu einem aufeinander abgestimmten und sich gegenseitig unterstützenden Maßnahmenbündel wird als **Marketingmix** bezeichnet.

Übersicht: ***Marketinginstrumente***

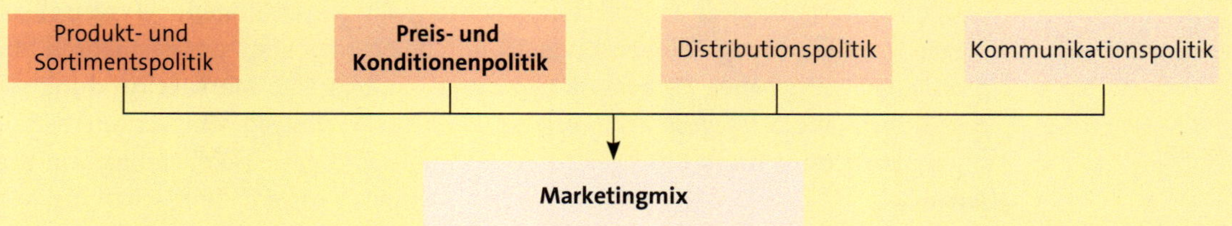

1.3.5 Marketingcontrolling

Die Aufgabe des Marketingcontrollings besteht darin, die Wirksamkeit des Marketings sicherzustellen. Es wird geprüft, ob die formulierten Marketingziele erreicht wurden, d. h., ob sie unter oder über dem vorab formulierten Zielniveau liegen.

Da jeder Einsatz der verschiedenen Marketinginstrumente Kosten verursacht, ist das Unternehmen bestrebt, den Erfolg und damit die Wirtschaftlichkeit der Aktionen zu ermitteln. Während die Kosten sehr leicht zu ermitteln sind, lässt sich der Erfolg nur schwer ermitteln. Dieser stellt sich oft erst mit einer zeitlichen Verzögerung ein. Welches Instrument letztlich zu dem Erfolg geführt hat, ist nicht immer eindeutig festzustellen. Im Rahmen der **Werbeerfolgskontrolle** versucht man beispielsweise anhand von Kennzahlen zu ermitteln, ob sich eine Werbemaßnahme gelohnt hat oder nicht.

Werbeerfolgskontrolle, vgl. **6.1.6**, S. 311

LS 45
Marktforschungsergebnisse auswerten

2 Methoden und Instrumente der Marktforschung

Unternehmen müssen, wenn sie den Markt und seine Entwicklungen richtig einschätzen wollen, permanent über die Bedingungen und Veränderungen auf den Märkten, speziell den Absatz- und Beschaffungsmärkten, informiert sein. So ist es kaum vorstellbar, dass ein Unternehmen seine Preise drastisch anhebt, wenn die verfügbaren Informationen über den Absatzmarkt klar erkennen lassen, dass die Käufer bereits bei einem geringen Preisanstieg diesen Artikel nicht mehr nachfragen. Ebenso benötigt man z. B. für die Frage, ob ein Artikel überhaupt entwickelt und hergestellt werden soll, Informationen über dessen voraussichtliches Marktpotenzial.

Preiselastizität der Nachfrage, vgl. 4.2.5, S. 290 f.

Produktpolitik, vgl. 3.1, S. 273 ff.

Beispiel Auf der Suche nach neuen, Erfolg versprechenden Produkten führt die Fly Bike Werke GmbH regelmäßig Händlerbefragungen durch. Auf der Fahrradmesse Bike & Style werden interessierte Kunden nach ihren Wünschen befragt. Diese Befragungen erfolgen sowohl auf Basis gezielt entwickelter Fragebögen als auch im Rahmen spontaner Gespräche.
Im Internet recherchieren Verkaufsmitarbeiter regelmäßig und sammeln Informationen über neue technische Entwicklungen. Die Homepages der Konkurrenz werden gezielt ausgewertet. Zusätzlich ruft die Fly Bike Werke GmbH bei Bedarf Informationen zum Fahrradmarkt beim Marktforschungsinstitut Gesellschaft für Konsumforschung (GfK) in Nürnberg gegen Gebühr ab.

Allerdings ist nicht jede Untersuchung zur Beantwortung der gestellten Fragen gleich eine Marktforschung. Werden Kundenwünsche eher spontan, unsystematisch und ohne weiterreichende Vorbereitung ermittelt, so liegt eine **Markterkundung** vor (z. B. spontane Messegespräche, gelegentliche Auswertungen von Vertreterberichten). **Marktforschung** hingegen ist die systematische, gezielt vorbereitete, auf wissenschaftlichen Methoden basierende Beschaffung, Verarbeitung und Analyse von Informationen zur Beantwortung von Marketingfragen (z. B. gezielte Befragung der Kunden zum Preisbewusstsein).

Ziel der demoskopischen Marktforschung ist es, die Kunden genauer unter die Lupe zu nehmen.

Bei einer **ökoskopischen Marktforschung** geht es um sachbezogene Marktforschung. Im Mittelpunkt stehen objektive Informationen, wie z. B. Preise oder Umsatzzahlen. Bei der **demoskopischen Marktforschung** dagegen geht es um die Marktteilnehmer und deren subjektive Einstellungen und Verhaltensmuster. Es interessieren hier aber auch weitere personenbezogene Merkmale der Zielgruppe, wie z. B. Einkommen, Alter, Beruf usw.

Neben den genannten Kriterien lässt sich die Marktforschung auch anhand der folgenden Fragestellungen unterscheiden:

- Über welche Bereiche des Marktes sollen Informationen beschafft werden?
- Über welchen Zeitraum soll sich die Informationsbeschaffung erstrecken?
- Mit welcher Methode werden die Informationen beschafft?
- Wie lässt sich die Informationsbeschaffung gestalten?

2.1 Bedarfs-, Konkurrenz- und Absatzforschung

Untersucht man gezielt den Nachfrager mit seinen Wünschen, spricht man von Bedarfsforschung. Stehen die Konkurrenten mit ihren Vorgehensweisen im Vordergrund, handelt es sich um Konkurrenzforschung. Will man die Wirkung der eigenen absatzpolitischen Instrumente auf dem Markt untersuchen, so ist man im Bereich der Absatzforschung tätig.

Bereiche der Marktforschung

Bedarfsforschung	Konkurrenzforschung	Absatzforschung
Anzahl der möglichen Kunden	Anzahl und Größe der Konkurrenten	**Bekanntheitsgrad** der eigenen Artikel und Marken
Kaufkraft der bisherigen und der potenziellen Kunden	Marktanteil der Konkurrenten	Verbreitungsgrad des eigenen Sortiments
Konsumverhalten Intensität des Bedarfs	Verhalten der Konkurrenten (Werbung, Absatzmethoden, Preis- und Produktpolitik)	Vollständigkeit des Sortiments hinsichtlich Sortimentsbreite und -tiefe

Bekanntheitsgrad
prozentualer Anteil potenzieller Kunden, die einen bestimmten Artikel oder eine Marke ohne (aktiv) oder mit (passiv) Hilfestellung kennen

Sortimentsbreite und -tiefe, vgl. 3.2.1, S. 281

2.2 Marktbeobachtung und Marktanalyse

Wird Marktforschung mit dem Ziel betrieben, über Entwicklungen und Veränderungen auf den Märkten ständig unterrichtet zu sein, spricht man von **Marktbeobachtung**. Sollen Marktdaten dagegen zu einem bestimmten Stichtag erhoben werden, handelt es sich um eine **Marktanalyse**. In der Praxis gehen Marktanalyse und Marktbeobachtung meist ineinander über, da ein Unternehmen für seine Entscheidungen sowohl an langfristigen Entwicklungen als auch an aktuellen Informationen interessiert ist. Zudem lassen sich meist nur durch eine Kombination der beiden Forschungsmethoden zuverlässige **Markt- und Absatzprognosen** erstellen, die in die Marketingplanung eingehen.

Markbeobachtung
Datenerhebung über einen längeren Zeitraum

Marktanalyse
einmalige Datenerhebung

Marktbeobachtung	Marktanalyse	Marktprognose
beobachtet die Entwicklung eines Marktes im Zeitablauf	ermittelt die Marktstruktur zu einem bestimmten Stichtag	versucht auf der Basis von Marktbeobachtungen und Marktanalysen die zukünftige Marktsituation zu ermitteln

2.3 Marktforschungsmethoden im Fokus

Bei allen Marktforschungsaktivitäten stellt sich die Frage, auf welche Weise die Marktdaten beschafft werden können. Greift ein Unternehmen auf bereits vorhandene Daten zurück, spricht man von **Sekundärforschung.** Da die Arbeit überwiegend am Schreibtisch erledigt wird, spricht man auch von „Schreibtischforschung" oder „desk research". Für die Sekundärforschung kann auf **interne Informationsquellen** (z. B. betriebseigene Umsatzstatistiken oder andere Daten aus der Buchhaltung) oder auf **externe Informationsquellen** (z. B. Publikationen von Verbänden oder dem Statistischen Bundesamt) zurückgegriffen werden.

Die Sekundärforschung ist kostengünstig und schnell realisierbar. Allerdings sind die gewonnenen Daten häufig nicht aktuell, zu wenig speziell und damit auch weniger aussagekräftig.

Sollen aktuelle und bisher nicht bekannte Daten beschafft werden, müssen diese speziell erhoben werden. Hierbei spricht man dann von einer Primärerhebung (auch Feldforschung oder field research genannt). Die **Primärforschung** bietet den Vorteil, dass ihre Ergebnisse bei neuartigen Artikeln genau, spezifisch und aktuell sind. Allerdings ist sie auch zeitaufwendig und kostenintensiv. Große Unternehmen führen die aufwendige Primärforschung oftmals durch betriebseigene Abteilungen durch, während kleinere und mittelständische Unternehmen in der Regel Marktforschungsinstitute mit der Datenerhebung beauftragen.

Im Rahmen einer Primärerhebung muss zunächst eine geeignete Erhebungsmethode bestimmt werden:

- **Befragungen:** Personen werden anhand von Fragebögen gezielt befragt (mündlich, schriftlich, telefonisch oder per Internet).
- **Panel:** Eine festgelegte Gruppe gleichbleibender Personen (z. B. Händler, Hausfrauen einer Region) werden über einen bestimmten Zeitraum regelmäßig befragt. So lassen sich gut Trends und Entwicklungen ermitteln.
- **Beobachtungen:** Das Verhalten potenzieller Kunden in bestimmten Situationen wird beobachtet. Beobachtungen erfolgen dabei sowohl verdeckt (d. h. ohne Wissen der Teilnehmer) als auch offen. Es können dabei auch technische Hilfsmittel wie z. B. Videoaufzeichnungen, Hautwiderstandsmessungen („Lügendetektor"), Messungen der Augenbewegungen (Eye-Tracking) oder weitere Aufmerksamkeitsdaten (Attention-Tracking) verwendet werden.

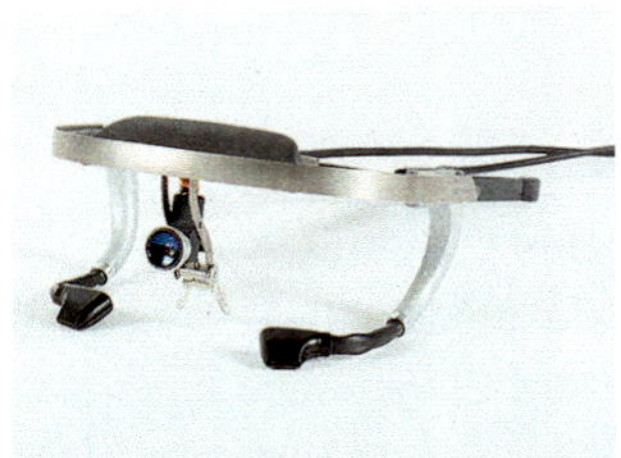
Eye-Tracking-Brille/
Blickerfassungssystem

Beispiel **Attention-Tracking-Auswertung einer Printanzeige**
Eine Printanzeige zeigt groß das Gesicht eines Jungen, außerdem einen Werbespruch und das Logo des werbenden Unternehmens. Beim Attention-Tracking wird gemessen, wann der Blick eines Betrachters der Anzeige wohin wandert, wie viel Aufmerksamkeit er also welchen Teilen der Anzeige widmet. Mithilfe dieser Informationen kann das Unternehmen Werbeanzeigen optimieren.

- **Experiment:** Innerhalb kontrollierter Rahmenbedingungen (im Labor oder in der Natur als „Feldexperiment") wird in einer Testreihe jeweils ein Element verändert. Die Teilnehmer werden später zu ihren Eindrücken befragt. Insbesondere geht es um Produkt-, Design oder Geschmacksexperimente, z. B. eine Befragung zu verschiedenen Verpackungsvarianten einer neuen Joghurtsorte.
- **Markttest:** Neue Artikel und/oder Verkaufskonditionen werden auf einem repräsentativen Teilmarkt mit einer überschaubaren Anzahl von Marktteilnehmern getestet. Der Markttest ist eine Sonderform des Feldexperiments.

Neue Produkte auf dem Testmarkt in der Provinz

In Haßloch wird der Einkaufszettel zum Stimmzettel und der Einkaufswagen zur Wahlurne: Hier entscheiden Bürger in einem Test, ob noch nicht eingeführte Produkte auf dem Markt eine Chance haben. Bettina Finco ist Supermarktkundin in besonderer Mission. Die 52-Jährige aus dem pfälzischen Haßloch macht bei einem großen Praxistest für Produkte mit, die noch gar nicht auf dem Markt sind. In sechs Haßlocher Supermärkten werden sie angeboten, damit man sehen kann, wie sie ankommen. Finco und mehrere Tausend andere Bürger entscheiden mit ihren Einkäufen über Top oder Flop – und bestimmen so indirekt ein bisschen mit, welche Schokoriegel, Deos oder Zahnpasten auf den Markt kommen. Auf Haßloch fiel die Wahl, weil die Einwohner die Menschen in Deutschland besonders gut repräsentieren. „Wir sind durchschnittlich, aber im positiven Sinne", scherzt Finco. Organisiert wird der Großversuch mit 3400 der 12400 Haßlocher Haushalte von dem Marktforschungsunternehmen GfK im Auftrag der Produkthersteller. Sie wollen nach größeren Vorarbeiten wissen, ob sie ihre Entwicklung auf den Markt bringen können. (...) Zehn bis 15 neue oder veränderte Produkte kommen pro Jahr im „bundesdeutschen Musterdorf" auf den Prüfstand. Um welche Waren es sich handelt, ist geheim, sie stehen unauffällig in den Regalen. „Man erkennt es nicht, und man kriegt es nicht gesagt", berichtet Finco. (...)

Quelle: www.welt.de/regionales/rheinland-pfalz-saarland/article137525493/Neue-Produkte-auf-dem-Testmarkt-in-der-Provinz.html, veröffentlicht am 17.02.2015

Die Nürnberger Gesellschaft für Konsumforschung (GfK) betreibt seit 1986 in Haßloch nahe Mannheim einen bundesweit einzigartigen Testmarkt.

2.4 Grundzüge einer Befragung mittels Fragebogen

Unabhängig davon, ob eine Befragung mündlich, schriftlich, telefonisch oder per Internet erfolgt, wird immer ein einheitlicher Fragebogen verwendet. Die Art der Fragen ist entscheidend für den Erfolg. Fragebögen müssen verständlich, eindeutig und genau formuliert sein. Sie sollten auf Suggestivfragen verzichten. Damit möglichst viele Personen schnell bereit sind, an der Befragung teilzunehmen, sollte die Befragung nicht zu lang und motivierend gestaltet sein. Zusätzlich werden oft weitere Anreize zur Teilnahme, wie kleine Geschenke oder Verlosungen, gegeben.

Suggestivfragen lenken den Antwortenden in eine Richtung, die der Fragende erwartet, und nehmen die Antwort somit vorweg. (Beispiel: „Sie sind doch auch der Meinung, dass unser Joghurt hervorragend schmeckt?")

Fragebögen sind in der Regel nach folgender Reihenfolge aufgebaut:

Frageart	Beschreibung	Beispiel
Kontakt oder Eisbrecherfrage	Fragen, um dem Befragten den Einstieg in die Befragung zu erleichtern	Haben Sie schon einmal an einer Befragung teilgenommen?
Sachfragen	Diese Fragen liefern die für das Ziel der Befragung wichtigen Daten. Dabei sollen Fragen zu einem Themengebiet nacheinander folgen, um Gedankensprünge der Teilnehmer zu vermeiden.	Was essen Sie in der großen Pause? ☐ Brot ☐ Süßigkeiten ☐ Obst ☐ gar nichts
Kontroll- und Plausibilitätsfragen	Diese Fragen dienen zur Überprüfung der Antworten, um fehlerhafte Fragebögen auszusortieren. Die Fragen sollen Widersprüche aufdecken, indem abgefragte Themen mit anderer Fragestellung wieder auftauchen.	Ich finde die Pause zu kurz (ja/nein) Ich finde die Pause zu lang (ja/nein)
Fragen zur Person	Sie dienen der Erhebung von personenbezogenen Daten des Befragten. Die Fragen stehen am Ende, weil die Befragten dann bereits aufgewärmt und auskunftsfreudiger sind.	Wie lautet Ihr Geburtsdatum?

In Bezug auf die gegebenen Antwortmöglichkeiten auf die Fragen unterscheiden sich **offene** und **geschlossene** Fragen. Werden keine möglichen Antworten vorgegeben, handelt es sich um offene Fragen. Fragen mit vorgegebenen Antwortmöglichkeiten bezeichnet man als geschlossene Fragen.

Geschlossene Fragen

Auswahlfragen		Beispiele
Alternativfragen	Die vorgegebenen Antworten schließen sich gegenseitig aus; es besteht nur eine Auswahlmöglichkeit.	Wie viel Geld geben Sie am Tag im Kiosk aus? ☐ nichts ☐ 1–≤2 € ☐ 2–≤4 € ☐ >4 €
Selektivfragen	Aus den vorgegebenen Antworten können mehrere zutreffende gewählt werden.	Was essen Sie in der großen Pause? ☐ Brot ☐ Süßigkeiten ☐ Obst ☐ gar nichts
Skalenfragen		**Beispiel**
Erfragen die subjektive Rangfolge der Befragten; es besteht nur eine Auswahlmöglichkeit.		Wie schätzen Sie die Qualität unserer Snackangebote auf einer Skala von 1–6 ein? sehr hoch ☐ ☐ ☐ ☐ ☐ ☐ sehr gering

2.5 Online-Marktforschung und Data-Mining

Dynamische Preisanpassung, vgl. 4.2.6, S. 292

Der harte, verschärfte Wettbewerb auf globalisierten und elektronischen Märkten (speziell im Handel) erfordert eine blitzschnelle Anpassung der Unternehmensleistungen an die Bedürfnisse der Kunden und die Handlungen der Konkurrenz (z. B. Preisanpassungen). Dies ist praktisch nur über eine effiziente Nutzung aller verfügbaren Informationen über Kunden möglich, um schneller, besser und kostengünstiger als die Konkurrenz auf die Kundenwünsche einzugehen.

Das Internet, Tablets und Smartphones spielen als Marktforschungsinstrumente deshalb eine zunehmend wichtigere Rolle. Alle bereits genannten Methoden der Marktforschung können dabei schnell und kostengünstig auch online durchgeführt werden, z. B. Online-Panels oder Web-Befragungen (statt Befragungen per Post oder Interview).

Vorteile der Online-Befragung	Nachteile der Online-Befragung
– kostengünstig – schnelle und jederzeitige Erreichbarkeit – sehr große Stichproben – automatische Datenerfassung ermöglicht schnelle digitale Auswertung	– ggf. mangelnde Repräsentativität der Befragung (nicht jeder ist online erreichbar) – Antwortverzerrung aufgrund der Anonymität (Quatsch-Antworten) – kritische Betrachtung durch die Befragten (Datenschutz) – ggf. Hürden bei der technischen Umsetzung

Zusätzlich ermöglicht das Internet auch völlig neue Methoden.

Beispiel Die Fly Bike Werke GmbH hat durch eine Analyse der auf Suchmaschinen verwendeten Suchbegriffe (sog. Keyword-Analyse) ermittelt, dass die Suchanfragen zu „E-Bikes“ nicht mehr in Kombination mit Schlagworten wie „Verkehrssicherheit“, sondern in Kombination mit „Design“ auftreten. Daneben wurde im Rahmen des Social Media Monitoring festgestellt, dass E-Bikes auch in Foren in der Zielgruppe der unter 30-Jährigen diskutiert wurden. Die Fly Bike Werke GmbH hat deshalb ein E-Bike mit einem Design für diese Zielgruppe entwickelt. Die Design-Varianten wurden in Foren vorgestellt und anhand der Reaktionen wurde das für die Zielgruppe attraktivste Design in Produktion gegeben.

Keyword
(engl.) Schlüsselwort

Social Media Monitoring
(engl.) Soziale-Medien-Beobachtung

Web Monitoring / Social Media Monitoring: Hierbei werden alle im Internet verfügbaren Informationen eines Konsumenten (z. B. aus Foren, Blogs, sozialen Netzwerken und Bewertungsportalen) gesammelt und ausgewertet. Web Monitoring kann intuitiv (z. B. über Suchbegriffe) oder automatisch mithilfe spezieller Software erfolgen. Besonders interessant sind soziale Netzwerke, da hier ein reger Austausch stattfindet. Trends können ermittelt oder beeinflusst werden.

Keyword-Analyse: Suchmaschinen verarbeiten jeden Tag Millionen von Suchanfragen und können so genau messen, wie sich das Suchverhalten zu einem Themengebiet im Laufe der Zeit verändert. Eine wichtige Rolle spielen dabei die relevanten Suchbegriffe und Suchbegriffskombinationen. So kann man Rückschlüsse auf die Denkweisen und Bedürfnisse der Zielgruppe ziehen und beeinflussen, an welcher Position die unternehmenseigenen Angebote bei Suchanfragen auftauchen. Suchmaschinen bieten dazu Hilfsmittel, z. B. Google Trends.

Darüber hinaus bieten allerdings auch die schiere Masse an digital verfügbaren Daten (sogenannte **Big Data**) und die automatisierte Auswertung der Daten völlig neue Möglichkeiten, die im Rahmen der bisherigen Marktforschung nicht zu realisieren waren. Diese Daten sind eine wahre Goldgrube für Unternehmen. Die Unternehmen „graben“ in diesen Datenbergen, deshalb spricht man auch vom **Data-Mining**. Daten werden analysiert und Muster und Zusammenhänge ermittelt. Unternehmen versuchen, Persönlichkeitsprofile zu erstellen und Vorhersagen über Verhaltens- und Handlungsweisen zu machen. Je mehr Daten von einem Kunden zur Verfügung stehen, desto gezielter kann z. B. Werbung zugeschnitten oder das Verhalten des Kunden vorhersagt werden. Beispielsweise erstellt Amazon aufgrund der bisherigen Käufe eines Kunden Empfehlungen für zukünftige Käufe.

Big Data
(engl.) „große Daten“; riesige Datenmengen, die u. a. bei der Verwendung von elektronischen Medien ständig anfallen (z. B. Internet, Kredit- und Kundenkarten, Mobiltelefone)

Data-Mining
(engl.) wörtlich Datenschürfung

Online-Marketing, vgl. 6.5, S. 314

Dabei sind insbesondere personalisierte Datensammlungen und -auswertungen aus dem Blickwinkel des Datenschutzes im Hinblick auf das Grundrecht auf informationelle Selbstbestimmung sehr kritisch zu betrachten. Informationelle Selbstbestimmung beinhaltet, dass jede Person grundsätzlich selbst bestimmen kann, wer was wann und bei welcher Gelegenheit über sie weiß. Dies steht dem Grundsatz der möglichst umfassenden Analyse und Verknüpfung von Daten im Rahmen von Big Data entgegen.

Übersicht: Methoden der Marktforschung

Marktforschung

- ökoskopisch
- demoskopisch

- Bedarfsforschung
- Konkurrenzforschung
- Absatzforschung

- Primärforschung
  - Marktbeobachtung
    - Panel
  - Marktanalyse
    - Befragung
    - Beobachtung
    - Experiment
    - Testmarkt
  - Marktprognose/Absatzprognose
- Sekundärforschung
  - interne Informationsquellen
    - Daten aus der Buchhaltung
    - Vertreterberichte
  - externe Informationsquellen
    - Internet
    - Fachzeitschriften
    - Publikationen von Marktforschungsinstituten, Statistischem Bundesamt usw.

3 Produkt- und Sortimentspolitik

LS 46
Produktlebenszyklus und Portfolioanalyse für produkt- und sortimentspolitische Entscheidungen nutzen

Beispiel Bei der Analyse der Kundenwünsche der Fly Bike Werke GmbH zeigt sich seit einigen Monaten eine Verlagerung der Interessen weg vom Fahrrad der unteren Preisklasse hin zu höherwertigen Fahrrädern. Zusätzlich zeichnet sich deutlich der Trend zum „Zweitfahrrad" ab, das spezielle Kundenwünsche berücksichtigen soll. Diese und andere Informationen haben Auswirkungen auf die Gestaltung der Produkt- und Sortimentspolitik eines Unternehmens.

Mithilfe der **Produkt- und Sortimentspolitik** werden die am Markt angebotenen Leistungen geplant. Dabei geht es sowohl um jedes einzelne Produkt (bzw. jede einzelne Leistung) als auch um das optimale Zusammenspiel aller angebotenen Einzelleistungen (Sortiment).

3.1 Produktpolitik

Beispiel Die Analyse von Google-Suchanfragen und Artikeln in Fahrrad-Blogs zeigt eindeutig, dass die Kunden auf das Design der Fahrräder großen Wert legen. Ebenfalls wichtig sind den Käufern Komfortausstattung wie Sattelpolsterung und Rahmenfederung. Gezielte Kundeninterviews ergeben, dass Kunden die Haltbarkeit und Verkehrssicherheit für völlig selbstverständlich halten.

Kunden erwarten von einem Produkt einen bestimmten **Nutzen**. Sie wollen mit dem Produkt Bedürfnisse befriedigen.

- Der **Grundnutzen** ist im Produkt selbst begründet. Jedes Produkt bietet einen objektiven Grundnutzen, der ein wesentliches Bedürfnis der Kunden befriedigt. Fahrräder bieten z. B. Fortbewegungsmöglichkeiten, Bekleidung schützt den Körper vor Kälte oder Nässe, Waschmaschinen liefern saubere Wäsche.
- Der **Zusatznutzen** befriedigt Nebenbedürfnisse des Kunden (z. B. Prestigegewinn). Der Zusatznutzen bezieht sich auf Produkteigenschaften, die nicht objektiv messbar sind und damit subjektiv von Kunden sehr unterschiedlich wahrgenommen werden (z. B. Design, Komfort, Produktimage).

Beispiel Zum Schutz vor Kälte und Nässe ist jede einfache, zweckmäßige Kleidung geeignet. Alle Kunden müssten sich also für die preiswerteste passende Bekleidung entscheiden. Kunden wollen aber hübsche Kleidung, um zusätzliche Bedürfnisse nach Ästhetik, Bequemlichkeit und vielleicht auch Prestigegewinn zu befriedigen.

Bei dem für den **Consumer Benefit** versprochenen Zusatznutzen ist zwischen objektivem und subjektivem Zusatznutzen zu unterscheiden. Ein **objektiver Zusatznutzen** bringt für den Käufer nachweisbare Vorteile. Der niedrige Benzinverbrauch eines Autos ist z. B. ein objektiver Zusatznutzen. Da hierbei an die **Ratio** der Umworbenen appelliert wird, spricht man häufig auch von einem rationalen Zusatznutzen.

Consumer Benefit
Nutzenversprechen für den Kunden

Ratio
lat. Vernunft

Ein **subjektiver Zusatznutzen** wird i. d. R. erst durch das Marketing erzeugt, z. B. kann ein Auto einen sozialen Zusatznutzen haben, wenn der Fahrer wegen seines Wagens bewundert wird. Man unterscheidet zwischen emotionalem, sozialem, sensorischem und egoistischem Zusatznutzen.

Werbung, vgl. 6.1, S. 305 ff.

Subjektiver Zusatznutzen

	Erläuterung	Beispiel
emotionaler Zusatznutzen	spricht die Gefühle der potenziellen Kunden an (positive Emotionen im Zusammenhang mit dem Produkt oder der Produktverwendung)	idyllische Familiensituationen im Zusammenhang mit einem Auto
sensorischer Zusatznutzen	spricht die Sinne der potenziellen Kunden an (positive Sinneserlebnisse im Zusammenhang mit dem Produkt oder der Produktverwendung)	ästhetische, schöne Darstellung eines Autos
sozialer Zusatznutzen	verändert die Stellung des potenziellen Kunden in der Gesellschaft	jemand wird wegen seines Autos bewundert
egoistischer Zusatznutzen	stärkt die Ich-Bestätigung des potenziellen Kunden	ein Auto wird als Prestigeobjekt dargestellt

USP (unique selling proposition) = einzigartiges Verkaufsangebot; häufig auch als Alleinstellungsmerkmal bezeichnet

Handelt es sich bei dem Consumer Benefit um einen Zusatznutzen, der in dieser Form von keinem anderen Unternehmen geboten wird, so spricht man von einer **USP**. Bei einer echten USP handelt es sich in der Regel immer um einen **objektiven Zusatznutzen**. Ein Automobilhersteller hätte z. B. eine echte USP, wenn er ein Auto anbieten würde, das auf 100 km nur 1 Liter Benzin verbraucht.

UAP (unique advertising proposition) = einzigartiges Werbeversprechen

Echte USPs sind selten. Unternehmen versuchen deshalb, durch die Werbung den Eindruck von Einzigartigkeit zu vermitteln. In solchen Fällen spricht man von einem **UAP**. Der UAP schafft eine **emotionale Alleinstellung**, keine reale.

Beispiel
- Smart (USP): Das Automodell ist als innovativer Zweisitzer für den Stadtverkehr gedacht.
- Coca Cola (UAP): Es gibt nur eine echte „Coke".

Die Grenzen zwischen Grund- und Zusatznutzen können fließend sein. Speziell durch das Schaffen von Zusatznutzen kann man sich von Mitbewerbern abgrenzen und tendenziell höhere Preise am Markt erzielen (z. B. Markenimage bei Turnschuhen). Unternehmen werden also versuchen, ihre Produkte mit von Kunden gewünschtem Zusatznutzen auszustatten. Die Abgrenzung von Mitbewerbern erfolgt dabei auch über die sogenannte Markierung.

Consumer Benefit (Nutzenversprechen)

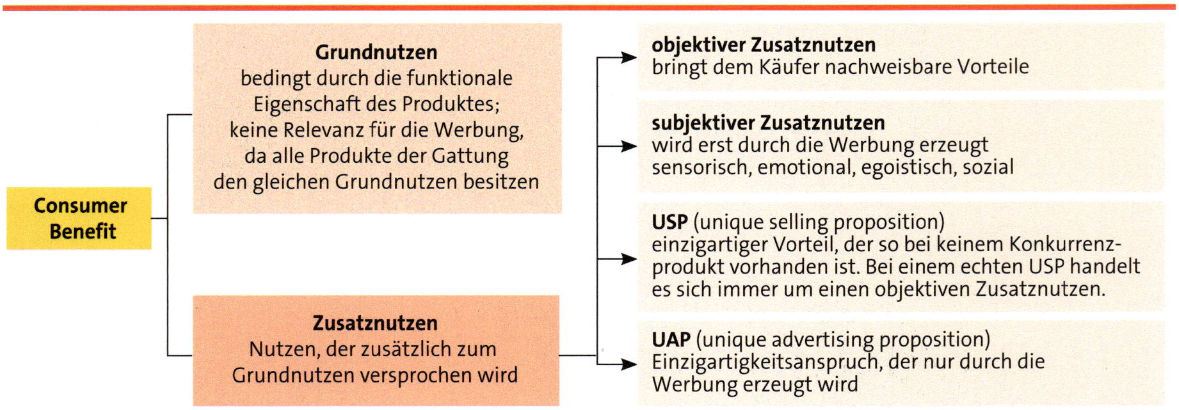

3.1.1 Markierung

Viele Produkte unseres täglichen Konsums sind Markenwaren. Der englische Begriff für **Marke** ist „brand“, genau wie das Brandzeichen, durch das Cowboys ihre Rinder von denen anderer Viehzüchter unterscheiden. Einen ähnlichen Zweck verfolgt der Produzent mit der **Markierung** (engl. branding) seiner Produkte. Er möchte, dass der Verbraucher sein Produkt von den Produkten anderer Anbieter unterscheiden kann.

Marke
(engl.) brand; wörtlich: Brandzeichen

Als Konsument hat man heute die Auswahl aus einer fast unüberschaubaren Vielzahl von Produkten. So stehen alleine mehrere Dutzend verschiedene Toilettenpapiere, Waschmittel, Autos, Fahrräder und andere Produkte zum Kauf bereit. Hat ein Konsument mit einem Produkt positive Erfahrungen gemacht, spart er sich bei zukünftigen Kaufentscheidungen häufig die Mühe eines Produktvergleichs und bleibt dem Produkt treu. In der Regel ist er bereit, einen höheren Preis dafür zu bezahlen, dass ein **Markenprodukt** Sicherheit über eine gleich bleibende Qualität und ein konstantes Preis-Leistungs-Verhältnis verspricht. Gleichzeitig vermitteln Marken ein Image, das den Käufer in der Beurteilung durch andere positiv erscheinen lässt. Dies stellt einen wichtigen Zusatznutzen dar.

Preis- und Konditionenpolitik, vgl. 4, S. 284 ff.

Zusatznutzen, vgl. 3.1, S. 273 ff.

Damit der Konsument ein Markenprodukt wiedererkennen kann, bedienen sich Produzenten verschiedener Markierungen. Sie begegnen uns als

- Namen (Persil, Starbucks, Nivea),
- Formen (Toblerone, WC-Ente, Odol),
- Zeichen (Nike, McDonald's),
- Farben (Milka, Telekom),
- Buchstabengruppen (C&A, H&M),
- Zahlen (4711, 1&1, 8x4),
- Bilder (Bildmarken),
- Melodien (Telekom-Tonfolge),
- Slogans („Wohnst du noch oder lebst du schon?“)
- oder eine Kombination dieser Varianten.

Wortmarken

Bildmarken

Wort-Bild-Marken

Beispiele bekannter Markenzeichen-Typen (Playmobil, Nike, BMW)

In das unverwechselbare Vorstellungsbild eines Produktes investieren die **Unternehmen** viel Geld. Die **Markierung** unterstützt den Produzenten dann aber bei der Kommunikationspolitik, findet Anwendung in der Preispolitik und bietet rechtlichen Schutz (z. B. durch das Markenrecht). Für den Anbieter liegt der Vorteil der Markenpolitik vor allem in der Kundenbindung und der Möglichkeit zur Durchsetzung höherer Preise. Für den **Kunden** liegt der Vorteil der Markenpolitik in einer hohen Sicherheit bei der Kaufentscheidung sowie im Zusatznutzen.

Kommunikationspolitik, vgl. 6, S. 305

In der Markenpolitik unterscheidet man zwischen **Herstellermarken** (=klassische Markenartikel), bei denen der Produzent über die Markenrechte verfügt, und den **Handelsmarken** (z. B. „ja!“ von REWE), deren Markenrechte ein Handelsunternehmen innehat.

Markenstrategien

Wird für ein einzelnes Produkt oder eine einzelne Dienstleistung eine eigene Marke geschaffen, spricht man von einer **Einzelmarke** (auch Monomarke). Zielsetzung der Einzelmarkenstrategie ist es, unterschiedliche Zielgruppen anzusprechen. Einzelmarken bieten den großen Vorteil, dass bei Imageverlust einer Marke die anderen Marken des Unternehmens nicht in Mitleidenschaft gezogen werden. Außerdem kann man so auch Marken mit völlig unterschiedlichen Stilen und Zielgruppen komplikationsfrei in einem Unternehmen führen. Der Konsumgüterkonzern Procter & Gamble bietet beispielsweise neben Waschmitteln auch Windeln, Rasierer und pflegende Kosmetik an. Ein Nachteil der Einzelmarke ist allerdings, dass jede einzelne mit erheblichem Aufwand aufgebaut und gepflegt werden muss.

Beispiel für Einzelmarken und Markenfamilien bei Procter & Gamble; jede Einzelmarke hat eine eigene Markenpersönlichkeit.

Werden komplette Produktgruppen unter einer einheitlichen Marke gebündelt, handelt es sich um eine **Markenfamilie**. So ist es dem Unternehmen Beiersdorf gelungen, verschiedenen Haut- und Haarpflegeprodukten unter der Markenfamilie „Nivea" ein zentrales Image zu geben (z. B. Nivea Visage, Nivea Sun, Nivea For Men).

Eine **Dachmarke** vereint als „Muttermarke" verschiedene Markenfamilien unter einem Dach. Sie bündelt zum einen die einzelnen Botschaften zu einer Gesamtbotschaft und baut eine Brücke von den Einzelmarken zu einem größeren Ganzen. Häufig ist die Dachmarke identisch mit dem Firmennamen (z. B. Porsche, Henkel). Damit ist die Markenidentität eng verbunden mit der Unternehmensidentität. Führt man ein neues Produkt unter einer Dachmarke oder einer Markenfamilie ein, hat es den Vorteil, dass ein Imagetransfer des alten Markenimages auch auf das neue Produkt möglich ist. Dadurch sind die notwendigen Werbeaufwendungen geringer.

registered
(engl.) eingetragen

Marken können für Unternehmen einen beträchtlichen Vermögenswert darstellen. Um Marken vor Missbrauch zu schützen, kann man sie auf nationaler, europäischer und internationaler Ebene schützen lassen (**Markenschutz**). In Deutschland kann man eine Marke in das **Markenregister** beim Deutschen Patent- und Markenamt (DPMA) eintragen lassen. Für dort registrierte Marken darf das ®-Zeichen (für „**registered**") verwendet werden. Eine Pflicht, eingetragene Marken mit diesem Zeichen zu versehen, besteht allerdings nicht.

3.1.2 Von der Produktidee bis zur Markteinführung

Prototyp
(gr.) protos = „der Erste" und typos = „Vorbild"

Fünf Stufen bis zur Markteinführung

Ideensammlung	Unternehmen suchen, sammeln und entwickeln permanent neue Ideen für Produktinnovationen.
Ideenauswahl	Nicht alle eingehenden Ideen können auch realisiert werden. Das Unternehmen ist daher gezwungen, aus der Vielzahl vorhandener Ideen die auszuwählen, die besonders erfolgversprechend sind.
Entwicklung	In eigenen oder betriebsfremden Einrichtungen erfolgt die Entwicklung der ausgewählten Produkte. Dabei müssen die Wünsche der Kunden berücksichtigt werden. Am Ende der Entwicklung steht der Entwurf eines **Prototyps**.
Pretest, Nullserie	Verschiedene Testpersonen werden über ihre Meinung zu den Produktneuentwicklungen befragt. Bei produktionsintensiven Produkten (z. B. Autos) wird auch der Produktionsablauf im Rahmen von Nullserien überprüft. Sind die vor der Produkteinführung stattfindenden Tests erfolgreich, kann die Markteinführung erfolgen.
Markteinführung	Das Produkt wird am Markt eingeführt.

Der Weg eines Produktes bis zur Markteinführung erfolgt im Idealfall in fünf Stufen. Die trichterförmige Grafik verdeutlicht, dass von der Vielzahl der Ideen in der Regel nur wenige Vorschläge tatsächlich realisierbar sind. Eine sorgfältige Auswahl ist deshalb wichtig. Neue Produkte, die vom Kunden nicht angenommen werden (**Flops**), bedeuten für das Unternehmen erhebliche Kosten ohne später über den Verkauf zurückfließende Erträge sowie einen kaum zu behebenden Imageschaden.

Flop
Produkt, das die Marketingziele verfehlt; Beispiel: Die Einführung von Kuchenbackmischungen in Japan bescherte einem Unternehmen Verluste. Küchen in Japan sind sehr klein, deshalb haben nur 3 % einen Backofen.

3.1.3 Produktpolitische Maßnahmen

Produktlebenszyklus, vgl. 3.1.3, S. 277

Beispiel Zwei Fahrradmodelle der Fly Bike Werke GmbH erfordern nach Prüfung des Produktlebenszyklus dringend produktpolitische Maßnahmen.

Modell / Jahr	2014	2015	2016	2017
Mountainbike *Dispo*	20 500	17 300	10 200	5 600
Trekkingrad *Light*	14 100	20 800	21 000	20 900

Die Entwicklung eines neuen, sportlicheren Mountainbikes läuft bereits auf Hochtouren. Für das Trekkingrad sollen drei Modellvarianten mit kräftiger Farbgestaltung und Satteltaschen angeboten werden. Die Geschäftsleitung möchte damit den etwas stockenden Absatz ankurbeln.

Je nachdem, in welcher Lebenszyklusphase sich das Produkt befindet, setzen Unternehmen unterschiedliche produktpolitische Maßnahmen ein, um Produkte möglichst lange erfolgreich am Markt zu halten. Sind alle Möglichkeiten ausgeschöpft, wird ein Verlust bringendes Produkt eliminiert. Mögliche produktpolitische Maßnahmen sind:

Produktpolitische Maßnahmen im Produktlebenszyklus

Entwicklung	Einführung	Wachstum	Reife	Sättigung	Verfall
–	Innovation	Differenzierung	Variation, Diversifikation	Variation, **Relaunch**	Variation, Elimination

Diese Angaben sind allerdings nur grobe Anhaltspunkte.

Relaunch
(engl.) Neustart

Produktinnovation

Bei der Produktinnovation wird ein völlig neues Produkt eingeführt. Möglicherweise löst dieses neue Produkt ein altes, am Ende der Sättigungsphase befindliches Produkt ab. Produktinnovationen können als **Differenzierung** oder als **Diversifikation** des bestehenden Sortiments realisiert werden. Insbesondere die Diversifikation dient der Risikostreuung. Dabei ist auf eine sinnvolle Ergänzung zur bisherigen Unternehmensstrategie zu achten.

Differenzierung und Diversifikation, vgl. 3.2.2, S. 281 ff.

Differenzierung	Diversifikation		
	horizontal	vertikal	diagonal/lateral
Das neue Produkt stammt aus dem gleichen Bereich wie vorhandene Angebote. Damit bedeutet die Differenzierung eine Ergänzung (z. B. Fahrradhersteller bringt einen neuen Beachcruiser auf den Markt).	Das neue Produkt entstammt der gleichen Wirtschaftsstufe und Branche, hebt sich jedoch deutlich vom bisherigen Angebot ab (z. B. Fahrradhersteller bietet neuerdings auch Roller an).	Das neue Produkt repräsentiert eine vor- oder nachgelagerte Wirtschaftsstufe (z. B. Fahrradhersteller betreibt einen Fahrradgroßhandel).	Das neue Produkt hat keinen Zusammenhang zu den bisherigen Leistungen (z. B. Fahrradhersteller wird auf dem Lebensmittelmarkt aktiv und bietet Tiefkühlgerichte an; wird auch als lateral bezeichnet).

Produktvariation: normales Produkt (oben) und mit mehr Inhalt (unten)

Produktvariation
Ein vorhandenes Produkt wird z. B. in Form, Farbe, Größe, Geschmack oder Verpackung leicht geändert. Nach Änderungen lässt sich das Produkt auch wiedererkennen (z. B. „jetzt noch besser im Geschmack“, „neue Rezeptur“).

Der **Relaunch** (Neustart) ist ein Sonderfall der Produktvariation, bei dem ein Produkt nach umfassender Umgestaltung neu eingeführt wird.

Produktelimination
Ein wenig erfolgreiches Produkt wird nicht mehr angeboten. Diese Maßnahme verursacht eine Lücke im vorhandenen Angebot und kommt erst dann in Betracht, wenn neue Produkte entwickelt und marktreif sind. Insofern stehen Produktinnovation und -elimination in enger Beziehung zueinander.

Produktpolitische Maßnahmen bei einem Produkt müssen immer die Auswirkungen auf das **gesamte Sortiment** eines Unternehmens mit berücksichtigen. Es wäre z. B. nicht sinnvoll, einen Kaffee-Pad-Automaten, der keinen Gewinn mehr erwirtschaftet, zu eliminieren, wenn mit den passenden Kaffee-Pads ein großer Gewinn erzielt wird. Nimmt man ein Produkt vom Markt, bevor ein neues Produkt angeboten werden kann, läuft man Gefahr, Kunden an die Konkurrenten zu verlieren. Produktinnovation und -elimination stehen insofern in enger Beziehung zueinander.

Bei dieser Abfolge von Produktinnovation und -elimination decken die Gewinne des gut eingeführten Produktes die Kosten für die Entwicklung und Einführung des neuen Produktes ab. Ein Unternehmen muss also immer darauf achten, Produkte in jeweils verschiedenen Lebenszyklen zu haben.

Produktlebenszyklen in Mehrproduktunternehmen

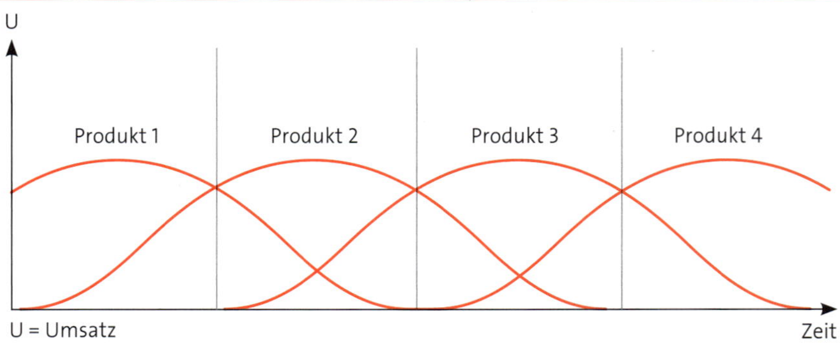

Portfolio-Analyse, vgl. 3.1.4, S. 279 f.

Die Grafik veranschaulicht, dass Unternehmen darauf achten müssen, Produkte in verschiedenen Phasen ihres Produktlebenszyklus im Angebot zu haben. Die Portfolio-Analyse ist eine Methode, um zu veranschaulichen, welche aktuelle Marktposition die einzelnen Produkte haben und welche Wachstumschancen sie bieten.

3.1.4 Die Portfolio-Analyse

Beispiel Umfragen der Fly Bike Werke GmbH ebenso wie Marktforschungsstudien zeigen eine Änderung der Kundenwünsche. Das Trekkingrad war bisher eines der gefragtesten Modelle. Das Modell läuft auch noch gut, zeigt aber keine Zuwachsraten. Das Cityrad gehört zu den Rennern und verzeichnet auch zukünftig erhebliche Zuwachsraten. Beim neuen Beachcruiser reagieren die Kunden zwar interessiert, aber noch zurückhaltend. Die Geschäftsleitung hofft, dass diese Neuentwicklung die Erwartungen erfüllen wird. Das Mountainbike ist das „Sorgenkind" der Geschäftsleitung. Vor Jahren gehörte es zu den erfolgreichsten Modellen des Unternehmens. Durch geändertes Freizeitverhalten ist der Absatz aber stark gesunken.

Ein Unternehmen muss laufend die aktuelle Wettbewerbssituation prüfen und mögliche zukünftige Erfolgsprodukte identifizieren. Dazu nutzen viele Unternehmen die **Portfolio-Analyse**. Bei der Portfolio-Analyse wird das zukünftig zu erwartende Marktwachstum dem aktuellen, eigenen **relativen Marktanteil** gegenübergestellt, um Chancen und Risiken von Produkten sichtbar zu machen. Der relative Marktanteil lässt sich wie folgt ermitteln:

Portfolio
Mappe; hier: „Mappe" mit Produkten des Unternehmens.

Relativer Marktanteil
ist der Anteil des eigenen Unternehmens am Markt im Verhältnis zum größten Konkurrenten. Bei einem Marktanteil der Fly Bike Werke GmbH von 5,1 % und einem Marktanteil des stärksten Konkurrenten von 9,8 % ergibt sich 5,1/9,8 = 0,52. Der Konkurrent hat also einen fast doppelt so hohen Marktanteil wie die Fly Bike Werke GmbH.

$$\text{Relativer Marktanteil} = \frac{\text{eigener Marktanteil}}{\text{Marktanteil des größten Konkurrenten}}$$

$$\text{Marktwachstum (in \%)} = \text{zusätzliches Marktvolumen im Planungszeitraum}$$

Das erwartete Marktwachstum ist ein Prognosewert und deshalb mit Unsicherheit verbunden. Je größer das Marktwachstum, umso größer sind auch die Chancen eines Unternehmens, an diesem Wachstum teilzuhaben. Das Marktwachstum ist vom Unternehmen kaum beeinflussbar.

Die ermittelten Größen werden in einem Koordinatensystem kombiniert (**Portfoliomatrix**). Dann lässt sich jedes Produkt in einen der Quadranten einordnen.

Portfoliomatrix

Ein Portfolio gilt nach der Portfolio-Analyse dann als Erfolg versprechend, wenn genügend Stars und Cash Cows vorhanden sind, die Nachwuchsprodukte ebenso wie Auslauf- oder Ergänzungsprodukte finanzieren. Insofern muss ein **ausgewogener Produktgruppenmix** vorliegen.

Für jede Produktgruppe lassen sich gezielte Strategien festlegen.
- **Questionmarks:** Produkte beobachten und eventuell fördern.
- **Stars:** Marktanteil halten und Wachstum ausbauen durch Investitionen in Marketinginstrumente.
- **Cash Cows:** Marktanteil halten, Produkterträge abschöpfen (melken).
- **Poor Dogs:** Produkte entweder vom Markt nehmen oder verkaufen.

Zu beachten ist, dass nicht jedes Produkt zwingend jeden Quadranten durchlaufen muss. Flop-Produkte sind z. B. zu Beginn ein „Questionmark“. Sie rutschen jedoch aufgrund mangelnder Nachfrage kurz nach ihrer Markteinführung in den Quadranten „Poor Dogs“ und werden wieder aus dem Sortiment genommen.

Zwischen der Portfolio-Analyse und dem Produktlebenszyklus bestehen enge Beziehungen. Je nach Zyklusphase sind entsprechende Quadranten aus der Portfoliomatrix relevant. Vorausgesetzt, ein Produkt schafft den Sprung zu einem Star, ergibt sich der Zusammenhang zum Produktlebenszyklusverlauf wie in der folgenden Grafik dargestellt.

Portfolio-Analyse und Produktlebenszyklus

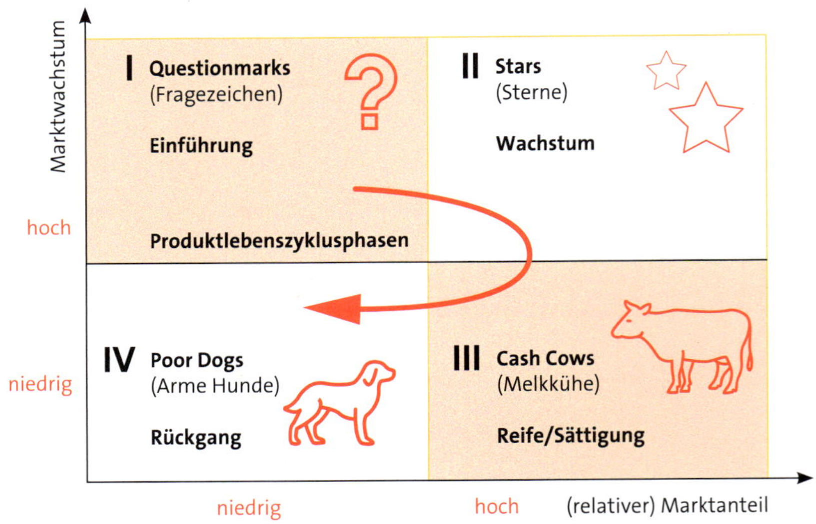

Die Portfolio-Analyse erfordert eine Vielzahl von Daten. Deshalb führen Unternehmen selten solch eine Analyse alleine durch. In der Regel ist eine **Unternehmensberatung** beteiligt, die über Daten zum Markt und zu Wachstumsprognosen verfügt. Die Portfolio-Analyse wurde daher auch von einer großen amerikanischen Unternehmensberatung, der Boston Consulting Group, entwickelt.

3.2 Sortimentspolitik

Alle Überlegungen der Produkt- und Sortimentspolitik zielen darauf ab, ein optimales Leistungsprogramm (was?, wie viel?, wann?) festzulegen. Die Begriffe „Produkte" und „Produktgruppen" verwendet man vorwiegend in Industrieunternehmen, während sich die Begriffe „Artikel", „Ware" und „Warengruppen" eher auf den Handel beziehen. Die Summe aller von einem Unternehmen angebotenen Leistungen heißt generell **Sortiment**. Bei Industrieunternehmen kann dies auch eine Mischung aus produzierten Erzeugnissen, Handelswaren und Dienstleistungen sein.

3.2.1 Sortimentsbreite und Sortimentstiefe

Das Sortiment kann gerade bei mittelständischen und großen Unternehmen leicht unüberschaubar werden. Deshalb ist es vorteilhaft, das Sortiment zu gliedern.

- Die **Produktions- oder Sortimentsbreite** gibt an, wie viele verschiedene Produktgruppen (bzw. Warengruppen im Handel) ein Unternehmen anbietet. Besteht das Sortiment aus vielen Produktgruppen, wird es als **breites Sortiment** bezeichnet.
- Die **Produktions- oder Sortimentstiefe** informiert über die unterschiedliche Anzahl an Varianten einer Produktgruppe (bzw. Artikel oder **Sorten** im Handel). Hierbei kann zwischen einem flachen und einem tiefen Sortiment unterschieden werden. Bei einer geringen Auswahl spricht man von einem **flachen Sortiment**.

Sorte
kleinste Sortimentseinheit, unterscheidet sich z. B. hinsichtlich Farbe, Größe oder Verpackungseinheit

Beispiel Die Fly Bike Werke GmbH bietet folgendes Sortiment (Ausschnitt):

Produktions- oder Sortimentsbreite:
Anzahl der verschiedenen Produktgruppen

Produktions- oder Sortimentstiefe: Anzahl der Varianten in einer Produktgruppe	**Mountainbike**	**Trekkingrad**	**Cityrad**
	– Herrenmodell	– Herrenmodell	– Damenmodell
	– Damenmodell	– Damenmodell	
		– Kindermodell	
		– Seniorenmodell	

Beim Trekkingrad ist die Sortimentstiefe am größten.

3.2.2 Produktionsprogramm oder sortimentspolitische Strategien

Durch die Verbreiterung oder Vertiefung des Sortiments können Unternehmen für Kunden attraktiver werden und sich Wettbewerbsvorteile gegenüber der Konkurrenz erarbeiten. Mögliche Strategien sind:

- **Universalstrategie:** Das Unternehmen hat ein breites Sortiment. Es spricht damit viele Kunden an. Individuelle Wünsche in Bezug auf spezielle Produktvarianten können jedoch nicht befriedigt werden. Die Universalstrategie verfolgt das Prinzip „Von allem etwas". Diese Strategie wird z. B. von großen Supermarktketten verfolgt, die ihren Kunden ein breites Sortiment täglich benötigter Lebensmittel anbieten.

- **Spezialisierungsstrategie:** Ein Unternehmen konzentriert sich auf einen bestimmten eingegrenzten Markt. Auf diesem Markt werden praktisch alle denkbaren Produktvarianten angeboten. Die Spezialisierungsstrategie verfolgt das Prinzip: „Weniger Angebot, dafür aber richtig intensiv“. Diese Strategie wird von Fachgeschäften verfolgt, die den Kunden nur spezielle Angebote bieten, diese dann aber sehr differenziert (z. B. Süßwarengeschäft, Sportfachgeschäft).
- **Differenzierungsstrategie:** Das Sortiment wird verbreitert um Produkte, die der bisher schon bearbeiteten Branche entstammen. Bei dieser Strategie besteht die Gefahr einer Zersplitterung des Sortiments. Ebenfalls kann es zu „Sortimentskannibalismus“ kommen, d. h. neue Produkte machen vorhandenen, bisher gut laufenden Angeboten unternehmensintern Konkurrenz.
- **Diversifikationsstrategie:** Ein Sortiment wird durch völlig neue Produkte aus ganz anderen Branchen deutlich verändert (Kaffeehersteller bietet auch Bekleidung an). Diese Strategie zielt auf eine Risikostreuung. Die Strategie ist nur sinnvoll, wenn die unterschiedlichen Branchen sich ergänzen. Insbesondere große Konzerne laufen Gefahr, sich stark zu zergliedern.

Bei zunehmendem Wettbewerb konzentrieren sich auch große Konzerne wieder mehr auf ihr **Kernsortiment**. Hohe Kosten (Lager-, Produktions- und Vertriebskosten) und der oft eher bescheidene Erfolg von umfangreichen Differenzierungs- und Diversifikationsmaßnahmen sind Gründe dafür. In der Regel ist es unmöglich, mit einem Produkt oder Sortiment alle Teilnehmer eines Marktes gleichzeitig anzusprechen. Daher ist es bei der Gestaltung des Sortiments sinnvoll, sich permanent Gedanken darüber zu machen, welche **Teilbereiche** eines Marktes bearbeitet werden sollen.

Alle Bedürfnisse aller Marktteilnehmer befriedigen? – Der Mythos „Eier legende Wollmilchsau“

Beispiel Ein Autohersteller kann unmöglich ein Auto entwickeln, das es allen Kunden recht macht, z. B. Jungen und Alten, umweltbewussten Benzinsparern und sportlichen Hochgeschwindigkeitsfahrern. Ein Hersteller kann selbst mit mehreren unterschiedlichen Autotypen innerhalb einer Marke nicht alle Kundentypen ansprechen.

Man spricht in diesem Zusammenhang auch von einer **Marktsegmentierung**. Als Marktsegmentierung wird jede Strategie bezeichnet, die einen Gesamtmarkt in Teilmärkte aufteilt. Dabei geht es darum, die Gesamtheit aller Abnehmer bzw. Konsumenten in Untergruppen aufzuteilen, die in ihren Bedürfnissen und in ihren Reaktionen auf Marketingmaßnahmen vergleichbar sind.

Absatzforschung, vgl. 2.1, S. 267

Grundlage für die Marktsegmentierung ist in der Regel die Absatzforschung. Sie liefert die nötigen Informationen, um Segmente zu ermitteln und Strategien für deren Bearbeitung festzulegen. Marktsegmentierung ist nach folgenden **Kriterien** möglich:

- geografische Variablen (z. B. Staat, Land, Region, Stadtbezirk)
- demografische Variablen (z. B. Alter, Geschlecht, Anzahl der Kinder)
- sozioökonomische Variablen (z. B. Beruf, Ausbildung, Haushaltseinkommen)
- psychografische Variablen (z. B. Lebensstil, Interessen, Weltanschauungen)
- verhaltensbezogene Variablen (z. B. Markentreue, Einkaufsstätten).

Die Kriterien sind in Bezug auf verschiedene Produkte nicht gleichbedeutend und bei der Wahl des Segments muss gewährleistet sein, dass das angestrebte Marktsegment immer noch groß genug ist, um zwar eine effektive, aber auch gewinnbringende unternehmerische Bearbeitung möglich zu machen.

Beispiel Alter und Geschlecht von Kunden sind bei der Wahl von Kosmetikartikeln bedeutsam, während sie beim Kauf von Büromaterial kaum eine Rolle spielen.

Verschiedene Kriterien können auch kombiniert werden, um ein Segment zu beschreiben. Ein bekanntes Beispiel ist die Sinus-Milieu-Studie, die Menschen mit ähnlichen Lebensauffassungen und Lebensweisen in Bezug auf Arbeit, Familie und Freizeit sowie Konsum zusammenfasst. Das Sinus-Milieu-Modell wird von der **SINUS Markt- und Sozialforschung GmbH** parallel zu den gesellschaftlichen Veränderungen aktualisiert und dient Herstellern und Dienstleistern zur Produktentwicklung und für das strategische Marketing insgesamt.

siehe www.sinus-institut.de

Übersicht: *Produkt- und Sortimentspolitik*

Von der Produktidee zu Markteinführung	– Ideensammlung – Ideenauswahl – Entwicklung – Pretest – Markteinführung	
Produktlebenszyklus	– Veranschaulicht die Nachfrageentwicklung nach einem Produkt in Abhängigkeit vom Umsatz – Phasen: Entwicklung, Einführung, Reife, Sättigung, Rückgang – Marketingstrategie muss sich anpassen	
Produktstrategien	– Produktinnovation – Produktdifferenzierung/-diversifikation – Produktvariation – Produktelimination – Produktgestaltung	
Portfolio-Analyse	– Questionmarks (Fragezeichen) – Stars (Sterne) – Cash Cows (Melkkühe) – Poor Dogs (Arme Hunde)	
Sortiment	Breite	Anzahl der Produktgruppen
	Tiefe	Anzahl der Sorten je Produktgruppe
	Umfang	Breite · Tiefe
Sortimentstrategien	– Universalstrategie – Spezialisierungsstrategie – Differenzierungsstrategie – Diversifikationsstrategie – Marktsegmentierung	
Segmentierungskriterien	– sozioökonomische Kriterien – geografische Kriterien – demografische Kriterien u. a.	

4 Preis- und Konditionenpolitik

Beispiel Herr Polster, Vertriebsmitarbeiter der Fly Bike Werke GmbH, sitzt nach einer Verkaufsreise mit einer Kollegin aus dem Rechnungswesen zusammen. Er berichtet ganz aufgeregt: „Die Kunden verlangen heute alles, und das am liebsten zum Nulltarif. Sicher, unsere Mitbewerber bieten ja auch gute Waren an. Logischerweise schauen die Kunden dann vor allem auf den Preis. Sonderpreis, Preisnachlass, Rabatt – ich kann es nicht mehr hören! Die Preise, die ihr ermittelt, sind häufig völlig am Markt vorbeikalkuliert.“ Die Kollegin hält dagegen: „Ich versteh dich schon. Aber unsere Kalkulationen zeigen doch, welche Preise wir dauerhaft einnehmen müssen, um alle Kosten zu decken und einen angemessenen Gewinn zu erzielen. Außerdem denk bitte an unser Rennrad Superfast – das ist doch der Renner. Laut unserer Kalkulation könnten wir dieses Rad deutlich günstiger verkaufen, aber du wirst es ja immer zu fürstlichen Preisen los.“ Herr Polster schmunzelt: „Tja, da sind wir der Konkurrenz in der Qualität voraus, und wenn es der Kunde zahlt, dann dürfen wir uns das auf keinen Fall entgehen lassen.“

Für Kunden weisen viele Produkte des täglichen Lebens eine ähnliche Produktqualität auf – trotz aller Bemühungen der Unternehmen, Produkten im Rahmen der Produktpolitik durch die Markierung oder Gestaltung den Anschein von Einzigartigkeit zu geben. Wenn sich Produkte immer weniger durch Qualität unterscheiden, wird der Preis als Kaufkriterium immer wichtiger.

Transparenz
lat. transpares, „durchscheinend“; Verfügbarkeit von Informationen über den Markt

kontrahieren
einen Kontrakt (lat. Vertrag) abschließen

Dies gilt umso mehr, je größer die **Transparenz** über aktuelle Marktpreise ist. Im Rahmen der Preis- und Konditionenpolitik (**Kontrahierungspolitik**) finden alle Überlegungen, Planungen und Entscheidungen statt, die den Preis und weitere Konditionen betreffen.

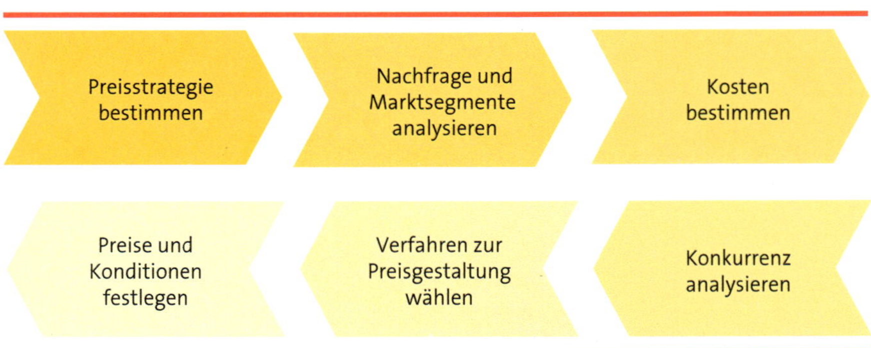

4.1 Preisstrategien

LS 47
Verkaufspreise ermitteln und Preisstrategien beurteilen

Unter einer Preisstrategie versteht man die **langfristige Ausrichtung** der Preisgestaltung. Preisstrategien sind damit weitgehend unabhängig von kurzfristigen Entscheidungen des Tagesgeschäftes (z. B. Sonderangeboten).

Penetrationsstrategie: Es wird ein relativ niedriger Preis gewählt, mit dem am Markt möglichst schnell hohe Umsätze erzielt werden können. Der Konkurrenz soll der Marktzutritt erschwert werden. Wird die Penetration dauerhaft eingesetzt, so liegt eine **Niedrigpreisstrategie** vor. Häufig wird eine Kostenführerschaft angestrebt. Unternehmen, die Kostenführer sein möchten, sehen sich einem ständigen Preiskampf vonseiten der Konkurrenz ausgesetzt. Innovative Produktentwicklungen sind in dieser preisaggressiven Umgebung bei entsprechend niedrigen Gewinnspannen kaum möglich. Meist wählen **Me-too**-Hersteller die Niedrigpreisstrategie. Diese Nachahmer bringen ein Produkt auf den Markt, das einem innovativen, erfolgversprechenden Original eines anderen Herstellers in vielen Eigenschaften gleicht. Der Nachahmer spart Entwicklungskosten und kann deshalb die Niedrigpreisstrategie wählen. Me-too-Hersteller versuchen dadurch dem Original Marktanteile abzunehmen.

Penetration
(engl.) durchdringen, eindringen

Me too
(engl.) ich auch

Skimming-Strategie: In diesem Fall werden die Preise so hoch angesetzt, dass erhebliche Gewinnspannen „abgeschöpft“ werden können. Dies könnte besonders bei der Einführung begehrter Neuprodukte möglich sein (z. B. neue Elektronikgeräte). Wird die Skimming-Strategie dauerhaft angewendet, dann liegt eine **Hochpreisstrategie** vor. Die Hochpreisstrategie wird häufig für bekannte Markenartikel genutzt. Das Ziel kann eine Preisführerschaft sein. Die Preisführerschaft, verbunden mit hohen Gewinnspannen, ermöglicht die Entwicklung neuer, innovativer Produkte.

Skimming
(engl.) abschöpfen

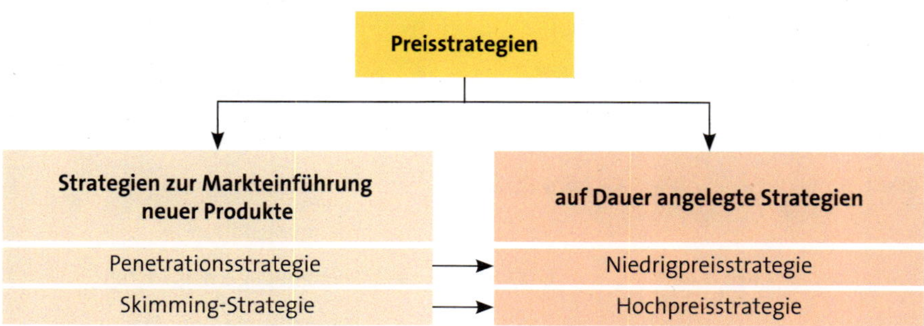

4.2 Preisgestaltung

LS 47
Verkaufspreise ermitteln und Preisstrategien beurteilen

Basierend auf der gewählten Preisstrategie und unter Beachtung der Ergebnisse der Absatz- und Konkurrenzforschung auf dem vorhandenen Markt kann entschieden werden, welcher der folgenden Faktoren für die Preisgestaltung entscheidend ist:

Marktforschung, vgl. 2, S. 266 ff.

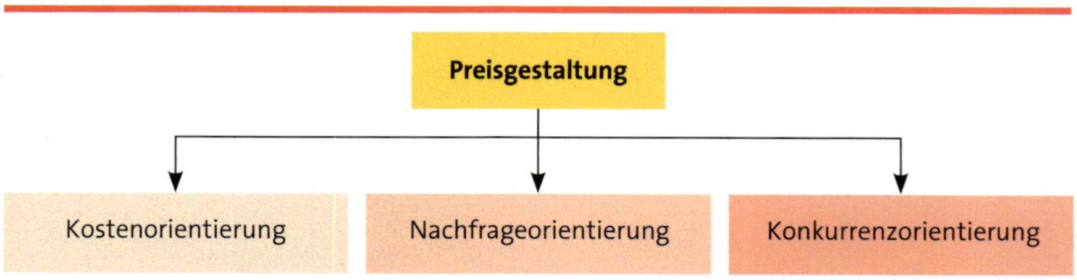

4.2.1 Kostenorientierte Preisgestaltung

Zuschlagskalkulation, vgl. **HF 7**, Band 2

Die kostenorientierte Preisgestaltung geht vom Unternehmen aus und basiert auf den anfallenden Kosten. Durch **Zuschlagskalkulation** wird der Barverkaufspreis ermittelt. Diese Preisbildung folgt dem Prinzip „aus dem Unternehmen heraus in den Markt hinein (from company to market)“.

Kostenorientierte Preisgestaltung (from company to market)

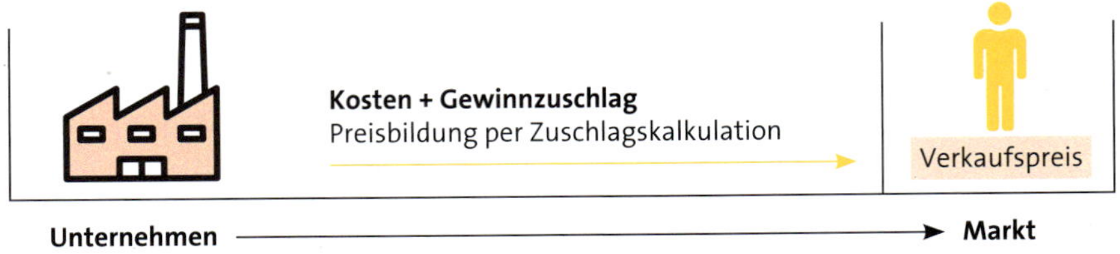

Beispiel Ein Kunde der Fly Bike Werke GmbH bittet um ein aktuelles Preisangebot über 400 Stück Sporttextilien aus Gore-Tex in Größe L bei Barzahlung und Selbstabholung. Frau Ganser kalkuliert deshalb den Preis auf Basis der aktuell gültigen Kosteninformationen ohne Aufschläge für Skonto und Rabatt. Der Barverkaufspreis des Lieferanten beträgt 6,56 € je Stück. Die Lieferung erfolgt frei Haus.

Die Kalkulationsschemata bei Handelswaren und erstellten Erzeugnissen zur Ermittlung des Barverkaufspreises unterscheiden sich im Bereich der Selbstkosten. Da es sich bei der gewünschten Ware um eine Handelsware handelt, kalkuliert Frau Ganser den Preis mit dem einfachen Schema für Handelswaren:

Kalkulationsschema

	... für Handelswaren		
	Bareinkaufspreis (Barverkaufspreis des Lieferanten)		2.624,00 €
+	Bezugskosten	„frei Haus“	0,00 €
=	Bezugs-/Einstandspreis		2.624,00 €
+	Handlungskostenzuschlag	25 %	656,00 €
=	**Selbstkosten**		**3.280,00 €**
+	Gewinnzuschlag	15 %	492,00 €
=	**Barverkaufspreis**		**3.772,00 €**

	... für selbst erstellte Produkte
	Fertigungsmaterial
+	Materialgemeinkosten
+	Fertigungslöhne
+	Fertigungsgemeinkosten
=	**Herstellkosten der Erzeugung/des Umsatzes (keine Bestandsveränderungen)**
+	Verwaltungsgemeinkosten
+	Vertriebsgemeinkosten
=	**Selbstkosten des Umsatzes**
+	Gewinn(-zuschlag)
=	**Barverkaufspreis**
+	Kundenskonto
=	**Zielverkaufspreis**
+	Kundenrabatt
=	**Listenverkaufspreis/ Angebotspreis**

Handlungskosten sind alle Kosten, die neben den Einstandspreisen der verkauften Waren regelmäßig anfallen. Der Handlungskostenzuschlagssatz wird wie auch die Verwaltungs- und Gemeinkostenzuschlagssätze in Produktionsbetrieben auf Basis der Kostensituation in der Vergangenheit mit einem Betriebsabrechnungsbogen ermittelt. Durch diesen Zuschlag auf die Bezugspreise sollen alle Kosten des Unternehmens gedeckt werden. Der **Gewinnzuschlagssatz** ist das Ergebnis einer Entscheidung auf Basis von Erfahrungswerten in Übereinstimmung mit den Unternehmenszielen (z. B. angemessene Gewinnerzielung).

Ermittlung von Zuschlagssätzen, Betriebsabrechnungsbogen, vgl. **HF 7**, Band 2

Die kostenorientierte Preisbildung ist mit erheblichen Problemen verbunden. Der auf Kostenbasis kalkulierte Preis lässt sich i. d. R. auf Käufermärkten mit starker Konkurrenz nicht durchsetzen (**marktferne Preise**). Bei sinkender Absatzmenge verteilen sich die konstanten **Fixkosten** auf eine kleinere Menge. Man müsste also bei einem Nachfragerückgang die Preise anheben. Bei steigender Absatzmenge käme es analog zu einer Preissenkung. Dies sind in der Regel kaufmännisch unsinnige Entscheidungen. Möglicherweise sind die Kunden auch bereit, weit mehr als den auf Kostenbasis ermittelten Listenverkaufspreis zu zahlen. Das ist möglich, wenn das Produkt z. B. ein gewisses Alleinstellungsmerkmal aufweist.

Fixkosten
fallen unabhängig von der Absatzmenge an. Beispiele: Gehälter, Mieten, Abschreibungen

Die kostenorientierte Preisbildung ist jedoch nicht überflüssig. Sie ermittelt unabhängig vom Markt, welchen Preis das Unternehmen für eine Ware dauerhaft erzielen **müsste**. Sollten Konkurrenzartikel dauerhaft zu deutlich niedrigeren Preisen als dem kostenorientiert kalkulierten Preis angeboten werden, so muss das Unternehmen entweder die Kosten senken oder mittelfristig den Verkauf der Ware einstellen und auf neue Angebote und Märkte umschwenken.

Preisuntergrenze, vgl. **4.2.4**, S. 289

4.2.2 Nachfrageorientierte Preisgestaltung

Auf Käufermärkten spielen sich die Preise am Markt ein. Das Unternehmen und die Kunden „handeln" ihre Preisvorstellungen im Zeitablauf mehr oder weniger bewusst aus. Durch Marktforschung wird ermittelt, welchen Preis die meisten Kunden bereit sind, für eine Ware zu zahlen. Der Preis wird damit nicht kalkuliert, sondern vom Markt vorgegeben. Die Preisbildung folgt dem Prinzip „Vom Markt in das Unternehmen hinein (from market to company)". Die nachfrageorientierte Preisbildung führt insbesondere auf Käufermärkten zu deutlich marktgerechteren Preisen.

Käufermarkt, vgl. **1.2**, S. 260

Nachfrageorientierte Preisgestaltung (from market to company)

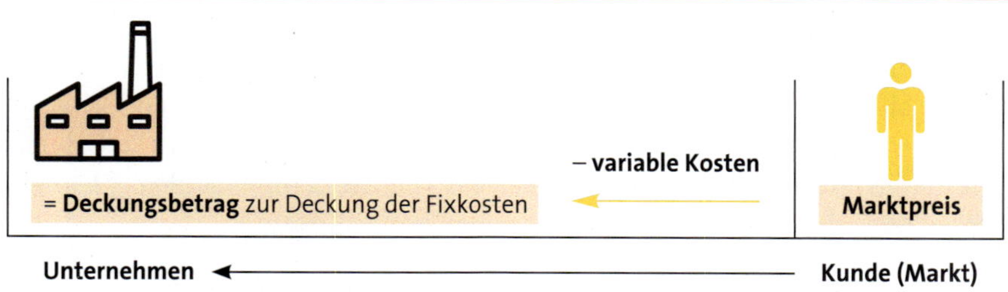

Sollten die Kunden hohe Preise aufgrund eines attraktiven Zusatznutzens akzeptieren, so kann ein Unternehmen deutlich höhere Preise als die nach Kosten kalkulierten Barverkaufspreise realisieren. In diesen Fällen unterstützen diese Produkte andere, die zu einem eher niedrigen Preis verkauft werden (**kalkulatorischer Ausgleich**).

Der vom Markt vorgegebene Preis wird jedoch stets auf einen noch vorhandenen **Deckungsbeitrag** überprüft. Dieser Betrag steht zur Deckung der fixen Kosten zur Verfügung. Sind alle Kosten abgedeckt, trägt der darüber hinausgehende Deckungsbeitrag zum Gewinn bei.

Variable Kosten steigen bzw. sinken mit der Absatzmenge. Beispiele: Wareneinsatz (Bezugspreise der verkauften Waren), Ausgangsfrachten, Versandverpackungen, Vertriebsprovisionen.

Deckungsbeitrag = Barverkaufspreis – **variable Kosten**

Beispiel Ein Kunde möchte das Trekkingrad Light der Fly Bike Werke GmbH kaufen. Der Listenverkaufspreis beträgt lt. Zuschlagskalkulation 384,06 €. Der Kunde möchte nur 210,00 € für das Rad bezahlen. Die variablen Kosten belaufen sich auf 130,10 €. Frau Ganser prüft den Deckungspreis auf Basis des Marktpreises.

Marktpreis	210,00 €
– variable Kosten	130,10 €
= Deckungsbeitrag	79,90 €

Der vom Kunden gewünschte Preis erzielt einen Deckungsbeitrag.

In der Praxis wird dabei eine **mehrstufige Deckungsbeitragsrechnung** durchgeführt. Dabei werden nach den variablen Kosten die Fixkosten, die dem Produkt zugeordnet werden können, berücksichtigt. Danach werden die bereichs- und die verbleibenden unternehmensfixen Kosten abgezogen. In vereinfachter Form stellt sie sich bei einem Unternehmen mit drei Produkten aus zwei Produktgruppen wie folgt dar:

Beispiel

	Produkt A-1	Produkt A-2	Produkt B-1
Umsatz	100.000,00	250.000,00	100.000,00
– variable Kosten	30.000,00	230.000,00	30.000,00
= Deckungsbeitrag (I)	70.000,00	20.000,00	70.000,00
– erzeugnisfixe Kosten	10.000,00	15.000,00	10.000,00
= Deckungsbeitrag (II)	60.000,00	5.000,00	60.000,00
– bereichsfixe Kosten		7.000,00	–
= Deckungsbeitrag III		58.000	60.000,00
– unternehmensfixe Kosten			32.000,00
= Betriebsergebnis			86.000,00

Bereichsfixe Kosten können nicht einem einzelnen Produkt, sondern nur einer Produktgruppe zugeordnet werden.

Ein Produkt muss langfristig zwingend zu einem Preis verkauft werden, der einen Beitrag zur Fixkostendeckung leistet. Erst wenn die Summe aller positiven Deckungsbeiträge aller verkauften Produkte die Höhe der gesamten Fixkosten übersteigt, erzielt das Unternehmen einen Gewinn. Kann jedoch nur ein bestimmter Preis durchgesetzt werden, versuchen Unternehmen die Kosten zu senken, bis bei dem „Zielpreis" Gewinn gemacht werden kann (**target** pricing).

Target (engl.) Ziel

4.2.3 Konkurrenzorientierte Preisgestaltung

Zum Markt eines Unternehmens gehören nicht nur die Kunden, sondern auch die Mitbewerber. Das Prinzip der konkurrenzorientierten Preisbildung entspricht der nachfrageorientierten Preisgestaltung. Einziger Unterschied ist die Bezugsgruppe:

Statt der Kunden ist hier die Konkurrenz Orientierungspunkt für den vom Markt vorgegebenen Preis. Speziell bei hoher Preistransparenz (z. B. über Preisvergleich-Anbieter im Internet) müssen Verkäufer ständig die Preise im Blick behalten.

Konkurrenzorientierte Preisgestaltung: from market to company

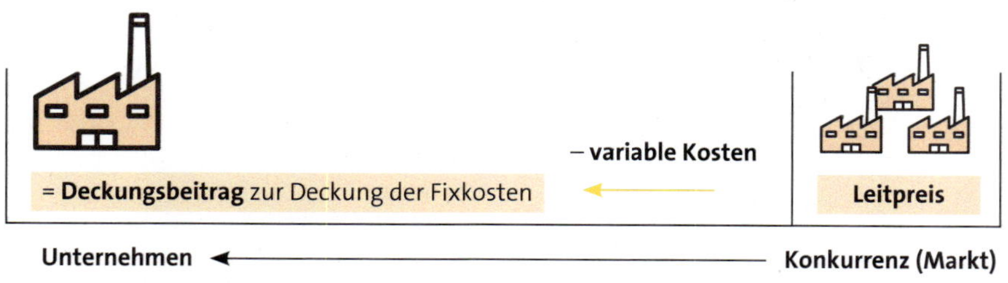

Löst ein Konkurrent einen Preiskampf aus, indem er die Preise der Mitbewerber unterbietet, ziehen andere Konkurrenten mit noch niedrigeren Preisen nach. Solche **Preiskämpfe** bedeuten oft das Ausscheiden von Konkurrenten (Marktbereinigung) und können auch für Verbraucher schädlich sein. Der zunehmende Preisdruck kann nämlich zu weniger ausgereiften und wenig innovativen Produkten führen, da Gewinnspannen für Neuentwicklungen oder Qualitätssicherung fehlen.

Verkaufspreise, die unter den Selbstkosten eines Unternehmens liegen, werden als **Dumpingpreise** bezeichnet. Kurzfristiges Dumping ist nur dann sinnvoll, wenn in naher Zukunft positive wirtschaftliche Entwicklungen (Umsatz- und Gewinnsteigerungen) wahrscheinlich sind.

Dumping
(engl. to dump) wegwerfen, verschleudern

4.2.4 Preisuntergrenzen

Besonders auf Käufermärkten verlangen verhandlungsstarke Großkunden häufig erhebliche Preisnachlässe oder Konkurrenten zwingen einem Unternehmen Preiskämpfe auf. Es ist also wichtig zu wissen, welchen Preis das Unternehmen für seine Produkte mindestens verlangen muss. Diese Frage kann nur in Abhängigkeit vom Zeithorizont beantwortet werden.

Die **langfristige Preisuntergrenze** liegt in Höhe der **Selbstkosten**. Sie kann dauerhaft genutzt werden, allerdings wird dann **kein Gewinn** erzielt. In der Realität wird ein Unternehmen jedoch seine Waren dauerhaft über der langfristigen Preisuntergrenze anbieten müssen. Nur Unternehmen, die auch Gewinn und damit Rentabilität (Eigenkapitalverzinsung) erzielen, haben auf Dauer am Markt Bestand.

Die langfristige Preisuntergrenze entspricht den Selbstkosten variable + anteilige Fixkosten: $K_v + K_f / x$

Die **kurzfristige Preisuntergrenze** liegt in Höhe der variablen Kosten, der Deckungsbeitrag ist dann null. Die zu diesem Preis verkauften Produkte leisten **keinen Beitrag** zur Deckung der Fixkosten. Diese Preisuntergrenze sollte nur kurzfristig und für wenige ausgewählte Produkte genutzt werden, da sonst der Fortbestand des Unternehmens gefährdet ist. In der Realität wird ein Unternehmen nur im Extremfall zu dieser Preisuntergrenze anbieten.

Die kurzfristige Preisuntergrenze entspricht den variablen Kosten: K_v

In der Realität werden meist Preise oberhalb dieser Preisgrenzen gewählt. Erst eine **Kombination aller Preisbildungsvarianten** in Abhängigkeit vom jeweiligen Zeithorizont führt zu einer kaufmännisch sinnvollen Preisbildung und damit zur Erfolgsoptimierung.

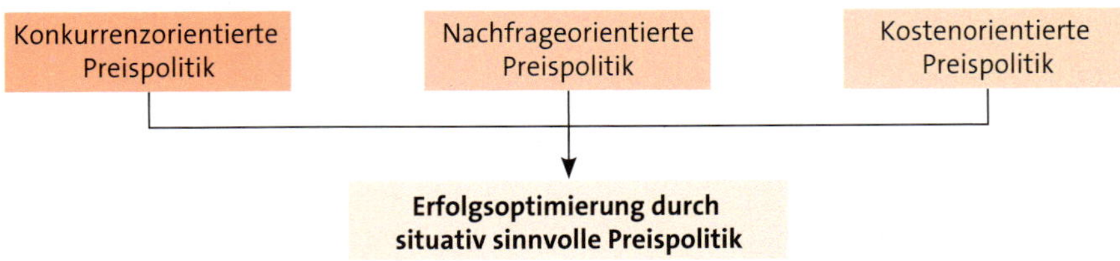

4.2.5 *Preiselastizität der Nachfrage*

Die Verkaufsmenge wird durch den Verkaufspreis entscheidend beeinflusst. Gerade in Zeiten knapper Finanzmittel bei potenziellen Nachfragern wird der Preis zu einem zentralen Kaufargument. Bei den meisten Gütern (normale Güter) ergibt sich zwischen Menge und Preis folgender Zusammenhang:

Zusammenhang zwischen Preis und Verkaufsmenge (normale Güter)

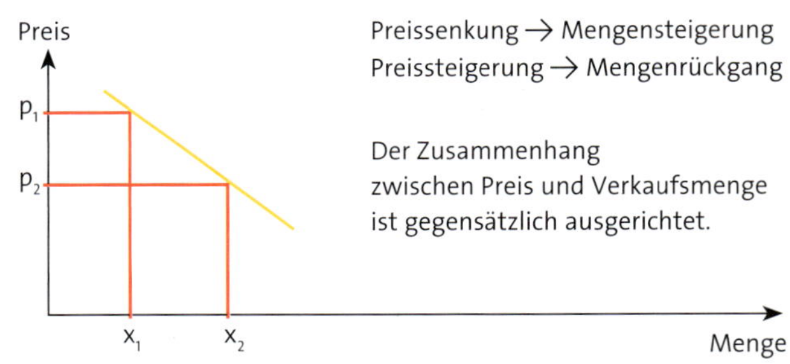

Je höher der Preis eines Gutes ist, desto geringer wird normalerweise die Nachfrage nach diesem Gut sein. Umgekehrt sind bei sinkenden Preisen in der Regel mehr Kunden bereit, das Gut zu kaufen. Dieser im Normalfall **gegensätzliche Zusammenhang** zwischen Preis und Absatzmenge ist allerdings bei jedem Gut unterschiedlich stark ausgeprägt. Die jeweilige Stärke, mit der die Nachfrage (mengenmäßig) auf Preisänderungen reagiert, nennt man Preiselastizität der Nachfrage.

Die **Preiselastizität** ist ein Indikator dafür, wie empfindlich die Kunden auf Preisänderungen reagieren. Je stärker die Änderung der Nachfrage ausfällt, desto größer ist die Preiselastizität dieses Gutes. Im Extremfall verändert sich die nachgefragte Menge allerdings gar nicht (vollkommen unelastische Nachfrage).

$$\text{Preiselastizität} = \frac{\text{relative Mengenänderung in \%}}{\text{relative Preisänderung in \%}} = \frac{\dfrac{\text{neue Menge} - \text{alte Menge}}{\text{alte Menge}}}{\dfrac{\text{neuer Preis} - \text{alter Preis}}{\text{alter Preis}}}$$

Das Ergebnis der Division wird stets mit –1 multipliziert, um ein positives Ergebnis zu erhalten.

Als Ergebnisvarianten können auftreten:

Isoelastische Nachfrage
Elastizität = 1 (Zähler = Nenner)
Preisänderung und Mengenreaktion sind gleich groß.

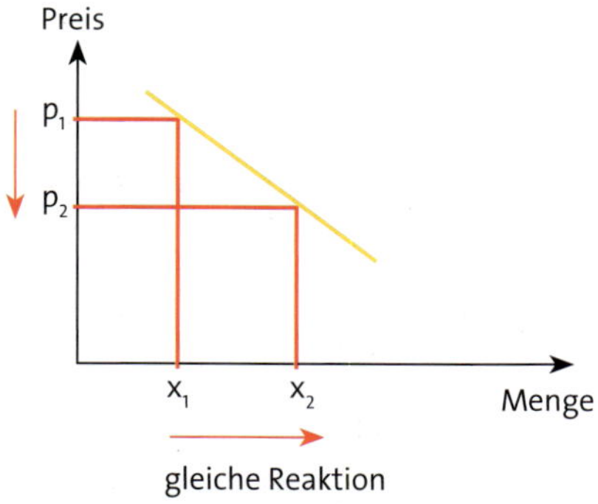

Theoretische Größe, in der Realität eher selten.

Elastische Nachfrage
Elastizität > 1 (Zähler > Nenner)
Die Mengenreaktion ist stärker als die Preisänderung.

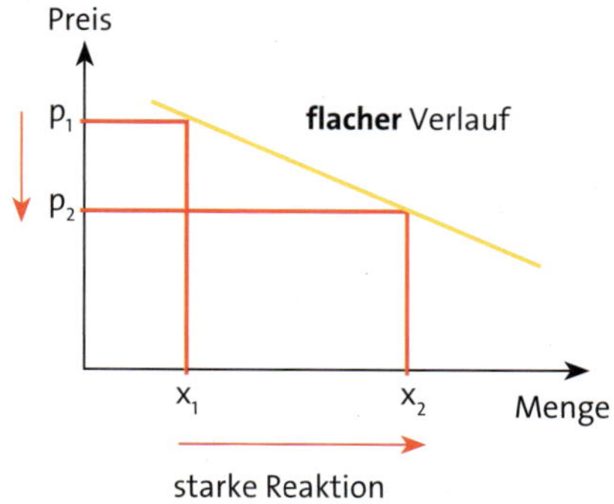

Güter des gehobenen Bedarfs, z. B. Autos, Unterhaltungselektronik

Unelastische Nachfrage (unempfindliche Reaktion)
Elastizität < 1 (Zähler < Nenner)
Die Mengenreaktion ist schwächer als die Preisänderung.

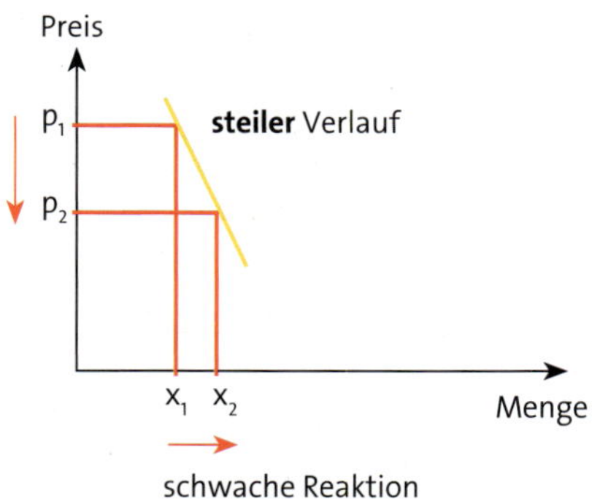

Güter des Grundbedarfs, z. B. Nahrungsmittel, Benzin

Vollkommen unelastische Nachfrage (Grenzfall)
Elastizität = 0 (Zähler = 0)
Die Kunden reagieren nicht auf Preisänderungen.

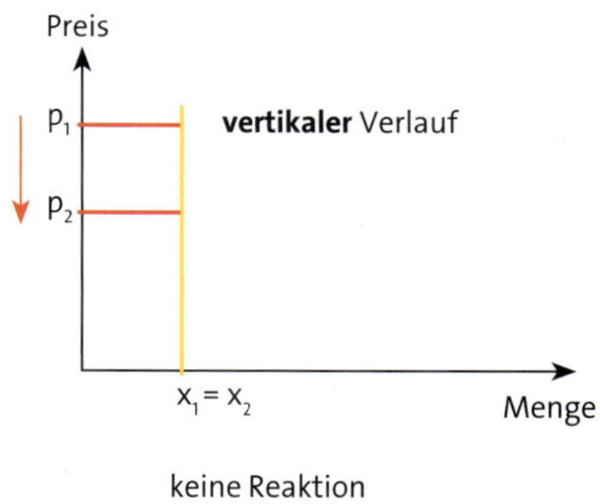

Lebensnotwendige Güter, z. B. Medikamente

Bevor ein Unternehmen seine Preise ändert, sollte ermittelt werden, wie stark die Kunden darauf voraussichtlich reagieren werden. Die Preiselastizität gibt wichtige Hinweise auf die Preisgestaltung einer Ware, um den Umsatz zu optimieren:

Preisgestaltung bei elastischer und unelastischer Nachfrage	
Elastische Nachfrage E > 1	moderate Preissenkung: relative Mengensteigerung > relative Preissenkung; der Umsatz steigt
Unelastische Nachfrage E < 1	moderate Preissenkung: relative Mengensteigerung < relative Preissenkung; der Umsatz sinkt

4.2.6 Preisdifferenzierung

Wird die gleiche Leistung zu unterschiedlichen Preisen angeboten, so handelt es sich um eine Preisdifferenzierung. Eine Preisdifferenzierung ist nur dann erfolgreich, wenn die **Teilmärkte** mit den unterschiedlichen Preisen voneinander isoliert werden können. Nur so wird verhindert, dass die Hochpreiskäufer nicht auf die Niedrigpreismärkte ausweichen. Diese Voraussetzung lässt sich in der Praxis nicht durchgehend realisieren. Dennoch ist die Preisdifferenzierung für viele Unternehmen ein wirksames Instrument der Preispolitik.

Häufig sollen durch die Preisdifferenzierung neue, zusätzliche Kundengruppen zum Kauf der Waren bewegt werden, um den Unternehmenserfolg zu erhöhen. Die Preisdifferenzierung kann dabei auf sehr verschiedene Arten realisiert werden. Welche Form konkret gewählt wird, hängt vom Sortiment und der Branche ab.

Arten der Preisdifferenzierung	
zeitliche Differenzierung	Eine Leistung wird zu verschiedener Zeit unterschiedlich teuer angeboten (z. B. Saisonpreise bei Reisen).
räumliche Differenzierung	Eine Leistung wird an verschiedenen Orten zu unterschiedlichen Preisen verkauft (z. B. unterschiedliche Mietpreise in Großstädten und in ländlichen Gebieten).
personelle Differenzierung	Je nach Kundengruppe werden für die gleiche Leistung unterschiedliche Preise verlangt (z. B. Mitarbeiterpreise, Schülertickets bei Verkehrsbetrieben).
sachliche Differenzierung	Gleiche Leistungen werden in unterschiedlicher Aufmachung zu verschiedenen Preisen verkauft (z. B. No-Name-Ware bei Discountern, die von Markenwarenherstellern produziert wurde).

E-Commerce, vgl. 5.4, S. 303 f.

Die zunehmenden technischen Möglichkeiten des Online-Handels und der Datenerfassung und Datenauswertung in Bezug auf einzelne Kunden führen dazu, dass Preise immer schneller und individueller angepasst werden.

Algorithmus
exakte Schrittfolge zur Lösung von Problemen

Dieses sogenannte **dynamische Preismanagement** beinhaltet die permanente Preisanpassung für ein Produkt an den aktuellen Marktbedarf aufgrund automatischer computerbasierter **Algorithmen**. Dabei werden Daten wie die Preisgestaltung der Konkurrenten, aktuelles Angebot und Nachfrage und andere externe Faktoren mit einbezogen.

Das dynamische Preismanagement ist in Geschäftszweigen wie der Hotellerie, bei Reiseveranstaltern und Fluganbietern sowie im Online-Einzelhandel übliche Praxis. Bei allen Formen der Preisdifferenzierung ist zu beachten, dass Verbraucher die Preisdifferenzierung nachvollziehen können müssen und sich einzelne Kunden nicht diskriminiert fühlen. Während reduzierte Fahrkartenpreise für Schüler allgemein nachvollzogen werden können, wäre z. B. ein nach der Attraktivität der Personen gestaffeltes Eintrittsgeld in Schwimmbädern nicht förderlich für das Image des Betriebes.

4.3 Konditionenpolitik

LS ▸ **LS 48**
Konditionenpolitische Entscheidungen treffen

Konditionen sind kundenspezifische Preisnachlässe, Liefer- und Zahlungsbedingungen, zu denen ein Unternehmen seine Leistungen an den Kunden abgibt. Mithilfe der Konditionenpolitik kann sich ein Unternehmen von der Konkurrenz absetzen.

Rabatte und Preisaufschläge

Ein Rabatt ist ein sofortiger Preisnachlass auf den Listenverkaufspreis, der bei Rechnungsstellung bereits abgezogen wird. Die häufigste Form des Rabattes ist der Mengenrabatt: Beim Bezug größerer Mengen wird ein Rabatt gewährt. Viele Unternehmen haben eine Rabattstaffel.

Rabattstaffel der Fly Bike Werke GmbH

Stückzahl Fahrräder	Rabatt
1–10	27,5 %
11–50	29,0 %
51–100	30,0 %
101–250	31,0 %
251–500	32,0 %
> 500	33,0 %

Darüber hinaus benötigt der Verkauf häufig zusätzlichen Handlungsspielraum für besondere Fälle. Er kann dabei auf verschiedene Rabattarten zurückgreifen, z. B.:

- **Treuerabatt** für langjährige Kunden
- **Sonderrabatte** für bestimmte Artikel (z. B. Abverkauf von Restmengen), für bestimmte Abnahmezeiträume (z. B. für Saisonwaren) oder für die Abnahme einer vorgegebenen Großmenge (z. B. komplette Lkw-Ladung im Streckengeschäft)
- **Naturalrabatt:** Der Nachlass wird nicht als Geld-, sondern als Warenleistung gewährt. Bei der **Draufgabe** bezahlt der Kunde die von ihm gewünschte Ware und bekommt zusätzliche Ware gratis. Bei der **Dreingabe** bezahlt der Kunde nur einen Teil der von ihm gewünschten Ware. Der Rest der Ware ist gratis.
- **Bonus:** Ein Bonus ist ein nachträglicher Preisnachlass auf den vom Kunden innerhalb einer Periode (z. B. pro Quartal) realisierten Umsatz. Bonus-Vereinbarungen dienen häufig der Kundenbindung und der Umsatzsteigerung.

Boni (Jahresboni bezogen auf den Zielverkaufspreis der Gesamtmenge)	Rabatt
Abnahme ab 1000 Fahrrädern	1 %
Abnahme ab 5000 Fahrrädern	2 %

Bei den Kunden nicht gern gesehen sind **Preisaufschläge** für Kleinmengen oder für Mengeneinheiten, die nicht den üblichen Verkaufseinheiten entsprechen.

Beispiel Staffelpreise der Fly Bike Werke GmbH für Gore-Tex-Textilien

Verkaufsmenge	Nettopreis je Stück	Verpackungskosten
Ab 1 Sück	15,89	6,50 pauschal
Ab 20 Stück	12,94	6,50 pauschal
Ab 100 Stück	9,89	Frei-Haus-Lieferung

Lieferbedingungen

Grundsätzlich – d. h. falls im Kaufvertrag nichts Abweichendes vereinbart wurde – trägt der Käufer die Kosten der Transportverpackung und für die Lieferung (Fracht, Paketgebühren, Transportversicherungen usw.). Es können jedoch kunden- oder auftragsspezifische Sondervereinbarungen getroffen werden. Möglich ist eine Aufteilung der Kosten zwischen Käufer oder Verkäufer oder die völlige Übernahme der Kosten durch den Verkäufer (Frei-Haus-Lieferung). Auch Lieferungen in unüblich kurzer Zeit oder Verpackungs- und Versandkostenpauschalen (Zuschläge) zur Verhinderung von Kleinbestellungen gehören zu den Lieferungsbedingungen.

Mindestabnahmemenge, Mindermengenzuschlag, Mindestbestellwert

Beispiel Die Köller GmbH fertigt Kleinteile aus Metall (z. B. Schrauben). Sie hat für fast alle Kleinartikel eine Mindestabnahmemenge festgelegt, die nicht unterschritten werden kann, da die Verpackungseinheiten nicht geöffnet werden dürfen. Mindermengenzuschläge außerhalb der Staffelpreise sind damit nicht möglich. Der Mindestbestellwert beträgt je Auftrag ohne Zuschlag 500,00 € netto. Bei einem Netto-Auftragswert unter 500,00 € wird zusätzlich ein pauschaler Zuschlag von 25,00 € berechnet (Mindermengenzuschlag). Bei Aufträgen mit einem Warenwert bis 250,00 € wird zusätzlich eine Verpackungskostenpauschale von 12,50 € in Rechnung gestellt.

Häufig sind in den Lieferungsbedingungen auch **Frankogrenzen** zu beachten. Hier kalkuliert der Verkäufer bis zu einer von ihm bestimmten Entfernung vom Firmensitz (Lagerort) die Lieferung der Ware in den Verkaufspreis ein. Erst bei Lieferungen über diese Grenze hinaus fallen für den Käufer Lieferkosten an. Oft wird bei Selbstabholung dieser Preisbestandteil nicht erstattet.

Zahlungsbedingungen

Sind Rabatte und Lieferungsbedingungen vereinbart, wird über **Skonto** verhandelt. Skonto ist ein nachträglicher Preisnachlass bezogen auf den Zielverkaufspreis. Voraussetzung ist die Zahlung innerhalb einer Skontofrist. Die Zahlungsbedingungen legen damit gleichzeitig das Zahlungsziel sowie die Art der Zahlung fest (z. B. 2 % Skonto innerhalb 10 Tagen, sonst 30 Tage ohne Abzug). Auch Vorauszahlungen, Anzahlungen, Ratenzahlungen oder extrem lange Zahlungsziele können in Kaufverträgen vereinbart werden.

Preis- und Konditionen-Mix

Übliche Preisnachlässe wie Rabatte und Skonti sind in der Kalkulation der Listenverkaufspreise, die den Kunden bekannt sind, bereits vorab einkalkuliert.

Verkaufskalkulation (Vorwärtskalkulation)				
	Selbstkosten		1.000,00 €	(100 %)
+	Gewinnzuschlag	15 %	150,00 €	(vom Hundert)
=	Barverkaufspreis (BVP)		1.150,00 €	(98 % des ZVP)
+	Kundenskonto	2 %	23,47 €	(im Hundert)
=	Zielverkaufspreis (ZVP)		1.173,47 €	(80 % des LVP)
+	Kundenrabatt	20 %	293,37 €	(im Hundert)
=	**Listenverkaufspreis (LVP)**		**1.466,84 €**	

$$\text{Gewinnzuschlag in €} = \frac{\text{Selbstkosten} \cdot \text{Gewinnzuschlagssatz (in \%)}}{100}$$

$$\text{Kundenskonto in €} = \frac{\text{Barverkaufspreis} \cdot \text{Skontosatz (in \%)}}{100 - \text{Skontosatz (in \%)}}$$

$$\text{Kundenrabatt in €} = \frac{\text{Zielverkaufspreis} \cdot \text{Rabattsatz (in \%)}}{100 - \text{Rabattsatz (in \%)}}$$

Werden für einen kundenspezifischen Auftrag bei konstanten oder steigenden Selbstkosten Sonderkonditionen vereinbart, kann es schnell zu Gewinnreduzierungen oder sogar zu einem Verlust aus diesem „Geschäft" kommen.

Sonderkonditionen sind z. B. zusätzliche Preisnachlässe, Übernahme der gesamten Lieferungskosten, überlange Zahlungsziele

Beispiel Gewinnkalkulation (Differenzkalkulation hier mit Verlust):

	Listenverkaufspreis		1.466,84 €
–	Kundenrabatt	30 %	440,05 €
=	Zielverkaufspreis		1.026,79 €
–	Kundenskonto	2 %	20,54 €
=	Barverkaufspreis		1.006,25 €
–	Selbstkosten (einschl. 50,00 € Versandkosten)		1.050,00 €
=	**Verlust**		**–43,75 €**

Im obigen Beispiel würde eine Erhöhung des Rabattsatzes auf 30 % den Gewinn fast völlig „aufbrauchen" (Restgewinn noch 6,25 €). Würden zusätzlich z. B. noch die Versandkosten in Höhe von 50,00 € vom Verkäufer freiwillig übernommen, entstünde ein Verlustgeschäft. Preisverhandlungen mit Kunden können nur dann sinnvoll geführt werden, wenn der Verkäufer seine Kalkulation genau kennt.

4.4 Kundenorientierte Serviceleistungen

Serviceleistungen können auf die Ware oder den Kunden bezogen sein. Serviceangebote haben natürlich immer Auswirkungen auf die Kosten des Verkäufers, die in seinem Preis für die Ware realisierbar sein müssen. Beispiele:

Kundenbesuche mit Beratung: Die Beratung kann sich auf einzelne Waren, das Sortiment, die Lagerung, die Werbung, die Verkaufsraumgestaltung bis hin zur Finanzierung von Aufträgen beziehen.

Personalschulungen: Schulungen gehen über eine Beratung hinaus. Das Personal des Käufers wird hinsichtlich der Wareneigenschaften und ggf. ihrer Anwendung/ihres Einsatzes und der sinnvollen Verkaufsaktivitäten umfassend geschult.

Kundendienst: Oft übernehmen Verkäufer für technische Geräte auch den Service, der üblicherweise von Herstellern geleistet wird (z. B. Reparaturen). Das ist häufig der Fall, wenn die Waren importiert wurden und der Hersteller im Inland diesen Kundendienst nicht leisten kann oder will.

Garantieverlängerungen oder -erweiterungen: Häufig findet man heutzutage dreijährige Garantien für den Endverbraucher, die damit über die gesetzliche Zwei-Jahres-Gewährleistungsfrist hinausgehen. Bei technischen Geräten wird z. B. während der Garantiezeit ein schneller Vor-Ort-Austausch des Artikels beim Kunden angeboten.

Serviceleistungen dienen der Kundengewinnung und -bindung. Ein gutes „Servicemanagement" verursacht auf der einen Seite Kosten. Auf der anderen Seite sichert ein hoher Zufriedenheitsgrad beim Kunden und damit einhergehend eine gute Kundenbindung den Erhalt und Ausbau von Marktanteilen.

Übersicht: Preispolitik

Preisstrategien	Langfristig – Niedrigpreisstrategie – Hochpreisstrategie	Kurzfristig – Penetrationspreis-Strategie – Skimming-Preis-Strategie
Faktoren der Preisbildung	Kostenorientierung	Decken die Erlöse die Gesamtkosten? Ziel: Erreichen der Gewinnschwelle E(x) > K(x)
	Nachfrageorientierung	Wie reagiert die Nachfrage bezogen auf Preisveränderungen? – Unelastische Nachfrage – Elastische Nachfrage – Vollkommen unelastische Nachfrage
	Konkurrenzorientierung	– Hohe Konkurrenz bei austauschbaren Massenprodukten – Mäßige Konkurrenz auf stark segmentierten Märkten
Preisdifferenzierung	– Zeitlich – Persönlich – Räumlich – Sachlich	

5 Distributionspolitik

LS 49
Absatzweg: Entscheidung zwischen Reisendem und Handelsvertreter treffen

Beispiel Die neuen Auszubildenden der Fly Bike Werke GmbH sitzen mit Frau Ganser in der Kantine zusammen. „Es ist schon ganz erstaunlich zu beobachten, wie Fahrräder hergestellt werden“, sagt einer der Azubis. „Ich kann verstehen, warum die Kunden die Räder kaufen wollen, aber wie gelangen die Räder denn eigentlich genau zum Kunden?“

Die **Distributionspolitik** befasst sich mit der Frage, wie, durch wen und womit der Kunde die Ware oder Dienstleistung erhält. Alle Maßnahmen, die ein Unternehmen zur Verteilung betrieblicher Leistungen ergreift, werden zur Distributionspolitik gerechnet. Im weiteren Sinne gehört dazu auch die Wahl des geeigneten Verkehrsträgers (z. B. die Bahn), die an dieser Stelle jedoch nicht weiter behandelt wird.

Distribution
(lat.) Verteilung

Entscheidungen der Distributionspolitik

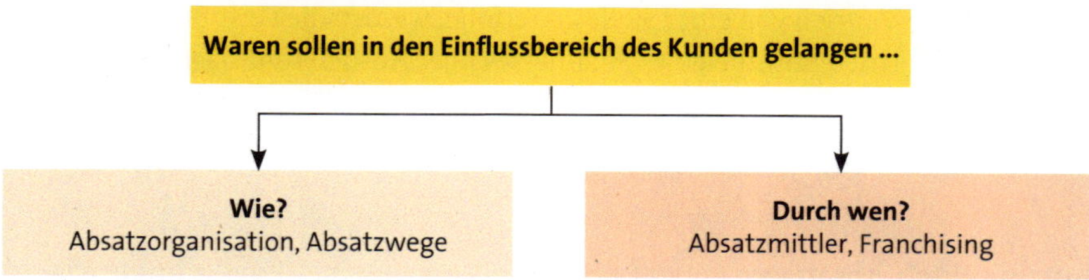

Die **Qualität** der Distributionspolitik hat auch Einfluss auf das Käuferverhalten und die Marktentwicklung. Wird die Kundenzufriedenheit durch eine optimale Organisation der betrieblichen Güterverteilung bestätigt, entwickelt sich das Käuferverhalten positiv. Die Kundenbindung bleibt stark und das Unternehmen kann seine Position auf dem Markt erhalten oder sogar weiter ausbauen.

Einflussfaktoren auf die Distributionspolitik

Einflussfaktoren	Beispiele
warenbezogen	– Erklärungsbedürftigkeit der Ware – Bedarfshäufigkeit beim Kunden – Transportempfindlichkeit
kundenbezogen	– Zahl der potenziellen Kunden – geografische Verteilung der Kunden – Offenheit der Kunden gegenüber verschiedenen Verkaufsmethoden (Direktverkauf, Streckengeschäft)
konkurrenzbezogen	– Zahl der Mitbewerber – Art der Konkurrenzprodukte – Distributionsmethoden der Konkurrenz – Stärken und Schwächen des Angebots gegenüber der Konkurrenz
unternehmensbezogen	– Größe des Unternehmens – Finanzkraft des Unternehmens – Erfahrungen des Unternehmens

5.1 Absatzorganisation

Die **innere Absatzorganisation** zeigt, nach welchen Kriterien der Absatzbereich innerhalb eines Unternehmens organisiert ist. Man unterscheidet hierbei grundsätzlich eine produkt-, funktions-, kunden- oder gebietsorientierte Absatzorganisation.

Beispiel Bei einer gebietsorientierten Absatzorganisation kann unterschieden werden nach Inland/Ausland oder bestimmten Ländern, Regionen, Kontinenten usw. Eine produktorientierte Absatzorganisation ist auf die zu vertreibenden Produkte oder Dienstleistungen abgestimmt. Dies ist vor allem dann sinnvoll, wenn unterschiedliche Zielgruppen angesprochen werden sollen.

Eine optimale Absatzorganisation gibt es nicht! Je nach Situation, Branche und Betrieb kommt entweder die innere oder die äußere Absatzorganisation oder auch eine Mischform infrage.

Die **äußere Absatzorganisation** beantwortet die Frage, wie ein Unternehmen den Absatz seiner betrieblichen Leistungen zwischen dem Unternehmen und dem Kunden organisiert. Hier wird generell zwischen einem zentralen und einem dezentralen Vertrieb unterschieden. Während die Verteilung der wirtschaftlichen Güter bei einem zentralen Vertrieb von einer Stelle aus erfolgt, werden die Leistungen bei einem dezentralen Vertrieb mithilfe eines Filialnetzes über Auslieferungslager oder Reisende abgesetzt.

5.2 Absatzwege

Der Absatzweg beschreibt, auf welche Weise eine betriebliche Leistung ihren Kunden erreicht.

Beim **direkten Absatzweg** verteilt ein Unternehmen seine Güter mithilfe eigener Absatzorgane direkt an den Konsumenten. Dies kann z. B. durch eigene Filialen oder Reisende gewährleistet werden.

Beim **indirekten Absatz** schaltet ein Unternehmen bei der Verteilung dagegen betriebsfremde Absatzorgane ein. So kann der Großhandel die Waren des Herstellers übernehmen und über den Einzelhandel an den Endverbraucher weitergeben.

Absatzwege

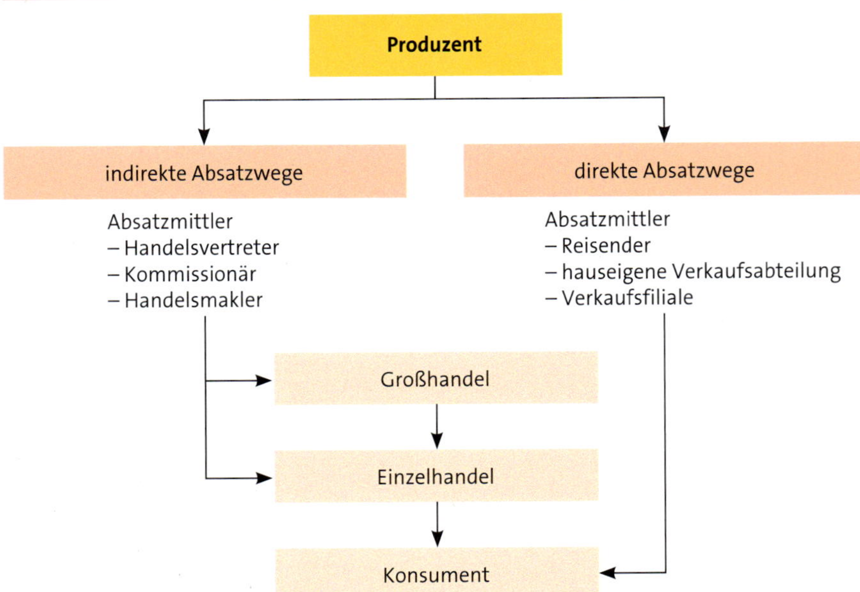

Vorteile des direkten Absatzes	Vorteile des indirekten Absatzes
direkter Kontakt zum Kunden; Möglichkeit, schnell auf Kundenwünsche und -anregungen zu reagieren	Aufgabenteilung bei der Warendistribution; hierdurch Entlastung des Herstellers
Einsparung von Kosten für unternehmensfremde Absatzorgane	Ausnutzen der Vorteile des Handels (z. B. Präsenz in vielen Orten, intensive Kundenbetreuung)
Absatzpolitik liegt alleine in der Hand des Unternehmens (Preise, Konditionen, Werbung)	gezieltes Ausnutzen der Stärken des Handels (Zeitausgleichsfunktion, Raumüberbrückungsfunktion, Sortimentbildungsfunktion)

Anteile der Vertriebswege für Fahrräder in Deutschland 2015

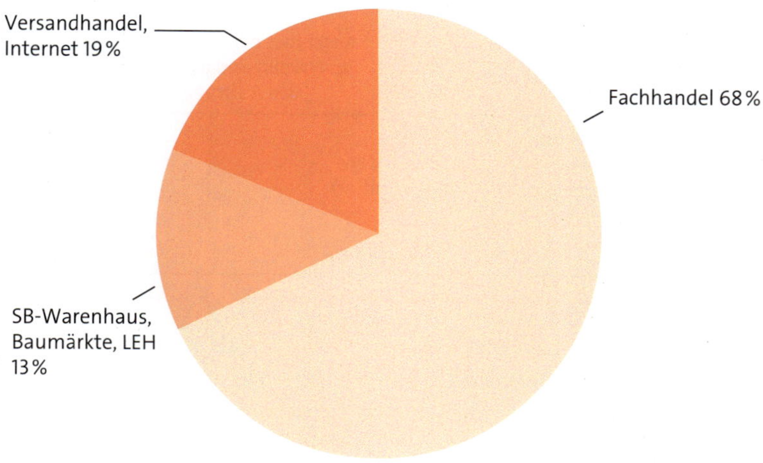

Nach: Statista 2018, Quelle: ZIV

Situationsgerechte Absatzwege

In der Praxis werden Unternehmen die Vor- und Nachteile direkter und indirekter Absatzwege gegeneinander abwägen müssen, um für ihren speziellen Fall eine optimale Lösung zu finden. Häufig nutzen Unternehmen auch beide Absatzwege in Kombination, um möglichst kundengerecht die produzierten Leistungen zu verteilen. Wählt ein Unternehmen den indirekten Absatz unter Einschaltung des **Handels**, übernimmt dieser folgende Aufgaben:

Aufgaben des Handels

Zeitausgleich	Raumüberbrückung	Sortimentbildung
Der Handel kauft Waren. Nicht alle Produkte werden sofort wieder verkauft, der Handel übernimmt die Lagerung.	Der Handel hilft bei der räumlichen Verteilung der Güter.	Der Handel bietet zahlreiche Waren verschiedener Produzenten an. Die Kunden können sich aus einem größeren Sortiment bedienen als beim Verkauf durch den einzelnen Produzenten.

5.3 Absatzmittler

Absatzmittler sind Personen, die im Bereich der Warendistribution tätig sind. Sie können im direkten und indirekten Absatzweg eingesetzt werden.

§ 59 ff. HGB

Der **Reisende** ist nach § 59 ff. HGB eine Person, die bevollmächtigt wird, für das Unternehmen, in dem sie tätig ist, vermittelnd oder abschließend tätig zu werden.

Weisung
bindende Aufforderung eines Vorgesetzten

Der Reisende ist damit ein Angestellter des Unternehmens und ist **weisung**sgebunden. Er ist im Namen und auf Rechnung seines Arbeitgebers tätig. Die Entlohnung erfolgt in der Regel durch ein festes Grundgehalt (Fixum), eine umsatzabhängige Provision und die Erstattung von Spesen.

Reisender (Angestellter mit Abschlussvollmacht)

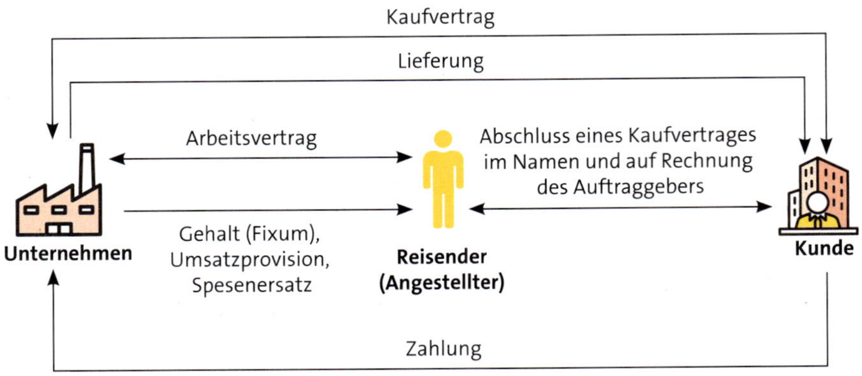

§ 84 HGB

Ein **Handelsvertreter** ist nach § 84 HGB eine Person, die als selbstständiger Gewerbetreibender ständig damit beauftragt ist, für ein Unternehmen Geschäfte zu vermitteln oder in dessen Namen abzuschließen. Er ist in fremdem Namen auf fremde Rechnung tätig.

Handelsvertreter (selbstständiger Kaufmann mit Abschlussvollmacht)

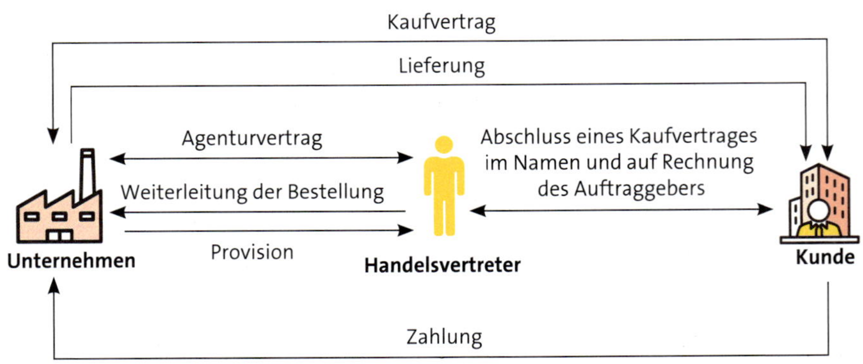

Die Aufgaben des Handelsvertreters überschneiden sich in vielen Fällen mit denen des Reisenden. Der Handelsvertreter ist aber selbstständiger Kaufmann und kann zudem für andere Unternehmen tätig werden. Finanziell hat der Handelsvertreter Anspruch auf eine umsatzabhängige Provision.

Absatzmittler

	Reisender	Handelsvertreter
allgemeine Einordnung	direkter Absatzweg	indirekter Absatzweg
Stellung zum Arbeitgeber	– unselbstständig – Angestellter im Rahmen eines Arbeits- oder Dienstvertrages – weisungsgebunden	– selbstständiger Kaufmann – Vertreter mit einem Agenturvertrag über einen längeren Zeitraum
Bedeutung	– flexibler Einsatz vor Ort – direkte Nähe zum Kunden	Einsatz vor allem für kleinere Firmen, die keinen eigenen Außendienst haben

Die Wahl des geeigneten Absatzmittlers

Beispiel Die Fly Bike Werke GmbH möchte den Vertrieb ihres Cityrades weiter ausbauen. Die Geschäftsleitung prüft deshalb zusammen mit der Controllerin Frau Steffes, ob dafür ein Reisender oder ein Handelsvertreter besser geeignet wäre.

Kostenvergleich: Reisender oder Handelsvertreter

Die Wahl des richtigen Absatzmittlers stellt ein zentrales Problem der Distributionspolitik dar. Die Entscheidung wird zunächst auf Basis der jeweils entstehenden Kosten geprüft. Danach kommen zusätzliche qualitative Entscheidungskriterien hinzu (z. B. Kenntnisse des Absatzmittlers, Kundennähe, Flexibilität). Die beiden Alternativen Reisender im Vergleich zum Handelsvertreter stellen sich kostenmäßig wie folgt dar:

	Kosten	Erläuterung
Reisender (R)	monatliches Grundgehalt (Fixum) + umsatzabhängige Provision $K_R = K_{fix} + K_{var}$	Zwar bedeuten die fixen Kosten eine dauernde Belastung für das Unternehmen, dafür ist der Reisende fest angestellt und weisungsgebunden. Der Reisende verkauft ausschließlich die Waren des Unternehmens.
Handelsvertreter (Hv)	umsatzabhängige Provision $K_{Hv} = K_{var}$	Der Handelsvertreter verursacht nur variable Kosten. Dies bewirkt mehr Kostenflexibilität. Die Provision ist in der Regel höher als beim Reisenden, da der Handelsvertreter **kein Grundgehalt** erhält. Als selbstständiger Kaufmann kann der Handelsvertreter auch andere Unternehmen vertreten. Er ist nicht weisungsgebunden.

Beispiel Bei der Auswahl zwischen Reisendem und Handelsvertreter hat die Controllerin, Sabrina Steffes, folgende Kostendaten ermittelt (Monatswerte):

Reisender	Handelsvertreter
Grundgehalt: 1.800,00 €/Monat	6% vom Monatsumsatz
Provision: 3 % vom Monatsumsatz	

Die Marktforschung zum Cityrad sowie bisherige Verkäufe zeigen, dass mit einem Monatsumsatz von 65.000,00 € zu rechnen ist.

Zeichnet man die Kostendaten von Reisendem und Handelsvertreter in ein Koordinatensystem ein, ergibt sich die nachfolgende Grafik (bezogen auf das Beispiel):

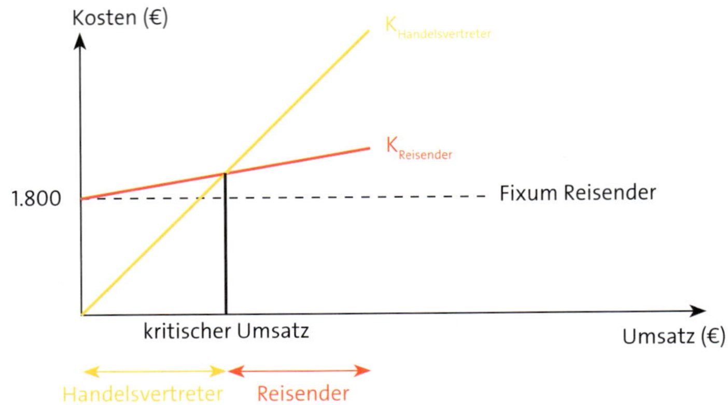

Auswertung:
- Bei einem bestimmten Umsatz **(kritischer Umsatz)** verursachen beide Absatzmittler die gleichen Kosten.
- Liegt der geschätzte Umsatz dauerhaft unterhalb des kritischen Umsatzes, sollte das Unternehmen einen **Handelsvertreter** einsetzen.
- Liegt der geschätzte Umsatz dauerhaft oberhalb des kritischen Umsatzes, sollte das Unternehmen einen **Reisenden** wählen.
- Je größer der erzielte Umsatz, desto weniger wirken sich die Fixkosten aus **(Fixkostendegression).**

Der **kritische Umsatz** lässt sich auch berechnen. Dazu müssen die Kosten beider Alternativen gleichgesetzt werden.

Es gilt:
U = Umsatz in €
p = Provisionssatz in %

Reisender (R)	Handelsvertreter (Hv)
Kosten: $K_R = K_{fix} + K_{var}$ mit $K_{var} = U \cdot p_R$	Kosten: $K_{Hv} = K_{var}$ mit $K_{var} = U \cdot p_{Hv}$
$K_R = K_{fix} + (U \cdot p_R)$	$K_{Hv} = (U \cdot p_{Hv})$
gleichsetzen: $K_R = K_{Hv}$ $K_{fix} + (U \cdot p_R) = (U \cdot p_{Hv})$	$\mid -(U \cdot p_R)$
$K_{fix} = (U \cdot p_{Hv}) - (U \cdot p_R)$	| U ausklammern
$K_{fix} = U \cdot (p_{Hv} - p_R)$	$\mid : (p_{Hv} - p_R)$
$\frac{K_{fix}}{(p_{Hv} - p_R)} = U_{kritisch}$	

Für das obige Beispiel lässt sich der kritische Umsatz nun leicht ermitteln:

$$U_{kritisch} = \frac{K_{fix}}{(p_{Hv} - p_R)} \blacktriangleright \frac{1.800,00}{(6\,\% - 3\,\%)} = \frac{1.800,00}{0,03} = 60.000,00\ €$$

Der geschätzte Umsatz liegt mit 65.000,00 € über dem kritischen Umsatz von 60.000,00 €. Aus Kostensicht sollte daher ein Reisender gewählt werden.

5.4 E-Commerce

Die Kommunikation auf elektronischem Weg via E-Mail oder Internet hat den Unternehmen in den letzten Jahren nie gekannte Möglichkeiten in den Bereichen des **Vertriebs** betrieblicher Leistungen sowie der **Serviceleistungen** beschert. Die Kommunikation innerhalb eines Unternehmens und mit dem Kunden wurde regelrecht revolutioniert. So können die Verkaufssortimente in kürzester Zeit allen (potenziellen) Kunden weltweit vorgestellt werden, Werbeanzeigen per Knopfdruck global geschaltet werden, Preise und Konditionen verändert und Serviceleistungen weltweit angeboten werden.

Die Möglichkeiten der Nutzung der globalen Datennetze hat dadurch sowohl die Geschäftsprozesse innerhalb eines Unternehmens als auch zwischen Unternehmen (Business to Business, B2B) sowie zwischen Unternehmen und Endverbraucher (Business to Consumer, B2C) beschleunigt und optimiert.

Electronic-Commerce (kurz **E-Commerce**) ist eine Form des Warenvertriebs, bei der Verkäufer und Käufer mithilfe des Internets Geschäftsbeziehungen eingehen. Ein potenzieller Käufer kann im „Webshop" eines Verkäufers Waren ansehen, zusätzliche Wareninformationen anfordern, Geschäftsbedingungen einsehen und Waren konkret bestellen. Auch **After-Sales-Leistungen** wie die Kundenbetreuung oder die Bearbeitung von Reklamationen sind auf elektronischem Weg möglich.

Electronic-Commerce
kurz: E-Commerce (engl.)
elektronischer Handel

Vorteile des E-Commerce

für den Verkäufer	für den Käufer
– Kundenakquisition kann weltweit und zeitgleich erfolgen. – Kosteneinsparungen, z. B. durch geringeren Personaleinsatz, geringere Mietausgaben – Such- und Informationskosten für die Markterkundung sinken durch Internetrecherche. – größere Absatzmärkte durch globalen Marktzugriff	– bequemer Einkauf von zu Hause – Konsumgüter werden preiswerter, weil die Verkäufer Preisvorteile weitergeben können. – Verfügbarkeit über ein weltweites, riesiges Warensortiment – Einkaufsmöglichkeit „rund um die Uhr"

Neben den genannten Vorteilen können Unternehmen anhand der über einzelne Kunden gesammelten Daten (bisherige Bestellungen, Suchanfragen usw.) zukünftig jedem Kunden individuelle Einkaufsvorschläge anbieten. E-Commerce-Anbieter blenden außerdem sogenannte Pack-Shots ein, die neben einer Abbildung des zuvor angesehenen Produkts den Hinweis enthalten, für welche Produkte sich Kunden, die das gleiche Produkt gekauft haben, ebenfalls interessieren. E-Commerce ist nicht nur ein veränderter Distributionsweg. E-Commerce eröffnet auch völlig neue Möglichkeiten der Preispolitik und der Kommunikationspolitik.

Übersicht: **Distributionspolitik**

Absatzwege	– direkt (über eigene Absatzorgane) – indirekt (über betriebsfremde Absatzorgane)
Absatzmittler	– Handelsvertreter (indirekter Absatzweg) – Handelsreisender (direkter Absatzweg)
Franchising	System der Vertriebsbindung: Franchisegeber (Hersteller) sucht Franchisenehmer (Händler), die als selbstständige Unternehmer mit eigenem Kapitaleinsatz Waren unter einheitlichem Marketingkonzept anbieten. Rechte und Pflichten sind vertraglich geregelt.
E-Commerce	Käufer und Verkäufer gehen eine Geschäftsbeziehung per Internet ein – Business to Consumer (B2C) – Business to Business (B2B)

6 Kommunikationspolitik

Ziel der Kommunikationspolitik ist es, das (Kauf-)Verhalten potenzieller Kunden zu beeinflussen. Jeder denkt dabei zuerst an die klassische Absatzwerbung. Unternehmen stehen jedoch verschiedene Instrumente zur Verfügung.

6.1 Absatzwerbung

Instrumente der Kommunikationspolitik

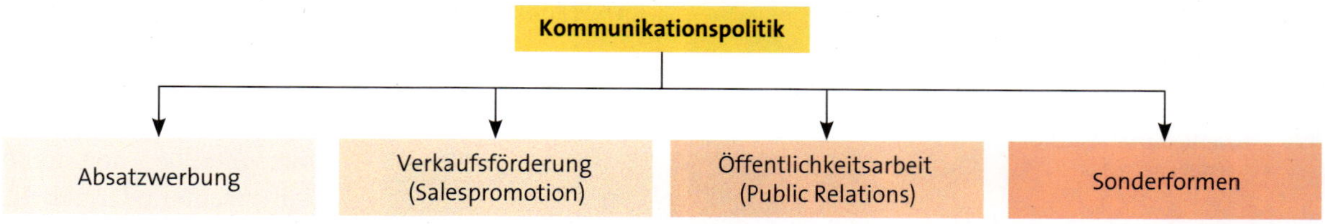

Unter **Absatzwerbung** (im allgemeinen Sprachgebrauch kurz „Werbung" genannt) versteht man jede Kommunikation, die produkt- oder unternehmensspezifische Informationen zu bestimmten Zielgruppen transportiert. Alle Werbemaßnahmen, die sich mit dem Absatz bzw. der Positionierung des Warenangebotes am Markt beschäftigen, gehören zur Absatzwerbung.

Häufig ist die Absatzwerbung auf eine breite Streuung und **langfristige Wirkung** angelegt. Je nach Zielsetzung des Unternehmens sollen mithilfe der Werbung Umsätze gesteigert bzw. Umsatzrückgänge vermieden oder neue Waren/Dienstleistungen bekannt gemacht werden. Die Absatzwerbung versucht dazu, Bedürfnisse bei den Kunden zu erzeugen und dadurch eine Kaufentscheidung herbeizuführen.

Push-Prinzip: Werbeinformationen werden der Zielgruppe regelrecht entgegengeschoben.

6.1.1 Werbearten

LS ▸ **LS 50** Werbeplan erstellen

Absatzwerbung lässt sich auf unterschiedliche Weise realisieren. Je nach Zielsetzung und den zur Verfügung stehenden Finanzmitteln nutzen Unternehmen die **Einzelwerbung** oder die **Kollektivwerbung**.

Werbearten

Einzelwerbung	Kollektivwerbung
Unternehmen wirbt allein	mehrere Unternehmen werben gemeinsam
gezielte Werbung mit dem Namen des Artikels bzw. des Unternehmens	Arten der Kollektivwerbung: – Gemeinschaftswerbung – Sammelwerbung – Verbundwerbung
Kosten sind hoch	

Gemeinschaftswerbung: Eine ganze Branche wirbt gemeinsam, ohne einzelne Unternehmensnamen zu nennen (z. B. „die Milch macht's"). Die Werbung wird durch freiwillige Beiträge der Branchenmitglieder finanziert und soll ein positives Bild der Branche vermitteln. Ob die Werbung für das einzelne Unternehmen Erfolg gebracht hat, lässt sich in der Regel nicht zweifelsfrei feststellen.

Werbeerfolgskontrolle, vgl. 6.1.6, S. 311

Unterschiedliche Werbearten bei der Fly Bike Werke GmbH: Gemeinschaftswerbung (rechts), Einzelwerbung (unten)

Sammelwerbung: Viele Unternehmen z. B. einer Region werben gemeinsam unter Namensnennung aller beteiligten Unternehmen (z. B. Sammelwerbung an Flughäfen, Bahnhöfen oder am Ortseingang).

Verbundwerbung: Wenige (meist zwei) Unternehmen mit einem sich ergänzenden Angebot werben gemeinsam bei Namensnennung. Die Werbenden möchten vom guten Image des jeweiligen Verbundpartners profitieren (z. B. Waschmaschinen und Waschmittelhersteller). Verbundwerbung lässt sich eher selten realisieren.

LS ▸ **LS 50** Werbeplan erstellen

6.1.2 Die AIDA-Formel

Absatzpolitische Kommunikation möchte aufgrund der hohen Konkurrenz in erster Linie **Aufmerksamkeit** erregen, um letztlich nach Möglichkeit eine **Kaufhandlung** auszulösen. Deshalb nutzt man im Rahmen der Werbung ein Grundprinzip moderner Kommunikationspsychologie, das diese Zielsetzung weitgehend unterstützt. Erfolgreiche Werbung folgt daher fast immer den folgenden vier Kommunikationsstufen:

Die AIDA-Formel

A	Attention	Aufmerksamkeit erregen
I	Interest	Interesse an der Leistung wecken
D	Desire	Verlangen/Besitzwunsch wecken
A	Action	(Kauf-)Handlung auslösen

Je nach genutztem Werbeträger (Zeitung, Fernsehen, Internet usw.) kommt der vierten Stufe (Action) unterschiedliche Bedeutung zu. Statt einer Kaufhandlung könnte z. B. auch eine Prospektbestellung als Aktion gewünscht sein. Das vierstufige Grundprinzip ist jedoch bei fast jeder Werbung sichtbar.

Kommunikationspolitisches Konzept, vgl. 7, S. 321 f.

Die AIDA-Formel funktioniert nur optimal, wenn zunächst im Rahmen eines kommunikationspolitischen Konzepts die Zielgruppe festgelegt wird und eine genaue **Werbeplanung** erfolgt. Dabei müssen technische, personelle und finanzielle Vorgaben beachtet werden. Alle Einzelschritte sind aufwendig und erfordern eine hohe Fachkompetenz. Gerade mittelständische Unternehmen beauftragen deshalb oft professionelle Agenturen, die über entsprechendes Fachwissen verfügen. Das kommunikationspolitische Konzept muss dabei zu den anderen Bestandteilen des Marketingmixes passen und die Ziele des Unternehmens unterstützen.

6.1.3 Werbeplanung

LS ▸ **LS 50**
Werbeplan erstellen

Absatzpolitische Kommunikation entsteht nicht zufällig oder spontan. Vielmehr wird sie genau geplant und läuft in einer bestimmten Reihenfolge ab. Folgende Aspekte müssen im Vorfeld festgelegt werden.

Ablaufschema Werbeplanung

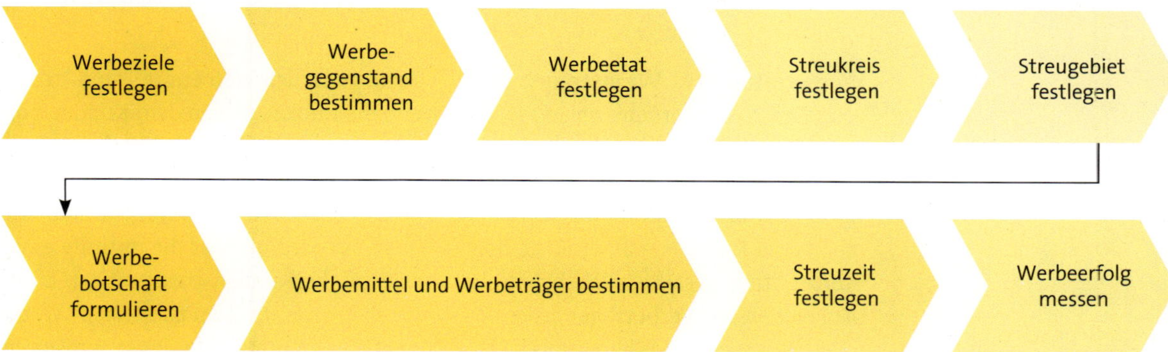

Werbeziele: Zu Beginn der Werbeaktion müssen sich die Verantwortlichen die Frage stellen, warum sie werben wollen, d. h., sie müssen sich über die konkreten Ziele der Werbemaßnahme klar werden. Die Einführung eines neuen Artikels oder die Erinnerung an einen bereits vorhandenen Artikel können Ziele sein.

Werbegegenstand: Viele Unternehmen vertreiben ein umfangreiches Sortiment. Deshalb muss das Werbeobjekt genau bestimmt werden: Soll ein einzelner Artikel, eine Warengruppe oder das komplette Sortiment beworben werden?

Werbeetat: Das Unternehmen muss festlegen, welche Finanzmittel für die Werbung zur Verfügung stehen sollen.

Streukreis: Ein Unternehmen muss sich vor der Realisierung einer Werbekampagne genau überlegen, welchen Personenkreis es umwerben will. So hätte z. B. eine Werbung für ein Herztonikum bei Kindern wenig Aussicht auf Erfolg. Werbung, die eine falsche Zielgruppe erreicht, bedeutet eine Verschwendung finanzieller Mittel.

Streugebiet: Nicht jede Werbung soll in einem größeren Umkreis erscheinen. Der lokale Supermarkt wird seine Waren nicht weit über die Stadtgrenzen hinaus anpreisen wollen und der Autohändler in Kassel ist kaum an einer Werbung in ganz Deutschland interessiert. Es kommt daher darauf an, den Werberadius an das Produkt und an die Werbeziele anzupassen. Teure **Streuverluste** sind zu vermeiden. In Abhängigkeit von Streukreis und Streugebiet sind auch nicht mehr alle Werbeträger (z. B. Fernsehen) sinnvoll.

Werbebotschaft: Jede Kommunikation enthält eine Information, die der Sender (Verkäufer) dem Empfänger (möglicher Kunde) mitteilen möchte. Der Inhalt bei der absatzpolitischen Kommunikation heißt **Werbebotschaft**, z. B: „Fahrrad fahren hält fit". Die Werbebotschaft soll beim möglichen Kunden ein gewünschtes Verhalten – meist den Kauf einer Unternehmensleistung – auslösen. Da die Werbebotschaft das zentrale Element der Absatzwerbung ist, schalten viele Unternehmen professionelle Werbeagenturen ein, um die Inhalte möglichst wirkungsvoll und zielgerichtet zu formulieren und zu gestalten.

Werbemittel und Werbeträger: Mit der Festlegung der Werbemittel und -träger bestimmt das Unternehmen, auf welche Weise die Informationen dem Kunden vorgestellt werden sollen. Transportiert wird die Botschaft mithilfe eines **Werbemittels**, z. B. eines Fernsehspots. Werbemittel enthalten die eigentliche Werbebotschaft und sind gekennzeichnet durch Schrift, Bild oder Sprache. Damit die Werbebotschaft die möglichen Kunden auch erreicht, benötigt man ein Medium, das die mithilfe eines Werbemittels gestaltete Werbebotschaft an mögliche Kunden transportiert. Diese Medien heißen **Werbeträger**. Jedes Werbemittel hängt mit einem passenden Werbeträger zusammen: Werbebotschaft, Werbemittel und Werbeträger müssen unbedingt zielgruppengerecht aufeinander abgestimmt werden, um eine optimale Wirkung zu erzielen. Ein Produkt, das als Zielgruppe ältere Menschen anspricht, über einen Werbespot bei KiKA (Kinderkanal von ARD und ZDF) erreichen zu wollen, wäre z. B. unpassend.

Beispiel Die Fly Bike Werke GmbH wirbt für das neue Mountainbike 700. Die Fachzeitschrift „Radsport-Trends" spricht die Zielgruppe „Radsportler" an. Anzeigentext und Grafik wurden deshalb bewusst dynamisch-sportlich gestaltet.

Pink Rockers Mountainbike

nur 380,00 €

Drive your Style!

Werbebotschaft: Text

Werbemittel: Anzeige

Werbeträger: Fachzeitschrift

Streuzeit: Die Streuzeit gibt an, zu welchem Zeitpunkt und wie lange die Werbung in dem entsprechenden Medium erscheinen soll. Die richtige Wahl des Werbezeitpunktes kann den Werbeerfolg maßgeblich beeinflussen. So hätte es z. B. wenig Sinn, bereits im Juni für weihnachtliche Geschenkpapiere zu werben.

Werbeerfolgskontrolle, vgl. 6.1.6, S. 311

Werbeerfolg messen: Werbung ist erst dann erfolgreich, wenn die festgelegten Werbeziele erreicht werden konnten. Jedes Unternehmen sollte dies nach dem Ende der Werbeaktion überprüfen.

6.1.4 Werbeträger auswählen

Um über die **Kosten eines Werbeträgers** eine bessere Aussage treffen zu können, wird häufig auf den Tausenderpreis zurückgegriffen. Diese Kennzahl gibt an, wie teuer eine Werbemaßnahme ist, um 1 000 Personen per Sicht- und/oder Hörkontakt anzusprechen.

Tausenderpreis: $\frac{\text{Preis je Seite}}{\text{Leser pro Ausgabe}} \cdot 1000$

Beispiel Angenommen, die Preisliste des Magazins „Brandung“ weist einen Seitenpreis von 49.300,00 € aus. Laut Brancheninformationen hat die Zeitschrift durchschnittlich 7,2 Mio. Leser pro Ausgabe. Der Tausenderpreis lässt sich wie folgt ermitteln:

$$\frac{49.300\text{ €}}{7\,200\,000} \cdot 1000 = 6{,}84\text{ €} / 1000\text{ Leser}$$

Bei der Werbung für ein Herrenrennrad der Fly Bike Werke GmbH könnte die Zielgruppe „Männer mit überdurchschnittlichem Einkommen“ umfassen. Das Design wird dann passend zur Zielgruppe festgelegt, denn nur diese ist für unsere Werbemaßnahme interessant. Entsprechend ist es sinnvoll, beim Kostenvergleich nicht alle Leser, sondern **nur die Leser der Zielgruppe** zu betrachten:

Qualitativer Tausenderpreis: $\frac{\text{Preis je Seite}}{\text{Leser unserer Zielgruppe pro Ausgabe}} \cdot 1000$

Beispiel Wenn wir davon ausgehen, dass 61 % der Leser der „Brandung“ der Zielgruppe angehören, ergibt sich:

$$\frac{49.300\text{ €}}{0{,}61 \cdot 7\,200\,000} \cdot 1000 = 11{,}22\text{ €} / 1000\text{ Leser der Zielgruppe}$$

Unter Aspekten des Vergleichs der Kosten müsste immer der Werbeträger mit dem günstigsten qualitativen Tausenderpreis gewählt werden. Zu beachten ist jedoch, dass der Tausenderpreis nur einen Kostenvergleich erlaubt. Mit Sicherheit erreicht man z. B. über den „Playboy“ viele Männer, ob diese Zeitschrift aber unter qualitativen Gesichtspunkten (z. B. Imagetransfer) geeignet wäre, ist durch den Tausenderpreis nicht geklärt. Die gleichen Kosten- und Imagebetrachtungen gelten auch innerhalb anderer Werbemedien, z. B. Fernsehen, Hörfunk und Internet.

In der Online-Werbung spricht man statt vom Tausenderpreis von „Cost per Click“. Im Rahmen von Cost-per-Click wird nur dann eine Zahlung fällig, wenn eine Person tatsächlich auf eine geschaltete Werbung (z. B. Werbebanner) klickt und somit auf die Seite des Werbetreibenden weitergeleitet wird. Für das reine Veröffentlichen einer Werbeanzeige wird nicht gezahlt. Die Höhe des Preises wird zumeist nach dem Prinzip des Meistbietenden bestimmt. Die Werbeplätze sind begrenzt und dies bedeutet, je mehr ein Unternehmen für einen Klick bezahlt, desto besser wird das Werbemittel auf der Seite platziert.

6.1.5 Grundsätze der Werbung

Werbung soll Aufmerksamkeit erregen, um dadurch Kaufwiderstände zu reduzieren bzw. Kaufwünsche auszulösen. Um zu verhindern, dass um der Aufmerksamkeit willen übertriebene oder bewusst falsche Aussagen gemacht werden, sollten sich Unternehmen an bestimmte Grundsätze halten.

Werbegrundsätze	
Wirksamkeit	Werbung muss zielgruppengerecht entwickelt werden, um einen möglichst großen Erfolg zu erzielen. Streuverluste sind zu vermeiden.
Wahrheit und Klarheit	Werbung darf keine falschen oder irreführenden Angaben zu den angepriesenen Leistungen machen. Zwar sollen die Waren im positiven Licht erscheinen, dies darf aber nur in sachlich einwandfreiem Rahmen geschehen.
Wirtschaftlichkeit	Werbung muss immer in einem wirtschaftlichen Verhältnis zu dem erzielten Erfolg stehen. Das heißt, der zusätzliche Erfolg (z. B. Umsatzwachstum) muss deutlich höher sein als die Werbekosten.
gesellschaftliche Akzeptanz	Werbung sollte gesellschaftliche Wertvorstellungen nicht missachten oder Minderheiten zwecks Effekthascherei missbrauchen (Moral). Auch das Beachten von Gesetzen (Gesetz gegen den unlauteren Wettbewerb) gehört natürlich dazu.

Aktuelle Beispiele gerügter Werbung sind unter www.werberat.de zu finden.

Nicht alle Unternehmen halten sich an diese Werbegrundsätze. Deshalb hat die Werbebranche freiwillig ein Kontrollgremium installiert, den **deutschen Werberat**. Die Branche kann so selbst Werbung für anstößig erklären, die rechtlich nicht einschränkbar wäre, z. B. weil die Werbenden sich erfolgreich auf die Kunst- und Meinungsfreiheit berufen könnten. Der Werberat prüft und ahndet besonders weitreichende Verstöße gegen die Werbegrundsätze. Besonders häufig werden dabei sexistische Werbungen gerügt. Auch z. B. diskriminierende Werbung verstößt gegen die Werbegrundsätze.

Beispiele für vom deutschen Werberat gerügte Werbung
Ein Händler von Tierfutter warb mit Bildern einer fast nackten Frau und dem Begriff „Frischfleisch". Diese Werbung stufte der Werberat als sexistisch ein.

Ein Berliner Unternehmen ließ Plakate mit den Bildern eines sehr jungen und dünnen Models in Unterwäsche veröffentlichen. Das Mädchen wirkte teilnahmslos und berauscht oder sogar süchtig. Darüber prangte der Schriftzug „Heroin Kids". Der Werberat begründete seine Rüge mit einer möglichen Entwicklungsbeeinträchtigung für Jugendliche, die von der Werbung ausgehen könne.

UWG, vgl. 6.6, S. 316

Juristische Konsequenzen haben die Ahndungen des Werberates jedoch nicht. Zum Schutz von Mitbewerbern und Verbrauchern hat der Gesetzgeber ein Gesetz **gegen unlauteren Wettbewerb (UWG)** erlassen.

6.1.6 Werbeerfolgskontrolle

LS ▸ LS 51
Werbeerfolg kontrollieren

Da jede Werbung Kosten verursacht, sollte geprüft werden, ob die Werbung tatsächlich zur Erfolgsverbesserung beigetragen hat. Das Problem der Werbeerfolgskontrolle besteht darin, dass man nicht genau feststellen kann, ob die durchgeführte Werbung die (alleinige) Ursache für beobachtete Entwicklungen ist oder ob auch andere Faktoren (z. B. Preis, Konkurrenz, Zufall) einen Einfluss hatten. Es kann schließlich nicht ermittelt werden, wie groß z. B. der Umsatz ohne Werbemaßnahmen gewesen wäre. Dennoch wird der Werbeerfolg grundsätzlich auf zwei Arten kontrolliert:

Ökonomische Werbeerfolgskontrolle: Der Werbeerfolg wird in Bezug auf Messgrößen überprüft, die den ökonomischen Erfolg des Unternehmens direkt bestimmen.

Kennzahlen der ökonomischen Werbeerfolgskontrolle

Werbeerfolg:	Umsatz (nach der Werbemaßnahme) – Umsatz (vor der Werbemaßnahme)
Werbe-rendite:	$\frac{\text{Werbeerfolg (Umsatzzuwachs)}}{\text{Werbekosten}}$ Ist die Werberendite > 100 %, ist der Umsatzzuwachs also größer als die durch die Werbung entstandenen Kosten, kann die Werbung als erfolgreich bewertet werden.
Marktanteil:	$\frac{\text{Umsatzwachstum}}{\text{Gesamtumsatz des Marktes}}$

Außerökonomische Werbeerfolgskontrolle: Überprüft wird die Erreichung von psychologischen Werbezielen einer Kampagne. Dabei können Wahrnehmung, Verarbeitung und Verhaltensänderung unterschieden werden.

Kennzahlen der außerökonomischen Werbeerfolgskontrolle

Aufmerksamkeitsgrad:	$\frac{\text{Zahl der von der Werbung Angesprochenen}}{\text{Zahl der Umworbenen (Zielgruppe)}}$
Erinnerungserfolg:	$\frac{\text{Zahl der sich an die Werbung Erinnernden}}{\text{Zahl der Umworbenen}}$
Auftragseingangs-quote:	$\frac{\text{Zahl der tatsächlichen Käufer}}{\text{Zahl der Umworbenen (Zielgruppe)}}$

Beispiel Nach dem Versand von 15 500 Coupons wurden im August 2 190 Prospekte zum neuen Mountainbike angefordert. Der Umsatz stieg in diesem Monat um 18.200,00 €, die Werbekosten betrugen 12.300,00 €.

$$\text{Werberendite} = \frac{18.200}{12.300} \cdot 100 = 147{,}97 \ (147{,}97\,\%)$$

$$\text{Aufmerksamkeitsgrad} = \frac{2\,190}{15\,500} \cdot 100 = 14{,}13 \ (14{,}13\,\%)$$

Gemessen an diesen Kennzahlen war die Werbung erfolgreich, wenngleich auch keine eindeutigen Rückschlüsse auf die Auslöser der Entwicklung möglich sind.

6.2 Verkaufsförderung (Salespromotion)

Mitarbeiter des „Biking-Teams" der Fly Bike Werke GmbH im Gespräch mit einer Kundin

Beispiel Die Fly Bike Werke GmbH startet jedes Jahr im Frühling eine „BikingTour". Auf dieser Promotiontour werden die aktuellen Modelle des Jahres in Sportfachgeschäften und großen Einkaufszentren vorgestellt. Es gibt ein Rahmenprogramm mit Getränken, Gewinntombola und prominenten Radsportlern. Speziell geschulte Teammitglieder verwickeln dabei Kunden und Passanten in Verkaufsgespräche und bieten Probefahrten auf den verschiedenen Rädern an. Letztlich versuchen sie, möglichst viele Räder im Rahmen der „BikingTour" zu verkaufen.

Im Gegensatz zur Absatzwerbung, die eher langfristig ausgerichtet ist, hat die Verkaufsförderung einen **kurzfristigen Charakter** und ist zeitlich eng begrenzt. Besonderes Kennzeichen der Verkaufsförderung ist die möglichst direkte Kommunikation mit dem Kunden, wobei der schnelle Absatzerfolg gesucht wird.

Häufig werden Maßnahmen der Verkaufsförderung auch durch die Produkthersteller, insbesondere von Markenartikeln, durchgeführt. Aber auch größere Handelsorganisationen und der Einzelhandel greifen auf die verschiedenen Möglichkeiten der Verkaufsförderung zurück. Je nachdem, wer durch die Aktion angesprochen wird, unterscheidet man drei Arten der Verkaufsförderung:

Arten der Verkaufsförderung

Kundenpromotion	Händlerpromotion	Mitarbeiterpromotion
Angesprochen werden Kunden bzw. Endverbraucher, um den Absatz kurzfristig zu steigern.	Am Verkauf beteiligte Personen (Einzelhändler, Verkäufer) erhalten Unterstützungsmaßnahmen, um die Waren bevorzugt zu empfehlen und zu verkaufen.	Zielgruppe ist der eigene Vertrieb, z. B. Außendienstmitarbeiter bzw. Reisende.
– Produktvorführungen, Verkostungen – Aktionen mit Prominenten – Gewinnspiele, Gutscheine, Preisausschreiben – Tag der offenen Tür, Jubiläumsveranstaltungen	– Schulungen – Prämiensysteme – Informations- und Werbematerial – Verkaufsdisplays	– Schulungen – Prämien – Prospekte

Vorteile der Verkaufsförderung:
- gezielte Kundenauswahl
- direkte Ansprache
- schnelle Wirkung
- subtile Form der Beeinflussung durch direkten Kontakt

Nachteile der Verkaufsförderung:
- geringe Streubreite
- nicht bei allen Waren und Zielgruppen einsetzbar
- hoher Arbeitsaufwand, hohe Kosten

6.3 Öffentlichkeitsarbeit (Public Relations)

Beispiel Seit vielen Jahren unterstützt die Fly Bike Werke GmbH verschiedene Kindergärten in der Umgebung. Jeder dieser Kindergärten erhält jährlich ein Kinderfahrrad im Rahmen einer Kinderparty geschenkt. Zu dieser Kinderparty werden auch Reporter der Lokalpresse eingeladen, die am nächsten Tag über die Veranstaltung in der Tageszeitung berichten.
Außerdem veranstaltet die Fly Bike Werke GmbH jedes Jahr im Mai einen „Tag der offenen Tür" mit einem Sicherheitsparcours für Fahrräder. Alle Interessierten können das Werk besichtigen und Fragen zur Produktion stellen. Ein Verkauf findet am „Tag der offenen Tür" nicht statt.

Unter Öffentlichkeitsarbeit (Public Relations) versteht man Kommunikationsmaßnahmen, die Informationen zur Imagepflege des Unternehmens transportieren und nicht direkt auf eine Absatzerhöhung ausgerichtet sind. Diese Art der Kommunikation ist nicht auf bestimmte Warengruppen oder Artikel bezogen. Im Mittelpunkt steht **das Unternehmen als Ganzes**. Die Öffentlichkeitsarbeit hat damit eine eher indirekte Wirkung auf den Unternehmenserfolg.

Maßnahmen der Öffentlichkeitsarbeit können z. B. sein:
- Betriebsbesichtigungen
- Unterstützung gemeinnütziger Einrichtungen (z. B. Kindergärten, Seniorenwohnheime, Krankenhäuser, Umweltschutzorganisationen)
- Pflege und Gestaltung der Firmen-Homepage
- Informationsmaterial für Schulen

Unabhängig von der konkreten Maßnahme soll die Öffentlichkeitsarbeit bei **allen Marktpartnern** ein positives Bild vom Unternehmen bewirken.

6.4 Sonderformen der Kommunikationspolitik

Neben den dargestellten absatzpolitischen Kommunikationsinstrumenten können Unternehmen weitere Varianten der Kommunikation einsetzen. Diese sind insofern besonders, da sie entweder sehr teuer oder nur begrenzt einsetzbar sind.

Product-Placement: Beim Product-Placement werden Produkte in Filmen oder in Fernsehsendungen gezielt wiederholt im Bild gezeigt. Für den Zuschauer soll das Erscheinen des Produktes wie ganz selbstverständlich aussehen. In Wirklichkeit haben Unternehmen jedoch häufig gegen Bezahlung ihr Produkt im Film platziert. Große Städte bezahlen dafür, dass Filme auf ihrem Gemeindegebiet vor touristisch attraktiven Kulissen gedreht werden (z. B. Brandenburger Tor, Kölner Dom, Skyline Frankfurt/Main).

Sponsoring: Fördern Unternehmen Veranstaltungen, Organisationen, Gruppen oder einzelne (prominente) Personen, so spricht man von Sponsoring. Unterstützt werden überwiegend sportliche, aber auch kulturelle, soziale oder umweltbezogene Projekte. Neben der Förderung durch Geldmittel kann der Sponsor (Förderer) auch Sachmittel zur Verfügung stellen. Der Unterstützte muss dafür eine Gegenleistung erbringen, z. B. den Unternehmensnamen auf dem Hemd tragen. Beim Sponsoring steht vor allem eine langfristige Verbesserung des Unternehmensimages im Vordergrund. Eine direkte Absatzsteigerung wird nicht angestrebt.

Direktmarketing: Beim Direktmarketing versucht das Unternehmen, durch die direkte Ansprache eines möglichen Kunden sofort eine Antwort zu erhalten. Das Direktmarketing ist eine Vorstufe zum Direktvertrieb und beinhaltet eine Vielzahl von Möglichkeiten zur Umsetzung. Beim **Telefonmarketing** über Callcenter versucht man, von potenziellen Kunden im persönlichen Telefongespräch Informationen zu erhalten und ggf. auch direkt zu verkaufen. Über **Mailings** werden dem Kunden Produktinformationen oder individualisierte Vorteilsangebote zugesandt.

6.5 Online-Marketing

Online-Marketing umfasst alle Marketing-Maßnahmen eines Unternehmens, die online über das Internet durchgeführt werden.

Online-Marktforschung und Data-Mining, vgl. 2.5, S. 270 ff.

Online-Marketing zeigt seine Stärken gegenüber klassischen Marketingformen vor allem bei der genauen Zielgruppenansprache und bei der Auswertung von Werbemaßnahmen. Denn die digitalen Datenströme können sehr gut analysiert und für Optimierungen genutzt werden.

6.5.1 Möglichkeiten des klassischen Online-Marketings

Klassische (Offline)-Werbemaßnahmen, wie z. B. Plakate, Fernsehspots oder Postwurfsendungen, können im Internet als Online-Werbemaßnahme vergleichbar, aber kostengünstiger und mit ergänzenden technischen Möglichkeiten umgesetzt werden. Zu diesen Maßnahmen zählen Banner-Werbung, Pop-ups und E-Mail-Werbung. Daneben gehören zum Online-Marketing auch weitere Maßnahmen, die durch die neuen Medien erst ermöglicht werden, z. B. Targeting und Suchmaschinenoptimierung.

Banner-Werbung

Banner können in unterschiedlichen Formaten und in unterschiedlichen Ausführungen auftreten. Durch das Anklicken des Banners gelangt der potenzielle Kunde zum Internetauftritt des werbenden Unternehmens. Durch die vielfältigen Gestaltungsmöglichkeiten sind Banner beliebte Werbeträger.

Pop-ups und Layer-Ads

Bei einem **Pop-up** öffnet sich automatisch ein zusätzliches Fenster, das die eigentliche Webseite überlagert. Ein Pop-up kann Anzeigen oder kleine Werbevideos beinhalten. Sowohl bei Bannern als auch bei Pop-ups installieren sich viele User Plug-ins, die dafür sorgen, dass die Werbung ausgeblendet wird. **Layer-Ads** öffnen sich nicht wie Pop-ups, sondern legen sich wie ein Schleier über die bereits geöffnete Seite. Oftmals verschwinden sie nur durch einen Klick auf die Werbung.

E-Mail-Werbung

E-Mail-Werbung umfasst jeglichen Kontakt per E-Mail. Mit regelmäßigen Newslettern kann der Kunde an das Unternehmen gebunden werden. Ebenso können einzelne Mailings auf Aktionen oder Neuigkeiten des Unternehmens aufmerksam machen oder dem Kunden können individualisierte Produktangebote zugesandt werden.

Targeting

Targeting beinhaltet zielgruppengenaue oder sogar individualisierte Marketing-Maßnahmen. Wichtigste Voraussetzung ist neben der Zielgruppenbestimmung die technische Möglichkeit, diese Zielpersonen herauszufinden. Hierfür stehen im Internet moderne Technologien zur Verfügung. So können z. B. je nach Region, Tageszeit, verwendetem technischem Gerät oder auch dem bisherigen individuellen Surfverhalten verschiedene Werbeanzeigen geschaltet und somit Streuverluste minimiert werden.

Targeting
(engl.) target = Ziel

Beispiel Ein Restaurant lässt seine bezahlte Werbung immer dann einblenden, wenn ein Internetnutzer an einem Gerät (PC oder Smartphone) im Umkreis von fünf Kilometern um das Restaurant herum das Suchwort „Restaurant" in Google eingibt.

Suchmaschinenoptimierung

Unter dem Begriff der Suchmaschinenoptimierung (engl. Search Engine Optimization, SEO) fasst man alle Maßnahmen zusammen, die das Ziel haben, die eigene Webseite möglichst weit oben in den unbezahlten Ergebnissen der Suchmaschinen (z. B. bei Google) zu platzieren. Dabei verändern Suchmaschinen häufig die Kriterien, die das sogenannte Ranking ergeben. Die Optimierung muss also permanent angepasst werden.

Bei der Suchmaschinenoptimierung wird u. a. versucht, bestimmte gängige Schlagworte (Keywords) in die Texte einzubauen, nach denen häufig gesucht wird. Daneben werden vielfältige weitere bewusste Optimierungen durchgeführt, um das Ranking zu beeinflussen. Zunehmend nehmen auch die mobilen Endgeräte (z. B. Smartphones) einen wichtigen Platz ein. Suchmaschinen listen Seiten niedriger, die nicht darauf angepasst sind. Relevant ist auch, wie viele Seiten auf die gewünschte Webseite verweisen (verlinken).

Affiliate-Marketing

Beim Affiliate-Marketing nutzt das Unternehmen mehrere Vertriebspartner (Affiliates) zur Vermarktung von Dienstleistungen und Produkten. Die Vertriebspartner verlinken auf ihren Webseiten die Dienstleistungen und Produkte des Unternehmens. Klickt ein Kunde auf den Link bzw. kauft schließlich ein Produkt, so erhält der Vertriebspartner eine Vermittlungsprovision. Die Vermittlungsprovision kann für Anklicken des Links (Pay per Click), für einen Kundenkontakt (Pay per Lead) oder für einen Umsatz (Pay per Sale) gezahlt werden.

6.5.2 Social Media Marketing

Im Rahmen von Social Media Marketing werden soziale Netzwerke wie Instagram, Facebook, YouTube oder Twitter genutzt, um die Bekanntheit des Unternehmens bzw. eines Produktes zu erhöhen. Durch das rasante Wachstum der sozialen Medien hat diese Form des Marketings stark an Bedeutung gewonnen.

Mit Social Media Marketing entwickelt sich Massenmarketing zum Beziehungsmarketing. Dies legt den Fokus nicht mehr nur auf die einseitige Kommunikation der Werbung an den Kunden, sondern auf den Dialog mit dem Kunden.

Der Kunde soll Freude am Dialog mit dem Unternehmen haben, seine Meinung äußern, mitreden, Produkte beurteilen und evtl. sogar mitgestalten. Ein guter Kundendialog trägt maßgeblich zur Kundenzufriedenheit bei und festigt die Kundenbindung. Eine Methode, das Social Media Marketing zu nutzen, ist das sogenannte **Influencer Marketing**. Beim Influencer Marketing setzt das Unternehmen Meinungsmacher (**Influencer**) ein, die durch eine hohe Anzahl an Followern für die Zielgruppe bedeutsam sind. Influencer empfehlen den Followern ein Produkt oder eine Marke. Eine der erfolgreichsten Influencerinnen Deutschlands ist Bianca Claßen, die auf ihrem YouTube-Kanal und ihrem Instagram-Profil **BibisBeautyPalace** Mode-, Kosmetik- und Lifestyle-Themen aufgreift.

Influencer
von influence (engl.) = Einfluss; in den sozialen Medien sehr bekannte Person mit großer Gefolgschaft

Beispiel Die Fly Bike Werke GmbH hat einem Blogger mit einem sehr bekannten Mountainbike-Blog das neue Mountainbike und Informationsmaterial kostenlos zur Verfügung gestellt. Der Blogger hat daraufhin einen sehr positiven Artikel über das Mountainbike veröffentlicht. Dies ist eine hervorragende Werbung für die Fly Bike Werke GmbH, da der Blogger als sehr kompetent und glaubwürdig gilt.

6.6 Rechtliche Rahmenbedingungen der Werbung

unlauter
nicht ehrlich, nicht fair

Das **Gesetz gegen den unlauteren Wettbewerb (UWG)** setzt geschäftlichen Handlungen, besonders aber Werbemaßnahmen, rechtliche Grenzen. Wenn Werbung diese verletzt, können Unterlassungs- und Schadensersatzansprüche oder sogar strafrechtliche Konsequenzen entstehen. Damit sollen Unternehmen abgeschreckt werden, die sich durch unlauteres oder irreführendes Verhalten einen Wettbewerbsvorsprung verschaffen wollen.

Das zuletzt am 17.02.2016 veränderte UWG beginnt mit der Definition des gesetzlichen Schutzzwecks.

§ 1 UWG Zweck des Gesetzes
Dieses Gesetz dient dem Schutz der Mitbewerber, der Verbraucherinnen und der Verbraucher sowie der sonstigen Marktteilnehmer vor unlauteren geschäftlichen Handlungen. Es schützt zugleich das Interesse der Allgemeinheit an einem unverfälschten Wettbewerb.

In den Paragrafen des UWG werden verschiedene geschäftliche Handlungen aufgezählt, die zu unterlassen sind.

Gesetz gegen den unlauteren Wettbewerb (UWG)

- §§ 3 und 4 Unlautere Handlungen
- § 5 Irreführende Handlungen
- § 6 Vergleichende Werbung
- § 7 Unzumutbare Belästigung

6.6.1 Unlautere Handlungen

§§ 3 und 4 UWG enthalten Beispiele für unlautere geschäftliche Handlungen sowohl zum Schutz der Verbraucher als auch zum Schutz der Mitbewerber. Verboten sind dabei zuallererst unwahre Angaben. Zudem ist die Werbung verboten, die auf den Kunden **psychologischen Druck** ausübt und ihn so in seiner Entscheidungsfreiheit beeinträchtigt. Wer also mit Werbung den Kunden belügt, ängstigt oder bedroht, handelt unlauter. Ebenso verboten sind Werbemaßnahmen, die geeignet sind, die **geschäftliche Unerfahrenheit** von Kindern und Jugendlichen oder bestehende **Zwangslagen** von Verbrauchern auszunutzen.

Im Anhang zu § 3 UWG findet sich außerdem eine „schwarze Liste" mit 30 stets unzulässigen Handlungen gegenüber Verbrauchern.

Beispiel „Lassen Sie nicht noch mehr unschuldige Kinder sterben! Mit jedem Einkauf bei der UWG GmbH helfen Sie den hungernden Kindern in Afrika."

Wer den Werbecharakter einer Wettbewerbshandlung verschleiert, handelt unlauter. Verboten ist in diesem Zusammenhang z. B. die sogenannte **Schleichwerbung**. Darunter versteht man eine Form der getarnten Werbung, bei der die Beworbenen nicht auf Anhieb oder überhaupt nicht erkennen können, dass es sich um eine Werbung handelt. Während Product-Placement bei entsprechenden Hinweisen durchaus genutzt werden kann, ist die „Verschleierung" von Werbung grundsätzlich unzulässig.

Product-Placement, vgl. 6.4, S. 313

unlauterer Wettbewerb gegenüber Mitbewerbern

Unlauter handelt außerdem, wer
- die Kennzeichen, Waren, Dienstleistungen, Tätigkeiten oder die persönlichen oder geschäftlichen Verhältnisse eines Mitbewerbers **herabsetzt oder verunglimpft**,
- über das Leistungsangebot, die Person des Unternehmers oder über ein Mitglied der Unternehmensleitung Unwahrheiten verbreitet, die den Betrieb des Unternehmens oder den Ruf des Unternehmers schädigen können, oder
- Mitbewerber gezielt behindert.

6.6.2 Irreführende Handlungen

Eine Werbung ist irreführend, wenn sie bei der Mehrzahl der Verbraucher eine falsche Vorstellung über eine Ware oder eine Dienstleistung hervorruft und diese Vorstellung für die Kaufentscheidung ausschlaggebend ist. Irreführung kann auch darin bestehen, wesentliche Informationen zu verschweigen, z. B.: zusätzliche Kosten oder Gesundheitsrisiken.

Irreführung über den Preis

Die Werbung mit Begriffen wie Discountpreis, Gelegenheitspreis, Tiefpreis usw. ist nur dann zulässig, wenn das Preisniveau tatsächlich deutlich unter dem der Mitbewerber liegt.

Bei einem unzulässigen **Mondpreis** wird absichtlich ein überhöhter Ausgangspreis angegeben, der nie oder nur sehr kurz verlangt wurde. Diese überhöhte Preisangabe wird genutzt, um dem Kunden einen besonders hohen Preisnachlass vorzutäuschen.

Zulässige Preisauszeichnung?

Lockvogelwerbung

Bei der Lockvogelwerbung werden Kunden mit besonders günstigen Angeboten angelockt. Dann stellt sich jedoch heraus, dass das Angebot „gerade ausverkauft" ist. Unzulässig ist also, wenn ein Angebot nicht in angemessener Menge zur Befriedigung der zu erwartenden Nachfrage zur Verfügung steht. Als angemessen gilt im Regelfall ein Vorrat für zwei Tage.

Beispiel Ein Papierhersteller wirbt per E-Mail für einen besonders günstigen Posten Kopierpapiere. Als sich die Fly Bike Werke GmbH noch am selben Tage entschließt, auf dieses Angebot einzugehen, und eine größere Menge bestellt, muss sie erfahren, dass bereits der gesamte Posten verkauft ist. Alternativ wird ihr Kopierpapier zu regulären Preisen angeboten.

Werbung mit Testurteilen

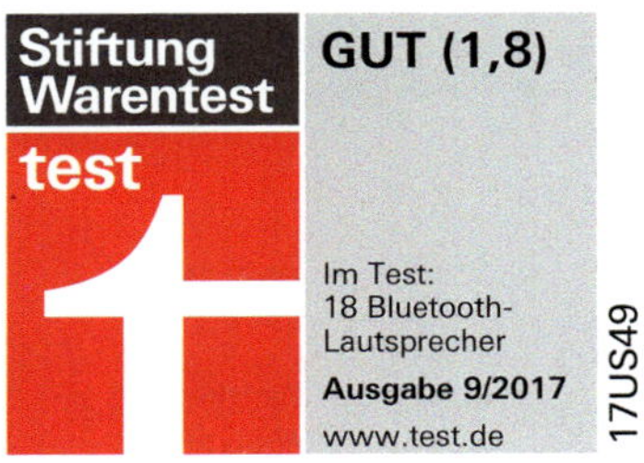

Ein gutes oder sehr gutes Testergebnis z. B. der Stiftung Warentest ist sehr werbewirksam und wird deshalb gerne verwendet. Unternehmen, die mit dem Qualitätsurteil und dem Markenzeichen der Stiftung Warentest werben möchten, müssen einen kostenpflichtigen Lizenzvertrag abschließen. Es gelten dabei strenge Regeln, die eine zutreffende und lautere Werbung sicherstellen sollen. Unzulässig ist die Werbung mit Ergebnissen, die es nicht gibt, die veraltet sind, oder wenn sich der Artikel oder seine Zusammensetzung seit der Durchführung des Tests verändert hat.

Beispiel Ein DVD-Player wird mit dem Testurteil „gut" beworben. Im Test waren 15 DVD-Player. Davon wurden acht mit „sehr gut", sechs mit „gut" und einer mit „befriedigend" beurteilt.

Mogelpackungen

Eine Mogelpackung ist eine Verpackung, deren Gestaltung oder übertrieben große Abmessungen mehr Inhalt vortäuschen, als die Packung tatsächlich enthält. Der Verbraucher wird so über die tatsächlich enthaltene Füllmenge getäuscht.

Beispiel Ein Cremetiegel enthält einen großen Hohlraum zwischen Innen- und Außenbehälter. Die Füllmenge beträgt 80 ml, der Hohlraum 95 ml.

Umweltwerbung (Biowerbung)

Bei der Umweltwerbung werden emotionale Bereiche, wie z. B. die Sorge um die eigene Gesundheit, angesprochen. Bei der Biowerbung sind allgemeine Aussagen zu vermeiden, weil ein Produkt nie in jeder Hinsicht umweltfreundlich sein kann, sondern höchstens die Umwelt geringer belastet.

Beispiel Eine Werbung für einen Haushaltsreiniger lautet: „Kaufen Sie unseren neuen Allzweckreiniger Cleany und die Natur wird es Ihnen danken. Es gibt keinen besseren Umweltschutz!"

Die unrechtmäßige Verwendung von Gütesiegeln wie dem hier abgebildeten Bio-Siegel nach EG-Öko-Verordnung ist unzulässig. Die Verwendung von Begriffen wie „natürlich“, „naturrein“ oder „Bio“ ist nur dann zulässig, wenn der so beworbene Artikel bestimmten Ansprüchen genügt. Diese werden bei Biosiegeln von der EU bzw. von der verleihenden Organisation festgelegt.

Bio nach EG-Öko-Verordnung

6.6.3 Vergleichende Werbung

Bei der vergleichenden Werbung werden Waren und Dienstleistungen eines Konkurrenten mit dem eigenen Angebot verglichen. Diese Art der Werbung ist grundsätzlich zulässig. Sie ist allerdings verboten, wenn der Vergleich irreführend, herabsetzend oder verunglimpfend ist. Es dürfen nur nachprüfbare und typische Wareneigenschaften verglichen werden. Durch die Werbung darf es nicht zu Verwechselungen mit Mitbewerbern oder mit deren Angebot kommen.

§ 6 UWG

6.6.4 Unzumutbare Belästigung

§ 7 UWG

Von einer unzumutbaren Belästigung ist auszugehen, wenn erkennbar ist, dass der Empfänger die Werbung nicht wünscht. Dies gilt insbesondere bei einer Direktwerbung in Form von Anrufen bei Verbrauchern oder E-Mail (Spam), ohne dass eine Einwilligung des Empfängers vorliegt.

Beispiel Eine Briefkastenwerbung mit Handzetteln ist unzulässig, wenn auf dem Briefkasten der Hinweis „keine Werbung“ angebracht ist.

Hier ist Briefkastenwerbung unzulässig!

Zulässig ist diese Form der Werbung nur, wenn der Kunde vorher sein Einverständnis erklärt hat und die Identität des Absenders klar zu erkennen ist. Eine Werbung per E-Mail ist außerdem zulässig, wenn der Kunde mit dem Werbenden bereits früher wegen einer ähnlichen Leistung in Kontakt getreten ist.

Beispiel Die Praktikantin Melanie Klein hat verschiedene Fachbücher bestellt und dabei ihre E-Mail-Adresse angegeben. Der Buchversandhandel darf Cornelia nun Werbung für Bücher per E-Mail zusenden. Cornelia kann aber jederzeit widersprechen, wenn sie diese Art der Werbung nicht wünscht.

6.6.5 Rechtsfolgen bei Wettbewerbsverstößen

Um Unternehmen davon abzuschrecken, bei Werbemaßnahmen Gebrauch von unlauteren Methoden zu machen, sieht das UWG bei Verstößen entsprechende Strafen vor. Zunächst kann der Wettbewerbsverletzer durch eine sogenannte Abmahnung verpflichtet werden, die wettbewerbswidrige Werbung zu beseitigen und zukünftig zu unterlassen sowie einen entstandenen Schaden zu ersetzen.

Folgende Inhaltspunkte sollten in der Abmahnung berücksichtigt werden:
1. Darstellung der unzulässigen Wettbewerbshandlung
2. rechtliche Begründung des wettbewerbswidrigen Verhaltens
3. Aufforderung, eine Unterlassungserklärung abzugeben
4. Zahlungsaufforderung für die entstandenen Kosten (zzt. ca. 150,00 €; bei Einschaltung eines Anwaltes ca. 800,00 €)
5. Verpflichtung zur Zahlung einer Vertragsstrafe im Wiederholungsfall

Zentrale zur Bekämpfung unlauteren Wettbewerbs e. V., www.wettbewerbszentrale.de

> **Unterlassungserklärung**
>
> Hiermit verpflichte ich mich gegenüber ... ,
> es ab sofort zu unterlassen, im Wettbewerb handelnd
> (Wettbewerbsverstoß eintragen), z. B. wie folgt zu inserieren
> (Anzeigentext eintragen).
>
> Ich sichere zu, dem/der ... bei jeder Zuwiderhandlung sofort eine
> Vertragsstrafe in Höhe von ... € an ... zu zahlen.
>
> Ort Datum Unterschrift

Muster einer Unterlassungserklärung

Zur Abmahnung berechtigt sind Mitbewerber, Wirtschafts- und Fachverbände, Wettbewerbszentralen, die IHK und die Handwerkskammern. Verbraucherzentralen dürfen ebenfalls gegen Wettbewerbsverstöße vorgehen, sofern Verbraucherinteressen betroffen sind. Sollte das Abmahnverfahren zu keinem Ergebnis führen, können die Wettbewerbsverstöße auf besonderen Antrag des Abmahnenden von der Staatsanwaltschaft verfolgt werden. Schwere Wettbewerbsverstöße können gemäß UWG mit einer Geldstrafe oder mit einer Freiheitsstrafe von bis zu zwei Jahren bestraft werden. Damit es bei Verstößen gegen das UWG und folgenden Streitigkeiten nicht sofort zu Prozessen kommt, ist die **Einigungsstelle** bei der IHK um Schlichtung bemüht.

Deutscher Werberat, vgl. 6.1.5, S. 310

Regelmäßig verstößt Werbung nicht explizit gegen das Gesetz, aber gegen gesellschaftliche oder ethische Wertvorstellungen. Das Risiko für solche Verstöße ist besonders deshalb hoch, weil Werbende beim Versuch, Aufmerksamkeit zu erzielen, häufig über das Ziel hinausschießen, z. B. bei Schockwerbung oder „Sex sells". Unternehmen können durch den Kaufverzicht der Konsumenten und den Imageverlust massiven Schaden erleiden. Schaden kann Unternehmen auch entstehen, wenn sie kulturelle Besonderheiten nicht berücksichtigen.

Übersicht: *Kommunikationspolitik*

Instrumente der Kommunikationspolitik	– Absatzwerbung – Verkaufsförderung (Sales Promotion) – Öffentlichkeitsarbeit (Public Relations) – Sonderformen (Product-Placement, Sponsoring, Direktmarketing)	
Werbearten	– Zahl der Werbetreibenden: Einzelwerbung, Sammelwerbung, Gemeinschaftswerbung, Verbundwerbung – Zahl der Umworbenen: Einzelwerbung, Massenwerbung	
Werbeplanung	Grundsätze einer erfolgreichen Werbung	– Werbewirksamkeit, Werbewahrheit, Werbeklarheit, Werbewirtschaftlichkeit, Akzeptanz – bezogen auf die Werbewirkung: AIDA-Formel
	Schritte bei der Realisierung einer Werbemaßnahme	Werbeziele festlegen, Werbegegenstand bestimmen, Werbeetat festlegen, Streukreis festlegen, Streugebiet festlegen, Werbebotschaft formulieren, Werbemittel und Werbeträger bestimmen, Streuzeit festlegen, Werbeerfolg messen
Online-Marketing	Marketingmaßnahmen, die über das Internet durchgeführt werden, z. B.:	Banner-Werbung, Pop-ups und Layer-Ads, E-Mail-Werbung, Targeting, Suchmaschinenoptimierung, Affiliate-Marketing
Werbeerfolgskontrolle	– ökonomische Werbeerfolgskontrolle (Rendite, Marktanteil) – außerökonomische Werbeerfolgskontrolle (Aufmerksamkeitsgrad)	
Gesetz gegen unlautere Werbung	– unlautere Handlungen – irreführende Handlungen – vergleichende Werbung – unzumutbare Belästigung	

7 Erarbeitung eines kommunikationspolitischen Konzepts

Beispiel Die Schüler der Fachoberschule sollen für den Schulkiosk ein Kommunikationskonzept erstellen. Dabei sammeln sie zunächst Informationen über Stärken und Schwächen des Kiosks. Die Schüler überlegen dann, wer zur Zielgruppe des Kiosks gehört (nur die Schüler oder auch Lehrer oder Gäste der Schule). Anschließend soll ein kommunikationspolitisches Konzept erarbeitet werden.

Eine Marketingstrategie beinhaltet immer ein Kommunikationskonzept. Die Ziele des Kommunikationskonzepts leiten sich dabei aus den allgemeinen Marketingzielen ab und versuchen, diese zu unterstützen. Entscheidungen zu Preisen, Produkten und Distributionswegen sind bereits im Vorfeld getroffen. Im Rahmen des kommunikationspolitischen Konzepts werden die für ein konkretes Produkt oder Unternehmen am besten geeigneten kommunikationspolitischen Instrumente (z. B. Werbung, Sponsoring) ausgewählt.

Marketingziele, vgl. 1.3.2, S. 262

Vorgehen bei der Erstellung eines Kommunikationskonzepts

Zu einem Kommunikationskonzept gehört:
- Stärken- und Schwächenanalyse und **Positionierung** des Produktes oder Unternehmens
- Beschreibung und Festlegung der **Zielgruppe**
- Erstellung eines **Konzeptentwurfes** einschließlich der Gestaltung des Werbeplans und der Reihenfolge der einzusetzenden Werbemittel
- **Präsentation** des Konzeptentwurfs vor der Unternehmensleitung zur Entscheidung
- **Umsetzung** des ggf. veränderten Kommunikationskonzepts
- **Erfolgskontrolle** der Maßnahmen anhand vorher festgelegter Kriterien. Die Erfolgskontrolle sollte bereits während der Planung berücksichtigt werden.

Beim Konzeptentwurf müssen **personelle, finanzielle** oder **technische Rahmenbedingungen** berücksichtigt werden. Vielleicht erteilt der Auftraggeber eines Konzepts auch weitere Vorgaben. Das ist häufig dann der Fall, wenn das Konzept in bestehende Vereinbarungen zum Corporate Design (z. B. Farbvorgaben, Schrifttypen) passen soll. Gibt es noch kein Corporate Design, sollte dies im Rahmen des Kommunikationskonzepts erarbeitet werden.

Corporate Design (CD) beinhaltet das gesamte Erscheinungsbild eines Unternehmens. Dazu gehören die einheitliche Gestaltung der Kommunikationsmittel (z. B. Logo, Geschäftspapiere, Werbemittel) sowie das Produktdesign. Durch die einheitliche Gestaltung aller Elemente wird versucht, bei jedem Kontakt die höchstmögliche Wiedererkennung zu erreichen.

Corporate Design der Fly Bike Werke GmbH

Beispiel Die Schüler der Fachoberschule würden gerne auch auf der Homepage der Schule Werbung für den Schulkiosk machen. Sie erkundigen sich, ob es einen Schüler gibt, der eine Internetseite „programmieren" kann (personelle Beschränkung). Für das Kommunikationskonzept wurde den Schülern vom Kioskbetreiber lediglich ein Budget von 50,00 € zur Verfügung gestellt (finanzielle Beschränkung). Somit sind sie bei der Erstellung von Werbemitteln auf den Schulkopierer angewiesen, der nur bis zum Format DIN A3 kopiert (technische Beschränkung).

Werbeerfolgskontrolle, vgl. 6.1.6, S. 311

Wurde über das kommunikationspolitische Konzept durch die Unternehmensleitung (hier: Kioskbetreiber) entschieden, steht die praktische Umsetzung an. Nach einer angemessenen Zeit kann dann der Erfolg der Werbemaßnahmen kontrolliert und ausgewertet werden. Es ist manchmal sinnvoll, die Ziele des kommunikationspolitischen Konzepts oder auch die Ergebnisse der Werbemaßnahmen zu veröffentlichen. Bei einer **internen Veröffentlichung** der Ziele und Ergebnisse können z. B. die Mitarbeiter motiviert werden.

Beispiel Die Volks- und Raiffeisenbanken werben mit „Wir machen den Weg frei". Ein solcher Slogan hat nicht nur bei der Zielgruppe eine Wirkung. Er muss auch intern kommuniziert und umgesetzt werden.

Public Relations, vgl. 6.3, S. 313

Eine **Veröffentlichung der Ergebnisse nach außen** kann auch als weiteres Instrument im Bereich Public Relations gesehen werden. Wenn sich z. B. ein Unternehmen als sehr kundenfreundlich positioniert und eine Umfrage später ergibt, dass das Unternehmen von den Kunden als am kundenfreundlichsten eingeschätzt wird, verstärkt das die Werbewirkung.

Alles klar?

1 Erläutern Sie, was unter einem Käufer- bzw. einem Verkäufermarkt zu verstehen ist. Kapitel 1

2 Ein Unternehmen hat im aktuellen Jahr einen Marktanteil von 14,3 %. Das Marktvolumen stieg im aktuellen Jahr um 8,5 % auf 225 Mio. €. Der Marktanteil des Unternehmens sank im aktuellen Jahr um 3,2 %. Bestimmen Sie den Marktanteil in € für das Vorjahr und beurteilen Sie die vorliegende Entwicklung.

3 Beschreiben Sie die fünf Bestandteile einer Marketingkonzeption.

4 Erläutern Sie die Aufgaben der Marktforschung im Bereich der Absatzpolitik. Kapitel 2

5 Unterscheiden Sie die Begriffe Primärforschung und Sekundärforschung. Nennen Sie jeweils drei Methoden, mit denen Unternehmen diese Forschungen durchführen können.

6 Produkte durchlaufen einen Produktlebenszyklus. Kapitel 3
- **a** Nennen und erläutern Sie die verschiedenen Phasen eines Produktlebenszyklus.
- **b** Finden Sie zu jeder der Phasen Beispiele für Artikel aus der Realität.
- **c** Beschreiben Sie die Kundengruppen, die einen Artikel in den verschiedenen Phasen seines Produktlebenszyklus vermehrt nachfragen.
- **d** Erklären Sie, warum der Produktlebenszyklus auch für Handelsunternehmen wichtig ist.

7 Benennen und erläutern Sie die Phasen der Portfolio-Analyse und ordnen Sie diese den Phasen des Produktlebenszyklus zu.

8 Unterscheiden Sie die Begriffe Produktinnovation, -variation und -elimination.

9 Unterscheiden Sie verschiedene Preisstrategien. Kapitel 4

10 Welche Maßnahmen der Preisgestaltung werden von den nachfolgenden Anbietern verfolgt?
- **a** Der Hersteller einer neuartigen Spielkonsole verlangt zuerst einen sehr hohen Preis, der dann im Zeitablauf stetig zurückgenommen wird.
- **b** Ein Großhändler von Freizeithemden verkauft bestimmte Hemden eines Herstellers stetig zu einem gleich hohen Preis. Preisveränderungen werden nicht vorgenommen. Sonderangebote werden durch die Auswahl der Einzelhändler bei entsprechenden Vertragsvereinbarungen unterbunden.
- **c** Ein Hersteller von Süßwaren bietet einen neuen Artikel zu einem sehr niedrigen Preis an. Nach einiger Zeit werden die Preise in mehreren kleinen Stufen erhöht.

11 Geben Sie an, um welche Form der Preisdifferenzierung es sich in den folgenden Fällen handelt:
- **a** Ein deutscher Pkw-Hersteller bietet seine Fahrzeuge in Dänemark zu einem um 15 % niedrigeren Verkaufspreis im Vergleich zum Inland an.
- **b** Ein Möbelhändler wirbt mit einem Sonderpreisnachlass für alle Möbel in Höhe von 20 % für einen Sonntagsverkauf an einem bestimmten Tag.
- **c** Für Kinder bis zu sechs Jahren ist der Eintritt in einen Erlebnispark kostenlos.

Kapitel 5

12 Erklären Sie den Begriff „Distributionspolitik“ und erläutern Sie hierbei ausführlich die Aufgaben dieses Feldes des Marketings.

Kapitel 6

13 Welches Ziel verfolgen Unternehmen mit der Kommunikationspolitik?

14 Welche Instrumente gehören zur Kommunikationspolitik?

15 Stellen Sie Ihrer Klasse einen Influencer, dem Sie in einem sozialen Netzwerk folgen, vor. Recherchieren Sie, für welche Produkte und Marken er wirbt.

16 Erklären Sie den Unterschied zwischen ökonomischer und außerökonomischer Werbeerfolgskontrolle.

17 Entscheiden Sie in den folgenden Fällen jeweils, um welche kommunikationspolitische Maßnahme es sich handelt, indem Sie die passende Ziffer zuordnen:

1 Werbung, **2** Salespromotion, **3** Public Relations, **4** Sponsoring, **5** Direktmarketing, **6** Product-Placement

a Im Radio läuft ein Werbespot der Buchenstork Schuhe GmbH.
b Der Zeitungsverlag „Tagesanzeiger Verlag GmbH“ lässt über seine Zusteller mit der morgendlichen Tageszeitung einen Werbeflyer für die neueste Tagesanzeiger-App an alle Zeitungsabonnenten verteilen.
c Die Buchenstork Schuhe GmbH führt regelmäßig Produktschulungen für die Schuhhändler durch.
d In der Getränkeabteilung der Goldregen Einkaufszentrum GmbH findet eine Verkostung des neuen Mineralwassers „Sparkling Mint“ statt.
e Die Rheintaler Brunnen GmbH & Co. KG bietet den weiterbildenden Schulen in der Umgebung kostenlose Betriebsbesichtigungen an.
f Die Bäckerei Özcal unterstützt die C-Jugend-Fußballmannschaft des TSV Wuppertal mit kostenlosen Trikots, auf denen das Logo und der Name der Bäckerei abgedruckt sind.
g Das Autohaus Wünschle KG informiert seine Stammkunden im Oktober telefonisch über seine neusten Angebote unter dem Motto „Fit für den Winter“.
h Die Juroren der Gesangsshow „Germany's Star“ haben neuerdings Getränkehalter an ihren Sesseln. In der nächsten Staffel werden sie „Sparkling Mint“ trinken.

Kaufmännisches Rechnen

1 Dreisatz (Schlussrechnung)

Die Dreisatzrechnung ist grundlegend für andere Rechenverfahren, z. B. Prozent-, Verteilungs-, Zinsrechnen, Preiskalkulationen. Beim Dreisatz wird von einem bekannten Verhältnis über den Schluss auf eine Einheit auf ein neues Verhältnis geschlossen.

Der Dreisatz wird daher auch Schlussrechnung genannt.

1.1 Einfacher Dreisatz mit proportionalem Verhältnis

Dreisatz in Tabellenform:

kg	€
5	45,00
14	?

Beispiel 5 kg Ware kosten 45,00 €. Wie viel € kosten 14 kg dieser Ware?

Zunächst sollte man ein logisches Ergebnis schätzen, um eventuelle Eingabefehler am Taschenrechner oder Fehler bei der Multiplikation oder Division feststellen zu können: Ein Mehr an Ware (kg) bedeutet auch ein Mehr an Wert (€). Dies ist logisch, denn wer mehr einkauft, muss dafür auch mehr bezahlen: 14 kg sind ca. das Dreifache von 5 kg, daher muss als Ergebnis auch ca. der dreifache Preis herauskommen.

Hier liegt ein einfacher Dreisatz mit proportionalem (geradem) Verhältnis vor, d. h. eine Vermehrung der ersten Größe (z. B. Menge) bewirkt eine Vermehrung der zweiten Größe (z. B. Preis) und eine Verminderung der ersten Größe (z. B. Menge) eine Verminderung der zweiten Größe (z. B. Preis).

! Proportionales Verhältnis:
Je mehr, desto mehr und je weniger, desto weniger.

Das ? steht für die gesuchte vierte Größe („wie viel?").

Ausführliche Lösung in drei Schritten (Dreisatz)

Bedingungssatz (→ gegebenes Verhältnis)	5 kg kosten 45,00 €.
Fragesatz (→ gesuchte Größe)	14 kg kosten ? €?
Dreisatz	1. Gegeben ist: 5 kg → 45,00 € 2. Schluss auf die Einheit (1 kg = 5. Teil von 5 kg) $\rightarrow \frac{45{,}00\ €}{5\ \text{kg}} = 9\ €/\text{kg}$ 3. Schluss auf das Mehrfache (14 kg) → 9,00 €/kg · 14 kg = 126,00 €
Ergebnis	14 kg der Ware kosten 126,00 €.

Lösung in verkürzter Darstellung

Bedingungssatz	5 kg → 45,00 €.
Fragesatz	14 kg →? €
Bruchsatz	$?\ € = \frac{45{,}00\ € \cdot 14\ \text{kg}}{5\ \text{kg}} = 126{,}00\ €$
Ergebnis	14 kg der Ware kosten 126,00 €.

! Beim einfachen Dreisatz mit proportionalem Verhältnis wird zuerst dividiert (Schluss auf eine Einheit), dann multipliziert (Schluss auf das Mehrfache).

Aufgaben

1 Wenn 7,5 kg einer Ware 247,50 € kosten, wie viel kosten dann 2,5 kg?

2 Die Versandabteilung benötigt für das erste Quartal in insgesamt 64 Arbeitstagen 4000 m^2 Verpackungsfolie. Wie viel m^2 Verpackungsfolie werden in den drei nachfolgenden Quartalen mit 192 Arbeitstagen benötigt, wenn das Verpackungsvolumen je Quartal gleich bleibt?

3 Ermitteln Sie das Gewicht für folgende Ware: A4-Blätter (29,7 cm · 21 cm; 16 Blätter = 1 m^2), 80 g/m^2 im Wellpappkarton mit 5000 Blatt.

4 Bei einem Brand entsteht ein Schaden von 500.000,00 €. Das Lager war versichert mit 7.500.000,00 €. Zur Zeit des Brandes hatte der Lagerbestand einen Wert von 10.000.000,00 €; das Lager war also unterversichert. Welchen Betrag zahlt die Versicherung?

5 1000 Blatt Kopierpapier kosten im Einkauf 7,20 €. Wie viel € kostet eine Palette mit 40 Kartons, wenn jeder Karton 5 Pakete zu je 1000 Blatt enthält?

6 In einer Preisliste werden Overheadfolien zum Preis von 24,70 € je 100 Folien angeboten. Wie viel € muss ein Kunde bezahlen, wenn er 2500 Folien bestellt?

7 Ein neuer Drucker für die Verkaufsabteilung kann 8 Rechnungen in der Minute erstellen. Wie viele Rechnungen können an einem späten Nachmittag eines Arbeitstages noch erstellt werden, wenn bis zum Arbeitsende noch 1,5 Stunden verbleiben?

8 Die Vorgabezeit für das manuelle Buchen von 12 Zahlungseingängen beträgt 30 Minuten.
- **a** Ermitteln Sie die Vorgabezeit für das manuelle Buchen von 280 Zahlungseingängen.
- **b** Nach dem Einsatz eines Computers mit einem Finanzbuchhaltungsprogramm wird die Vorgabezeit auf 8 Minuten für 12 Zahlungseingänge reduziert. Errechnen Sie die eingesparte Vorgabezeit bei 360 Zahlungseingängen.

1.2 Einfacher Dreisatz mit umgekehrt proportionalem Verhältnis

Beispiel 6 Lagerarbeiter benötigen für die Inventur im Fremdbauteilelager 12 Tage. Durch Krankheit fallen 2 Arbeiter aus. Wie viele Tage werden nun für die Inventurarbeiten benötigt?

Inventur, vgl. **HF1**, **7.1**, S. 66

Zunächst wird wiederum auf ein logisches Ergebnis geschlossen: Ein Weniger an Lagerarbeitern bedeutet ein Mehr an Zeit (Tagen). Dies ist logisch, denn wenn weniger Arbeiter (4) das gleiche Arbeitsvolumen wie 6 Arbeiter schaffen sollen, dann benötigen sie mehr Zeit.

Hier liegt ein einfacher Dreisatz mit umgekehrt proportionalem (ungeradem) Verhältnis vor, d.h., eine Verminderung der ersten Größe (z.B. Arbeiter) bewirkt eine Vermehrung der zweiten Größe (z.B. Zeit) und eine Vermehrung der ersten Größe (z.B. Arbeiter) eine Verminderung der zweiten Größe (z.B. Zeit).

Dreisatz in Tabellenform:

Aushilfskräfte	Tage
6	12
4	?

! Umgekehrt proportionales Verhältnis:
Je mehr, desto weniger und je weniger, desto mehr.

Ausführliche Lösung in drei Schritten (Dreisatz)

Bedingungssatz (→ gegebenes Verhältnis)	6 Arbeiter benötigen 12 Tage.
Fragesatz (→ gesuchte Größe)	4 Arbeiter benötigen ? Tage?
Dreisatz	1. Gegeben ist: 6 Arbeiter → 12 Tage 2. Schluss auf die Einheit (1 Arbeiter; 6-fache Zeit) → 6 · 12 Tage = 72 Tage 3. Schluss auf das Mehrfache (4 Arbeiter, 4. Teil der Zeit, die ein Arbeiter benötigen würde) → $\frac{72 \text{ Tage}}{4} = 18$ Tage
Ergebnis	4 Arbeiter benötigen für die Inventur 18 Tage.

Lösung in verkürzter Darstellung

Bedingungssatz	6 Arbeiter → 12 Tage
Fragesatz	4 Arbeiter → ? Tage
Bruchsatz	? Tage = $\frac{6 \cdot 12 \text{ Tage}}{4} = 18$ Tage
Ergebnis	4 Arbeiter benötigen für die Inventur 18 Tage.

! Beim einfachen Dreisatz mit umgekehrt proportionalem Verhältnis wird zuerst multipliziert (Schluss auf eine Einheit), dann dividiert (Schluss auf das Mehrfache).

Aufgaben

1 125 Unternehmen betreiben Gemeinschaftswerbung, der Kostenbeitrag für jeden Partner beträgt 4.000,00 €. 5 Unternehmen scheiden aus dem Markt aus.
- **a** Wie hoch ist der Kostenbeitrag für die verbliebenen Unternehmen?
- **b** Um wie viel € erhöht sich der Kostenbeitrag je Unternehmen?

2 Für Verpackungsarbeiten sind 45 Arbeitskräfte eingesetzt, die täglich 6 Stunden arbeiten. 9 Arbeitskräfte kündigen. Wie lautet der Bruchsatz zur Ermittlung der Stunden, die die übrigen Arbeitskräfte jetzt länger arbeiten müssen?

3 Bei einem Heizölvorrat kommt ein Betrieb bei einem täglichen Verbrauch von 600 l 120 Tage aus. Durch sparsames Heizen wird der Verbrauch um 100 l täglich gesenkt. Wie viele Tage reicht der Vorrat jetzt?

4 18 Arbeitskräfte reinigen ein Verwaltungsgebäude in 6 Stunden. Die Arbeit soll jedoch in 4 Stunden erledigt sein. Wie viele Arbeitskräfte müssen dazu beschäftigt werden?

5 18 Angestellte benötigen für eine Abschlussarbeit 45 Stunden, für den nächsten Abschluss werden 3 Angestellte zusätzlich abgestellt. Wie viele Stunden werden jetzt benötigt?

1.3 Zusammengesetzter Dreisatz

Der zusammengesetzte Dreisatz setzt sich aus mehreren einfachen Dreisätzen mit proportionalem und/oder umgekehrt proportionalem Verhältnis zusammen, die in einem Arbeitsgang (mit einem Bruchsatz) gelöst werden sollen.

Beispiel Die Inventur im Fremdbauteilelager der Fly Bike Werke hat zum Geschäftsjahresende 20X1 mit 12 Arbeitskräften, die insgesamt 23 600 Komponentensets gezählt und bewertet haben, 6 Arbeitstage gedauert. Vor Beginn der Inventurarbeiten zum Geschäftsjahresende 20X2 erkranken 2 Arbeitskräfte. Wie lange werden die Inventurarbeiten im Fremdbauteilelager dauern, wenn 10 Mitarbeiter gemäß den Beständen der Artikelkartei insgesamt 32 800 Komponentensets zählen und bewerten müssen?

	(a) Arbeitskräfte	(b) Komponentensets	(c) Arbeitstage
Bedingungssatz:	12	23 600	6
Fragesatz:	10	32 800	?

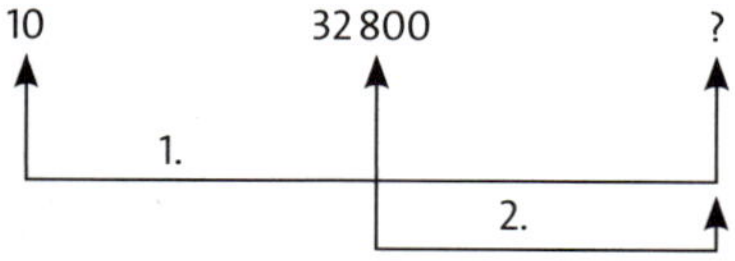

1.+2.: zwei einfache Dreisätze

Alle Paare, die ein Verhältnis darstellen (a = Arbeitskräfte, b = Komponentensets), müssen zu der gesuchten Größe (c = Arbeitstage) in Beziehung gesetzt werden. Dabei muss jeweils geprüft werden, ob ein proportionales oder ein umgekehrt proportionales Verhältnis vorliegt.

1. Dreisatz: Verhältnis Arbeitskräfte (a) zu Arbeitstagen (c)

Bedingungssatz	12 Arbeitskräfte → 6 Arbeitstage
Fragesatz	10 Arbeitskräfte → ? Arbeitstage
1. Bruchsatz	$? \text{ Arbeitstage} = \frac{6 \text{ Tage} \cdot 12 \text{ Arbeitskräfte}}{10 \text{ Arbeitskräfte}} = 7{,}2 \text{ Tage}$

Arbeitskräfte	Arbeitstage
12	6
10	?

Im 1. Dreisatz liegt ein umgekehrt proportionales Verhältnis vor: Weniger Arbeitskräfte benötigen mehr Arbeitstage.

2. Dreisatz: Verhältnis Komponentensets (b) zu Arbeitstagen (c)

Bedingungssatz	23 600 Komponentensets → 6 Arbeitstage
Fragesatz	32 800 Komponentensets → ? Arbeitstage
2. Bruchsatz	$? \text{ Arbeitstage} = \frac{6 \text{ Tage} \cdot 32\,800 \text{ Sets}}{23\,600 \text{ Sets}} = 8{,}34 \text{ Tage}$

Sets	Arbeitstage
23 600	6
32 800	?

Im 2. Dreisatz liegt ein proportionales Verhältnis vor: Mehr Komponentensets sind in mehr Arbeitstagen zu erfassen.

Im zusammengesetzten Dreisatz werden die jeweiligen einfachen Dreisätze zu einem Bruchsatz zusammengefasst, wobei der erste Dreisatz nur um das Verhältnis der weiteren Paare ergänzt wird. Der Wert der gemeinsamen Größe aus dem Bedingungssatz (hier: 6 Tage) darf nur einmal im Bruchsatz erscheinen.

1. Bruchsatz	$? \text{ Arbeitstage} = \frac{6 \cdot 12}{10}$
2. Bruchsatz	$? \text{ Arbeitstage} = \frac{6 \cdot 32\,800}{23\,600}$
Zusammengesetzter Bruchsatz	$? \text{ Arbeitstage} = \frac{6 \cdot 12 \cdot 32\,800}{10 \cdot 23\,600} = 10{,}00678$
Ergebnis	10 Arbeitskräfte können die Inventurarbeiten für 32800 Komponentensets in ca. 10 Tagen erledigen.

Aufgaben

1 In der Wareneingangsstelle einer Druckerei werden 240 t Zeitungspapier erwartet. Für das Abladen und Einlagern mit Gabelstaplern rechnet man, dass 3 Stapler 30 t in 20 Minuten bewältigen. Für die erwartete Zeitungspapierlieferung stehen 5 Stapler zur Verfügung. In wie vielen Minuten ist diese Sendung eingelagert?

2 Für den Druck von 600 Frühjahrspreislisten zu je 4 Seiten hat ein Drucker mit einer Leistung von 20 Seiten pro Minute insgesamt 2 Stunden benötigt. Wie viele Stunden dauert die Erstellung der neuen Herbstpreisliste in einer Auflage von 800 Stück mit je 6 Seiten, wenn ein neuer Drucker 40 Seiten pro Minute ausdruckt?

3 Eine Druckerei erhält den Auftrag, 300 Kataloge zu erstellen. Bei Einsatz von 3 Druckmaschinen und je 4 Stunden Druckzeit je Tag werden insgesamt 6 Arbeitstage benötigt. Um den Auftrag in 2 Arbeitstagen erfüllen zu können, setzt die Druckerei 4 Druckmaschinen ein. Wie viele Stunden je Tag müssen diese Maschinen im Einsatz sein?

4 Für die Herstellung von 100000 Stücken des Bauteils „eu34“ benötigen 4 Mitarbeiter bei 8 Stunden täglicher Arbeitszeit insgesamt 2 Arbeitstage. Die Zahl der Arbeitnehmer in dieser Produktionsstätte wird um einen Mitarbeiter erhöht. Durch die zusätzliche Übernahme der Produktion des Bauteils „eu38“ verbleiben für die Produktion des Bauteils „eu34“ nur noch 6 Stunden täglich, obwohl die Anzahl der benötigten Bauteile „eu34“ auf 120000 Stück gestiegen ist. In wie vielen Arbeitstagen ist die notwendige Produktionsmenge des Bauteils „eu34“ herzustellen?

2 Durchschnittsrechnen

2.1 Einfacher Durchschnitt

Durchschnittswerte, z. B. durchschnittliche Umsätze, durchschnittliche Lagerbestände, Umsätze je Reisender, werden zur Beurteilung der Wirtschaftlichkeit herangezogen. Beim Durchschnittsrechnen wird aus der Summe mehrerer Werte ein **Mittelwert** errechnet. Die einzelnen Werte müssen immer die gleiche Benennung haben.

Der **Mittelwert** wird oft auch als arithmetisches Mittel bezeichnet.

Beispiel Ein Industrieunternehmen hat am Jahresanfang einen Erzeugnisbestand im Wert von 48.000,00 €. Am Jahresende beträgt der Wert des Erzeugnisbestands 52.000,00 €. Wie hoch ist der durchschnittliche Wert des Erzeugnisbestands (durchschnittlicher Lagerbestand) des Geschäftsjahres?

Werte/Anzahl	Werte	Anzahl der Werte
Anfangsbestand	48.000,00 €	1
Endbestand	+ 52.000,00 €	+ 1
Summe	= 100.000,00 €	= 2

! $$\text{einfacher Durchschnitt} = \frac{\text{Summe der Werte}}{\text{Anzahl der Werte}} = \frac{100.000,00\ €}{2} = 50.000,00\ €$$

Ergebnis: Der durchschnittliche Wert des Erzeugnisbestands des Geschäftsjahres beträgt 50.000,00 €.

Aufgaben

1 Eine Papierfabrik ermittelt für die Erzeugnisgruppe Kopierpapier jeden Monat den aktuellen Bestand. Ermitteln Sie den durchschnittlichen Bestand für Kopierpapier für die folgenden Geschäftsjahre.

	1. Jahr (in €)	2. Jahr (in €)	3. Jahr (in €)
Anfangsbestand am 01.01.	40.000,00	49.000,00	35.000,00
Endbestand Januar	45.000,00	34.000,00	25.000,00
Endbestand Februar	22.000,00	22.000,00	17.000,00
Endbestand März	18.000,00	15.000,00	13.000,00
Endbestand April	18.000,00	15.000,00	14.000,00
Endbestand Mai	25.000,00	18.000,00	16.000,00
Endbestand Juni	17.000,00	12.000,00	12.000,00
Endbestand Juli	25.000,00	20.000,00	18.000,00
Endbestand August	28.000,00	21.000,00	20.000,00
Endbestand September	35.000,00	29.000,00	23.000,00
Endbestand Oktober	32.000,00	25.000,00	22.000,00
Endbestand November	36.000,00	30.000,00	21.000,00
Endbestand Dezember	49.000,00	35.000,00	24.000,00

2 Zwei Industrieunternehmen ermitteln für 20XX folgende Warenbestände:

Werte in €	Industrieunternehmen A	Industrieunternehmen B
Anfangsbestand	85.000,00 €	124.000,00 €
Endbestand 1. Quartal	120.000,00 €	95.000,00 €
Endbestand 2. Quartal	125.000,00 €	90.000,00 €
Endbestand 3. Quartal	112.000,00 €	110.000,00 €
Endbestand 4. Quartal	82.000,00 €	105.000,00 €

Berechnen Sie den durchschnittlichen Warenbestand für beide Unternehmen im Geschäftsjahr 20XX.

2.2 Gewogener Durchschnitt

Der gewogene Durchschnitt ist immer dann zu berechnen, wenn ein Mittelwert aus den Ergebnissen mehrerer Multiplikationen von zwei verschiedenen Größen gesucht wird. Das ist z. B. immer der Fall, wenn unterschiedliche Mengen mit verschiedenen Preisen bewertet werden müssen. Der gewogene Durchschnitt ist hier die Summe aller Einzelwerte (Menge · Preis), geteilt durch die Gesamtmenge.

Beispiel Der Inventurbestand für Schrauben besteht aus mehreren Lieferungen zu unterschiedlichen Preisen.

Lieferungsdatum	Anzahl der Pakete	Preis je Paket in €
18.11.20XX	48	24,00
02.12.20XX	64	25,00
14.12.20XX	320	25,40

Wie hoch ist der durchschnittliche Einstandspreis für 1 Paket Schrauben?

Der gewogene Durchschnitt wird oft am besten mithilfe einer Tabelle berechnet:

[1] Multiplikation der Pakete mit dem jeweiligen Preis pro Paket
[2]+[3] Summenbildung
[4] Division: Gesamteinkaufswert : Summe der Pakete

(a) Anzahl der Pakete	(b) Preis je Paket in €	(c) Wert der Lieferung in €[1]
48	24,00	48 · 24,00 € = 1.152,00 €
64	25,00	64 · 25,00 € = 1.600,00 €
320	25,40	320 · 25,40 € = 8.128,00 €
Gesamtanzahl der Werte: 432 Pakete[2]		Summe der Werte: 10.880,00 €[3]

durchschnittlicher Einstandspreis pro Paket: $\frac{10.880,00\ €}{432\ \text{Pakete}} = 25,19\ €/\text{Paket}$[4]

Ergebnis: Der durchschnittliche Einstandspreis der am Inventurtag vorhandenen Pakete mit Schrauben beträgt 25,19 €.

! $\text{gewogener Durchschnitt} = \frac{\text{Summe der gewichteten Werte}}{\text{Anzahl der Werte}}$

Aufgaben

1 Der Inventurbestand für Kopierpapier in Standardqualität besteht aus Restbeständen mehrerer Lieferungen zu unterschiedlichen Preisen. Wie hoch ist der durchschnittliche Einstandspreis für ein Paket Kopierpapier?

Lieferungsdatum	Anzahl der Pakete	Preis je Paket in €	Wert der Lieferung in €
20.11.20XX	24	3,60	?
08.12.20XX	280	3,90	?
19.12.20XX	5200	4,05	?

2 Folgende Warenbestände wurden zum Geschäftsjahresende im Rahmen der Stichtagsinventur aufgenommen:

Art der Ware	Kopierpapier		Kopierfolien		Druckerpapier	
Mengen je Einheit Preise je Einheit	Menge	Preis €	Menge	Preis €	Menge	Preis €
Bestände aus verschiedenen Lieferungen	500	4,30	300	24,00	260	12,10
	230	4,10	780	25,10	680	11,30
	920	4,50	640	25,50	890	12,50

a Berechnen Sie den durchschnittlichen Einstandspreis je Einheit eingekaufter Waren für jeden Warenbestand.

b Berechnen Sie den Gesamtwert aller Waren.

3 Die Reisekosten aller Außendienstmitarbeiter eines Industrieunternehmens betragen im Monat Januar 19.555,70 €, im Monat Februar 23.800,60 € und im Monat März 20.382,60 €. Um die Kosten für das restliche Geschäftsjahr schätzen zu können, möchte der zuständige Sachbearbeiter im Rechnungswesen (Controller) die durchschnittlichen Reisekosten je Monat ermitteln.

a Berechnen Sie die durchschnittlichen Reisekosten je Monat im 1. Quartal.

b Wie hoch wird die Reisekostenschätzung für das Jahr 20XX, wenn von einer gleich bleibenden Reisetätigkeit ausgegangen werden muss?

4 Der Umsatz (in €) in der Kantine eines Industrieunternehmens betrug in der 48. Kalenderwoche:

Montag	Dienstag	Mittwoch	Donnerstag	Freitag
3.200,00	4.600,00	2.200,00	4.900,00	1.200,00

Ermitteln Sie den durchschnittlichen Umsatz je Tag.

5 Ein Papierhersteller hat folgende Kopierpapierlieferungen an verschiedene Kunden zu unterschiedlichen Preisen in Rechnung gestellt:

Kunde	Anzahl der Pakete	Preis je Paket
Copy Shop	2500	5,10 €
Klammer & Co.	8200	4,80 €
Alldruck GmbH	1000	6,00 €
Heinrich Kleist	1000	4,10 €

Berechnen Sie den Durchschnittsverkaufspreis für diese Kopierpapierlieferungen.

3 Prozentrechnung

3.1 Grundbegriffe der Prozentrechnung

Prozent
lat. pro centum (für das Hundert) = von Hundert (v. H.) = %

Die Prozentrechnung wird u. a. zur Berechnung von Preisnachlässen, Sozialabgaben, zur Kalkulation von Preisen und zur Bilanzauswertung angewendet. Mit ihrer Hilfe werden absolute Zahlen vergleichbar gemacht (bei der Auswertung der Bilanz sind diese absoluten Werte €-Beträge). Dies geschieht, indem man die absoluten Zahlen in Relation zur Basis 100 Prozent setzt. Üblicherweise benutzt man für **Prozent** abgekürzt „v. H." (von Hundert) oder das Zeichen „%".

> **!** In der Prozentrechnung unterscheidet man die folgenden Größen:
> Prozentsatz = p   Prozentwert = w   Grundwert = G

Von diesen Größen sind jeweils zwei bekannt. Die dritte, gesuchte Größe wird mithilfe des Dreisatzes berechnet. Grundwert und Prozentwert haben immer die gleiche Benennung (hier: €).

3.2 Prozentsatz

Beispiel Die deutschen mittelständischen Industrie- und Handelsunternehmen verfügen über eine Eigenkapitalquote von durchschnittlich 15,1 % der Bilanzsumme. Ein mittelständisches Industrieunternehmen möchte wissen, ob seine Eigenkapitalquote (Grad der Eigenfinanzierung) über dem Durchschnitt liegt. Es ermittelt auf Basis der Bilanz folgende Werte:

	Aktiva	Bilanzwerte in €	Passiva		
Gesamtvermögen	Anlagevermögen	300.000,00	Eigenkapital	630.000,00	Gesamtkapital
	Umlaufvermögen	600.000,00	Fremdkapital	270.000,00	
	Summe Aktiva	900.000,00	Summe Passiva	900.000,00	

Die Eigenkapitalquote ist der Anteil des Eigenkapitals in % am Gesamtkapital des Unternehmens. Das Gesamtkapital entspricht also dem Grundwert und damit 100 %.

Lösungsweg (mit Dreisatz)

Gegeben sind	Grundwert (Gesamtkapital in €): 900.000,00 € Prozentwert (Eigenkapital in €): 630.000,00 €
Gesuchte Größe	Prozentsatz (Eigenkapital in % des Gesamtkapitals)
Dreisatz	1. Gegeben ist: 900.000,00 € = 100 % 2. Schluss auf die Einheit (1,00 €) → $\frac{100\,\%}{900.000,00\text{ €}}$ 3. Schluss auf das Mehrfache → $\frac{100\,\% \cdot 630.000,00\text{ €}}{900.000,00\text{ €}} = 0,70 = 70\,\%$
Ergebnis	Die Eigenkapitalquote des Industrieunternehmens liegt bei 70 % und damit deutlich über dem ermittelten Durchschnittswert.

Lösungsweg in verkürzter Darstellung

Grundwert (G): 900.000,00 €	Prozentwert (w): 630.000,00 €	Prozentsatz (p): ? €
Bedingungssatz	900.000,00 € → 100 %	
Fragesatz	630.000,00 € → ? %	
Bruchsatz	$? \% = \frac{630.000,00 € \cdot 100 \%}{900.000,00 €} = 0,70 = 70 \%$	
Ergebnis	Die Eigenkapitalquote des Industrieunternehmens liegt bei 70 %.	

In den nachfolgenden Kapiteln wird der Lösungsweg in dieser verkürzten Darstellung gezeigt.

€	%
900.000,00	100
630.000,00	?

Formel zur Berechnung des Prozentsatzes:

! $$\text{Prozentsatz} = \frac{\text{Prozentwert} \cdot 100 \%}{\text{Grundwert}} = \frac{\text{Prozentwert} \cdot 1}{\text{Grundwert}} = \frac{\text{Prozentwert}}{\text{Grundwert}} \rightarrow p = \frac{w}{G}$$

$$100 \% = \frac{100}{100} = 1$$

Aufgaben

1 Die Bilanzwerte dreier Industrieunternehmen sind zu vergleichen:

Werte in €	Industrieunternehmen 1	Industrieunternehmen 2	Industrieunternehmen 3
Anlagevermögen	48.000,00	370.000,00	890.000,00
Umlaufvermögen	52.000,00	630.000,00	1.910.000,00
Eigenkapital	60.000,00	800.000,00	800.000,00
Fremdkapital	40.000,00	200.000,00	2.000.000,00

Ermitteln Sie für jedes Industrieunternehmen
- **a** das Gesamtkapital,
- **b** die Eigenkapitalquote in Prozent des Gesamtkapitals,
- **c** die Fremdkapitalquote in Prozent des Gesamtkapitals,
- **d** das Gesamtvermögen,
- **e** den Anteil des Anlagevermögens am Gesamtvermögen in Prozent,
- **f** den Anteil des Umlaufvermögens am Gesamtvermögen in Prozent.

2 Das Umlaufvermögen eines Industrieunternehmens in Höhe von 1.000.000,00 € setzt sich wie folgt zusammen:

I.	Vorräte	600.000,00 €
II.	Forderungen	250.000,00 €
III.	Flüssige Mittel	? €

Berechnen Sie
- **a** den Wert der flüssigen Mittel in €,
- **b** den Anteil der Vorräte am Umlaufvermögen in Prozent,
- **c** den Anteil der flüssigen Mittel am Gesamtvermögen des Industrieunternehmens, wenn das Anlagevermögen des Unternehmens 200.000,00 € beträgt,
- **d** die Eigenkapitalquote in Prozent, wenn das Eigenkapital des Unternehmens 400.000,00 € beträgt.

3 Das Eigenkapital eines Unternehmens ist in einem Geschäftsjahr um 60.000,00 € gestiegen. Berechnen Sie die Eigenkapitalerhöhung in Prozent, wenn das Eigenkapital am Jahresanfang 250.000,00 € betrug.

4 Das Sachanlagevermögen eines Unternehmens hat sich wie folgt entwickelt:

	Wert 20X1	Wert 20X2
1. Maschinen	120.000,00 €	160.000,00 €
2. BGA	68.000,00 €	72.000,00 €
3. Fuhrpark	36.000,00 €	12.000,00 €

Berechnen Sie
a die Werteveränderung in Prozent für jede Vermögensart,
b die Werteveränderung in Prozent für das gesamte Sachanlagevermögen.

3.3 Prozentwert

Beispiel In einer Strukturbilanz werden alle Werte in Prozent angegeben:

Aktiva		Bilanzwerte	Passiva	
Anlagevermögen	30 %		Eigenkapital	40 %
Umlaufvermögen	70 %		Fremdkapital	60 %
Summe Aktiva	100 %		Summe Passiva	100 %

Wie viel € beträgt das Anlagevermögen dieses Unternehmens, wenn die Summe des Gesamtvermögens (Summe Aktiva) 450.000,00 € beträgt?

%	€
100	450.000,00
30	?

Grundwert (G): 450.000,00 €	Prozentsatz (p): 30 % = 0,30	Prozentwert (W): ? €
Bedingungssatz	100 % → 450.000,00 €	
Fragesatz	30 % → ? €	
Bruchsatz	$? \text{ €} = \frac{450.000,00 \text{ €} \cdot 30\,\%}{100\,\%} = 135.000,00 \text{ €}$	
Ergebnis	Das Anlagevermögen beträgt 135.000,00 €.	

! Berechnung des Prozentwertes:
Prozentwert = Grundwert · Prozentsatz → G · p

Aufgaben

1 Die kurzfristigen Verbindlichkeiten eines Unternehmens betragen 85 % des gesamten Fremdkapitals. Berechnen Sie
a die kurzfristigen Verbindlichkeiten in €, wenn das gesamte Fremdkapital 440.000,00 € beträgt,
b das Eigenkapital des Unternehmens in € bei einer Fremdkapitalquote von 40 %.

2 Wie hoch ist das Umlaufvermögen in €, wenn das Gesamtvermögen 765.000,00 € beträgt? Der Anteil des Anlagevermögens am Gesamtvermögen wird mit 38 % angegeben.

3 Das Gesamtvermögen eines Industrieunternehmens beträgt 250.000,00 €. Der Anteil des Eigenkapitals am Gesamtkapital wird mit 40 % angegeben. Wie hoch sind das Eigenkapital und das Fremdkapital in €?

4 Folgende Angaben aus verschiedenen Unternehmensbilanzen liegen vor:

Bilanzwerte	Industrieunternehmen 1	Industrieunternehmen 2	Industrieunternehmen 3
Anlagevermögen	24,5 %	23,0 %	42,0 %
Umlaufvermögen	?	?	?
Gesamtvermögen	800.000,00 €	420.000,00 €	2.650.000,00 €

Ermitteln Sie für jedes Industrieunternehmen **a** das Anlagevermögen in €,
b das Umlaufvermögen in €.

3.4 Grundwert

Beispiel Von einem Industrieunternehmen ist bekannt, dass das Anlagevermögen nur 15 % Anteil am Gesamtvermögen des Unternehmens hat. Der Wert dieses Anlagevermögens beträgt 45.000,00 €. Wie hoch ist der Wert des Gesamtvermögens des Unternehmens?

Prozentwert (w): 45.000,00 €	Prozentsatz (p): 15 %	Grundwert (W): ? €
Bedingungssatz	15 % → 45.000,00 €	
Fragesatz	100 % → ? €	
Bruchsatz	$? \text{ €} = \frac{45.000,00 \text{ €} \cdot 100\,\%}{15\,\%} = 300.000,00 \text{ €}$	
Ergebnis	Das Gesamtvermögen beträgt 300.000,00 €.	

%	€
15	45.000,00
100	?

! Berechnung des Grundwertes: $\text{Grundwert} = \frac{\text{Prozentwert}}{\text{Prozentsatz}} \rightarrow G = \frac{w}{p}$

Aufgaben

1 Folgende Angaben aus verschiedenen Unternehmensbilanzen liegen vor:

Bilanzwerte	Industrieunternehmen 1	Industrieunternehmen 2	Industrieunternehmen 3
Umlaufvermögen	125.000,00 €	90.000,00 €	62.000,00 €
Umlaufvermögen	82,5 %	60,0 %	80,0 %

Berechnen Sie **a** das Gesamtvermögen in €,
b den Wert des Anlagevermögens in Prozent und in €.

2 Das Eigenkapital betrug 20X1 insgesamt 420.000,00 €. Im Jahr 20X2 ist es um 10 % gestiegen. Am Ende des Jahres 20X2 betrug die Eigenkapitalquote 38 %. Wie hoch ist 20X2 die Bilanzsumme?

3 Das Umlaufvermögen eines Unternehmens setzt sich wie folgt zusammen:

I. Vorräte	400.000,00 €
II. Forderungen	150.000,00 €
III. Wertpapiere	50.000,00 €
IV. Flüssige Mittel	? €

Berechnen Sie

a den Wert der flüssigen Mittel, wenn die Vorräte 64 % des Umlaufvermögens ausmachen,

b den Wert des Gesamtvermögens, wenn der Anteil der flüssigen Mittel 2,5 % beträgt.

4 Die Fremdkapitalquote eines Unternehmens sank in den letzten Jahren stetig:

Jahre	1	2	3	4	5
Fremdkapitalquote	82,0 %	80,0 %	76,5 %	75,0 %	72,5 %

Ermitteln Sie

a für Jahr 1 die Eigenkapitalquote in Prozent,

b für Jahr 2 das Gesamtkapital in €, wenn das Eigenkapital 16.400,00 € betrug,

c für Jahr 3 das Gesamtkapital in €, wenn das Fremdkapital 64.000,00 € betrug,

d für Jahr 4 die Steigerung des Gesamtkapitals in Prozent, wenn das Gesamtkapital Ende Jahr 4 92.000,00 € betrug,

e für Jahr 5 das Fremdkapital in €, wenn das Gesamtkapital um 5 % seit Jahr 4 gestiegen ist.

5 Die Steigerungsraten für das Eigenkapital eines Unternehmens betrugen

- in Jahr 4 5,0 %,
- in Jahr 5 8,5 % und
- in Jahr 6 6,0 %.

Wie hoch ist das Eigenkapital am Ende des Jahres 6, wenn am Anfang des Jahres 4 62.000,00 € Eigenkapital zur Verfügung standen?

6 Das Gesamtvermögen beträgt 82.000,00 €, die Eigenkapitalquote 24 %. Ermitteln Sie den Wert des Anlagevermögens in €, wenn es zu 80 % mit Eigenkapital finanziert wird.

7 Neben einem Eigenkapital in Höhe von 86.000,00 € finanziert ein Industrieunternehmen sein Vermögen mit einem Darlehen in Höhe von 14.000,00 € und kurzfristigen Verbindlichkeiten in Höhe von 20.000,00 €. Der Anteil des Umlaufvermögens am Gesamtvermögen beträgt 65 %. Ermitteln Sie

a das Gesamtkapital,

b das Gesamtvermögen,

c das Anlagevermögen,

d das Umlaufvermögen.

8 Nach Abzug von 25 % Rabatt überweist ein Unternehmen an seinen Lieferanten 20.625,00 €. Errechnen Sie den Preis des Lieferanten ohne Rabattgewährung.

3.5 Vermehrter Grundwert

Beispiel Auf einer Quittung wird der Gesamtbetrag für den Einkauf von Büromaterial mit 59,50 € angegeben. Die in den 59,50 € enthaltene Umsatzsteuer in Höhe von 19 % soll gesondert auf der Quittung ausgewiesen werden.

Die 19 % Umsatzsteuer wurden vom Warenwert ermittelt. Im Preis von 59,50 € ist die Umsatzsteuer aber bereits enthalten. Für das Ausstellen der Quittung muss also
a) der Warenwert in € und
b) der Umsatzsteueranteil in € berechnet werden.

	Warenwert (? €)	≙ 100 %	Grundwert (G)
+	Umsatzsteuer (? €)	≙ 19 % (= 0,19)	Prozentsatz (p)
=	Gesamtpreis (59,50 €)	≙ 119 % (= 1,19)	vermehrter Grundwert ($G_{vermehrt}$)

Lösungsweg

a) Berechnung des Warenwertes		b) Berechnung des Umsatzsteueranteils	
Bedingungssatz	119 % → 59,50 €	Bedingungssatz	119 % → 59,50 €
Fragesatz	100 % → ? €	Fragesatz	19 % → ? €
Bruchsatz	$? € = \frac{59{,}50 € \cdot 100 \%}{119 \%}$ $= 50{,}00 €$	Bruchsatz	$? € = \frac{59{,}50 € \cdot 19 \%}{119 \%}$ $= 9{,}50 €$
Ergebnis	Der Warenwert beträgt 50,00 €.	Ergebnis	Der Umsatzsteueranteil beträgt 9,50 €.

$$\frac{100 \%}{119 \%} = \frac{100}{119}$$

$$\frac{19 \%}{119 \%} = \frac{19}{119}$$

! **Berechnung bei vermehrtem Grundwert:**

$$\text{Grundwert} = \frac{\text{vermehrter Grundwert (€)}}{(100 \% + \text{Prozentsatz})} \quad \rightarrow G = \frac{G_{vermehrt}}{(100 \% + \text{Prozentsatz})}$$

$$\text{Prozentwert} = \frac{\text{vermehrter Grundwert (€)} \cdot \text{Prozentsatz}}{(100 \% + \text{Prozentsatz})} \quad \rightarrow w = \frac{G_{vermehrt} \cdot p}{(100 \% + \text{Prozentsatz})}$$

Aufgaben

1 In einer Verkaufspreisliste (ohne Umsatzsteuer) wird eine Papiersorte mit 10,50 € je 100 Blatt angeboten. Der Preis ist in dieser Liste um 5 % angehoben worden. Berechnen Sie
- **a** den Verkaufspreis vor der Preiserhöhung in € und
- **b** die Preiserhöhung in €.

2 In einer Ausgangsrechnung wird der Bruttorechnungsbetrag einschließlich 19 % Umsatzsteuer mit 3.570,00 € angegeben. Vor zwei Wochen ist diese Ware im Preis um 10 % erhöht worden. Berechnen Sie
- **a** den Nettorechnungsbetrag in €,
- **b** die Umsatzsteuer in €,
- **c** den Warenwert vor der Preiserhöhung.

3 Berechnen Sie jeweils den Warenwert und die Umsatzsteuer in €.

	Bruttorechnungsbeträge	Umsatzsteuersatz
A	7.140,00 €	19 %
B	15.232,00 €	19 %
C	3.852,00 €	7 %
D	462,24 €	7 %

3.6 Verminderter Grundwert

Beispiel Ein Lieferant gewährt der Fly Bike Werke GmbH aufgrund einer Mängelrüge einen Preisnachlass von 10 %. Nach Abzug der Gutschrift beträgt die Verbindlichkeit der Fly Bike Werke GmbH an den Lieferer noch 360,00 €. Wie hoch war der ursprüngliche Preis?

Die 10 % Preisnachlass wurden von dem alten Preis abgezogen. Der herabgesetzte neue Preis in Höhe von 360,00 € entspricht also nur 90 % des ursprünglichen Preises.

ursprünglicher Preis (? €)	≙	100 %	Grundwert (G)
– Preisnachlass (? €)	≙	10 % (= 0,10)	Prozentsatz (p)
= reduzierter Preis (360,00 €)	≙	90 % (= 0,90)	verminderter Grundwert ($G_{vermindert}$)

Lösungsweg

Bedingungssatz	90 % → 360,00 €
Fragesatz	100 % → ? €
Bruchsatz	$? \text{ €} = \frac{360{,}00 \text{ €} \cdot 100\,\%}{90\,\%} = 400{,}00 \text{ €}$
Ergebnis	Der ursprüngliche Preis betrug 400,00 €.

! **Berechnung bei vermindertem Grundwert:**

$$\text{Grundwert} = \frac{\text{verminderter Grundwert (€)}}{(100\,\% - \text{Prozentsatz})} \rightarrow G = \frac{G_{vermindert}}{(100\,\% - \text{Prozentsatz})}$$

Aufgaben

1 Berechnen Sie die Listenverkaufspreise für folgende Waren:

Ware	Barverkaufspreis in €	Skonto in %	Rabatt in %
1	85,75	2,0	12,5
2	116,40	3,0	20,0
3	204,75	2,5	25,0
4	25,92	4,0	10,0

2 Ein Industrieunternehmen hat seinen Barverkaufspreis in Höhe von 661,50 € um 5 % erhöht. Das Kundenskonto (2 %) und der Kundenrabatt (25 %) bleiben unverändert.

Ermitteln Sie
a die Preiserhöhung in €,
b den neuen Barverkaufspreis,
c den Listenverkaufspreis vor der Preiserhöhung,
d den Listenverkaufspreis nach der Preiserhöhung.

3 Ein Kunde zahlt für eine Lieferung einschließlich 19 % Umsatzsteuer innerhalb der Skontofrist 3.778,49 €. Der Kunde erhielt 2 % Skonto und 10 % Rabatt.

Ermitteln Sie
a den Rabatt und das Skonto in €,
b den Listenverkaufspreis in €,
c den gesamten Preisnachlass in Prozent des Listenverkaufspreises.

4 Ein Angestellter erhält nach einer Gehaltserhöhung um 3 % ein Gehalt von 3.347,50 €.
a Wie hoch war sein Gehalt vor der Gehaltserhöhung?
b Wie viel € beträgt die Gehaltserhöhung?

5 Nach zwei Preiserhöhungen kostet eine Ware 133,56 €. Die erste Preiserhöhung betrug 5 %, die zweite 6 %.
a Wie hoch war der ursprüngliche Preis vor den Preiserhöhungen?
b Wie viel € beträgt die zweite Preiserhöhung?

6 Der Zieleinkaufspreis für 100 Blatt Kopierpapier beträgt 12,00 €. Der Lieferer gewährt 25 % Rabatt. Wie hoch ist der Listeneinkaufspreis?

7 Der Einstandspreis einer Ware soll 206,00 € betragen; die Bezugskosten werden mit 10,00 € angegeben. Wie viel € darf der Listeneinkaufspreis betragen, wenn 2 % Skonto und 20 % Rabatt gewährt werden?

8 Der Gewinn eines Industrieunternehmens ist um 4,5 % gesunken und beträgt nur noch 382.000,00 €. Wie hoch war der Gewinn im Vorjahr?

9 Der Umsatz eines Reisenden lag im letzten Geschäftsjahr um 3 % unter dem Umsatz des Vorjahres.
a Wie hoch war sein Umsatz im Vorjahr, wenn er dieses Geschäftsjahr insgesamt 873.000,00 € Umsatz erzielte?
b Wie hoch ist seine Provision in beiden Geschäftsjahren, wenn diese 2 % vom Umsatz beträgt?

10 Ein Einzelunternehmer hat im Vorjahr 12 % seines Eigenkapitals vom Geschäftsjahresbeginn privat entnommen. Der Gewinn des Geschäftsjahres beträgt 48.000,00 €. Dies entspricht einer Eigenkapitalverzinsung von 8 %, bezogen auf das Eigenkapital vom Geschäftsjahresbeginn.

Ermitteln Sie
a das Eigenkapital am Geschäftsjahresbeginn,
b die Höhe der Privatentnahmen in €.

11 Ein Kunde überweist nach Abzug von 3 % Skonto 6.925,80 € auf das Bankkonto des Lieferers. Wie viel € betrug der Rechnungsbetrag?

4 Verteilungsrechnen

Die Anwendung der Verteilungsrechnung ist immer dann notwendig, wenn Gesamtmengen (Stück, Gewichte usw.) oder Gesamtwerte (Gewinne, Einnahmen, Provisionen usw.) nach bestimmbaren Verteilungskriterien (Anteilen) aufzuteilen sind. Dazu werden z. B. mithilfe der Prozentrechnung Verhältniszahlen gebildet. Das Ergebnis wird üblicherweise in einer Tabelle festgehalten.

4.1 Verteilung ohne Vorleistung

Beispiel An der Marwik GmbH, einem Lieferanten der Fly Bike Werke GmbH, sind drei Gesellschafter beteiligt. Der im Geschäftsjahr 20XX erwirtschaftete Gewinn in Höhe von 250.000,00 € soll gemäß Gesellschaftervertrag im Verhältnis der Kapitalanteile an die Gesellschafter verteilt werden.

Gewinnempfänger: Gesellschafter	Verteilungsschlüssel: Kapitalanteile in €	Verhältniszahlen: Gewinnanteile in %	Verteilungsergebnis: Gewinn in €
Klaus Vollmer	200.000,00	?	?
Werner Kreiner	120.000,00	?	?
Ute Kreiner	80.000,00	?	?
Summen	400.000,00	100 %	250.000,00

Wie kann der Gewinn nach Kapitalanteilen gerecht verteilt werden?

Lösungsweg: Die Lösung erfolgt mithilfe der Prozentrechnung:

1. Schritt: Ermittlung der Kapitalanteile in % des Gesamtkapitals

Gegeben sind	Grundwert (Gesamtkapital in €): 400.000,00 € Prozentwert (Kapitalanteile in €): Klaus Vollmer → w_1 = 200.000,00 € Werner Kreiner → w_2 = 120.000,00 € Ute Kreiner → w_3 = 80.000,00 €
Gesuchte Größe	Prozentsätze (p_1, p_2, p_3) → Kapitalanteile in % des Gesamtkapitals = Gewinnanteile in % des Gesamtgewinns
Ermittlung der Prozentsätze	Klaus Vollmer: $p_1 = \frac{200.000,00 € \cdot 100\,\%}{400.000,00 €} = 0,50 = 50\,\%$ Werner Kreiner: $p_2 = \frac{120.000,00 € \cdot 100\,\%}{400.000,00 €} = 0,30 = 30\,\%$ Ute Kreiner: $p_3 = \frac{80.000,00 € \cdot 100\,\%}{400.000,00 €} = 0,20 = 20\,\%$

$p = \frac{W}{G}$

2. Schritt: Ermittlung der Gewinnanteile in € entsprechend den Kapitalanteilen

Gegeben sind	Grundwert (Gewinn in €) → G = 250.000,00 € Prozentsätze (Kapitalanteile in % = Gewinnanteile in %): Klaus Vollmer: → p_1 = 50 % Werner Kreiner: → p_2 = 30 % Ute Kreiner: → p_3 = 20 %
Gesuchte Größe	Prozentwerte (w_1, w_2, w_3) → Gewinnanteile in € entsprechend den Kapitalanteilen
Ermittlung der Gewinnanteile in € entsprechend den Kapitalanteilen	Klaus Vollmer: w_1 = 250.000,00 € · 50 % = 125.000,00 € Werner Kreiner: w_2 = 250.000,00 € · 30 % = 75.000,00 € Ute Kreiner: w_3 = 250.000,00 € · 20 % = 50.000,00 €
Ergebnis	Klaus Vollmer erhält 125.000,00 € vom Gewinn. Werner Kreiner erhält 75.000,00 € vom Gewinn. Ute Kreiner erhält 50.000,00 € vom Gewinn.

$w = G \cdot p$

Aufgaben

1 Berechnen Sie die Gewinnverteilung einer GmbH nach Kapitalanteilen gemäß nachfolgender Tabelle, wenn der Gesamtgewinn 120.000,00 € beträgt.

Gewinnempfänger: Gesellschafter	Verteilungsschlüssel: Kapitalanteile in €	Verhältniszahlen: Gewinnanteile in %	Verteilungsergebnis: Gewinn in €
Ralf Wolter	120.000,00	?	?
Günter Krauser	180.000,00	?	?
Ruth Kaiser	60.000,00	?	?
Summen der Werte	360.000,00	?	= 120.000,00

2 Die Vertriebsprovisionen für das 4. Quartal 20XX eines Industrieunternehmens in Höhe von 63.000,00 € sollen im Verhältnis der Umsätze je Vertreter(in) verteilt werden. Die Vertreter(innen) erzielten folgende Umsätze: Herr Kreiner 600.000,00 €, Herr Wolfert 450.000,00 €, Frau Reinartz 500.000,00 €, Frau Diesterweg 550.000,00 €.

a Stellen Sie eine Verteilungstabelle auf.

b Ermitteln Sie die Provisionsanteile je Vertreter(in).

3 Vier Industrieunternehmen mieten gemeinsam ein Lagerhaus. Die monatliche Miete, die nach m^2 verteilt wird, beträgt insgesamt 54.000,00 €, sie ist quartalsweise im Voraus zu bezahlen. Wie viel € Miete sind zu Beginn eines Quartals zu überweisen, wenn folgende Nutzungsvereinbarung eingehalten wird: Allgrund GmbH = 1800 m^2, Bernd Bucher e. K. = 1200 m^2, Carl Carlson OHG = 2100 m^2 und Dieter Door & Co. KG = 2400 m^2.

4 Die Gesamtkosten für Büromaterial in Höhe von 2.430,00 € sollen zwecks gerechter Aufwandsverteilung auf alle Abteilungen eines Industrieunternehmens im Verhältnis der Mitarbeiter je Abteilung aufgeteilt werden: Abteilung Verkauf 12 Mitarbeiter, Abteilung Einkauf 6 Mitarbeiter, Abteilung Lager 3 Mitarbeiter, Abteilung Rechnungswesen 3 Mitarbeiter, Abteilung Allgemeine Verwaltung 2 Mitarbeiter und Personalabteilung 1 Mitarbeiter. Berechnen Sie die Büromaterialausgaben je Mitarbeiter und je Abteilung.

4.2 Verteilung mit Vorleistung

Bei der Gewinnverteilung von Offenen Handelsgesellschaften (OHG) und Kommanditgesellschaften (KG) sind häufig Vorleistungen (Vorabgewinnanteile) nach gesetzlichen oder vertraglichen Vorschriften zu berücksichtigen, bevor die Verteilung des Restgewinns nach Verteilungsschlüsseln vorgenommen werden kann.

Beispiel An einer Kommanditgesellschaft sind zwei Gesellschafter beteiligt:

- Gesellschafter Albertz erhält vom Gesamtgewinn in Höhe von 15.000,00 € vorab 4.000,00 € je Jahr für seine Tätigkeiten im Unternehmen.
- Als weitere Vorleistungen erhalten Herr Albertz und Frau Bertram jeweils 4 % ihrer Kapitalanteile als Kapitalverzinsung.
- Der restliche Gewinn wird im Verhältnis der Kapitalanteile verteilt.

Gewinnverteilungstabelle einer KG:

Gewinnempfänger: Gesellschafter	Verteilungsschlüssel für den Restgewinn: Kapitalanteile	Vorleistungen:		Restgewinn:		Gesamtgewinn	EK-Rentabilität (ER):
		Arbeitsentgelte	4 % Verzinsung	Anteile am Restgewinn	Restgewinn		
Albertz	60.000,00 €	4.000,00 €	2.400,00 €	75 %	5.850,00 €	12.250,00 €	20,42 %
Bertram	20.000,00 €	0,00 €	800,00 €	25 %	1.950,00 €	2.750,00 €	13,75 %
Summen	**80.000,00 €**	**4.000,00 €**	**3.200,00 €**	**100 %**	**7.800,00 €**	**15.000,00 €**	**18,75 %**

Lösungsweg:

1. Ermittlung der Vorleistungen
   a) Das Arbeitsentgelt in Höhe von **4.000,00** € wird dem Gesellschafter Albertz in der Gewinnverteilungstabelle zugeordnet.
   b) Ermittlung der Kapitalverzinsung in Höhe von 4 % der Kapitalanteile mithilfe der Prozentrechnung (Prozentwertformel):

$w = G \cdot p$ Gesellschafter Albertz: w_1 = 60.000,00 € · 4 % = **2.400,00 €**
Gesellschafterin Bertram: w_2 = 20.000,00 € · 4 % = **800,00 €**

2. Ermittlung des Restgewinns

Gesamtgewinn:	15.000,00 €	
– Vorleistungen Herr Albertz:	– 6.400,00 €	(4.000,00 € + 2.400,00 €)
– Vorleistungen Frau Bertram:	– 800,00 €	
= Restgewinn	= **7.800,00 €**	

3. Der Restgewinn wird im Verhältnis der Kapitalanteile verteilt.
   a) Ermittlung der Kapitalanteile in % des Gesamtkapitals (= Gewinnanteile in % des Gesamtgewinns):

Herr Albertz: $p_1 = \frac{60.000{,}00\ € \cdot 100\ \%}{80.000{,}00\ €} = 0{,}75 = 75\ \%$

Frau Bertram: $p_2 = \frac{20.000{,}00\ € \cdot 100\ \%}{80.000{,}00\ €} = 0{,}25 = 25\ \%$

$p = \frac{w}{G}$

   b) Ermittlung der Restgewinnanteile in € entsprechend den Kapitalanteilen:

Herr Albertz: w_1 = 7.800,00 € · 75 % = **5.850,00 €**
Frau Bertram: w_2 = 7.800,00 € · 25 % = **1.950,00 €**

$w = G \cdot p$

4. Der Gesamtgewinn pro Person ergibt sich aus der Summe der Vorleistungen und des Restgewinns:
   a) Herr Albertz: 4.000,00 € + 2.400,00 € + 5.850,00 € = **12.250,00 €**
   b) Frau Bertram: 800,00 € + 1.950,00 € = **2.750,00 €**

5. Jeder Unternehmer will wissen, ob sich der Einsatz des eigenen Kapitals und evtl. seiner Arbeitskraft auch gelohnt hat. Die Überprüfung erfolgt mithilfe der Kennzahl Eigenkapitalrentabilität (ER), auch Unternehmerrentabilität genannt.

Eigenkapitalrentabilität (ER) = $\frac{\text{Gewinn} \cdot 100\ \%}{\text{Eigenkapital am Anfang des Geschäftsjahres bzw. durchschnittliches Eigenkapital}}$

$p = \frac{w \cdot 100\ \%}{G} = \frac{w}{G}$

Herr Albertz: $\frac{12.250{,}00 \cdot 100\ \%}{60.000{,}00} = 0{,}2042 = \mathbf{20{,}42\ \%}$

Frau Bertram: $\frac{2.750{,}00 \cdot 100\ \%}{20.000{,}00} = 0{,}1375 = \mathbf{13{,}75\ \%}$

Bei der Beurteilung des Ergebnisses sollten folgende Kriterien berücksichtigt werden:
- Verzinsung des Eigenkapitals
- Unternehmerwagnis
- Substanzerhaltung
- Unternehmerlohn

Aufgaben

1 An einer OHG sind die Gesellschafter
- Adam mit 450.000,00 €,
- Bunse mit 375.000,00 € und
- Colmar mit 675.000,00 € beteiligt.

Ein Gewinn in Höhe von 435.000,00 € ist zu verteilen:
- Jeder Gesellschafter erhält vorab eine Kapitalverzinsung in Höhe von 4 %.
- Der Restgewinn ist nach Köpfen zu verteilen.

Ermitteln Sie den Gesamtgewinn und die Eigenkapitalrentabilität der einzelnen Gesellschafter.

2 Gewinnverteilungstabelle einer KG:

Gesell-schafter	Kapital-anteile in €	Arbeitsent-gelte in €	?% Verzinsung	Anteile am Restgewinn	Restgewinn in €	Gesamtge-winn in €	ER
Aser	400.000,00	?	?	40%	?	?	?
Boller	320.000,00	?	?	20%	?	?	?
Cürten	520.000,00	–	–	20%	?	?	?
Doll	360.000,00	–	–	20%	?	?	?
Summen	?	?	?	100%	?	?	?

a Übernehmen Sie die Gewinnverteilungstabelle in Ihr Heft.

b Berechnen Sie die Gewinnverteilung unter Berücksichtigung der folgenden Angaben:

- Arbeitsentgelte: Vollhafter Aser: 100.000,00 €
  Vollhafter Boller: 80.000,00 €
- Verzinsung der Kapitalanteile 7,5%
- Gesamtgewinn 640.000,00 €
- Anteile am Restgewinn gemäß der Kapitalanteile in Prozent am Jahresanfang

Ermitteln Sie die Eigenkapitalrentabilität der einzelnen Gesellschafter.

3 Drei Gesellschafter sind an einer KG wie folgt beteiligt:

- Greuner mit 250.000,00 €,
- Zöllner mit 500.000,00 € und
- Krummer mit 750.000,00 €.

Weitere Angaben:

- Greuner erhält eine Arbeitsvergütung in Höhe von 80.000,00 €.
- Die Kapitalverzinsung beträgt 10%.
- Ein Drittel des Gesamtgewinns in Höhe von 450.000,00 € wird nach Köpfen verteilt.
- Der Restgewinn wird im Verhältnis 4:3:3 verteilt.

Ermitteln Sie den Gesamtgewinn und die Eigenkapitalrentabilität der einzelnen Gesellschafter.

4 Eine OHG erzielt einen Gewinn in Höhe von 160.000,00 €. Davon erhält jeder Gesellschafter eine Kapitalverzinsung in Höhe von 4%, der Rest wird nach Köpfen verteilt.

Berechnen Sie die Gewinnanteile der Gesellschafter, wenn diese mit

- 100.000,00 € (Gesellschafter Asser),
- 250.000,00 € (Gesellschafterin Kussert) und
- 50.000,00 € (Gesellschafterin Wollermann) an der OHG beteiligt sind.

Ermitteln Sie die Eigenkapitalrentabilität der einzelnen Gesellschafter und der OHG und beurteilen Sie diese.

4.3 Verteilung von Wert- und Gewichtsspesen

Beispiel Die Fly Bike Werke bekommen gleichzeitig zwei verschiedene Warenposten geliefert. Die Bezugskosten (hier: Eilzustellung per Kurierdienst mit Versicherung) werden dabei nur in einer Summe angegeben. Um den genauen Einstandspreis jedes einzelnen Warenpostens einschließlich der darauf entfallenden Bezugskosten ermitteln zu können, müssen diese in drei Schritten aufgeteilt werden.

	Ware I	Ware II	Ware I + Ware II
Einkaufspreis	10.000,00 €	5.000,00 €	15.000,00 €
Nettogewicht der Ware	5,00 kg	10,00 kg	15,00 kg
Gewicht der Verpackung (Tara)	0,50 kg	1,00 kg	1,50 kg
Eilzustellung Kurierdienst (gewichtsabhängige Kosten)			90,00 €
Versicherung (gewichtsabhängige Kosten)			15,00 €

Wie können in diesem Fall die Bezugskosten nach Gewicht (Gewichtsspesen = Eilzustellung Kurierdienst) sowie nach Wert (Wertspesen = Versicherung) auf beide Warensorten aufgeteilt werden?

Lösungsweg:
Die Lösung erfolgt mithilfe des Dreisatzes. Dabei geht man zunächst von der Gesamtmenge (Bruttogewicht) bzw. vom Gesamtwert (Summe der Einkaufspreise) aus und berechnet die Anteile der einzelnen Warenposten an der jeweiligen Gesamtheit (Menge bzw. Wert).

Schritt 1: Verteilung der Gewichtsspesen
Bruttogewicht = Nettogewicht + Verpackungsgewicht (Tara)

Bruttogewicht Ware I =	5,00 kg	+	0,50 kg	=	**5,50 kg**
Bruttogewicht Ware II =	10,00 kg	+	1,00 kg	=	**11,00 kg**
Bruttogewicht Ware I + Ware II =	5,50 kg	+	11,00 kg	=	**16,50 kg**

Gewichtsspesen	Ware I	Ware II
Bedingungssatz	16,50 kg → 100 %	16,50 kg → 100 %
Fragesatz	5,50 kg → ? %	11,00 kg → ? %
Bruchsatz	$? \% = \frac{5{,}50\text{ kg} \cdot 100\%}{16{,}50\text{ kg}}$	$? \% = \frac{11{,}00\text{ kg} \cdot 100\%}{16{,}50\text{ kg}}$
Ergebnis	Auf Ware I entfallen 33,33 % der Gewichtsspesen. 33,33 % von 90,00 € = 90,00 € · 0,33 = 30,00 € Die Gewichtsspesen für Ware I betragen **30,00 €.**	Auf Ware II entfallen 66,66 % der Gewichtsspesen. 66,66 % von 90,00 € = 90,00 € · 0,66 = 60,00 € Die Gewichtsspesen für Ware II betragen **60,00 €.**

Schritt 2: Berechnung der Wertspesen

Gesamtwert = Einkaufspreis Ware I + Einkaufspreis Ware II = 15.000,00 €

Wertspesen	Ware I	Ware II
Bedingungssatz	15.000,00 € → 100 %	15.000,00 € → 100 %
Fragesatz	10.000,00 € → ? %	5.000,00 € → ? %
Bruchsatz	$? \% = \frac{10.000,00 € \cdot 100 \%}{15.000,00 €}$	$? \% = \frac{5.000,00 € \cdot 100 \%}{15.000,00 €}$
Ergebnis	Auf Ware I entfallen 66,66 % der Wertspesen. 66,66 % von 15,00 € = 15,00 € · 0,66 = 10,00 € Die Wertspesen für Ware I betragen **10,00 €**.	Auf Ware II entfallen 33,33 % der Wertspesen. 33,33 % von 15,00 € = 15,00 € · 0,33 = 5,00 € Die Wertspesen für Ware II betragen **5,00 €**.

Schritt 3: Berechnung der Gesamtspesen (Bezugskosten)

Gesamtspesen = Gewichtsspesen + Wertspesen

Gesamtspesen Ware I: 30,00 € + 10,00 € = **40,00** €

Gesamtspesen Ware II: 60,00 € + 5,00 € = **65,00** €

Aufgaben

1 Verteilen Sie die Wert- und Gewichtsspesen gemäß folgender Tabelle:

	Brutto-gewicht (kg)	Verhältnis-zahlen	Gewichts-spesen (GS)	Einkaufs-preis	Verhältnis-zahlen	Wert-spesen (WS)	Bezugs-kosten (GS + WS)
Ware I	110 kg	?	?	500,00 €	?	?	?
Ware II	220 kg	?	?	2.000,00 €	?	?	?
Summen	**?**	**?**	**390,00 €**	**?**	**?**	**150,00 €**	**?**

Die Tara beträgt bei
- Ware I 10 kg,
- Ware II 20 kg.

Berechnen Sie für Ware I und II
a den Einkaufspreis je kg Ware in €,
b den Bezugspreis je kg Ware in €.

2 In einer Importlieferung sind verschiedene Sorten enthalten:

Sorten	Bruttogewicht	Tara	Preis je kg Nettogewicht
Sorte 1	2500 kg	200 kg	12,00 €
Sorte 2	500 kg	20 kg	50,00 €
Sorte 3	1200 kg	150 kg	6,00 €

Die Bezugskosten betragen:
- Fracht und Ladekosten = 5.040,00 €
- Zoll und Versicherung = 2.895,00 €

Ermitteln Sie in einer Tabelle die Bezugskosten für alle drei Sorten und den Bezugspreis je kg für jede Sorte.

5 Währungsrechnen

5.1 Währungsrechnen außerhalb der EWU

EWU
Europäische Währungsunion

Das Währungsrechnen ist eine Anwendung des **Dreisatzes mit proportionalem Verhältnis** (vgl. **1.1**, S. 326).

Beispiel Die Fly Bike Werke GmbH bezieht Farben und Lacke bei dem Schweizer Lieferanten Basel Farben AG zum Preis von 5.000,00 CHF (Schweizer Franken). Zahlungsziel: 30 Tage. Die Basel Farben AG will den Rechnungsbetrag natürlich in Schweizer Franken erhalten. Zur Lösung dieses Problems des internationalen Zahlungsverkehrs benötigt man den Kurs für diese Währung.

! Der **Wechselkurs** ist der Preis für ausländische Währungseinheiten.

Der Wechselkurs kann in zwei Varianten notiert werden:

! Bei der **Preisnotierung** ist der Wechselkurs der Preis für eine ausländische Währungseinheit. Bei der **Mengennotierung** ist der Wechselkurs der Preis für eine inländische Währungseinheit (in Deutschland Euro).

In der Regel wird in Europa und in den USA die Mengennotierung verwendet.

Mengennotierung	Preisnotierung
1,00 € = 1,2511 CHF	1,00 CHF = 0,7993 €
Für 1 € erhält man 1,4568 CHF.	1 Schweizer Franken kostet 0,7993 €.

Die Preisnotierung ist der Kehrwert der Mengennotierung:

$$\frac{1}{1{,}2511} = 0{,}7993$$

Je nachdem, ob bargeldlos oder mit Bargeld bezahlt wird, unterscheidet man:

Devisenkurs	für bargeldlose Zahlung mit Devisen:	**Devisen:** an ausländischen Plätzen fällige Zahlungsanweisungen (z. B. Schecks, Wechsel, Überweisungen, Kreditkartenzahlung), die in der dort geltenden Währung ausgezahlt werden
Sortenkurs	für Barzahlung in Sorten:	**Sorten:** ausländische Zahlungsmittel in Form von Münzen und Banknoten (Bargeld, z. B. für eine Geschäftsreise)

Devisen- und Sortenkurs werden jeweils **aus der Sicht der inländischen Bank** in Verkaufspreis **(Briefkurs)** und Ankaufspreis **(Geldkurs)** unterteilt. Bei der Mengennotierung ist der Euro die gehandelte Währung: Beim Ankauf einer ausländischen Währung **verkauft eine Bank in Deutschland Euro** (zum **Briefkurs**) und beim Verkauf einer ausländischen Währung **kauft die Bank Euro an** (**Geldkurs**).

Geld- und Briefkurs für Schweizer Devisen bei einer deutschen Bank:

Geldkurs (Ankaufskurs): Preis für den Ankauf eines €: 1,2511 CHF	**Briefkurs (Verkaufskurs):** Preis für den Verkauf eines €: 1,2551 CHF

Die Differenz von 0,0040 CHF dient der Kostendeckung und dem Gewinn der Bank.

Wegen der großen Geldbeträge, die im internationalen Geschäftsverkehr gehandelt werden, sind die Preise für Devisen und Sorten üblicherweise mit bis zu sechs Stellen hinter dem Komma angegeben.

Mengennotierung: Devisenkurse für 1 €		Land	Währung	WKZ	Mengennotierung: Sortenkurse für 1 €	
Geld (Ankauf)	Brief (Verkauf)				Geld (Ankauf)	Brief (Verkauf)
7,4354	7,4754	Dänemark	Krone	DKK	7,0303	7,8814
0,8704	0,8744	Großbritannien	Pfund	GBP	0,8397	0,9254
113,7400	114,2200	Japan	Yen	JPY	109,6925	121,8119
1,3720	1,3840	Kanada	Dollar	CAD	1,3094	1,4534
7,8432	7,8912	Norwegen	Krone	NOK	7,4431	8,2585
8,9888	9,0368	Schweden	Krone	SEK	8,5039	9,4960
1,2511	1,2551	Schweiz	Franken	CHF	1,2117	1,3333
1,4079	1,4139	USA	Dollar ($)	USD	1,3664	1,5074
3,8826	3,9826	Polen	Zloty	PLN	3,6477	4,2679

Für den Umtausch von Fremdwährungen berechnen die Banken in der Regel eine zusätzliche Gebühr. Diese kann einen bestimmten Prozentsatz (z. B. 3 %) vom Gegenwert betragen. Bei geringen Beträgen verlangen die Banken eine pauschale Mindestgebühr, z. B. 2,00 €.

5.2 *Währungsrechnen beim Einkauf*

Beispiel Da der Rechnungsbetrag für Farben und Lacke in Schweizer Franken (CHF) an die Basel Farben AG überwiesen werden soll, **kauft die Bank** von der FBW GmbH in Deutschland **Euro an** und bezahlt mit CHF. Für 1 € erhält die Fly Bike Werke GmbH 1,2511 CHF (Mengennotierung Devisen-Geldkurs für Überweisungen). Wie viel € muss die Fly Bike Werke GmbH (ohne Gebühren) bezahlen, um den Rechnungsbetrag von 5.000,00 CHF zu begleichen?

Lösungsweg

CHF	€
1,2511	1
5.000,00	?

Bedingungssatz	1,2511 CHF → 1,00 €
Fragesatz	5.000,00 CHF → ? €
Bruchsatz	$? \text{ €} = \dfrac{5.000{,}00 \text{ CHF} \cdot 1{,}00 \text{ €}}{1{,}2511 \text{ CHF}} = 3.996{,}48 \text{ €}$
Ergebnis	Die Fly Bike Werke GmbH schuldet der Basel Farben AG bei Rechnungseingang 3.996,48 €.

Die meisten Währungen werden am Devisenmarkt frei gehandelt. Die Preise für Währungen schwanken daher ständig und sind kaum kalkulierbar. Die Fly Bike Werke GmbH muss sich deshalb fragen, wie sich der Wechselkurs für Schweizer Franken nach Ablauf des Zahlungsziels von 30 Tagen entwickelt hat.

! Die Rechnung wird erst nach Ablauf des Zahlungsziels überwiesen. Der Geldkurs (Devisen) des Schweizer Franken (CHF) lautet jetzt 1,2455 CHF für 1,00 €.

Lösungsweg

Bedingungssatz	1,2455 CHF → 1,00 €
Fragesatz	5.000,00 CHF → ? €
Bruchsatz	$? € = \frac{5.000,00 \text{ CHF} \cdot 1,00 €}{1,2455 \text{ CHF}} = 4.014,45 €$
Ergebnis	Die Fly Bike Werke GmbH schuldet der Basel Farben AG bei Ablauf des Zahlungsziels 4.014,45 €, also 17,97 € mehr als bei Rechnungseingang.

CHF	€
1,2455	1
5.000,00	?

5.3 Währungsrechnen beim Verkauf

Beispiel Die Bestbike Ltd. in Großbritannien muss für eine Fahrradlieferung 4.000,00 Pfund (GBP) an die Fly Bike Werke GmbH zahlen (laut Ausgangsrechnung der Fly Bike Werke GmbH). Wie viel € erhält die Fly Bike Werke GmbH für den Rechnungsbetrag von der Bank?

Hier erhält die Oldenburg-Bank von **der Fly Bike Werke GmbH** Britische Pfund und **verkauft** ihr dafür **Euro.** Die Bank zahlt den schlechteren **Briefkurs**, d. h., die Fly Bike Werke GmbH muss für einen Euro mehr Britische Pfund an ihre Bank abgeben, als sie beim Geldkurs für ein Pfund erhalten würde.

Bedingungssatz	0,8744 GBP → 1,00 €
Fragesatz	4.000,00 GBP → ? €
Bruchsatz	$? € = \frac{4.000,00 \text{ CHF} \cdot 1,00 €}{0,8744 \text{ GBP}} = 4.574,57 €$
Ergebnis	Die FBW GmbH erhält für ihre Ausgangsrechnung 4.574,57 €.

GBP	€
0,8744	1
4.000,00	?

5.4 Kauf bzw. Verkauf von Sorten (Mengennotierung)

Benötigt man ausländisches Bargeld (z. B. für Geschäftsreise oder Urlaub), so handelt man nicht mehr mit Devisen, sondern mit Sorten; entsprechend gilt der jeweilige Sortenkurs. Die Differenz zwischen dem Geldkurs (Ankaufskurs) und dem Briefkurs (Verkaufskurs) ist bei den Sortenkursen größer als bei den Devisenkursen, weil die Bank das ausländische Bargeld lagern muss.

Beispiel Hans Peters, der Geschäftsführer der Fly Bike Werke GmbH, benötigt für ein Treffen mit einem amerikanischen Lieferanten in den USA 800,00 US-amerikanische Dollar (USD) als Handgeld. Seine Assistentin Evelyn Fee tauscht bei der Bank Euro gegen US-Dollar ein, d. h., die Bank **kauft Euro an** (zum **Geldkurs**) und bezahlt mit USD. Wie viel € muss Frau Fee für die 800,00 USD bezahlen?

USD	€
1,3664	1
800,00	?

Bedingungssatz	1,3664 USD → 1,00 €
Fragesatz	800,00 USD → ? €
Bruchsatz	$? € = \frac{800{,}00 \text{ USD} \cdot 1{,}00 €}{1{,}3664 \text{ USD}} = 585{,}48 €$
Ergebnis	Frau Fee muss für die 800 USD 585,48 € bezahlen.

Beispiel Der amerikanische Lieferant sagt das Treffen mit Herrn Peters kurzfristig ab. Frau Fee tauscht bei der Bank die 800,00 US-Dollar USD wieder in Euro um, d. h., die Bank **verkauft Euro** (zum **Briefkurs**) und erhält dafür die 800,00 USD.

USD	€
1,5074	1
800,00	?

Bedingungssatz	1,5074 USD → 1,00 €
Fragesatz	800,00 USD → ? €
Bruchsatz	$? € = \frac{800{,}00 \text{ USD} \cdot 1{,}00 €}{1{,}5074 \text{ USD}} = 530{,}72 €$
Ergebnis	Frau Fee erhält für 800 USD nur 530,72 € zurück (also 54,76 € weniger als beim Kauf der US-Dollar).

5.5 Umrechnen ausländischer Währungseinheiten im Ausland

Beispiel Zwei Monate später vereinbaren Herr Peters, der Geschäftsführer der Fly Bike Werke GmbH, und der US-amerikanische Lieferant kurzfristig einen neuen Termin. Da seine Assistentin Frau Fee in Urlaub ist und er selbst vor der Reise nicht zur Bank gehen kann, beschließt Herr Peters, sich die 800,00 € Handgeld für seine Reise in den USA am Geldautomaten zu besorgen.

Sortenkurse am Umtauschtag in Mengennotierung in den USA:

	Geldkurs (Ankaufskurs)	Briefkurs (Verkaufskurs)
Preis eines US-Dollars in €	1 USD = 0,6414 €	1 USD = 0,7099 €

Wiederum aus Sicht der inländischen Bank (hier US-Bank):
Verkaufskurs = Briefkurs
Ankaufskurs = Geldkurs

In diesem Fall nimmt die US-amerikanische Bank in den USA (also die inländische Bank) ausländische Währungseinheiten (Euro) an und **verkauft** dafür **inländische Währung** (US-Dollar) an Herrn Peters. Aus Sicht der US-Bank ist also der **Briefkurs** (Verkaufskurs) maßgeblich.

USD	€
1	0,7099
800	? €

Bedingungssatz	1 USD → 0,7099 €
Fragesatz	800,00 USD → ? €
Bruchsatz	$? € = \frac{800{,}00 \text{ USD} \cdot 0{,}7099 €}{1{,}00 \text{ USD}} = 567{,}92 €$
Ergebnis	Herr Peters muss am amerikanischen Geldautomaten für die 800,00 USD 567,92 € bezahlen.

Aufgaben

Hinweis: Benutzen Sie bei den folgenden Aufgaben die Kurstabelle auf Seite 350.

1 Für den Ausgleich verschiedener Liefererrechnungen in Auslandswährungen benötigen die Fly Bike Werke unterschiedliche Devisen, die sie in Deutschland erwerben und an die Lieferer überweisen.
- **a** Errechnen Sie den Preis in € für den Kauf der Devisen je Eingangsrechnung.
- **b** Ermitteln Sie den Gesamtbetrag in € für diese Materialeinkäufe.

	Rechnungsbeträge in Auslandswährungen
1	23.000,00 USD
2	12.450,00 CHF
3	2.720.000,00 JPY
4	7.900,00 GBP
5	12.580,00 CAD

2 Verschiedene Ausgangsrechnungen an Kunden im Ausland werden per Überweisung in ausländischen Währungseinheiten (Devisen) ausgeglichen. Die Devisen werden an die Oldenburg-Bank verkauft und in € dem Konto der Fly Bike Werke gutgeschrieben.
- **a** Berechnen Sie den Erlös in € nach dem Verkauf der Devisen an die Oldenburg-Bank.
- **b** Ermitteln Sie den Gesamtbetrag der Gutschrift in € für diese Verkäufe eigener Erzeugnisse.

	Rechnungsbeträge in Auslandswährungen
1	12.300,00 USD
2	25.500,00 CHF
3	113.400,00 NOK
4	5.900,00 GBP
5	62.520,00 SEK

3 Zum Ausgleich verschiedener Ausgangsrechnungen haben die Fly Bike Werke unterschiedliche Sorten erhalten. Auf dem Konto bei der Oldenburg-Bank wurden die folgenden Euro-Beträge gutgeschrieben. Berechnen Sie die Rechnungsbeträge in ausländischen Währungseinheiten (Sorten).

	Euro-Beträge für die Umrechnung in Sorten	Land
1	3.500,00 €	Schweden
2	1.250,00 €	Polen
3	2.400,00 €	Norwegen
4	4.250,00 €	Dänemark

4 Für eine Geschäftsreise nach London benötigt der Leiter der Einkaufsabteilung 1.500,00 Britische Pfund. Berechnen Sie den Wert in €.

5 Ein Unternehmen hat folgende USD-Beträge gekauft (als Devisen):

	Beträge in €	Briefkurs	Geldkurs
1	10.000,00 €	1,3679	1,3739
2	30.000,00 €	1,4036	1,4096
3	60.000,00 €	1,3756	1,3716

a Ermitteln Sie den Durchschnittskurs in USD.
b Berechnen Sie den Gesamtwert in €.

6 Einem deutschen Unternehmen liegen folgende Warenangebote frei Lager vor:

1	Angebot aus Bremen	1000 kg	4.500,00 €
2	Angebot aus London	10160 kg	30.560,00 GBP
3	Angebot aus Stockholm	1 t	39.900,00 SEK

Ermitteln Sie die Euro-Beträge für 50 kg und entscheiden Sie sich für das günstigste Angebot.

7 Ein deutsches Unternehmen hat in der Schweiz für 250.000,00 CHF Waren gekauft. Es kann die Zahlung entweder durch seine Bank in Köln oder in Zürich leisten (Kurse in Deutschland siehe Kurstabelle; Kurs in Zürich: 0,8001 € für 1 CHF). Wie viel € spart das Unternehmen gegenüber dem ungünstigeren Kurs, wenn es den günstigeren Kurs in Anspruch nimmt?

8 Einkauf von Verpackungsmaterial in Norwegen. Der Listenpreis beträgt 48.000,00 NOK. Der Lieferant gewährt 20 % Rabatt und 3 % Skonto. Er liefert frei Lager. Berechnen Sie den Bezugspreis in €, wenn der Rechnungsbetrag innerhalb der Skontofrist überwiesen wird.

9 Ein Unternehmen importiert zwei Maschinen. Zahlungsziel: 30 Tage.

	Wert der Maschinen	Land
1	250.000,00 CHF	Schweiz
2	200.000,00 SEK	Schweden

a Berechnen Sie den Maschinenwert in € beim Eintreffen der Eingangsrechnung und erklären Sie, warum der Zahlungszeitpunkt bedeutsam sein kann.
b Angenommen, die Kurse hätten sich gegenüber den Kursen laut Kurstabelle (Seite 350) bis zum Zahlungszeitpunkt wie folgt verändert: CHF = 1,2445; SEK = 9,0412. Welche Auswirkung hätte dies für die Bezahlung der Maschinen? Ermitteln Sie den Unterschiedsbetrag.

10 Ein Urlauber hat zum Kauf von 2.000,00 CHF 1.408,45 € benötigt. Nach seiner Rückkehr besitzt er noch 300,00 CHF, die er in € wechselt (Kurs für den Rückkauf siehe Kurstabelle auf Seite 350).
a Wie hoch war der Kurs vor Antritt der Urlaubsreise?
b Welchen Verlust in € erleidet der Urlauber durch die unterschiedlichen Kurse bei seiner Rückkehr?

6 Zinsrechnen

Fremdkapitalgeber lassen sich das von ihnen geliehene Kapital durch Zinsen „bezahlen". Die Zinsrechnung ist ein notwendiges Instrument, um Finanzierungsentscheidungen treffen und die entstehenden Kosten kalkulieren zu können.

Investition und Finanzierung, vgl. **HF 6**, Band 2

6.1 Vergleich von Prozent- und Zinsrechnung

Beispiel Die Oldenburg-Bank unterbreitet der Fly Bike Werke GmbH ein Kreditangebot zur Anschaffung eines neuen Fahrzeuges. Wie hoch sind die Zinsen und das Disagio für diesen Kredit?

Oldenburg-Bank

Kreditangebot vom 23.06.20XX

Kreditsumme	45.000,00 €
Kreditzinsen	7,5 % pro Jahr
Kreditlaufzeit	4 Jahre
Zinszahlungen	jährlich, rückwirkend
Kapitalrückzahlungen	nach 4 Jahren in einer Summe (Fälligkeitsdarlehen)

Für die Überlassung von Kapital verlangt der Kapitalgeber eine Vergütung (**Zinsen**) in Abhängigkeit von der Höhe und der Überlassungsdauer des Kapitals. Der Preis (**Zinssatz**) wird immer pro Jahr (per annum = p. a.) angegeben. Er ist abhängig von den jeweils gültigen Kapitalmarktzinssätzen, die im Wesentlichen von der Europäischen Zentralbank beeinflusst werden. Früher konnten Banken neben den Zinsen bei der Kreditvergabe zusätzlich eine einmalige Bearbeitungsgebühr in Prozent des Kreditbetrages erheben. Das ist für Privat- und Geschäftskunden seit 2017 nicht mehr erlaubt. Erlaubt bleibt das Vereinbaren eines Disagios. Ein Disagio ist eine Zinsvorauszahlung in Prozent, die den Auszahlungsbetrag direkt mindert.

Prozentrechnung, vgl. **3**, S. 334 ff.

Zinssatz:
z. B. 7,5% = 0,075

Zinsfuß:
z. B. 7,5

$$\text{Zinssatz} = \frac{\text{Zinsfuß}}{100}$$

Allgemeiner Vergleich		Vergleich Beispiel	
Prozentrechnung	**Zinsrechnung**	**Prozentrechnung**	**Zinsrechnung**
Grundwert	Kapital	Kreditsumme 45.000,00 €	Kreditsumme 45.000,00 €
Prozentsatz	Zinssatz Zinsfuß	Disagio 1 %	Zinssatz 7,5 % Zinsfuß 7,5
Prozentwert	Zinsen	? = gesuchter Wert	? = gesuchter Wert
–	Zeit	Zeit ohne Bedeutung	Laufzeit 4 Jahre

> **!** **Berechnung des Prozentwertes:** Prozentwert = Grundwert · Prozentsatz

Grundwert: 45.000,00 €	**Prozentsatz:** 1 %	**Prozentwert:** ? €
Kreditsumme in € · Disagio in % = Disagio in €		
$45.000{,}00 \cdot 1\,\% = 45.000{,}00 \cdot \frac{1}{100} = 450{,}00$ €		
Ergebnis: Das Disagio beträgt 450,00 €.		

6.2 Die allgemeine Zinsformel

In der Zinsrechnung werden üblicherweise folgende Abkürzungen verwendet:

Kapital	Zinsfuß	Zinssatz	Zinsen	Zeit
K	p	i $i = \frac{p}{100}$	Z	j = Jahre m = Monate t = Tage

6.2.1 Jahreszinsen

Beispiel Das Kreditangebot der Oldenburg-Bank sieht Kreditzinsen in Höhe von 7,5 % pro Jahr vor. Wie viel € betragen die Zinsen für die Laufzeit von 4 Jahren?

Die Berechnung der Jahreszinsen erfolgt mithilfe eines zusammengesetzten Dreisatzes (vgl. 1.3, S. 329 f.).

Zunächst wird die Höhe der Zinsen für ein Jahr ermittelt und das Ergebnis mit 4 multipliziert.

K = 45.000,00	p = 7,5; i = 7,5 %	Z = ? €	j = 4
Bedingungssatz	100 % → 45.000,00 €		
Fragesatz	7,5 % → ? €		
Bruchsatz	$? \text{ €} = \frac{45.000{,}00 \text{ €} \cdot 7{,}5\,\%}{100\,\%} = 3.375{,}00$ €		
Ergebnis (1 Jahr)	Die Zinsen für 1 Jahr betragen 3.375,00 €.		
Ergebnis (4 Jahre)	Die Zinsen für 4 Jahre betragen 3.375,00 € · 4 = 13.500,00 €.		

> **!** Berechnung der Jahreszinsen: Kapital · Zinssatz · Zeit in Jahren → $Z = K \cdot i \cdot j$
>
> oder alternativ: $\frac{\text{Kapital} \cdot \text{Zinsfuß} \cdot \text{Zeit in Jahren}}{100} \rightarrow Z = \frac{K \cdot p \cdot j}{100}$

Die Gesamtkosten für das Kreditangebot der Oldenburg-Bank betragen 13.950,00 €. Diese Summe setzt sich zusammen aus den Kreditzinsen in Höhe von 13.500,00 € für 4 Jahre Laufzeit und das einmalige Disagio in Höhe von 450,00 €. Da es sich um ein Fälligkeitsdarlehen handelt, ist am Ende der Kreditlaufzeit auch die Kreditsumme in Höhe von 45.000,00 € in einer Summe zurückzuzahlen.

Aufgaben

1 Berechnen Sie Disagio, Zinsen und Gesamtkosten für die folgenden Kreditangebote:

Kreditsumme in €	Disagio in %	Zinssatz in %	Kreditlaufzeit in Jahren
a 50.000,00	0,50	12,00	5,0
b 240.000,00	0,25	8,50	8,0
c 320.000,00	0,75	7,25	15,0
d 15.000,00	1,25	6,25	7,5

2 Berechnen Sie die Zinsen für folgende Kredite:

a 24.000,00 € zu	6,0 % für	3,0 Jahre
b 3.500,00 € zu	9,2 % für	8,0 Jahre
c 92.540,00 € zu	6,5 % für	12,5 Jahre
d 22.375,20 € zu	14,1 % für	3,25 Jahre

3 Der Industriekaufmann Werner Wolf kauft als Handlungsbevollmächtigter seines Unternehmens eine Maschine im Wert von 36.900,00 € ein. Zwei Drittel dieses Preises müssen als Fremdkapital für 3 Jahre aufgenommen werden. Der Zinssatz beträgt 9 %. Das Disagio beträgt 1,25 %. Berechnen Sie

a das Disagio in €,

b die Zinsen für ein und für drei Jahre,

c die Gesamtkosten für den Kredit.

6.2.2 Monatszinsen

Beispiel Ein guter Kunde der Fly Bike Werke verlangt ein Zahlungsziel von 9 Monaten für einen Rechnungsbetrag von 24.000,00 €. Die Fly Bike Werke verlangen im Kaufvertrag einen Zinssatz von 6 %. Wie viel Zinsen muss der Käufer der Ware bezahlen?

Zunächst werden wieder die Zinsen für ein Jahr berechnet. Die Jahreszinsen werden dann in Monate umgerechnet, indem das Ergebnis mit $\frac{m}{12}$ multipliziert wird.

K = 24.000,00	p = 6,0; i = 6,0 %	Z = ? €	m = 9
Bedingungssatz	100 % → 24.000,00 €		
Fragesatz	6,0 % → ? €		
Bruchsatz	$? € = \frac{24.000,00 € \cdot 6,0 \%}{100 \%}$		
Ergebnis (1 Jahr)	Die Zinsen für 1 Jahr betragen 1.440,00 €.		
Ergebnis (9 Monate)	Die Zinsen für 9 Monate betragen: $\frac{1.440,00 € \cdot 9}{12} = 1.080,00 €$		

! Berechnung der Monatszinsen: $\frac{\text{Kapital} \cdot \text{Zinssatz} \cdot \text{Zeit in Monaten}}{12} \rightarrow Z = \frac{K \cdot i \cdot m}{12}$

Oder alternativ: $\frac{\text{Kapital} \cdot \text{Zinsfuß} \cdot \text{Zeit in Monaten}}{100 \cdot 12} \rightarrow Z = \frac{K \cdot p \cdot m}{100 \cdot 12}$

Aufgaben

1 Berechnen Sie die Zinsen für die folgenden Kreditangebote:

	Kreditsumme in €	Zinssatz in %	Kreditlaufzeit in Monaten
a	60.000,00	10,00	6,0
b	200.000,00	8,50	2,0
c	380.000,00	7,50	14,0
d	5.000,00	6,75	7,5

2 Berechnen Sie die Zinsen für folgende Kredite:

a	12.000,00 € zu	6,0 % für	3,0 Monate
b	3.200,00 € zu	9,8 % für	7,0 Monate
c	92.000,00 € zu	6,5 % für	12,5 Monate

3 Saisonal bedingte Zahlungsschwierigkeiten zwingen ein Unternehmen zur Aufnahme eines kurzfristigen Darlehens in Höhe von 63.000,00 €. Wie viel Zinsen sind für das Darlehen in 5 Monaten bei einem Zinssatz von 10,8 % zu zahlen?

4 Ein Kaufmann muss nach Ablauf der Kreditlaufzeit von 9 Monaten die Kreditsumme einschließlich Zinsen zurückzahlen.

a Welchen Betrag muss er überweisen, wenn die Kreditsumme 45.000,00 € und der Zinssatz 8 % betrug?

b Wie viel € muss er überweisen, wenn er in Höhe der Kreditsumme zuzüglich Zinsen einen neuen Kredit für 3 Monate zu 12 % Zinsen aufnimmt?

6.2.3 Tageszinsen

Beispiel Ein Kunde der Fly Bike Werke hat trotz mehrerer Mahnungen das im Kaufvertrag vereinbarte Zahlungsziel erheblich überschritten. Gemäß Kaufvertrag sind für diese Überschreitung von 48 Tagen 12 % Verzugszinsen zu zahlen. Der Kaufpreis beträgt 9.000,00 €. Wie viel € Verzugszinsen muss der säumige Käufer bezahlen?

Bei der kaufmännischen Zinsrechnung wird ein 360-Tage-Jahr zugrunde gelegt (vgl. Übersicht zur Ermittlung der Zinstage, S. 362). Die Tageszinsen werden ermittelt, indem die Zinsen pro Jahr mit $\frac{t}{360}$ multipliziert werden.

kaufmännische Zinsformel

K = 9.000,00 €	**p** = 12,0; **i** = 12,0 %	**Z** = ? €	**t** = 48
Bedingungssatz	100 % → 9.000,00 €		
Fragesatz	12,0 % → ? €		
Bruchsatz	$? € = \frac{9.000,00 € \cdot 12,0 \%}{100 \%} = 1.080,00 €$		
Ergebnis (1 Jahr)	Die Verzugszinsen für 1 Jahr betragen 1.080,00 €.		
Ergebnis (48 Tage)	Die Verzugszinsen für 48 Tage betragen $\frac{1.080,00 € \cdot 48}{360} = 144,00 €$.		

! Berechnung der Tageszinsen: $\frac{\text{Kapital} \cdot \text{Zinssatz} \cdot \text{Zeit in Tagen}}{360} \rightarrow Z = \frac{K \cdot i \cdot t}{360}$

oder alternativ: $\frac{\text{Kapital} \cdot \text{Zinsfuß}}{100} \cdot \frac{\text{Zeit in Tagen}}{360} \rightarrow Z = \frac{K \cdot p \cdot t}{100 \cdot 360}$

kaufmännische Zinsformel

Übersicht zur Ermittlung der Zinstage

- ein Zinsjahr = 360 Zinstage
- ein Zinsmonat (auch der Monat Februar) = 30 Zinstage
- Bei Zinslaufzeiten bis Ende Februar (28. oder 29. Februar) müssen 28 oder 29 Tage berechnet werden.
- Der erste Tag eines Zinszeitraumes (z. B. Auszahlungstag) wird nicht mitgezählt.
- Der letzte Tag eines Zinszeitraumes (z. B. Rückzahlungstag) wird mitgezählt.

Regeln zur Ermittlung von Zinstagen/deutsche kaufmännische Zinsrechnung (angewendet z. B. bei Girokonten und Kreditgewährung)

Beispiel Ermittlung der Zinstage für den Zeitraum 25. April bis 16. August:

25. April – 30. April:	5 Tage
01. Mai – 30. Juli: 3 · 30 =	90 Tage
01. August – 16. August:	16 Tage
	111 Tage

Aufgaben

1 Ermitteln Sie die Zinstage für folgende Zinszeiträume:

a 20.06.–31.10.
b 31.05.–01.12.
c 20.09.–10.05. (Folgejahr)
d 26.02.–31.07.
e 30.08.–28.02. (Folgejahr)
f 25.07.–30.12.
g 06.04.–01.12.
h 01.10.–31.03. (Folgejahr)

2 Berechnen Sie die Zinsen für die folgenden Kreditangebote:

Kreditsumme in €	Zinssatz in %	Kreditlaufzeit in Tagen
a 65.000,00	10,00	122
b 280.000,00	8,50	233
c 380.000,00	9,75	14
d 5.000,00	6,5	462

3 Eine Papierfabrik stundet einem Großkunden eine Rechnung vom 10.04. mit 60 Tagen Ziel bis zum 20.11. Sie berechnet dafür 12,5 % Zinsen. Berechnen Sie bei einem Rechnungsbetrag von 33.120,00 €
a den Zinsertrag der Papierfabrik und
b den Überweisungsbetrag zum 20.11.

4 Berechnen Sie die Zinsen für die folgenden Kreditangebote:

Kreditsumme in €	Zinssatz in %	Kreditlaufzeit von – bis
a 25.000,00	12,00	24.08.–31.12.
b 80.000,00	7,50	31.01.–14.09.
c 12.000,00	3,75	16.03.–17.06.
d 9.000,00	8,50	28.03.–29.11.

5 Wie viel € muss ein Kunde am 10.09. bezahlen, wenn er eine Rechnung in Höhe von 5.800,00 €, fällig am 14.08., zuzüglich 8 % Verzugszinsen ausgleichen will?

6 Ein Fremdwährungsdarlehen in Höhe von 30.000,00 Britischen Pfund mit einem Zinssatz von 9 % muss nach 90 Tagen zurückgezahlt werden.

Wie viel € benötigt der Schuldner zur Zahlung von Zins und Tilgung, wenn zum Rückzahlungstermin (= Zinszahlungstermin) der Kurs für die englische Währung bei 1 € = 0,7084 Pfund angegeben wird?

7 Ein Kunde bittet um Ratenzahlung für eine Rechnung in Höhe von 120.000,00 €, fällig am 14.02.
Zahlungstermine: 20.04. = 40.000,00 €,
20.06. = 60.000,00 €,
10.08. = Restbetrag einschließlich aller Zinsen.
Wie viel € muss der Kunde am 10.08. bezahlen, wenn 6 % Verzugszinsen auf den jeweils ausstehenden Betrag zu entrichten sind?

8 Auf einem Sparbuch befinden sich am 01.01. 4.800,00 €. Der Zinssatz beträgt bis zum 31.05. 2,50 % und wird dann auf 2,75 % erhöht. Wie viel € Zinsen sind am Jahresende gutzuschreiben, wenn am 24.08. 500,00 € abgehoben wurden?

6.2.4 *Zinszahl und Zinsteiler*

summarische Zinsrechnung, vgl. 6.2.5, S. 362

Tageszinsen können auch mithilfe von Zinszahl und Zinsteiler ermittelt werden. Zinszahl und Zinsteiler sind Hilfsmittel, die den Rechenaufwand z. B. bei der summarischen Zinsrechnung verringern. Sie lassen sich aus der kaufmännischen Zinsformel herleiten.

Herleitung von Zinszahl und Zinsteiler aus der kaufmännischen Zinsformel

Tageszinsen	$\frac{\text{Kapital} \cdot \text{Zinsfuß} \cdot \text{Zeit in Tagen}}{100 \cdot 360}$	allgemeine Tageszinsformel
Tageszinsen	$\frac{\text{Kapital} \cdot \text{Zeit in Tagen} \cdot \text{Zinsfuß}}{100 \cdot 360}$	Umstellung der Zähler
Tageszinsen	$\frac{\text{Kapital} \cdot \text{Zeit in Tagen}}{100} \cdot \frac{\text{Zinsfuß}}{360}$	Zerlegung des Bruches
Tageszinsen	$\frac{\text{Kapital} \cdot \text{Zeit in Tagen}}{100} : \frac{360}{\text{Zinsfuß}}$	Umstellung: Multiplikation = Division durch den Kehrwert
Zinszahl	$\frac{\text{Kapital} \cdot \text{Zeit in Tagen}}{100}$	Zerlegung in zwei Formeln
Zinsteiler	$\frac{360}{\text{Zinsfuß}}$	
Tageszinsen	$\frac{\text{Zinszahl}}{\text{Zinsteiler}}$	neue Formel für Tageszinsen

Bei der Berechnung der Zinszahlen bleiben Centbeträge bei den Kapitalbeträgen unberücksichtigt. Es erfolgt **keine Rundung**.

K = 3.450,99 € → 3.450,00 €.

Zinszahlen haben keine Nachkommastellen, d. h., es sind immer **ganze Zahlen**. Dabei werden die Zinszahlen kaufmännisch gerundet.

Zinszahl = 4.567,49 → 4.567 | 4.567,50 → 4.568

Im Folgenden werden die Verzugszinsen für das Beispiel aus dem Abschnitt 6.2.3 noch einmal mithilfe von Zinszahl und Zinsteiler ermittelt. Beide Rechenwege führen zu demselben Ergebnis.

Berechnung der Tageszinsen mit Zinszahl und Zinsteiler

K = 9.000,00	p = 12,0; i = 12,0 %	Z = ? €	t = 48
Berechnung der Zinszahl	$\frac{\text{Kapital} \cdot \text{Zeit in Tagen}}{100} = \frac{9.000,00 \cdot 48}{100} = 4320$		
Berechnung des Zinsteilers	$\frac{360}{\text{Zinsfuß}} = \frac{360}{12} = 30$		
Berechnung der Tageszinsen	$\frac{\text{Zinszahl}}{\text{Zinsteiler}} = \frac{4.320}{30} = 144,00$ €		
Ergebnis (1 Jahr)	Die Verzugszinsen für 48 Tage betragen **144,00 €.**		

Aufgaben

1 Berechnen Sie die Zinszahlen:
- **a** 4.200,00 € für 26 Tage
- **b** 4.566,20 € für 139 Tage
- **c** 984,49 € für 99 Tage
- **d** 2.311,50 € für 84 Tage

2 Berechnen Sie die Zinsteiler für folgende Zinssätze:
- **a** 12,0 %
- **b** 9,0 %
- **c** 6,0 %
- **d** 8,0 %
- **e** 4,5 %
- **f** 2,5 %
- **g** $3\frac{1}{3}$ %
- **h** $3\frac{4}{5}$ %

3 Berechnen Sie die Zinsen bei einer Zinszahl von 14.500 bei:
- **a** 6 % Zinsen
- **b** 12 % Zinsen
- **c** 16 % Zinsen

4 Berechnen Sie mit der kaufmännischen Zinsformel die Zinsen für die folgenden Kapitalbeträge:

	Kapital in €	Zinssatz	Zinstage
a	8.050,00	9 %	60
b	2.300,00	12 %	45
c	6.900,00	6 %	120
d	3.047,50	8 %	412
e	2.660,80	9 %	160
f	2.910,40	12 %	215
g	6.940,20	6 %	122

5 Berechnen Sie mit der kaufmännischen Zinsformel die Zinsen:
- **a** Kapital 14.200,00 €, 9 % Zinssatz, Zinszeit vom 14.06. bis 23.09.
- **b** Kapital 6.900,00 €, 12 % Zinssatz, Zinszeit vom 12.01. bis 31.07.

6.2.5 Summarische Zinsrechnung

Beispiel Ein Kunde der Fly Bike Werke ist mit der Zahlung mehrerer Rechnungen in Verzug. In allen Kaufverträgen sind 9 % Verzugszinsen vereinbart worden. Für den Kunden soll eine Aufstellung seiner Verbindlichkeiten gegenüber den Fly Bike Werken zum Jahresende (31.12.) einschließlich Verzugszinsen erstellt werden. Wie kann die für diese Aufstellung notwendige Rechenarbeit vereinfacht werden?

Werden mehrere Beträge zum gleichen Zinssatz, aber mit unterschiedlichen Laufzeiten verzinst, ist es sinnvoll, die Zinsen mithilfe von Zinszahl und Zinsteiler summarisch zu ermitteln.

Ausgangsrechnungen der Fly Bike Werke GmbH		**Fälligkeit Datum**	**Zinstage bis 31.12.**	**Zinszahl = $\frac{\text{Kapital} \cdot \text{Zinstage}}{100}$**
Nr.	**Beträge in €**			
433	2.320,00	16.08.	134	$\frac{2.320,00 \cdot 134}{100} = 3108$
467	11.600,00	14.09.	106	$\frac{11.600,00 \cdot 106}{100} = 12296$
472	6.960,00	20.10.	70	$\frac{6.960,00 \cdot 70}{100} = 4872$
481	4.640,00	15.11.	45	$\frac{4.640,00 \cdot 45}{100} = 2088$
Summe Kapital = 25.520,00			Summe Zinszahlen = 22 364	

Zur Bestimmung der Verzugszinsen für die offenen Rechnungen wird zunächst der Zinsteiler ermittelt. Die Verzugszinsen (Tageszinsen) ergeben sich durch Division der Summe der Zinszahlen durch den Zinsteiler. Die so ermittelten Zinsen werden der Kapitalsumme (Summe der Rechnungsbeträge) hinzuaddiert. Im Ergebnis steht die Gesamtforderung der Fly Bike Werke an den säumigen Kunden zum 31.12.20XX.

Zinsteiler	$\frac{360}{9} = 40$
Tageszinsen (summarisch)	$\frac{\text{Zinszahl}}{\text{Zinsteiler}} = \frac{22364}{40} = 559{,}10$ €
Gesamtforderung	Summe der Rechnungsbeträge + Tageszinsen 25.520,00 € + 559,10 € = 26.079,10 €
Ergebnis	Die Gesamtforderung zum 31.12.XX beträgt 26.079,10 € einschließlich Verzugszinsen.

Berechnung der Gesamtforderung mithilfe der summarischen Zinsrechnung

! Tageszinsen (summarisch): $\frac{\text{Summe der Zinszahlen}}{\text{Zinsteiler}}$

Aufgaben

1 Ein Unternehmen legt überschüssige Guthaben auf einem Tagesgeldkonto an. Die Bank gewährt einen Guthabenzins in Höhe von 2,5 %.

Kontoeröffnung:	5. Feb.	
Einzahlung:	5. Feb.	2.000,00 €
	12. Feb.	1.200,00 €
	3. März	6.500,00 €
	9. März	16.500,00 €
	12. März	4.200,00 €

a Ermitteln Sie die Zinsgutschrift der Bank zum Quartalsende (31. März).
b Wie hoch wäre die Zinsgutschrift zum 31. März ausgefallen, wenn der Zinssatz zum 1. März auf 3 % angehoben worden wäre?
c Wie viel Zinsen hätte das Unternehmen erhalten, wenn es das Tagesgeldkonto bei einer anderen Bank mit dem Zinssatz von 3,6 % eröffnet hätte?

6.3 Berechnung von Zinsfuß und Zinssatz

Beispiel Die Fly Bike Werke haben einen kurzfristigen Liquiditätsüberschuss in Höhe von 80.000,00 €. Die Oldenburg-Bank bietet bei diesem Anlagebetrag für 60 Tage 800,00 € Zinsen. Wie hoch ist der Zinssatz für diese Kapitalanlage?

Die Formel zur Berechnung des Zinsfußes p wird durch Umstellung der kaufmännischen Zinsformel hergeleitet.

1	$Z = \frac{K \cdot p \cdot t}{100 \cdot 360}$		kaufmännische Zinsformel
2	$Z \cdot 100 \cdot 360 = p \cdot K \cdot t$ ←	$\mid \cdot 100; \cdot 360$ ← $\mid : (K \cdot t)$ ←	1. Umstellung 2. Umstellung
3	$\mathbf{\frac{Z \cdot 100 \cdot 360}{K \cdot t} = p}$ ←		Formel zur Berechnung des Zinsfußes

Berechnung des Zinsfußes durch Umstellen der Tageszinsformel

Für das Ausgangsbeispiel ergibt sich:

Zinsfuß	$\frac{800{,}00\ € \cdot 100 \cdot 360}{80.000{,}00\ € \cdot 60} = 6$
Zinssatz	$\frac{6}{100} = 0{,}06 = \mathbf{6\ \%}$
Ergebnis	Der Zinssatz für die Kapitalanlage beträgt 6 %.

! Berechnung des Zinsfußes: $\frac{\text{Zinsen} \cdot 100 \cdot 360}{\text{Kapital} \cdot \text{Zeit in Tagen}} \rightarrow p = \frac{Z \cdot 100 \cdot 360}{K \cdot t}$

Aufgaben

1 Berechnen Sie die Zinssätze für folgende Kapitalanlagen (jeweils auf zwei Nachkommastellen runden):

	Anlagebetrag	Anlagezeitraum	Zinsertrag
a	120.000,00 €	14.08.–22.03. (Folgejahr)	5.813,33 €
b	30.000,00 €	23.02.–17.04.	303,75 €
c	58.000,00 €	84 Tage	1.647,68 €
d	9.000,00 €	12,5 Monate	375,00 €
e	1.500,00 €	4 Jahre, 3 Monate	1.041,25 €
f	320.000,00 €	7 Monate, 12 Tage	21.706,67 €

2 Wie viel Prozent Zinsen verlangt ein Kreditinstitut für einen Kreditbetrag von 25.000,00 €, wenn der Kredit am 24.06. gewährt wurde und am 31.09. einschließlich Zinsen mit 25.800,00 € zurückgezahlt wurde?

3 Eine Unternehmensbeteiligung in Höhe von 300.000,00 € erbrachte in 5 Jahren insgesamt 90.000,00 € Gewinn. Mit welchem Jahreszinssatz hat sich das eingesetzte Kapital durchschnittlich verzinst?

4 Ein OHG-Gesellschafter hat am Ende eines Geschäftsjahres 2.000,00 € Privatentnahmen getätigt. Vom Jahresgewinn der Gesellschaft erhält er unter Berücksichtigung der Barentnahme am Jahresende noch 5.500,00 € auf sein Eigenkapitalkonto gutgeschrieben. Am Anfang des Geschäftsjahres betrug seine Einlage 50.000,00 €. Wie hoch ist die Verzinsung seiner Einlage in diesem Geschäftsjahr?

6.4 Berechnung der Zeit

Beispiel Ein Gläubiger der Fly Bike Werke verlangt für einen verspäteten Rechnungsausgleich 87,00 € Verzugszinsen. Der Rechnungsbetrag lautete über 6.960,00 €; der im Kaufvertrag vereinbarte Verzugszinssatz betrug 6 %. Wie viele Zinstage hat der Gläubiger für seine Berechnung berücksichtigt?

Berechnung der Zeit durch Umstellen der Tageszinsformel

1	$Z = \frac{K \cdot p \cdot t}{100 \cdot 360}$		kaufmännische Zinsformel
2	$Z \cdot 100 \cdot 360 = p \cdot K \cdot t$	$\mid \cdot 100; \cdot 360$ $\mid : (K \cdot p)$	1. Umstellung 2. Umstellung
3	$\frac{Z \cdot 100 \cdot 360}{K \cdot p} = t$		Formel zur Berechnung der Zeit in Tagen

$$t = \frac{87{,}00\ € \cdot 100 \cdot 360}{6.960{,}00\ € \cdot 6} = 75$$

Ergebnis: Der Gläubiger hat bei seiner Berechnung 75 Zinstage zugrunde gelegt.

! Berechnung der Zeit in Tagen: $\frac{\text{Zinsen} \cdot 100 \cdot 360}{\text{Kapital} \cdot \text{Zinsfuß}} \rightarrow t = \frac{Z \cdot 100 \cdot 360}{K \cdot p}$

Aufgaben

1 Wie viele Tage wurden die folgenden Beträge zinswirksam angelegt?

angelegtes Kapital in €	Zinssatz in %	Zinsen in €
a 45.000,00	6,00	1.125,00
b 500,00	2,50	18,75
c 412.000,00	12,75	2.188,75
d 22.560,00	3,25	152,75

2 Ein Kapital in Höhe von 6.480,00 € erbrachte 72,09 € Zinsen. Wie viele Zinstage war das Kapital angelegt, wenn die Verzinsung 4,5 Prozent betrug?

3 Ein Kapital in Höhe von 50.000,00 € erbrachte bei einer Verzinsung von 6 % Zinsen in Höhe von 750,00 €.
Berechnen Sie
a die Anzahl der Zinstage und
b das Datum der Kapitalanlage, wenn die Zinszahlung am 14.09. erfolgte.

4 Ein Industrieunternehmen gewährt seinen Kunden 30 Tage Ziel ab Rechnungsdatum. Für eine zu spät bezahlte Ausgangsrechnung in Höhe von 5.000,00 € vom 12.03. berechnet es 50,00 € Verzugszinsen bei einem vertragsgemäßen Zinssatz von 6 %. Zu welchem Datum erfolgte der Rechnungsausgleich?

5 Ein Anlageberater verspricht bei einer Kapitalanlage in Höhe von 50.000,00 € die Rückzahlung von 60.000,00 €. Nach wie vielen Zinstagen muss die Rückzahlung erfolgen, wenn ein Zinssatz von 15 % erreicht werden soll?

6 Bei der Erstanlage einer Sparsumme von 25.000,00 € werden in 180 Zinstagen 750,00 € Zinsen erwirtschaftet. Bei einer erneuten Anlage dieser 25.000,00 € werden nur noch 4 % Zinsen gezahlt.
Berechnen Sie
a den Zinssatz der Erstanlage und
b die notwendigen Zinstage, wenn bei der erneuten Anlage ebenfalls 750,00 € Zinsen erzielt werden sollen.

6.5 Berechnung des Kapitals

Beispiel Ein säumiger Schuldner der Fly Bike Werke überwies für die Zeit vom 25.06.20XX bis zum 23.11.20XX (= 148 Zinstage) 24,67 € Verzugszinsen. Im Kaufvertrag war ein sehr günstiger Verzugszinssatz von 4 % vereinbart worden. Wie hoch war der geschuldete Rechnungsbetrag?

1	$Z = \frac{K \cdot p \cdot t}{100 \cdot 360}$		kaufmännische Zinsformel
2	$Z \cdot 100 \cdot 360 = K \cdot p \cdot t$	$\mid \cdot 100; \cdot 360$ $\mid : (K \cdot p)$	1. Umstellung 2. Umstellung
3	$\mathbf{\frac{Z \cdot 100 \cdot 360}{p \cdot t} = K}$		Formel zur Berechnung des Kapitals

Berechnung des Kapitals durch Umstellen der Tageszinsformel

$$K = \frac{24{,}67\ € \cdot 100 \cdot 360}{4 \cdot 148} = 1.500{,}20\ €$$

Ergebnis: Der geschuldete Rechnungsbetrag lautete auf 1.500,20 €.

! Berechnung des Kapitals: $\frac{\text{Zinsen} \cdot 100 \cdot 360}{\text{Zinsfuß} \cdot \text{Zeit in Tagen}} \rightarrow K = \frac{Z \cdot 100 \cdot 360}{p \cdot t}$

Aufgaben

1 Berechnen Sie jeweils das eingesetzte Kapital.

	Zinsen in €	Zinssatz in %	Zinszeitraum von	bis
a	880,00	8,00	24.06. –	22.09.
b	314,17	7,25	31.01. –	12.12.
c	65,00	4,00	14.02. –	19.04.
d	170,14	3,50	50 Tage	

2 Ein Sparer erzielt für ein am 31. Juli eingezahltes Kapital, das mit 4,5 % verzinst wurde, am 31. August desselben Jahres 7,50 € Zinsen. Wie hoch war sein eingezahltes Kapital?

3 Ein Kapital wurde für die Zeit vom 10.02. bis zum 22.04. desselben Jahres ausgeliehen. Bei einer Verzinsung von 10 % wurden in diesem Zeitraum 52,00 € Zinsen erwirtschaftet. Berechnen Sie das eingesetzte Kapital.

4 Ein Unternehmer will eine nicht mehr benötigte Lagerhalle verkaufen und den Erlös in festverzinslichen Wertpapieren anlegen. Wie hoch muss der Verkaufserlös sein, wenn er vierteljährlich 5.000,00 € Zinsen bei einem Zinssatz von 10 % erzielen möchte?

5 Ein Industrieunternehmen bezahlt monatlich 980,00 € Zinsen für zwei Kredite:
- Der erste Kredit in Höhe von 48.000,00 € wird mit 12 % verzinst.
- Der zweite Kredit hat einen Zinssatz von 15 %.

Berechnen Sie
a die Zinsen für den ersten Kredit und
b die Kreditsumme für den zweiten Kredit.

6 Für einen Großkredit sind jährlich 1 % Tilgung und 8 % Zinsen zu bezahlen. Am Ende des ersten Jahres werden insgesamt 18.000,00 € überwiesen. Wie hoch ist die Kreditsumme?

7 Am 31.12. schreibt eine Bank 50,00 € Zinsen gut. Der Sparer hat sein Konto am 30.05. mit einer Einmalzahlung eröffnet und erhält 2,5 % Zinsen. Wie hoch war die Einmalzahlung?

8 Ein Anlageberater verspricht vierteljährliche Gewinnausschüttungen in Höhe von 10.000,00 € bei einem Zinssatz von 10 %. Wie hoch muss bei dieser Anlageform das angelegte Kapital sein?

6.6 Die effektive Verzinsung

6.6.1 Die effektive Verzinsung von Krediten

Beispiel Die Fly Bike Werke benötigen für die Modernisierung ihres Lagers ein Bankdarlehen in Höhe von 300.000,00 €. Die Oldenburg-Bank bietet nach einer Kreditwürdigkeitsprüfung mit positivem Ergebnis ein Darlehen zu den unten stehenden Bedingungen an. Darüber hinaus liegt der Fly Bike Werke GmbH ein Konkurrenzangebot einer ortsansässigen Bank vor. Welches Angebot ist für die Fly Bike Werke GmbH kostengünstiger?

p.a.
lat. per annum = pro Jahr

	Kreditangebot 1 Oldenburg-Bank	**Kreditangebot 2 Konkurrenzbank**
Kreditsumme	300.000,00 €	300.000,00 €
Kreditzinsen	9,0 % p.a.	9,4 % p.a.
Kreditlaufzeit	4 Jahre	4 Jahre
Einmaliges Disagio	1,0 % der Kreditsumme	keine
Kapitalrückzahlung	nach 4 Jahren in einer Summe	nach 4 Jahren in einer Summe

Das kostengünstigste Angebot ist bei Krediten mit gleicher Laufzeit das mit der **niedrigsten effektiven Verzinsung**. Will man für Kredite die effektive Verzinsung ermitteln, müssen alle Kreditkosten, also auch das Disagio und alle sonstigen bei der Kreditvergabe anfallenden Gebühren (z. B. Spesen), in den Jahreszinssatz eingerechnet werden. Nur durch einen Vergleich der effektiven Verzinsung kann der günstigste Kredit ermittelt werden.

p = Zinsfuß

Ermittlung der Kreditkosten für ein Darlehen (Angebot 1)

Zinsen für 4 Jahre	$Z = \frac{K \cdot p \cdot j}{100}$	$\rightarrow Z = \frac{300.000,00\ € \cdot 9 \cdot 4}{100}$	= 108.000,00 €
Disagio	Kreditsumme in € · Disagio in % 300.000,00 € · 1 %		= 3.000,00 €
Kreditkosten	Zinsen 108.000,00 €	+ Disagio + 3.000,00 €	= 111.000,00 €

Die effektive Verzinsung berechnet sich nach der folgenden Formel (hier abgeleitet aus der Jahreszinsformel):

! $$\text{effektive Verzinsung (p)} = \frac{\text{Kreditkosten} \cdot 100}{\text{Auszahlungsbetrag} \cdot \text{Jahre}} = \frac{111.000,00 \cdot 100}{297.000,00 \cdot 4} = 9,34$$

Der effektive Zinssatz für das Angebot der Oldenburg-Bank beträgt (gerundet) etwa 9,34 %. Da beim Konkurrenzangebot kein Disagio erhoben wird, entspricht dort der angegebene Zinssatz dem effektiven Zinssatz in Höhe von 9,4 %. Das Angebot der Oldenburg-Bank ist also günstiger.

Grundsätzlich gilt: Je höher das Disagio und Spesen und je kürzer die Kreditlaufzeit, desto stärker steigt die effektive Verzinsung im Vergleich zur Nominalverzinsung.

6.6.2 Die effektive Verzinsung von Kapitalanlagen

Beispiel Ein Industrieunternehmen will die effektive Verzinsung des Eigenkapitals ermitteln. Bei einem Eigenkapital von 588.000,00 € wurden in einem Geschäftsjahr 8.500.000,00 € Erträge und 8.350.000,00 € Aufwendungen in der GuV-Rechnung festgestellt. Wie hoch ist die effektive Verzinsung des eingesetzten Kapitals?

Will man den Einsatz von Kapital in einem Unternehmen mit alternativen Investitionen, z. B. Kauf von Aktien, Wertpapieren, Kauf von Immobilien usw., vergleichen, ist auch hier der effektive Jahreszinssatz die entscheidende Vergleichsgröße für die Beurteilung der Vorteilhaftigkeit der Kapitalanlage. Hierbei ist jedoch zusätzlich das unterschiedliche Risiko der Kapitalanlage, wie z. B. die Wahrscheinlichkeit und die Höhe des Gewinns (oder Verlustes) und die Wertentwicklung der Kapitalanlage in der Zukunft, zu berücksichtigen.

Im Nachhinein kann die effektive Verzinsung durch die Höhe des Reingewinns im Verhältnis zum eingesetzten Kapital als Jahreszinssatz ermittelt werden.

Die effektive Verzinsung des Eigenkapitals des im obigen Beispiel genannten Industrieunternehmens für das vergangene Geschäftsjahr berechnet sich wie folgt:

Ermittlung des Reingewinns

Erträge – Aufwendungen	8.500.000,00 € – 8.350.0000,00 €
(gemäß GuV-Rechnung)	= 150.000,00 €

p = Zinsfuß

! effektive Verzinsung (p): $\frac{\text{Reingewinn} \cdot 100}{\text{Eigenkapital} \cdot \text{Jahre}} = \frac{150.000,00 \cdot 100}{588.000,00 \cdot 1} = 25,51$

Der effektive Zinssatz des Eigenkapitals betrug damit im vergangenen Geschäftsjahr (gerundet) etwa 25,51 %. Zum Vergleich: Hätte der Unternehmer sein Kapital bei einer Bank angelegt, statt in sein Unternehmen zu investieren, hätte er eine Verzinsung in Höhe von 25,51 % aushandeln müssen, um dieselbe Rendite zu erwirtschaften, wie er sie durch die Investition in sein Unternehmen erreicht hat. Hätte er sein Eigenkapital z. B. zu einer Verzinsung von 5 % bei der Bank angelegt, hätte er nach einem Jahr nur 29.400,00 € Zinsen erhalten.

Natürlich ist bei der Entscheidungsfindung auch das Risiko zu berücksichtigen, das bei der Investition ins eigene Unternehmen höher ausgeprägt ist als z. B. bei einer Festanlage bei der Bank. Hierzu berücksichtigt man die sogenannte **Risikoprämie**, die von der effektiven Verzinsung abgezogen wird. Unter der Annahme, dass die Risikoprämie im Beispiel oben 3 % beträgt, ist es also auch unter Berücksichtigung des Risikos noch günstiger, das Geld in das eigene Unternehmen zu investieren.

Beim Vergleich der effektiven Verzinsung unterschiedlicher Kapitalanlagen muss auch die möglicherweise bestehende **unterschiedliche Steuerbelastung** des Reingewinns berücksichtigt werden. Erst die effektive Verzinsung nach Abzug sämtlicher Steuern ist dann das Entscheidungskriterium.

Aufgaben

1 Folgende Kreditangebote sind zu vergleichen:

Kreditsumme in €	Kreditlaufzeit	Nominalzins	Disagio
1) 200.000,00	12 Jahre	10,0 %	0,75 % der Kreditsumme
2) 220.000,00	10 Jahre	9,5 %	2.750,00 €

a Berechnen Sie die effektive Verzinsung beider Kreditangebote.
b Welche weiteren Überlegungen muss der Kreditnehmer vor der Angebotsannahme machen?

2 Vergleichen Sie die effektive Verzinsung zweier konkurrierender Unternehmen:

Vergleichswerte	Unternehmen A	Unternehmen B
Eigenkapital	500.000,00 €	750.000,00 €
Erträge	2.550.000,00 €	4.250.000,00 €
Aufwendungen	2.450.000,00 €	4.190.000,00 €

Übersicht: *Wichtige Formeln in der Zinsrechnung*

Abkürzungen:

Kapital	Zinsfuß	Zinssatz	Zinsen	Zeit
K	p	i = p : 100	Z	j = Jahre, m = Monate, t = Tage

Ausgangsformel zur Zinsberechnung: Zinsen in € (Z)

$Z = \frac{K \cdot p \cdot j}{100}$	$Z = \frac{K \cdot p \cdot m}{100 \cdot 12}$	$Z = \frac{K \cdot p \cdot t}{100 \cdot 360}$
Jahreszinsen	Monatszinsen	Tageszinsen

Abgeleitete Formeln auf Basis der Tageszinsformel:

$p = \frac{Z \cdot 100 \cdot 360}{K \cdot t}$	$t = \frac{Z \cdot 100 \cdot 360}{K \cdot p}$	$K = \frac{Z \cdot 100 \cdot 360}{p \cdot t}$
Zinsfuß (p)	Zeit in Tagen (t)	Kapital in € (K)

Summarische Zinsrechnung (Zinszahl und Zinsteiler):

$Z = \frac{\text{Zinszahl (\#)}}{\text{Zinsteiler (Zt)}}$	$\# = \frac{K \cdot t}{100}$	$Zt = \frac{360}{p}$
Tageszinsen (Z)	Zinszahl	Zinsteiler

Effektive Verzinsung (Beispiele): Zinsfuß (p)

$p = \frac{\text{Kreditkosten} \cdot 100}{\text{Auszahlungsbetrag} \cdot \text{Jahre}}$	$p = \frac{\text{Reingewinn} \cdot 100}{\text{Eigenkapital} \cdot \text{Jahre}}$	$p = \frac{\text{Nettoskontobetrag} \cdot 100 \cdot 360}{\text{Überweisungsbetrag} \cdot \text{Lieferkreditfrist in Tagen}}$
bei Krediten	bei Kapitaleinsätzen	beim Skontoabzug

Sachwortverzeichnis

Bildquellenverzeichnis

Cover: Shutterstock/El Nariz
S. 11: stock.adobe.com/Syda Productions; **S. 13:** Bergmoser + Höller Verlag AG, Aachen/Zahlenbild; **S. 21.1–3:** Anima Berten, Hamburg; **S. 21.4:** stock.adobe.com/animaflora; **S. 23.3:** Adobe Stock/Herrndorf; **S. 25:** stock.adobe.com/industrieblick; **S. 27.2:** © Bundesministerium für Wirtschaft und Energie, Berlin; **S. 29:** Bergmoser + Höller Verlag AG, Aachen/Zahlenbild; **S. 35:** Bergmoser + Höller Verlag AG, Aachen/Zahlenbild; **S. 36:** picture-alliance/dpa-infografik; **S. 38:** picture-alliance/dpa-infografik; **S. 40+41:** Bergmoser + Höller Verlag AG, Aachen/Zahlenbild; **S. 43:** Bergmoser + Höller Verlag AG, Aachen/Zahlenbild; **S. 44.1:** Hans Christian Plambeck/laif, mit frdl. Genehmigung der Daimler AG, Stuttgart-Untertürkheim; **S. 44.2:** Bergmoser + Höller Verlag AG, Aachen/Zahlenbild; **S. 45:** adobe.stock.com/NicoElNino; **S. 53–55.Icons:** 1 Shutterstock/AdresiaStock; 2 Shutterstock/icon Stocker; **S. 59.Icons:** 1 Shutterstock/AdresiaStock; 2 Shutterstock/icon Stocker; **S. 112:** picture-alliance/dpa-infografik; **S. 116:** adobe.stock.com/mirkomedia; **S. 129:** adobe.stock.com/fizkes; **S. 140:** adobe.stock.com/fizkes; **S. 147:** adobe.stock.com/contrastwerkstatt; **S. 150:** dpa Picture-Alliance/Ole Spata, mit frdl. Genehmigung von Deutsche Messe AG, Hannover; **S. 159.1+2:** RAL Deutsches Institut für Gütesicherung und Kennzeichnung e. V., Bonn; **S. 159.3:** TransFair – Verein zur Förderung des Fairen Handels in der Einen Welt, Köln; **S. 162:** stock.adobe.com/Eisenhans; **S. 164.Icons:** 1 Shutterstock/AdresiaStock; 2 Shutterstock/icon Stocker; **S. 173:** stock.adobe.com/Robert Kneschke; **S. 176:** Shutterstock/Antonio Guillem; **S. 179.1:** stock.adobe.com/R. Babakin; **S. 179.2:** stock.adobe.com/JuliaNaether; **S. 181.1:** stock.adobe.com/photo 5000; **S. 181.2:** stock.adobe.com/industrieblick; **S. 181.3:** stock.adobe.com/Mixage; **S. 182.1:** stock.adobe.com/Birgit Reitz-Hofmann; **S. 182.2:** Shutterstock/Kokliang; **S. 184:** Royal FloraHolland, Aalsmeer; **S. 185.1:** Shutterstock/Dmitry Kalinovsky; **S. 185.2:** Shutterstock/Dmitry Kalinovsky; **S. 186.1:** picture-alliance/dpa-infografik; **S. 186.2+3:** Bundesanstalt für Arbeitsschutz und Arbeitsmedizin (BAuA), Dortmund; **S. 187.A–F:** DIN e. V., Berlin; **S. 199:** Anima Berten, Hamburg; **S. 205:** stock.adobe.com/Kzenon; **S. 211.Icons:** 1 Shutterstock/AdresiaStock; 2 Shutterstock/icon Stocker; **S. 212.1:** Shutterstock/stefanphotozemun; **S. 212.2:** Shutterstock/poramet panjaroen; **S. 218.1:** The Woolmark Company, Bergheim/Australia Wool Innovation Ltd. (awi); **S. 218.2:** RAL Deutsches Institut für Gütesicherung und Kennzeichnung e. V., Bonn; **S. 218.3:** Herkunftszeichen – Aus deutschen Landen/DLG TestService GmbH, Frankfurt/M.; **S. 218.4:** Bergmoser + Höller Verlag AG, Aachen/Zahlenbild; **S. 238.1:** bpk Bildarchiv Preußischer Kulturbesitz, Berlin, mit frdl. Genehmigung von Opel Automobile GmbH, Rüsselsheim; **S. 238.2:** © Opel Automobile GmbH, Rüsselsheim; **S. 259:** stock.adobe.com/contrastwerkstatt; **S. 266:** stock.adobe.com/Daniel Berkmann; **S. 268:** Ergoneers GmbH, Manching; **S. 271.1:** stock.adobe.com/tumsasedgars; **S. 271.2:** stock.adobe.com/DDRockstar; **S. 272:** © Thomas Plassmann, Essen; **S. 275.1:** PLAYMOBIL geobra Brandstätter Stiftung & Co. KG, Zirndorf; **S. 275.2:** Nike Berlin & Central, EMEA; **S. 275.3:** BMW Group, München; **S. 276:** Procter & Gamble Germany GmbH & Co Operations oHG, Schwalbach; **S. 278.1+2:** Mars Holding GmbH, Verden; **S. 279/280.Icons:** 1 Shutterstock/Vdant85; 2 Shutterstock/T-Kot; 3 Shutterstock/Webicon; 4 Shutterstock/RedlineVector**; S. 281**: Adobe Stock/Jemastock; **S. 286/287.Icons:** 1 Shutterstock/icon Stocker; 2 Shutterstock/Designcollection; **S. 289. Icons:** Shutterstock/icon Stocker; **S. 295:** CARTOON-ARCHIV Reinhold Löffler, Dinkelsbühl; **S. 300.Icons:** 1 Shutterstock/icon Stocker; 2 Shutterstock /Designcollection; 3 Shutterstock/AdresiaStock; **S. 303.1:** stock.adobe.com/vege; **S. 303.2:** Statista GmbH, Hamburg; **S. 306.1+3:** stock.adobe.com/Alexander Rochau; **S. 306.2:** stock.adobe.com/tolstnev; **S. 308.1+3:** stock.adobe.com/Alexander Rochau; **S. 308.2:** adobe.stock.com/BillionPhotos.com; **S. 312:** stock.adobe.com/industrieblick; **S. 314:** Shutterstock/hanss; **S. 318:** Stiftung Warentest, Berlin; **S. 319.1:** © Bundesministerium für Ernährung und Landwirtschaft (BMEL)/Bundesanstalt für Landwirtschaft und Ernährung, Geschäftsstelle Bundesprogramm Ökologischer Landbau und andere Formen nachhaltiger Landwirtschaft (BÖLN), Bonn; **S. 319.2:** stock.adobe.com/Gina Sanders; **S. 321:** stock.adobe.com/zinkevych; **S. 322.4:** stock.adobe.com/Norman75; **S. 325:** stock.adobe.com/alex pin
Joachim Gottwald, Berlin (Illustrationen): S. 27, 31, 42, 81, 85, 91, 99, 115, 118, 138, 151, 155, 160, 178, 180, 188, 195, 198, 200, 239, 240, 243, 244, 256, 282, 284, 289, 296, 307, 317.1

Hinweise zum Webcode-Bereich

Im Webcode-Bereich, der zu dem vorliegenden Schülerbuch **W plus V – Betriebswirtschaftslehre mit Rechnungswesen** gehört, finden Sie umfangreiches **Zusatzmaterial zum Schülerbuch**. Es enthält zahlreiche Aufgaben zur Wiederholung, Vertiefung und Prüfungsvorbereitung sowie deren Lösungen.

- Die **Aufgaben** sind den vier Handlungsfeldern der Jahrgangsstufe 11 zugeordnet, die auch im Schülerbuch abgebildet werden. Eine weitere thematische Zuordnung erfolgt über Zwischenüberschriften, die den einzelnen Kapiteln im Schülerbuch entsprechen.
- Die **Lösungen** bieten eine direkte Kontrolle und werden separat angeboten. Auch die Lösungen für das **Kaufmännische Rechnen** (S. 325–369) sind hier hinterlegt.

Alle diese Dateien stellen wir Ihnen als Download zur Verfügung:
Geben Sie in Ihrem Internetbrowser www.cornelsen.de/codes/ ein.
Geben Sie dann die zugehörige ISBN ein: 9783064512672.

Bitte beachten Sie: Auch die im Webcode-Bereich zur Verfügung gestellten Dateien sind geistiges Eigentum der Autoren, sie unterliegen dem Urheberrecht der Autoren und dem Verwertungsrecht des Cornelsen Verlags.

Alle Materialien haben das Dateiformat **pdf** und können mit dem Adobe® Acrobat Reader geöffnet werden.

Wir wünschen Ihnen viel Erfolg bei der Bearbeitung der Aufgaben!